ESO
PMAR

ÁMBITO CIENTÍFICO Y MATEMÁTICO I

Programa de mejora del aprendizaje y del rendimiento

Mercedes Sánchez
Rubén Solís

EDITEX

Índice

Proyecto **6**
Crea tu propia asociación de alumnos

1. La actividad científica y matemática **8**

1. El método científico 10
2. La medida: magnitudes físicas y unidades 12
3. El trabajo en el laboratorio 16
4. El material de laboratorio 18
5. El microscopio 22
6. Resolución de problemas 24

Trabajamos competencias 26
Desafío PISA 28
Trabajo científico 29
Evaluación 30
Mi proyecto 32

2. Los números **34**

1. Divisibilidad 36
2. Números enteros 42
3. Números racionales 46
4. Números decimales 50
5. Proporcionalidad 54
6. Porcentajes 58
7. Potencias 62

Trabajamos competencias 64
Desafío PISA 66
Informática matemática 67
Evaluación 68
Mi proyecto 70

3. Geometría **72**

1. Rectas y ángulos 74
2. Teorema de Tales 76
3. Polígonos 78
4. Triángulos 80
5. Teorema de Pitágoras 82
6. Cuadriláteros 84
7. La circunferencia y el círculo 86
8. Áreas y perímetros 88
9. Cuerpos geométricos 92
10. Semejanza 98
11. Escalas 100

Trabajamos competencias 102
Desafío PISA 104
Informática matemática 105
Evaluación 106
Mi proyecto 108

4. Álgebra y funciones **110**

1. Lenguaje algebraico y polinomios 112
2. Ecuaciones de primer grado 116
3. Ecuaciones de segundo grado 120
4. Sistemas de ecuaciones 124
5. Funciones 128
6. Funciones afines 132

Trabajamos competencias 134
Desafío PISA 136
Informática matemática 137
Evaluación 138
Mi proyecto 140

5. Estadística y probabilidad **142**

1. ¿Qué es la estadística? 144
2. Tablas de frecuencias 146
3. Agrupación de datos en intervalos 148
4. Representación gráfica 150
5. Medidas de centralización 154
6. Medidas de dispersión 156
7. El azar 158
8. Técnicas de recuento 160
9. La regla de Laplace 162

Trabajamos competencias 164
Desafío PISA 166
Informática matemática 167
Evaluación 168
Mi proyecto 170

6. La materia y los cambios químicos **172**

1. La materia 174
2. Estados de agregación de la materia 178
3. Cambios de estado. Teoría cinética 178
4. Sustancias puras y mezclas 182
5. Separación de mezclas 194
6. Cambios físicos y químicos 190
7. Reacciones químicas 192
8. Química en la sociedad y en el medioambiente 194

Trabajamos competencias 196
Desafío PISA 198
Trabajo científico 199
Evaluación 200
Mi proyecto 202

7. Fuerza y movimiento ... 204

1. El movimiento ... 206
2. Características del movimiento ... 210
3. Las fuerzas ... 212
4. La gravedad ... 218
5. Máquinas simples ... 222
6. Carga eléctrica ... 224
7. Magnetismo ... 226

Trabajamos competencias ... 228
Desafío PISA ... 230
Trabajo científico ... 231
Evaluación ... 232
Mi proyecto ... 234

8. La energía ... 236

1. Cualidades de la energía ... 238
2. La energía y sus tipos ... 240
3. Calor y temperatura ... 244
4. Termómetro y escalas termométricas ... 246
5. Efectos del calor ... 248
6. Propagación del calor ... 250
7. Fuentes de energía ... 254
8. Ahorro energético ... 260

Trabajamos competencias ... 262
Desafío PISA ... 264
Trabajo científico ... 265
Evaluación ... 266
Mi proyecto ... 268

9. Biodiversidad I ... 270

1. Composición de los seres vivos ... 272
2. Funciones vitales ... 274
3. Teoría celular ... 278
4. Taxonomía ... 282
5. Los cinco reinos ... 284
6. Los virus ... 286
7. Las bacterias ... 288
8. Los protoctistas ... 290
9. Los hongos ... 292

Trabajamos competencias ... 294
Desafío PISA ... 296
Trabajo científico ... 297
Evaluación ... 298
Mi proyecto ... 300

10. Biodiversidad II ... 302

1. Las plantas ... 304
2. Los animales ... 310
3. Animales invertebrados ... 312
4. Animales vertebrados ... 316
5. Ecosistemas ... 320
6. Biomas ... 322

Trabajamos competencias ... 326
Desafío PISA ... 328
Trabajo científico ... 329
Evaluación ... 330
Mi proyecto ... 332

Anexo ... 334

A. Áreas y longitudes ... 334
B. Tabla periódica de los elementos ... 335

Organización de la unidad

Proyecto global: Crea tu propia asociación de alumnos

Proponemos un proyecto muy especial: crear una ONG. Para dar a conocerla se creará un blog en el que irán apareciendo los diez proyectos de cooperación y desarrollo que se realizarán en cada una de las unidades didácticas y que serán una aplicación directa de los contenidos tratados en las diferentes unidades.

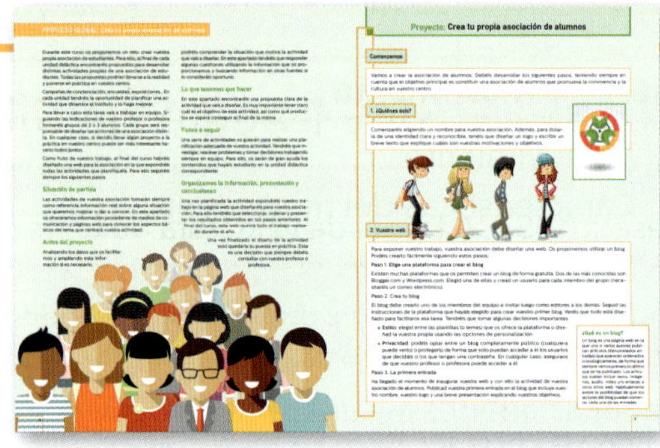

Presentación de la unidad

La doble página inicial de la unidad presenta un **sumario** de contenidos y una tabla que relaciona los contenidos basados en los **estándares de aprendizaje** y las competencias que se trabajan y evalúan a lo largo de la unidad, así como un repaso de las ideas clave que se van a estudiar a lo largo de la unidad y unas actividades iniciales.

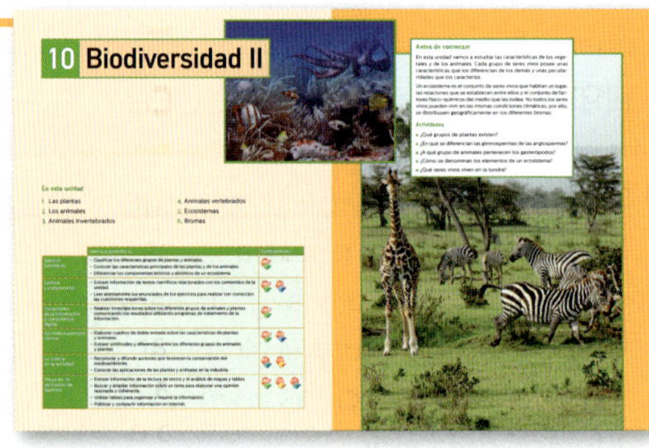

Competencias: competencia matemática y competencias básicas en ciencia y tecnología (CMCT), competencia en comunicación lingüística (CCL), competencias sociales y cívicas (CSC), competencia para aprender a aprender (CPAA), competencia digital (CD), sentido de la iniciativa y espíritu emprendedor (SIE), conciencia y expresiones culturales (CEC).

Desarrollo de contenidos y actividades

A continuación comienza el desarrollo de contenidos con un lenguaje sencillo, comprensible y riguroso, y siempre acompañado de un importante desarrollo gráfico que facilita su comprensión. Cada epígrafe de **contenidos** lleva su correspondiente página de **actividades y tareas** que afianzan y evalúan los conocimientos adquiridos. Estas actividades incluyen proyectos de investigación, calculadora científica, trabajo colaborativo, aprendizaje cooperativo, aplicaciones para la vida cotidiana, empleo de las TIC...

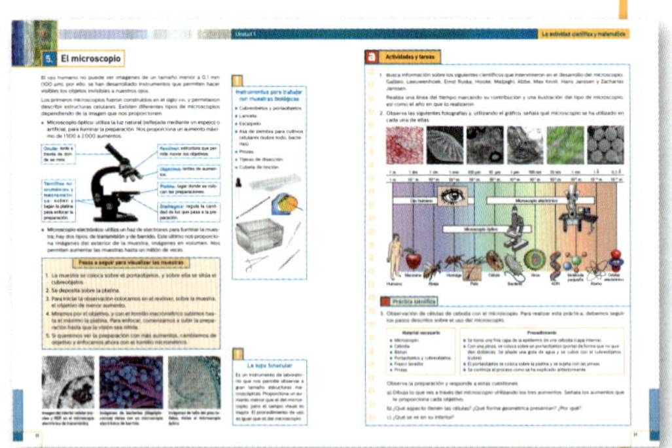

Trabajamos competencias

Las **actividades finales** aparecen clasificadas según las **competencias básicas** que predominan en su resolución y que están indicadas con su icono correspondiente.

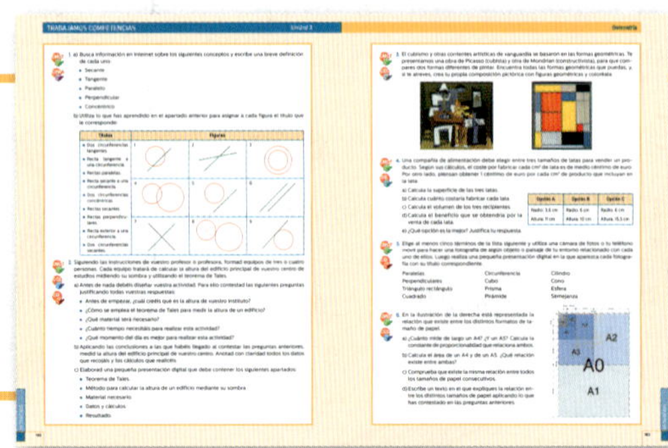

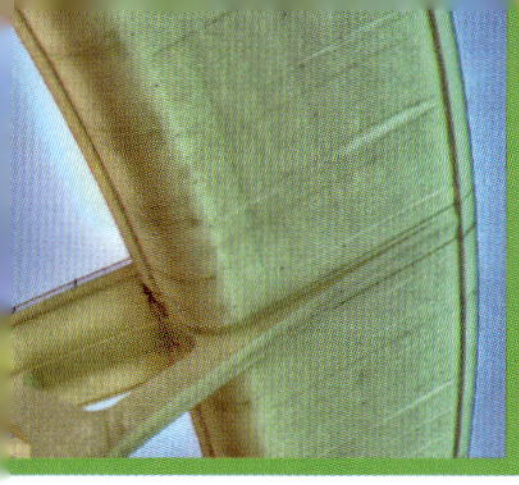

IMPORTANTE:

Todas las actividades propuestas en este libro deben realizarse en un cuaderno de trabajo, nunca en el propio libro.

Regístrate en nuestra web y accede a los recursos adicionales: <www.editex.es>.

Desafío PISA y trabajo científico

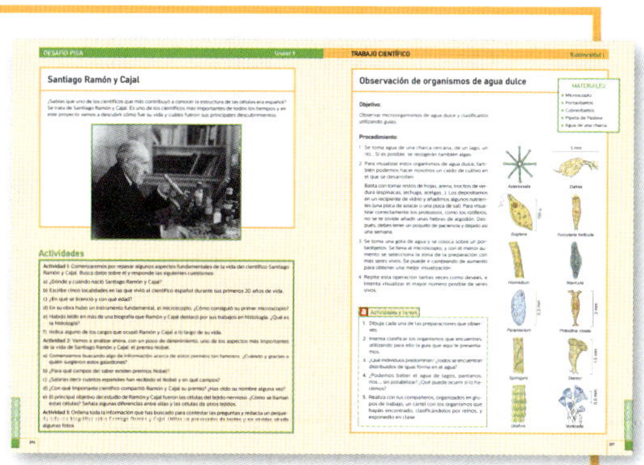

Desafío PISA. A través de la lectura de un texto motivador y relacionado con la aplicación de las ciencias en la sociedad se plantean actividades donde hay que poner en práctica diferentes competencias básicas. El diseño de estos «desafíos» está inspirado en las pruebas PISA.

Trabajo científico. Es una sección dedicada a la realización de experimentos, investigaciones o diferentes técnicas científicas para conocer y entender el método científico.

Informática matemática

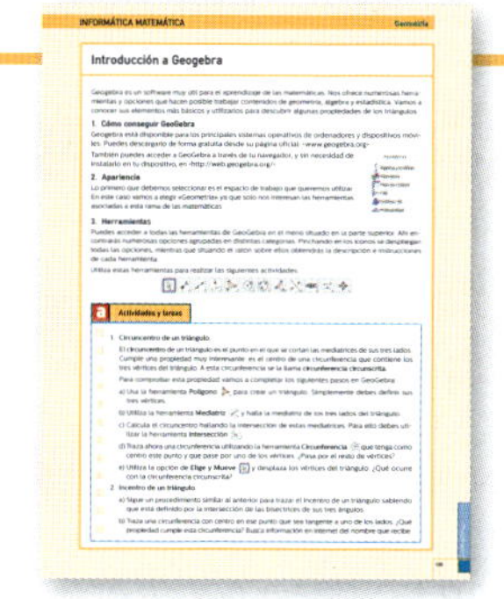

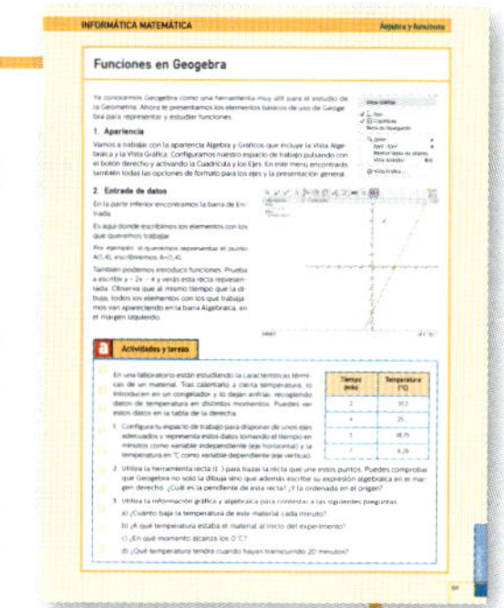

En este apartado se explica cómo utilizar distintas aplicaciones informáticas, seleccionadas de entre las más útiles y empleadas.

Además, se pueden descargar las app de Matemáticas de Editex, que servirán de gran ayuda para trabajar las actividades. Para descargarse estas app, hay que registrarse en la zona de usuarios en <www.editex.es> introduciendo en el formulario el código PMAR-2015.

Evaluación, resumen y mis progresos

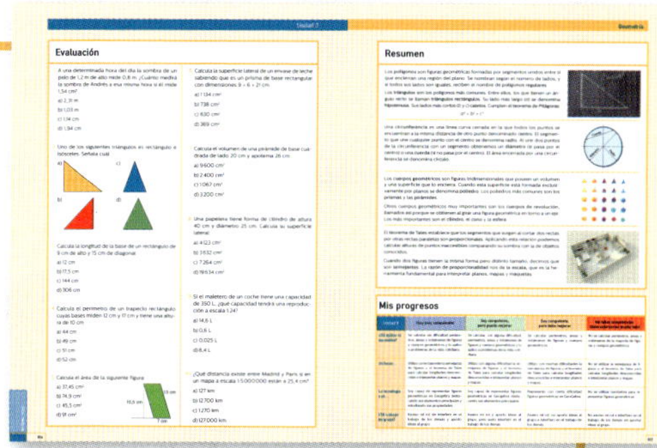

En la página de **Evaluación** se plantean diez preguntas tipo test centradas en los conocimientos, capacidades y competencias desarrollados en la unidad.

El apartado **Resumen** recoge los principales conceptos de la unidad y sirve para recapitular y afianzar lo tratado en ella.

En **Mis progresos** se incorporan unas rúbricas finales de autoevaluación para que el alumnado reflexione sobre sus progresos.

Proyecto

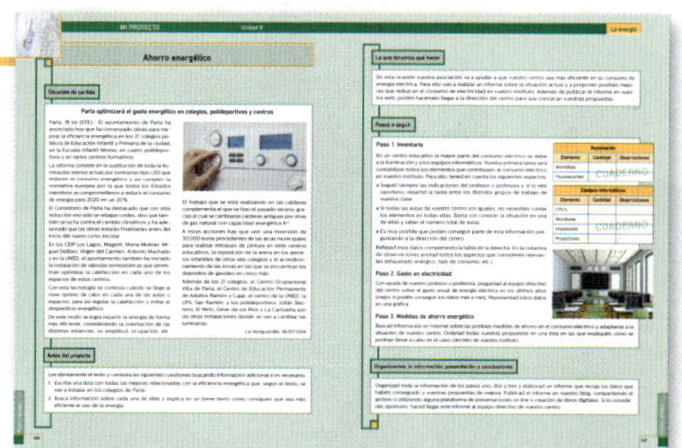

Cada doble página dedicada al proyecto comienza con un texto introductorio o situación de partida y unas actividades iniciales previas. Asimismo tres apartados donde se desarrolla realmente el proyecto:

- **Lo que tenemos que hacer.** Define el proyecto de ayuda al desarrollo que se va a realizar.
- **Pasos a seguir.** Tareas basadas en la investigación, la resolución de problemas, la búsqueda de información, la reflexión, etc., que guían en el diseño del proyecto.
- **Organizamos la información: presentación y conclusiones.** Presentación en el blog de la ONG de la información recopilada y elaborada en los pasos anteriores.

Durante este curso os proponemos un reto: crear vuestra propia asociación de estudiantes. Para ello, al final de cada unidad didáctica encontraréis propuestas para desarrollar distintas actividades propias de una asociación de estudiantes. Todas las propuestas podrían llevarse a la realidad y ponerse en práctica en vuestro centro.

Campañas de concienciación, encuestas, exposiciones... En cada unidad tendréis la oportunidad de planificar una actividad que dinamice el instituto y lo haga mejorar.

Para llevar a cabo esta tarea vais a trabajar en equipo. Siguiendo las indicaciones de vuestro profesor o profesora formaréis grupos de 2 o 3 alumnos. Cada grupo será responsable de diseñar las acciones de una asociación distinta. En cualquier caso, si decidís llevar algún proyecto a la práctica en vuestro centro puede ser más interesante hacerlo todos juntos.

Como fruto de vuestro trabajo, al final del curso habréis diseñado una web para la asociación en la que expondréis todas las actividades que planifiquéis. Para ello seguiréis siempre los siguientes pasos:

Situación de partida

Las actividades de vuestra asociación tomarán siempre como referencia información real sobre alguna situación que queremos mejorar o dar a conocer. En este apartado os ofreceremos información procedente de medios de comunicación y páginas web para conocer los aspectos básicos del tema que centrará vuestra actividad.

Antes del proyecto

Analizando los datos que os facilitamos y ampliando esta información si es necesario, podréis comprender la situación que motiva la actividad que vais a diseñar. En este apartado tendréis que responder algunas cuestiones utilizando la información que os proporcionamos y buscando información en otras fuentes si lo consideráis oportuno.

Lo que tenemos que hacer

En este apartado encontraréis una propuesta clara de la actividad que vais a diseñar. Es muy importante tener claro cuál es el objetivo de esta actividad, así como qué productos se espera conseguir al final de la misma.

Pasos a seguir

Una serie de actividades os guiarán para realizar una planificación adecuada de vuestra actividad. Tendréis que investigar, resolver problemas y tomar decisiones trabajando siempre en equipo. Para ello, os serán de gran ayuda los contenidos que hayáis estudiado en la unidad didáctica correspondiente.

Organizamos la información: presentación y conclusiones

Una vez planificada la actividad expondréis vuestro trabajo en la página web que diseñaréis para vuestra asociación. Para ello tendréis que seleccionar, ordenar y presentar los resultados obtenidos en los pasos anteriores. Al final del curso, esta web reunirá todo el trabajo realizado durante el año.

Una vez finalizado el diseño de la actividad solo quedaría su puesta en práctica. Esta es una decisión que siempre debéis consultar con vuestro profesor o profesora.

Proyecto: Crea tu propia asociación de alumnos

Comenzamos

Vamos a crear la asociación de alumnos. Debéis desarrollar los siguientes pasos, teniendo siempre en cuenta que el objetivo principal es constituir una asociación de alumnos que promueva la convivencia y la cultura en vuestro centro.

1. ¿Quiénes sois?

Comenzaréis eligiendo un nombre para vuestra asociación. Además, para dotarla de una identidad clara y reconocible, tenéis que diseñar un logo y escribir un breve texto que explique cuáles son vuestras motivaciones y objetivos.

2. Vuestra web

Para exponer vuestro trabajo, vuestra asociación debe diseñar una web. Os proponemos utilizar un blog. Podéis crearlo fácilmente siguiendo estos pasos:

Paso 1. Elige una plataforma para crear el blog

Existen muchas plataformas que os permiten crear un blog de forma gratuita. Dos de las más conocidas son Blogger.com y Wordpress.com. Elegid una de ellas y cread un usuario para cada miembro del grupo (necesitaréis un correo electrónico).

Paso 2. Crea tu blog

El blog debe crearlo uno de los miembros del equipo e invitar luego como editores a los demás. Seguid las instrucciones de la plataforma que hayáis elegido para crear vuestro primer blog. Veréis que todo está diseñado para facilitaros esa tarea. Tendréis que tomar algunas decisiones importantes:

- **Estilo:** elegid entre las plantillas (o temas) que os ofrece la plataforma o diseñad la vuestra propia usando las opciones de personalización.
- **Privacidad:** podéis optar entre un blog completamente público (cualquiera puede verlo) o protegerlo de forma que solo puedan acceder a él los usuarios que decidáis o los que tengan una contraseña. En cualquier caso, aseguraos de que vuestro profesor o profesora puede acceder a él.

Paso 3. La primera entrada

Ha llegado el momento de inaugurar vuestra web y con ello la actividad de vuestra asociación de alumnos. Publicad vuestra primera entrada en el blog que incluya vuestro nombre, vuestro logo y una breve presentación explicando vuestros objetivos.

¿Qué es un blog?

Un blog es una página web en la que uno o varios autores publican artículos (denominados entradas) que aparecen ordenados cronológicamente, de forma que siempre vemos primero lo último que se ha publicado. Los artículos suelen incluir texto, imágenes, audio, vídeo y/o enlaces a otros sitios web. Habitualmente existe la posibilidad de que los lectores del blog puedan comentar cada una de las entradas.

1 La actividad científica y matemática

En esta unidad

1. El método científico
2. La medida: magnitudes físicas y unidades
3. El trabajo en el laboratorio
4. El material de laboratorio
5. El microscopio
6. Resolución de problemas

	Vamos a aprender a...	Competencias
Saberes científicos	– Identificar patrones, regularidades y leyes matemáticas en situaciones de cambio en diversos contextos: numérico, geométrico, etc. – Identificar material e instrumentos básicos de laboratorio y conocer su forma de utilización para la realización de experiencias, respetando las normas de seguridad e identificando actitudes y medidas de actuación preventivas.	CMCT
Lectura y comprensión	– Expresar verbalmente, de forma razonada, el proceso seguido en la resolución de un problema, con el rigor y la precisión adecuados. – Registrar observaciones, datos y resultados de manera organizada y rigurosa, y comunicarlos de forma oral y escrita utilizando esquemas y tablas.	CMCT, CCL
Tratamiento de la información y competencia digital	– Elaborar documentos digitales propios (texto, presentación, imagen, vídeo o sonido), como resultado de pequeñas investigaciones científicas o de procesos de búsqueda, análisis y selección de información relevante, con la herramienta tecnológica adecuada y compartiéndolos para su discusión o difusión.	CMCT, CD
Aprende a aprender ciencia	– Realizar estimaciones y elaborar conjeturas sobre los resultados de los problemas a resolver, valorando su utilidad y eficacia. – Realizar pequeños trabajos sobre algún tema objeto de estudio aplicando las distintas fases del método científico.	CMCT, CPAA
La ciencia en la sociedad	– Interpretar la solución matemática de un problema en el contexto de la realidad. – Relacionar la investigación científica con las aplicaciones tecnológicas en la vida cotidiana.	CMCT, CSC, CEC
Proyecto: Tu asociación de alumnos	– Extraer información de la lectura de textos. – Buscar y ampliar información sobre un tema para elaborar una opinión razonada y coherente. – Utilizar tablas para organizar y resumir la información. – Publicar y compartir información en internet.	CMCT, CSC, SIE

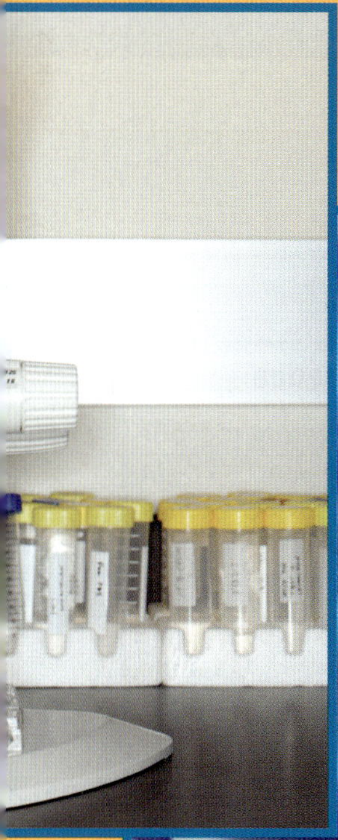

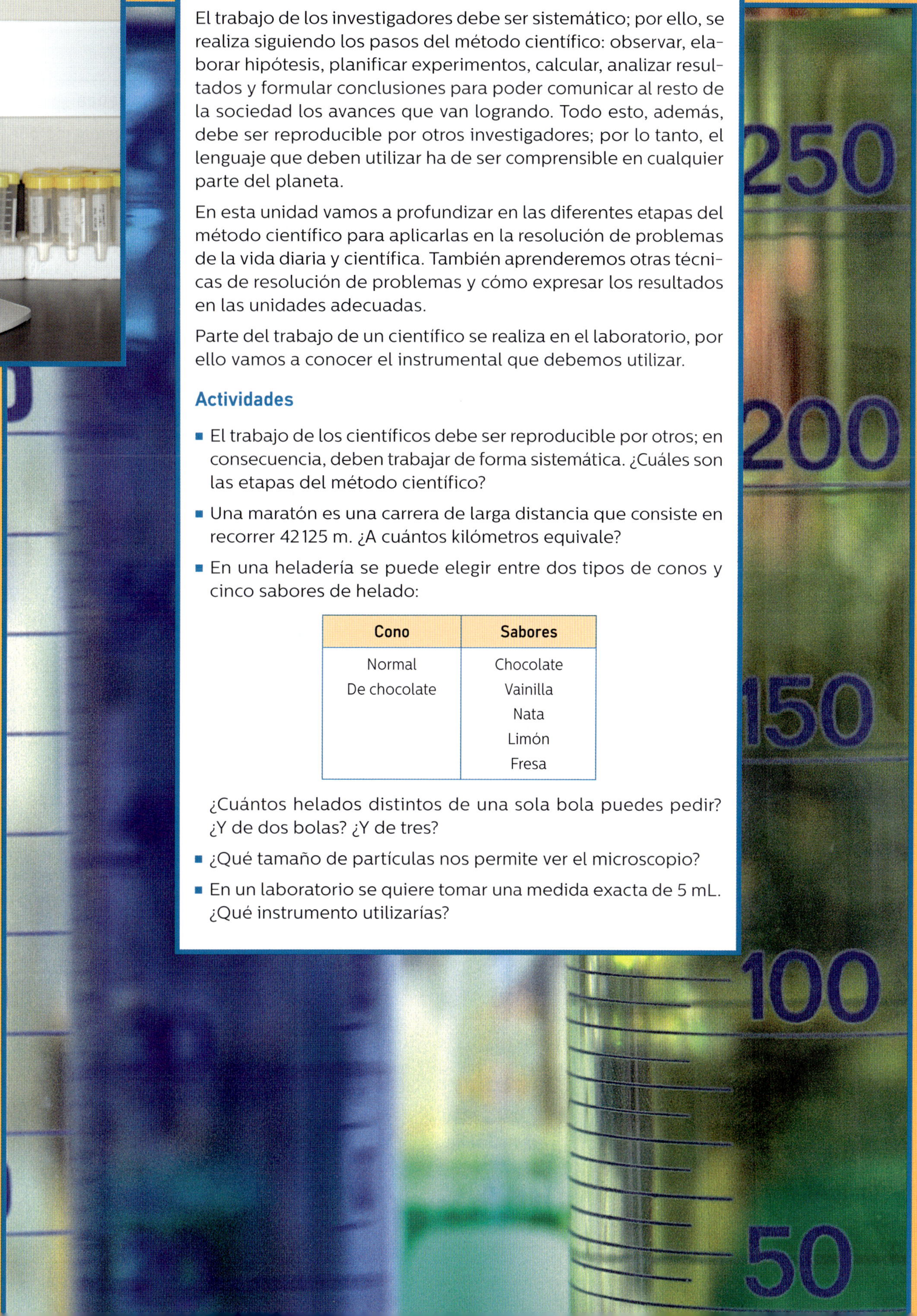

Antes de comenzar

El trabajo de los investigadores debe ser sistemático; por ello, se realiza siguiendo los pasos del método científico: observar, elaborar hipótesis, planificar experimentos, calcular, analizar resultados y formular conclusiones para poder comunicar al resto de la sociedad los avances que van logrando. Todo esto, además, debe ser reproducible por otros investigadores; por lo tanto, el lenguaje que deben utilizar ha de ser comprensible en cualquier parte del planeta.

En esta unidad vamos a profundizar en las diferentes etapas del método científico para aplicarlas en la resolución de problemas de la vida diaria y científica. También aprenderemos otras técnicas de resolución de problemas y cómo expresar los resultados en las unidades adecuadas.

Parte del trabajo de un científico se realiza en el laboratorio, por ello vamos a conocer el instrumental que debemos utilizar.

Actividades

- El trabajo de los científicos debe ser reproducible por otros; en consecuencia, deben trabajar de forma sistemática. ¿Cuáles son las etapas del método científico?
- Una maratón es una carrera de larga distancia que consiste en recorrer 42 125 m. ¿A cuántos kilómetros equivale?
- En una heladería se puede elegir entre dos tipos de conos y cinco sabores de helado:

Cono	Sabores
Normal	Chocolate
De chocolate	Vainilla
	Nata
	Limón
	Fresa

  ¿Cuántos helados distintos de una sola bola puedes pedir? ¿Y de dos bolas? ¿Y de tres?
- ¿Qué tamaño de partículas nos permite ver el microscopio?
- En un laboratorio se quiere tomar una medida exacta de 5 mL. ¿Qué instrumento utilizarías?

1. El método científico

A lo largo de la historia, el hombre ha ido describiendo leyes y realizando inventos como respuesta a la observación de los fenómenos naturales y la necesidad de explicarlos.

Un claro ejemplo de esto es la famosa frase de Arquímedes, «Eureka, lo encontré», o en los pensamientos de Isaac Newton al ver caer una manzana.

Pasos a seguir para estudiar un fenómeno a través del método científico

1. Observación

En esta fase, los científicos observan los hechos que ocurren a su alrededor y se plantean si existe alguna regularidad en estos que pueda ser objeto de su estudio.

Estas observaciones han de ser objetivas y por ello se deben utilizar herramientas que nos den fiabilidad.

En el caso de Arquímedes, la observación que realizó es que el volumen del agua de la bañera en la que se introdujo aumentó, y la pregunta que se realizó fue: «¿Cuánto aumenta?».

2. Formulación de hipótesis

Una hipótesis es una idea o conjunto de ideas que intentan explicar un fenómeno, su causa o sus mecanismos fundamentales. Las hipótesis permiten deducir consecuencias que posteriormente hay que comprobar.

En el caso de Arquímedes, es posible formular la siguiente hipótesis: «El aumento de volumen producido al introducir un cuerpo en un fluido se debe al material con el cual está fabricado ese objeto».

3. Experimentación

En esta fase se diseñan los experimentos que permitan comprobar si la hipótesis formulada es cierta. Los experimentos han de ser reproducibles cuantas veces se quiera y deben recoger los datos obtenidos, organizándolos en tablas donde se fijen las variables dependientes e independientes.

Estos datos se analizan mediante estudios estadísticos para comprobar que son fiables.

En el caso de Arquímedes, los experimentos que realizó consistían en tomar diferentes objetos fabricados con materiales diversos e introducirlos en agua para comprobar qué ocurría. Para ello utilizó diferentes variables, como la forma del objeto, la temperatura exterior, etc., para comprobar si existían otros factores que intervenían en su estudio.

4. Interpretación y obtención de conclusiones

Una vez analizados los datos obtenidos en la fase anterior, se enunciará una teoría o ley que explique y generalice el fenómeno observado.

Así, Arquímedes enunció el principio que lleva su nombre: «Todo cuerpo sumergido en un fluido experimenta una fuerza vertical y hacia arriba igual al peso del fluido desalojado».

5. Difusión de los resultados

Las leyes obtenidas o los productos se deben dar a conocer al resto del mundo científico. Esto se realiza mediante publicaciones en revistas especializadas donde se da a conocer no solo la conclusión sino todo el proceso seguido, para que pueda ser comprobado por otros investigadores.

Arquímedes

Arquímedes fue requerido por el rey Heron II de Siracusa para pedirle consejo sobre cómo saber si la corona que había encargado era de oro puro o bien tenía otros materiales.

Los trabajos científicos

No todos los trabajos científicos siguen este procedimiento de trabajo que culmina con la formulación de una hipótesis, sino que en algunos casos el fin del trabajo científicos puede ser la fabricación de un medicamento, el descubrimiento de una molécula...

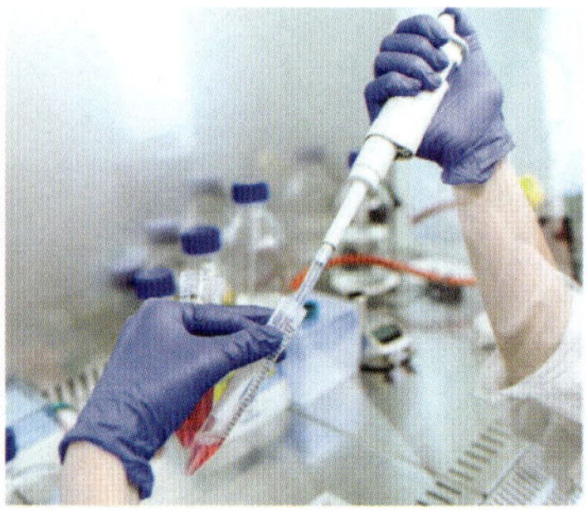

a Actividades y tareas

1. Investiga sobre el científico Isaac Newton y elabora una tira de cómic donde aparezcan los distintos pasos que utilizó para llegar a enunciar su teoría sobre la gravitación universal.
2. Observa el siguiente diagrama, copia y complétalo en tu cuaderno relacionando las etapas del método científico y los hechos que ocurren en cada una de ellas.

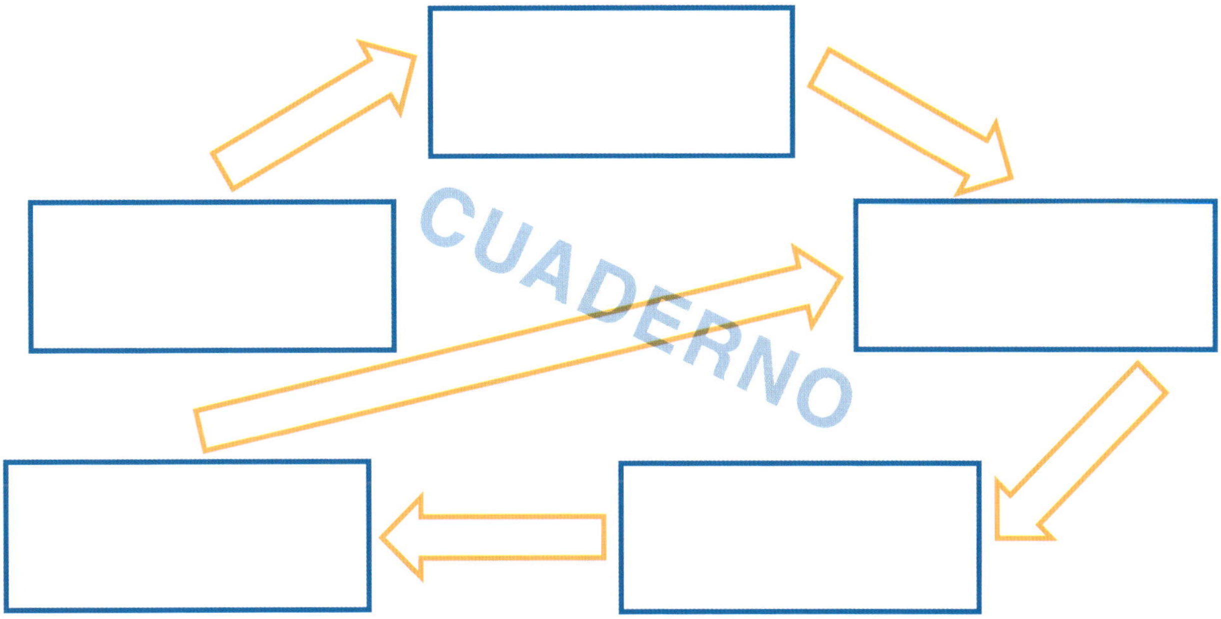

3. Piensa en un problema de tu vida cotidiana y plantea cómo lo resolverías siguiendo el método científico.

Aprendizaje cooperativo

4. Utilizando el método científico, los investigadores llegan a generar teorías y desarrollar productos como nuevos medicamentos, motores que contaminen menos... Aunque se comunique estos hallazgos en los medios de comunicación, su utilización no es libre porque también inscriben los resultados en el registro de patentes. En el siguiente texto se describe qué es una patente y qué procedimiento hay que seguir para inscribir un producto.

> «Una patente es un título que reconoce el derecho a explotar en exclusiva la invención patentada, impidiendo a otros su fabricación, venta o utilización sin consentimiento del titular. Como contrapartida, la patente se pone a disposición del público general para su conocimiento.
>
> El derecho otorgado por una patente no es tanto el de la fabricación, el ofrecimiento en el mercado y la utilización del objeto de la patente, que siempre tiene y puede ejercitar el titular, sino, sobre todo y singularmente, *el derecho de excluir a otros* de la fabricación, utilización o introducción del producto o procedimiento patentado en el comercio.
>
> La patente puede referirse a un procedimiento nuevo, un aparato nuevo, un producto nuevo o un perfeccionamiento o mejora de los mismos. La duración de la patente es de veinte años a contar desde la fecha de presentación de la solicitud. Para mantenerla en vigor es preciso pagar tasas anuales a partir de su concesión».
>
> Ministerio de Industria, Energía y Turismo

Role playing: se divide la clase en grupos y cada uno adoptará el papel de un grupo implicado en la generación de patentes. Los grupos que se formarán son: investigadores, dueños de las empresas que mantienen las investigaciones, usuarios del descubrimiento y autoridades públicas. Cada grupo realizará una investigación sobre su postura y la defenderá en un debate en clase.

2. La medida: magnitudes físicas y unidades

El trabajo científico se basa en la medida de las propiedades de los sistemas y fenómenos que estudiamos. Cuando estas propiedades pueden medirse de forma objetiva, reciben el nombre de **magnitudes físicas.** Por ejemplo, la temperatura, la distancia o el tiempo son magnitudes físicas ya que podemos medirlas y obtener un valor numérico. Por el contrario, características como la felicidad o la belleza no son medibles de forma objetiva y, en consecuencia, no son magnitudes físicas.

El resultado de una medida es un número acompañado de una unidad de medida. Por ejemplo, decimos que la temperatura de ebullición del agua es de 100 °C. En este caso, la magnitud física es la temperatura, el valor de la medida es 100 y la unidad que hemos utilizado es el grado centígrado (°C).

Medir consiste en comparar una magnitud con otra que se toma como referencia. A esta medida que utilizamos como patrón se la denomina **unidad.** Así, cuando medimos, lo que hacemos es determinar cuántas veces está contenida esa unidad en la medida que estamos llevando a cabo.

A la hora de medir resulta fundamental la unidad de medida que elijamos. Por ejemplo, puedes medir la longitud de tu aula utilizando como unidad de medida tu pie. Tendrás entonces que ver cuántas veces está contenido tu pie en dicha longitud, o lo que es lo mismo, a cuántos pies equivale la longitud del aula. Ahora bien, si otra persona mide también la longitud del aula utilizando su propio pie como unidad de medida, ¿obtendrá el mismo resultado?

Para evitar que el resultado de medir una magnitud física varíe según la persona que realiza la medida, se establecen unidades de medida fijas y comunes que no dependen de quién las esté utilizando.

Por otra parte, para medir nos ayudamos habitualmente de un aparato de medida. Desde lo más sencillos (una regla) a los más complicados (un reloj atómico), todos los aparatos de medida son dispositivos que nos facilitan la tarea de comparar una magnitud concreta con el valor de referencia que es la unidad de medida.

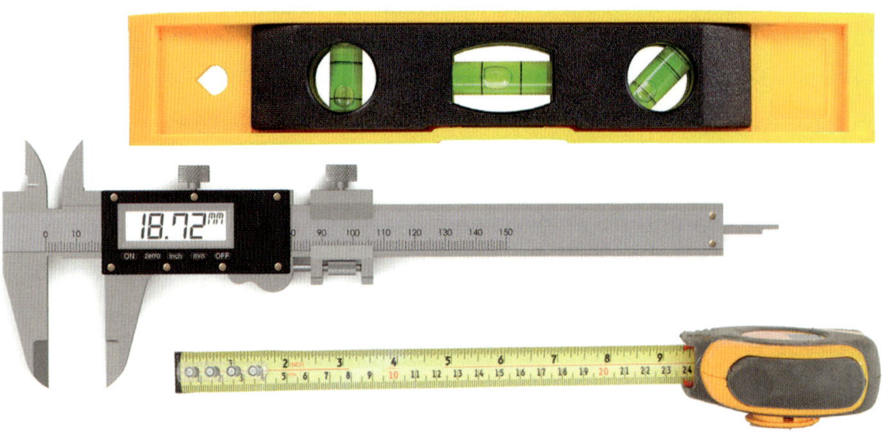

Aparatos de medida para medir longitudes.

Medir y usar aparatos de medida acarrea siempre algunos errores. Podemos reducirlos mucho si somos cuidadosos y utilizamos los aparatos correctamente, pero es imposible conocer el valor de una magnitud física de forma totalmente correcta.

Características de los aparatos de medida

Las principales características de un aparato de medida son:

- **Precisión:** nos indica cómo de parecidos son los resultados que obtenemos si repetimos una medida en las mismas condiciones.
- **Exactitud:** nos indica cómo de cerca se encuentra el valor obtenido del valor real.

Un aparato de medida será mejor cuanto más precisas y exactas sean sus medidas.

2.1. Sistema Internacional de Unidades

Durante siglos, los gobiernos y los científicos de muchos países intentaron establecer unidades de medida comunes que facilitasen la comunicación científica y el comercio. Finalmente, en 1960, se definió el Sistema Internacional de Unidades (SI), que actualmente ha sido adoptado como prioritario en todos los países del mundo salvo Birmania, Liberia y Estados Unidos.

El sistema consiste en un conjunto de unidades definidas a partir de fenómenos físicos o patrones existentes. Por ejemplo, la unidad para la longitud, el **metro,** está definida como la distancia que recorre la luz en el vacío en un intervalo de 1/299 792 458 segundos.

El SI define de esta forma las unidades para siete **magnitudes fundamentales o básicas** de las cuales se derivan todas las demás. Estas magnitudes y sus unidades son las siguientes:

Magnitud	Unidad	Símbolo
Longitud	metro	m
Masa	kilogramo	kg
Tiempo	segundo	s
Cantidad de sustancia	mol	mol
Temperatura	kelvin	K
Intensidad de corriente eléctrica	amperio	A
Intensidad luminosa	candela	cd

Cada unidad se representa con un símbolo. Este símbolo suele ser una o varias letras latinas o griegas que se escriben siempre en minúscula salvo cuando provienen del nombre propio de un científico.

A partir de estas unidades podemos construir las unidades del resto de las magnitudes físicas, que se denominan **magnitudes derivadas.** Por ejemplo, para medir la velocidad, que se calcula dividiendo distancia entre tiempo, usamos el m/s. En ocasiones, a estas unidades derivadas se les asigna un nombre. Por ejemplo, la unidad para medir la fuerza se denomina Newton (N) y equivale a $kg \cdot m/s^2$.

Cuando las unidades del SI expresan una cantidad mayor o menor que la unidad de medida, se utilizan múltiplos y submúltiplos de estas unidades.

Múltiplos		
Prefijo	**Símbolo**	**Equivalencia**
tera	T	1 000 000 000 000
giga	G	1 000 000 000
mega	M	1 000 000
kilo	k	1 000
hecto	h	100
deca	da	10

Submúltiplos		
Prefijo	**Símbolo**	**Equivalencia**
deci	d	0,1
centi	c	0,01
mili	m	0,001
micro	µ	0,000001
mano	n	0,000000001
pico	p	0,000000000001

!

Otras unidades

Además de las unidades del SI, hay otras unidades de uso frecuente en nuestra vida cotidiana y en el trabajo científico. Aquí tienes algunos ejemplos:

- Para medir el tiempo empleamos los **días,** las **horas,** los **minutos,** etc.
- Para medir distancias astronómicas se utiliza el **año luz,** que se corresponde con la distancia que recorre la luz en el vacío durante un año (más de 9 billones de km).
- Para medir temperaturas empleamos el **grado centígrado** (° C).
- Para medir grandes superficies suele utilizarse la **hectárea** (ha), equivalente a 10 000 m^2.
- Para medir la masa utilizamos con frecuencia la **tonelada** (t), que equivale a 1 000 kg.
- Para medir volúmenes es muy frecuente usar el **litro** (L) que equivale a 1 dm^3, o lo que es lo mismo, a 0,001 m^3.

a Actividades y tareas

1. Señala en tu cuaderno cuáles de las siguientes propiedades son magnitudes físicas y cuáles no:

a) Altura d) Peso g) Bondad
b) Volumen e) Comodidad h) Generosidad
c) Longitud f) Motivación i) Profundidad

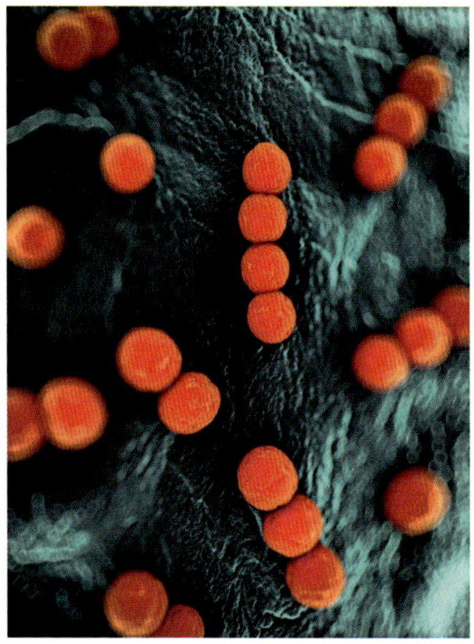

El tamaño de la mayoría de las bacterias es de unos pocos micrómetros (entre 0,5 y 5 μm).

2. Completa una tabla como la siguiente indicando al menos seis aparatos de medida que veas a tu alrededor, en el instituto o en casa.

Aparato de medida	Magnitud	Unidades de medida
reloj	tiempo	horas, minutos y segundo

CUADERNO

3. Realiza en tu cuaderno los siguientes cambios de unidades:

a) 24 cm = ● ● ● m d) 400 μg = ● ● ● g g) 0,005 hm = ● ● ● cm
b) 5 000 kg = ● ● ● g e) 17,8 mm = ● ● ● cm h) 35,7 dag = ● ● ● cg
c) 0,5 ms = ● ● ● s f) 20 g = ● ● ● kg i) 0,11 km = ● ● ● m

4. Una caja de tornillos contiene 200 piezas y pesa 1,5 kg. Calcula el peso de un solo tornillo. ¿En qué unidad crees que es más conveniente expresar este resultado?

La distancia entre la Tierra y el Sol es de, aproximadamente, 150 millones de km.

5. En las unidades de superficie y volumen, los múltiplos y submúltiplos de la unidad se obtienen multiplicando y dividiendo por 100 o por 1 000, respectivamente. Teniendo esto en cuenta, realiza en tu cuaderno los siguientes cambios de unidades:

a) 4 cm^2 = ● ● ● m^2 e) 1 200 mm^3 = ● ● ● m^3
b) 75 cm^3 = ● ● ● dm^3 f) 40 km^2 = ● ● ● dm^2
c) 0,5 m^3 = ● ● ● cm^3 d) 1,5 hm^2 = ● ● ● mm^2

6. Hemos usado 1 600 baldosas cuadradas de 25 cm de lado para arreglar el suelo de una casa:

a) Calcula la superficie de una baldosa y exprésala en la unidad que creas más adecuada.
b) Calcula la superficie total de la casa y exprésala en la unidad que creas más adecuada.

7. Escribe las siguientes cantidades utilizando las unidades del SI:

a) 28 km d) 12 mA g) 2 h 20 min
b) 5 min e) 0,25 L h) 0,01 μm
c) 23 g f) 400 t i) 40 ha

Investiga

8. Uno de los pocos países que no ha adoptado como sistema principal de unidades el Sistema Internacional de Unidades es Estados Unidos, que utiliza el denominado sistema anglosajón de unidades.

   a) Completa en tu cuaderno la siguiente tabla indicando el símbolo y la equivalencia en el SI de las principales unidades del sistema anglosajón:

Sistema anglosajón	Símbolo	Equivalencia en SI
Pulgada		
Pie		
Yarda		
Milla		
Acre		
Galón		
Libra		

   b) Busca información en internet para responder a la siguiente pregunta: ¿En qué otros países se usan habitualmente las unidades del sistema anglosajón?

   c) La siguiente tabla muestra los datos de altura y peso medio de los jugadores de la NBA en distintas épocas. Repite la misma tabla en tu cuaderno utilizando unidades del SI.

Temporada	Altura media	Peso medio
1954 - 1955	6 ft 5 in	196 lb
1964 - 1965	6 ft 6 in	208 lb
1974 - 1975	6 ft 6 in	203 lb
1984 - 1985	6 ft 7 in	207 lb

Temporada	Altura media	Peso medio
1994 - 1995	6 ft 7 in	212 lb
2004 - 2005	6 ft 7 in	218 lb
2009 - 2010	6 ft 7 in	219 lb
2014 - 2015	6 ft 7 in	218 lb

Trabajo colaborativo

9. Se divide la clase en grupos de tres o cuatro alumnos. Cada grupo definirá su propia unidad de medida para medir longitudes. Completad los siguientes pasos:

   a) Lo primero es definir vuestro patrón para medir longitudes. Para ello, no podéis utilizar otras unidades, es decir, no podéis definirlo diciendo a cuántos metros o centímetros equivale. Puede estar basado en alguna longitud conocida que tengáis a mano (el palmo de alguno de los miembros del grupo, el canto de un libro, el ancho de una mesa, etc.).

   b) Una vez elegido vuestro patrón de medida, debéis ponerle nombre y elegir un símbolo que lo represente.

   c) Para poder utilizar vuestra unidad de medida construiréis reglas graduadas. Utilizad una cartulina para elaborar al menos dos reglas como las de la figura. Observad que además de las unidades también aparecen indicadas las décimas.

   d) Utilizad las reglas que habéis construido para medir las dimensiones de una mesa de vuestra clase (largo, ancho y alto).

   e) Siguiendo las indicaciones de vuestro profesor, intercambiad las reglas elaboradas entre los distintos grupos y volved a medir las dimensiones de la mesa, ahora con la regla de otro grupo.

   f) Comparad el resultado obtenido con el que obtuvisteis utilizando vuestra propia unidad de medida. ¿Seríais capaces de escribir la equivalencia entre las dos unidades que habéis utilizado?

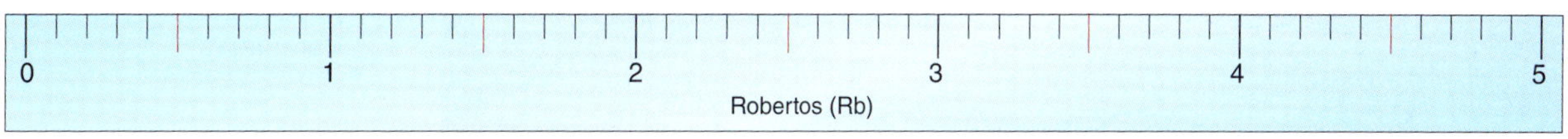

3. El trabajo en el laboratorio

El **laboratorio** es el lugar donde se realiza gran parte del trabajo de un científico, sobre todo en la fase de experimentación.

Existen multitud de laboratorios en las universidades, en los centros de investigación o en las empresas privadas, pero en todos ellos se trabaja siguiendo los mismos procedimientos y normas de seguridad.

Es muy peligroso pipetear líquidos con la boca; es necesario usar un pipeteador o una pera de aspiración.

Procedimientos y normas de seguridad en el laboratorio

Al laboratorio solo se deben llevar los objetos imprescindibles, el cuaderno y el estuche. Las mochilas, los abrigos y demás pertenencias, se deben dejar en el aula o en la taquilla. Tampoco se debe llevar comida, pues se puede contaminar con algún reactivo o contaminar la muestra con la que se vaya a trabajar.

- Siempre se debe llevar bata, guantes y, si es posible, gafas para protegernos los ojos. Las bufandas o pañuelos deben quedar bajo la bata para que no supongan un peligro.
- El pelo siempre se debe llevar recogido, para evitar el riesgo de quemaduras o de enganchones en algún instrumental. También puede caer sobre las muestras con las que vayamos a trabajar.
- La mesa de trabajo ha de estar ordenada y limpia, antes de empezar a trabajar. Se colocará un papel absorbente (papel de filtro) sobre ella.
- Nunca se deben probar ni oler los reactivos, ya que pueden resultar peligrosos.
- Si ocurre algún incidente, lo comunicaremos inmediatamente al profesor.
- Hay que ser respetuoso con el material y tus compañeros, el material de laboratorio es frágil y se puede romper.
- Al manejar el mechero Bunsen o los aparatos eléctricos, se debe tener mucha precaución y atender las indicaciones del profesor.
- Al terminar, el lugar de trabajo debe quedar recogido y el material utilizado limpio. Dependiendo de la práctica que se realice, los residuos resultantes pueden ser tóxicos, por ello, se debe consultar al profesor para saber dónde depositarlos.
- Antes de abandonar el laboratorio hay que lavarse las manos y secárselas bien.

a Actividades y tareas

1. En la actualidad, muchas empresas cuentan con un departamento de Investigación, Desarrollo e innovación: I+D+i. Este departamento se dedica a investigar cómo mejorar la productividad de la empresa e innovar. ¿Cuál es la diferencia entre investigar e innovar?

   Investigar es invertir recursos para obtener conocimiento, mientras que innovar es invertir conocimiento para obtener mayor beneficio.

   a) Enumera tres tipos de empresas donde pienses que es necesario el departamento de I+D+i. ¿Por qué? ¿Qué líneas de trabajo llevarían? ¿Qué personas podrían trabajar en él?

   b) Si trabajaras en el departamento de I+D+i de una empresa de postres lácteos, ¿qué líneas de investigación crees que podrías desarrollar?

2. Observa las siguientes imágenes que aparecen en las etiquetas de los reactivos que utilizamos en el laboratorio, indicando su peligrosidad. Analiza los reactivos presentes en el laboratorio de tu centro y realiza un inventario de los mismos.

3. Inventa una historia que narre el trabajo de laboratorio de un investigador, qué indumentaria lleva, qué medidas de seguridad sigue... Incluye un error. Exponlo en clase. Tus compañeros deben estar atentos para conseguir detectar el error que has introducido. Elaborad, entre toda la clase, una decálogo con las normas de seguridad del laboratorio expuestas y otras que consideréis entre todos que podéis añadir.

Riesgos para la salud	
Toxicidad aguda; mortal o tóxico (oral, cutánea o por inhalación)	
Toxicidad aguda: nocivo (oral, cutánea o por inhalación)	
Corrosión cutánea	
Mutagenicidad, carcinogenicidad y teratogénicos	
Riesgos para el medioambiente	
Riesgos físicos	
Explosivo	
Inflamable	
Comburente	
Gas a presión	
Corrosivo para metales	

Práctica científica

4. En todas las prácticas a realizar durante el curso se seguirá el método científico. Vamos a llevar a cabo una práctica de laboratorio en la cocina de casa. El título de la práctica es **«Elaboración de un tortilla francesa»**. Elabora un guion de prácticas que explique la elaboración de este plato. Ten en cuenta que debes investigar sobre su historia e interpretar los resultado obtenidos. ¿Cuál es tu opinión sobre el plato que has preparado?

Información que debe contener un informe científico

1. **Título** de la práctica realizada.
2. **Objetivos** que queremos conseguir.
3. **Introducción.** Información teórica sobre la práctica que se vaya a realizar.
4. **Material** necesario.
5. **Procedimiento.** Una breve descripción de los pasos a seguir.
6. **Resultados** experimentales obtenidos con un encabezado para identificar cada parte de los datos tomados así como cada cálculo. Se valorará el método usado para cada cálculo y las unidades de todos los valores numéricos. Si en la práctica hemos utilizado un microscopio, debemos dibujar las observaciones que hayamos realizado.
7. **Interpretación** de los resultados y conclusiones.
8. **Opinión** personal.
9. **Bibliografía** empleada.

4. El material de laboratorio

El material de laboratorio está construido, en su mayoría, de vidrio. El tipo de vidrio que se utiliza es el Pyrex, ya que presenta unas características que lo hacen muy adecuado:

- Es transparente, se puede ver lo que contiene.
- Es frágil, pero resistente a los reactivos y a las altas temperaturas.
- Es fácil de limpiar y no mantiene aromas después de su limpieza.

También se utilizan un gran número de instrumentos metálicos (acero, hierro y cobre) de gran conductividad, cerámicos (porcelana) muy resistentes a las altas temperaturas. Además de otros tipo de instrumental, como: balanzas, hornos, estufas...

!

Material de plástico

En los trabajos de campo se utiliza el material de plástico para evitar que se fracture.

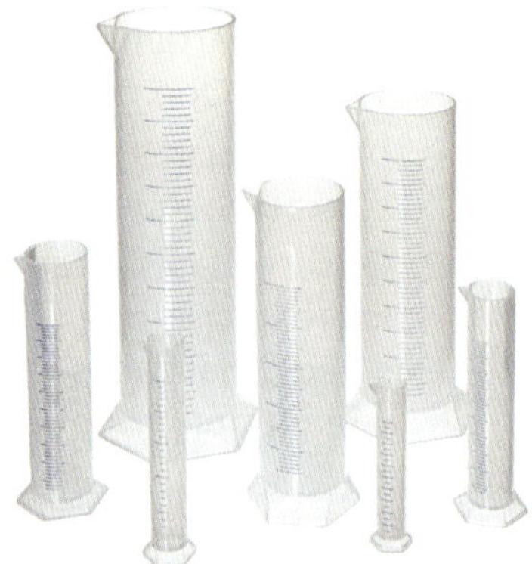

4.1. Instrumental para medir volúmenes de líquidos

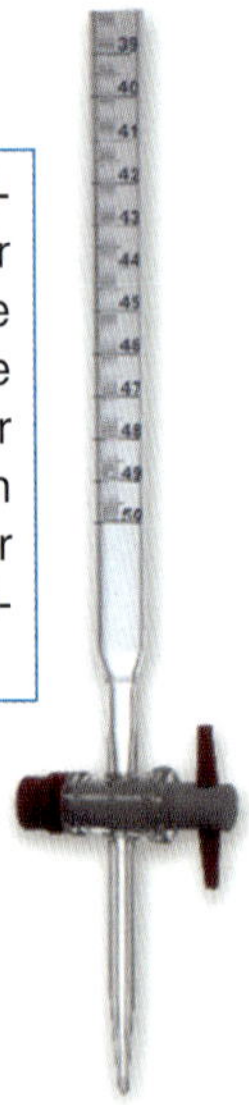

Bureta: se utiliza para medir volúmenes de líquidos que no pueden ser tomados con la pipeta, por ejemplo, el ácido fosfórico.

Pipeta graduada: mide volúmenes con mucha precisión.

Tubo de ensayo: donde realizamos reacciones.

Pipeta Pasteur: toma pequeños volúmenes de líquidos, sin valor exacto.

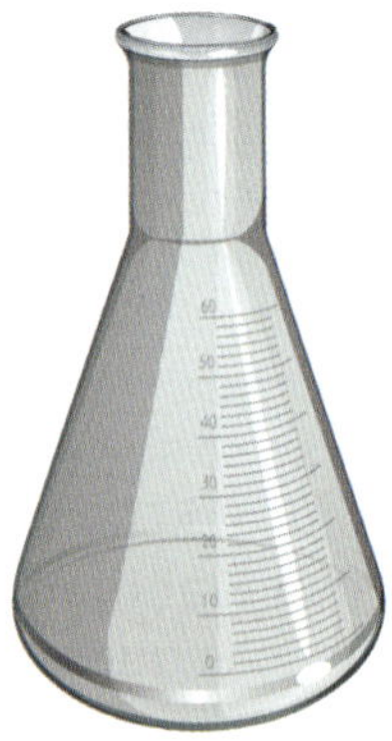

Erlenmeyer: mide volúmenes aproximados de líquidos.

Probeta

Vaso de precipitado: mide volúmenes aproximados de líquidos.

Matraz aforado: mide volúmenes exactos. El matraz que no posee aforo (marca que indica la cantidad exacta que mide), se denomina simplemente matraz.

4.2. Material para contener reactivos u otras sustancias

Frascos de vidrio: pueden ser de color topacio. Se utilizan para contener reactivos que se deterioran con la luz. Algunos pueden contener goteros.

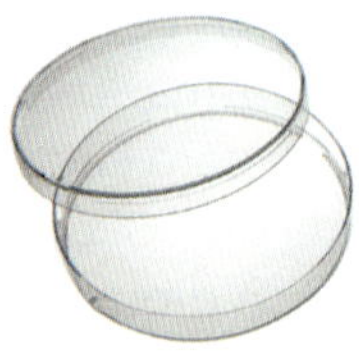

Placa de Petri: se utiliza para hacer cultivos celulares.

Vidrio de reloj: contiene reactivos sólidos.

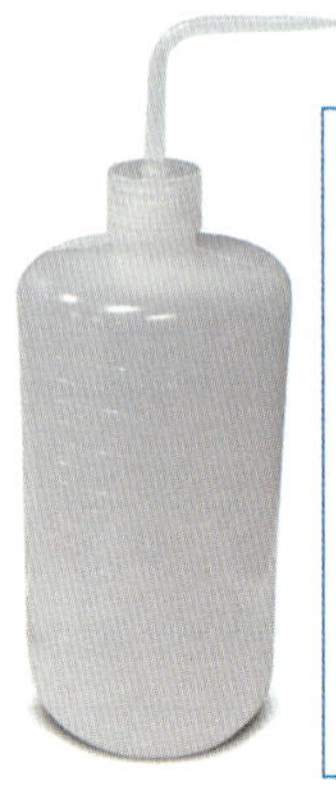

Frasco lavador: contiene agua. El agua que se utiliza en el laboratorio es destilada, es decir, no contiene ninguna sal mineral.

4.3. Instrumental para calentar preparaciones

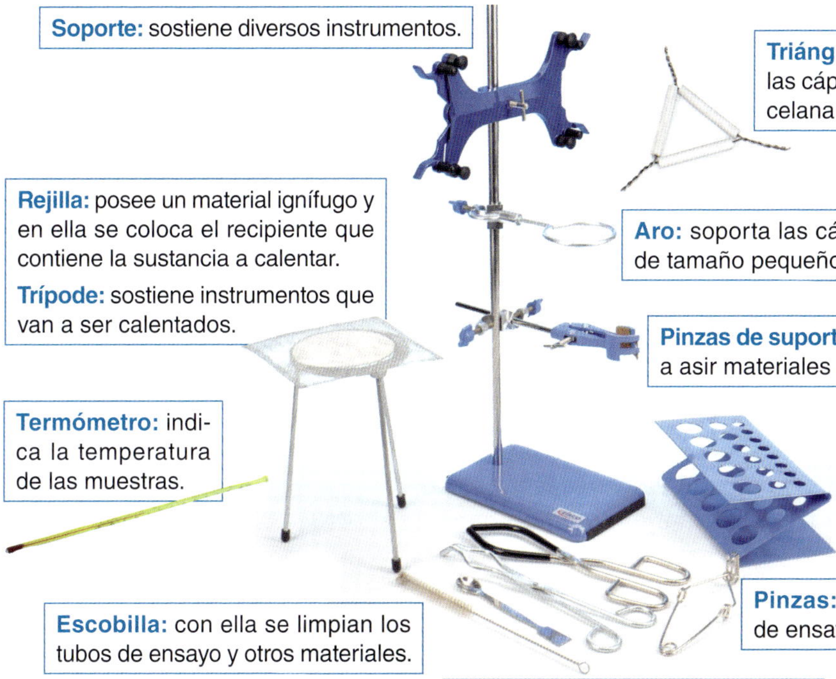

Soporte: sostiene diversos instrumentos.

Triángulo: sostiene las cápsulas de porcelana pequeñas.

Cápsula de porcelana: en ella se quema la materia orgánica.

Rejilla: posee un material ignífugo y en ella se coloca el recipiente que contiene la sustancia a calentar.

Trípode: sostiene instrumentos que van a ser calentados.

Aro: soporta las cápsulas de tamaño pequeño.

Pinzas de soporte: nos ayudan a asir materiales calientes.

Termómetro: indica la temperatura de las muestras.

Gradilla: para tubos de ensayo.

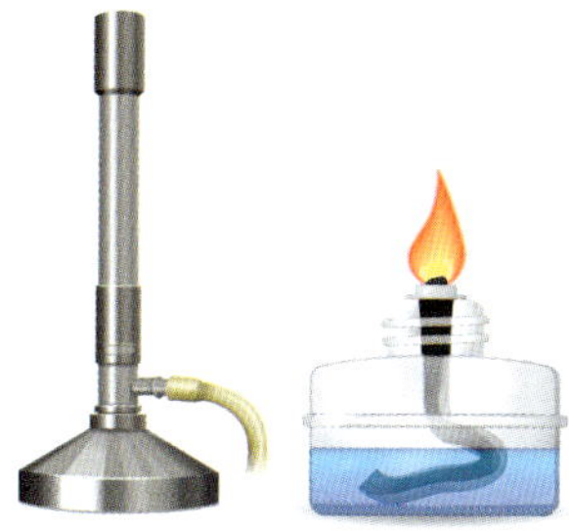

Mechero de alcohol: utiliza alcohol como combustible.

Mechero Bunsen: utiliza gas como combustible.

Escobilla: con ella se limpian los tubos de ensayo y otros materiales.

Pinzas: para tubos de ensayo.

Cucharilla y espátula: sirven para tomar reactivos sólidos o muestras.

4.4. Instrumental para separar muestras

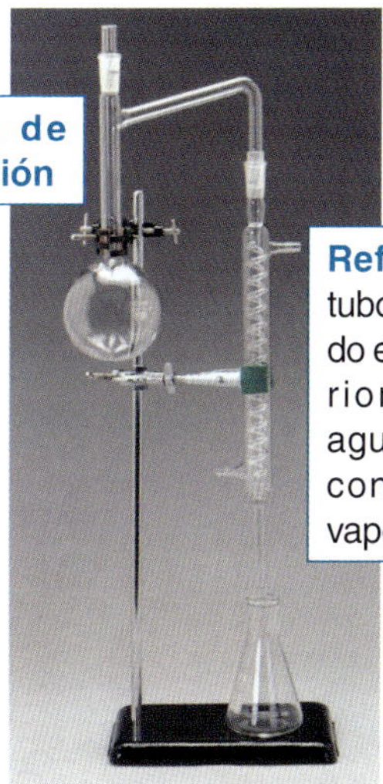

Matraz de destilación

Refrigerante: tubo encamisado en cuyo interior discurre agua fría para condensar el vapor.

Equipo de destilación

Embudo de decantación: separa sustancias de diferente densidad.

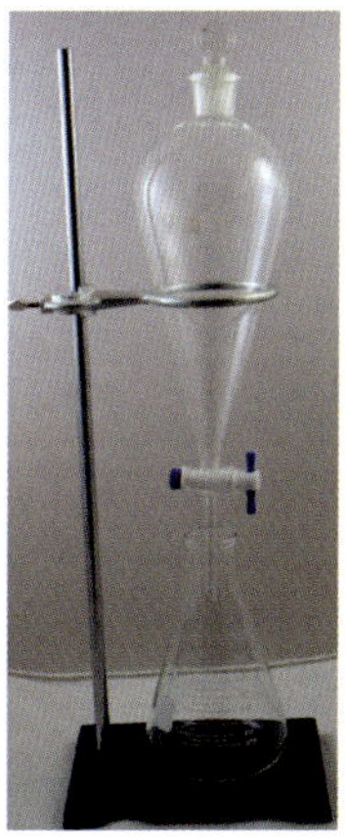

Equipo de decantación

Embudo Büchner

Equipo de filtración

Desecador: elimina la humedad de los reactivos o de las muestras.

Cristalizador: en él se forman cristales de sales disueltas en agua y otro disolvente.

4.5. Otros instrumentos

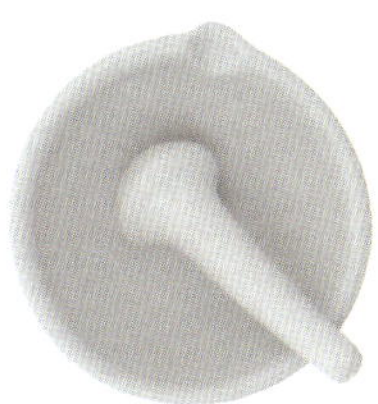

Mortero: se utiliza para moler los reactivos sólidos o las muestras. Puede ser de porcelana o de vidrio.

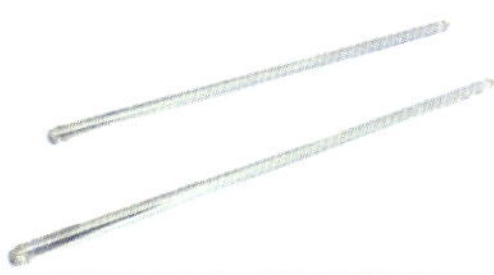

Varilla de vidrio: permite agitar las disoluciones a altas temperaturas o con reactivos corrosivos.

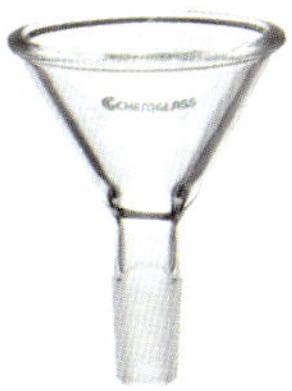

Embudo: su función es permitir que los líquidos se añadan sin derramarlos.

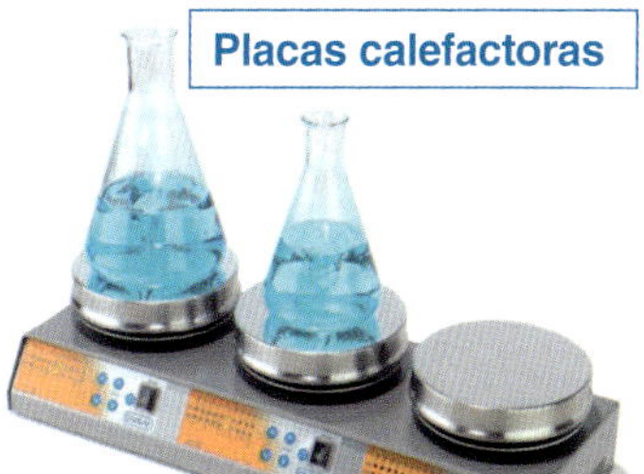

Placas calefactoras

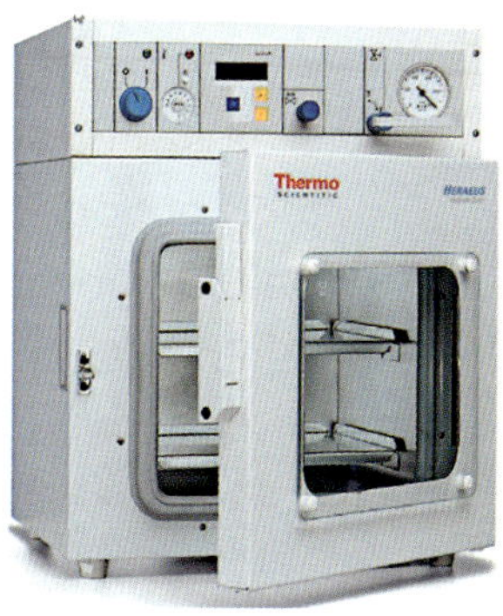

Estufa de laboratorio

a Actividades y tareas

1. ¿Cómo se consigue una medida del volumen exacto en una pipeta, una probeta o una bureta?

El agua, cuando asciende por un tubo, se adhiere a las paredes de este debido a las fuerzas de adhesión, por ello, forma un menisco o curvatura. Para medir exactamente el volumen de un líquido, el ojo del observador debe estar a la misma altura del nivel del líquido y comprobar que el menisco se sitúa en la marca o división correspondiente (como marca la figura).

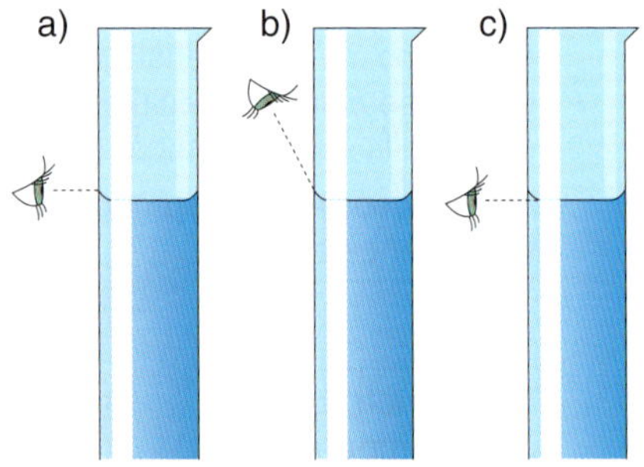

Las observaciones a y b son incorrectas, la c es la correcta.

Vamos a utilizar diferentes instrumentos para medir volúmenes. Copia y completa el siguiente cuadro en tu cuaderno, señalando los volúmenes máximo y mínimo que podemos medir con el instrumento seleccionado. Utilizaremos, como medida adecuada, el volumen medio.

Instrumento	Volumen mínimo	Volumen máximo	Volumen medio
Matraz			
Vaso de precipitados			
Probeta			
Pipeta			
Bureta			

CUADERNO

2. En relación al tipo de materiales con los que se construye el instrumental de laboratorio:
   a) Realiza una lista de los mismos.
   b) ¿Cuáles son las características de cada uno de ellos?
   c) Realiza una comparación ente el plástico y el vidrio.
   d) ¿Qué ventajas encuentras en la utilización del vidrio?
   e) ¿Siempre se utiliza vidrio?
   f) ¿En qué otros contextos utilizamos el vidrio Pyrex?

Investiga y trabajo colaborativo

3. ¿Cómo se utiliza una pipeta?

- Se sostiene con los dedos pulgar y corazón (nos podemos ayudar del dedo anular).
- Absorbemos con la boca el contenido del líquido a medir hasta un poco más del volumen deseado. ¡Mucho cuidado! Si el líquido es peligroso, se utilizará una pera para este paso.
- Tapamos la pipeta con el dedo índice.
- Dejamos que entre un poco de aire hasta que el líquido llegue al volumen requerido.

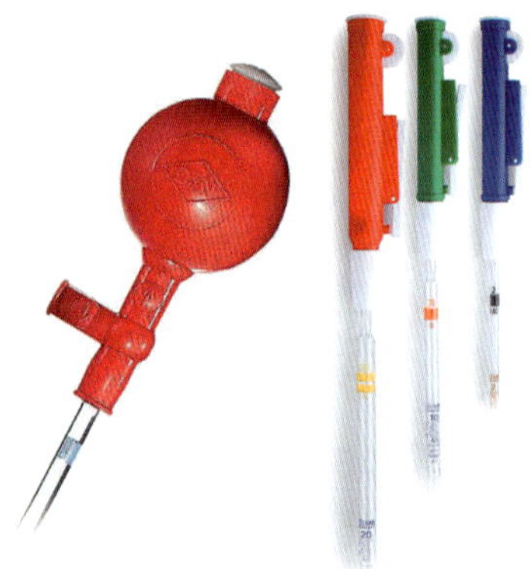

En la actualidad, para medir volúmenes muy pequeños o cuando se requieren resultados muy precisos, se utilizan pipetas automáticas. Busca información sobre este utensilio y:

a) Selecciona imágenes de al menos dos tipos diferentes de pipetas.
b) ¿Qué rangos de volúmenes miden?
c) ¿En qué campos de la ciencia se utilizan?
d) Por parejas, elaborad un mural que recoja los diferentes tipos de pipetas que existen, sus usos y modo de empleo. Podéis utilizar imágenes de vuestro trabajo en el laboratorio para describir el proceso de utilización de las pipetas.

4. Indica la función principal del siguiente instrumental según su uso:

Vidrio de reloj, pipeta graduada, bureta, Erlenmeyer, matraz, vaso de precipitado, embudo de decantación, cristalizador, trípode, soporte, frasco de reactivos.

Medir volúmenes de líquidos	
Calentar preparaciones	
Contener reactivos y otras sustancias	
Separar sustancias	
Complementario	

5. Observa la siguiente imagen y escribe en tu cuaderno el nombre del material de laboratorio que aparece en la misma.

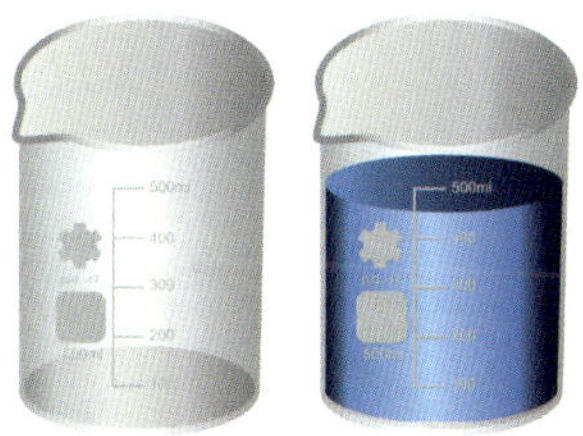
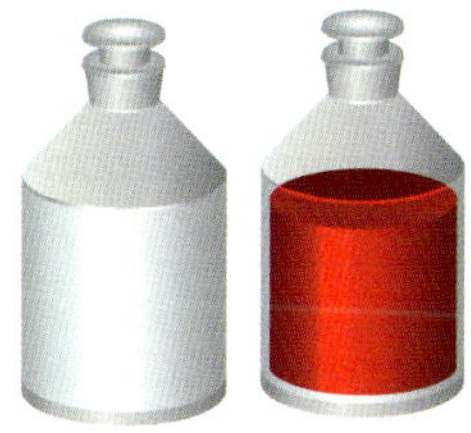
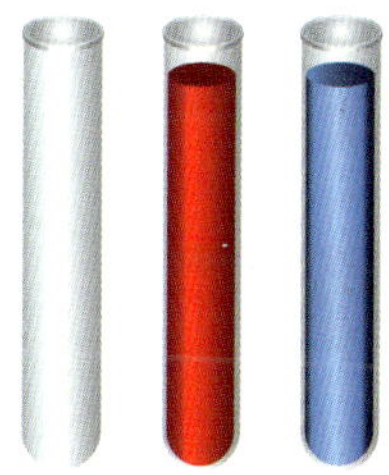
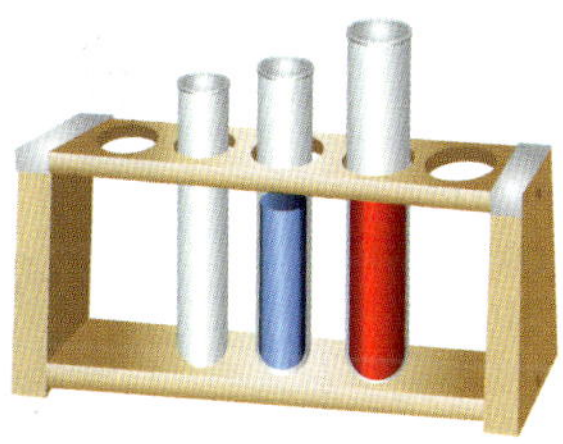

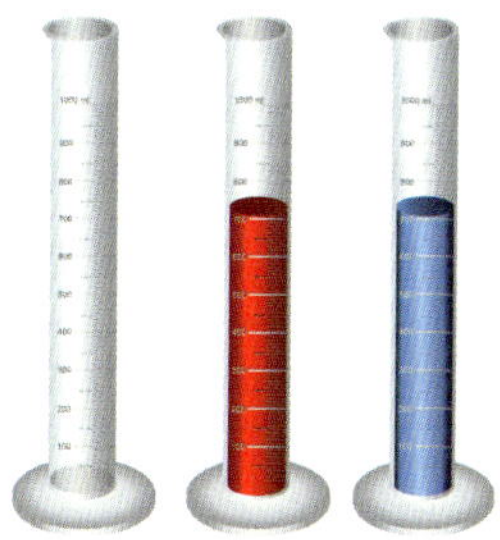
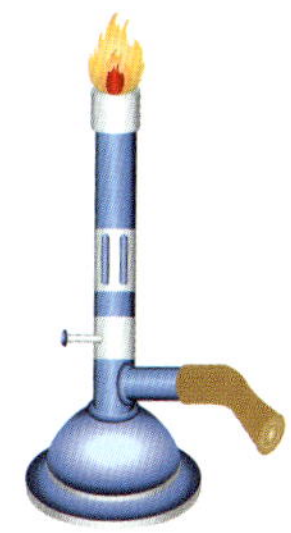
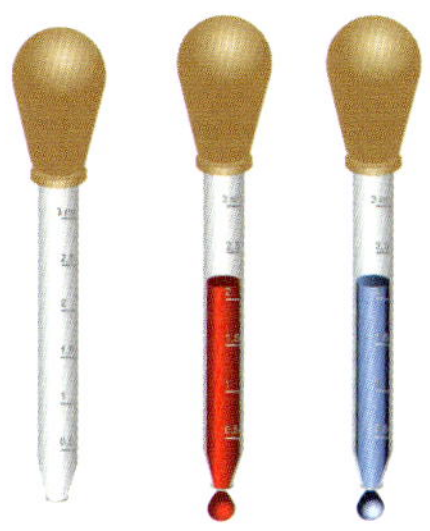
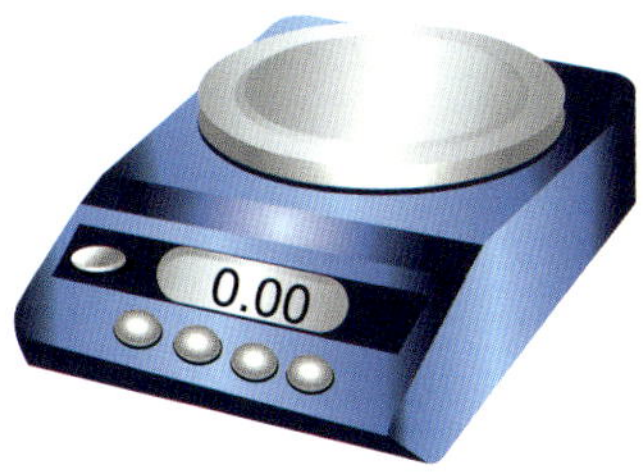

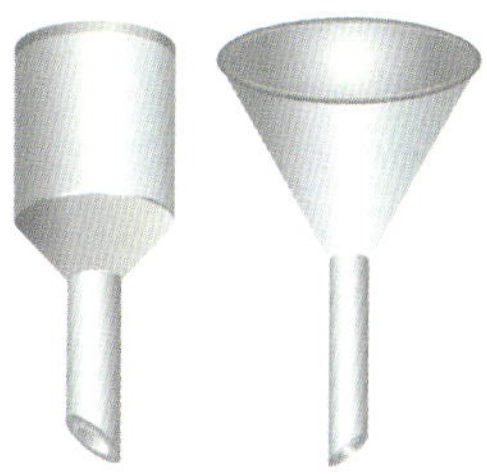
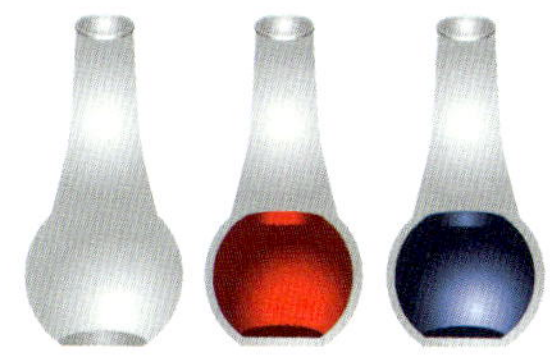

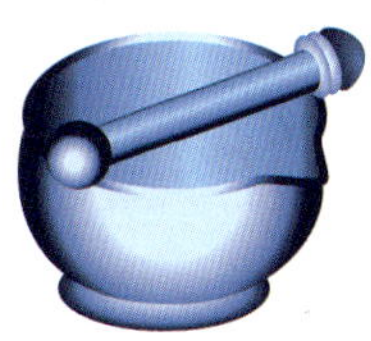
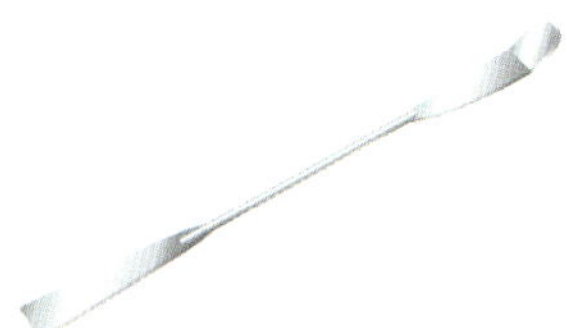

5. El microscopio

El ojo humano no puede ver imágenes de un tamaño menor a 0,1 mm (100 μm), por ello, se han desarrollado instrumentos que permiten hacer visibles los objetos invisibles a nuestros ojos.

Los primeros microscopios fueron construidos en el siglo XVII, y permitieron describir estructuras celulares. Existen diferentes tipos de microscopios dependiendo de la imagen que nos proporcionen:

- **Microscopio óptico:** utiliza la luz natural (reflejada mediante un espejo) o artificial, para iluminar la preparación. Nos proporciona un aumento máximo de 1500 a 2000 aumentos.

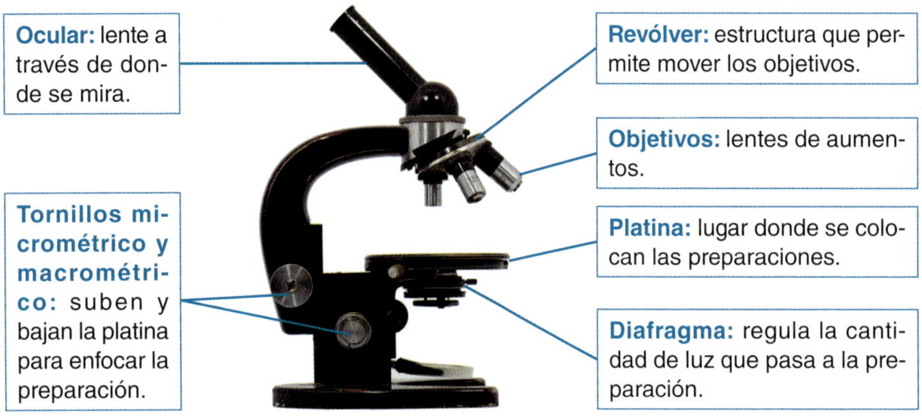

- **Microscopio electrónico:** utiliza un haz de electrones para iluminar la muestra; hay dos tipos: de **transmisión** y de **barrido.** Este último nos proporciona imágenes del exterior de la muestra, imágenes en volumen. Nos permiten aumentar las muestras hasta un millón de veces.

Pasos a seguir para visualizar las muestras

1. La muestra se coloca sobre el portaobjetos, y sobre ella se sitúa el cubreobjetos.
2. Se deposita sobre la platina.
3. Para iniciar la observación colocamos en el revólver, sobre la muestra, el objetivo de menor aumento.
4. Miramos por el objetivo, y con el tornillo macrométrico subimos hasta el máximo la platina. Para enfocar, comenzamos a subir la preparación hasta que la visión sea nítida.
5. Si queremos ver la preparación con más aumentos, cambiamos de objetivo y enfocamos ahora con el tornillo micrométrico.

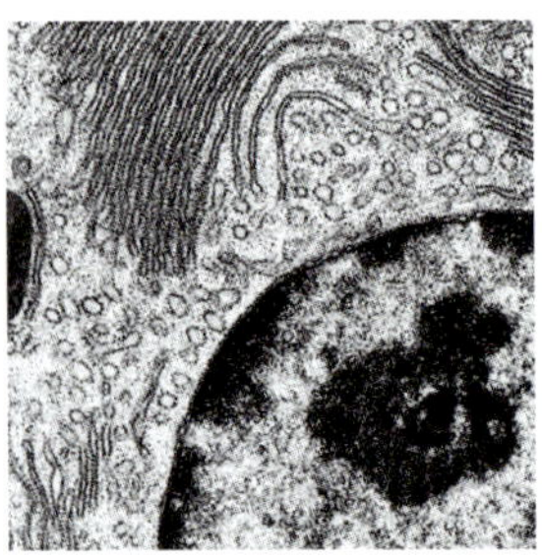
Imagen del interior celular (núcleo y RER en el microscopio electrónico de transmisión).

Imágenes de bacterias *(Staphylococcus)* vistas con un microscopio electrónico de barrido.

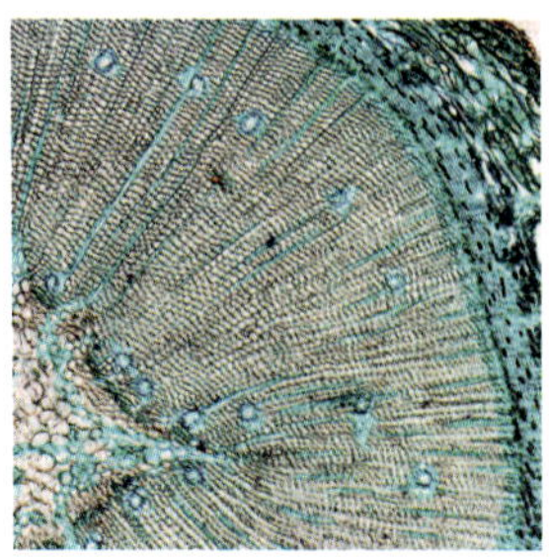
Imágenes de tallo del pino teñidas, vistas al microscopio óptico.

!

Instrumentos para trabajar con muestras biológicas

- Cubreobetos y portaobjetos.
- Lanceta.
- Escalpelo.
- Asa de siembra para cultivos celulares (sobre todo, bacterias).
- Pinzas.
- Tijeras de disección.
- Cubeta de tinción.

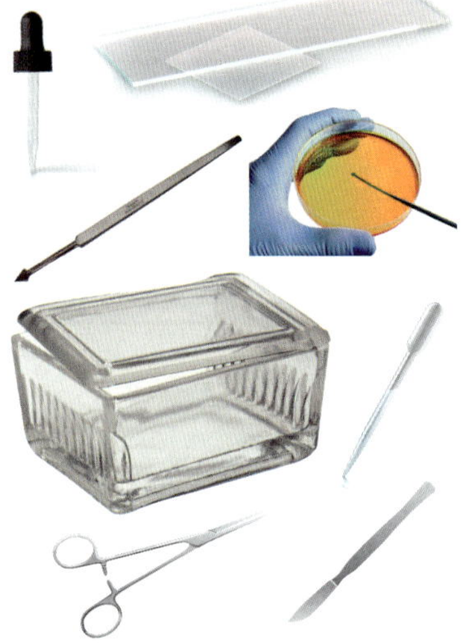

!

La lupa binocular

Es un instrumento de laboratorio que nos permite observar a gran tamaño estructuras macroscópicas. Proporciona un aumento menor que el del microscopio, pero el campo visual es mayor. El procedimiento de uso es igual que el del microscopio.

a Actividades y tareas

1. Busca información sobre los siguientes científicos que intervinieron en el desarrollo del microscopio: Galileo, Leeuwenhoek, Ernst Ruska, Hooke, Malpighi, Abbe, Max Knoll, Hans Janssen y Zacharias Janssen.

   Realiza una línea del tiempo marcando su contribución y una ilustración del tipo de microscopio, así como el año en que lo realizaron.

2. Observa las siguientes fotografías y, utilizando el gráfico, señala qué microscopio se ha utilizado en cada una de ellas:

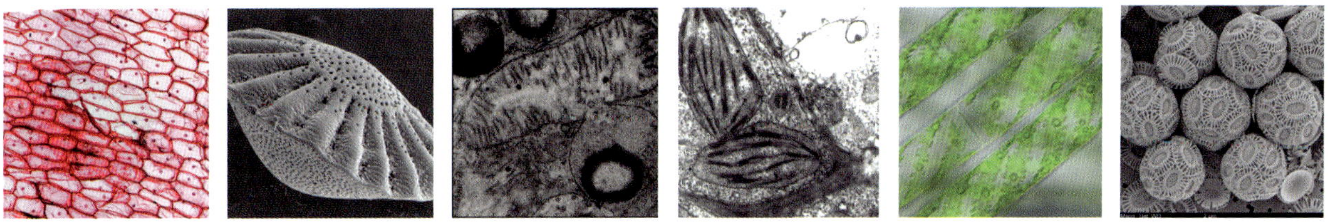

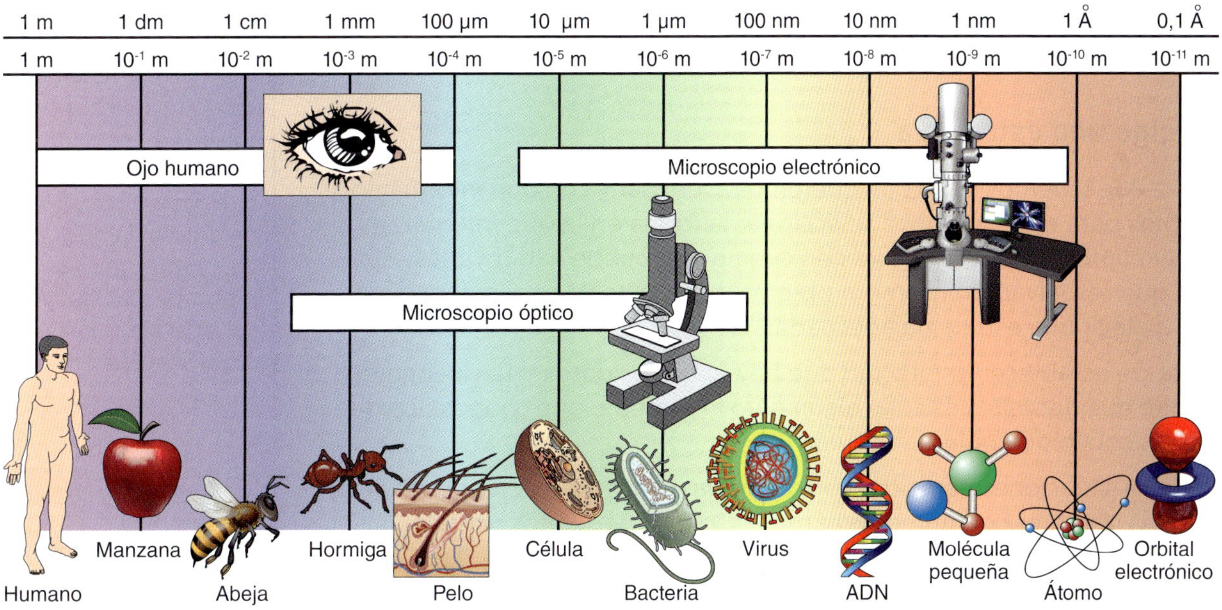

Práctica científica

3. Observación de células de cebolla con el microscopio. Para realizar esta práctica, debemos seguir los pasos descritos sobre el uso del microscopio.

Material necesario

- Microscopio.
- Cebolla.
- Bisturí.
- Portaobjetos y cubreobjetos.
- Frasco lavador.
- Pinzas.

Procedimiento

- Se toma una fina capa de la epidermis de una cebolla (capa interna).
- Con una pinza, se coloca sobre un portaobjetos (porta) de forma que no queden dobleces. Se añade una gota de agua y se cubre con el cubreobjetos (cubre).
- El portaobjetos se coloca sobre la platina y se sujeta con las pinzas.
- Se continúa el proceso como se ha explicado anteriormente.

Observa la preparación y responde a estas cuestiones:

a) Dibuja lo que ves a través del microscopio utilizando los tres aumentos. Señala los aumentos que te proporciona cada objetivo.

b) ¿Qué aspecto tienen las células? ¿Qué forma geométrica presentan? ¿Por qué?

c) ¿Qué se ve en su interior?

6. Resolución de problemas

En el trabajo científico y la actividad matemática surge continuamente la necesidad de resolver problemas. Aunque estos problemas pueden ser muy distintos unos de otros, existen algunas pautas muy útiles para resolverlos y que pueden aplicarse en la gran mayoría de casos.

6.1. Comprende el problema

Para tener éxito en la resolución de un problema, antes de nada tenemos que entender a la perfección dicho problema. Para ello conviene desarrollar los siguientes pasos:

- Lee despacio el enunciado y asegúrate de entender todo lo que dice.
- Identifica todos los datos que nos ofrecen. Escríbelos aparte.
- Identifica las incógnitas. ¿Qué queremos averiguar?
- Representa gráficamente o mediante un esquema la situación que se plantea, siempre que sea posible.

6.2. Elige una estrategia

Una vez que tenemos claro qué queremos averiguar y con qué información contamos para ello, debemos seleccionar la forma en la que intentaremos resolver el problema. Debes tener en cuenta que puede haber varias estrategias que resuelvan un mismo problema. Los siguientes consejos te ayudarán a elegir una estrategia adecuada:

- Trata de establecer la relación que hay entre los datos y las incógnitas. Puede que necesites calcular algún dato intermedio que conecte los que te dan con lo que quieres calcular.
- Imagina situaciones parecidas con datos más sencillos, inventándote problemas similares con números naturales lo más pequeños posible.
- Intenta recordar algún problema parecido que ya hayas resuelto alguna vez.
- Utiliza el tanteo: imagina posibles soluciones y comprueba si se ajustan a la situación descrita. ¿Consigues acercarte a la solución?

6.3. Aplica tu estrategia y trata de resolver el problema

Aplica lo que has decidido en el apartado anterior. Explica cada paso que des y piensa si lo que estás haciendo te sirve para algo. Debes ser flexible y cambiar la estrategia si al emplearla descubres que no es la más conveniente. En caso de bloquearte, vuelve al principio y revisa cada uno de los pasos.

6.4. Comprueba la solución

Cuando llegues a un resultado final debes comprobar que:

- Responde a lo que se planteaba en el problema.
- Cuadra con los datos que nos facilitaban y cumple lo establecido en el enunciado.

Además, tienes que asegurarte de que escribes correctamente esta solución, dejando clara cuál es tu respuesta y utilizando las unidades adecuadas.

Los problemas en la vida real

En el instituto, la mayoría de los problemas relacionados con las matemáticas y la ciencia se plantean con un enunciado en el que ya se incluyen unos datos concretos y una pregunta determinada. En la vida real, cuando se aborda un problema científico o técnico, la primera dificultad está precisamente en aclarar qué datos son necesarios y cuál es la pregunta adecuada. En relación a esto Albert Einstein dijo: «Si yo tuviera una hora para resolver un problema, y mi vida dependiera de la solución, gastaría los primeros 55 minutos en determinar la pregunta apropiada, porque una vez conociera la pregunta correcta, yo podría resolver el problema en menos de cinco minutos».

Ampliando el problema

Si un problema te parece interesante, no dudes en ir un poco más lejos una vez que lo resuelvas. Trata de variar ligeramente el enunciado, viendo cómo afectan estos cambios a las nuevas soluciones. Explora todas las opciones que se te ocurran e inventa tus propios problemas tratando de encontrar reglas generales para todos los problemas del mismo tipo.

a Actividades y tareas

1. Carlos ha comprado 3 litros de helado y 5 paquetes de 6 yogures cada uno. Cada litro de helado le cuesta 4 € y el paquetes de 6 yogures, 1,5 €. ¿Cuánto dinero ha gastado más en helado que en yogures?

   a) Copia y completa la siguiente tabla con los datos que nos dan en el enunciado:

Producto	Ha comprado	Precio
Helado		
Yogur		

CUADERNO

   b) ¿Qué queremos averiguar?

   c) Explica la estrategia que piensas seguir para resolver el problema a partir de los datos que has escrito en la tabla. ¿Qué vas a calcular primero? ¿Cómo vas a llegar a la respuesta que nos piden?

   d) Aplica la estrategia que has elegido en el apartado anterior y resuelve el problema. Escribe claramente la respuesta final. ¿Responde a la pregunta que se desarrolla en el enunciado? ¿Tiene sentido según la situación descrita?

   e) Vamos a ampliar el problema planteándonos una nueva pregunta: ¿Cuántos yogures tendría que comprar para gastar lo mismo en yogures que en helado?

2. Elena hace una encuesta en su clase sobre el deporte que practican sus compañeros y obtiene los siguientes resultados:

   - 15 alumnos juegan al fútbol.
   - 13 alumnos juegan al baloncesto.
   - 6 alumnos practican natación.
   - 4 alumnos juegan al fútbol y al baloncesto.
   - 3 alumnos practican baloncesto y natación.
   - No hay ningún alumno que practique natación y fútbol.
   - 1 alumno practica los tres deportes.

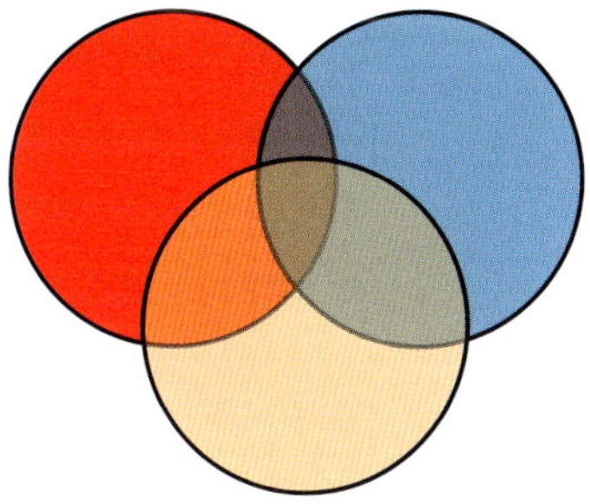

   ¿Cuántos alumnos practican solo fútbol? ¿Cuántos, solo baloncesto? ¿Cuántos, solo natación?

   Ayuda: Completa un diagrama como el de la figura. Usa un círculo para cada deporte y sitúa a los alumnos que practican varios deportes en las intersecciones.

3. Una plataforma de cine *online* ofrece dos tipos de suscripciones:

   - Normal, en la que se pagan 20 € al año de cuota fija y 6 € por cada película.
   - Premium, en la que se pagan 40 € al año de cuota fija y 5 € por cada película.

   Joaquín tiene previsto alquilar una película a la semana durante todo el año. ¿Qué tipo de suscripción le interesa contratar?

4. En un concurso de televisión le ofrecen al concursante tres cajas, entre las que debe elegir una. Solo una de las cajas contiene un premio. Para ayudarle a elegir, delante de cada caja hay un letrero, aunque el presentador avisa al concursante de que solo uno de ellos dice la verdad:

Esta caja está vacía

Esta caja tiene el premio

La caja del centro está vacía

   ¿Qué caja debe elegir el concursante?

CMCT CEC

1. La unidad de medida más importante del antiguo Egipto era el codo real. Busca información sobre esta unidad de medida y realiza con tus compañeros las siguientes actividades:

a) ¿A cuántos metros equivale un codo real egipcio?

b) Si un codo real se subdividía en 7 palmos y cada palmo a su vez equivalía a 4 dedos, ¿cuántos centímetros mide un palmo egipcio? ¿Y un dedo?

c) En el interior de la gran pirámide de Guiza, en las afueras de El Cairo, se encuentra la cámara real, cuya planta es un rectángulo de 10 x 20 codos reales. ¿Cuáles son sus dimensiones en el Sistema Internacional de Unidades?

CMCT CPAA

2. Medir el grosor de un folio de papel puede ser muy difícil ya que necesitaríamos un aparato de medidas muy preciso. Podemos hacerlo utilizando una regla normal y corriente si en lugar de un único folio medimos un paquete de 100 o más folios y luego dividimos el resultado entre el número de folios que lo forman.

a) Utiliza este procedimiento para medir el grosor de un folio y expresa el resultado en unidades del Sistema Internacional de Medidas.

b) Si doblamos el folio por la mitad, ¿cuánto medirá ahora?

c) Si volvemos a doblar el folio por la mitad, ¿cuál será su grosor?

d) Calcula el grosor que tendría un folio doblado por la mitad 10 veces.

e) Intenta doblar un folio por su mitad todas las veces que puedas. ¿Cuántas veces has podido hacerlo? Relaciona lo que ha sucedido con los resultados obtenidos en los apartados anteriores.

CMCT CPAA

3. Emplea el mismo método que en el ejercicio anterior para medir el peso de un folio. Expresa el resultado en gramos y en kilogramos.

CMCT CEC

4. En estas obras pictóricas se muestra al neurólogo Luis Simarro. Obsérvalas y busca información sobre este médico y contesta las siguientes cuestiones:

a) ¿Qué pintor es el autor de estas obras?

b) Indica en qué año nació y en cuál falleció este investigador. ¿Cuáles fueron sus aportaciones a la ciencia?

c) ¿Qué instrumental de laboratorio observas en la imagen?

d) ¿Qué tipo de microscopio utilizaba para sus estudios anatómicos?

5. Las siguientes cinco figuras forman un tetrominó. ¿Te suenan de algo?

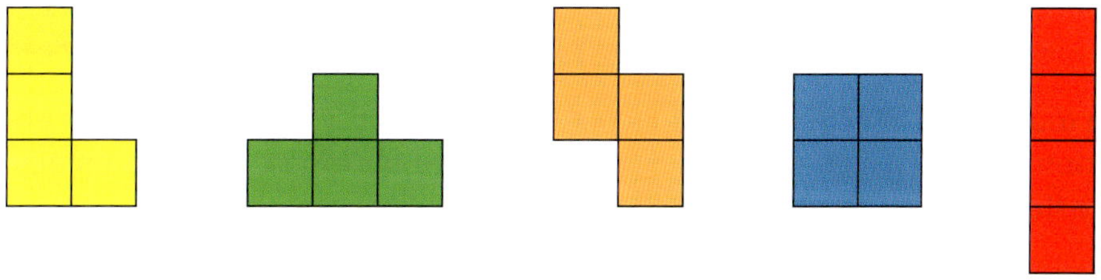

Como puedes ver, está formado por todas las figuras que pueden construirse con cuatro cuadrados (*tetra* significa cuatro), colocados con al menos uno de sus lados en contacto. Las figuras que son simétricas unas de otras solo cuentan como una. Por ejemplo, estas dos figuras de la derecha cuentan como una sola:

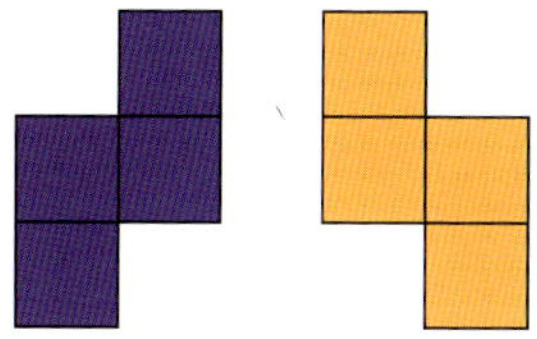

Ahora es vuestro turno. Tenéis que construir un pentominó, que está formado por figuras construidas con cinco cuadrados.

a) Formad equipos de dos o tres alumnos siguiendo las instrucciones de vuestro profesor. En cada grupo, dibujad todas las fichas de pentominó que se os ocurran. Tenéis diez minutos.

b) Ahora, siguiendo de nuevo las instrucciones de vuestro profesor o profesora, formad nuevos grupos de dos o tres alumnos de modo que no coincidáis con ningún compañero del grupo anterior. Comparad las figuras que habéis obtenido en cada grupo y dibujad en vuestros cuadernos todas las opciones que habéis encontrado. Recordad que las figuras simétricas solo cuentan como una.

6. La siguiente tabla muestra las distancias, expresadas en millas, entre las principales ciudades de Estados Unidos. Para consultar la distancia entre dos ciudades debes elegir la fila de la ciudad de origen y buscar la columna correspondiente a la ciudad de destino.

a) Ana está pensando en hacer un viaje por la costa oeste en coche. Su plan es comenzar en Seattle y terminar en Los Ángeles, pasando por San Francisco, Las Vegas y Phoenix. Calcula la distancia que recorrería y expresa el resultado en kilómetros.

b) Si su plan es emplear diez días para este viaje, ¿cuántos kilómetros recorrerá de media cada día?

c) Diseña tu propio viaje por los Estados Unidos. Localiza en un mapa las ciudades de la tabla (utiliza Google Maps u otra aplicación de mapas en la web) y decide qué ciudades visitarás y en qué orden. Calcula la distancia total que recorrerías, exprésala en kilómetros y di cuántos días te llevaría hacer este viaje.

	Atlanta	Boston	Chicago	Dallas	Denver	Houston	Las Vegas	Los Ángeles	Miami	Nueva Orleans	Nueva York	Phoenix	San Francisco	Seattle	Washington D.C.
Atlanta		1095	715	805	1437	844	1920	2230	675	499	884	1832	2537	2730	657
Boston	1095		983	1815	1991	1886	2500	3036	1539	1541	213	2664	3179	3043	44
Chicago	715	983		931	1050	1092	1500	2112	1390	947	840	1729	2212	2052	695
Dallas	805	1815	931		801	242	1150	1425	1332	504	1604	1027	1765	2122	1372
Denver	1437	1991	1050	801		1032	885	1174	2094	1305	1780	536	1266	1373	1635
Houston	844	1886	1092	242	1032		1525	1556	1237	365	1675	1158	1958	2348	1443
Las Vegas	1920	2500	1500	1150	885	1525		289	2640	1805	2486	294	573	1188	2568
Los Ángeles	2230	3036	2112	1425	1174	1556	289		2757	1921	2825	398	403	1150	2680
Miami	675	1539	1390	1332	2094	1237	2640	2757		892	1328	2359	3097	3389	1101
Nueva Orleans	499	1541	947	504	1305	365	1805	1921	892		1330	1523	2269	2626	1098
Nueva York	884	213	840	1604	1780	1675	2486	2825	1328	1330		2442	3036	2900	229
Phoenix	1832	2664	1729	1027	836	1158	294	398	2359	1523	2442		800	1482	2278
San Francisco	2537	3179	2212	1765	1266	1958	573	403	3097	2269	3036	800		817	2864
Seattle	2730	3043	2052	2122	1373	2348	1188	1150	3389	2626	2900	1482	817		2755
Washington D.C.	657	440	695	1372	1635	1443	2568	2680	1101	1098	229	2278	2864	2755	

El mejor trayecto

El siguiente esquema muestra la red de Metro de la ciudad de Logos. El número escrito entre cada dos estaciones indica el tiempo que tarda el tren en ir de una a otra. Además, en cada estación en la que coinciden dos líneas está escrito, en azul, el tiempo que lleva cambiar de una línea a otra.

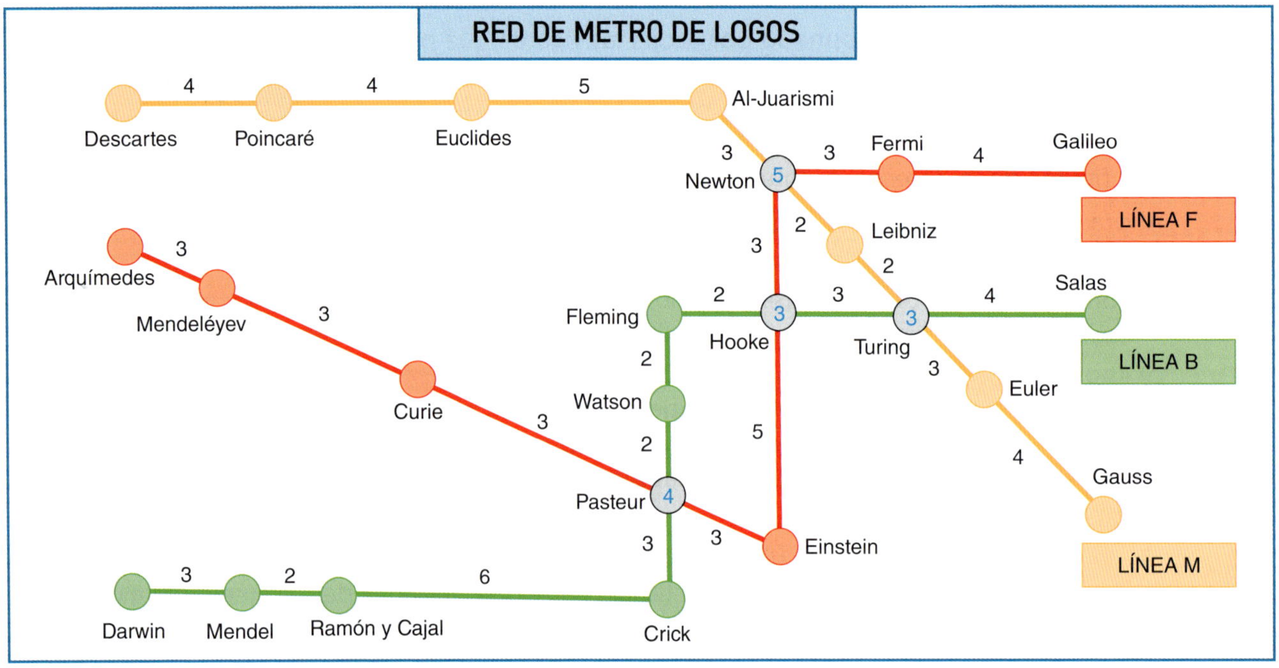

Por otra parte, en esta ciudad el precio del billete depende del número total de estaciones que se recorran en el trayecto. La siguiente tabla muestra estas tarifas:

Estaciones	Tarifa
De una a cuatro estaciones	0,25 € por cada estación
De cinco a siete estaciones	0,22 € por cada estación
De ocho a diez estaciones	0,20 € por cada estación
Más de 10 estaciones	Precio fijo de 2 €

Actividades

Alberto quiere ir desde la estación Mendel hasta la estación Fermi:

Actividad 1: Escribe todos los trayectos posibles para este recorrido.

Actividad 2: Calcula el tiempo que tardaría en cada uno de ellos.

Actividad 3: Calcula cuánto le costaría cada una de esas opciones.

Actividad 4: Ordena la información que has obtenido en las actividades anteriores completando en tu cuaderno una tabla como la siguiente:

Trayecto	Estaciones	Tiempo	Coste
1	•••	•••	•••
2	•••	•••	•••
...	•••	•••	•••

Actividad 5: ¿Qué opción es la más rápida? ¿Y la más económica?

El péndulo

Siendo aún estudiante, Galileo Galilei se encontraba en la catedral de Pisa cuando le llamó la atención la forma en que oscilaba una lámpara de aceite que colgaba del techo. Comenzó a hacerse preguntas sobre qué es lo que hace que un péndulo oscile más o menos rápido, y para buscar respuestas utilizó su propio pulso para medir el tiempo, ya que en aquella época los relojes eran aparatos grandes y poco precisos.

Por suerte, y gracias entre otros al trabajo científico del propio Galileo Galilei, hoy en día es fácil contar con un reloj portátil y muy preciso, ya sea el de tu teléfono móvil o un cronómetro de bolsillo. Para resolver el siguiente trabajo de investigación vas a necesitar un reloj, un péndulo y aplicar adecuadamente las fases del método científico.

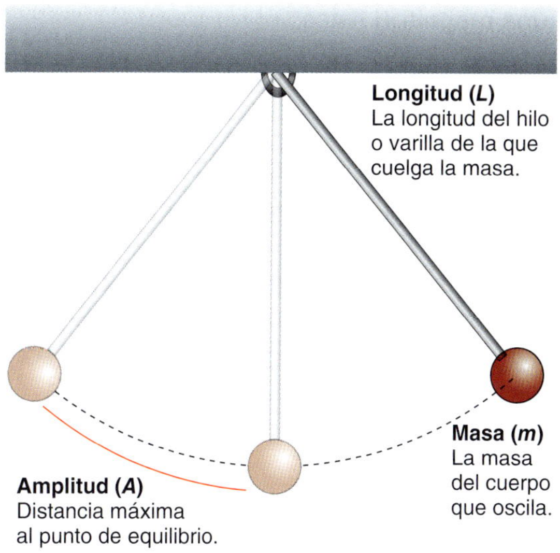

Elementos de un péndulo.

Objetivo:

Determinar, aplicando el método científico, de qué depende el periodo de oscilación de un péndulo.

Procedimiento:

1. **Observación**: Movimiento de oscilación de un péndulo.

2. **Hipótesis**: El periodo de un péndulo es el tiempo que tarda la masa en completar una oscilación, es decir, en volver al punto de partida. En un péndulo simple hay tres magnitudes que podrían influir en el periodo: la masa, la longitud del hilo y la amplitud (el punto desde el que se inicia el movimiento del péndulo). ¿De cuál de estos factores crees que depende que el periodo del péndulo sea más corto o más largo? ¿De qué manera influye? Escribe tu propia hipótesis.

3. **Experimentación**. Construye distintos péndulos en los que solo cambie la magnitud que quieres estudiar. Por ejemplo, si en tu hipótesis has considerado que es la masa la que hace variar el periodo de oscilación del péndulo, realízalos con la misma longitud y amplitud pero con distintas masas.

   Para que tu investigación sea más completa y precisa, repite el experimento con al menos cuatro péndulos distintos. Además, mide 20 oscilaciones y luego divide el resultado entre 20. Así, los errores debidos a tu tiempo de reacción al accionar el cronómetro serán menos importantes.

   Anota tus resultados en una tabla como la del margen.

Magnitud	Tiempo de 20 oscilaciones	Periodo

CUADERNO

4. **Interpretación**. ¿Has obtenido los resultados que esperabas? ¿Se confirma tu hipótesis? Si tu hipótesis no era acertada, puedes revisarla, escribir una nueva y volver a experimentar.

5. **Difusión**. Escribe un breve informe en el que debes incluir un pequeño esquema del experimento o experimentos realizados, los datos que has recogido y la conclusión a la que has llegado.

Evaluación

1. Indica cuál de las siguientes propiedades no es una magnitud física:
   a) La audiencia de un programa de televisión.
   b) La temperatura de un frigorífico.
   c) El interés de una noticia.
   d) El volumen de un recipiente.

2. El reglamento de Fórmula 1 establece un peso mínimo para los coches participantes. Este peso es, incluido el piloto, de 0,62 toneladas. ¿A cuántos kilogramos equivale?
   a) 62 kg
   b) 620 kg
   c) 6 200 kg
   d) 62 000 kg

3. En una lata de refresco se indica que el volumen es de 330 cL. ¿A cuántos metros cúbicos equivale?
   a) 0,33 m^3
   b) 3,3 m^3
   c) 33 m^3
   d) 330 m^3

4. En la clase de Mónica hay 30 alumnos. De ellos, cinco han suspendido matemáticas y seis, inglés. Sabemos que hay tres alumnos que han suspendido las dos asignaturas. ¿Cuántos alumnos no han suspendido ninguna de las dos?
   a) 8 alumnos
   b) 22 alumnos
   c) 19 alumnos
   d) 16 alumnos

5. Para hacer un collar utilizamos cuentas de colores repitiendo siempre el siguiente patrón para colocarlas:

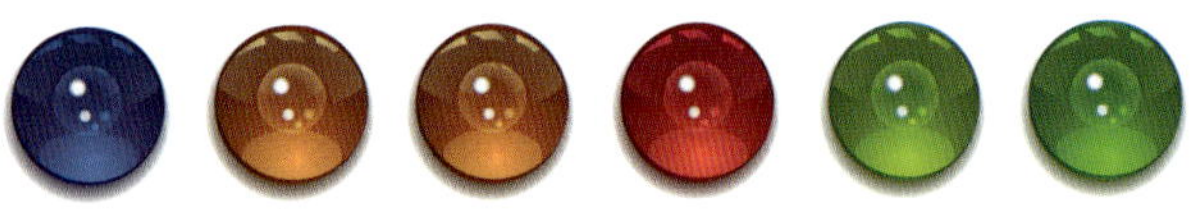

   Si empezamos el collar con una cuenta de color azul y en total tiene 107 cuentas, ¿de qué color es la última que colocamos?
   a) Azul
   b) Naranja
   c) Rojo
   d) Verde

6. En referencia al método científico:
   a) Debe culminar con la comunicación de resultados.
   b) Los experimentos que se planifiquen solo pueden realizarse por el investigador que los diseña.
   c) Los resultados de la investigación acaban siempre con la elaboración de una ley.
   d) Los descubrimientos científicos siempre pueden utilizarse libremente por todas las personas.

7. En referencia al microscopio:
   a) El microscopio óptico se inventó a principios del siglo XX.
   b) Con el microscopio óptico se puede llegar a ver objetos de un tamaño de 10 nm.
   c) El microscopio electrónico de barrido representa imágenes de las superficies de los objetos.
   d) El microscopio óptico actual solo funciona con luz natural.

8. También en referencia al microscopio:
   a) El objetivo es el lugar donde se coloca la preparación.
   b) El tornillo macrométrico sirve para realizar enfoques al cambiar los oculares.
   c) El revólver nos permite mover las diferentes preparaciones.
   d) Al comenzar a observar una preparación, esta se debe encontrar lo más cerca posible del objetivo y enfocar moviendo la platina hacia abajo.

9. Para medir 5 mL exactos de un reactivo tóxico, utilizamos:
   a) La probeta
   b) Un vaso de precipitados
   c) Una báscula
   d) Una pipeta

10. El vidrio Pyrex:
    a) Resiste las altas temperaturas.
    b) Adquiere el aroma de las sustancias que ha contenido.
    c) Es resistente a la corrosión.
    d) Las respuestas *a* y *c* son verdaderas.

Resumen

El método científico comprende cinco etapas: **observación de la realidad, planteamiento de hipótesis** que expliquen el fenómeno observado, planificación y elaboración de **experimentos** que nos permitan comprobar si la hipótesis es cierta, **análisis de los resultados** obtenidos y elaboración de una ley o teoría que generalice los hechos observados, y **comunicación** de los resultados obtenidos.

Una **magnitud física** es aquella que puede medirse de forma objetiva. Para medirla, la comparamos con un patrón o referencia, que denominamos **unidad,** empleando un instrumento de medida. Las unidades oficiales utilizadas en todo el mundo, a excepción de Estados Unidos, Birmania y Liberia, forman el denominado Sistema Internacional de Unidades (SI). En el SI también se definen los múltiplos y submúltiplos de cada unidad y los prefijos para representarlos.

El **instrumental de un laboratorio** está fabricado, en su gran mayoría, de vidrio Pyrex que resulta muy resistente a la temperatura y a la corrosión, y de porcelana. Existen distintos instrumentos para medir volúmenes y para contener reactivos, y hay que saber en cada caso cuál usar.

En muchos laboratorios se utilizan **microscopios.** Pueden ser de varios tipos, si bien, los más generalizados son los ópticos, que utilizan luz natural, y los electrónicos, cuya fuente de iluminación es un haz de electrones. Estos últimos proporcionan más aumentos que los ópticos.

El trabajo científico y matemático se caracteriza por la **resolución de problemas.** Para hacerlo de forma eficiente debes asegurarte de entender bien el problema, elegir una estrategia adecuada, aplicarla adecuadamente y valorar tu resultado comprobando que da respuesta a lo que nos plantea el enunciado. En todo momento debes ser flexible y revisar continuamente tu estrategia, modificándola si fuese necesario.

Mis progresos

Unidad 1	¡Soy muy competente!	Soy competente, pero puedo mejorar	Soy competente, pero debo mejorar	Me faltan competencias. ¡Debo esforzarme mucho más!
¿Sé aplicar lo aprendido?	Conozco las etapas del método científico y las aplico en situaciones reales sin dificultad.	Conozco las etapas del método científico y las aplico en situaciones reales con alguna dificultad.	Conozco las etapas del método científico, pero tengo muchas dificultades para aplicarlas en situaciones reales.	No conozco las etapas del método científico.
Sé hacer…	Conozco las principales unidades del SI y cambio de unidades con soltura.	Conozco las principales unidades del SI y cambio de unidades con alguna dificultad.	Conozco solo algunas de las principales unidades del SI y cambio de unidades con dificultad.	No conozco las principales unidades del SI ni sé cambiar correctamente de unidades.
La tecnología y yo…	En mis trabajos de investigación, utilizo las TIC de forma eficiente para buscar información y exponer mis resultados y conclusiones adecuadamente.	En mis trabajos de investigación, utilizo las TIC de forma eficiente para buscar información.	En mis trabajos de investigación, utilizo frecuentemente las TIC para buscar información.	No utilizo adecuadamente las TIC en mis trabajos de investigación, ni para buscar información ni para exponer mis resultados.
¿Sé trabajar en grupo?	Asumo mi rol sin interferir en el trabajo de los demás y aporto ideas al grupo.	Asumo mi rol y aporto ideas al grupo, pero suelo interferir en el trabajo de los demás.	Asumo mi rol, no aporto ideas al grupo e interfiero en el trabajo de los demás.	No asumo mi rol e interfiero en el trabajo de los demás sin aportar ideas al grupo.

Tu asociación de alumnos

Situación de partida

Rompiendo el hielo

Las dinámicas para romper el hielo (*icebreaker* en inglés) son actividades de grupo pensadas para hacer que los participantes comiencen a conocerse. Se utilizan habitualmente para fomentar la creación de equipos. Algunas sirven para animar a las personas que forman el grupo a compartir cierta información personal (nombre, aficiones, inquietudes...) mediante juegos. Otras promueven el trabajo en equipo mediante situaciones que requieren de la colaboración de todos. Así se consigue que todos empiecen a conocerse un poco mejor y a trabajar juntos de forma relajada y amena. Algunos ejemplos son:

La pelota

Esta actividad es ideal para grupos de 10 a 15 personas. Se sitúa a los participantes formando un círculo y se entrega una pelota a uno de ellos, que debe decir su nombre y pasar la pelota a la persona que está a su derecha. Cuando la pelota vuelva a quien se presentó el primero, este tiene que lanzar ahora la pelota a otra persona al azar a la vez que dice el nombre de esa persona. Así, lo más rápido posible, los participantes deben pasarse la pelota unos a otros diciendo siempre el nombre de quien va a recibirla. Al cabo de unos 5 o 10 minutos habremos conseguido que todos sepan los nombres de los demás.

Cumpleaños

Se trata de una actividad muy sencilla que no nos llevará más de cinco minutos. Consiste simplemente en pedir a todos los miembros del grupo que formen una fila ordenados según su fecha de nacimiento. Es una actividad válida para grupos grandes, de 20 o 30 personas.

Dos verdades y una mentira

Cada participante se presenta al grupo diciendo su nombre. Después cuenta tres cosas sobre él (algo que le guste, su grupo favorito, algún sitio en el que ha vivido, algo divertido que le ocurrió...). De esas tres cosas dos tienen que ser ciertas y una, falsa. Al acabar su presentación el resto de miembros del grupo votan para decidir cuál de las tres afirmaciones es mentira. Finalmente, la persona que se presentó aclara cuál es la mentira. Esta actividad funciona muy bien en grupos medianos, de unos 10 miembros y puede durar entre 15 y 20 minutos.

Dibujando de espaldas

Esta actividad se desarrolla en parejas. Sentados espalda con espalda, uno de los participantes debe describir una foto o dibujo que le entregamos para que el otro la dibuje. Se necesitarán varias fotos o dibujos, papel en blanco y lápices de colores. La actividad puede aplicarse en grupos de cualquier tamaño, siempre que se les pueda dividir en parejas, y puede durar entre 10 y 15 minutos.

Antes del proyecto

Lee atentamente el texto y contesta las siguientes preguntas.

1. ¿Por qué crees que son útiles las actividades de romper el hielo?
2. De las actividades citadas en el texto, indica cuáles te parecen más adecuadas para comenzar a conocerse y cuáles para fomentar el trabajo en equipo.

Lo que tenemos que hacer

La primera tarea para vuestra asociación de alumnos es ayudar a los nuevos grupos del instituto a conocerse mejor. Para ello vais a proponer una serie de dinámicas para romper el hielo para que los grupos que quieran las utilicen en su hora de tutoría.

Pasos a seguir

Paso 1. Búsqueda de actividades

Buscad en internet información sobre más tipos de dinámicas para romper el hielo. Seleccionad las cuatro dinámicas que os parezcan más interesantes y, junto las presentadas en el texto anterior, utilizadlas para completar la siguiente tabla en vuestro cuaderno:

Nombre	Descripción	Tamaño del grupo	Tiempo aproximado	Material necesario
La pelota				
Cumpleaños				
Dos verdades y una mentira				
Dibujando de espaldas				

Paso 2. Selección de las más adecuadas

La propuesta seleccionada que va a llevar a cabo vuestra asociación tiene que adecuarse a las siguientes características:

a) Debe poder desarrollarse durante una tutoría. Tened en cuenta no solo la duración de cada actividad, también el tiempo necesario para cambiar de una actividad a otra y organizar el grupo.

b) Debe ser adecuada para el tamaño de lo grupos de tu instituto. Para ello tenéis que explicar cómo se organizarían los alumnos en cada actividad en dos situaciones: un grupo de 30 alumnos y un grupo de 15.

Teniendo en cuenta estos aspectos, seleccionad un conjunto de actividades y elegid el orden en el que se aplicarían. Justificad adecuadamente vuestra elección.

Organizamos la información: presentación y conclusiones

Realizad la primera entrada de vuestro blog presentando las actividades que habéis elegido en el apartado anterior. Tituladla «Rompiendo el hielo» y no olvidéis incluir las explicaciones necesarias (además de dibujos, fotografías o vídeos) para que cualquier grupo del instituto que quiera utilizarlas sepa cómo debe hacerlo.

2 Los números

En esta unidad

1. Divisibilidad
2. Números enteros
3. Números racionales
4. Números decimales
5. Proporcionalidad
6. Porcentajes
7. Potencias

	Vamos a aprender a...	Competencias
Saberes científicos	– Realizar operaciones combinadas entre números enteros, decimales y fraccionarios, con eficacia, mediante el cálculo mental, algoritmos de lápiz y papel, calculadora..., respetando la jerarquía de las operaciones. – Utilizar los conceptos de divisor y múltiplo para la resolución de problemas contextualizados.	CMCT
Lectura y comprensión	– Utilizar y comprender la notación científica como medio para expresar cantidades grandes de forma resumida. – Extraer la información necesaria del enunciado de un problema matemático para resolverlo y expresar correctamente el resultado obtenido.	CMCT CCL
Tratamiento de la información y competencia digital	– Identificar los distintos tipos de números (naturales, enteros, fraccionarios y decimales) y utilizarlos para representar, ordenar e interpretar adecuadamente la información cuantitativa. – Utilizar la calculadora científica y herramientas web como la calculadora WIRIS para resolver y comprobar operaciones con los distintos tipos de números.	CMCT CD
Aprende a aprender ciencia	– Reconocer nuevos significados y propiedades de los números en contextos de resolución de problemas sobre paridad, divisibilidad y operaciones elementales. – Identificar y discriminar relaciones de proporcionalidad numérica y emplearlas para resolver problemas en situaciones cotidianas.	CMCT CPAA
La ciencia en la sociedad	– Usar adecuadamente los distintos tipos de números y sus operaciones, para resolver problemas cotidianos contextualizados, representando e interpretando mediante medios tecnológicos, cuando sea necesario, los resultados obtenidos.	CMCT CSC CEC
Proyecto: Tu asociación de alumnos	– Extraer información de la lectura de textos y el análisis de mapas y gráficas. – Buscar y ampliar información sobre un tema para elaborar una opinión razonada y coherente. – Utilizar tablas para organizar y resumir la información. – Publicar y compartir información en internet.	CMCT CSC SIE

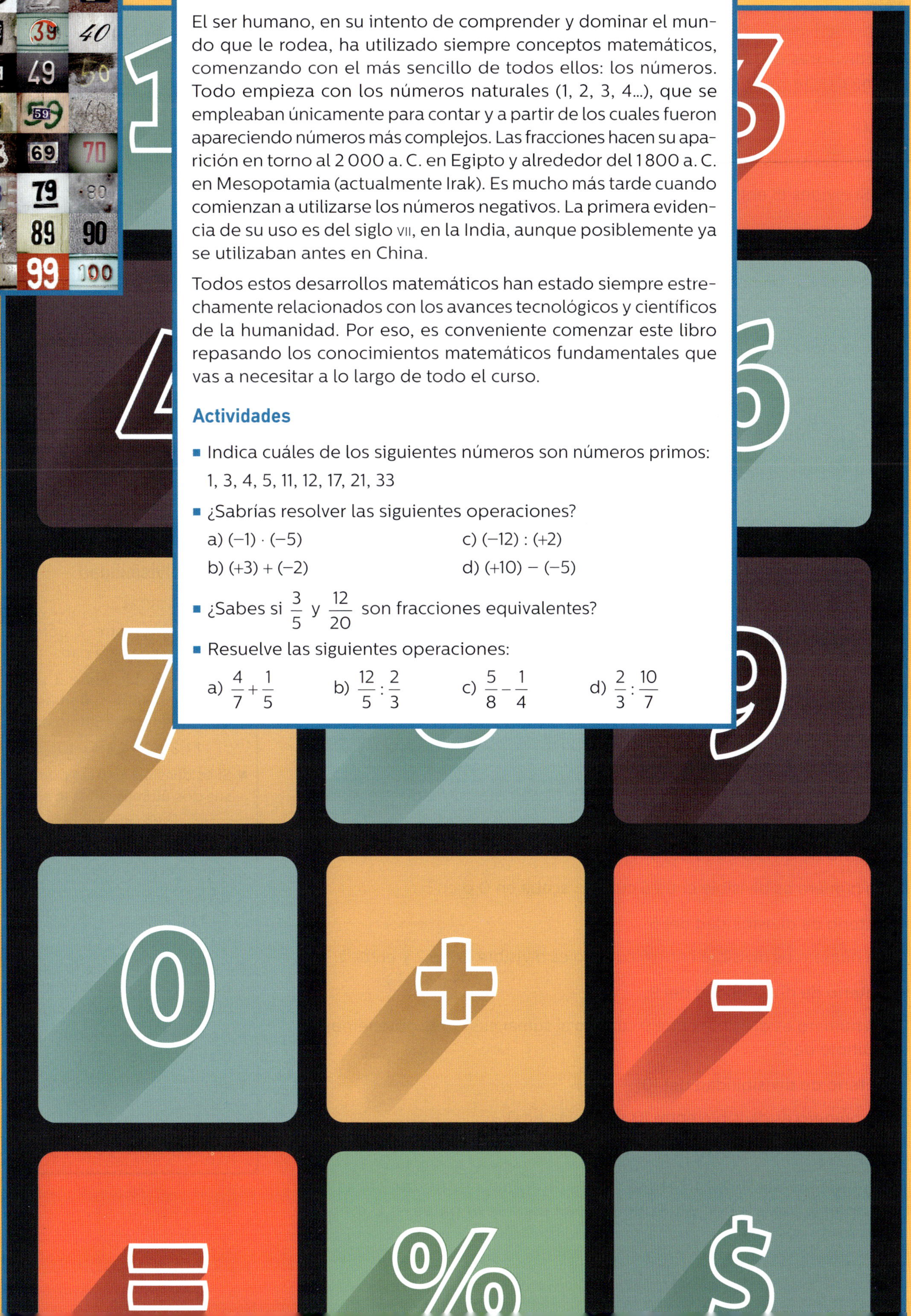

Antes de comenzar

El ser humano, en su intento de comprender y dominar el mundo que le rodea, ha utilizado siempre conceptos matemáticos, comenzando con el más sencillo de todos ellos: los números. Todo empieza con los números naturales (1, 2, 3, 4...), que se empleaban únicamente para contar y a partir de los cuales fueron apareciendo números más complejos. Las fracciones hacen su aparición en torno al 2 000 a. C. en Egipto y alrededor del 1800 a. C. en Mesopotamia (actualmente Irak). Es mucho más tarde cuando comienzan a utilizarse los números negativos. La primera evidencia de su uso es del siglo VII, en la India, aunque posiblemente ya se utilizaban antes en China.

Todos estos desarrollos matemáticos han estado siempre estrechamente relacionados con los avances tecnológicos y científicos de la humanidad. Por eso, es conveniente comenzar este libro repasando los conocimientos matemáticos fundamentales que vas a necesitar a lo largo de todo el curso.

Actividades

- Indica cuáles de los siguientes números son números primos:
  1, 3, 4, 5, 11, 12, 17, 21, 33
- ¿Sabrías resolver las siguientes operaciones?
  a) $(-1) \cdot (-5)$ c) $(-12) : (+2)$
  b) $(+3) + (-2)$ d) $(+10) - (-5)$
- ¿Sabes si $\frac{3}{5}$ y $\frac{12}{20}$ son fracciones equivalentes?
- Resuelve las siguientes operaciones:
  a) $\frac{4}{7} + \frac{1}{5}$ b) $\frac{12}{5} : \frac{2}{3}$ c) $\frac{5}{8} - \frac{1}{4}$ d) $\frac{2}{3} : \frac{10}{7}$

1. Divisibilidad

Los **divisores** de un número natural son los números que lo dividen de forma exacta.

EJEMPLOS

- Los divisores de 15 son: 1, 3, 5 y 15.
- Si divides 15 entre estos números, el resultado es exacto.

Los **múltiplos** de un número natural son aquellos que obtenemos al multiplicarle por otros números naturales o por él mismo.

EJEMPLOS

- Los múltiplos de 4 son: 4, 8, 12, 16, 20, 24, 28, 32, 36, 40, 44, ...
- Todos ellos se obtienen al multiplicar 4 por un número natural.

!

Algunas curiosidades sobre múltiplos y divisores

- Los múltiplos de un número son infinitos.
- Un número es siempre múltiplo y divisor de sí mismo.
- El 1 es divisor de todos los números.

1.1. Criterios de divisibilidad

Existen ciertas reglas, llamadas criterios de divisibilidad, que nos permiten saber si un número puede dividirse de forma exacta por otro dado, o lo que es lo mismo, nos permite saber cuándo un número es múltiplo de otro, sin necesidad de realizar la división. A continuación te mostramos los criterios de divisibilidad de uso más habitual:

- **Criterio de divisibilidad del 2:**

  Un número es divisible entre 2 cuando termina en 0 o número par.

- **Criterio de divisibilidad del 3:**

  Un número es divisible entre 3 cuando al sumar sus cifras obtenemos un múltiplo de 3.

- **Criterio de divisibilidad del 4:**

  Un número es divisible entre 4 cuando el número formado por sus dos últimas cifras es divisible entre 4.

- **Criterio de divisibilidad del 5:**

  Un número es divisible entre 5 cuando acaba en 0 o en 5.

- **Criterio de divisibilidad del 6:**

  Un número es divisible entre 6 cuando es divisible entre 2 y entre 3.

- **Criterio de divisibilidad del 9:**

  Un número es divisible entre 9 cuando al sumar sus cifras obtenemos un múltiplo de 9.

- **Criterio de divisibilidad del 10:**

  Un número es divisible entre 10 si termina en 0.

- **Criterio de divisibilidad del 11:**

  Un número es divisible entre 11 si la diferencia entre las cifras que ocupan lugares pares y las que ocupan lugares impares es 0 o múltiplo de 11.

!

Ejemplo de la aplicación de las reglas de divisibilidad

El número 13024.

- Es divisible entre 2 porque acaba en una cifra par.
- No es divisible entre 3 porque si sumamos sus cifras no obtenemos un múltiplo de 3:

  $1 + 3 + 0 + 2 + 4 = 10$

- Sí es divisible entre 4 porque sus dos últimas cifras lo son:

  $24 : 4 = 6$

- No es divisible entre 5 porque no acaba en 0 o 5.
- No es divisible entre 6 porque aunque sí lo es entre 2 no lo es entre 3.
- No es divisible entre 9 porque si sumamos sus cifras no obtenemos un múltiplo de 9.
- No es divisible entre 10 porque no acaba en 0.
- Es divisible entre 11 porque al restar las cifras de lugares pares e impares obtenemos 0:

  $(1 + 0 + 4) - (3 + 2) = 0$

1.2. Números primos

Los números primos son los números naturales que solo tienen dos divisores: el 1 y ellos mismos.

EJEMPLOS

- El 7 es un número primo porque solo tiene dos divisores: el 1 y el 7.
- El 15 no es un número primo porque tiene más de dos divisores: el 1, el 3, el 5 y el 15.
- El 1 tampoco es un número primo porque solo tiene un divisor: el 1.

Para encontrar todos los números primos menores que 100 se sigue un proceso llamado *criba de Eratóstenes:*

1. En una lista con todos los números naturales menores que 100, tachamos el 1 ya que sabemos que este no es un número primo. El siguiente número sin tachar, en este caso el 2, es un número primo. Dejamos el 2 sin tachar y tachamos todos sus múltiplos (avanzando de dos en dos en la tabla).
2. Una vez tachados los múltiplos de 2, de nuevo el primer número sin tachar es primo. En este caso es el 3, así que lo dejamos sin tachar y tachamos todos sus múltiplos (avanzando de tres en tres) que aún no estén tachados.
3. Repetimos este proceso hasta que encontremos un número primo que elevado al cuadrado sea mayor que 100. En este caso será el 11. En el margen puedes ver cómo se aplica este proceso. Hemos utilizado un color distinto para tachar los múltiplos de cada número.

1	2	3	4	5	6	7	8	9	10
11	12	13	14	15	16	17	18	19	20
21	22	23	24	25	26	27	28	29	30
31	32	33	34	35	36	37	38	39	40
41	42	43	44	45	46	47	48	49	50
51	52	53	54	55	56	57	58	59	60
61	62	63	64	65	66	67	68	69	70
71	72	73	74	75	76	77	78	79	80
81	82	83	84	85	86	87	88	89	90
91	92	93	94	95	96	97	98	99	100

Aplicando la criba de Eratóstenes obtenemos los números primos menores de 100:

2, 3, 5, 7, 11, 13, 17, 19, 23, 29, 31, 37, 41, 47, 53, 59, 61, 67, 71, 73, 79, 83, 89, 91 y 97.

1.3. Descomposición de un número natural en factores primos

Los números que no son primos se denominan compuestos. Se llaman así porque se pueden descomponer en factores primos.

Esto quiere decir que si tenemos un número compuesto, podemos encontrar un conjunto de números primos que multiplicados entre sí nos den como resultado nuestro número compuesto. A este proceso se le denomina descomposición de un número en sus factores primos o **factorización.**

Como ya has visto en cursos anteriores, es muy importante saber calcular la descomposición de un número en factores primos ya que resulta muy útil para resolver numerosos problemas y operaciones matemáticas.

EJEMPLOS

- La descomposición en factores primos de 28 es: $2 \cdot 2 \cdot 7$.
- Esto quiere decir que si multiplicamos estos números obtenemos 28:

$$2 \cdot 2 \cdot 7 = 28$$

- Habitualmente, la descomposición de un número en factores primos se expresa utilizando potencias:

$$28 = 2^2 \cdot 7$$

En el margen puedes ver uno de los muchos procedimientos que nos permiten descomponer un número en factores primos.

!

Descomposición en factores primos mediante un diagrama en árbol

Vamos a descomponer 90 en factores primos:

1. Comenzamos descomponiendo 90 como producto de dos factores. No importa qué producto elijas, el resultado al final será el mismo:

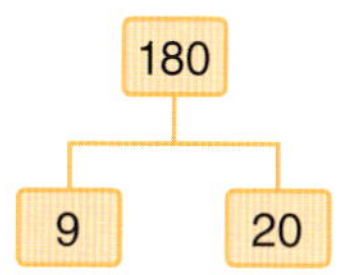

2. Si alguno de los factores no es un número primo, volvemos a descomponerlo hasta obtener solo números primos:

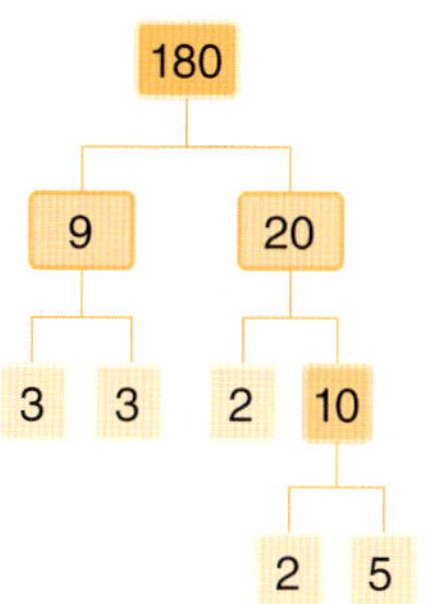

3. Los números primos que hemos obtenido forman la descomposición en factores primos que buscábamos:

$180 = 3 \cdot 3 \cdot 2 \cdot 2 \cdot 5 = 2^2 \cdot 3^2 \cdot 5$

a Actividades y tareas

1. Escribe en tu cuaderno todos los divisores de los siguientes números:

a) 6	c) 10	e) 8	g) 9	i) 25
b) 12	d) 100	f) 7	h) 16	j) 1

2. Analiza los resultados del ejercicio anterior y responde a las siguientes preguntas:

   a) ¿Qué números tienen un número par de divisores?

   b) ¿Qué números tienen un número impar de divisores?

   c) ¿Sabrías decir por qué?

3. Escribe en tu cuaderno cinco múltiplos de los siguientes números naturales:

a) 2	c) 10	e) 1000	g) 5	i) 25
b) 7	d) 100	f) 3	h) 15	j) 1

4. Escribe en tu cuaderno todos los múltiplos menores de 100 de los siguientes números:

a) 4	c) 6	e) 20	g) 80	i) 26
b) 8	d) 12	f) 40	h) 13	j) 39

5. Indica en tu cuaderno si las siguientes afirmaciones son verdaderas o falsas:

   a) 3 es divisor de 9.

   b) 9 es divisor de 3.

   c) 3 es múltiplo de 9.

   d) 9 es múltiplo de 3.

   e) 10 es múltiplo de 50.

   f) 10 es divisor de 50.

   g) 10 es divisor de todos los números terminados en 0.

   h) 2 es múltiplo de todos los números pares.

6. Indica si los siguientes números son divisibles entre 2, 3, 4, 5, 6, 9, 10 y 11. Justifica tu respuesta utilizando los criterios de divisibilidad de cada uno de ellos:

a) 12	c) 60	e) 153	g) 1 210
b) 20	d) 51	f) 765	h) 41 580

7. Descompón en tu cuaderno en factores primos los siguientes números:

a) 12	c) 20	e) 25	g) 6	i) 10
b) 8	d) 40	f) 75	h) 36	j) 100

Aplicación a la vida cotidiana

8. Una cierta marca de bombones vende cajas con 12 bombones:

a) ¿Podemos comprar 144 bombones exactamente?

b) ¿Y 98 bombones?

Justifica tus respuestas.

9. En la clase de Iván hay un total de 28 alumnos. La profesora quiere organizar una actividad de trabajo en grupo, de forma que toda la clase quede dividida en grupos con el mismo número de personas:

a) Indica de cuántos alumnos podrían ser estos grupos.

b) Si a lo largo del curso se incorpora a la clase un nuevo alumno, ¿de qué modo podrían formarse ahora las agrupaciones?

10. Sabemos que Diana compró el otro día una bicicleta pagando únicamente con billetes de 20 €. También sabemos que pagó el precio exacto de la bicicleta. Señala en tu cuaderno cuáles de las siguientes cantidades puede ser el precio que pagó Diana por la bicicleta:

a) 200 € b) 60 € c) 70 € d) 110 € e) 40 € f) 35 €

11. Paula quiere guardar sus 130 películas de DVD en cajas iguales. En una tienda encuentra cajas de distinto tamaño, con capacidad para 10, 20 y 30 películas. ¿Cuáles y cuántas debería comprar si quiere que todas las cajas estén completamente llenas?

Investiga

12. Tal y como puedes ver en la figura, podemos ordenar 12 fichas cuadradas para que formen un rectángulo colocándolas en tres filas de cuatro cuadrados cada una.

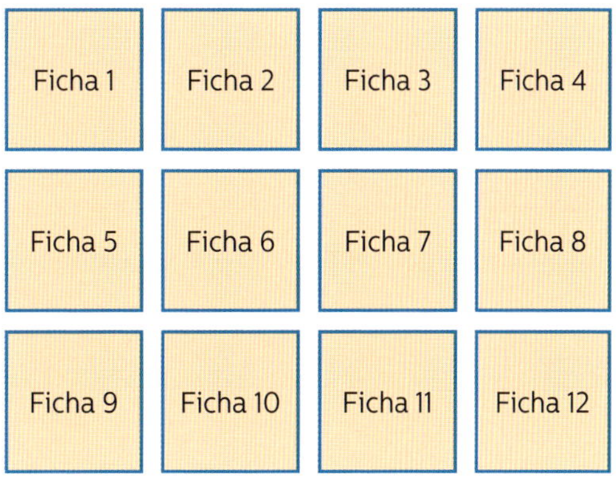

a) ¿Se te ocurren más formas de colocar 12 fichas y formar un rectángulo?

b) Y si tenemos 20 fichas cuadradas, ¿cuántos rectángulos distintos podemos formar?

c) Imagina ahora que tenemos 31 fichas cuadradas. ¿Cuántos rectángulos distintos podemos formar?

d) ¿Ves alguna relación entre tus respuestas y el hecho de que 31 es primo y 12 y 20 no lo son?

1.4. Mínimo común múltiplo (mcm)

El mínimo común múltiplo de dos o más números es el más pequeño de los múltiplos comunes a todos ellos.

Podemos buscarlo analizando la lista de los múltiplos de cada uno de los números hasta que encontremos una coincidencia.

EJEMPLO

Para buscar el mínimo común múltiplo de 15 y 20 escribimos los primeros múltiplos de cada uno y elegimos el menor de los números que aparecen en ambas listas:

- Múltiplos de 15: 15, 30, 45, 60, 75, 90, 105, 120, 135, 150...
- Múltiplos de 20: 20, 40, 60, 80, 100, 120, 140, 160, 180...
- Como puedes ver, el múltiplo común más pequeño es el 60. Lo escribimos de la siguiente forma: **mcm (15, 20) = 60.**

1.5. Máximo común divisor (mcd)

El máximo común divisor de dos o más números es el más grande de los divisores comunes a todos ellos.

Podemos buscarlo escribiendo la lista de todos los divisores de cada uno de los números y seleccionando el mayor número que sea divisor de todos.

EJEMPLO

Para buscar el máximo divisor de 30 y 45 escribimos todos los divisores de ambos números y elegimos el mayor que aparece en ambas listas.

Divisores de 30:		Divisores de 45:	
1	30	1	45
2	15	3	15
3	10	5	9
5	6		

Como puedes ver, el mayor divisor común a 30 y 45 es 15. Lo escribimos de la siguiente forma: **mcd (30, 45) = 15.**

1.6. mcm y mcd utilizando la descomposición en factores primos

A partir de la descomposición en factores primos resulta sencillo hallar el mcm y el mcd de un conjunto de números. Para ello basta cumplir las siguientes reglas:

- El **mcm** de un conjunto de números está formado por todos los factores primos que forman estos números, comunes y no comunes, elevados al mayor exponente.
- El **mcd** de un conjunto de números está formado únicamente por los factores comunes a todos ellos, elevados al menor exponente.

En el margen puedes ver unos ejemplos de cómo calcular el mcm y el mcd de tres números utilizando estas reglas.

!

Divisores de un número

Una buena forma de buscar todos los divisores de un número es obtenerlos en parejas. Comenzamos tratando de dividir el número entre 2, luego entre 3, y así sucesivamente. Cada vez que encontremos una división exacta tendremos una pareja de divisores. El proceso termina cuando llegamos a uno de los números que ya han aparecido como divisores.

Por ejemplo, los divisores de 42 son:

1	42
2	21
3	14
6	7

!

Cálculo del mcm y el mcd de 20, 30 y 40

Comenzamos descomponiendo en factores primos los tres números:

$$20 = 2^2 \cdot 5$$
$$30 = 2 \cdot 3 \cdot 5$$
$$40 = 2^3 \cdot 5$$

- Para el **mcm** debemos utilizar todos los factores que aparecen (es decir, el 2, el 3 y el 5) elevados al mayor exponente:

  $\text{mcm}(20, 30, 40) = 2^3 \cdot 3 \cdot 5 = 120$

- Para el **mcd** seleccionamos solo los factores que están presentes en los tres números (es decir, el 2 y el 5) elevados al menor exponente:

  $\text{mcd}(20, 30, 40) = 2 \cdot 5 = 10$

a Actividades y tareas

1. Calcula tres múltiplos comunes de los siguientes números:
   a) 2 y 8 b) 10 y 15 c) 10 y 20 d) 8 y 12 e) 3 y 7

2. Calcula todos los divisores comunes de los siguientes números:
   a) 12 y 8 b) 10 y 15 c) 20 y 15 d) 6 y 12 e) 5 y 16

3. Calcula el mínimo común múltiplo de las siguientes parejas de números:
   a) 12 y 20 c) 18 y 32 e) 5 y 40 g) 10 y 80 i) 5 y 7
   b) 10 y 25 d) 36 y 72 f) 20 y 40 h) 12 y 35 j) 16 y 32

4. Calcula el máximo común divisor de las siguientes parejas de números:
   a) 18 y 27 c) 35 y 63 e) 10 y 100 g) 28 y 40 i) 5 y 7
   b) 50 y 75 d) 24 y 60 f) 50 y 100 h) 12 y 53 j) 16 y 32

5. Calcula el mcm de los siguientes números:
   a) 15, 20 y 25 b) 10, 20 y 30 c) 12, 14 y 24 d) 22, 4 y 66 e) 15, 16 y 7

6. Calcula el mcd de los siguientes números:
   a) 24, 48 y 60 b) 15, 35 y 70 c) 12, 36 y 48 d) 11, 20 y 27 e) 10, 100 y 1 000

7. Pedro puede ordenar todos sus libros en grupos de 12 o en grupos de 16, sin que en ningún caso sobre ninguno. Sabiendo que tiene más de 100 libros pero menos de 150, ¿cuántos libros tiene Pedro?

8. Cristina pone dos alarmas en su teléfono móvil, una que suena cada 15 minutos y otra que suena cada 50 minutos. Si a las 12:00 suenan a la vez, ¿a qué hora volverán a sonar juntas de nuevo?

9. En una papelería tienen un lote de 160 bolígrafos rojos y 200 bolígrafos negros. Quieren empaquetarlos en bolsas de forma que todas tengan el mismo número de bolígrafos rojos y de bolígrafos negros. Al mismo tiempo quieren usar el menor número de bolsas posibles. ¿Cuántos bolígrafos de cada color deben ir en cada bolsa?

Investiga

10. Observa el siguiente ejemplo: tras descomponer el 24 y el 30 hemos colocado los factores obtenidos en un diagrama de círculos de forma que en el círculo naranja están los factores de 24, y en el azul, los de 30. Existe una zona común donde escribimos (sin repetirlos) los múltiplos que aparecen en la descomposición de ambos.

$24 = 2 \cdot 2 \cdot 2 \cdot 3$ $30 = 2 \cdot 3 \cdot 5$

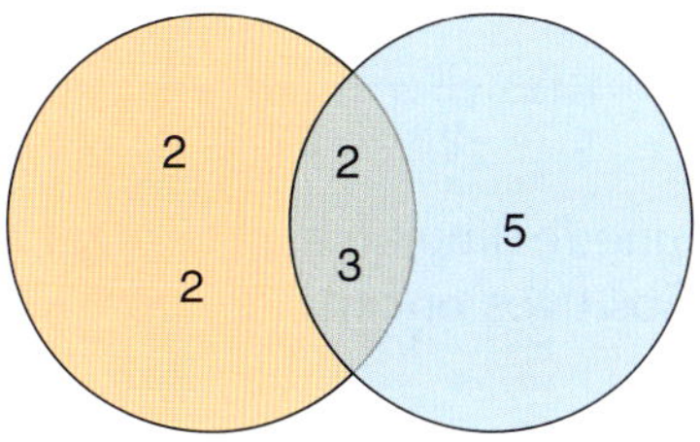

a) Calcula el mcd de 24 y 30. ¿Qué relación hay entre el mcd que has encontrado y el diagrama de círculos?

b) Calcula el mcm de 24 y 30. ¿Qué relación hay entre el mcm que has encontrado y el diagrama de círculos?

c) Utiliza un diagrama de círculos como el del ejemplo para calcular el mcd y el mcm de las siguientes parejas de números:
- 15 y 25
- 40 y 60
- 75 y 100
- 42 y 56

2. Números enteros

2.1. Números positivos y negativos

Los números negativos son números menores que 0. Para identificarlos utilizamos el signo «–». Su uso en la vida real es muy variado.

EJEMPLOS

- **Temperaturas:** en la escala centígrada de temperaturas existen valores menores de 0 °C. Seguro que alguna vez has oído expresiones del estilo «mañana se alcanzarán mínimas de –5 °C».
- **Deudas:** en economía es muy frecuente considerar las deudas como números negativos. Por ejemplo, si alguien tiene una deuda de 20 € se considera que tiene –20 € (es decir, 20 € menos que 0).
- **Alturas:** a menudo podemos encontrarnos con puntos situados por debajo del punto de referencia que utilizamos para medir alturas. En ese caso utilizaremos números negativos. Por ejemplo, si establecemos el nivel del mar como altura 0, una zona situada a 15 m bajo el nivel del mar estará a una altura de –15 m.
- **Variaciones:** también utilizamos los números negativos cuando queremos indicar una disminución. Por ejemplo, si el número de parados ha disminuido en 2 300 personas, podemos decir que ha sufrido una variación de –2 300 personas.

Los **números naturales** (1, 2, 3, 4, 5...), también denominados **enteros positivos,** se pueden identificar utilizando el signo «+» (+1, +2, +3, +4...).

Junto con sus respectivos números negativos (–1, –2, –3, –4...) y el cero forman el conjunto de los números enteros.

2.2. La recta numérica

Los números **enteros** pueden representarse sobre en una recta horizontal, que queda dividida en dos partes por el cero. A la derecha del cero se sitúan los números positivos, y a su izquierda, los números negativos.

Es muy importante que cuando dibujes una recta numérica la **distancia** entre dos números consecutivos siempre sea la misma.

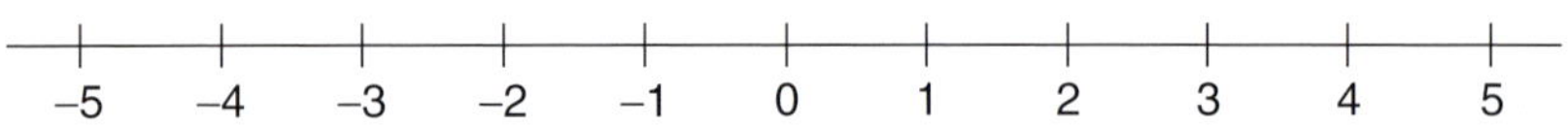

En algunas ocasiones la recta numérica puede dibujarse en vertical. En este caso lo habitual es situar los números positivos encima del cero y los números negativos debajo.

2.3. Valor absoluto de un número entero

El valor absoluto de un número entero es el valor del número sin tener en cuenta su signo. El valor absoluto de un número nos indica la «distancia» entre este número y el cero, sin tener en cuenta si es **positivo o negativo.**

Para indicar el valor absoluto de un número utilizamos dos barras verticales:

$$|+5| = 5 \qquad |-3| = 3$$

!

Opuesto de un número entero

El opuesto de un número entero es el que tiene el mismo valor absoluto pero distinto signo.

Por ejemplo, el opuesto de +2 es –2, ya que ambos tienen el mismo valor absoluto pero su signo es distinto.

Como al mismo tiempo, +2 es el opuesto de –2, también podemos decir simplemente que +2 y –2 son números opuestos.

2.4. Suma y resta de números enteros

Una manera muy sencilla de sumar números enteros consiste en interpretar cada número como un incremento o una disminución. Si consideramos, por ejemplo, que un número positivo significa subir mientras que uno negativo significa bajar, es fácil resolver cualquier **suma.**

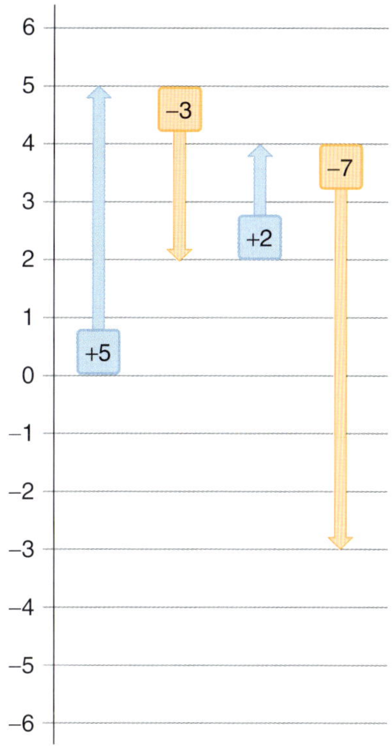

EJEMPLO

En el eje de la derecha está representada la siguiente operación:

$$5 + (-3) + 2 + (-7) = -3$$

Si comenzando en 0 subimos 5, bajamos 3, subimos 2 y bajamos 7, acabamos en el −3.

Para resolver una **resta** mediante este procedimiento basta con convertirlas en sumas utilizando el opuesto ya que restar un número equivale a sumar su opuesto.

EJEMPLO

$$5 - (-4) = 5 + (+4) = 5 + 4 = 9$$

2.5. Multiplicación y división de números enteros

Cuando **multiplicamos por un número positivo** debemos interpretar que aplicamos la variación correspondiente ese número de veces.

EJEMPLO

$(+3) \cdot (-5)$ significa que bajamos 5 tres veces, con lo que bajaremos un total de 15. Es decir: $(+3) \cdot (-5) = -15$

En cambio, cuando **multiplicamos por un número negativo,** debemos entender que hacemos lo contrario un número determinado de veces.

EJEMPLO

$(-2) \cdot (-5)$ significa que subimos 5 (lo contrario de −5) dos veces, es decir, subimos 10. De esta forma: $(-2) \cdot (-5) = +10$

Con la **división** ocurre lo mismo.

EJEMPLO

$(-8) : (-2) = +4$, ya que lo contrario de bajar la mitad de 8 es subir 4.

Podemos resumir todos estos efectos en la denominada regla de los signos, válida tanto para la multiplicación como para la división. Así, multiplicar o dividir números enteros se reduce a seguir estos pasos:

1. Se multiplican o dividen los valores absolutos de los números.
2. Decidimos el signo del resultado aplicando la tabla de los signos.

!

Regla de los signos

Positivo · positivo = positivo

Positivo · negativo = negativo

Negativo · positivo = negativo

Negativo · negativo = positivo

2.6. Operaciones combinadas

Como con el resto de números, las operaciones combinadas de números enteros se resuelven respetando el siguiente orden:

1. Las operaciones contenidas entre paréntesis o corchetes.
2. Las multiplicaciones y divisiones.
3. Las sumas y restas.

!

Uso de paréntesis

Cuando utilizamos números enteros es habitual escribir cada número con su signo correspondiente dentro de un paréntesis.

No obstante, esta notación se puede simplificar ya que no es imprescindible escribir el signo «+» en los números positivos ni todos los paréntesis son necesarios.

Para simplificar al máximo la notación de operaciones con números enteros, seguiremos estas pautas:

- Solo escribiremos el signo de los números negativos.
- Utilizaremos los paréntesis únicamente cuando sea necesario para separar dos signos o para indicar una operación agrupada.

EJEMPLO

La expresión:

$$(+2) - (+4) + (-1)$$

puede simplificarse y escribirse como:

$$2 - 4 - 1$$

a Actividades y tareas

1. Dibuja la escala de un termómetro y sitúa sobre ella las temperaturas que se alcanzaron a distintas horas en un día de invierno en Madrid.

Hora	Temperatura
2:00	–3 °C
8:00	–6 °C
14:00	+8 °C
20:00	+6 °C

2. Escribe el número entero más adecuado para describir las siguientes situaciones:

a) El mar Muerto se encuentra a 418 m bajo el nivel del mar.

b) Ana tiene en su cuenta corriente 3 700 €.

c) La altura del monte Everest es de 8 848 m.

d) El IPC del mes de mayo disminuyó en un 1 %.

3. Calcula en tu cuaderno los siguientes valores absolutos:

a) |–4| b) |+7| c) |–7| d) |–11| e) |0| f) |+4|

4. Resuelve en tu cuaderno las siguientes sumas y restas de números enteros:

a) (–2) + (+11)
b) (+5) + (+3)
c) (+2) + (–8)
d) (–6) + (–13)
e) (+4) – (+5)
f) (–10) – (–4)
g) (–4) – (+7)
h) (+15) – (–2)
i) (–10) + (+3)
j) (+4) + (+20)
k) (+14) + (–5)
l) (–12) + (–3)
m) (–5) + (–5)
n) (–5) + (+5)
ñ) (–5) – (–5)
o) (–5) – (+5)

5. Resuelve las siguientes sumas y restas de números enteros:

a) (+5) + (–3) + (+4)
b) (+1) – (+12) – (+1)
c) (–12) + (–1) – (–4)
d) (+3) – (+13) + (–2)
e) (–4) – (+2) + (–7)
f) (–12) + (–11) – (+1)
g) (–5) + (–3) + (+16)
h) (+10) – (–3) – (–5)
i) (+5) – (–4) + (+3) – (–12)
j) (–15) + (–1) + (+2) – (–1)
k) (+25) – (–18) + (–1) – (+3)
l) (–100) – (+12) + (+92) – (–10)

6. Escribe de nuevo las siguientes operaciones eliminando los paréntesis y signos que no sean necesarios. Luego, resuélvelas:

a) (–4) + (+1)
b) (–12) – (–7)
c) (+7) – (–12)
d) (–6) + (–11) – (+10)
e) (+12) – (–3) + (–1)
f) (–10) – (+3) – (–1)
g) (+26) – (–12) + (–4)
h) (–100) + (–6) – (+4)

7. Resuelve las siguientes sumas y restas de números enteros:

a) 3 + (–6)
b) 7 – 11
c) –3 + 10
d) –3 – (–6)
e) –4 – 8 + 2
f) 4 – (–5) + 16
g) –5 + 7 – 6
h) –15 + (–12) – (–3)
i) 8 + 5 + (–12)
j) 21 – (–10) + 1
k) 15 – (–7) + (–7)
l) –20 + (–1) – (–3)
m) 23 – 8 + (–6) – 6
n) 54 + 102 – 7 + (–2)
ñ) 34 – 14 + (–3) + 7
o) –1 + 1 – (–1) – 1

8. Los resultados de una empresa durante el último semestre son los que aparecen en la tabla de la derecha, en la que se muestran en rojo las pérdidas y en azul los beneficios.

a) Escribe una operación con números enteros que represente los beneficios y pérdidas acumulados en esos seis meses.

b) Si la empresa disponía de 170 000 € al inicio de ese periodo, ¿cuánto dinero tiene al final?

Mes	Resultado
Enero	2 400
Febrero	8 600
Marzo	7 400
Abril	4 000
Mayo	3 000
Junio	2 000

9. Resuelve en tu cuaderno las siguientes multiplicaciones y divisiones de números enteros:

a) (+5) · (–7)
b) (+4) · (+12)
c) (–6) · (–2)
d) (–11) · (+10)
e) (–14) : (+7)
f) (+100) : (+10)
g) (+24) : (–6)
h) (–15) : (–5)
i) (–5) · (+12)
j) (+12) : (–3)
k) (+42) : (–6)
l) (–8) · 0
m) (–50) : (–1)
n) (+12) : (–1)
ñ) (+13) · (–1)
o) (–24) · (–1)

10. Indica en tu cuaderno, sin resolverlas, el signo del resultado de las siguientes operaciones:

a) (–4) · (+5) · (+2)
b) (–4) · (+5) · (–2)
c) (–4) · (–5) · (–2)
d) (+4) · (–5) · (–2)
e) (–12) : (+4) · (+2)
f) (+50) · (–2) : (–10)
g) (–30) : (+2) : (+3)
h) (+100) · (–1) : (–2)
i) (+7) · (–2) : (–14)
j) (+10) · (+4) : (+5)
k) (–20) : (–10) · (+5)
l) (+40) : (–5) · (+10)

11. Resuelve las operaciones de la actividad anterior.

12. Resuelve las siguientes operaciones combinadas de números enteros:

a) (–3) · (+4) + (–1)
b) (+7) : (–7) – (–3)
c) (–100) · (–2) + (+5)
d) (+12) : (–3) – (–7)
e) (–10) + (–3) · (+4)
f) (–20) – (–4) : (+2)
g) (+11) + (–1) : (–5)
h) (–30) – (+6) · (+3)
i) (–7) + (+6) · (–2) – (+3)
j) (+10) + (–5) : (–1) + (+9)
k) (–8) – (–4) : (–4) + (–7)
l) (+12) – (– 12) · (–1) + (–3)
m) (–4) · (+2) + (+5) · (–2)
n) (+16) : (–4) – (–3) · (–3)
ñ) (–1) · (–12) + (–5) : (+5)
o) (+1) · (+15) – (+7) · (–2)

13. Resuelve las siguientes operaciones combinadas de números enteros:

a) 6 · (–4) + (–1)
b) 12 : (–4) + (–3)
c) (–40) : (–20) + 5
d) 18 · 3 + (–10)
e) –25 + 8 · (–3)
f) 32 + (–12) : 4
g) 56 – (–3) · (–10)
h) –15 – (+4) : 2
i) 12 + 7 · (–2) – (–8)
j) –20 – (–1) · (+8) – 7
k) 45 + (–4) : 2 – (–10)
l) –21 – (–5) · 6 + 34
m) 7 · (–5) + (–4) · 12
n) –6 : (–3) – (–1) · 5
ñ) –13 · 3 + 15 : (–3)
o) 30 : (–5) – (–2) · (–1)

14. Resuelve las siguientes operaciones combinadas de números enteros:

a) 70 + (4 – 6) · 5
b) 34 – 8 : (4 – 2)
c) 2 + (21 + 12) : 11
d) 15 : (12 – 9) + (–7)
e) 16 + (–1 + 5) : (–2)
f) –32 + (–12 + 1) · 3
g) 3 – 7 · (5 – 16)
h) 4 + 12 : (–4) + (–1)
i) 52 + [(3 + 5) · 2 – 1]
j) 14 : (–7) + [–1 + (–7) · (–2)]
k) [3 – (12 – 7) : (–5)] · (–2) + 5
l) 16 – 5 · [(–3) + (–3) : (–3)] + 14

3. Números racionales

Los números racionales son aquellos que pueden expresarse en forma de cociente de dos números enteros. Una forma muy habitual de trabajar con números racionales es indicando este cociente mediante una **fracción.**

De esta forma, el significado más inmediato de una fracción es el cociente entre dos números (numerador y denominador). Por ejemplo, la fracción $\frac{3}{5}$ equivale a 0,6, que es el resultado de dividir 3 entre 5.

No obstante, podemos interpretar y utilizar las fracciones de otras formas. Por ejemplo, la fracción $\frac{3}{5}$ nos indica que dividimos algo en 5 partes iguales y tomamos 3. Esto nos permite utilizar una fracción como un **operador.**

EJEMPLO

Calculamos los $\frac{3}{5}$ de 2 300.

Primero dividimos entre el denominador, 5 en este caso, para ver cuánto vale una quinta parte de esa cantidad: $2\,300 : 5 = 460$.

Luego multiplicamos por el numerador, 3 en este caso, para obtener el resultado que buscamos: $460 \cdot 3 = 1\,380$.

Es decir, $\frac{3}{5}$ de $2\,300 = 1\,380$.

Los números enteros son números racionales

Puesto que todos los números enteros también pueden escribirse como el cociente de dos números, todos los números enteros son números racionales.

Por ejemplo, −5 puede escribirse como $-\frac{5}{1}$, por lo tanto es un número racional.

3.1. Fracciones equivalentes

Dos fracciones son equivalentes cuando representan el mismo número racional, es decir, cuando su valor es el mismo.

Para comprobar si dos fracciones son equivalentes, multiplicamos el numerador de cada una de ellas por el denominador de la otra. Si obtenemos el mismo resultado en los dos casos, las fracciones son equivalentes.

EJEMPLO

¿Son $\frac{4}{3}$ y $\frac{28}{24}$ equivalentes?

Como $4 \cdot 24 = 96$ y $3 \cdot 28 = 84$, estas fracciones no son equivalentes.

Fracciones equivalentes

Gráficamente es fácil comprobar que dos fracciones son equivalentes.

$\frac{2}{3}$

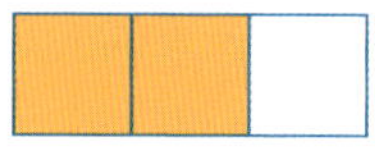

$\frac{4}{6}$

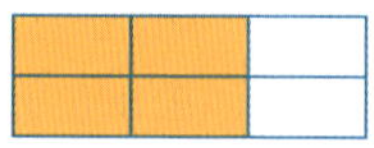

Vemos que ambas fracciones son equivalentes.

3.2. Simplificación de fracciones

Simplificar una fracción es encontrar una fracción equivalente cuyos denominador y numerador sean menores a los iniciales.

El procedimiento para simplificar fracciones consiste en dividir el numerador y el denominador por el mismo número. Si repetimos este proceso hasta que no sea posible continuar obtendremos una **fracción irreducible.**

EJEMPLO

Simplificamos la fracción $\frac{54}{36}$ dividiendo numerador y denominador por un mismo número. Repetimos el proceso hasta obtener la fracción irreducible:

$$\frac{54}{36} = \frac{54:2}{36:2} = \frac{27}{18} = \frac{27:3}{18:3} = \frac{9}{6} = \frac{9:3}{6:3} = \frac{3}{2}$$

3.3. Suma y resta de fracciones

Para sumar o restar dos fracciones debemos encontrar una fracción equivalente a cada una de ellas con el mismo denominador. Para ello tendremos que encontrar un múltiplo común a ambos denominadores. La opción más cómoda, para evitar operaciones con números muy grandes, es utilizar el mínimo común múltiplo.

EJEMPLO

Resolvemos la suma $\frac{1}{8}+\frac{3}{10}$

1. Buscamos el mcm de los denominadores: mcm (8,10) = 40
2. Expresamos las dos fracciones como fracciones equivalentes con denominador 40:

$$1 \cdot 5 = 5 \qquad\qquad 3 \cdot 4 = 12$$

$$\frac{1}{8}=\frac{5}{40} \qquad\qquad \frac{3}{10}=\frac{12}{40}$$

$$8 \cdot 5 = 40 \qquad\qquad 10 \cdot 4 = 40$$

3. Resolvemos sumando los denominadores:

$$\frac{1}{8}+\frac{3}{10}=\frac{5}{40}+\frac{12}{40}=\frac{17}{40}$$

3.4. Multiplicación de fracciones

La multiplicación de dos fracciones es una fracción cuyo denominador es el producto de los denominadores y cuyo numerador es el producto de los numeradores.

EJEMPLO

$$\frac{4}{3}\cdot\frac{5}{11}=\frac{4\cdot 5}{3\cdot 11}=\frac{20}{33}$$

3.5. Fracción inversa

Dos fracciones son inversas cuando, al multiplicarlas, obtenemos la unidad.

Es fácil comprobar que para calcular la fracción inversa a una dada basta con intercambiar su numerador y su denominador.

EJEMPLO

La inversa de $\frac{4}{5}$ es $\frac{5}{4}$. Podemos comprobar que $\frac{4}{5}\cdot\frac{5}{4}=\frac{20}{20}=1$

3.6. División de fracciones

Para dividir dos fracciones, multiplicamos la primera por la inversa de la segunda.

EJEMPLO

$$\frac{1}{5}:\frac{4}{7}=\frac{1}{5}\cdot\frac{7}{4}=\frac{1\cdot 7}{5\cdot 4}=\frac{7}{20}$$

!

Operaciones combinadas

Como con el resto de números, las operaciones combinadas de números racionales se resuelven respetando el siguiente orden:

1. Las operaciones contenidas entre paréntesis o corchetes.
2. Las multiplicaciones y divisiones.
3. Las sumas y restas.

a Actividades y tareas

1. Calcula el valor de las siguientes fracciones en tu cuaderno realizando la división entre el numerador y el denominador.

a) $\frac{1}{2}$ c) $\frac{2}{4}$ e) $\frac{1}{5}$ g) $\frac{4}{5}$ i) $\frac{1}{3}$

b) $\frac{1}{4}$ d) $\frac{3}{4}$ f) $\frac{2}{5}$ h) $\frac{5}{5}$ j) $\frac{2}{3}$

2. Calcula en tu cuaderno:

a) Los $\frac{2}{3}$ de 180 c) Los $\frac{3}{8}$ de 24 e) Los $\frac{7}{10}$ de 200 g) Los $\frac{3}{4}$ de los $\frac{2}{5}$ de 2 500

b) Los $\frac{2}{5}$ de 500 d) Los $\frac{4}{5}$ de 1 200 f) Los $\frac{5}{3}$ de 4 000 h) Los $\frac{3}{8}$ de $\frac{1}{2}$ de 160

3. Calcula en tu cuaderno el valor de *x* en cada caso:

a) Los $\frac{2}{3}$ de x son 130 c) Los $\frac{5}{4}$ de x son 50 e) Los $\frac{3}{8}$ de x son 3 g) Los $\frac{2}{3}$ de x son 2

b) Los $\frac{5}{7}$ de x son 20 d) Los $\frac{4}{5}$ de x son 400 f) Los $\frac{5}{3}$ de x son 15 h) Los $\frac{2}{3}$ de x son 2 000

4. Comprueba si las siguientes fracciones son equivalentes o no:

a) $\frac{2}{3}$ y $\frac{6}{9}$ c) $\frac{1}{2}$ y $\frac{5}{10}$ e) $\frac{2}{5}$ y $\frac{6}{20}$ g) $\frac{50}{20}$ y $\frac{10}{3}$

b) $\frac{3}{4}$ y $\frac{15}{18}$ d) $\frac{5}{6}$ y $\frac{25}{30}$ f) $\frac{10}{30}$ y $\frac{1}{3}$ h) $\frac{2}{5}$ y $\frac{40}{100}$

5. Escribe cinco fracciones equivalentes a cada una de las siguientes:

a) $\frac{3}{4}$ b) $\frac{2}{3}$ c) $\frac{50}{100}$ d) $\frac{3}{15}$ e) $\frac{8}{8}$

6. Simplifica al máximo las siguientes fracciones:

a) $\frac{30}{20}$ c) $\frac{72}{48}$ e) $\frac{21}{28}$ g) $\frac{40}{20}$ i) $\frac{48}{16}$

b) $\frac{12}{9}$ d) $\frac{16}{10}$ f) $\frac{100}{40}$ h) $\frac{30}{90}$ j) $\frac{45}{10}$

7. Resuelve las siguientes sumas y restas de fracciones:

a) $\frac{1}{4}+\frac{5}{6}$ d) $\frac{7}{4}-\frac{2}{5}$ g) $\frac{5}{12}+\frac{7}{18}$ j) $\frac{5}{6}-\frac{7}{12}$ m) $\frac{13}{90}+\frac{3}{15}$ o) $\frac{2}{3}-\frac{10}{15}$

b) $\frac{5}{6}+\frac{1}{12}$ e) $\frac{4}{3}-\frac{1}{6}$ h) $\frac{3}{8}+\frac{1}{12}$ k) $\frac{8}{3}-\frac{1}{2}$ n) $\frac{19}{30}+\frac{3}{20}$ p) $\frac{3}{4}-\frac{5}{6}$

c) $\frac{3}{2}+\frac{4}{5}$ f) $\frac{3}{5}-\frac{3}{10}$ i) $\frac{7}{10}+\frac{3}{20}$ l) $\frac{11}{12}-\frac{5}{9}$ ñ) $\frac{8}{15}+\frac{16}{30}$ q) $\frac{10}{9}-\frac{35}{27}$

8. Resuelve las siguientes sumas y restas de fracciones:

a) $-\frac{1}{4}+\frac{3}{4}$ c) $\frac{2}{5}-\left(-\frac{1}{5}\right)$ e) $\frac{15}{8}-\left(-\frac{3}{4}\right)$ g) $-\frac{1}{7}-\left(-\frac{2}{5}\right)$

b) $\frac{11}{6}+\left(-\frac{1}{3}\right)$ d) $-\frac{5}{2}+\left(-\frac{1}{2}\right)$ f) $\frac{10}{9}-\left(-\frac{4}{3}\right)$ h) $\frac{1}{4}+\left(-\frac{2}{8}\right)$

9. Resuelve en tu cuaderno:

a) $\frac{7}{2}+\frac{1}{4}+\frac{2}{8}$
b) $\frac{3}{5}-\frac{1}{2}+\frac{7}{3}$
c) $\frac{5}{9}+\frac{4}{3}-1$
d) $\frac{10}{3}-\frac{2}{5}+2$
e) $-\frac{2}{5}+\frac{5}{6}-\frac{1}{8}$
f) $-\frac{1}{2}-\frac{1}{4}-\frac{1}{8}$
g) $-\frac{5}{2}+\left(\frac{3}{4}-\frac{1}{8}\right)$
h) $4-\left(\frac{1}{10}+\frac{5}{2}\right)$

10. Resuelve en tu cuaderno las siguientes multiplicaciones y divisiones de fracciones:

a) $\frac{1}{3}\cdot\frac{5}{6}$
b) $\frac{7}{3}\cdot\frac{4}{5}$
c) $\frac{2}{5}:\frac{11}{3}$
d) $\frac{2}{7}:\frac{5}{2}$
e) $\frac{4}{5}\cdot\frac{15}{2}$
f) $3\cdot\frac{6}{10}$
g) $\frac{4}{7}:2$
h) $\frac{11}{2}:\frac{5}{2}$
i) $\frac{4}{5}\cdot\frac{3}{3}$
j) $\frac{3}{5}:\frac{2}{2}$

11. Resuelve en tu cuaderno las siguientes multiplicaciones y divisiones de fracciones:

a) $\left(-\frac{2}{5}\right)\cdot\left(+\frac{10}{3}\right)$
b) $\left(+\frac{1}{3}\right)\cdot\left(+\frac{12}{5}\right)$
c) $\left(-\frac{2}{3}\right):\left(-\frac{15}{4}\right)$
d) $\left(+\frac{1}{4}\right):\left(-\frac{21}{8}\right)$
e) $\left(-\frac{3}{11}\right)\cdot\left(-\frac{14}{5}\right)$
f) $\left(-\frac{5}{3}\right)\cdot\left(+\frac{1}{4}\right)$
g) $\left(+\frac{12}{7}\right):\left(-\frac{2}{3}\right)$
h) $\left(+\frac{13}{2}\right):\left(+\frac{3}{10}\right)$

12. Resuelve en tu cuaderno las siguientes operaciones combinadas:

a) $\frac{2}{3}+\frac{4}{5}\cdot\frac{3}{2}$
b) $\frac{1}{5}+\frac{2}{5}:\frac{1}{3}$
c) $\frac{5}{2}-\frac{1}{5}\cdot\frac{3}{4}$
d) $\frac{12}{5}-\frac{2}{3}:\frac{7}{3}$
e) $\frac{4}{3}\cdot\left(\frac{3}{2}+\frac{1}{4}\right)$
f) $\frac{3}{5}\cdot\left(\frac{3}{4}-\frac{1}{10}\right)$
g) $\frac{2}{7}:\left(\frac{5}{2}-\frac{1}{4}\right)$
h) $\frac{11}{3}:\left(\frac{10}{3}+\frac{4}{5}\right)$
i) $\frac{8}{3}\cdot\left(\frac{1}{2}-\frac{7}{3}\right)$
j) $\frac{12}{5}:\left(\frac{2}{3}-\frac{9}{4}\right)$
k) $\left(\frac{5}{3}+\frac{2}{5}\right):\left(-\frac{1}{2}\right)$
l) $\left(-\frac{3}{5}\right)\cdot\left(\frac{1}{2}-\frac{9}{4}\right)$

13. Resuelve en tu cuaderno las siguientes operaciones combinadas:

a) $\frac{3}{10}\cdot\frac{4}{5}+\frac{1}{2}\cdot\frac{4}{3}$
b) $\frac{2}{7}:\frac{1}{3}+\frac{5}{2}\cdot\frac{8}{3}$
c) $\frac{2}{3}\cdot\frac{8}{3}-\frac{3}{5}:\frac{3}{4}$
d) $\frac{3}{5}+\frac{1}{2}\cdot\frac{4}{3}+\frac{3}{10}$
e) $\frac{1}{4}-\frac{2}{3}:\frac{5}{6}+\frac{2}{7}$
f) $\frac{10}{7}+\frac{3}{2}\cdot\frac{5}{7}-2$
g) $\frac{3}{5}+\frac{3}{2}\cdot\left(\frac{3}{4}-\frac{1}{2}\right)$
h) $\frac{4}{7}-\frac{1}{2}\cdot\left(\frac{3}{7}+\frac{3}{4}\right)$
i) $3-\frac{2}{5}:\left(\frac{1}{4}-\frac{3}{5}\right)$
j) $\frac{2}{3}:\left(\frac{1}{5}-\frac{1}{10}\right)+1$
k) $\frac{5}{4}\cdot\left(\frac{3}{2}+\frac{1}{4}\right)+\left(\frac{3}{8}\right)$
l) $\frac{2}{3}:\left[2-\left(-\frac{1}{5}\right)\right]+2$

Aplicación a la vida cotidiana

14. En un instituto de 552 alumnos, $\frac{3}{8}$ están estudiando PMAR I. ¿Cuántos alumnos están estudiando PMAR I?

15. En una clase de PMAR I han aprobado el último examen de ámbito científico y matemático $\frac{3}{4}$ de los 12 alumnos que hay en total.

a) ¿Cuántos alumnos han aprobado?
b) ¿Cuántos alumnos han suspendido?
c) ¿Cuál es la fracción de alumnos suspensos?

16. Pedro ha gastado $\frac{2}{3}$ de sus ahorros comprándose una sudadera de 30 €. ¿Cuánto dinero tenía ahorrado?

17. En un instituto de 510 alumnos, $\frac{1}{3}$ de los alumnos estudian Bachillerato. Del resto, $\frac{3}{5}$ estudian primer ciclo de la ESO. ¿Cuántos alumnos estudian segundo ciclo de la ESO? ¿Qué fracción del total suponen?

4. Números decimales

Para expresar cantidades más pequeñas que la unidad utilizamos los números decimales. Estos números están formados por una **parte entera** y una **parte decimal** separadas mediante una coma:

35,027

PARTE ENTERA → 35 | 027 ← PARTE DECIMAL

La parte decimal surge al dividir la unidad en 10 partes iguales, lo que nos da las décimas. Si a su vez dividimos una décima en 10 partes iguales obtenemos las centésimas. Así obtenemos sucesivamente las milésimas, las diezmilésimas, las cienmilésimas, las millonésimas, etc.

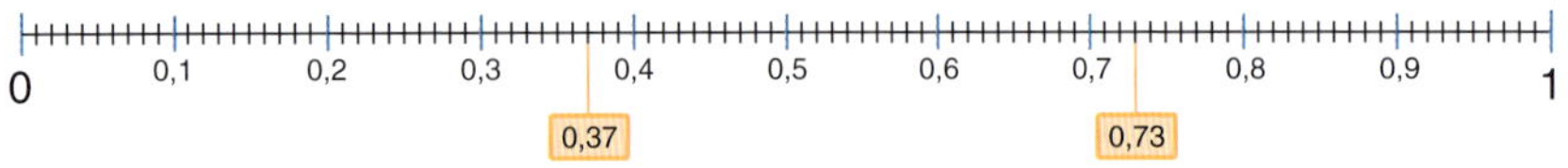

En la figura puedes ver cómo entre el 0 y el 1 hay 10 décimas. A su vez, cada una de estas décimas puede dividirse en 10 centésimas. De esta forma, en una unidad tendremos 100 centésimas.

4.1. Ordenación de números decimales

Para comparar dos números decimales seguimos estos pasos:

1. Comparamos su parte entera. El número cuya parte entera sea mayor es el mayor de ambos.
2. Si ambas partes enteras son iguales, comparamos su parte decimal. Para ello conviene completar con ceros dichas partes si alguna es más corta que otra.

EJEMPLOS

- 2,5 > 1,988, porque 2 es mayor que 1.
- 32,15 < 32,015, porque 150 es mayor que 15.

4.2. Tipos de números decimales

Los números decimales pueden clasificarse en:

Números decimales exactos	Tienen su parte decimal finita, es decir, un número finito de cifras decimales.	5,76 −4,5

Números decimales periódicos	Tienen infinitas cifras decimales que se repiten continuamente. Al grupo de cifras que se repiten se le denomina periodo.	
Periódicos puros	Todas las cifras decimales forman parte del periodo.	4,38383838... −51,015015...
Periódicos mixtos	Algunas cifras decimales no se repiten y por lo tanto no forman parte del periodo.	0,045454545... −7,35777777...

Números no periódicos	Tienen infinitas cifras decimales, pero no hay un periodo que se repita. Estos números no son números racionales.	π = 3,141592... $\sqrt{2}$ = 1,41421...

!

Números decimales y fracciones

Como ya hemos visto, una fracción indica una división. De esta forma, si dividimos el numerador entre el denominador de una fracción calculamos el número decimal equivalente a esta fracción.

Por ejemplo, la fracción $\frac{2}{5}$ equivale al número decimal 0,4 que es el que obtenemos al dividir 2 entre 5.

!

Propiedad de los números decimales

Una propiedad importante de los números decimales es que entre dos números decimales siempre hay infinitos números decimales. Por ejemplo, entre 0,37 y 0,38 podemos encontrar el 0,371, el 0,372, el 0,373, el 0,3731, etc.

4.3. Redondeo y truncado

Cuando un número tiene más cifras decimales de las que resultan útiles o manejables, podemos utilizar en su lugar un valor aproximado con menos cifras decimales. Para ello existen dos opciones: truncar y redondear.

4.3.1. Truncar

Consiste simplemente en eliminar las cifras decimales que no interesan.

EJEMPLO

- Vamos a truncar el número 34,81706 a las centésimas.
- Localizamos la cifra que ocupa el lugar de las centésimas (el 1 en este caso) y eliminamos todos los decimales situados a su derecha:

$$34{,}81706 \approx 34{,}81$$

El número obtenido es una aproximación al valor original. Por eso utilizamos el símbolo «≈» en lugar de «=».

4.3.2. Redondear

El proceso es muy similar al truncado pero en este caso elegimos el valor más cercano al original con las cifras decimales deseadas. Para ello, si la primera cifra decimal que eliminamos es 5 o mayor que 5, aumentamos en 1 la parte decimal que permanece.

EJEMPLO

- Redondeamos el número 34,81706 a las centésimas.
- Como la primera cifra decimal que eliminamos es 7, aumentamos en 1 la parte decimal que permanece:

$$34{,}81706 \approx 34{,}82$$

4.4. Operaciones con números decimales

4.4.1. Suma y resta de números decimales

Se resuelven como la suma de números enteros, teniendo cuidado en alinear las comas para sumar décimas con décimas, centésimas con centésimas, etc.

4.4.2. Multiplicación de números decimales

Se multiplican los números sin tener en cuenta la coma y en el resultado situamos la coma para que tenga tantas cifras decimales como los dos factores en conjunto.

4.4.3. División de números decimales

Primero tenemos que conseguir que el divisor sea un número entero. Para ello lo multiplicamos por 10, 100, 1000 o cualquier unidad seguida de ceros que sea necesaria. Para que el resultado de la división no cambie, debemos hacer lo mismo con el dividendo.

A partir de aquí realizamos la división como si se tratase de números enteros. Simplemente debemos tener cuidado y añadir la coma en el cociente cuando alcancemos las cifras decimales en el proceso.

En el margen puedes ver ejemplos donde se aplican estas normas.

!

Suma de números decimales

59,61 + 2,066

	5	9,	6	1	0
+		2,	0	6	6
	6	1,	6	7	6

!

Resta de números decimales

59,61 – 2,066 = 57,544

	5	9,	6	1	0
–		2,	0	6	6
	5	7,	5	4	4

!

Multiplicación de números decimales

34,75 · 6,1

3 cifras decimales entre los dos

			3	4,	7	5	
×					6,	1	
			3	4	7	5	
	2	0	8	5	0		
	2	1	1,	9	7	5	

3 cifras decimales

!

División de números decimales

5,76 : 1,2

Multiplicamos ambos números por 10 para convertir el divisor en un número entero:

57,6 : 12

5	7,	6	12
	9		4

Al llegar a las cifras decimales en el dividendo, colocamos la coma en el cociente:

5	7,	6	12
	9	6	4,8
		0	

a Actividades y tareas

1. Completa la siguiente tabla en tu cuaderno indicando a qué equivalen en cada caso estos números:

Número	Décimas	Centésimas	Milésimas
5	50		
0,7			
5,5		550	
10,1			
45,8			45 800

2. Dibuja en tu cuaderno una recta como la de la figura y representa en ella los siguientes números decimales:

a) 0,39 b) −0,12 c) 0,45 d) −0,77 e) 0,08 f) −0,99

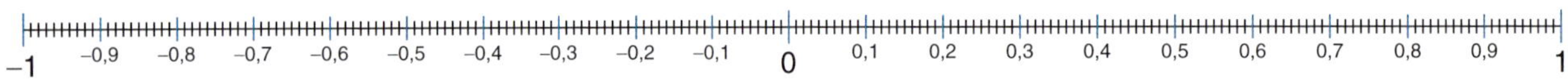

3. Ordena de mayor a menor los siguientes conjuntos de números decimales:

a) 6,09 6,001 6,1 6,19 6,201

b) −0,451 −0,409 −0,4 −0,42 −0,04

4. Nacho mide 1,75 cm y Tamara mide 1,73 cm. Alberto es un poco más alto que Tamara pero más bajo que Nacho. Indica cuáles de las siguientes medidas no pueden ser la estatura de Alberto:

a) 1,745 b) 1,729 c) 1,7405 d) 1,7501 e) 1,731

5. Copia en tu cuaderno el siguiente esquema y completa los huecos.

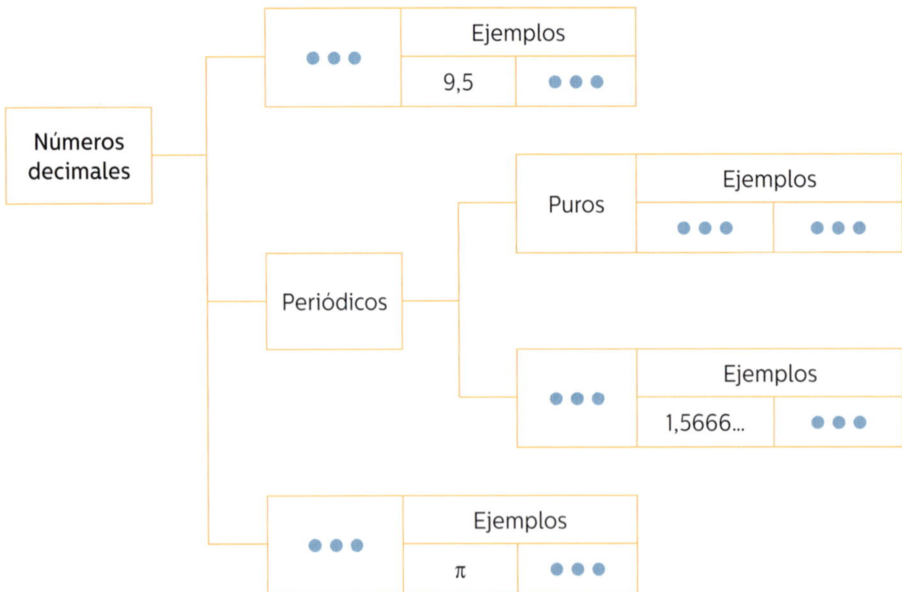

6. Redondea los siguientes números decimales a las centésimas:

a) 708,991 b) 0,087 c) 15,915 d) 4,8076 e) 2,111

7. Resuelve en tu cuaderno las siguientes sumas y restas de números decimales:

a) 4,5 + 1,2 d) 2,65 + 4,105 g) 1,099 + 0,999 j) 4,205 + 2,795

b) 20,05 − 4,23 e) 1,99 − 2 h) 12,4 − 7,001 k) 10,82 − 1,08

c) 10 − 8,2 f) 3,51 − 7,46 i) 407,91 + 10,7 l) 1,07 − 3,99

8. Resuelve en tu cuaderno las siguientes multiplicaciones de números decimales:

a) 0,6 · 1,2
b) 1,5 · 4
c) 10,6 · 4,01
d) 1,25 · 10,4
e) 2,3 · 4,8
f) 25,1 · 0,4
g) 0,5 · 8
h) 0,5 · 20
i) 0,5 · 11
j) 0,25 · 12
k) 0,25 · 32
l) 0,25 · 6

9. Resuelve en tu cuaderno las siguientes divisiones de números decimales:

a) 156,4 : 1,2
b) 65,81 : 2,5
c) 412,5 : 1,1
d) 112,5 : 8
e) 4,352 : 3
f) 0,056 : 2
g) 786,5 : 0,5
h) 431,27 : 0,3
i) 0,075 : 2,4
j) 1,25 : 5
k) 0,072 : 0,9
l) 12,76 : 20

10. Resuelve en tu cuaderno las siguientes operaciones combinadas con números decimales:

a) 3,2 · 0,5 + 1,5
b) 4,5 · 2,25 − 3,1
c) 3,2 + 7,1 · 0,4
d) 6,9 − 1,15 · 4
e) 12 : 0,3 + 4,58
f) 1,25 : 0,5 − 2,5
g) 4,5 + (3,1 − 0,6) : 0,5
h) 2 · (4,5 + 1,1) − 3,8

11. Convierte las siguientes fracciones en números decimales realizando la división entre numerador y denominador:

a) $\frac{7}{10}$ b) $\frac{23}{100}$ c) $\frac{3}{1000}$ d) $\frac{223}{10}$ e) $\frac{477}{100}$ f) $\frac{91}{1000}$

12. Observando los resultados obtenidos en el ejercicio anterior. ¿Podrías escribir los siguientes números decimales en forma de fracción?

a) 0,9
b) 0,03
c) 0,56
d) 0,127
e) 2,5
f) 0,08
g) 0,704
h) 3,4

Aplicación a la vida cotidiana

13. Contesta las siguientes preguntas:

a) Si pago una compra de 35 € y 15 céntimos con un billete de 50 €, ¿cuánto dinero deben devolverme?

b) He comprado 3 bombillas que cuestan 8,95 € cada una. ¿Cuánto he pagado?

c) He pagado 9 € y 69 céntimos por 850 g de jamón. ¿Cuánto cuesta el kg de jamón?

d) Una caja con 20 cápsulas de café pesa 910 g. ¿Cuánto pesan 3 cápsulas?

e) Mi coche consume 4,45 L cada 100 km. ¿Cuánto consumirá en un viaje de 250 km?

14. La siguiente tabla muestra las toneladas de basura recogidas durante 10 días en un centro de reciclaje:

Día	1	2	3	4	5	6	7	8	9	10
Residuos (toneladas)	40,65	39,09	43,25	44	35,71	37,9	41,25	47,34	41,8	41,67

a) Calcula el promedio de toneladas que se recogen al día en este centro de reciclaje.

b) Si el objetivo es alcanzar un promedio de 50 toneladas diarias, ¿cuántas toneladas faltan para alcanzarlo?

5. Proporcionalidad

La proporcionalidad es una de las aplicaciones más interesantes y de mayor uso de los números racionales. Vamos a estudiar ahora las diferentes relaciones de proporcionalidad que pueden existir entre distintas magnitudes.

5.1. Proporcionalidad directa

Existen muchos casos de dos magnitudes relacionadas de forma que, al aumentar una, la otra lo hace en la misma proporción.

EJEMPLO

Cuatro amigos que van al cine deben pagar entre todos 28 € para adquirir las entradas. Si en lugar de 4 amigos fueran solo la mitad, es decir, 2, deberían pagar solo la mitad (14 €). Si, por el contrario, fueran al cine el triple de personas (12), el precio total de las entradas sería también el triple (84 €). Podríamos resumir esta relación con la siguiente tabla:

Personas	4	2	12
Precio de las entradas	28 €	14 €	84 €

Este es un ejemplo de dos magnitudes, las personas que van al cine y el precio total de las entradas, que son **directamente proporcionales.**

Como se puede apreciar en la tabla, si dividimos el precio de las entradas entre las personas que van al cine obtenemos siempre una misma cantidad:

$$\frac{28}{4} = \frac{14}{2} = \frac{84}{12} = 7$$

Se trata, en este caso, del precio de una sola entrada (7 € por entrada).

En general, diremos que dos magnitudes son directamente proporcionales cuando al multiplicar (o dividir) una de ellas por un cierto número, la otra resulta multiplicada (o dividida) por el mismo número.

Siempre que dividamos dos magnitudes directamente proporcionales obtendremos un mismo número que denominamos **constante de proporcionalidad.**

5.2. Regla de tres simple y proporciones

Otra forma de resolver problemas relacionados con magnitudes directamente proporcionales es la denominada **regla de tres simple.** Se trata de un procedimiento de cálculo utilizado para determinar el valor de una de las magnitudes proporcionales cuando conocemos la otra.

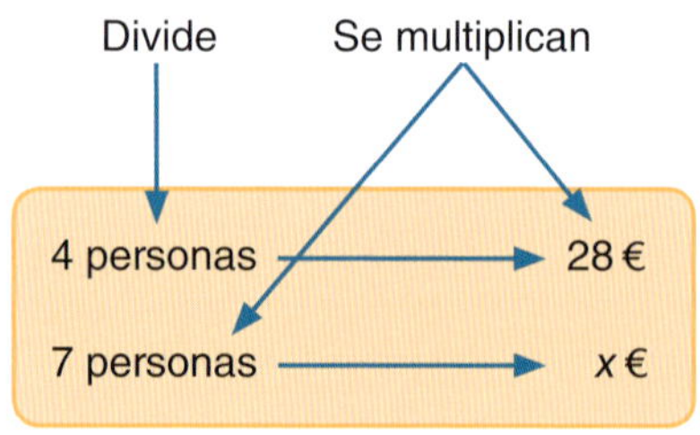

Proceso para calcular una regla de tres simple.

EJEMPLO

Siguiendo con el ejemplo del cine, si sabemos que 4 personas pagan 28 €, podríamos calcular mediante una regla de tres cuánto pagarían 7 personas:

4 personas ⟶ 28 €

7 personas ⟶ x €

Para calcular la incógnita, multiplicamos los números que la «rodean» y dividimos por la cantidad situada «enfrente», es decir:

$$x = \frac{7 \cdot 28}{4} = 49€$$

También podría haberse calculado utilizando una proporción, que es una igualdad entre fracciones: $\frac{28}{4} = \frac{x}{7} \Rightarrow x = \frac{7 \cdot 28}{4} = 49€$.

5.3. Proporcionalidad inversa

Otra posible relación que podemos encontrar entre dos magnitudes es la **proporcionalidad inversa.**

En este caso, la relación entre las dos magnitudes es tal que cuando una de ellas aumenta un cierto número de veces, la otra disminuye ese mismo número de veces.

EJEMPLO

Vamos a considerar, por ejemplo, la relación existente entre el tiempo empleado en pintar una habitación y el número de pintores dedicados a esa tarea.

Supongamos que 6 pintores completan el trabajo en 4 horas. Si el número de pintores se duplica (12 pintores), el tiempo necesario sería la mitad (2 horas). Si, por el contrario, el número de pintores se reduce a una sexta parte (1 pintor), el tiempo que emplearía sería seis veces el original (24 horas).

Veamos una tabla que resume esta relación:

Pintores	6	12	1
Tiempo empleado	4	2	24

Analizando los valores que adoptan ambas magnitudes en cada columna, podemos descubrir que en el caso de la proporcionalidad inversa la cantidad que se mantiene constante en todos los casos es el producto de dichos valores:

$$6 \cdot 4 = 12 \cdot 2 = 1 \cdot 24 = 24$$

Si te fijas, esta cantidad se corresponde en este caso con el tiempo que emplearía un solo pintor en realizar el trabajo completo.

De manera general podemos establecer que dos magnitudes son inversamente proporcionales cuando al multiplicar (o dividir) una de ellas por un determinado número, la otra resulta dividida (o multiplicada) por ese mismo número.

Siempre que multipliquemos los valores correspondientes de dos magnitudes inversamente proporcionales, obtendremos una cantidad fija que denominamos **constante de proporcionalidad inversa.**

5.4. Regla de tres inversa

Para calcular el valor de magnitudes inversamente proporcionales contamos con la **regla de tres inversa.**

Se trata de un procedimiento de cálculo, muy similar a la regla de tres simple, en el que debemos colocar los valores conocidos y la incógnita de forma similar. La diferencia está en la forma de calcular esa incógnita.

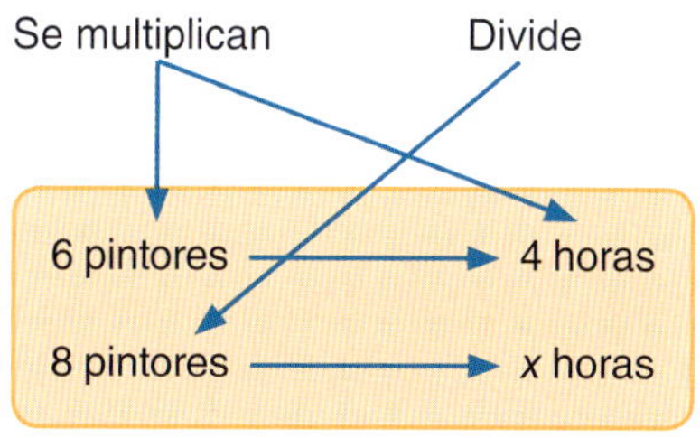

Proceso para calcular una regla de tres inversa.

EJEMPLO

Sabemos que 6 pintores tardarían 4 horas en terminar un determinado trabajo. ¿Cuánto tardarían 8 pintores en realizar ese mismo trabajo?

$$6 \text{ pintores} \longrightarrow 4 \text{ horas}$$

$$8 \text{ pintores} \longrightarrow x \text{ horas}$$

En este caso multiplicamos los números que están en distinta fila que la incógnita y dividimos por el que está en su misma fila:

$$x = \frac{6 \cdot 4}{8} = 3 \text{ horas}$$

a Actividades y tareas

1. Copia y completa en tu cuaderno las siguientes tablas de magnitudes directamente proporcionales:

a)

Magnitud 1	6	12		9	
Magnitud 2	30		150		15

b)

Magnitud 1	8	2		11,2	
Magnitud 2	10		30		12,5

c)

Magnitud 1	12		1,5		0,5
Magnitud 2		6	60	30	

2. Calcula la constante de proporcionalidad para cada una de las tablas anteriores.

3. Calcula la incógnita en cada una de las siguientes proporciones:

a) $\frac{3}{12}=\frac{5}{x}$ c) $\frac{5}{35}=\frac{x}{21}$ e) $\frac{10}{3}=\frac{20}{x}$ g) $\frac{16}{x}=\frac{40}{15}$ i) $\frac{15}{70}=\frac{3}{x}$

b) $\frac{8}{16}=\frac{6}{x}$ d) $\frac{28}{4}=\frac{x}{5}$ f) $\frac{36}{9}=\frac{x}{1}$ h) $\frac{x}{24}=\frac{3}{72}$ j) $\frac{x}{8}=\frac{15}{6}$

Aplicación a la vida cotidiana

4. En el primer día de una campaña de donación se consiguen 28 000 mL de sangre gracias a la colaboración de 70 personas. Contesta las siguientes preguntas:
   a) Si el segundo día colaboran 85 donantes, ¿cuánta sangre se conseguirá reunir?
   b) Si el tercer día se consiguen 22 000 mL de sangre, ¿cuántas personas han colaborado?
   c) Representa todos los resultados en una tabla.
   d) Calcula la constante de proporcionalidad de esta relación. ¿Qué significado tiene?

5. Una empresa de reparto de mercancías entrega cada día 48 000 kg de alimentos utilizando sus 4 camiones:
   a) El número de camiones y los kilogramos de comida, ¿son directamente proporcionales?
   b) ¿Cuántos kilogramos podrán repartir si se avería uno de los camiones y solo pueden utilizar tres?
   c) Si en la empresa deciden comprar dos camiones más, ¿cuántos kilogramos de comida podrían repartir?
   d) Si quieren ampliar su capacidad de reparto a 120 000 kg, ¿cuántos camiones necesitarán?
   e) Calcula la constante de proporcionalidad de esta relación. ¿Qué significado tiene?

6. A Javier y a Celia les han regalado dos reproductores de mp4. Celia almacena 240 canciones que ocupan un total de 750 Mb.
   a) ¿Cuántas canciones podrá guardar Javier si utiliza los 2 Gb de que dispone su reproductor?
   b) Calcula la constante de proporcionalidad de esta relación.
   c) ¿Qué significado tiene esta constante?

7. Los siguientes ejemplos pueden ser:
   - Relaciones de proporcionalidad directa.
   - Relaciones de proporcionalidad inversa.
   - Otro tipo de relación no proporcional o ninguna relación.

   Indica en cada caso de qué se trata y justifica tu respuesta.

   a) El tiempo que estudias y la nota que obtienes en un examen.

   b) El ancho de una estantería y los libros (del mismo tipo) que puedes colocar en ella.

   c) La capacidad de un depósito de gasolina y el tiempo que necesitamos para llenarlo utilizando el mismo surtidor.

   d) La velocidad a la que circula un automóvil y el tiempo que tarda en recorrer un trayecto determinado.

   e) Los megabytes de una tarjeta de memoria y las fotos que puedes almacenar en ella.

   f) Las personas que montan en un ascensor y la velocidad a la que este asciende.

   g) Las personas que levantan un objeto y la fuerza que debe hacer cada una de ellas.

   h) La velocidad a la que se mueve un coche y la cantidad de combustible que consume.

! **Recuerda**

Recuerda que para que dos magnitudes sean proporcionales no solo deben estar relacionadas sino que deben variar del mismo modo, es decir, que si una aumenta el doble, la otra debe aumentar el doble también.

8. Copia y completa en tu cuaderno los siguientes cuadros de magnitudes inversamente proporcionales:

a)

Magnitud 1	8		4	16	
Magnitud 2	5	10			20

b)

Magnitud 1	12	24		2,4	
Magnitud 2	10		30		2,5

c)

Magnitud 1		7	3,5	0,5	
Magnitud 2	15		30		7,5

Aplicación a la vida cotidiana

9. Un proyecto de ayuda a países subdesarrollados se ha financiado gracias a la colaboración de 5 000 personas. El promedio de la cantidad que ha aportado cada una de estas personas ha sido de 140 €.

   a) Si hubiesen colaborado 7 500 personas, ¿cuánto dinero tendría que aportar cada una de promedio para desarrollar el mismo proyecto?

   b) Si el promedio de la aportación personal para el mismo proyecto fuese de 350 €, ¿cuántas personas habrían colaborado?

   c) Representa todos los resultados en una tabla.

   d) Calcula la constante de proporcionalidad de esta relación. ¿Qué significado tiene?

10. Varios amigos de Fouad le compran, como regalo de cumpleaños, una sudadera que cuesta 30 €.

   a) Si quieren participar en el regalo 5 amigos, ¿cuánto pagará cada uno de ellos?

   b) Y si fuesen 6 amigos, ¿cuánto pagaría cada uno de ellos?

   c) ¿Qué tipo de relación existe entre el número de amigos y el dinero que tiene que poner cada uno de ellos?

   d) En una situación similar, seis amigos de Cristina le compran un regalo de cumpleaños poniendo cada uno de ellos 4 €. ¿Cuánto tendrían que poner si ese mismo regalo lo hubiesen comprado entre 8 amigos?

6. Porcentajes

Es muy habitual oír a nuestro alrededor expresiones como las siguientes:

- Me compré una camisa que estaba rebajada un 15 %.
- La mejor audiencia de la noche del martes fue del 24,5 %.
- Hay que sumarle el 21 % de IVA.
- El riesgo de precipitaciones para el domingo es del 46 %.

Todas estas expresiones tienen algo en común: **los porcentajes.** Vamos a conocer qué es un porcentaje y cómo se realizan cálculos elementales con ellos.

!

Recuerda

En una fracción, el denominador nos indica las partes en las que dividimos la unidad, y el numerador, las que tomamos.

6.1. ¿Qué es un porcentaje?

Un porcentaje es una fracción de denominador 100 y numerador el propio porcentaje. Como todas las fracciones nos indica una parte (numerador) de un total (100). También podemos entenderlo como una proporción.

EJEMPLO

Si decimos que en una clase ha aprobado el 75 % de los alumnos, no estamos diciendo que hay 100 alumnos de los cuales han aprobado 75, sino que esa es la proporción de aprobados: si hubiese 100 alumnos habrían aprobado 75. Si, por ejemplo, estamos hablando de una clase de 24 alumnos, habrían aprobado 18 alumnos ya que:

$$\frac{75}{100} = \frac{18}{24}$$

6.2. Cálculo de porcentajes

Los porcentajes, al ser fracciones, también pueden expresarse en forma de número decimal. Para calcularlos bastará con multiplicar la cantidad total por el número decimal asociado al porcentaje.

EJEMPLOS

- 45 % de 1200 = 0,45 · 1200 = 540
- 50 % de 32 = 0,5 · 32 = 16
- 3 % de 700 = 0,03 · 700 = 21

De la misma forma, si queremos calcular qué porcentaje supone una determinada cantidad respecto de un total, bastará con dividir esa cantidad entre el total y luego multiplicar por 100.

EJEMPLO

57 alumnos de un total de 380: $\frac{57}{380} = 0{,}15 \Rightarrow 0{,}15 \cdot 100 = 15\ \%$

EJEMPLO

Vamos a ver algunos ejemplos de cómo se calculan porcentajes utilizando la regla de tres o las proporciones:

- Calcula el 20 % de 760:

  20 ⟶ 100

  x ⟶ 760

  $$x = \frac{20 \cdot 760}{100} = 152$$

- Calcula el 15 % de 330:

  15 ⟶ 100

  x ⟶ 330

  $$x = \frac{15 \cdot 330}{100} = 49{,}5$$

6.3. Porcentajes encadenados

Los porcentajes encadenados aparecen cuando calculamos varios porcentajes de manera sucesiva sobre una misma cantidad. Utilizando los números decimales estos cálculos son muy sencillos.

EJEMPLO

Calcula el 15 % del 40 % de 240 : 0,15 · 0,4 · 240 = 14,4

Calcula el 5 % del 20 % de 1350 : 0,05 · 0,2 · 1350 = 13,5

6.4. Aumentos y disminuciones

Otra aplicación muy útil de los porcentajes son los aumentos y disminuciones porcentuales. Para calcularlos de una manera cómoda recurrimos de nuevo a los números decimales.

EJEMPLOS

- Un ordenador costaba 850 € y se le aplica una rebaja del 20 %. ¿Cuánto cuesta ahora?

  Como se ha rebajado un 20 %, ahora debemos pagar el 80 % del precio original (100 − 20 = 80). Lo calculamos:

  $0{,}8 \cdot 850 = 680$ € es el nuevo precio del ordenador.

- El número de suspensos de una clase, que era 8, se ha incrementado en un 25 %. ¿Cuántos suspensos hay ahora?

  Si se ha incrementado un 25 %, los suspensos ahora son el 125 % de los que había antes (100 + 25 = 125). Lo calculamos:

  $1{,}25 \cdot 8 = 10$ suspensos hay ahora.

6.5. Interés simple y compuesto

Cuando depositamos nuestro dinero en un banco, este nos paga a cambio un determinado porcentaje de ese dinero. De la misma forma, cuando un banco nos presta dinero, debemos pagarle un porcentaje del dinero que nos ha prestado. A ese porcentaje se le denomina interés.

Si el interés se calcula siempre respecto a la cantidad original, se denomina **interés simple.**

EJEMPLO

Si ingreso 1 000 € en una cuenta bancaria con un interés simple del 2 % anual (que se abona cada año), el cálculo del dinero que me debe pagar el banco se hará siempre respecto a esos 1 000 €. De esta forma, cada año tendrán que abonarme el 2 % de 1 000 €:

$0{,}02 \cdot 1000 = 20$ € debe pagarme el banco cada año.

Si, por el contrario, el interés se calcula cada año respecto al dinero que resulta al ir acumulando los intereses de otros años, se denomina **interés compuesto.**

EJEMPLO

En el caso de los 1 000 €, si el interés es compuesto, la situación sería:

– **El primer año:** mi dinero se incrementa un 2 %, es decir, es el 102 % de lo que tenía. Lo calculamos:

$$1{,}02 \cdot 1000 = 1020 \text{ €}$$

– **Segundo año:** ahora calculamos el interés sobre los 1 020 € que hemos acumulado al sumar los intereses del primer año. De esta forma nuestro dinero será ahora el 102 % de 1 020 €:

$$1{,}02 \cdot 1020 = 1040{,}40 \text{ €}$$

En consecuencia, cada año que pase debemos multiplicar de nuevo por 1,02 para obtener el dinero que vamos acumulando. Si consideramos, por ejemplo, 10 años, tendríamos que multiplicar los 1 000 € iniciales por 1,02 diez veces, o lo que es lo mismo:

$$1{,}02^{10} \cdot 1000 = 1218{,}99 \text{ €}$$

Así podemos calcular directamente el dinero que tendremos al cabo de cualquier número de años.

!

Interés compuesto

Podemos utilizar la siguiente fórmula para calcular el interés compuesto:

$$C_f = C_i \cdot (1 + r)^n$$

Donde:

C_f es el denominado **capital final,** que es el dinero que tendremos transcurrido un determinado número de años.

C_i es el **capital inicial,** es decir, el dinero que inicialmente ingresamos.

r es el interés que nos abonan cada año, escrito en forma decimal.

n es el número de años que estamos considerando.

a Actividades y tareas

1. Escribe en tu cuaderno los siguientes porcentajes en forma de fracción con denominador 100 y simplifica dicha fracción siempre que sea posible:

a) 25 % b) 30 % c) 12 % d) 75 %

2. Copia y completa en tu cuaderno las siguientes expresiones de forma que queden expresadas como fracciones de denominador 100 y, por lo tanto, como porcentajes.

a) $\frac{1}{5} = \frac{\bullet}{100} = \bullet\bullet\bullet\%$ c) $\frac{2}{25} = \frac{\bullet}{100} = \bullet\bullet\bullet\%$ e) $\frac{1}{20} = \frac{\bullet}{100} = \bullet\bullet\bullet\%$

b) $\frac{3}{5} = \frac{\bullet}{100} = \bullet\bullet\bullet\%$ d) $\frac{4}{25} = \frac{\bullet}{100} = \bullet\bullet\bullet\%$ f) $\frac{3}{20} = \frac{\bullet}{100} = \bullet\bullet\bullet\%$

3. Calcula los siguientes porcentajes:

a) El 10 % de 360 c) El 25 % de 48 e) El 5 % de 845 g) El 1,5 % de 70

b) El 80 % de 170 d) El 2 % de 600 f) El 32 % de 15 h) El 24,7 % de 471

4. Describe las siguientes situaciones utilizando porcentajes:

a) En una clase de 24 alumnos, 6 de ellos han suspendido Educación Física.

b) En una ciudad de 180 000 habitantes, 9 000 personas no reciclan correctamente la basura.

c) En un edificio de 60 viviendas, 15 están deshabitadas.

d) En una empresa en la que trabajan 2 600 empleados, 923 tienen menos de 35 años.

e) David ha sido el autor de 12 de los 50 goles que ha marcado su equipo de fútbol esta temporada.

f) Alicia ha gastado 26,65 € de los 130 que tenía ahorrados.

5. Daniel tiene 12 de los 20 CD que componen la discografía de su grupo favorito:

a) ¿Qué porcentaje suponen los discos que tiene?

b) ¿Qué porcentaje de discos le faltan para completar la discografía de ese grupo?

6. Rubén ha ganado el 75 % de los 12 partidos de pimpón que ha jugado en un campeonato de su instituto. ¿Cuántos partidos ha perdido?

7. Calcula los siguientes porcentajes encadenados utilizando números decimales:

a) El 20 % del 50 % de 490 c) El 40 % del 2 % de 120 e) El 30 % del 80 % de 3 000

b) El 15 % del 10 % de 1 300 d) El 18 % del 4,5% de 900 f) El 80 % del 30 % de 3 000

8. Calcula el total de alumnos de cada una de las clases de PMAR I de un instituto utilizando los siguientes datos:

a) En PMAR I A, hay 12 chicas que representan el 50 % del total de alumnos.

b) En PMAR I B, 21 alumnos aprobaron el último examen de Matemáticas. Son el 75 % del total.

c) En PMAR I C, 8 alumnos no participan en el viaje de fin de curso al que sí va el 60 % de la clase.

9. En una tienda de informática, el 40 % de los ordenadores que se vendieron el último mes eran portátiles. De estos, el 15 % se ofertaban con una impresora de regalo.

Sabiendo que en total se vendieron 250 ordenadores, ¿cuántas impresoras se regalaron ese mes?

10. Jesús ha conseguido incrementar su nota media en un 15 %. Si su nota media era 6,3, ¿cuál es su nota actual?

11. En un concesionario de coches ofrecen un determinado modelo con una rebaja del 10 %. El precio de ese automóvil es de 17 000 € + IVA.

a) Calcula primero el precio del coche sin rebaja cuando le sumamos el IVA (21 %).

b) Si a ese precio le aplicamos ahora la rebaja del 10 %, ¿cuánto cuesta finalmente el vehículo?

c) Repite el cálculo pero ahora aplica primero la rebaja y añade a ese precio rebajado el 21 % de IVA. ¿Ha influido el orden en el resultado?

12. Calcula el resultado de los siguientes aumentos y disminuciones:

a) El número de aprobados en Ámbito Científico y Matemático, que en la evaluación pasada fue de 8 alumnos, ha disminuido en un 25 %. ¿Cuántos alumnos han aprobado esa evaluación?

b) En un folleto de publicidad, el precio de un ordenador es de 700 € + IVA (21 %). ¿Cuál es el precio real?

c) Una camisa que cuesta 20 € ahora se encuentra rebajada en un 20 %. ¿Cuál es su precio actual?

d) A Patricia le suben el sueldo un 15 %. Si antes cobraba 1 200 €, ¿cuánto cobra ahora?

!

IVA: impuesto sobre el valor añadido

El IVA es un impuesto indirecto que se aplica, salvo algunas excepciones, siempre que se compra algún bien o servicio.

Esto quiere decir que siempre que alguien compra algo o contrata algún servicio, hay que añadirle al precio inicial un determinado porcentaje que, en España, puede ser: 21 % (es el tipo general), 10 % (la mayoría de los alimentos, hostelería, transportes...) o 4 % (alimentos básicos como el pan, la leche, fruta, etc., libros, material escolar...).

13. Fran ha conseguido reducir en un 7 % el tiempo que empleaba en correr 100 m. Sabiendo que antes tardaba 14,6 s:

a) ¿Cuál es su marca actual?

b) ¿En cuántos segundos ha logrado reducir su récord personal?

14. Lidia ingresa 200 € en una cuenta bancaria que le genera un interés simple del 2 %. Copia y completa en tu cuaderno la siguiente tabla calculando el dinero que tendrá al cabo de los años:

Tiempo	1 año	2 años	3 años	4 años	5 años	10 años
Dinero	●●●	●●●	●●●	●●●	●●●	●●●

15. Copia y completa en tu cuaderno la siguiente tabla suponiendo que las condiciones en las que Lidia ingresa su dinero son de un 2 % de interés compuesto:

Tiempo	1 año	2 años	3 años	4 años	5 años	10 años
Dinero	●●●	●●●	●●●	●●●	●●●	●●●

16. Álvaro decide ingresar 560 € en un fondo de inversión que le proporciona un interés compuesto del 5,5 %.

a) ¿Cuánto dinero tendrá al cabo de un año?

b) ¿Y cuando pasen 5 años?

17. Javier ingresa 200 € en una cuenta con un interés compuesto del 1,5 %. Cuatro años después, ingresa en la misma cuenta 100 € más. Copia y completa en tu cuaderno la siguiente tabla indicando el dinero que tiene en la cuenta cada año:

Tiempo	1 año	2 años	3 años	4 años	5 años	10 años
Dinero	●●●	●●●	●●●	●●●	●●●	●●●

7. Potencias

Una potencia es una forma resumida de expresar el producto de un número por sí mismo repetidas veces. Al número que se multiplica por sí mismo se le denomina **base** y al número de veces que se multiplica se le llama **exponente.** Se escribe de la siguiente forma:

BASE → a^n ← EXPONENTE

Esta potencia nos indica que el número *a* se multiplica por sí mismo *n* veces:

$$a^n = \underbrace{a \cdot a \cdot a \cdot \ldots \cdot a}_{n \text{ veces}}$$

7.1. Potencias de números negativos

Al calcular potencias de números negativos vemos que el exponente, es decir, el número de veces que tenemos que multiplicar la base por sí misma, determina si el resultado es positivo o negativo.

EJEMPLOS

- $(-3)^4 = (-3) \cdot (-3) \cdot (-3) \cdot (-3) = 81$
- $(-5)^3 = (-5) \cdot (-5) \cdot (-5) = -125$

Vemos que cuando la base de una potencia es negativa, el resultado puede ser positivo si el exponente es par, o negativo cuando el exponente es impar.

7.2. Propiedades de las potencias

A partir de la definición que acabamos de ver podemos establecer las siguientes propiedades que resultan muy útiles para realizar de una forma más rápida y sencilla cálculos con potencias.

Propiedad	Fórmula	Ejemplo
Producto de potencias con la misma base	$a^n \cdot a^m = a^{n+m}$	$5^4 \cdot 5^{10} = 5^{4+10} = 5^{14}$
Cociente de potencias con la misma base	$a^n : a^m = a^{n-m}$	$8^7 : 8^3 = 8^{7-3} = 8^5$
Potencia de una potencia	$(a^n)^m = a^{n \cdot m}$	$(15^3)^4 = 15^{3 \cdot 4} = 15^{12}$
Potencia de un producto	$(a \cdot b)^n = a^n \cdot b^n$	$(3 \cdot 7)^2 = 3^2 \cdot 7^2$
Potencia de un cociente	$(a : b)^n = a^n : b^n$	$(18 : 3)^2 = 18^2 : 3^2$

7.3. Potencia de una fracción

Aplicando la última de estas propiedades podemos aprender cómo calcular potencias de números fraccionarios. Puesto que una fracción indica un cociente entre el numerador y el denominador, tenemos que:

$$\left(\frac{a}{b}\right)^n = \frac{a^n}{b^n}$$

EJEMPLO

$$\left(\frac{5}{2}\right)^3 = \frac{5^3}{2^3} = \frac{125}{8}$$

!

Los signos y las potencias

Se utilizan paréntesis para indicar si el signo *menos* está incluido en la base de una potencia. Cuando no lo está, el signo menos no se ve afectado por el exponente y el resultado de calcular la potencia será siempre negativo.

EJEMPLOS

$(-3)^2 = (-3) \cdot (-3) = +9$

$-3^2 = -3 \cdot 3 = -9$

$a^0 = 1$ $a^1 = a$

!

Potencias de 10 y notación científica

Observa las siguientes potencias:

$10^1 = 10$

$10^2 = 100$

$10^3 = 1\,000$

104 = 10 000

$10^5 = 100\,000$

...

Las potencias de 10 son muy útiles para expresar de forma resumida cantidades muy grandes. Para ello utilizamos la denominada notación científica, que consiste en escribir un número como el producto de un decimal mayor que 1 y menor que 10 (es decir, con una sola cifra a la izquierda de la coma) multiplicado por una potencia de 10.

EJEMPLOS

$95\,000 = 9{,}5 \cdot 10^4$

$134\,000\,000\,000 = 1{,}34 \cdot 10^{11}$

Con la notación científica logramos escribir números muy grandes de una forma muy resumida.

a Actividades y tareas

1. Completa la siguiente tabla:

Potencia	Base	Exponente	Resultado
5^3			
$(-3)^2$			
$(-3)^3$			
1^{20}			
$(-1)^{20}$			
$(-1)^3$			
$(-1)^{57}$			
0^{300}			

! **Las potencias en la calculadora**

Todas las calculadoras científicas permiten calcular potencias de forma directa. La tecla para ello varía de unos modelos a otros. Las más habituales son:

x^y x ^

2. Calcula el valor de las siguientes potencias:

a) $(-2)^4$ b) -2^4 c) $(-5)^3$ d) -5^3 e) $(-10)^6$ f) -10^6 g) $(-1)^{100}$ h) -1^{100}

3. Calcula, utilizando tu calculadora:

a) 7^5 b) 11^4 c) $(-6)^8$ d) $(-15)^5$ e) 20^8 f) 100^5 g) 3^0 h) 545^0

4. Escribe las siguientes cifras en notación científica:

a) 8 000 000 000 c) 100 000 e) 670 000 000 g) 9 500 000 000 000

b) 15 000 d) 246 000 f) 990 000 h) 1 000 000 000 000

5. Escribe como una única potencia utilizando las propiedades de las potencias:

a) $3^5 \cdot 3^2$ c) $8 \cdot 8^5$ e) $2^6 : 2^6$ g) $9^4 : 3^4$ i) $(4^5)^7$

b) $10^8 \cdot 10^7$ d) $15^6 : 15^2$ f) $7^5 \cdot 3^5$ h) $15^6 : (3^2 \cdot 5^2)$ j) $20^5 \cdot (20^3)^4$

6. Calcula las siguientes potencias de fracciones:

a) $\left(\frac{2}{5}\right)^3$ b) $\left(\frac{4}{7}\right)^2$ c) $\left(\frac{1}{6}\right)^3$ d) $\left(\frac{2}{3}\right)^4$ e) $\left(-\frac{1}{5}\right)^2$ f) $\left(-\frac{1}{5}\right)^3$

Aprendizaje cooperativo

7. Observa las dos columnas:

El radio de la Tierra, expresado en m	$1{,}5 \cdot 10^8$
La distancia entre la Tierra y la Luna, expresada en km	$8{,}848 \cdot 10^5$
La distancia entre la Tierra y el Sol, expresada en km	$6{,}71 \cdot 10^6$
La altura del Everest, expresada en cm	$1{,}09 \cdot 10^4$
La máxima profundidad del océano Pacífico, expresada en m	$3{,}84 \cdot 10^5$

a) Asocia, en tu cuaderno, cada elemento de la columna de la izquierda con una de las longitudes expresadas en notación científica de la columna de la derecha.

b) Compara tus resultados con un compañero y decidid una respuesta en común para la actividad.

c) Comparad ahora vuestro resultado con el de otra pareja de compañeros, y si vuestra respuesta es distinta en alguna longitud, llegad a un acuerdo para elaborar una única respuesta para todo el grupo.

CMCT

1. Completa en tu cuaderno la siguiente tabla con un múltiplo y un divisor de cada número, utilizando una sola vez cada uno de los números del recuadro verde:

60	1	2	100
32	4	8	70
3	25	5	20
30	50	200	10

	Múltiplo	Divisor
30		
100		
15		
2		
25		
16		
10		
50		

CMCT CPAA

2. a) Copia en tu cuaderno y completa la tabla de la derecha calculando el número decimal correspondiente a cada una de las fracciones.

b) ¿Puedes deducir el número decimal que corresponde a la fracción $\frac{31}{3}$ sin realizar la división?

c) Explica qué ocurre con las fracciones de denominador 3 y su expresión como número decimal. Incluye algunos ejemplos.

d) Repite el mismo análisis con las fracciones de denominador 4 y 9.

e) Escribe la fracción equivalente a los siguientes números decimales:

a. 5,3333... d. 3,25 g. 7,2222...

b. 7,5 e. 8,5 h. 5,75

c. 1,4444... f. 9,3333... i. 3,1111...

Fracción	Decimal
$\frac{1}{2}$	
$\frac{2}{2}$	1
$\frac{3}{2}$	
$\frac{4}{2}$	
$\frac{5}{2}$	
$\frac{6}{2}$	
$\frac{7}{2}$	
$\frac{8}{2}$	
$\frac{9}{2}$	
$\frac{10}{2}$	

Fracción	Decimal
$\frac{1}{3}$	0,3333...
$\frac{2}{3}$	
$\frac{3}{3}$	
$\frac{4}{3}$	
$\frac{5}{3}$	
$\frac{6}{3}$	
$\frac{7}{3}$	
$\frac{8}{3}$	
$\frac{9}{3}$	
$\frac{10}{3}$	

CMCT CEC CD

3. Los siguientes gráficos muestran las primeras etapas que debemos seguir para construir la denominada «curva de Koch»:

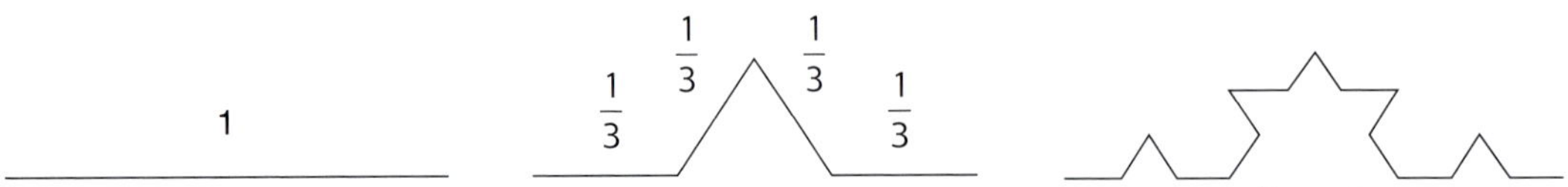

Segmento original Paso 1 Paso 2

a) Calcula la longitud de la curva de Koch en cada uno de los pasos indicados en las figuras. Ten en cuenta que el segmento original mide 1 m y cada segmento se divide entre 3 en cada paso. Utiliza fracciones y potencias para expresar el resultado.

b) ¿Cuánto mediría en el paso 10?

c) La curva de Koch es un fractal. Busca información en internet y realiza una pequeña presentación en la que incluyas la definición de fractal y algunos ejemplos de fractales.

4. El siguiente dibujo representa un bloque de viviendas de 9 plantas de altura.

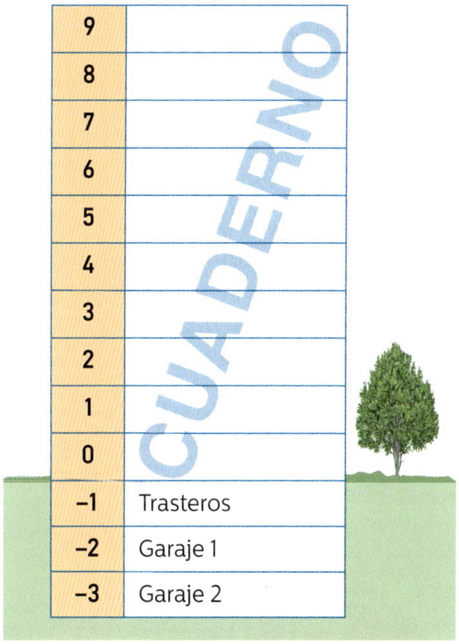

a) Copia el esquema en tu cuaderno y escribe en cada piso el nombre de las personas que viven en él, teniendo en cuenta los siguientes datos:

- Nacho llega a casa en coche. Lo aparca en el garaje 2 y sube 7 pisos para llegar a su casa.
- Al volver de pasear a su perro, Nacho coincide en el portal con Mónica. Suben juntos en el ascensor, pero Nacho se baja dos pisos antes.
- David sale de su casa al poco rato y llama al ascensor, que baja 5 pisos desde donde lo dejó Mónica. David se sube al ascensor y baja 3 pisos para coger su coche en uno de los garajes.
- Rocío tiene su plaza de aparcamiento en el mismo garaje que David. El ascensor está ocupado y decide subir los 10 pisos hasta su casa andando.

b) Escribe una operación con números enteros que simbolice cada uno de los párrafos anteriores.

c) Escribe un número entero que se corresponda con las siguientes situaciones:

- Nacho baja desde su casa al trastero a buscar unas cajas.
- Rocío hace una visita a Mónica.
- David baja a la calle.
- Rocío sube a la azotea del edificio desde su plaza de garaje.

5. Observa el esquema de la derecha. En él se muestra cómo realizar de forma rápida algunas multiplicaciones con decimales:

$32 \cdot 1{,}5 = 32 \cdot 1 + 32 \cdot 0{,}5 = 32 + 16 = 48$

Utilizamos la propiedad distributiva

Multiplicar por 0,5 equivale a calcular la mitad

a) Utiliza esta táctica para resolver mentalmente las siguientes operaciones:

- $24 \cdot 1{,}5$
- $50 \cdot 1{,}5$
- $16 \cdot 1{,}5$
- $12 \cdot 1{,}5$
- $8 \cdot 2{,}5$
- $20 \cdot 2{,}5$
- $28 \cdot 2{,}5$
- $60 \cdot 3{,}5$

b) Teniendo en cuenta que multiplicar por 0,25 equivale a calcular la cuarta parte de un número, ¿podrías resolver las siguientes operaciones mentalmente aplicando un procedimiento similar al del apartado anterior?

- $8 \cdot 1{,}25$
- $20 \cdot 1{,}25$
- $24 \cdot 1{,}25$
- $36 \cdot 1{,}25$
- $12 \cdot 2{,}25$
- $60 \cdot 2{,}25$
- $4 \cdot 3{,}25$
- $80 \cdot 4{,}25$

6. Completa la tabla expresando las siguientes variaciones porcentuales como fracciones:

Variación porcentual	Porcentaje	Fracción
Aumenta un 25 %	125 %	$\frac{125}{100} = \frac{5}{4}$
Disminuye un 20 %	•••	•••

a) Observa las fracciones que has obtenido. ¿Qué relación hay entre ambas?

b) ¿Qué ocurre si aplicamos a una cantidad un aumento del 25 % y luego una disminución del 20 %?

c) Si en los últimos dos años el paro ha subido un 60 %, ¿qué porcentaje debe disminuir para volver a la situación de partida?

El hambre en el mundo

A continuación te mostramos un texto y unos gráficos publicados por la ONU sobre la evolución del hambre en el mundo. Léelos atentamente y contesta las preguntas que te hacemos a continuación:

«Hay unos 793 millones de personas subalimentadas en el mundo, es decir, 167 millones menos que hace un decenio y 216 millones menos que en 1990-1992. El descenso ha sido más pronunciado en las regiones en desarrollo, a pesar del considerable crecimiento demográfico. En los últimos años, los progresos se han visto obstaculizados por un crecimiento económico más lento y menos inclusivo, así como por la inestabilidad política en algunas regiones en desarrollo, por ejemplo, en África central y Asia occidental».

Evolución de la distribución del hambre en el mundo: número y proporción de personas subalimentadas por región, 1990-1992 y 2014-2016

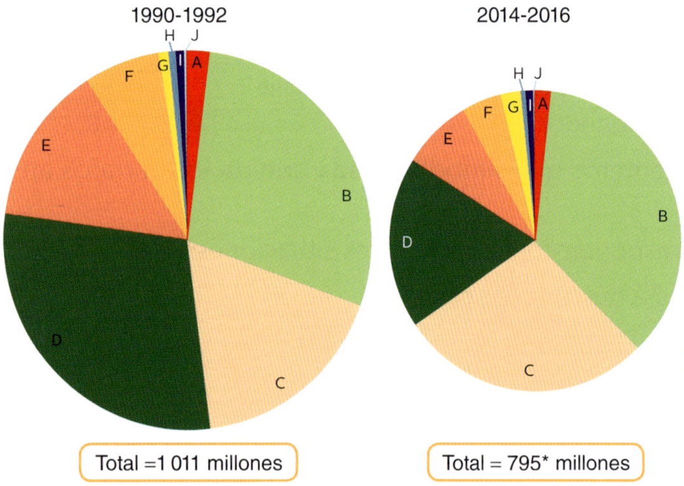

	Número (millones)		Proporción regional (%)	
	1990-1992	2014-2016	1990-1992	2014-2016
A Regiones desarrolladas	20	15	2,0	1,8
B Asia meridional	291	281	28,8	35,4
C África subsahariana	176	220	17,4	27,7
D Asia oriental	295	145	29,2	18,3
E Asia suboriental	138	61	13,6	7,6
F América Latina y el Caribe	66	34	6,5	4,3
G Asia occidental	8	19	0,8	2,4
H África del Norte	6	4	0,6	0,5
I Cáucaso y Asia central	10	6	0,9	0,7
J Oceanía	1	1	0,1	0,2
Total	1011	795*	100	100

Nota: El tamaño de los gráficos circulares es proporcional al número total de personas subalimentadas en cada periodo. Los datos relativos al periodo 2014-2016 son estimaciones provisionales. Todas las cifras se han redondeado.

Actividades

Actividad 1: Completa la siguiente tabla indicando las personas subalimentadas en el mundo según los datos del texto:

1990-2002	2004-2006	2014-2016
•••	•••	793 millones

Actividad 2. Calcula la variación porcentual que se ha producido desde 1990-1992 hasta 2015 y desde 2005 hasta 2015.

Actividad 3. Analizando los datos de la gráfica, ¿en qué regiones ha aumentado el número de personas subalimentadas? ¿Qué regiones suponen ahora una proporción mayor respecto al total mundial?

Actividad 4. ¿Es posible que en una región haya disminuido el número de personas subalimentadas, y en cambio haya aumentado su proporción respecto al resto del mundo? Justifica tu respuesta.

La hoja de cálculo

Las **hojas de cálculo** son herramientas informáticas que nos permiten realizar, entre otras muchas cosas, operaciones aritméticas, estudios estadísticos y representaciones gráficas.

Las más utilizadas son Excel, incluida en el paquete Office de Microsoft (programa de pago), y Calc, que se incluye en la suite OpenOffice (de libre distribución). Ambas tienen características muy parecidas.

MATERIAL

- Un ordenador en el que esté instalada una hoja de cálculo.

Objetivo

Conocer las hojas de cálculo y su utilidad para realizar cálculos matemáticos.

Conceptos básicos

Los documentos en una hoja de cálculo reciben el nombre de **libros** ya que están formados por distintas **hojas** que nos permiten trabajar de forma ordenada. En cada hoja disponemos de un gran número de **celdas** en las que podremos escribir números, operaciones, funciones, etc.

Las celdas reciben un nombre compuesto de un número (fila) y una letra (columna) de forma que cada celda tiene un nombre distinto de las demás.

Las opciones de formato nos permiten unir varias celdas, establecer bordes, o no, según nos interese, colorearlas, etc. Además, podemos establecer el tipo de información que va a contener la celda (números, texto, euros...) para que el programa se adapte a las condiciones de formato.

Ejemplo

El uso más elemental de una hoja de cálculo consiste en introducir datos en algunas celdas y obtener el resultado de diversas operaciones con esos datos en otras celdas. Observa el siguiente ejemplo en el que hemos empleado una hoja de cálculo para hallar algunos porcentajes.

En las celdas de esta columna hemos escrito el número de alumnos que hay en cada curso.

En esta celda hemos calculado la suma de las celdas superiores escribiendo:

B4 + B5 + B6 + B7 + B8 + B9

	A	B	C
1	DISTRIBUCIÓN DE ALUMNOS		
2			
3	CURSO	ALUMNOS	PORCENTAJE
4	1.º ESO	124	22,79
5	2.º ESO	127	23,35
6	3.º ESO	97	17,83
7	4.º ESO	79	14,52
8	1.º BACH	65	11,95
9	2.º BACH	52	9,56
10	TOTAL	544	100
11			
12			
13			

Para calcular el porcentaje de alumnos de 1.º de ESO hemos escrito la siguiente operación en esta celda:

= (B4/B10)*100

Si copiamos el contenido de la celda B10 y lo pegamos en la C10, el programa ajusta automáticamente los cálculos para realizar la misma operación pero con los datos correspondientes a esta celda.

a Actividades y tareas

1. Pregunta en tu centro escolar por los datos de alumnos matriculados en cada curso y utiliza una hoja de cálculo para calcular qué porcentaje de alumnos estudia en cada nivel educativo. Explora las opciones de formato que te permite tu programa y presenta correctamente el ejercicio, recuadrando y coloreando las celdas que consideres oportuno.

Evaluación

1. Calcula el mínimo común múltiplo de 75 y de 100:

a) 100

b) 150

c) 300

d) 600

2. Calcula el máximo común divisor de 75 y de 100:

a) 1

b) 5

c) 20

d) 25

3. Resuelve la siguiente operación con números enteros:

$$-5 + (-3) \cdot [4 - (-1)]$$

a) –14

b) 10

c) –20

d) –10

4. A las 8 de la mañana, los termómetros registran una temperatura de –7 °C. A las 3 de la tarde, la temperatura ha llegado hasta los 4 °C. ¿Cuál ha sido la variación de temperatura entre esos dos momentos?

a) +3 °C

b) –3 °C

c) +11 °C

d) –11 °C

5. Resuelve la siguiente operación con fracciones:

$$\frac{3}{5} + \frac{1}{2} \cdot \left(\frac{4}{5}\right) - 1$$

a) $\frac{1}{2}$

b) $\frac{7}{10}$

c) $\frac{4}{15}$

d) $-\frac{2}{5}$

6. En una tienda de cómics han colocado en una estantería todas las novedades de la semana. Entre ellas, hay 12 libros de manga que suponen $\frac{3}{4}$ del total. ¿Cuántas novedades hay en la estantería?

a) 9 libros

b) 16 libros

c) 20 libros

d) 24 libros

7. ¿Cuánto tengo que pagar por 2,5 kg de naranjas si el precio de las naranjas es de 1,2 € el kilo?

a) 2,08 €

b) 3 €

c) 3,7 €

d) 1,3 €

8. En la página web de una tienda de informática, en la que aparecen los precios sin IVA, el precio de un ordenador es de 450 €.

Calcula el precio final añadiendo el IVA (21 %) y teniendo en cuenta que durante esa semana todos los productos de esta tienda están rebajados un 15 %:

a) 477 €

b) 423 €

c) 462,83 €

d) 81,68 €

9. Expresa 456 000 000 en notación científica:

a) $0,456 \cdot 10^9$

b) $4,56 \cdot 10^8$

c) $45,6 \cdot 10^7$

d) $456 \cdot 10^6$

10. Simplifica la siguiente operación con potencias:

$$5^2 \cdot (20^6 : 4^6)$$

a) 5^6

b) 5^8

c) 25^6

d) 25^8

Resumen

Cuando un número *a* divide de forma exacta a otro número *b* decimos que *a* es **divisor** de *b* y que *b* es un **múltiplo** de *a*. Esta relación de **divisibilidad** es fundamental en matemáticas y resulta muy útil para la resolución de problemas y operaciones.

Los números que solo tienen dos divisores (el 1 y ellos mismos) se denominan **números primos.** Todos los demás, excepto el 1, pueden escribirse como producto de números primos (descomposición en factores primos).

Los **números enteros** están formados por los números positivos y negativos. Estos últimos representan cantidades menores que cero. Se utilizan en economía (deudas y pérdidas), en temperaturas (bajo cero) o para indicar variaciones (un número negativo indica una disminución). Para operar con ellos conviene recordar:

- Sumar números enteros equivale a acumular variaciones.
- Restar un número entero equivale a sumar su opuesto.
- Para multiplicar y dividir, utilizamos la regla de los signos.

Los **números decimales** surgen de la necesidad de expresar cantidades más pequeñas que la unidad. Se dividen en decimales **exactos** (como 5,4), decimales **periódicos puros** (como 7,3333...), decimales **periódicos mixtos** (como 8,91111...) y decimales **no periódicos** (como el número π). Cuando un número decimal tiene más cifras decimales de las que nos interesan, podemos utilizar el **truncado** y el **redondeo** para trabajar con valores aproximados más cómodos.

Cuando la relación entre dos magnitudes hace que cuando una de ellas crece, la otra lo hace en la misma proporción, se denominan magnitudes **directamente proporcionales.** Si, por el contrario, cuando una crece la otra decrece, decimos que son **inversamente proporcionales.** Los **porcentajes** son proporciones con una de las fracciones con denominador 100. Para calcularlos podemos utilizar una igualdad de fracciones, una regla de tres o números decimales.

Mis progresos

Unidad 2	¡Soy muy competente!	Soy competente, pero puedo mejorar	Soy competente, pero debo mejorar	Me faltan competencias. ¡Debo esforzarme mucho más!
¿Sé aplicar lo aprendido?	Resuelvo correctamente y con soltura operaciones en las que intervienen números enteros, decimales y fraccionarios.	Resuelvo correctamente, aunque con alguna dificultad, operaciones en las que intervienen números enteros, decimales y fraccionarios.	Aunque sé cómo resolver operaciones en las que intervienen números enteros, decimales y fraccionarios, me equivoco con frecuencia.	No sé como resolver la mayor parte de las operaciones en las que intervienen números enteros, decimales y fraccionarios.
Sé hacer...	Utilizo los porcentajes y las relaciones de proporcionalidad para resolver correctamente y con soltura problemas relacionados con la vida cotidiana.	Utilizo los porcentajes y las relaciones de proporcionalidad para resolver correctamente, aunque con dificultad, problemas relacionados con la vida cotidiana.	Sé realizar cálculos con porcentajes y proporciones aunque tengo dificultades para aplicarlos a problemas relacionados con la vida cotidiana.	No sé resolver cálculos con porcentajes y proporciones.
La tecnología y yo...	Utilizo con soltura las operaciones entre celdas en una hoja de cálculo y además sé usar las distintas opciones de formato para mejorar la presentación de mis datos.	Utilizo con soltura las operaciones entre celdas en una hoja de cálculo pero no tengo claras las opciones de formato.	Utilizo con dificultad las operaciones entre celdas en una hoja de cálculo.	No sé utilizar las operaciones entre celdas en una hoja de cálculo.
¿Sé trabajar en grupo?	Asumo mi rol sin interferir en el trabajo de los demás y aporto ideas al grupo.	Asumo mi rol y aporto ideas al grupo, pero suelo interferir en el trabajo de los demás.	Asumo mi rol, no aporto ideas al grupo e interfiero en el trabajo de los demás.	No asumo mi rol e interfiero en el trabajo de los demás sin aportar ideas al grupo.

Un reto común para crear equipo

Situación de partida

¿Cuántas veces se puede doblar una hoja de papel?

Seguro que alguna vez has estado aburrido, has tenido una hoja de papel o una servilleta cerca y te has puesto a doblarla por la mitad tantas veces como has podido. Eso es algo que hemos hecho todos, pero ¿cuántas veces se puede doblar?

Si haces la prueba verás que seguro que has podido doblar el folio 6 veces, si eres fuerte y mañoso quizá hayas llegado a las 7 veces y si, querido lector, eres el increíble Hulk, lo habrás doblado en 8 ocasiones.

Podrías pensar que el grosor del papel utilizado es demasiado grande, pero a efectos prácticos no resulta demasiado relevante.

Una hoja de papel estándar tiene un grosor de 0,1 mm (aunque esto puede variar dependiendo de la calidad del papel). Si nos fijamos, al doblar la primera vez estamos multiplicando por 2 el grosor, es decir, 0,2 mm. Si realizamos de nuevo la misma operación, volvemos a doblar el grosor, es decir, 0,4 mm. Y así sucesivamente.

El problema lo podemos trasladar a potencias de 2, ya que lleva un crecimiento exponencial de base 2. Por lo tanto, doblar el papel 7 veces será equivalente a multiplicar su grosor por 2^7: ¡128 veces su grosor original! Es decir, 12,8 mm, o lo que es lo mismo, 1,28 cm.

Pues bien, aunque durante muchos años se pensó que el máximo de dobleces que se puede realizar son 8, te gustará saber que el récord del mundo está actualmente establecido en ¡13 veces! Fue conseguido en el año 2011 por un grupo de estudiantes de un instituto americano, y para ello realizaron el experimento con una banda de papel higiénico de 16 kilómetros de largo.

Para que nos hagamos una idea, esos 13 movimientos aplicados a nuestro experimento con un grosor de 0,1 mm, darían como resultado: $0{,}1 \cdot 2^{13} = 0{,}1 \cdot 8\,192 =$ $= 819{,}2$ mm. Es decir, casi 82 cm de altura tendría el papel doblado, algo que con las dimensiones de un folio es imposible de conseguir.

Extraído de <www.matematicasdigitales.com>
Escrito por José Carlos Gámez. Junio 2014

Antes del proyecto

Lee atentamente el texto y contesta a las siguientes preguntas. Si es necesario, busca información complementaria en internet.

1. ¿Según el texto, ¿cuántas veces puede doblarse un folio sobre sí mismo?
2. Haz la prueba con un folio. ¿Cuántas veces consigues doblarlo sobre sí mismo? ¿Qué te impide seguir doblándolo?
3. Explica con tus propias palabras cómo influye el grosor y la longitud de un papel en las veces que puedes doblarlo sobre sí mismo.
4. Considerando que un folio tiene un grosor de 0,1 mm, calcula qué altura alcanzaría en los siguientes casos:

   a) 10 dobleces b) 15 dobleces c) 20 dobleces d) 50 dobleces

Lo que tenemos que hacer

No hay nada como una buena actividad en grupo para crear relaciones de equipo y formar una asociación de alumnos competente y coordinada. En esta ocasión la propuesta de vuestra asociación de alumnos será tratar de acercarse al récord mundial de doblar un papel sobre sí mismo. ¿Lo conseguiréis?

Pasos a seguir

Paso 1. Planificación

1. Busca información en internet, en casa o en el supermercado y averigua cuántos metros de longitud y qué grosor tienen distintas marcas y modelos de papel higiénico. Elabora una tabla con esta información. Decidid cuál es el que más os interesa para esta actividad.
2. Completa una tabla como la de la derecha indicando el grosor y la longitud que tendría el papel al ir doblándolo sucesivamente. Ten en cuenta que, al doblarlo, el grosor se multiplica por 2 mientras que la longitud se divide por dos, o lo que es lo mismo, se multiplica por 0,5.
3. ¿Cuántas veces crees que podréis doblar el papel utilizando un solo rollo?

Veces que se ha doblado	Grosor	Longitud
0		
1		
2		
3		
4		
5		
6		
7		
8		
9		
10		

Paso 2. Organización

Busca en internet el vídeo en el que puede verse a los alumnos del instituto americano mencionado en el texto doblando un papel 13 veces sobre sí mismo. Después de verlo, contesta las siguientes preguntas:

a) Dónde organizarías una actividad como esa en tu instituto?

b) ¿Qué hora crees que sería la más adecuada para hacerla.

c) ¿Cuántos alumnos crees que deberían participar en ella? ¿De qué se encargaría cada uno de ellos?

d) Elabora una lista con todo lo que se necesitaría para llevar a cabo la actividad. No olvides la señalización para avisar a los demás alumnos de lo que se está haciendo y el material necesario para grabar todo en vídeo.

Paso 3. Manos a la obra

Realizad una puesta en común con el resto de la clase sobre cómo habría que organizar la actividad y llegad a un acuerdo para ponerla en práctica. Seguid en todo momento las indicaciones de vuestro profesor o profesora.

Organizamos la información: presentación y conclusiones

Ordenad toda la información de los pasos uno, dos y tres e incorporadla como una nueva entrada en el blog de vuestra asociación. Debéis incluir el vídeo de vuestro intento y los datos y cálculos que habéis utilizado para diseñarlo.

3 Geometría

En esta unidad

1. Rectas y ángulos
2. Teorema de Tales
3. Polígonos
4. Triángulos
5. Teorema de Pitágoras
6. Cuadriláteros
7. La circunferencia y el círculo
8. Áreas y perímetros
9. Cuerpos geométricos
10. Semejanza
11. Escalas

	Vamos a aprender a...	Competencias
Saberes científicos	– Clasificar los triángulos y los cuadriláteros atendiendo a sus lados, ángulos y diagonales. – Identificar las propiedades geométricas que caracterizan los puntos de la circunferencia y el círculo. – Reconocer y describir las propiedades características de los polígonos regulares: ángulos, diagonales, apotema, simetrías, etc.	CMCT
Lectura y comprensión	– Analizar e identificar las características de figuras y cuerpos geométricos, utilizando el lenguaje geométrico adecuado.	CMCT CCL
Tratamiento de la información y competencia digital	– Utilizar aplicaciones informáticas para representar y estudiar figuras y cuerpos geométricos. – Utilizar tablas y esquemas para organizar y clasificar polígonos y poliedros en función de sus propiedades.	CMCT CD
Aprende a aprender ciencia	– Estudiar los distintos elementos de las figuras y cuerpos geométricos descubriendo sus propiedades comunes y características generales.	CMCT CPAA
La ciencia en la sociedad	– Resolver problemas relacionados con distancias, perímetros, superficies y ángulos de figuras planas, en contextos de la vida real utilizando las técnicas geométricas más apropiadas. – Utilizar el teorema de Pitágoras, la semejanza de figuras y la escala para resolver problemas de la vida cotidiana.	CMCT CSC CEC
Proyecto: Tu asociación de alumnos	– Extraer información de la lectura de textos y el análisis de mapas. – Buscar y ampliar información sobre un tema para elaborar una opinión razonada y coherente. – Utilizar tablas para organizar y resumir la información. – Publicar y compartir información en internet.	CMCT CSC SIE

Antes de comenzar

Los egipcios pudieron construir las pirámides gracias a sus conocimientos geométricos. En la antigua Grecia utilizaron su amplio dominio de la geometría para la construcción de obras tan impresionantes como el Partenón de Atenas.

Hoy en día la geometría sigue estando muy presente en grandes avances tecnológicos y científicos. Por ejemplo, resulta fundamental en medicina para estudiar la estructura de los virus o en informática para diseñar aplicaciones y juegos en entornos de realidad virtual. Además, en la propia naturaleza encontramos constantemente rectas, ángulos, planos, polígonos y cuerpos geométricos.

La geometría, la rama de las matemáticas que estudia todos estos elementos, es por lo tanto una herramienta fundamental para entender nuestro entorno y actuar sobre él.

Actividades

- Señala cuáles de las siguientes figuras son polígonos regulares e indica su nombre.

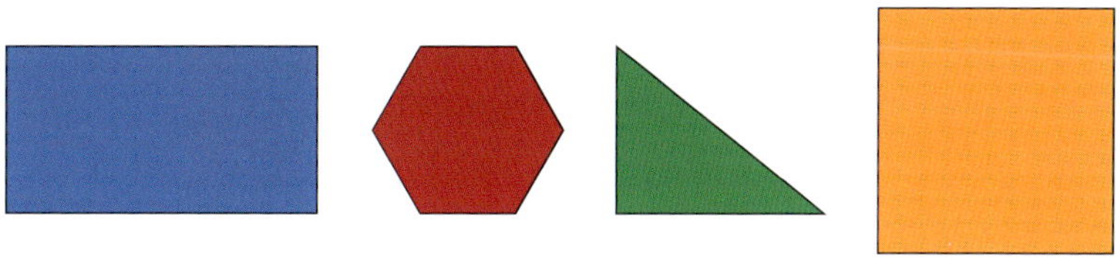

- Las siguientes figuras representan un cilindro, un cono y una esfera. Todos estos cuerpos se denominan cuerpos de revolución. ¿Sabes por qué?

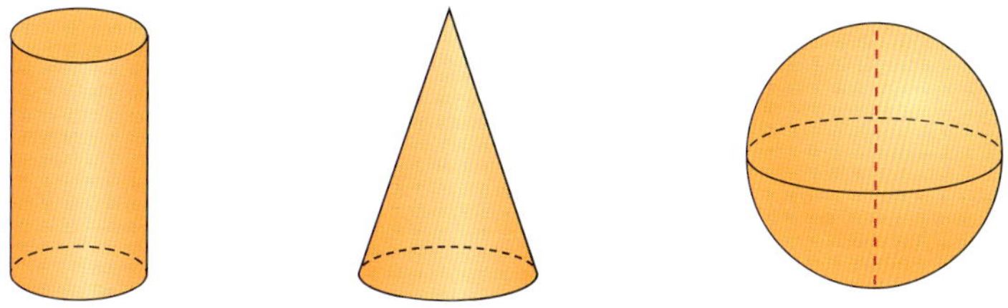

- Si en una maqueta del Empire State Building de Nueva York a escala 1:400 la antena situada en su cima mide 15,5 cm, ¿cuánto mide la antena real?

1. Rectas y ángulos

Comenzamos esta unidad recordando algunos conceptos fundamentales en geometría.

1.1. Rectas, semirrectas y segmentos

1.1.1. Recta

Una recta es un conjunto infinito de puntos alineados en una misma dirección. Para darle nombre se suele utilizar una letra minúscula.

Las rectas como la recta *r* de la figura no tienen ni principio ni final.

1.1.2. Semirrecta

Si cortamos una recta por uno de sus puntos, esta queda dividida en dos semirrectas. El punto en el que comienza una semirrecta se denomina origen. El otro extremo de la semirrecta se extiende hasta el infinito, de forma que aunque una semirrecta sí tiene un principio, podemos decir que no tiene final. Para nombrar semirrectas también se utilizan letras minúsculas.

Las semirrectas como la semirrecta *s* de la figura tienen un principio pero no tienen final.

1.1.3. Segmento

Llamamos segmento al conjunto de puntos de una recta situados entre dos puntos. Estos puntos, que también forman parte del segmento, reciben el nombre de extremos.

Para nombrar un segmento utilizamos una letra minúscula o las dos letras mayúsculas que dan nombre a sus extremos con una línea encima.

Los segmentos como el segmento $\overline{AB}$ de la figura tienen principio y final.

1.2. Mediatriz de un segmento

La mediatriz de un segmento es la recta perpendicular al segmento que pasa por su punto medio.

Los puntos de la mediatriz están a la misma distancia de ambos extremos. En la imagen, la recta *m* es la mediatriz del segmento *AB*.

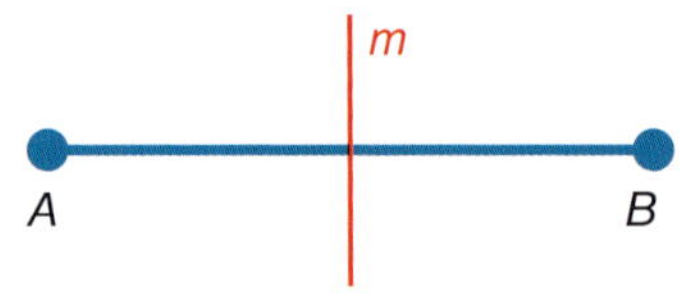

Mediatriz de un segmento.

1.3. Ángulos

Un ángulo es la parte del plano que queda delimitada por dos semirrectas que se originan en el mismo punto. Este punto recibe el nombre de vértice del ángulo.

Los ángulos se denotan utilizando el símbolo ^ (sobre el nombre del vértice o sobre tres puntos que definan el ángulo) y suelen medirse en grados, minutos y segundos. Se clasifican, según su tamaño, en **agudos** (menos de 90°), **rectos** (90°) y **obtusos** (más de 90°).

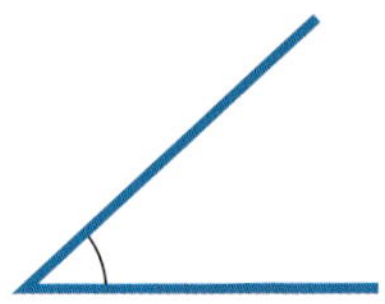

Ángulo agudo.

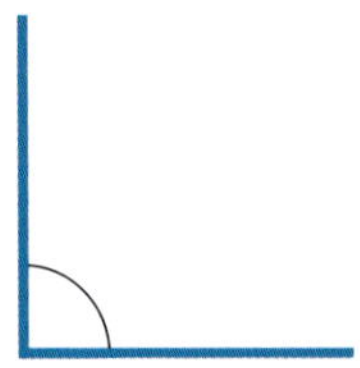

Ángulo recto.

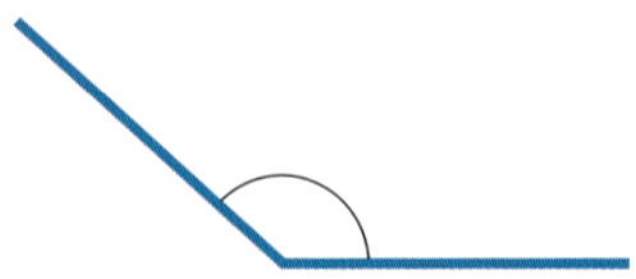

Ángulo obtuso.

1.4. Bisectriz de un ángulo

La bisectriz de un ángulo es una semirrecta que tiene como origen el vértice del ángulo y lo divide en dos ángulos iguales.

Los puntos de la bisectriz están a la misma distancia de las semirrectas que forman el ángulo. En la imagen, la semirrecta *b* es la bisectriz del ángulo $\hat{A}$.

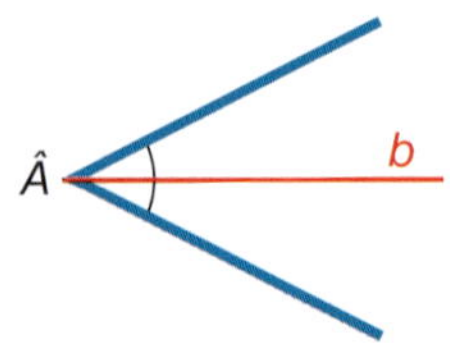

Bisectriz de un segmento.

a Actividades y tareas

1. Las imágenes de la derecha muestran los pasos a seguir para trazar la mediatriz de un segmento. Utiliza este procedimiento para trazar la mediatriz de los siguientes segmentos:
   a) Un segmento horizontal de 6 cm de longitud.
   b) Un segmento vertical de 4 cm de longitud.
   c) Un segmento oblicuo de 7 cm de longitud.

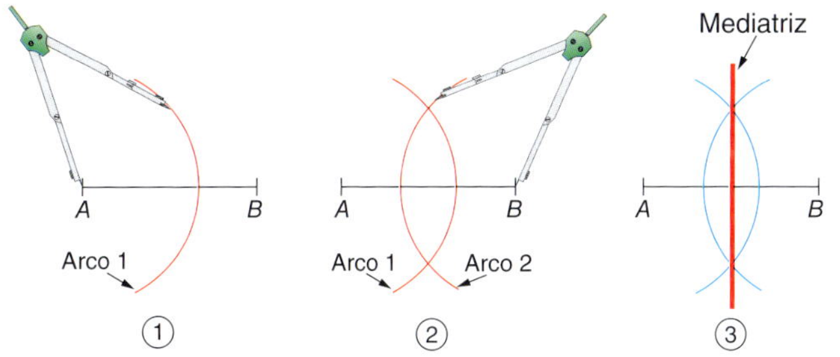

2. Las imágenes muestran cómo utilizar un transportador de ángulos para medir ángulos. Completa los pasos para medir los siguientes ángulos:

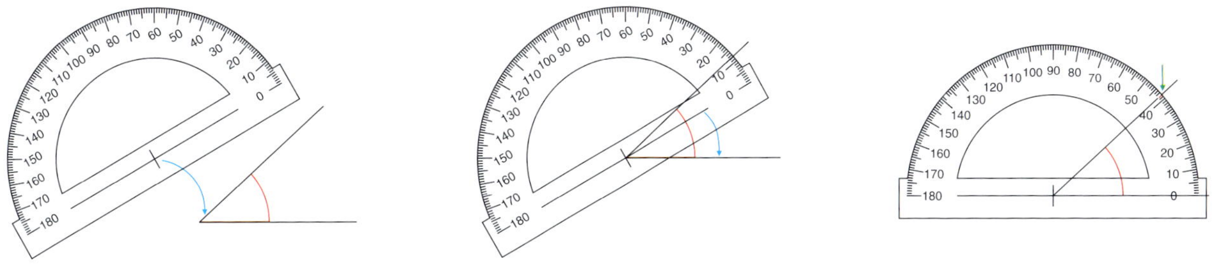

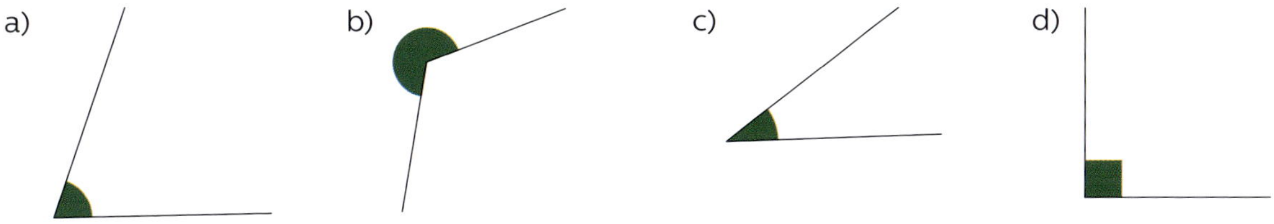

3. Las imágenes de la derecha muestran los pasos a seguir para trazar la bisectriz de un ángulo. Usa un transportador de ángulos para dibujar los siguientes ángulos y traza su bisectriz:
   a) Un ángulo de 90°.
   b) Un ángulo de 60°.
   c) Un ángulo de 30°.
   d) Un ángulo de 45°.

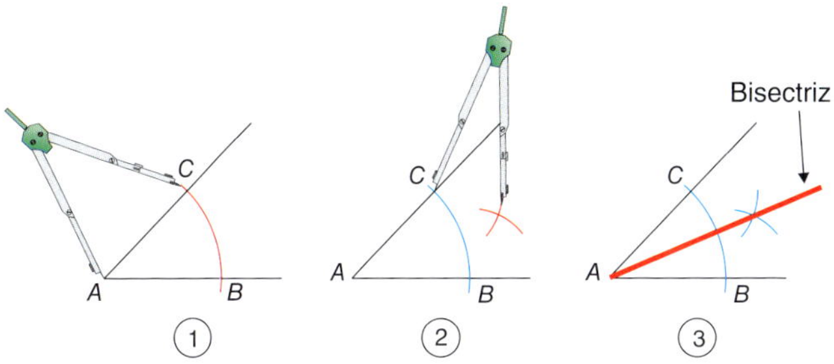

Aplicación a la vida real

4. Recuerda que dos rectas son paralelas cuando se mantienen siempre a la misma distancia, mientras que dos rectas son perpendiculares cuando forman 90°. Observa el siguiente plano y localiza calles que cumplan las condiciones indicadas:
   a) Una calle paralela a la calle de los Madroños y que corta a la calle de las Hayas.
   b) Una calle perpendicular a la calle de los Madroños que se corta con la calle de los Abetos.
   c) Todas las calles perpendiculares a la calle de los Robles.
   d) Todas las calles paralelas a la calle de las Encinas.

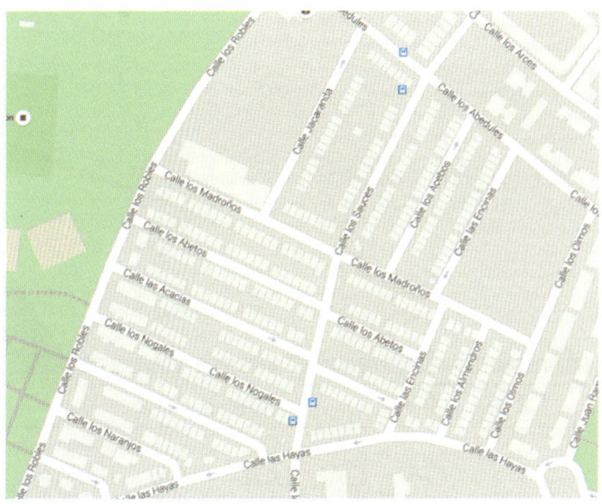

2. Teorema de Tales

Tales de Mileto fue un filósofo y matemático griego que vivió a finales del siglo VII a. C. y principios del siglo VI a. C. El teorema que lleva su nombre es uno de los más importantes de la geometría.

Observa la siguiente figura. En ella puedes ver dos rectas *r* y *s*, que se cortan en el punto O, cortadas a su vez por otras tres rectas paralelas entre sí. Estas rectas definen una serie de segmentos en *r* y en *s*: $\overline{AB}$, $\overline{A'B'}$, $\overline{BC}$, $\overline{B'C'}$, etc.

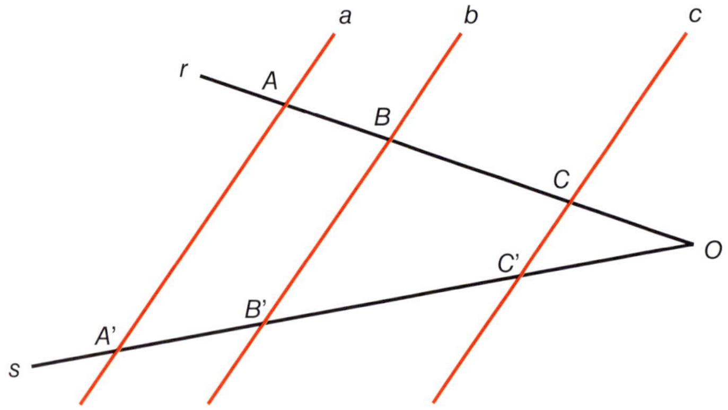

El teorema de Tales establece que estos segmentos son proporcionales:

$$\frac{\overline{AB}}{\overline{A'B'}} = \frac{\overline{BC}}{\overline{B'C'}} = \frac{\overline{AC}}{\overline{A'C'}}$$

Como consecuencia de esta relación podemos establecer otras relaciones de proporcionalidad entre los segmentos con origen en el punto O y los segmentos que unen puntos de ambas rectas:

$$\frac{\overline{OA}}{\overline{OA'}} = \frac{\overline{OB}}{\overline{OB'}} = \frac{\overline{OC}}{\overline{OC'}} \qquad \frac{\overline{OA}}{\overline{OB}} = \frac{\overline{OA'}}{\overline{OB'}} = \frac{\overline{AA'}}{\overline{BB'}}$$

2.1. Cálculo de alturas utilizando el teorema de Tales

El teorema de Tales nos permite calcular alturas desconocidas. De hecho, se cree que el propio Tales utilizó su teorema para calcular la altura de la pirámide de Keops, en Egipto.

Observa la siguiente figura. Aplicando una de las relaciones obtenidas a partir del teorema de Tales podemos calcular la altura de la pirámide utilizando la longitud del palo vertical y las sombras del palo y de la pirámide.

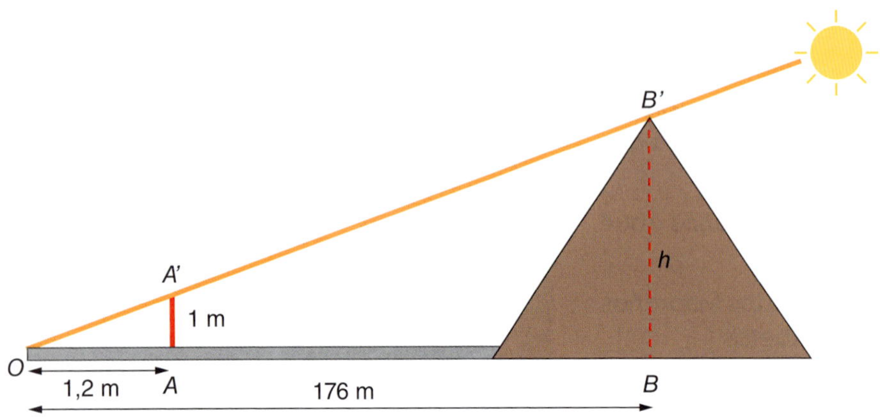

$$\frac{\overline{OA}}{\overline{OB}} = \frac{\overline{OA'}}{\overline{OB'}} = \frac{\overline{AA'}}{\overline{BB'}} \Rightarrow \frac{1,2}{176} = \frac{1}{h} \Rightarrow h = \frac{176 \cdot 1}{1,2} = 146,7 \text{ m}$$

!

Ejemplo del Teorema de Tales

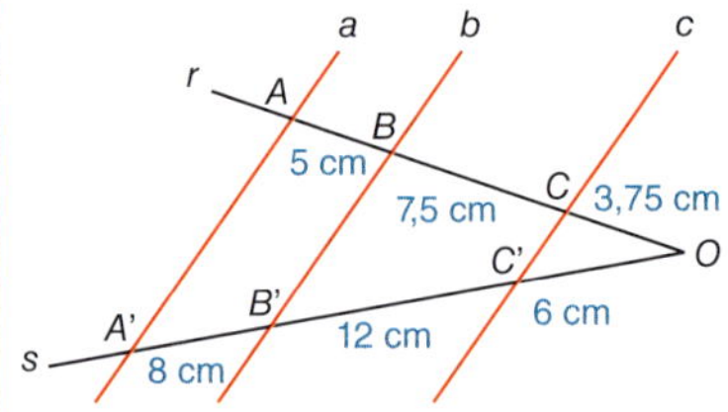

Observa que los segmentos que surgen al cortar las rectas *r* y *s* con las rectas *a*, *b* y *c* son proporcionales. Existe la misma relación entre $\overline{AB}$ y $\overline{A'B'}$ que entre $\overline{BC}$ y $\overline{B'C'}$:

$$\frac{\overline{AB}}{\overline{A'B'}} = \frac{5}{8} = 0,625$$

$$\frac{\overline{BC}}{\overline{B'C'}} = \frac{7,5}{12} = 0,625$$

Además, también son proporcionales los segmentos trazados con origen en el punto O:

$$\frac{\overline{OA}}{\overline{OA'}} = \frac{16,25}{26} = 0,625$$

$$\frac{\overline{OB}}{\overline{OB'}} = \frac{11,25}{18} = 0,625$$

Por último podemos comprobar que existe una relación de proporcionalidad más:

$$\frac{\overline{OA}}{\overline{OB}} = \frac{16,25}{11,25} = 1,44$$

$$\frac{\overline{OA'}}{\overline{OB'}} = \frac{26}{18} = 1,44$$

a Actividades y tareas

1. Utiliza una regla para medir los segmentos de la siguiente figura y completa en tu cuaderno la tabla. ¿Se cumple el teorema de Tales?

$\overline{AB}$ =	CUADERNO	$\frac{\overline{AB}}{\overline{A'B'}}$ =	CUADERNO
$\overline{A'B'}$ =			
$\overline{BC}$ =		$\frac{\overline{BC}}{\overline{B'C'}}$ =	
$\overline{B'C'}$ =			
$\overline{AC}$ =		$\frac{\overline{AC}}{\overline{A'C'}}$ =	
$\overline{A'C'}$ =			

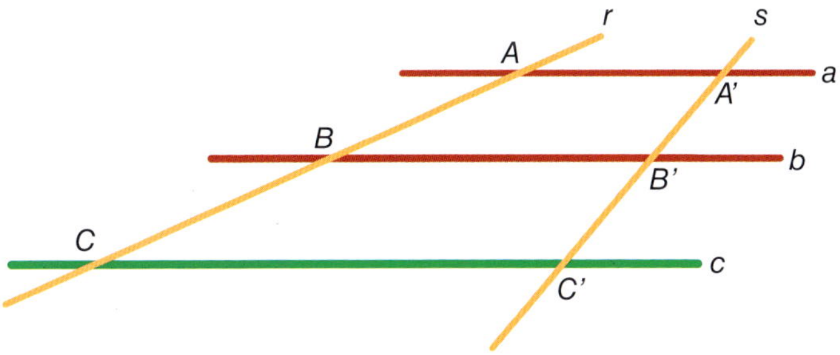

2. Calcula el valor de x en las siguientes figuras:

a)

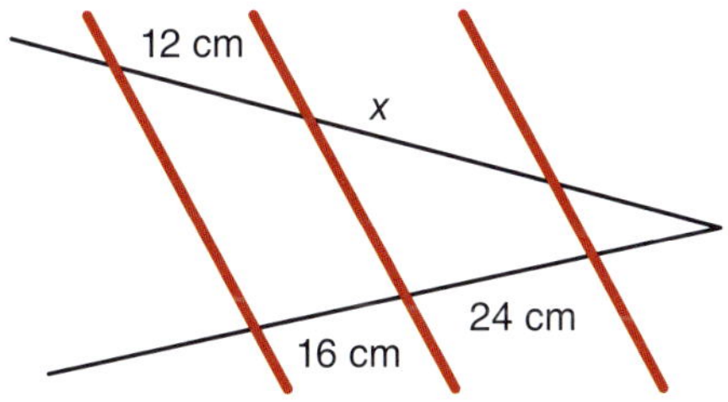

b)

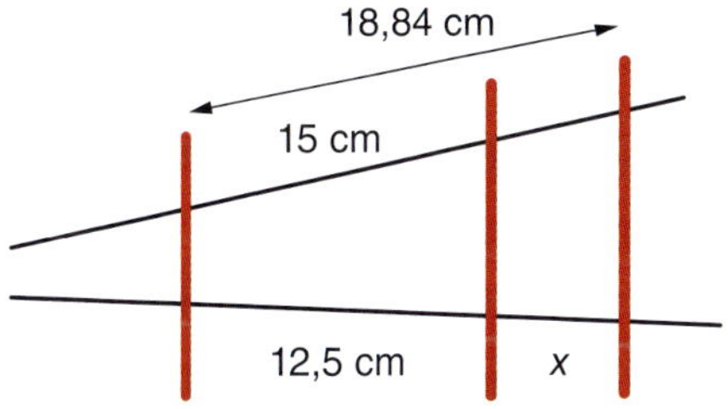

3. En la figura de la derecha conocemos la medida de los siguientes segmentos:

$\overline{AB} = 3$ cm $\quad \overline{BC} = 4$ cm $\quad \overline{B'C'} = 4{,}8$ cm

$\overline{OA} = 9$ cm $\quad \overline{OA'} = 10{,}8$ cm $\quad \overline{BB'} = 5$ cm

Calcula el valor de:

a) $\overline{OC}$

b) $\overline{A'B'}$

c) $\overline{OC'}$

d) $\overline{AA'}$

e) $\overline{CC'}$

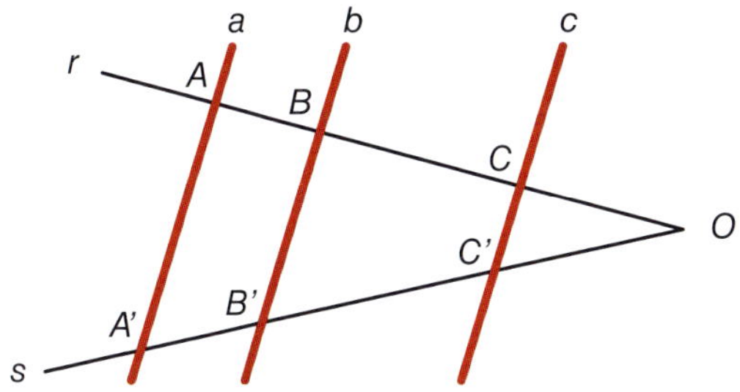

Aplicación a la vida real

4. Darío utiliza el teorema de Tales para medir la altura de un árbol. Para ello coloca un palo de 1 m de largo en vertical y mide la longitud de su sombra al mismo tiempo que la longitud del árbol. Según los datos de la figura, ¿cuánto mide el árbol?

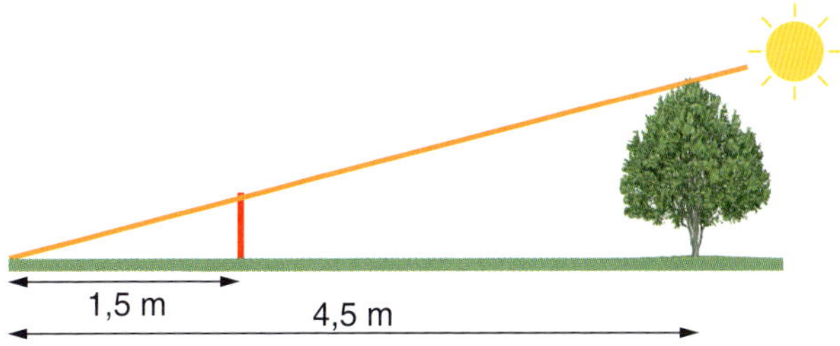

5. Observa el siguiente plano. Sabemos que la distancia entre los puntos A y B es de 130 m mientras que la distancia entre C y D es de 100 m.

   a) Caminando por la avenida Primero de Mayo, la distancia entre la esquina con la calle Gabriela Mistral y la calle Oceanía es de 240 m. ¿Qué distancia recorreremos si vamos de la calle Gabriela Mistral a la calle Oceanía por la calle José Saramago?

   b) Si la calle Vicente Ferrer corta la calle José Saramago a 92 m del punto D, ¿a qué distancia del punto B corta la avenida Primero de Mayo?

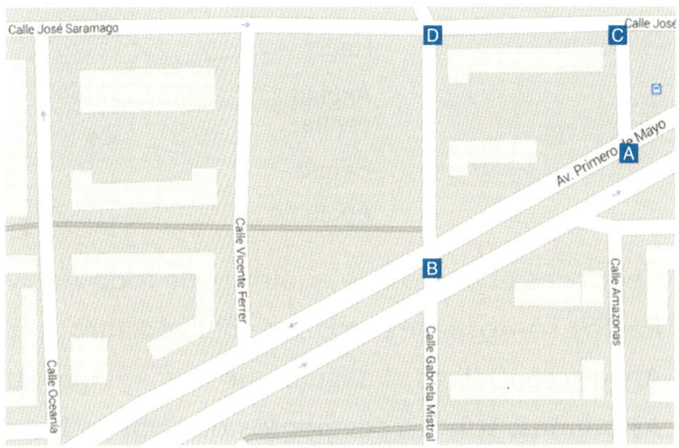

3. Polígonos

Cuando unimos un determinado número de segmentos, uno a continuación del otro, formamos una **línea poligonal**. Cuando una de estas líneas poligonales es cerrada, es decir, separa una región del resto del plano, se llama **polígono**.

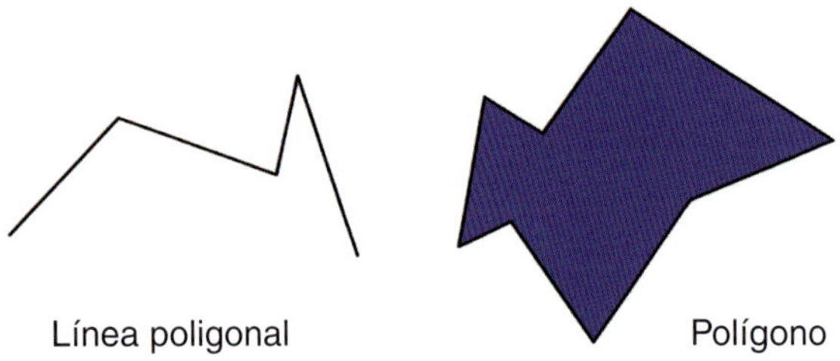

Línea poligonal   Polígono

3.1. Elementos de un polígono

Los elementos que encontramos en un polígono son:

- **Lados:** los segmentos que lo forman.
- **Vértices:** los puntos de intersección de dos lados consecutivos.
- **Ángulos interiores:** los ángulos que forman dos lados consecutivos dentro del polígono.
- **Ángulos exteriores:** los ángulos que forman dos lados consecutivos fuera del polígono.
- **Diagonal:** el segmento que une dos vértices no consecutivos.

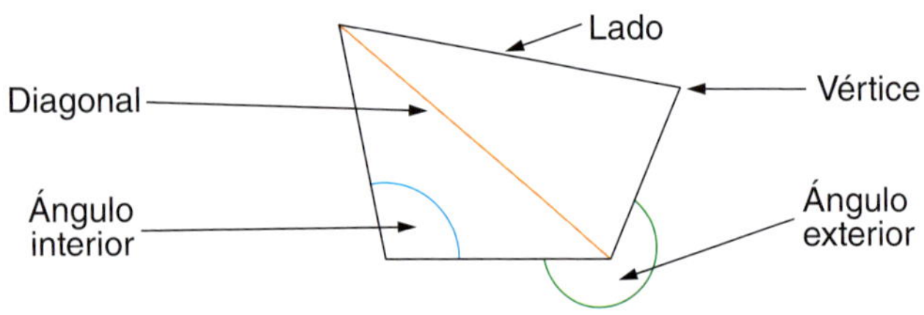

3.2. Polígonos regulares

Los polígonos regulares son aquellos que tienen todos sus lados iguales.

En el cuadro del margen, todos los polígonos de color naranja son regulares. Además de los elementos señalados anteriormente, en los polígonos regulares encontramos:

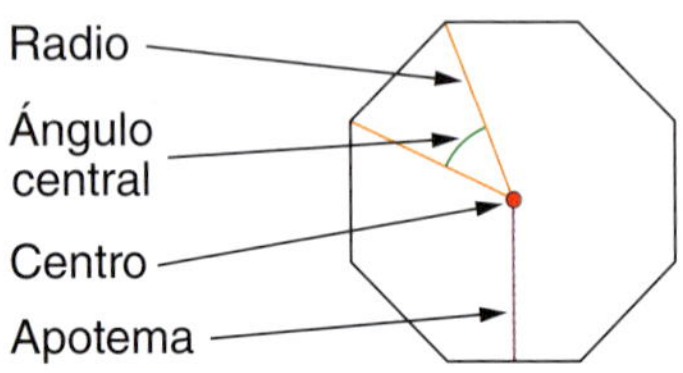

- **Centro:** es el punto que equidista de todos los vértices.
- **Radios:** son los segmentos que unen el centro del polígono con cada vértice.
- **Ángulo central:** es el ángulo que forman dos radios consecutivos.
- **Apotemas:** son los segmentos que unen el centro del polígono con el punto medio de cada lado.

!

Nombre de los polígonos

Los polígonos se nombran en función del número de lados que tengan:

Triángulos: 3 lados

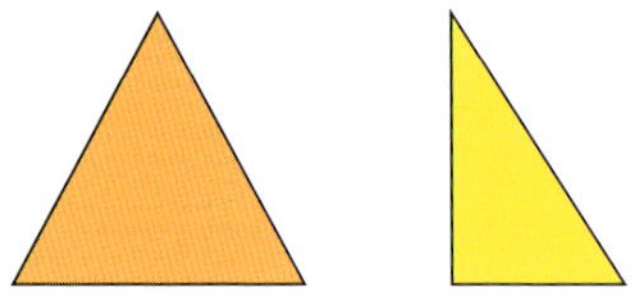

Cuadriláteros: 4 lados

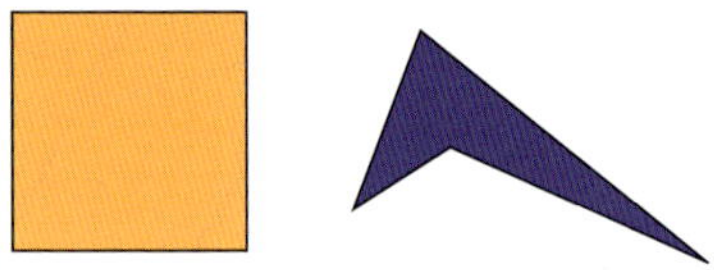

Pentágonos: 5 lados

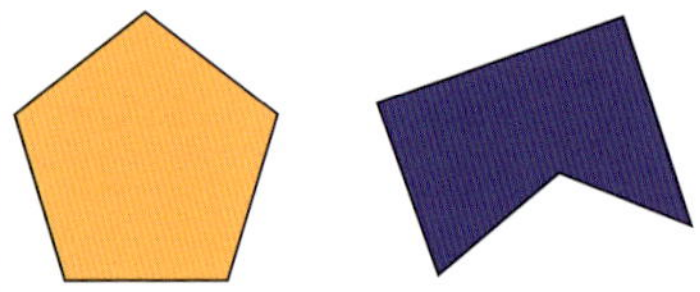

Hexágonos: 6 lados

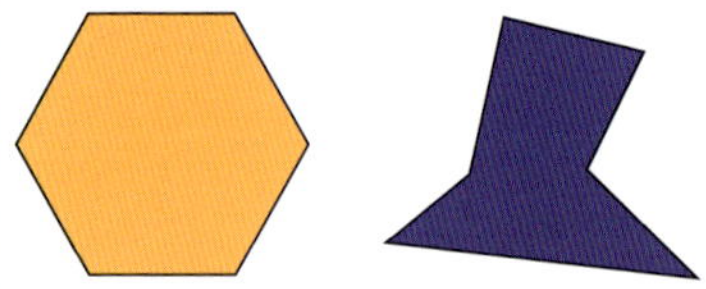

Y así sucesivamente: heptágonos, octógonos, etc.

!

Clasificación de los polígonos

Podemos clasificar los polígonos según sus ángulos interiores:

- Cuando todos sus ángulos interiores sean menores que 180°, diremos que el polígono es **convexo**.
- Cuando alguno de sus ángulos interiores sea mayor que 180°, diremos que el polígono es **cóncavo**.

En el cuadro superior todos los polígonos azules son cóncavos. El resto son convexos.

a Actividades y tareas

1. Las siguientes imágenes muestran cómo construir algunos polígonos regulares sencillos. Sigue los pasos y dibuja en tu cuaderno estos polígonos indicando en cada uno de ellos sus elementos principales:

Triángulo equilátero

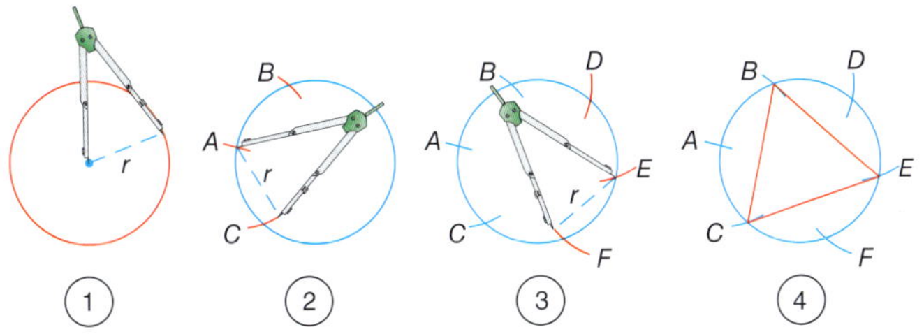

1. Trazamos una circunferencia de radio *r*.
2. Desde un punto cualquiera *A* trazamos dos arcos de longitud *r*, y obtenemos los puntos *B* y *C*.
3. Trazamos arcos de longitud *r* desde *B* y *C* y obtenemos los puntos *D* y *F*. De la misma forma obtenemos *E* a partir de uno de ellos.
4. Unimos los puntos *B*, *C* y *E*.

Cuadrado

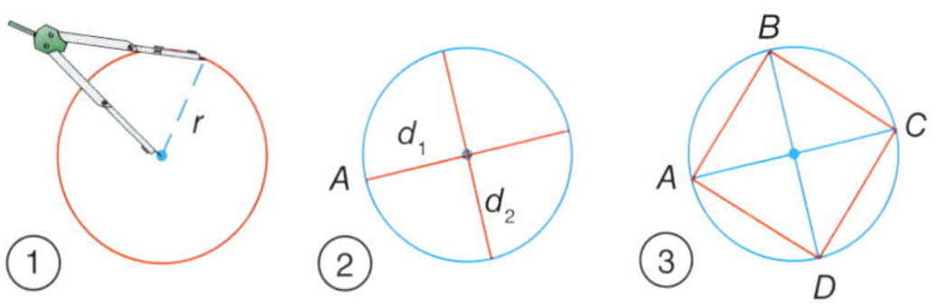

1. Trazamos una circunferencia de radio *r*.
2. Desde un punto cualquiera *A* trazamos un diámetro de esta circunferencia (d_1).
3. Trazamos el diámetro perpendicular a d_1 (d_2).
4. Unimos los puntos *A*, *B*, *C* y *E* definidos por los diámetros.

2. Busca información e imágenes en internet y completa en tu cuaderno la tabla de la derecha. Debes incluir el dibujo de ejemplo en cada caso.

Lados	Nombre	Ejemplo
7	•••	•••
8	•••	•••
•••	Eneágono	•••
10	•••	•••
•••	•••	
15	•••	•••
•••	Icoságono	•••

3. Calca en tu cuaderno las siguientes figuras y dibuja en cada una de ellas los elementos que se indican:

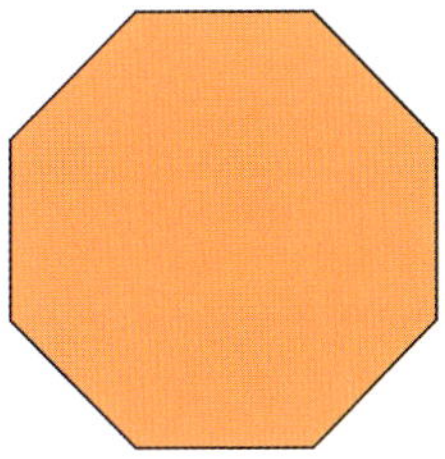

a) Traza sus diagonales.

b) El punto en el que se cortan las diagonales es el centro del polígono. Márcalo.

c) Dibuja las apotemas trazando líneas perpendiculares a los lados del polígono que pasen por el centro.

d) Señala un ángulo central y calcula su valor.

Aprendizaje cooperativo

4. En esta actividad vais a trabajar en parejas:

a) Cada miembro del grupo debe buscar en internet un tutorial que explique cómo dibujar uno de los siguientes polígonos regulares: hexágono regular y octógono regular.

b) Después, realizad una puesta en común de forma que los dos miembros del grupo sepan dibujar ambos polígonos regulares.

c) Dibujad en vuestro cuaderno los dos polígonos regulares, indicando en ellos sus elementos principales.

4. Triángulos

Los triángulos son polígonos de tres lados. Son por lo tanto los polígonos más sencillos que podemos construir y han sido estudiados y utilizados por el ser humano desde la Antigüedad.

Todos los triángulos cumplen dos propiedades:

- La suma de sus ángulos es siempre 180°.
- Un lado de un triángulo es siempre menor que la suma de los otros dos lados.

Los **elementos principales** de un triángulo son:

- **Vértices:** los nombres de estos tres puntos, habitualmente tres letras mayúsculas, se utilizan para nombrar a un triángulo. Por ejemplo, el triángulo de la figura inferior se denomina $\widehat{ABC}$.
- **Lados:** es muy frecuente utilizar la letra del vértice opuesto (el que está al otro lado del triángulo) en minúscula para nombrar su longitud.
- **Ángulos:** entre los tres ángulos de un triángulo siempre hay al menos dos ángulos agudos.
- **Base:** según dibujemos el triángulo, llamaremos base al lado inferior del mismo. Cualquiera de los lados puede ser la base del triángulo si lo dibujamos en la posición adecuada.
- **Altura:** se denomina altura de un triángulo al segmento perpendicular a la base que la une con el vértice opuesto. Un triángulo tiene, por tanto, tres alturas distintas en función de cuál de los lados consideremos la base.

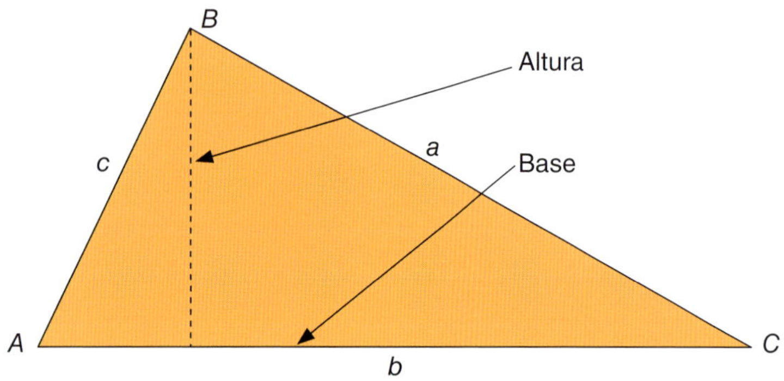

4.1. Clasificación de los triángulos según sus lados

Según la longitud de sus lados podemos clasificar los triángulos en:

- **Equiláteros:** los tres lados tienen la misma longitud.
- **Isósceles:** dos lados iguales y uno distinto.
- **Escalenos:** los tres lados tienen distinta longitud.

4.2. Clasificación de los triángulos según sus ángulos

Podemos clasificar los triángulos según sus ángulos en:

- **Acutángulos:** los tres ángulos son agudos (menores de 90°).
- **Rectángulos:** uno de los ángulos es un ángulo recto (90°).
- **Obtusángulos:** uno de los ángulos es un ángulo obtuso (mayor de 90°).

!

Los triángulos en la arquitectura

La forma del triángulo, en especial de los triángulos equiláteros y rectángulos, lo hace idóneo para su uso en arquitectura. Si te fijas podrás ver cómo el triángulo es una parte esencial en la estructura de muchos edificios.

Puerta de Europa (Torres KIO), Madrid.

Pirámide del Museo del Louvre, París.

Edificio del Banco de América, Houston.

a Actividades y tareas

1. Recorta unas tiras de papel con las siguientes medidas e intenta construir los triángulos que se indican a continuación:

3 cm, 4 cm, 5 cm, 6 cm, 7 cm, 8 cm

a) Un triángulo con lados de 3, 4 y 5 cm.

b) Un triángulo con lados de 3, 4 y 6 cm.

c) Un triángulo con lados de 3, 4 y 7 cm.

d) Un triángulo con lados de 3, 4 y 8 cm.

e) Un triángulo con lados de 5, 6 y 8 cm.

¿Qué relación debe haber entre los dos lados más pequeños y el lado mayor para poder construir un triángulo?

2. Completa la siguiente tabla marcando con una *x* las opciones correspondientes para cada triángulo:

Triángulo	Acutángulo	Rectángulo	Obtusángulo	Equilátero	Isósceles	Escaleno
a		X				X
b						
c						
d						
e						
f						
g						

a) 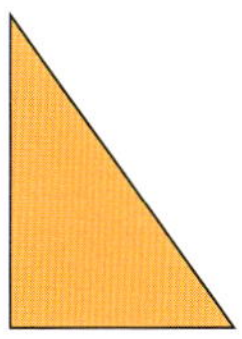

b) 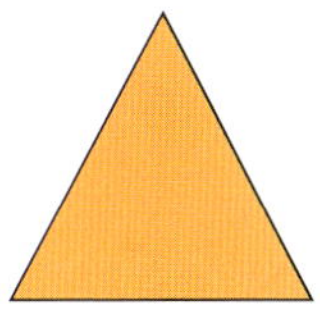

c) 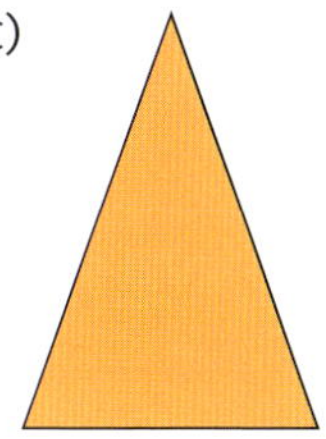

d) 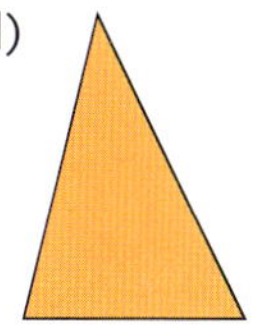

e) 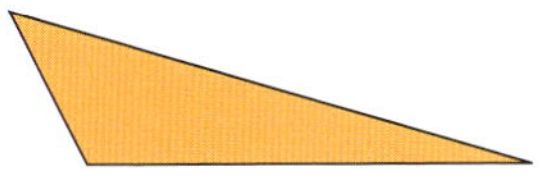

f) 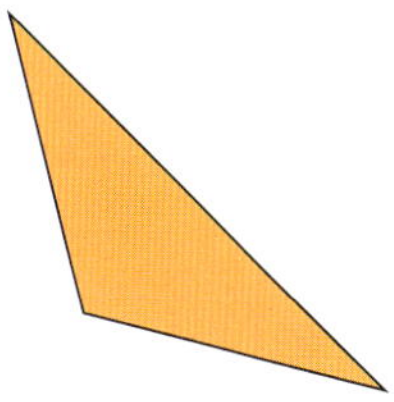

g) 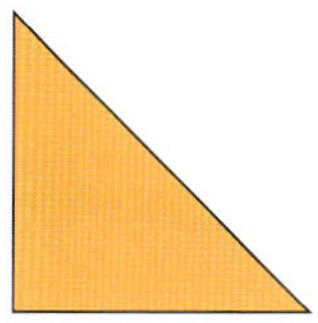

Aprendizaje cooperativo

3. Para realizar esta actividad tenéis que trabajar en grupos de tres alumnos. Seguid estos pasos:

a) Cada alumno debe elegir una de las siguientes parejas de triángulos. Dibujad cada uno en una hoja de papel distinta.

1	2	3
Triángulo rectángulo Triángulo escaleno	Triángulo acutángulo Triángulo equilátero	Triángulo isósceles Triángulo obtusángulo

b) Entregad uno de vuestros triángulos a cada uno de vuestros compañeros. Al final cada alumno debe tener dos triángulos dibujados cada uno de ellos por un compañero distinto.

c) Utilizad un transportador de ángulos para medir los ángulos de los triángulos que os han entregado.

d) Sumad los ángulos de cada triángulo y comentad el resultado en una puesta en común.

5. Teorema de Pitágoras

Como acabamos de ver, un triángulo es rectángulo cuando uno de sus ángulos es un ángulo recto. En este caso, los lados reciben los siguientes nombres:

- **Hipotenusa:** es el lado opuesto al ángulo recto. Siempre es más largo que los otros dos lados. Se suele utilizar la letra a para referirnos a su longitud.
- **Catetos:** son los otros dos lados del rectángulo. Forman el ángulo recto, por lo que son perpendiculares entre sí. Habitualmente su longitud se representa con las letras b y c.

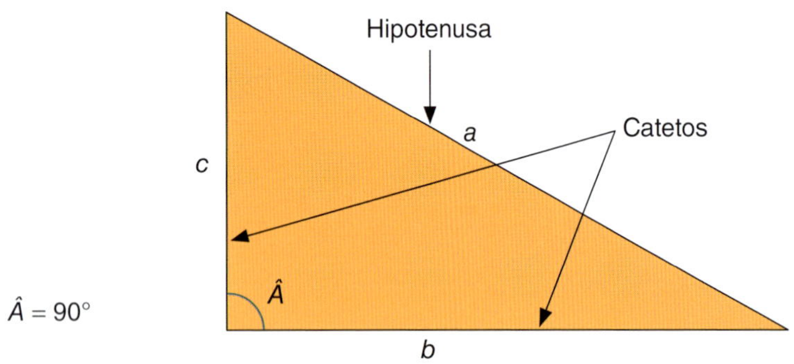

El teorema de Pitágoras establece la siguiente relación entre los lados de un triángulo rectángulo:

$$a^2 = b^2 + c^2$$

Es decir, el cuadrado de la hipotenusa es igual a la suma de los cuadrados de los catetos.

El teorema de Pitágoras es muy útil para resolver problemas geométricos, especialmente para calcular longitudes desconocidas.

5.1. Cálculo de la hipotenusa

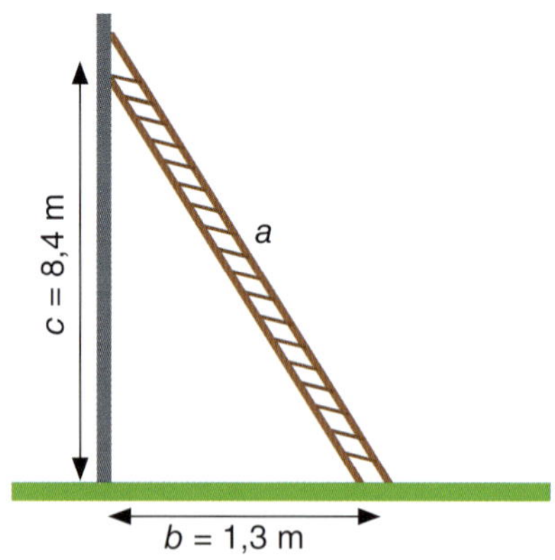

Una escalera de mano se encuentra apoyada en la pared, tal como muestra la imagen: su base está a 1,3 m de la pared y sube hasta una altura de 8,4 m. ¿Qué longitud tiene la escalera?

Según el teorema de Pitágoras:

$$a^2 = 1{,}3^2 + 8{,}4^2 \quad \Rightarrow \quad a^2 = 1{,}69 + 70{,}56 = 72{,}25$$

Para calcular a utilizamos la raíz cuadrada: $a = \sqrt{72{,}25} = 8{,}5$ m.

La escalera mide 8 metros y medio.

5.2. Cálculo de uno de los catetos

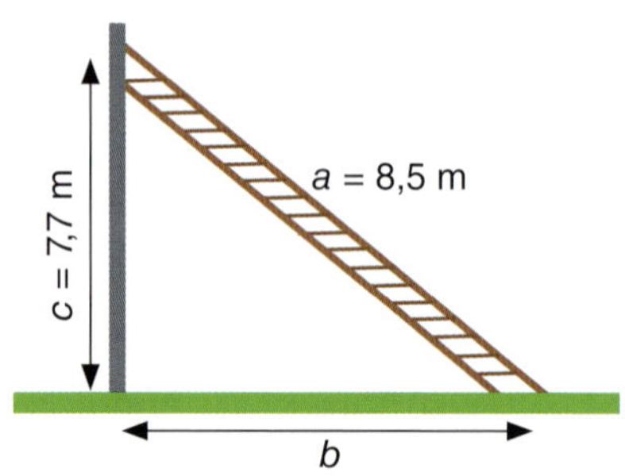

¿A qué distancia de la pared debemos apoyar la escalera del problema anterior si queremos subir a una altura de 7,7 m?

Aplicando el teorema de Pitágoras tenemos que:

$$8{,}5^2 = b^2 + 7{,}7^2 \quad \Rightarrow \quad 72{,}25 = b^2 + 59{,}29 \quad \Rightarrow \quad b^2 = 72{,}25 - 59{,}29 = 12{,}96$$

Calculamos b mediante una raíz cuadrada: $b = \sqrt{12{,}96} = 3{,}6$ m.

Habría que apoyar la escalera a 3,6 m de la pared.

a Actividades y tareas

1. Indica si los siguientes triángulos son o no rectángulos comprobando si cumplen el teorema de Pitágoras:

   a) Un triángulo cuyos lados miden 10 cm, 12 cm y 15 cm.

   b) Un triángulo cuyos lados miden 15 cm, 36 cm y 39 cm.

   c) Un triángulo cuyos lados miden 7 cm, 24 cm y 25 cm.

   d) Un triángulo cuyos lados miden 12 cm, 35 cm y 36 cm.

2. Calcula el lado desconocido en los siguientes triángulos rectángulos:

a)

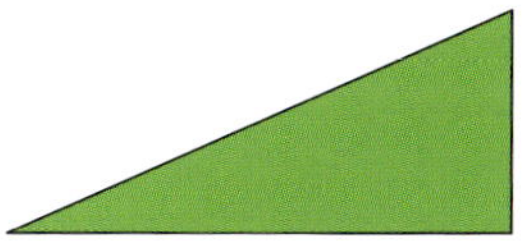

c)

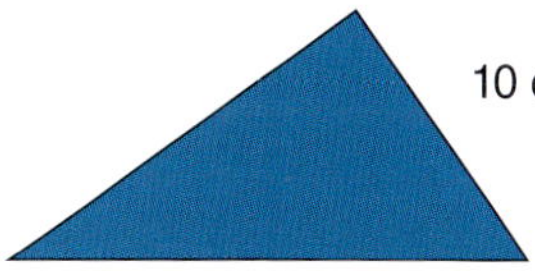

b)

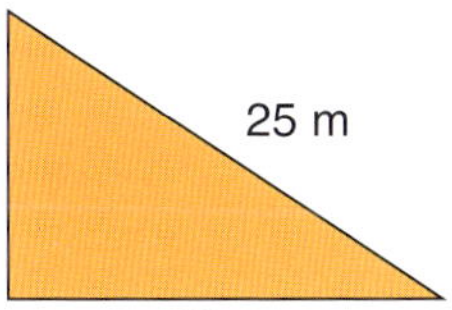

d)

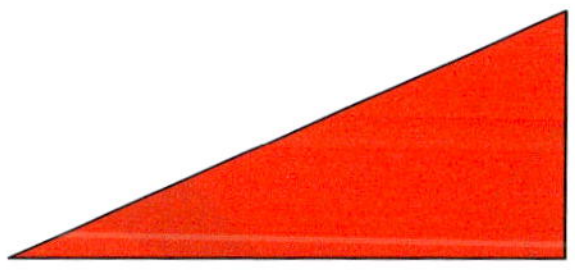

3. Calcula la apotema de un hexágono regular cuyo lado mide 6 cm, teniendo en cuenta que las diagonales del hexágono lo dividen en triángulos equiláteros. De esta forma, el radio del hexágono mide lo mismo que su lado.

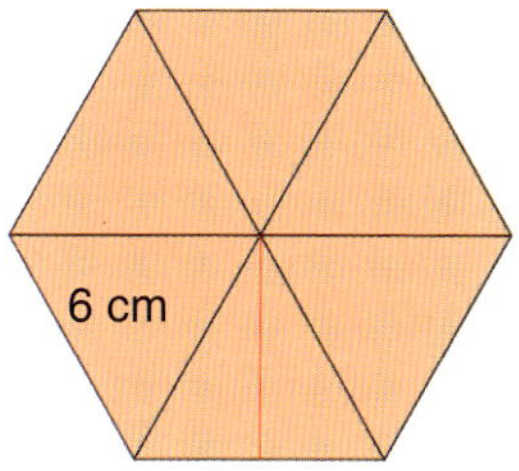

Aplicación a la vida real

4. Calcula la longitud de la barandilla de la escalera de la imagen teniendo en cuenta que cada peldaño mide 25 cm de altura y 40 cm de largo.

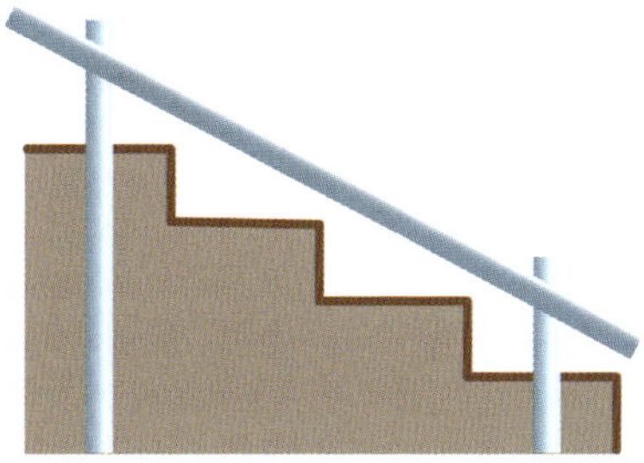

5. Queremos asegurar un poste de 4 m de alto con dos cables de acero, como indica la figura:

   a) Calcula la cantidad de cable que necesitamos.

   b) Si el precio del cable de acero es de 3,75 € el metro, ¿cuánto nos costará comprar el cable que necesitamos?

   c) Si usamos el mismo procedimiento para asegurar un poste el doble de largo manteniendo la distancia de 9 metros entre los cables, ¿cuánto cable necesitaríamos? ¿Cuál sería su precio?

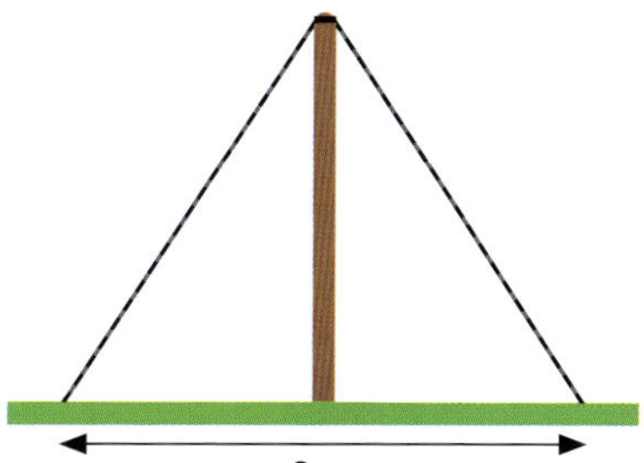

6. Cuadriláteros

Los cuadriláteros son polígonos de cuatro lados. Aunque hay diversos tipos de cuadriláteros, todos cumplen una propiedad: la suma de sus ángulos es siempre 360°.

Según el **número de lados paralelos,** se clasifican en:

- **Trapezoides:** no tienen ningún lado paralelo.
- **Trapecios:** tienen solo dos lados paralelos.
- **Paralelogramos:** tienen los cuatro lados paralelos dos a dos.

6.1. Trapezoides

Los trapezoides se caracterizan por no tener ningún lado paralelo. Algunos de ellos son figuras muy habituales, como una cometa o una punta de flecha.

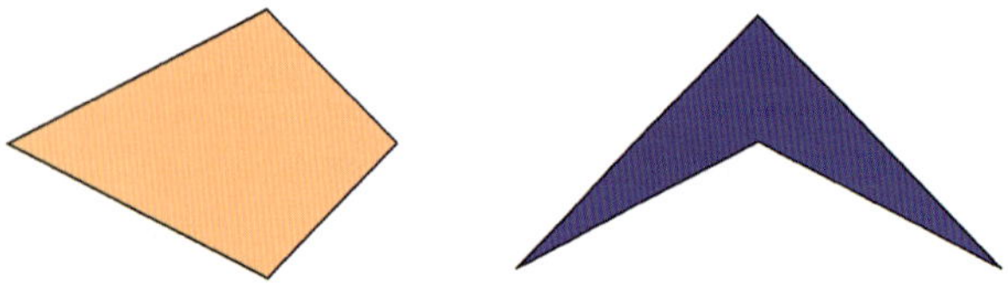

6.2. Trapecios

Los trapecios tienen solo dos lados paralelos. Estos lados reciben el nombre de base mayor y base menor en función de su tamaño.

Los trapecios se clasifican en:

Escalenos	Isósceles	Rectángulos
Ninguno de sus lados es igual.	Los dos lados no paralelos son iguales.	Uno de sus lados no paralelos es perpendicular a las bases.
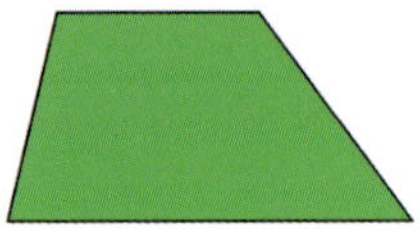	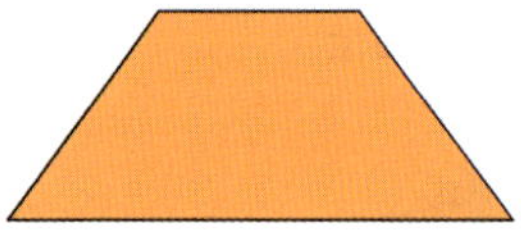	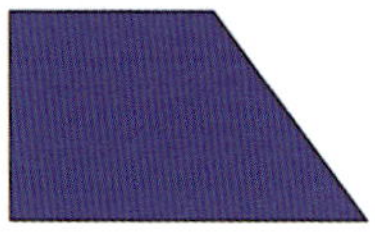

6.3. Paralelogramos

Los paralelogramos son cuadriláteros con los lados paralelos dos a dos.

Se clasifican en:

Romboide	Rombo	Rectángulo	Cuadrado
Sus lados paralelos son iguales pero distintos de los otros dos.	Sus lados son todos iguales.	Sus ángulos internos son todos de 90°, y sus lados, iguales dos a dos.	Todos sus lados son iguales y sus ángulos internos miden 90°.

a Actividades y tareas

1. Copia en tu cuaderno y completa la siguiente tabla indicando qué tipo de cuadrilátero cumple las condiciones indicadas. Ten en cuenta que puede haber más de un cuadrilátero en cada hueco.

	Ningún lado paralelo	Dos lados paralelos	Todos los lados paralelos dos a dos
Ningún lado igual	●●●	Trapecio escaleno	Imposible
Dos lados iguales	●●●	●●●	●●●
Lados iguales dos a dos	Imposible	●●●	●●●
Todos los lados iguales	●●●	Imposible	●●●

2. Indica qué tienen en común y en qué se diferencian los siguientes cuadriláteros:
   a) Un rectángulo y un cuadrado.
   b) Un cuadrado y un rombo.
   c) Un rectángulo y un romboide.
   d) Un rombo y un trapecio isósceles.

3. En un trapecio, llamamos altura a la distancia entre las dos bases. Calcula la altura de los siguientes trapecios utilizando el teorema de Pitágoras:

a)
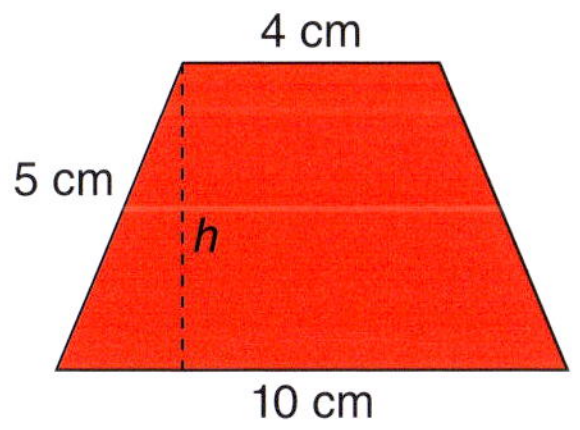

b)
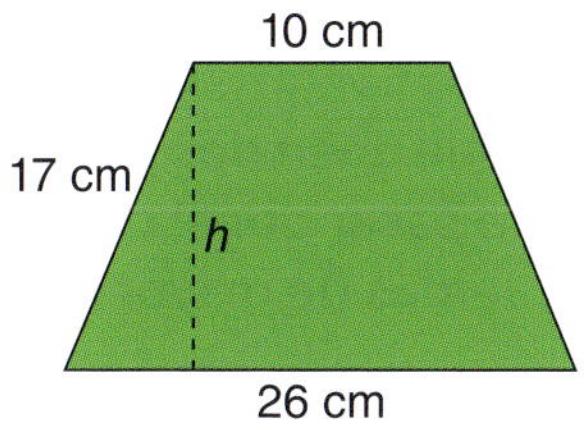

c)
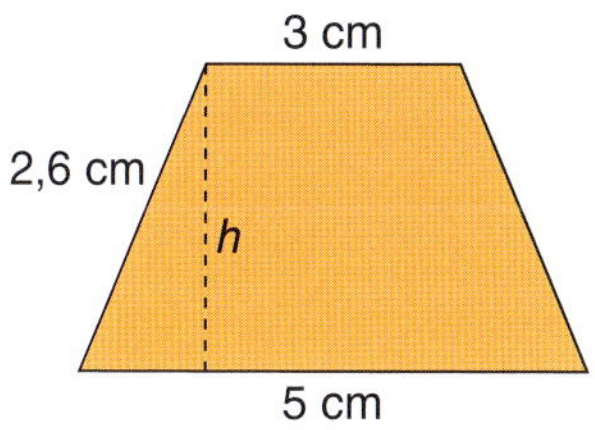

4. Las diagonales de un rombo reciben el nombre de diagonal mayor y diagonal menor en función de su tamaño. Calcula el valor de la diagonal que falta en los siguientes rombos utilizando el teorema de Pitágoras:
   a) Un rombo de lado 5 cm y diagonal menor 6 cm.
   b) Un rombo de lado 13 cm y diagonal mayor 24 cm.
   c) Un rombo de lado 1,25 cm y diagonal mayor 2 cm.

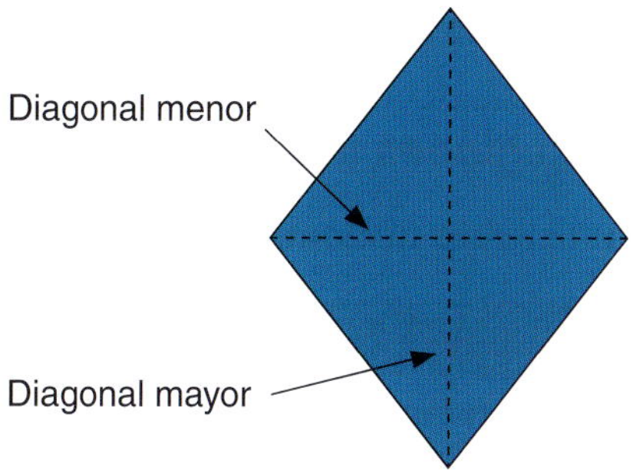

5. Calcula el lado de los siguientes cuadriláteros:
   a) Un rombo cuyas diagonales miden 50 cm y 48 cm.
   b) Un cuadrado cuyas diagonales miden 5 m.

Aprendizaje cooperativo

6. Para realizar esta actividad tenéis que trabajar en grupos de cuatro alumnos. Seguid estos pasos:
   a) Cada alumno debe elegir una de las siguientes parejas de cuadriláteros. Dibujad cada uno en una hoja de papel distinta.

1	2	3	4
Cuadrado Trapezoide	Trapecio isósceles Romboide	Rombo Trapecio rectángulo	Rectángulo Trapecio escaleno

   b) Entregad uno de vuestros cuadriláteros a cada uno de vuestros compañeros. Al final cada alumno debe tener dos cuadriláteros, dibujados cada uno de ellos por un compañero distinto.
   c) Utilizad un transportador de ángulos para medir los ángulos de los cuadriláteros que os han entregado.
   d) Sumad los ángulos de cada cuadrilátero y comentad el resultado en una puesta en común.

7. La circunferencia y el círculo

Una circunferencia es una línea curva cerrada cuyos puntos se encuentran todos a la misma distancia de otro punto denominado **centro.**

La distancia de sus puntos al centro se denomina **radio** de la circunferencia. La superficie encerrada por la circunferencia se denomina **círculo.**

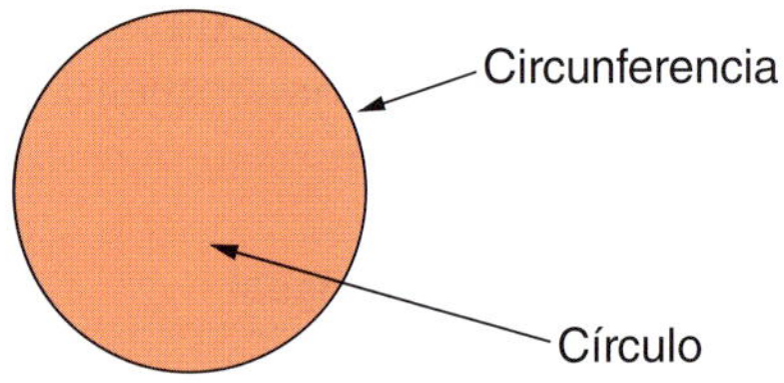

7.1. Elementos de la circunferencia

En una circunferencia encontramos los siguientes elementos:

- **Centro:** todos los puntos de la circunferencia se encuentran a la misma distancia de este punto.
- **Radio:** cada uno de los segmentos que unen el centro de la circunferencia con los puntos que la forman. Todos los radios tienen la misma longitud.
- **Diámetro:** es un segmento que une dos puntos de la circunferencia pasando por el centro. Su longitud es el doble que la del radio.
- **Cuerda:** denominamos así a los segmentos que unen dos puntos cualesquiera de la circunferencia, sin necesidad de pasar por el centro. Su longitud es variable, y los diámetros son las cuerdas de mayor longitud.
- **Arcos:** cada cuerda divide la circunferencia en dos porciones que se denominan arcos. Los diámetros dividen la circunferencia en dos arcos iguales que se denominan semicircunferencias.

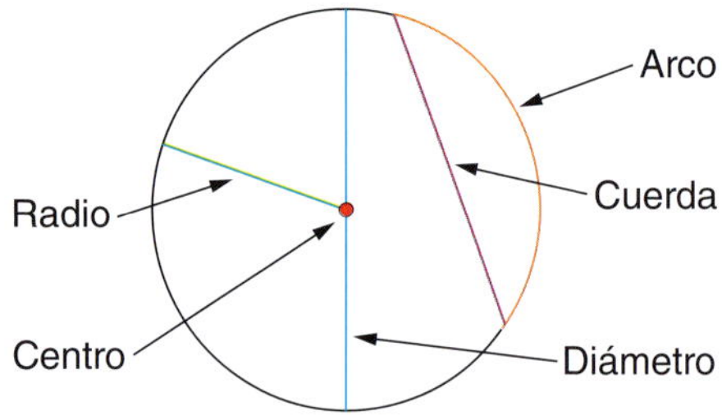

7.2. Regiones del círculo

En un círculo podemos distinguir las siguientes regiones:

Semicírculo	Sector circular	Segmento circular
Cada una de las mitades en las que un diámetro divide al círculo.	Porción de círculo comprendida entre un arco de circunferencia y los radios que pasan por sus extremos.	Porción de círculo comprendida entre un arco de circunferencia y la cuerda que lo define.
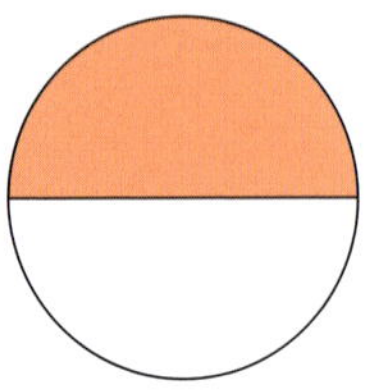	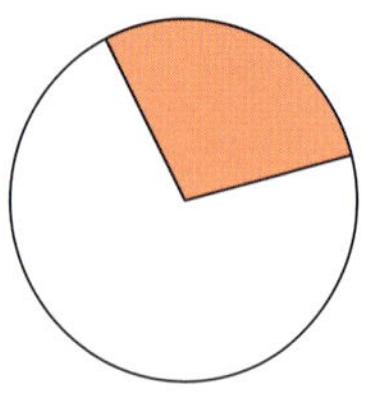	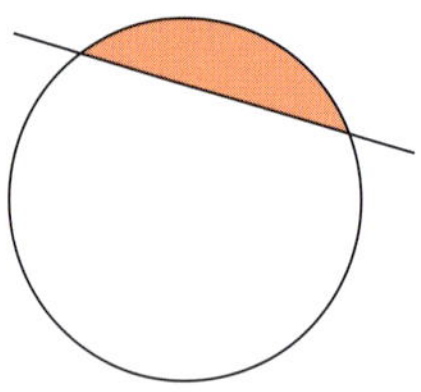
Corona circular	**Trapecio circular**	**Zona circular**
Superficie comprendida entre dos círculos concéntricos (que comparten el mismo centro).	Superficie de una corona circular comprendida entre dos radios.	Superficie comprendida entre dos cuerdas.
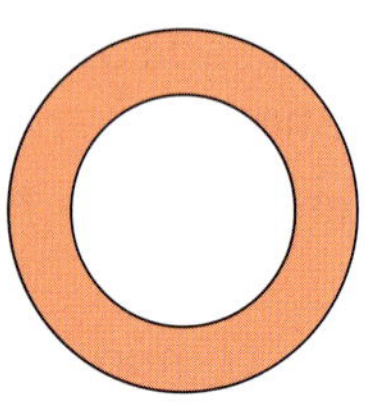	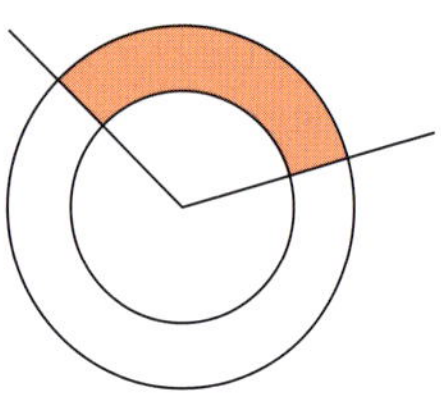	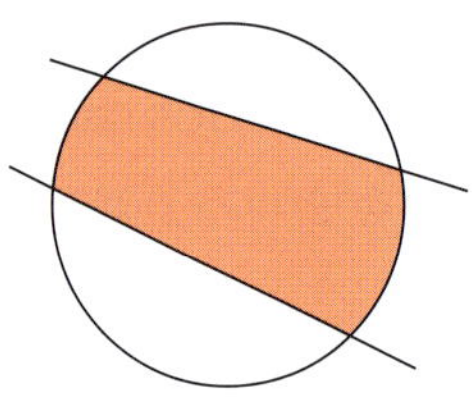

a Actividades y tareas

1. Nombra todos los elementos señalados en la circunferencia de la figura y escribe en tu cuaderno una breve definición de cada uno de ellos:

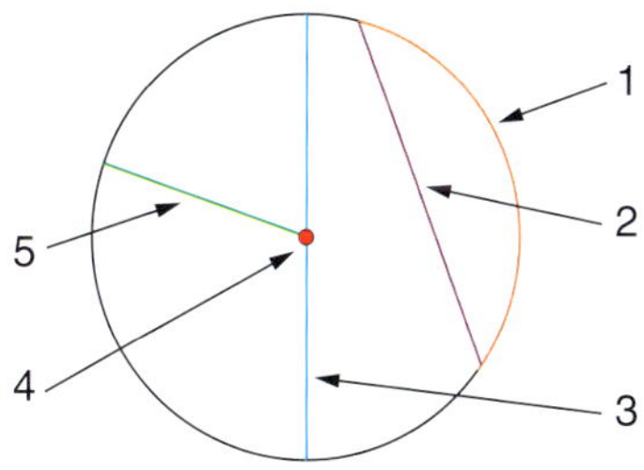

2. Dibuja en tu cuaderno una circunferencia de 12 cm de diámetro y traza los siguientes elementos:
   a) Dos diámetros perpendiculares.
   b) Una cuerda que una dos extremos de estos diámetros.
   c) Señala el arco más pequeño que define esta cuerda.

3. Utiliza el teorema de Pitágoras para calcular la longitud de la cuerda que une dos diámetros perpendiculares en una circunferencia de 4 cm de radio.

4. Nombra las regiones sombreadas en las siguientes figuras y escribe en tu cuaderno una breve definición de cada una de ellas:

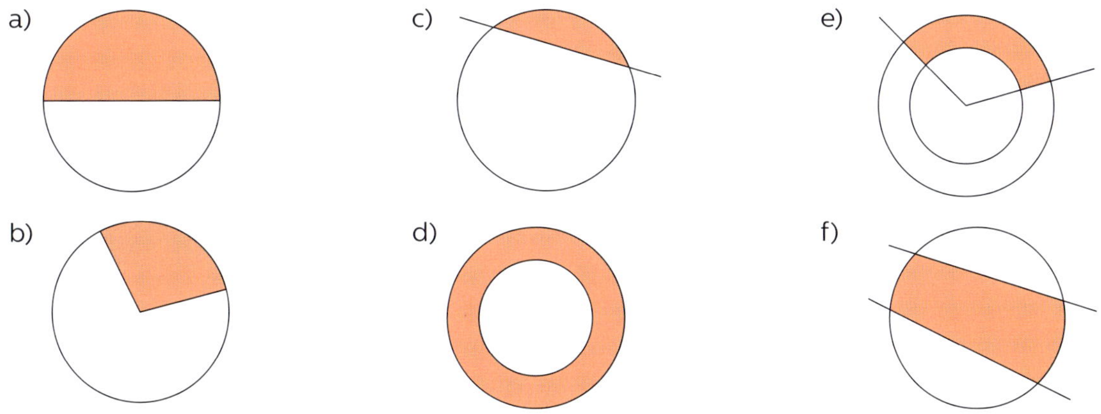

5. Utiliza el teorema de Pitágoras para calcular la longitud de la cuerda que forma la base del segmento circular de la figura sabiendo que el radio del círculo mide 10 cm y la altura del segmento circular es de 4 cm.

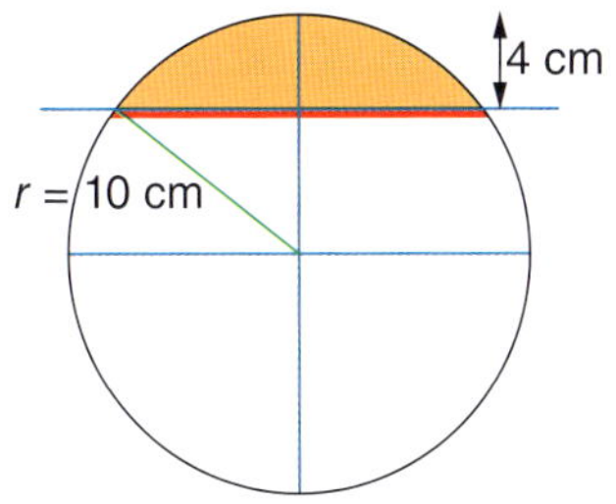

Aplicación a la vida real

6. Observa la fotografía de la rotonda:
   a) Utiliza regla y compás para representar esta rotonda en tu cuaderno.
   b) Señala en tu dibujo todos los elementos relacionados con la circunferencia que reconozcas.
   c) Señala en tu dibujo todas las regiones del círculo que puedas identificar.

8. Áreas y perímetros

Ahora que ya conoces las principales figuras geométricas, vamos a estudiar sus longitudes y áreas. Las siguientes fórmulas te permitirán resolver numerosos problemas.

8.1. Triángulos

El **perímetro** de un triángulo es la suma de sus tres lados:

$$P = a + b + c$$

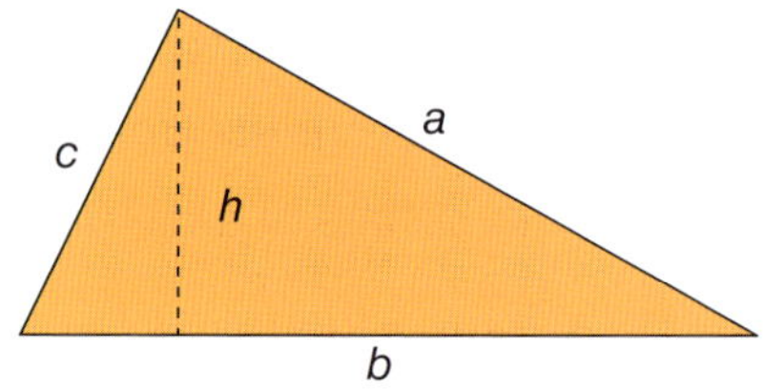

El **área** viene dada por la siguiente fórmula:

$$A = \frac{\text{base} \cdot \text{altura}}{2} = \frac{b \cdot h}{2}$$

8.2. Cuadriláteros

Veamos los resultados más interesantes para perímetros y áreas de cuadriláteros.

8.2.1. Rectángulos

Al tener dos lados iguales, el **perímetro** de un rectángulo viene dado por:

$$P = a + a + b + b = 2a + 2b$$

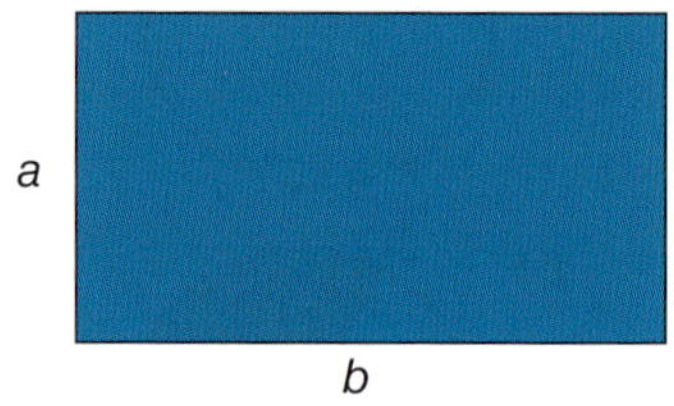

Para calcular su **área** utilizamos la fórmula:

$$A = \text{base} \cdot \text{altura} = b \cdot a$$

8.2.2. Cuadrados

El cuadrado es un rectángulo con todos sus lados iguales, con lo que las fórmulas anteriores se transforman en:

$$P = a + a + a + a = 4a \qquad A = a \cdot a = a^2$$

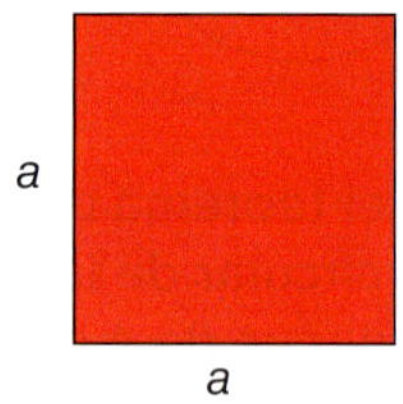

8.2.3. Rombo

Como el cuadrado, el rombo tiene sus cuatro lados iguales, por lo que el **perímetro** de un rombo se calcula simplemente multiplicando su lado por 4:

$$P = 4a$$

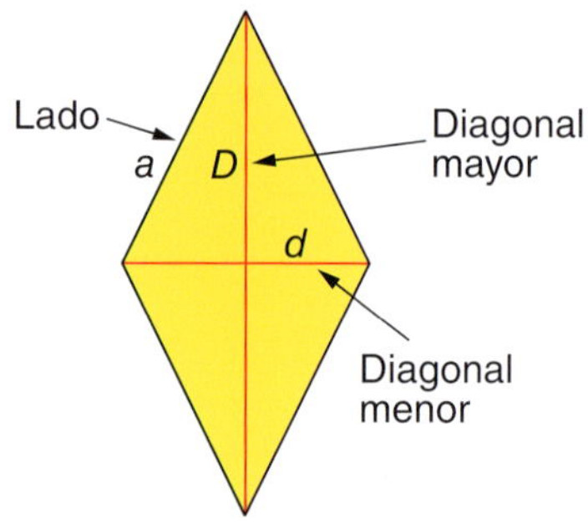

El **área** se calcula utilizando sus diagonales, que llamaremos diagonal mayor (D) y diagonal menor (d) en función de su tamaño:

$$A = \frac{\text{diagonal mayor} \cdot \text{diagonal menor}}{2} = \frac{D \cdot d}{2}$$

8.2.4. Romboide

Al tener los lados iguales dos a dos, el **perímetro** del romboide es:

$$P = 2a + 2b$$

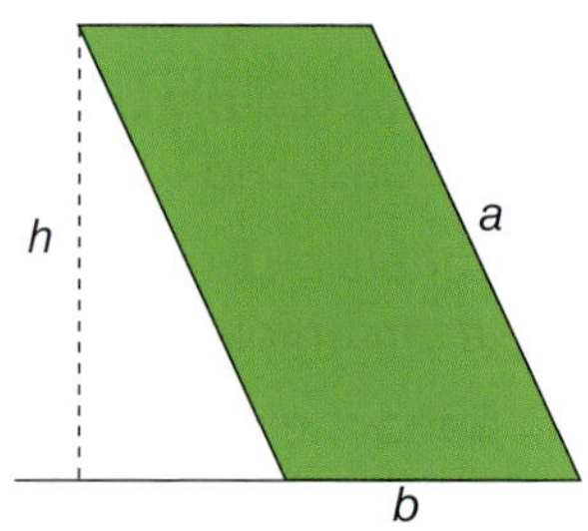

Su **área** viene dada por la siguiente fórmula:

$$A = \text{base} \cdot \text{altura} = b \cdot h$$

Es importante darse cuenta de que la altura (h) no es igual a ninguno de los lados.

8.2.5. Trapecios

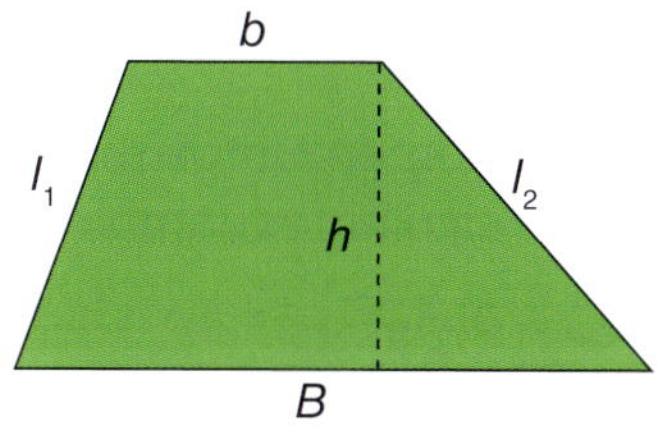

Como en el resto de los cuadriláteros, el **perímetro** de los trapecios vendrá dado por la suma de sus cuatro lados. Estos lados son la base mayor (B), la base menor (b) y los dos lados laterales (l_1 y l_2).

En el caso de los trapecios isósceles, los dos lados laterales serán iguales.

$$P = B + b + l_1 + l_2$$

Para calcular el **área** utilizamos la siguiente fórmula:

$$A = \frac{(\text{base mayor} + \text{base menor}) \cdot \text{altura}}{2} = \frac{(B + b) \cdot h}{2}$$

8.3. Polígonos regulares

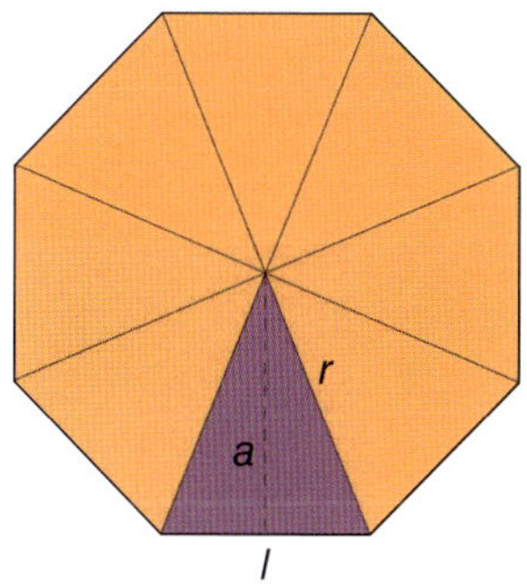

Como un polígono regular tiene todos sus lados iguales, el **perímetro** se calcula multiplicando la longitud del lado (l) por el número de lados (n):

$$P = l \cdot n$$

Para calcular el **área** hay que tener en cuenta que cualquier polígono regular puede dividirse en tantos triángulos como lados tenga.

Como puedes ver en el ejemplo del octógono, estos triángulos tendrán como base el lado del polígono (l) y como altura su apotema (a).

El área del octógono será 8 veces el área de uno de estos triángulos:

$$A = 8 \cdot A_{Triángulo} = \frac{8 \cdot l \cdot a}{2}$$

Ahora bien, si multiplicamos 8 por la longitud de un lado obtenemos el perímetro, con lo que el área quedaría:

$$A = \frac{P \cdot a}{2}$$

Esto sucederá con todos los polígonos regulares, con lo que podemos considerar esta fórmula válida para cualquier polígono cuyos lados sean iguales.

> **!**
> **Cálculo de la apotema (a)**
>
> Utilizando el teorema de Pitágoras
>
> $$r^2 = a^2 + (l/2)^2$$
>
> En un hexágono regular el radio (r) es igual al lado (l).

8.4. Áreas de polígonos irregulares

Al igual que ocurre con los polígonos regulares, los polígonos irregulares pueden descomponerse en triángulos para calcular su área. En estos casos, sin embargo, estos triángulos no serán todos iguales, de forma que tendremos que calcular el área de cada uno de ellos y luego sumarlas para obtener el área del polígono.

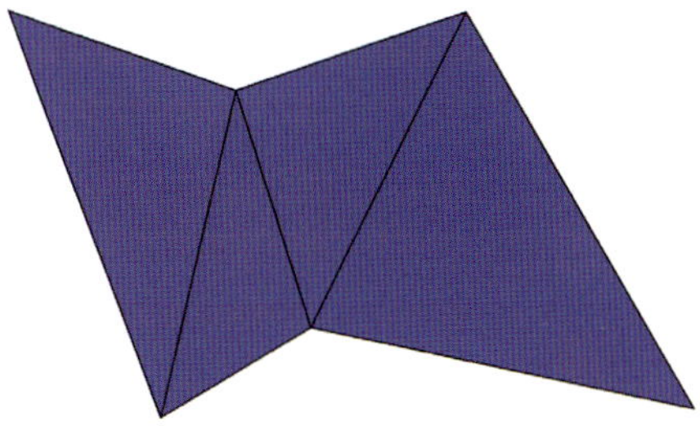

Podemos descomponer cualquier polígono en triángulos.

8.5. Circunferencia y círculo

La **longitud** de una circunferencia se calcula multiplicando su diámetro (d) por el número $\pi = 3{,}141592...$

Como la medida del diámetro es dos veces la del radio de la circunferencia, tenemos:

$$L = \pi \cdot d = 2 \cdot \pi \cdot r$$

Para calcular el **área** de un círculo multiplicamos el número π por su radio al cuadrado:

$$A = \pi \cdot r^2$$

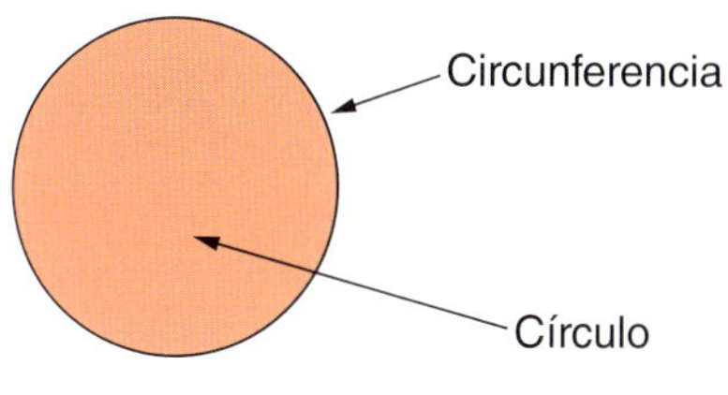

a Actividades y tareas

1. Comenzamos repasando las unidades necesarias para expresar longitudes y superficies. Realiza los siguientes cambios de unidades:

   a) 400 m = ●●● km
   c) 10 300 mm = ●●● m
   e) 40 cm^2 = ●●● m^2
   g) 500 mm^2 = ●●● cm^2
   b) 0,5 m = ●●● cm
   d) 0,004 km = ●●● cm
   f) 0,5 m^2 = ●●● cm^2
   h) 80 hm^2 = ●●● m^2

2. Calcula el área y el perímetro de las siguientes figuras:

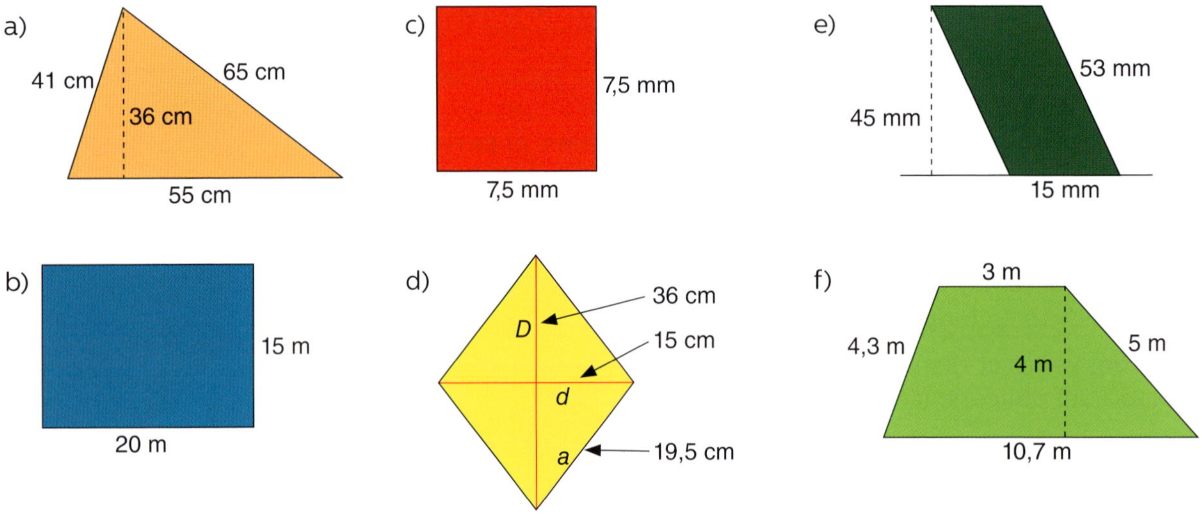

3. Oserva el siguiente hexágono regular:

   a) Calcula su perímetro.

   b) Calcula el área de uno de los triángulos en los que lo dividen sus radios.

   c) Calcula el área del hexágono utilizando la fórmula que hemos estudiado.

   d) ¿Qué relación hay entre el área del hexágono y la de uno de los triángulos que lo componen?

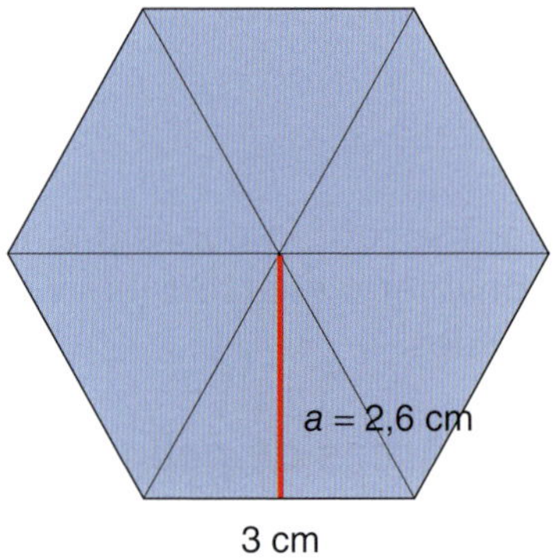

4. Calcula el área de las siguientes figuras utilizando los datos que se dan y calculando los que falten con el teorema de Pitágoras:

   a) Un trapecio isósceles con la base mayor de 25 cm, la base menor de 15 cm y los lados laterales de 13 cm.

   b) Un triángulo equilátero de 5 cm de lado.

   c) Un hexágono de 12 cm de lado.

   d) Un trapecio rectángulo con la base mayor de 20 mm, la base menor de 13 mm y el lado lateral más largo de 25 mm.

5. Para calcula el área de una corona circular basta con restar al área del círculo exterior el área del interior.

   a) Aplica este método y calcula el área de una corona circular de 12 cm de radio exterior y 8 cm de radio interior.

   b) ¿Cómo se calcularía su perímetro?

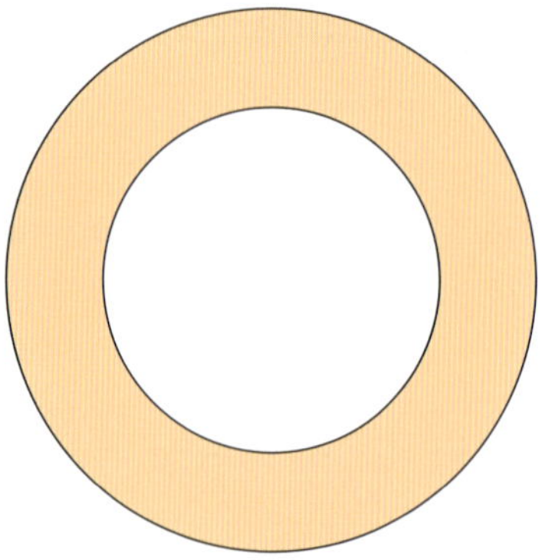

6. El área de un sector circular se obtiene calculando la fracción correspondiente del área del círculo. Utiliza este método para completar la siguiente tabla:

Figura	Radio	Ángulo	Fracción	Área del círculo completo	Área del sector circular
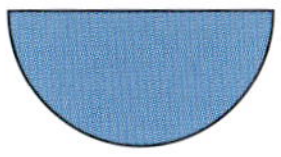	$r = 2$ cm	180°	$\frac{180°}{360°} = \frac{1}{2}$	$\pi \cdot r^2 =$ $= 3{,}14 \cdot 2^2 = 12{,}56$ cm^2	$\frac{1}{2}$ de $12{,}56 = 6{,}28$ cm^2
	$r = 5$ cm	90°			
	$r = 1$ m	270°			
	$r = 10$ mm	60°			
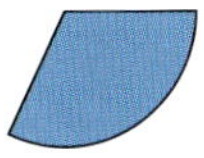	$r = 3$ m	135°			

7. Calcula el área de las siguientes figuras descomponiéndolas en otras más sencillas.

a)

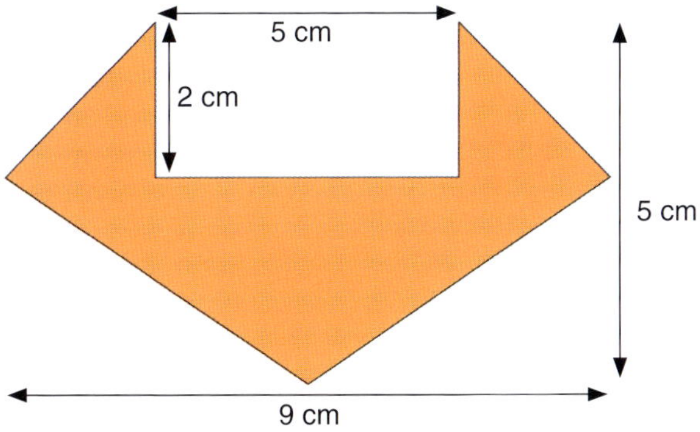

b)

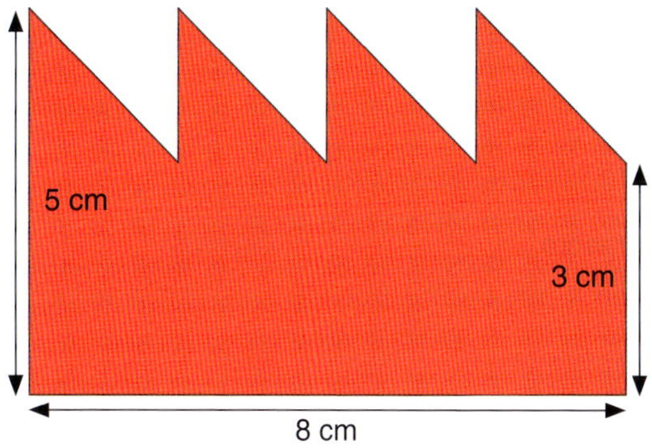

Aplicación a la vida real

8. Queremos poner baldosas en el suelo de una habitación que tiene 4,5 m de largo por 3,5 m de ancho:

a) Calcula la superficie de la habitación.

b) Si utilizamos baldosas de 25 × 25 cm, ¿cuántas baldosas necesitaremos? ¿Es necesario romper alguna baldosa?

c) Si elegimos unas baldosas de 30 × 30 cm, ¿cuántas necesitaremos? ¿Será necesario romper alguna?

9. Cuerpos geométricos

Un cuerpo geométrico es una figura tridimensional que posee volumen y una superficie que lo encierra. Si esta superficie está formada por caras planas, se denomina **poliedro.**

9.1. Poliedros

Los **elementos principales** de un poliedro son:

- **Caras:** son los polígonos que delimitan el poliedro.
- **Aristas:** son los lados de los polígonos que forman las caras del poliedro.
- **Vértices:** son los puntos donde se cortan las distintas aristas del poliedro.
- **Ángulos:** pueden estar formados por dos o más caras.
- **Diagonales:** segmentos que unen vértices que no pertenecen a la misma arista.

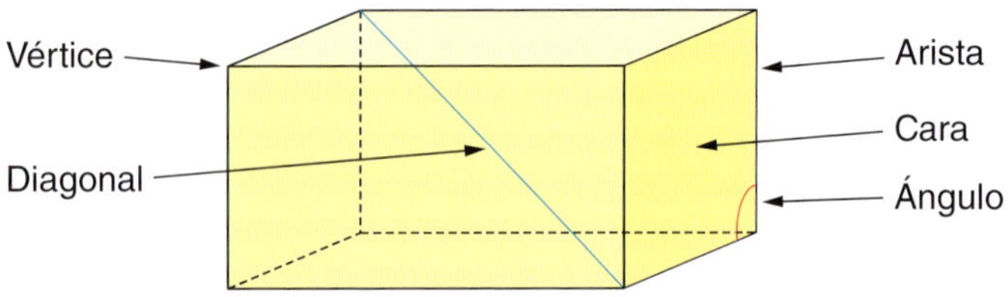

Todos los poliedros tienen volumen (el espacio que contienen) y superficie (la suma de las áreas de los polígonos que lo definen). A continuación vamos a estudiar los poliedros más importantes, sus características principales y cómo calcular su área y su volumen en los casos más sencillos.

9.1.1. Poliedros regulares

Los poliedros regulares son aquellos cuyas caras son todas polígonos regulares. Estas caras son todas iguales, al igual que todos los ángulos del poliedro.

Solo hay cinco poliedros regulares:

Tetraedro	Octaedro	Icosaedro
Sus caras son 4 triángulos equilateros.	Sus caras son 8 triángulos equilateros.	Sus caras son 20 triángulos equilateros.
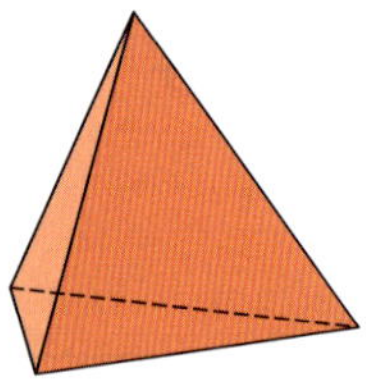	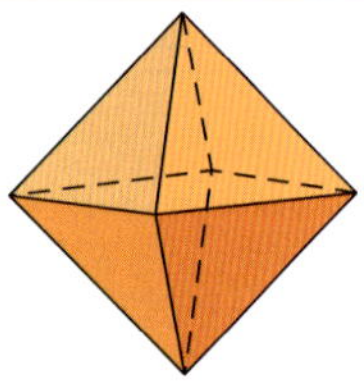	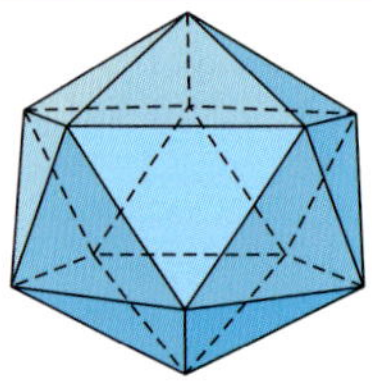

Hexaedro	Dodecaedro
Sus caras son 6 cuadrados. También se le denomina **cubo.**	Sus caras son 12 pentágonos regulares.
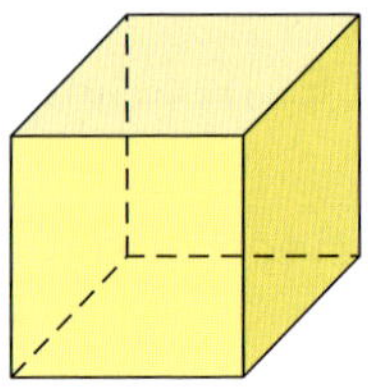	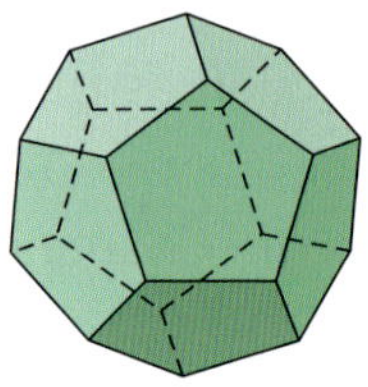

9.1.2. Prismas

Los prismas son poliedros formados por dos caras iguales y paralelas denominadas bases y varios paralelogramos denominados caras laterales. Estos paralelogramos unen las aristas correspondientes de las bases.

Los prismas se nombran en función de sus bases. Si las bases son triángulos, lo llamamos prisma triangular, si son cuadrados, prisma cuadrangular, etc.

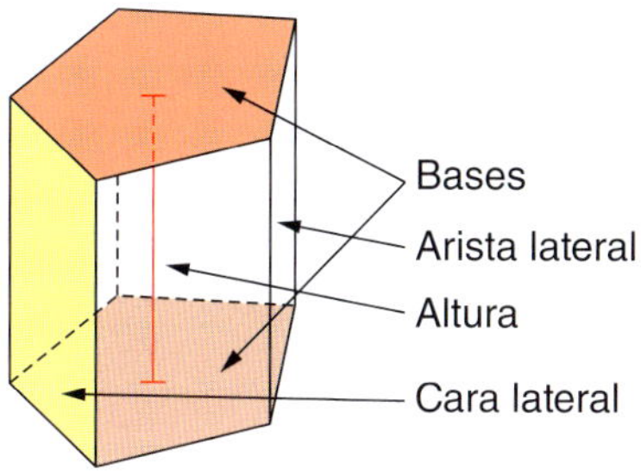

Prisma recto.

Cuando las bases de un prisma son polígonos regulares, se denomina **prisma regular.** Sus caras laterales serán todas idénticas.

Por otra parte, decimos que un **prisma** es **recto** si sus caras laterales son perpendiculares a las bases. En ese caso estas serán rectángulos. En caso contrario se trata de un prisma oblicuo.

La altura de un prisma es la distancia entre sus bases. En el caso de los prismas rectos coincide con la longitud de las aristas laterales.

Para calcular su **área** basta con calcular el área de sus bases (que son iguales) y el área de los polígonos que forman sus caras laterales.

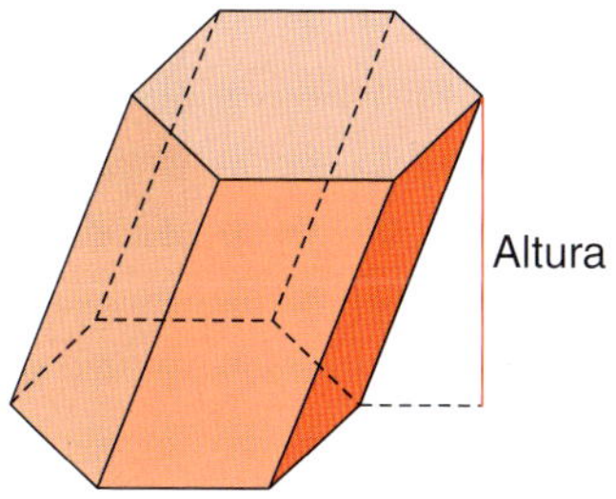

Prisma oblicuo.

Como dichas caras son paralelogramos, el área lateral se puede calcular multiplicando el perímetro de la base (P) por la altura del prisma (h):

$$A = P \cdot h + 2 \cdot A_{base}$$

El **volumen** de un prisma se calcula multiplicando el área de su base por la altura del prisma:

$$V = A_{base} \cdot h$$

9.1.3. Pirámides

Una pirámide es un poliedro formado por un polígono denominado base y varios triángulos que forman la superficie lateral. Estos triángulos unen los lados de la base con un único punto denominado **vértice.**

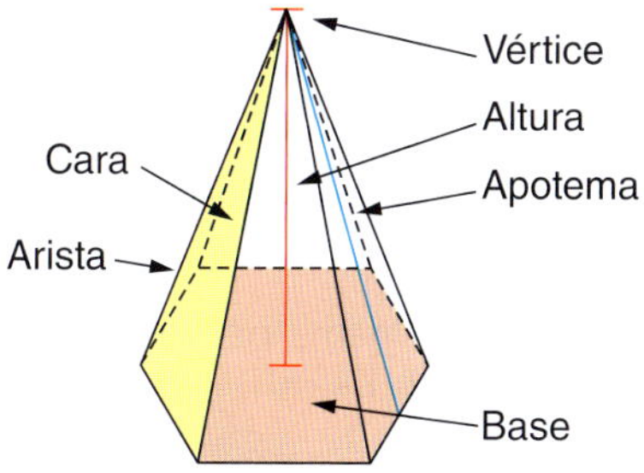

Pirámide recta.

La altura de la pirámide es la distancia ente la base (o el plano que la contiene) y el vértice. Como los prismas, las pirámides pueden ser rectas (si el vértice se encuentra sobre el centro de su base) u oblicuas.

Para calcular el **área** de una pirámide debemos sumar el área de su base con su área lateral, que vendrá dada por la suma del área de todos los triángulos.

$$A = A_{base} + A_{lateral}$$

Si la base de la pirámide es un polígono regular, se denomina **pirámide regular.** En este caso los triángulos que forman su área lateral son isósceles y todos iguales. Su altura se denomina entonces **apotema** (a) y el **área lateral** puede calcularse utilizando el perímetro de la base (P):

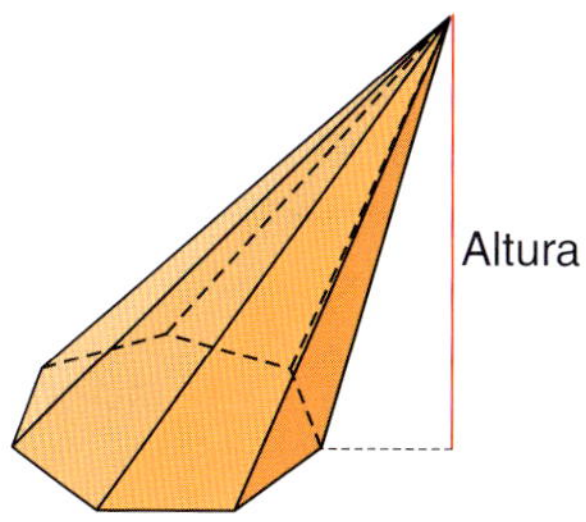

Pirámide oblicua.

$$A_{lateral} = \frac{P_{base} \cdot a}{2}$$

El **volumen** de una pirámide se calcula mediante la fórmula:

$$V = \frac{A_{base} \cdot h}{3}$$

a Actividades y tareas

1. Comenzamos repasando las unidades necesarias para expresar volúmenes. Realiza los siguientes cambios de unidades:

a) $3000\ cm^3 =$ ● ● ● m^3

b) $0{,}0015\ m^3 =$ ● ● ● cm^3

c) $12500\ mm^3 =$ ● ● ● dm^3

d) $0{,}004\ cm^3 =$ ● ● ● L

e) $15\ m^3 =$ ● ● ● L

f) $0{,}25$ L = ● ● ● cm^3

2. Desarrollar un poliedro consiste en poner sobre un mismo plano todos los polígonos que forman sus caras. Por ejemplo, en la imagen puedes ver el desarrollo de un prisma de base cuadrada.

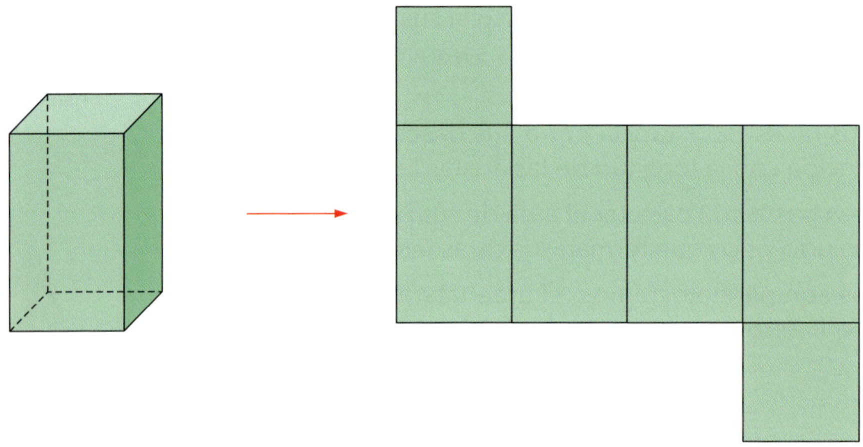

Dibuja en tu cuaderno el desarrollo de los siguientes poliedros:

a) Prisma triangular regular

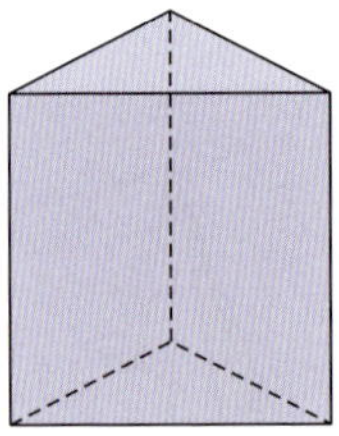

c) Tetraedro

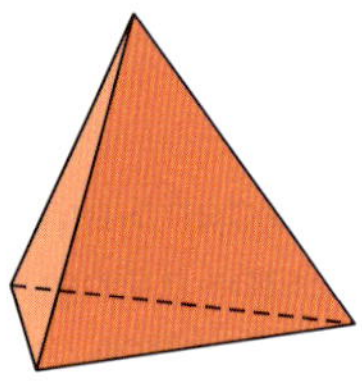

e) Pirámide regular hexagonal

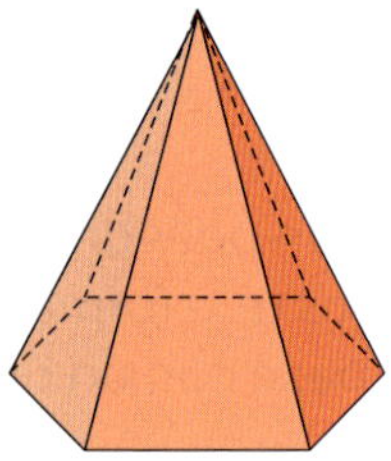

b) Prisma pentagonal regular

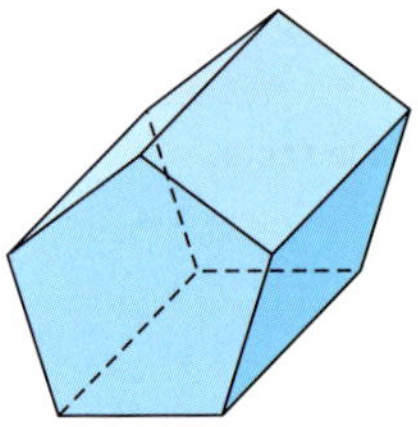

d) Octaedro

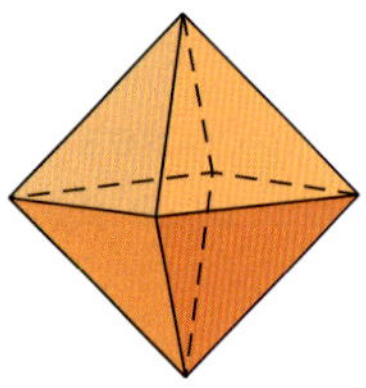

f) Pirámide cuadrada

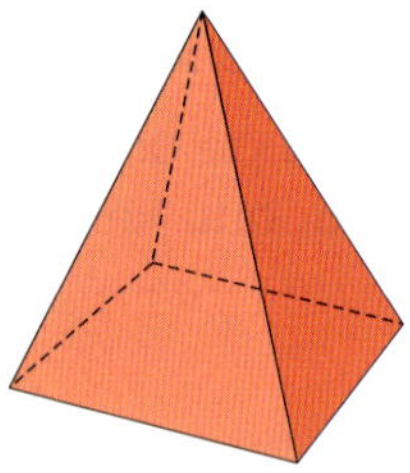

3. Dibuja en tu cuaderno un prisma de base cuadrada y señala en el dibujo sus vértices, aristas, caras y diagonales.

4. Dibuja en tu cuaderno una pirámide cuadrada y señala en el dibujo sus vértices, aristas, caras y apotemas.

5. Calcula, aplicando el teorema de Pitágoras, la longitud de todas las diagonales de un prisma cuadrangular en el que el lado de la base mide 5 cm de lado y tiene 12 cm de altura.

6. Calcula, utilizando el teorema de Pitágoras, la longitud de las apotemas y las aristas de una pirámide, de base cuadrada, de lado 20 cm y altura 24 cm.

7. Calcula el área y el volumen de los siguientes cuerpos geométricos:

a)

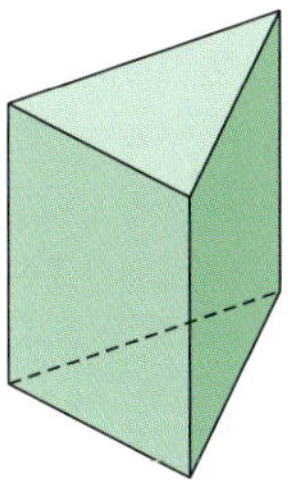

Bases: triángulo isósceles con un lado de 6 cm y dos de 5 cm.
Altura: 8 cm.

c)

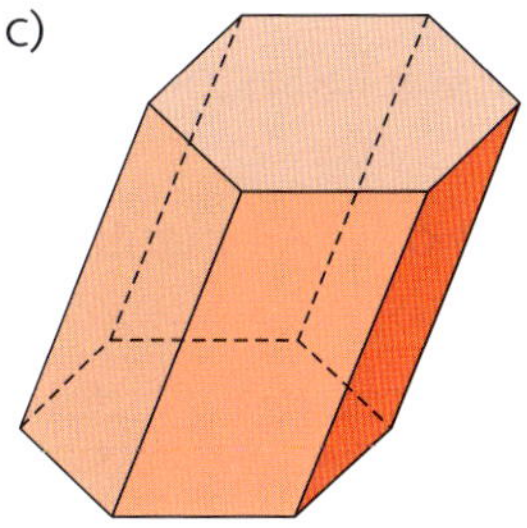

Bases: hexágono regular de 4 cm de lado.
Altura: 7 cm.

e)

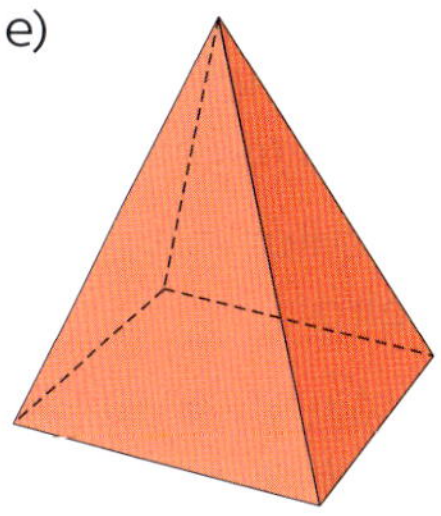

Base: cuadrado de 14 cm de lado.
Altura: 24 cm.

b)

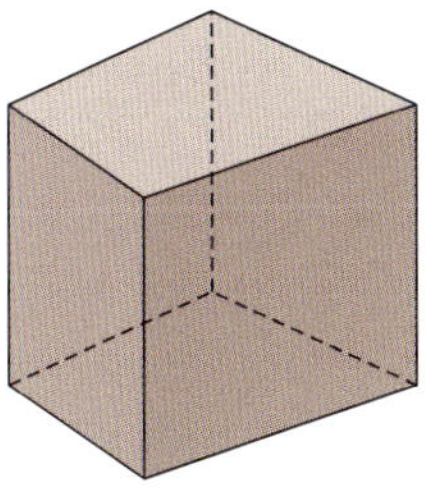

Bases: trapecio de base mayor 40 cm, base menor 30 cm y altura 12 cm.
Altura: 35 cm.

d)

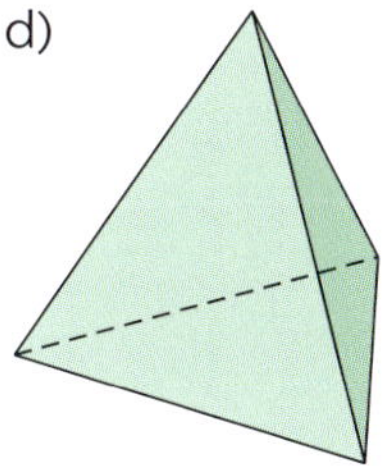

Base: triángulo isósceles con un lado de 6 cm y dos de 5 cm.
Altura: 8 cm.

f)

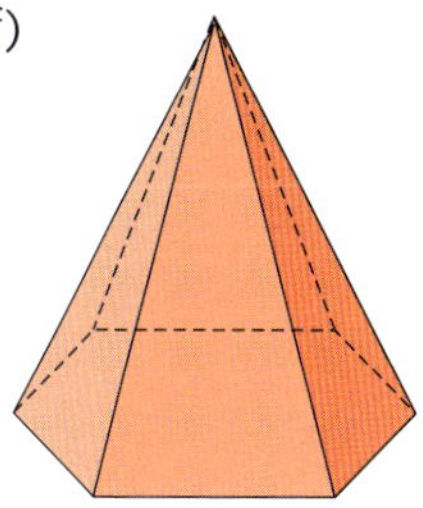

Base: hexágono regular de 4 cm de lado.
Altura: 7 cm.

Aplicación a la vida real

8. Queremos construir una piscina como la que está representada en las siguientes imágenes. Una de ellas nos muestra el perfil de la piscina mientras que la otra nos muestra la piscina vista desde arriba.

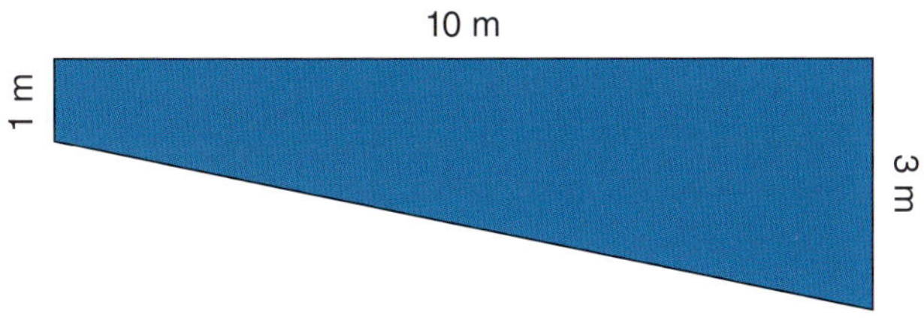

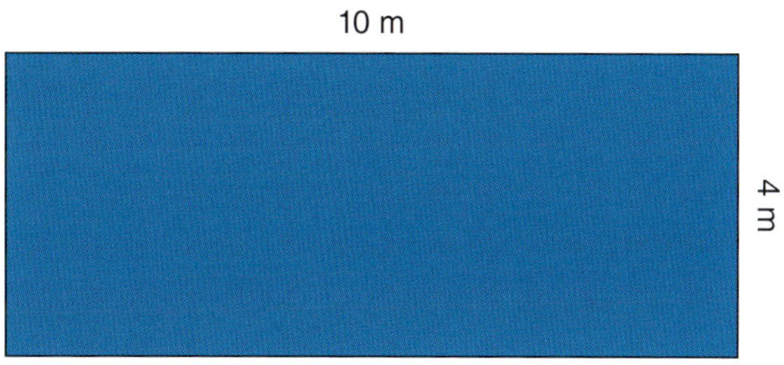

a) Dibuja en tu cuaderno la piscina. ¿Qué tipo de cuerpo geométrico es?

b) Vamos a utilizar baldosines para forrar las paredes laterales y el fondo. El precio de estos baldosines es de 12,59 € el m^2. ¿Cuánto debemos gastarnos en baldosines?

c) Calcula el volumen de agua que será necesario para llenar la piscina.

d) Antes de llenarla comprobamos el caudal de nuestro grifo. Vemos que llena una botella de 1 litro y medio en 10 segundos. ¿Cuánto tiempo necesitaremos para llenar la piscina?

9.2. Cuerpos geométricos redondos

Además de los poliedros existen otros cuerpos geométricos formados por superficies curvas (acompañados o no de caras planas). Los más importantes son los denominados **cuerpos de revolución,** que se obtienen al girar una superficie plana en torno a un eje.

9.2.1. Cilindros

Haciendo rotar un rectángulo en torno a uno de sus lados obtenemos un cilindro. Sus elementos más importantes son:

- **Bases:** son dos círculos cuyo radio (r) es el lado del rectángulo perpendicular al eje de giro.
- **Altura** (h): es la distancia entre las bases. Coincide con el lado del rectángulo sobre el que hemos girado.
- **Generatriz:** es el lado del rectángulo paralelo al eje de giro.

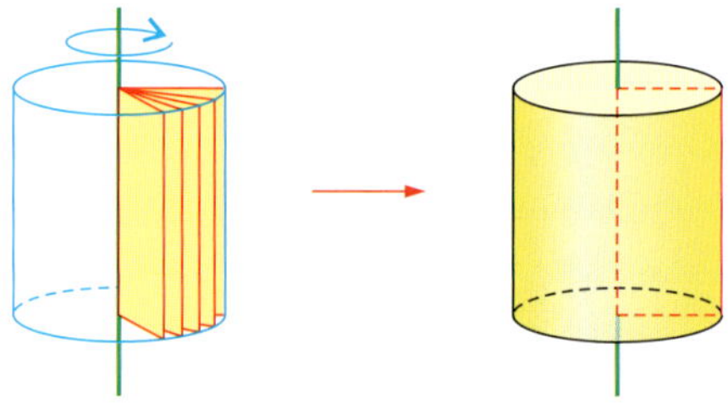

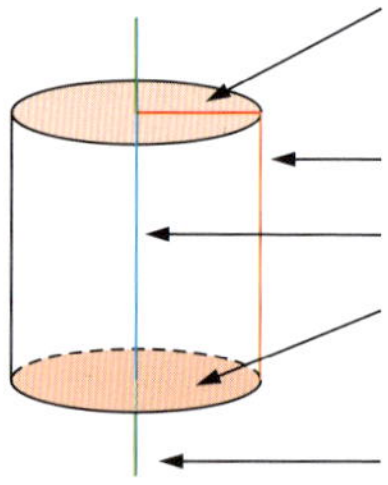

El **área de un cilindro** viene dada por:

$$A = A_{\text{bases}} + A_{\text{lateral}} = 2 \cdot \pi \cdot r^2 + 2 \cdot \pi \cdot r \cdot h$$

Para calcular su **volumen** utilizaremos la siguiente fórmula:

$$V = A_{\text{base}} \cdot h = \pi \cdot r^2 \cdot h$$

9.2.2. Conos

Para obtener un cono rotamos un triángulo rectángulo en torno a uno de sus catetos. Sus elementos más importantes son:

- **Base:** es un círculo cuyo radio (r) es el cateto del triángulo rectángulo que ha girado en torno al eje de giro.
- **Altura** (h): es la distancia entre las bases y el vértice. Coincide con el cateto que actúa como eje de giro.
- **Generatriz** (g): es la hipotenusa del triángulo rectángulo.

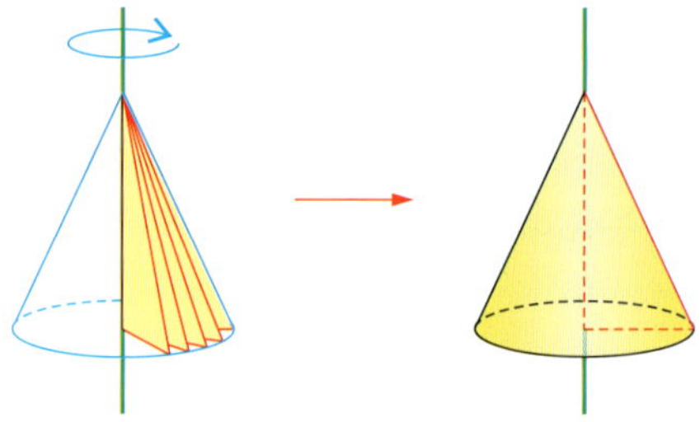

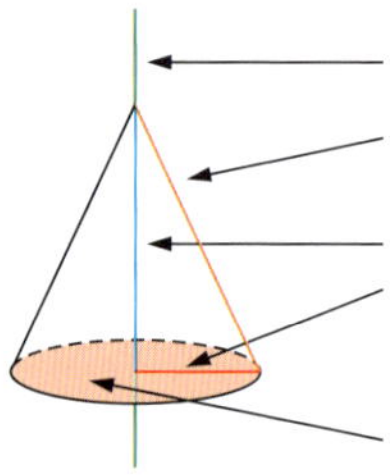

El **área de un cono** viene dado por:

$$A = A_{\text{base}} + A_{\text{lateral}} = \pi \cdot r^2 + \pi \cdot r \cdot g$$

Para calcular su **volumen** utilizaremos la siguiente fórmula:

$$V = \frac{A_{\text{base}} \cdot h}{3} = \frac{\pi \cdot r^2 \cdot h}{3}$$

9.2.3. La esfera

La esfera se obtiene haciendo girar un semicírculo en torno a su diámetro. El radio de la esfera coincide con el radio del semicírculo utilizado para generarla.

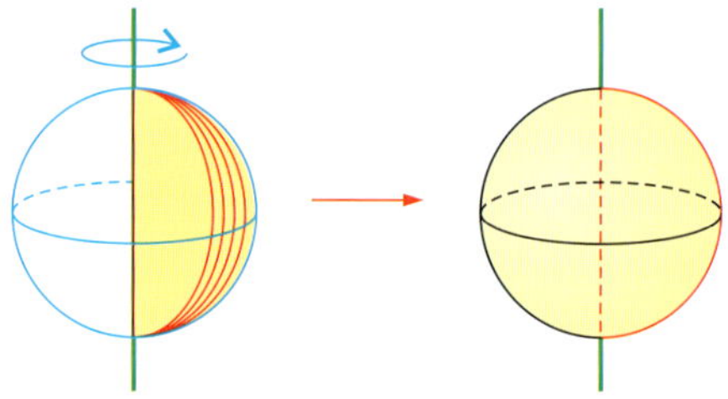

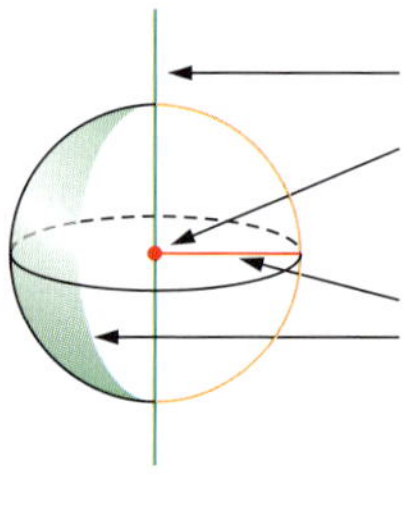

Para calcular la **superficie de una esfera** utilizamos la siguiente fórmula:

$$A = 4 \cdot \pi \cdot r^2$$

El **volumen de una esfera** viene dado por:

$$V = \frac{4 \cdot \pi \cdot r^3}{3}$$

a Actividades y tareas

1. Dibuja en tu cuaderno el desarrollo de las siguientes figuras:

a) 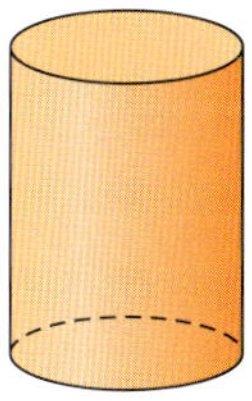

b) 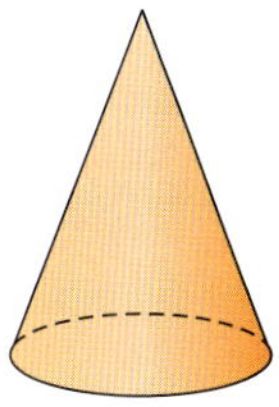

2. Utiliza el teorema de Pitágoras para hallar el elemento que falta en cada uno de los conos descritos en la siguiente tabla:

Radio de la base	Altura	Generatriz
11 cm	60 cm	• • •
• • •	12 cm	12,5 cm
12 cm	• • •	18,25 cm
28 cm	45 cm	• • •
• • •	21 cm	6,25 cm
4 cm	• • •	8,5 cm

3. Calcula el área y el volumen de las siguientes figuras:

a) 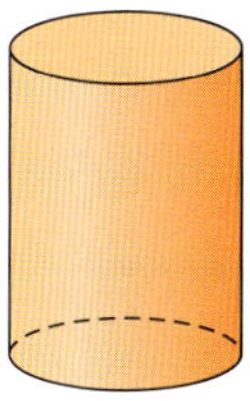

Radio de la base: 30 cm
Altura: 20 cm

b) 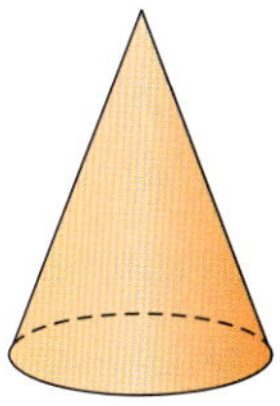

Radio de la base: 30 cm
Altura: 20 cm

c) 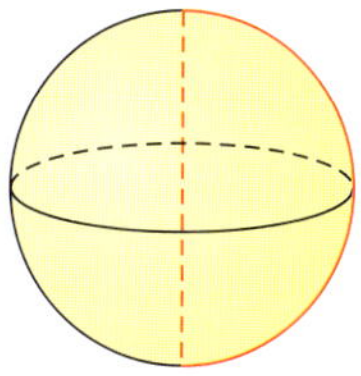

Diámetro: 40 cm

4. Indica qué cuerpo geométrico obtenemos al girar las siguientes figuras en torno al eje señalado en cada caso:

a) 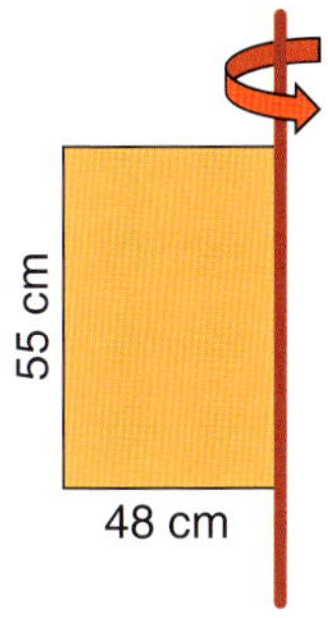

b) 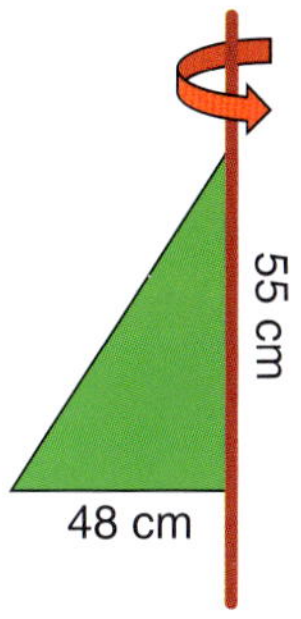

c) 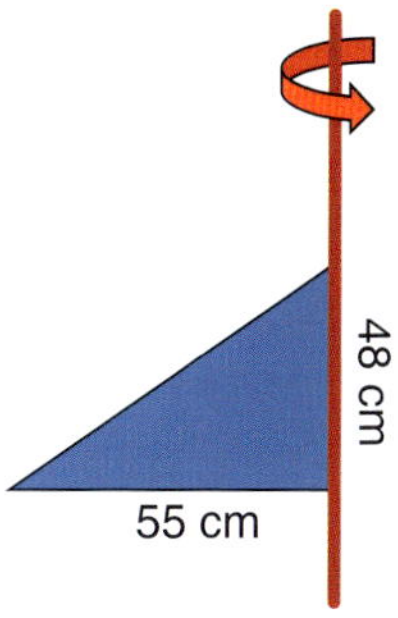

d) 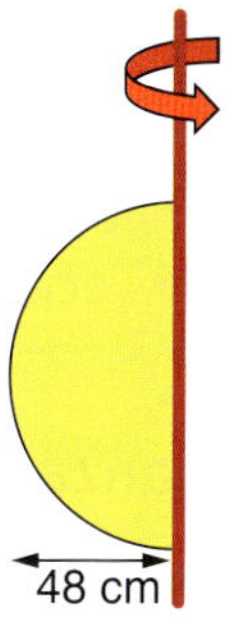

5. Calcula el área y el volumen de las figuras obtenidas en el ejercicio anterior.

6. Calcula la superficie y el volumen de las siguientes esferas:

a) Radio: 1 cm
b) Radio: 2 cm
c) Radio: 4 cm
d) Radio: 8 cm

10. Semejanza

En una empresa de mudanzas nos ofrecen dos modelos de cajas:

Pequeña: 40 × 24 × 30 cm

Grande: 60 × 36 × 45 cm

A simple vista parece que tienen la misma forma pero distinto tamaño. Para comprobar matemáticamente si esto es así, comparamos la longitud de los lados correspondientes dividiendo las dimensiones de una entre las de la otra:

Largo: $\frac{60}{40} = 1{,}5$ Ancho: $\frac{36}{24} = 1{,}5$ Alto: $\frac{45}{30} = 1{,}5$

En todos los casos hemos obtenido el mismo resultado, que nos indica que la caja grande es 1,5 veces más grande que la pequeña pero tiene exactamente la misma forma. Es decir, multiplicando las dimensiones de la caja pequeña por 1,5 obtenemos las dimensiones de la caja grande.

Cuando dos figuras tienen la misma forma pero distinto tamaño, decimos que son **semejantes.** En ese caso, podemos obtener las medidas de una de estas figuras multiplicando las de la otra por un número fijo denominado **razón de semejanza.**

10.1. Semejanza y área

Vamos a analizar qué ocurre ahora con las superficies de estas dos cajas. Para ello comparamos las áreas de las bases, las caras laterales y las frontales de ambas cajas:

Base: $\frac{60 \cdot 36}{40 \cdot 24} = 2{,}25$ Lateral: $\frac{45 \cdot 36}{20 \cdot 24} = 2{,}25$ Frontal: $\frac{60 \cdot 45}{40 \cdot 30} = 2{,}25$

La relación entre las áreas es siempre la misma. En concreto hemos obtenido 2,25 que es 1,5 elevado al cuadrado.

Cuando dos figuras son semejantes con razón de semejanza *k*, el área de la mayor es k^2 veces el área de la pequeña.

10.2. Semejanza y volumen

De la misma forma, comparamos el volumen de ambas cajas:

$$\frac{V_{\text{grande}}}{V_{\text{pequeña}}} = \frac{60 \cdot 36 \cdot 45}{40 \cdot 24 \cdot 30} = 3{,}375$$

Obtenemos 3,375, que resulta ser 1,5 al cubo.

Cuando dos figuras son semejantes con razón de semejanza *k*, el volumen de la mayor es k^3 veces el área de la pequeña.

a Actividades y tareas

1. Indica si las siguientes parejas de cajas son proporcionales. En caso afirmativo, calcula la constante de proporcionalidad:

   a) Dimensiones de la caja 1: 30 × 40 × 20 cm
   Dimensiones de la caja 2: 39 × 52 × 26 cm

   b) Dimensiones de la caja 1: 50 × 50 × 42 cm
   Dimensiones de la caja 2: 100 × 90 × 84 cm

   c) Dimensiones de la caja 1: 45 × 25 × 15 cm
   Dimensiones de la caja 2: 198 × 55 × 33 cm

   d) Dimensiones de la caja 1: 35 × 40 × 20 cm
   Dimensiones de la caja 2: 49 × 56 × 28 cm

2. Calcula x en cada caso sabiendo que las figuras son semejantes:

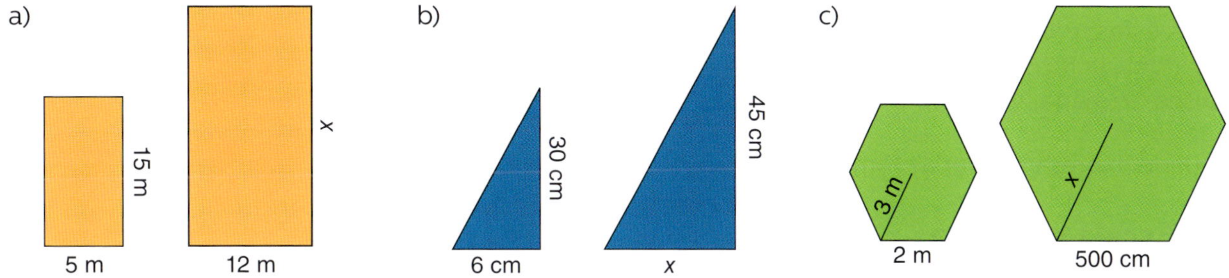

3. Una empresa de paneles solares comercializa paneles de dos tamaños: 1640 × 990 mm y 1969 × 1188 mm

   a) ¿Son proporcionales? Justifica tu respuesta.

   b) Calcula la constante de proporcionalidad.

   c) Calcula la superficie de ambos paneles.

   d) ¿Cuántas veces es más grande una superficie que la otra?

   e) Si el panel pequeño produce 250 W, ¿cuántos crees que producirá el grande?

4. Las siguientes figuras representan dos depósitos de gas esféricos.

   El depósito pequeño tiene un diámetro de 3 m. Si el depósito de la derecha es 1,6 veces más grande que él, ¿cuál es su radio?

   a) Calcula la capacidad de ambos depósitos.

   b) ¿Cuántas veces es más grande la capacidad del depósito de la derecha?

   c) Si necesitamos pintar los depósitos, ¿cuánta pintura más se necesitaría en el depósito grande que en el pequeño?

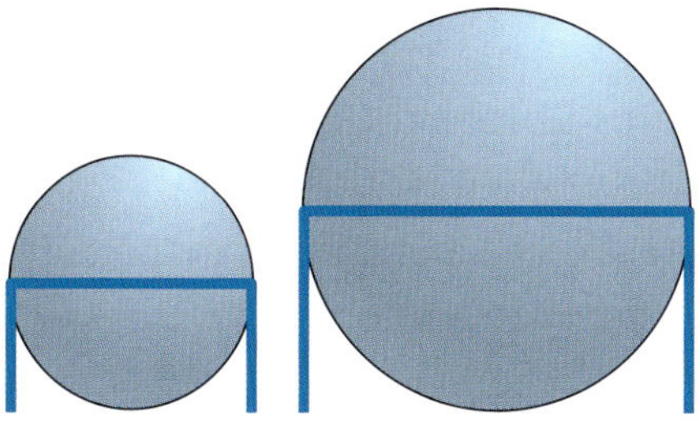

Investiga

5. Busca información sobre qué es la *relación de aspecto* de una imagen.

   a) ¿Qué significa 16:9? ¿Y 4:3?

   b) ¿Qué ocurre cuando quieres ver una película con relación de aspecto 16:9 en una pantalla 4:3?

   c) Calcula la altura que debe tener una pantalla si queremos que a 16:9 tenga una anchura de 1,5 m.

   d) ¿Y si la relación de aspecto es de 4:3?

11. Escalas

La semejanza de figuras se utiliza de forma muy habitual para representar de la manera más exacta posible la realidad que nos rodea, ya sea en un papel, en la pantalla de un ordenador o mediante la construcción de un objeto tridimensional. Las formas más importantes de realizar estas representaciones son:

- **Mapa:** representación en un plano (papel o pantalla) de una región geográfica. Suele emplear colores y símbolos para destacar los elementos más interesantes.
- **Plano:** como el mapa, consiste en representar en dos dimensiones la realidad que nos rodea, pero el plano suele centrarse en zonas más pequeñas o incluso en edificios y objetos.
- **Maquetas:** reproducción de un objeto, un edificio, etc., a menor tamaño que el original.

Todas estas representaciones tienen algo en común: la escala. La **escala** nos indica la razón de semejanza que hay entre nuestra representación (ya sea un mapa, un plano o una maqueta) y la realidad.

Se puede expresar de varias formas:

11.1. Escala numérica

Indica la correspondencia entre una unidad del mapa, plano o maqueta y la realidad, expresada en las mismas unidades. Siempre se representa con un 1 seguido de dos puntos y un valor numérico.

Por ejemplo, en el mapa del margen la escala es:

1:50 000 000.

Esto quiere decir que una distancia de 1 cm en el mapa equivale a 50 000 000 cm en la realidad. Esta relación se cumple para cualquier unidad de forma que también podemos decir que 1 mm en el mapa equivale a 50 000 000 mm en la realidad.

Mapa de Europa a escala 1:50 000 000.

11.2. Escala unidad por unidad

Es muy similar a la numérica. La diferencia es que en este caso las dos cantidades de referencia pueden estar en distintas unidades. Se utiliza el símbolo «=» para representarla.

Por ejemplo, la escala del mapa del margen podría haberse indicado como:

1 cm = 500 km

11.3. Escala gráfica

En este caso se indica, mediante una recta graduada, el valor al que equivale en la realidad una cierta distancia en el mapa o plano. Suele representarse de la siguiente forma:

Esta escala nos indica que una distancia en el plano igual a la longitud de la recta equivale a 25 km en la realidad. Para facilitar los cálculos, la escala gráfica suele incluir subdivisiones.

a Actividades y tareas

1. Isidro quiere hacer una maqueta a escala de la Torre Agbar de Barcelona. Decide utilizar una escala 1:400.

   a) Si la torre mide 145 m en la realidad, ¿qué altura tendrá su maqueta?

   b) Si en la torre real hay disponibles 50 693 m² repartidos en sus 38 plantas, ¿cuántos tendría la maqueta de Isidro?

   c) Si aproximadamente el 60 % de esta superficie son oficinas, ¿qué superficie supone en la realidad? ¿Y en la maqueta?

2. Completa en tu cuaderno la siguiente tabla calculando la distancia real entre las siguientes ciudades sabiendo la distancia que las separa en un mapa a escala 1:5 000 000.

Ciudades	Distancia en el mapa	Distancia real
Madrid – París	25,4 cm	• • •
Barcelona – Ámsterdam	30,7 cm	• • •
Sevilla – Roma	46,8 cm	• • •
Bilbao – Oporto	14,2 cm	• • •

3. Copia la escala en tu cuaderno y escribe los valores que faltan sabiendo que cada división de la escala mide 1 cm y que en el plano en el que aparece, una pared de 5,5 m de largo mide 27,5 cm.

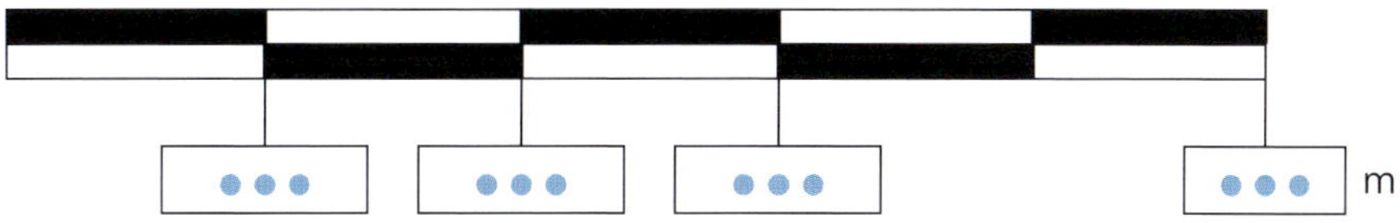

4. Une con flechas, en tu cuaderno, las escalas equivalentes expresadas de forma numérica y unidad por unidad:

▪ 1:25 000	▪ 1 cm = 25 m
▪ 1:250 000	▪ 1 cm = 2,5 km
▪ 1:2 500	▪ 1 cm = 0,25 km
▪ 1:250	▪ 1 cm = 2,5 m

Aplicación a la vida real

5. Observa el siguiente mapa:

   a) Según la escala, ¿qué distancia en el mapa se corresponde con 100 km en la realidad?

   b) En el mapa, ¿qué distancia hay en línea recta entre Madrid y A Coruña?

   c) ¿A qué distancia están en la realidad?

   d) Trata de calcular la distancia aproximada que habría que recorrer siguiendo las carreteras que aparecen en el mapa. ¿Cuántos centímetros son en el mapa? ¿Qué distancia suponen en la realidad?

   e) Busca información sobre la distancia real por carretera entre las dos ciudades y compárala con tu resultado.

1. a) Busca información en internet sobre los siguientes conceptos y escribe una breve definición de cada uno:
   - Secante
   - Tangente
   - Paralelo
   - Perpendicular
   - Concéntrico

   b) Utiliza lo que has aprendido en el apartado anterior para asignar a cada figura el título que le corresponde:

Títulos	Figuras
■ Dos circunferencias tangentes. ■ Recta tangente a una circunferencia. ■ Rectas paralelas. ■ Recta secante a una circunferencia. ■ Dos circunferencias concéntricas. ■ Rectas secantes. ■ Rectas perpendiculares. ■ Recta exterior a una circunferencia. ■ Dos circunferencias secantes.	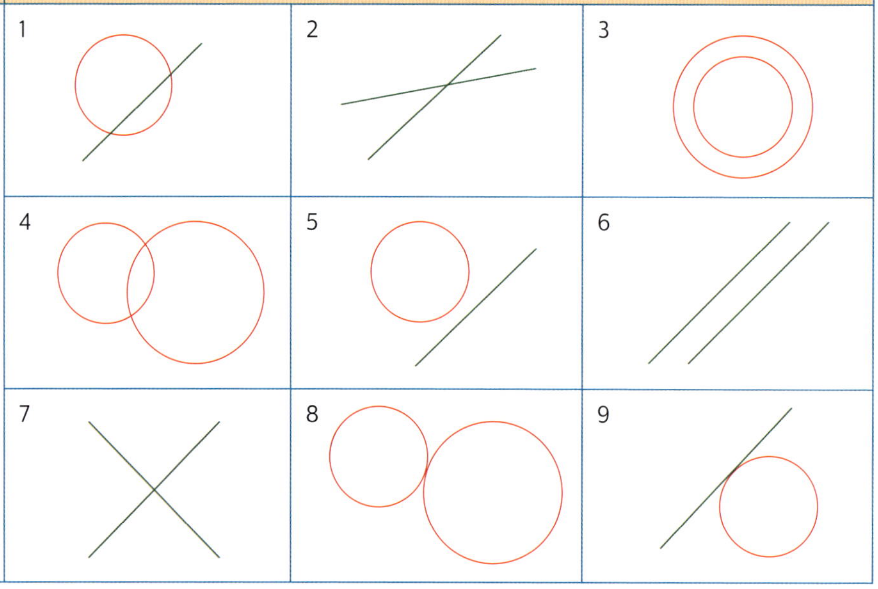

2. Siguiendo las instrucciones de vuestro profesor o profesora, formad equipos de tres o cuatro personas. Cada equipo tratará de calcular la altura del edificio principal de vuestro centro de estudios midiendo su sombra y utilizando el teorema de Tales.

   a) Antes de nada debéis diseñar vuestra actividad. Para ello contestad las siguientes preguntas justificando todas vuestras respuestas:
   - Antes de empezar, ¿cuál creéis que es la altura de vuestro instituto?
   - ¿Cómo se emplea el teorema de Tales para medir la altura de un edificio?
   - ¿Qué material será necesario?
   - ¿Cuánto tiempo necesitáis para realizar esta actividad?
   - ¿Qué momento del día es mejor para realizar esta actividad?

   b) Aplicando las conclusiones a las que habéis llegado al contestar las preguntas anteriores, medid la altura del edificio principal de vuestro centro. Anotad con claridad todos los datos que recojáis y los cálculos que realicéis.

   c) Elaborad una pequeña presentación digital que debe contener los siguientes apartados:
   - Teorema de Tales.
   - Método para calcular la altura de un edificio mediante su sombra.
   - Material necesario.
   - Datos y cálculos.
   - Resultado.

3. El cubismo y otras corrientes artísticas de vanguardia se basaron en las formas geométricas. Te presentamos una obra de Picasso (cubista) y otra de Mondrian (constructivista), para que compares dos formas diferentes de pintar. Encuentra todas las formas geométricas que puedas, y, si te atreves, crea tu propia composición pictórica con figuras geométricas y coloréala.

4. Una compañía de alimentación debe elegir entre tres tamaños de latas para vender un producto. Según sus cálculos, el coste por fabricar cada cm^2 de lata es de medio céntimo de euro. Por otro lado, piensan obtener 1 céntimo de euro por cada cm^3 de producto que incluyan en la lata:

a) Calcula la superficie de las tres latas.

b) Calcula cuánto costaría fabricar cada lata.

c) Calcula el volumen de los tres recipientes.

d) Calcula el beneficio que se obtendría por la venta de cada lata.

e) ¿Qué opción es la mejor? Justifica tu respuesta.

Opción A	Opción B	Opción C
Radio: 3,6 cm Altura: 11 cm	Radio: 6 cm Altura: 10 cm	Radio: 6 cm Altura: 15,5 cm

5. Elige al menos cinco términos de la lista siguiente y utiliza una cámara de fotos o tu teléfono móvil para hacer una fotografía de algún objeto o paisaje de tu entorno relacionado con cada uno de ellos. Luego realiza una pequeña presentación digital en la que aparezca cada fotografía con su título correspondiente.

Paralelas	Circunferencia	Cilindro
Perpendiculares	Cubo	Cono
Triángulo rectángulo	Prisma	Esfera
Cuadrado	Pirámide	Semejanza

6. En la ilustración de la derecha está representada la relación que existe entre los distintos formatos de tamaño de papel.

a) ¿Cuánto mide de largo un A4? ¿Y un A5? Calcula la constante de proporcionalidad que relaciona ambos.

b) Calcula el área de un A4 y de un A5. ¿Qué relación existe entre ambas?

c) Comprueba que existe la misma relación entre todos los tamaños de papel consecutivos.

d) Escribe un texto en el que expliques la relación entre los distintos tamaños de papel aplicando lo que has contestado en las preguntas anteriores.

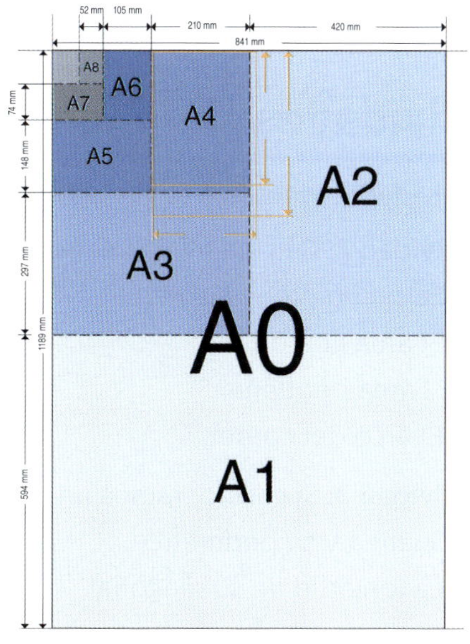

La geometría del fútbol

El fútbol tiene mucho que ver con la geometría. ¿Sabías que el balón de fútbol es un poliedro llamado fullereno que fue descubierto en 1985? Los fullerenos son macromoléculas de carbono individuales, con estructuras cerradas formadas por varias decenas de átomos de carbono. El fullereno más conocido se llama *buckminsterfullereno* y es el fullereno más pequeño con 60 átomos de carbono (C_{60}). Cada átomo forma parte de dos hexágonos y un pentágono.

La estructura del C_{60} es la de una figura geométrica semejante a un balón de fútbol. Está constituido por 20 hexágonos y 12 pentágonos, con un átomo de carbono en cada una de las esquinas de los hexágonos. El nombre de buckminsterfullereno procede del arquitecto Richard Buckminster Fuller, con motivo del parecido de la molécula con una de las construcciones de dicho arquitecto.

Los actuales balones de fútbol no están diseñados al azar ya que sus 32 caras conforman una esfera casi perfecta. Pero hay una figura geométrica más aproximada a la esfera, se denomina rombicosidodecaedro y tiene 62 caras, así que probablemente en unos años veremos esos balones en los campos de juego.

El actual balón es un icosaedro truncado formado por doce pentágonos y veinte hexágonos. Pesa entre 400 y 450 gramos y tiene una circunferencia de entre 68 y 70 centímetros.

Por otra parte, la geometría también está presente en el campo de juego, que tiene unas medidas muy precisas.

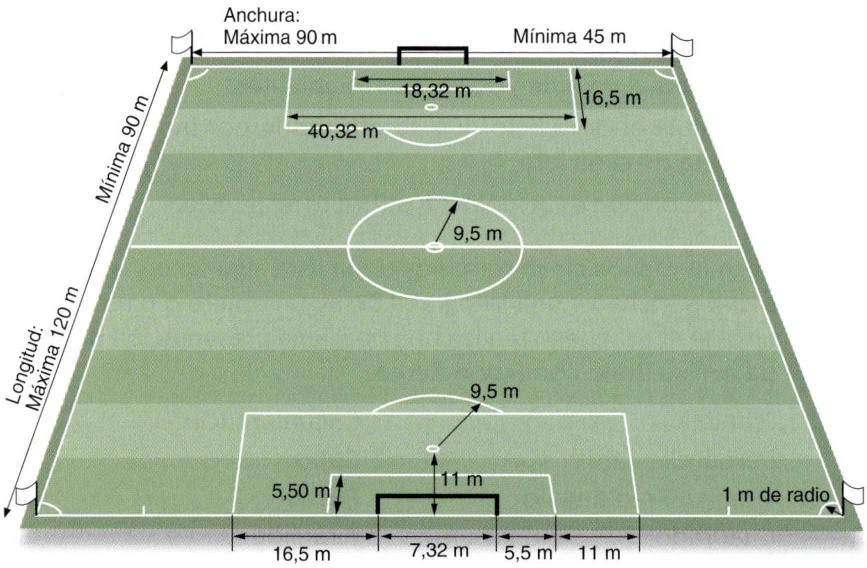

Actividades

Actividad 1: Identifica todas las figuras geométricas que aparecen en el campo de fútbol.

Actividad 2: Calcula el perímetro de los siguientes elementos:

a) La circunferencia central.

b) El área grande.

c) El área pequeña.

d) El arco del córner.

Actividad 3: Si consideramos un campo de fútbol de dimensiones máximas, calcula:

a) Su área y su perímetro.

b) La longitud de su diagonal.

c) La distancia entre una esquina y el centro del campo.

Introducción a Geogebra

Geogebra es un software muy útil para el aprendizaje de las matemáticas. Nos ofrece numerosas herramientas y opciones que hacen posible trabajar contenidos de geometría, álgebra y estadística. Vamos a conocer sus elementos más básicos y utilizarlos para descubrir algunas propiedades de los triángulos.

1. Cómo conseguir GeoGebra

Geogebra está disponible para los principales sistemas operativos de ordenadores y dispositivos móviles. Puedes descargarlo de forma gratuita desde su página oficial: <www.geogebra.org>

También puedes acceder a GeoGebra a través de tu navegador, y sin necesidad de instalarlo en tu dispositivo, en <http://web.geogebra.org/>

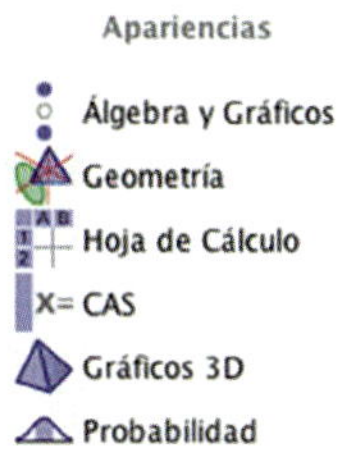

2. Apariencia

Lo primero que debemos seleccionar es el espacio de trabajo que queremos utilizar. En este caso vamos a elegir «Geometría» ya que solo nos interesan las herramientas asociadas a esta rama de las matemáticas.

3. Herramientas

Puedes acceder a todas las herramientas de GeoGebra en el menú situado en la parte superior. Ahí encontrarás numerosas opciones agrupadas en distintas categorías. Pinchando en los iconos se despliegan todas las opciones, mientras que situando el ratón sobre ellos obtendrás la descripción e instrucciones de cada herramienta.

Utiliza estas herramientas para realizar las siguientes actividades.

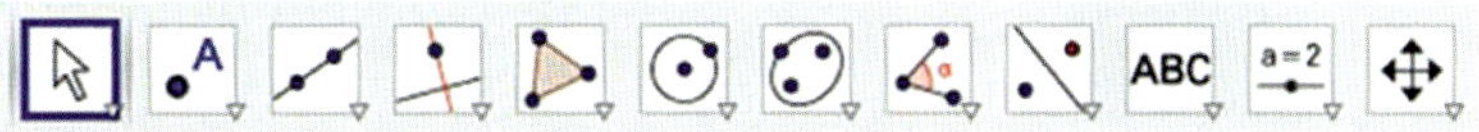

a Actividades y tareas

1. **Circuncentro de un triángulo.**

   El **circuncentro** de un triángulo es el punto en el que se cortan las mediatrices de sus tres lados. Cumple una propiedad muy interesante: es el centro de una circunferencia que contiene los tres vértices del triángulo. A esta circunferencia se la llama **circunferencia circunscrita**.

   Para comprobar esta propiedad vamos a completar los siguientes pasos en GeoGebra:

   a) Usa la herramienta **Polígono** para crear un triángulo. Simplemente debes definir sus tres vértices.

   b) Utiliza la herramienta **Mediatriz** y halla la mediatriz de los tres lados del triángulo.

   c) Calcula el circuncentro hallando la intersección de estas mediatrices. Para ello debes utilizar la herramienta **Intersección**.

   d) Traza ahora una circunferencia utilizando la herramienta **Circunferencia** que tenga como centro este punto y que pase por uno de los vértices. ¿Pasa por el resto de vértices?

   e) Utiliza la opción de **Elige y Mueve** y desplaza los vértices del triángulo. ¿Qué ocurre con la circunferencia circunscrita?

2. **Incentro de un triángulo.**

   a) Sigue un procedimiento similar al anterior para trazar el incentro de un triángulo sabiendo que está definido por la intersección de las bisectrices de sus tres ángulos.

   b) Traza una circunferencia con centro en ese punto que sea tangente a uno de los lados. ¿Qué propiedad cumple esta circunferencia? Busca información en internet del nombre que recibe.

Evaluación

1. A una determinada hora del día la sombra de un palo de 1,2 m de alto mide 0,8 m. ¿Cuánto medirá la sombra de Andrés a esa misma hora si él mide 1,54 cm?

   a) 2,31 m

   b) 1,03 m

   c) 1,14 cm

   d) 1,94 cm

2. Uno de los siguientes triángulos es rectángulo e isósceles. Señala cuál.

   a)

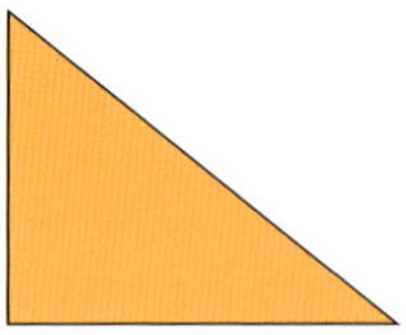

   b)

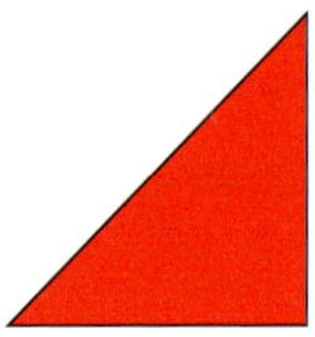

   c)

   d)

3. Calcula la longitud de la base de un rectángulo de 9 cm de alto y 15 cm de diagonal.

   a) 12 cm

   b) 17,5 cm

   c) 144 cm

   d) 306 cm

4. Calcula el perímetro de un trapecio rectángulo cuyas bases miden 12 cm y 17 cm y tiene una altura de 10 cm:

   a) 44 cm

   b) 49 cm

   c) 51 cm

   d) 52 cm

5. Calcula el área de la siguiente figura:

   a) 37,45 cm^2

   b) 74,9 cm^2

   c) 45,5 cm^2

   d) 91 cm^2

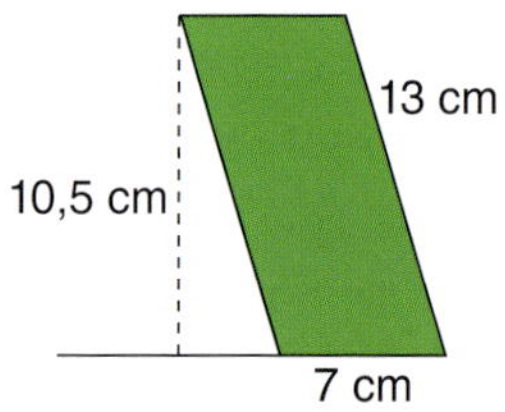

6. Calcula la superficie lateral de un envase de leche sabiendo que es un prisma de base rectangular con dimensiones $9 \times 6 \times 21$ cm.

   a) 1 134 cm^2

   b) 738 cm^2

   c) 630 cm^2

   d) 369 cm^2

7. Calcula el volumen de una pirámide de base cuadrada de lado 20 cm y apotema 26 cm.

   a) 9 600 cm^3

   b) 2 400 cm^3

   c) 1 067 cm^3

   d) 3 200 cm^3

8. Una papelera tiene forma de cilindro de altura 40 cm y diámetro 25 cm. Calcula su superficie lateral:

   a) 4 123 cm^2

   b) 3 632 cm^2

   c) 7 264 cm^2

   d) 19 634 cm^2

9. Si el maletero de un coche tiene una capacidad de 350 L, ¿qué capacidad tendrá una reproducción a escala 1:24?

   a) 14,6 L

   b) 0,6 L

   c) 0,025 L

   d) 8,4 L

10. ¿Qué distancia existe entre Madrid y París si en un mapa a escala 1:5 000 000 están a 25,4 cm?

    a) 127 km

    b) 12 700 km

    c) 1 270 km

    d) 127 000 km

Resumen

Los **polígonos** son figuras geométricas formadas por segmentos unidos entre sí que encierran una región del plano. Se nombran según el número de lados, y si todos sus lados son iguales, reciben el nombre de **polígonos regulares.**

Los **triángulos** son los polígonos más comunes. Entre ellos, los que tienen un ángulo recto se llaman **triángulos rectángulos.** Su lado más largo (*a*) se denomina **hipotenusa.** Sus lados más cortos (*b* y *c*) **catetos.** Cumplen el **teorema de Pitágoras:**

$$a^2 = b^2 + c^2$$

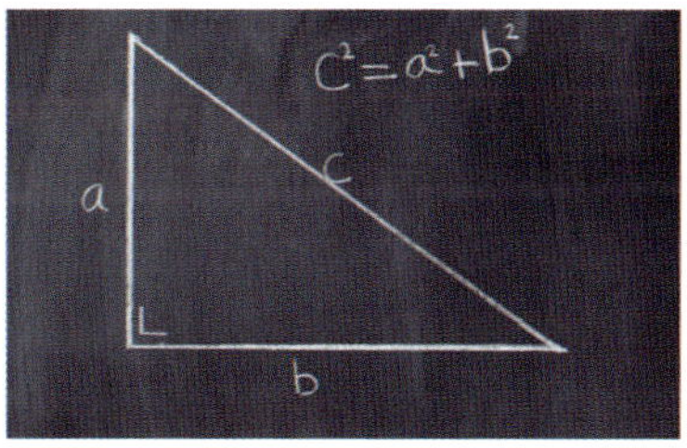

Una **circunferencia** es una línea curva cerrada en la que todos los puntos se encuentran a la misma distancia de otro punto denominado **centro.** El segmento que une cualquier punto con el centro se denomina **radio.** Al unir dos puntos de la circunferencia con un segmento obtenemos un **diámetro** (si pasa por el centro) o una **cuerda** (si no pasa por el centro). El área encerrada por una circunferencia se denomina **círculo.**

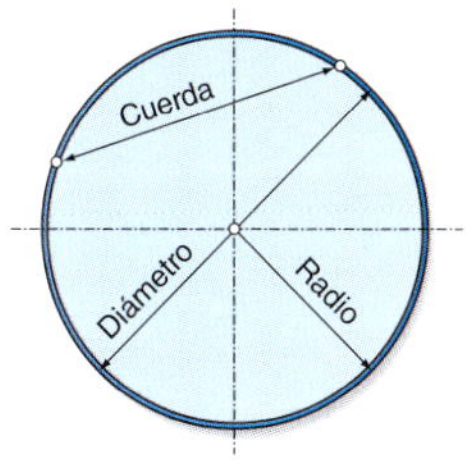

Los **cuerpos geométricos** son figuras tridimensionales que poseen un volumen y una superficie que lo encierra. Cuando esta superficie está formada exclusivamente por planos se denomina **poliedro.** Los poliedros más comunes son los **prismas** y las **pirámides.**

Otros cuerpos geométricos muy importantes son los **cuerpos de revolución,** llamados así porque se obtienen al girar una figura geométrica en torno a un eje. Los más importantes son el **cilindro,** el **cono** y la **esfera.**

El **teorema de Tales** establece que los segmentos que surgen al cortar dos rectas por otras rectas paralelas son **proporcionales.** Aplicando esta relación podemos calcular alturas de puntos inaccesibles comparando su sombra con la de objetos conocidos.

Cuando dos figuras tienen la misma forma pero distinto tamaño, decimos que son **semejantes.** La **razón de proporcionalidad** nos da la **escala,** que es la herramienta fundamental para interpretar **planos, mapas** y **maquetas.**

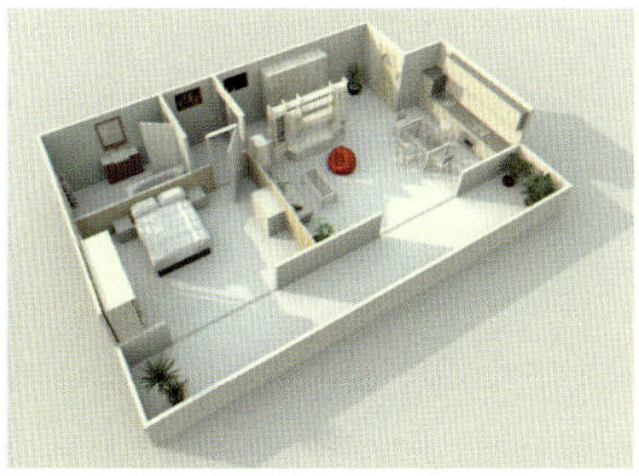

Mis progresos

Unidad 3	¡Soy muy competente!	Soy competente, pero puedo mejorar	Soy competente, pero debo mejorar	Me faltan competencias. ¡Debo esforzarme mucho más!
¿Sé aplicar lo aprendido?	Sé calcular sin dificultad perímetros, áreas y volúmenes de figuras y cuerpos geométricos y lo aplico a problemas de la vida cotidiana.	Sé calcular, con alguna dificultad, perímetros, áreas y volúmenes de figuras y cuerpos geométricos y lo aplico a problemas de la vida cotidiana.	Sé calcular perímetros, áreas y volúmenes de figuras y cuerpos geométricos.	No sé calcular perímetros, áreas o volúmenes de la mayoría de figuras y cuerpos geométricos.
Sé hacer…	Utilizo correctamente la semejanza de figuras y el teorema de Tales para calcular longitudes desconocidas e interpretar planos y mapas.	Utilizo con alguna dificultad la semejanza de figuras y el teorema de Tales para calcular longitudes desconocidas e interpretar planos y mapas.	Utilizo con muchas dificultades la semejanza de figuras y el teorema de Tales para calcular longitudes desconocidas e interpretar planos y mapas.	No sé utilizar la semejanza de figuras y el teorema de Tales para calcular longitudes desconocidas e interpretar planos y mapas.
La tecnología y yo…	Soy capaz de representar figuras geométricas en Geogebra destacando sus elementos principales y estudiando sus propiedades.	Soy capaz de representar figuras geométricas en Geogebra destacando sus elementos principales.	Represento con cierta dificultad figuras geométricas en GeoGebra.	No sé utilizar GeoGebra para representar figuras geométricas.
¿Sé trabajar en grupo?	Asumo mi rol sin interferir en el trabajo de los demás y aporto ideas al grupo.	Asumo mi rol y aporto ideas al grupo, pero suelo interferir en el trabajo de los demás.	Asumo mi rol, no aporto ideas al grupo e interfiero en el trabajo de los demás.	No asumo mi rol e interfiero en el trabajo de los demás sin aportar ideas al grupo.

Prevención de incendios

Situación de partida

Antes del proyecto

Lee atentamente el póster y contesta las siguientes preguntas.

1. Elige al menos cuatro de los consejos del póster y trata de justificar por qué es bueno seguir esas recomendaciones. ¿Qué podría ocurrir si no las seguimos?
2. Compara tus respuestas con las de tus compañeros y compañeras mediante una puesta en común con toda la clase.

Lo que tenemos que hacer

Es muy importante que en un centro educativo profesores y alumnos sepan cómo actuar en caso de incendio. Para colaborar con la prevención de incendios en vuestro centro, en esta ocasión vuestra asociación de alumnos va a realizar un plano del centro con la información más importante sobre este tema.

Pasos a seguir

Paso 1. Medir el centro

Trabaja con tus compañeros y compañeras y toma las medidas necesarias para realizar un plano de tu centro lo más exacto posible. Para que la tarea sea más sencilla podéis repartiros el trabajo entre toda la clase.

Paso 2. Localizar los elementos importantes

A continuación tenéis una lista de elementos presentes en un instituto. ¿Cuáles consideras que son importantes en caso de producirse un incendio en el centro?

Extintores	Ventanas	Teléfonos
Pizarras	Cuadro de luces	Fotocopiadoras
Alarma	Laboratorios	Puertas
Armarios	Papeleras	Salidas

Paso 3. Dibujar el plano

1. Elige una escala adecuada. Ten en cuenta el tamaño final que tendría el plano cuando lo dibujéis.
2. Dibujad el plano en papel o utilizando alguna herramienta digital como GeoGebra.

Paso 4. Señalar los elementos importantes en el plano

Señalar en el mapa los elementos localizados en el paso anterior. Para ello utiliza iconos como los siguientes:

Organizamos la información: presentación y conclusiones

Incorporad el plano a vuestro blog en una entrada titulada «Prevención de incendios». Añadid también algunos consejos sobre cómo debe actuarse en caso de incendio y fotografías de alguno de los elementos indicados en el mapa.

4 Álgebra y funciones

En esta unidad

1. Lenguaje algebraico y polinomios
2. Ecuaciones de primer grado
3. Ecuaciones de segundo grado
4. Sistemas de ecuaciones
5. Funciones
6. Funciones afines

	Vamos a aprender a...	Competencias
Saberes científicos	– Describir situaciones o enunciados que dependen de cantidades variables o desconocidas y secuencias lógicas o regularidades mediante expresiones algebraicas, y operar con ellas. – Conocer las diferentes formas de definir una función y saber pasar de una a otra, eligiendo la más adecuada según el contexto.	CMCT
Lectura y comprensión	– Extraer la información necesaria del enunciado de un problema matemático para resolverlo expresando correctamente el resultado obtenido. – Traducir al lenguaje algebraico una situación de la vida real mediante ecuaciones de primer grado y sistemas de ecuaciones, resolverlos e interpretar el resultado obtenido.	CMCT CCL
Tratamiento de la información y competencia digital	– Utilizar herramientas informáticas como la calculadora WIRIS y Geogebra para resolver ecuaciones y representar y estudiar funciones. – Utilizar las funciones para analizar situaciones reales interpretando la información contenida en las representaciones gráficas y realizando predicciones.	CMCT CD
Aprende a aprender ciencia	– Utilizar ecuaciones, sistemas de ecuaciones y funciones para estudiar situaciones experimentales interpretando los resultados obtenidos para elaborar conclusiones generales. – Construir leyes generales a partir del estudio de regularidades en secuencias lógicas y patrones utilizando el lenguaje algebraico para describirlas.	CMCT CPAA
La ciencia en la sociedad	– Analizar gráficas y funciones para comprender mejor la realidad que nos rodea. – Comprender la importancia del lenguaje algebraico y la capacidad de trabajar con valores desconocidos o generales en el desarrollo científico de nuestra sociedad.	CMCT CSC CEC
Proyecto: Tu asociación de alumnos	– Extraer información de la lectura de textos, el análisis de mapas y de gráficos. – Buscar y ampliar información sobre un tema para elaborar una opinión razonada y coherente. – Utilizar tablas para organizar y resumir la información. – Publicar y compartir información en internet.	CMCT CSC SIE

Antes de comenzar

Para resolver problemas de cierta complejidad no basta con conocer los distintos tipos de números, sus operaciones y sus propiedades. En muchas ocasiones vas a enfrentarte a problemas en los que necesitas representar una magnitud desconocida o sin un valor fijo. Para ello vamos a utilizar letras y deberás aprender las normas que regulan su utilización junto con los números.

Este nuevo código se denomina lenguaje algebraico. La palabra álgebra proviene del título de un libro del genial matemático árabe Al-Juarismi (siglo IX): *Kitab al-jabr wa'l-muqabala*.

Utilizando el lenguaje algebraico podrás construir y resolver ecuaciones y sistemas de ecuaciones, una de las principales herramientas que nos proporcionan las matemáticas.

Además, en esta unidad aprenderemos a construir y representar funciones, otra herramienta básica de las matemáticas, imprescindible para la mayor parte de las disciplinas científicas.

Actividades

- Indica cuál de las siguientes expresiones algebraicas se corresponde con la frase «el doble de un número menos su mitad»:

  $x^2 - \dfrac{x}{2}$ $\quad\quad$ $\dfrac{2x}{2} - x$ $\quad\quad$ $2x - \dfrac{x}{2}$ $\quad\quad$ $2x - x - 2$

- ¿Eres capaz de encontrar un número que, puesto en el lugar de la x, cumpla la siguiente condición?

  $$3x + 1 = 5 - x$$

- La siguiente fórmula nos da el coste en euros de una llamada de teléfono (C) en función del su duración en minutos (t):

  $$C = 0{,}20 + 0{,}15\,t$$

  ¿Cuánto costaría una llamada de 5 minutos? ¿Y de dos minutos y medio?

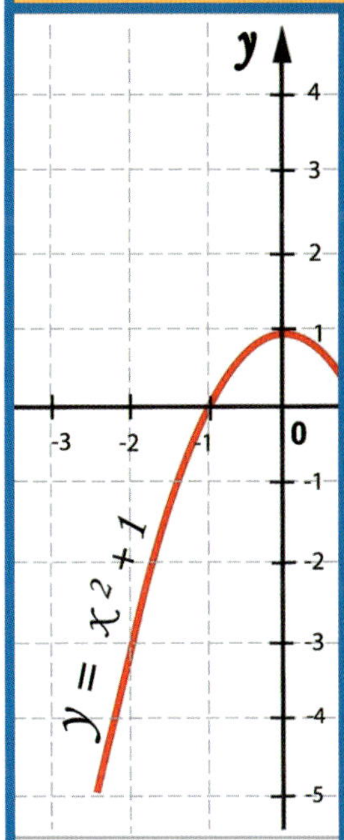

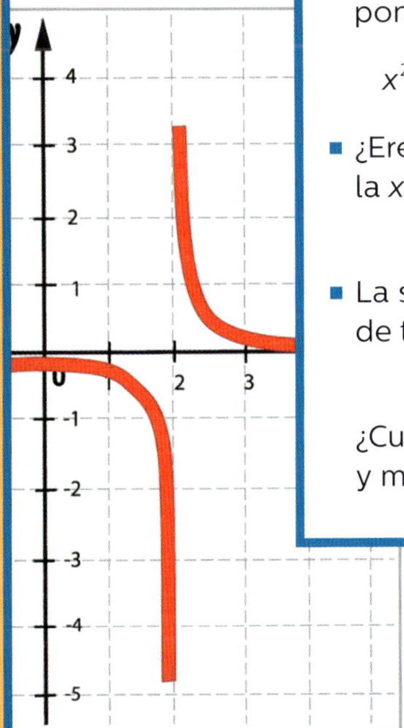

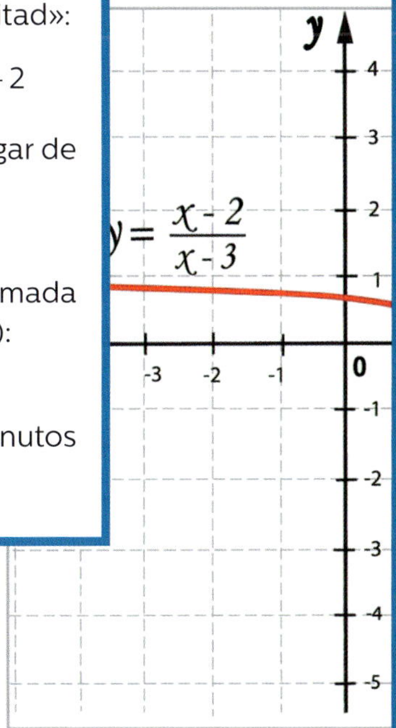

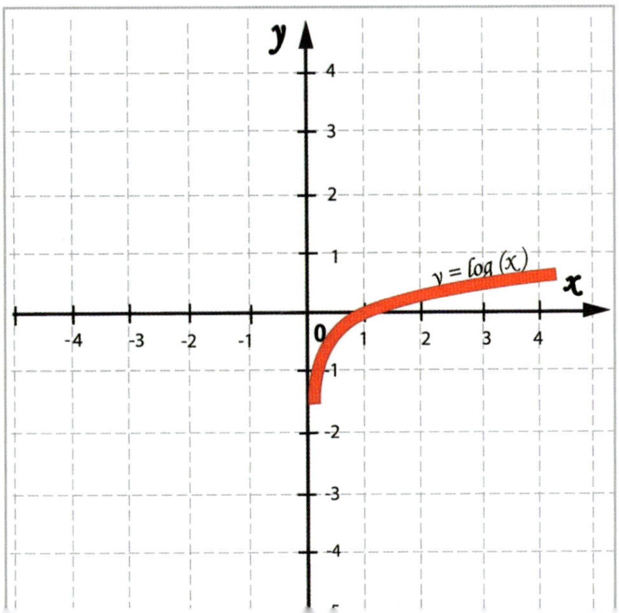

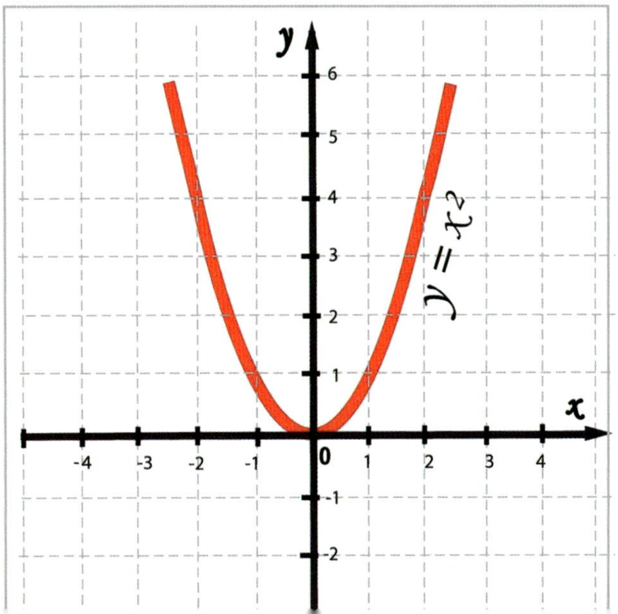

1. Lenguaje algebraico y polinomios

Cuando alguna vez has estudiado las propiedades de la multiplicación de números enteros, has podido encontrarte con expresiones como esta: $a \cdot b = b \cdot a$, que indica que el producto de dos números enteros es independiente del orden en que se realiza.

En esta expresión, a y b representan **dos números enteros cualesquiera.** Si en lugar de esto hubieses leído: $3 \cdot 5 = 5 \cdot 3$, únicamente podrías afirmar que la propiedad conmutativa se cumple para el 5 y para el 3.

Cuando hacemos uso de letras en expresiones matemáticas, estamos utilizando el **lenguaje algebraico.** La utilidad de usar letras para referirnos a números es que generalizamos a todos ellos. Estas letras reciben el nombre de **variables.** Los números que las acompañan son los **coeficientes.**

!

Términos de un polinomio

Cada uno de los monomios que forman un polinomio se denomina **término.** Si un coeficiente no va acompañado de una variable se le denomina término **independiente.**

1.1. Monomios y polinomios

Una expresión algebraica formada por una variable elevada a un exponente y multiplicada por un coeficiente se denomina **monomio.**

EJEMPLO

Estos son algunos monomios: $3x$, $-2x^2$, $\frac{2}{3}\,x^4$

El exponente al que está elevada la variable se denomina **grado del monomio**. Así, los grados de los monomios anteriores son 1, 2 y 4, respectivamente.

Cuando varios monomios tienen el mismo grado, se denominan **monomios semejantes.** Por ejemplo, $4x^3$ y $-6x^3$ son monomios semejantes.

!

Grado de un polinomio

Podemos definir el **grado de un polinomio** como el mayor grado de los monomios que lo componen. Por ejemplo: $-2x^4 + 5x$ es un polinomio de grado 4.

$5x^2 - 12x^7 + 5x$ es un polinomio de grado 7.

1.1.1. Suma y resta de monomios. Los polinomios

EJEMPLO

Observa: $4x^5 + 2x^5 = (4 + 2)\,x^5 = 6x^5$

$4x^3 - 6x^3 = (4 - 6)\,x^3 = -2x^3$

Cuando sumamos o restamos dos o más monomios semejantes, únicamente tenemos que sumar o restar los coeficientes.

Si, por el contrario, sumamos dos o más monomios no semejantes, solo podemos indicar la operación, con lo que construimos un **polinomio.** Por ejemplo, $3x^2 + 5x^6$ es un polinomio.

El lenguaje algebraico nos permite comunicarnos con precisión y brevedad cuando trabajamos con matemáticas.

1.1.2. Producto de monomios

Para multiplicar dos monomios, multiplicamos los coeficientes de ambos por un lado y las variables por otro. No es necesario que los monomios sean semejantes para poder multiplicarlos.

EJEMPLO

$3x^4 \cdot 4x^7 = (3 \cdot 4) \cdot (x^4 \cdot x^7) = 12x^{11}$

$\frac{2}{5}\,x \cdot 4x^2 = \left(\frac{2}{5} \cdot 4\right) \cdot (x \cdot x^2) = \frac{8}{5}\,x^3$

1.1.3. Operaciones con polinomios

Cuando sumamos o restamos dos polinomios, se suman o restan sus monomios semejantes.

EJEMPLO

$(4x^5+3x^3-2x)+(x^5+x^4-2x^3)=4x^5+x^5+x^4+3x^3-2x^3-2x=5x^5+x^4+x^3-2x$

$(5x^6-4x^5+x-1)-(3x^6+2x^4-5)=5x^6-3x^6-4x^5-2x^4+x-1-(-5)=$
$=2x^6-4x^5-2x^4+x+4$

Para multiplicar dos polinomios, multiplicamos todos los monomios del primero por cada uno de los monomios del segundo, sumando todos los monomios semejantes que aparezcan en el resultado.

EJEMPLO

$(2x^2+4x)\cdot(3x^2-x)=2x^2\cdot 3x^2+2x^2\cdot(-x)+4x\cdot 3x^2+4x\cdot(-x)=$
$=6x^4-2x^3+12x^3-4x^2=6x^4+10x^3-4x^2$

1.2. Igualdades, identidades y ecuaciones

Cuando en una expresión matemática aparece el signo « = », decimos que se trata de una **igualdad.**

Podemos tener una igualdad de números: $3\cdot 5=15$.

O una igualdad de expresiones algebraicas: $4a+5=3b$.

Las igualdades entre expresiones algebraicas pueden ser de dos tipos:

- Si la igualdad se cumple para cualquier valor de la variable (o variables), entonces se llama **identidad.**

EJEMPLO

$3x+2x=5x$

Puedes comprobar que no importa el número que pongamos en lugar de la *x;* la igualdad anterior se cumple de todas formas.

- Si la igualdad se cumple solo para algunos valores de la variable, entonces recibe el nombre de **ecuación.**

EJEMPLO

$4x-1=11$. Esta expresión solo es cierta para $x=3$.

Dado que inicialmente este valor es desconocido en una ecuación, la variable recibe el nombre de **incógnita.** Precisamente, el valor de la variable que cumple la ecuación es lo que denominamos **solución de la ecuación.**

Cuando dos ecuaciones tienen la misma solución, se dice que son **equivalentes.**

EJEMPLO

Las ecuaciones $2x+4=8$ y $x+2=4$ son equivalentes porque, como puedes comprobar, ambas tienen como solución $x=2$.

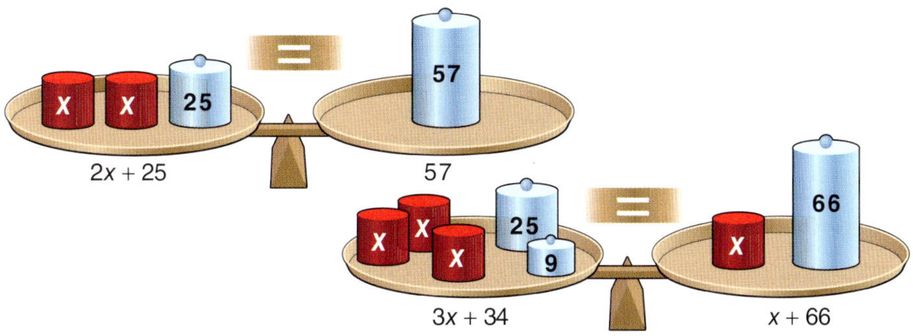

Representación gráfica de una ecuación de primer grado.

!

Fórmulas científicas

El lenguaje algebraico también se usa en la ciencia.

La fórmula:

$$v=\frac{s}{t}$$

es una igualdad en la que aparecen tres variables: velocidad, espacio y tiempo.

!

Grado de una ecuación

El grado de una ecuación es el mayor exponente al que está elevada la incógnita.

- $3x+1=10$
  Es de primer grado.
- $4x^2-2x=4$
  Es de segundo grado.

a Actividades y tareas

1. Traduce al lenguaje algebraico las siguientes situaciones.

   a) El doble de un número menos cinco.

   b) La tercera parte de un número menos el doble de otro.

   c) Dos veces el cuadrado de un número menos su tercera parte.

   d) Un número menos tres veces otro, todo ello al cubo.

   e) La sexta parte de un número más 2 es igual a 3.

   f) Dividiendo el número de alumnos de una clase entre 2 y sumando al resultado 3, obtenemos 17.

   g) El área de un círculo es el número pi por el radio al cuadrado.

   h) El área de un rectángulo, que viene dado por el producto de su base y su altura, es 18.

2. Expresa, utilizando el lenguaje algebraico, las siguientes propiedades de números enteros y racionales. Escribe además dos ejemplos de cada una.

   a) Si multiplicamos el numerador y el denominador de una fracción por un mismo número obtenemos una fracción equivalente.

   b) El producto de dos potencias con la misma base es igual a dicha base elevada a la suma de los exponentes.

3. Realiza las siguientes operaciones con monomios indicando el grado del monomio o polinomio resultante:

   a) $8x^4 + 5x^4$

   b) $7x^3 - 9x^3$

   c) $-2x^2 + 4x^5 + 3x^2 - x^5$

   d) $4x^7 - 2x + 5x - 4$

   e) $3x^4 \cdot (-2x^3)$

   f) $(-3x^8) \cdot (-6x^3)$

4. Realiza las siguientes sumas y restas de polinomios indicando el grado del polinomio resultante:

   a) $(4x^5 + x^3 - 2x^2 + x - 1) + (3x - 1)$

   b) $(17x^2 + x - 12) + (3x^3 - x^2 + 5x - 4)$

   c) $(4x^2 - 11x + 6) - (4x^2 + 10x - 5)$

   d) $(12x^5 + x^4 - 20x + 2) - (6x^5 - 6)$

5. Realiza los siguientes productos indicando el grado del polinomio resultante:

   a) $(2x^3) \cdot (4x + 1)$

   b) $(2x + 3) \cdot (5x^2 - x + 4)$

   c) $(-6x^2 + x) \cdot (3x^2 + 4)$

   d) $(12x^4 - x^2 + 1) \cdot (5x^3 + x)$

6. El producto de polinomios también puede realizarse colocando un polinomio debajo de otro.

   EJEMPLO

$$\begin{array}{r} 2x^2 + 4x \\ 3x^2 - x \\ \hline -2x^3 - 4x^2 \\ 6x^4 + 12x^3 \\ \hline 6x^4 + 10x^3 - 4x^2 \end{array}$$

$$\begin{array}{r} 3x^2 + x - 4 \\ 6x^2 + 3 \\ \hline 9x^2 + 3x - 12 \\ 18x^4 + 6x^3 - 24x^2 \\ \hline 18x^4 + 6x^3 - 15x^2 + 3x - 12 \end{array}$$

   Realiza, utilizando este método, los siguientes productos de polinomios:

   a) $(4x^2 + 4x + 4) \cdot (3x + 1)$

   b) $(5x^3 + 2x^2 - x + 5) \cdot (x^2 + 1)$

   c) $(3x^4 + 2x^2 - 4) \cdot (5x^2 - 4)$

   d) $(x^5 + x^3 - 1) \cdot (x^3 + 5x^2 - 1)$

7. El valor numérico de un polinomio es el que obtenemos cuando sustituimos la variable por un valor fijo. Por ejemplo:

EJEMPLO

- El polinomio $4x^2 - 1$:
  - para $x = 2$ vale $4 \cdot 2^2 - 1 = 15$
  - para $x = 1$ vale $4 \cdot 1^2 - 1 = 3$
- El polinomio $3x^3 + 3x - 12$:
  - para $x = 5$ vale $3 \cdot 5^3 + 3 \cdot 5 - 12 = 378$
  - para $x = -3$ vale $3 \cdot (-3)^3 + 3 \cdot (-3) - 12 = -102$

Calcula el valor numérico de los siguientes polinomios en los casos indicados:

a) El polinomio $7x^2 + 2x - 7$:
- para $x = 1$
- para $x = 5$

b) El polinomio $x^2 - 5x + 6$:
- para $x = 2$
- para $x = -3$

c) El polinomio $-x^3 + x$:
- para $x = -2$
- para $x = \frac{1}{2}$

d) El polinomio $5x^3 - 4x^2 + x - 14$
- para $x = -10$
- para $x = \frac{2}{5}$

8. Indica el grado de las siguientes ecuaciones:

a) $x + 5 = 3x^2 - 1$

b) $\frac{x+3}{4} = 15x + 2$

c) $6x - 1 = 2 \cdot (x - 1)$

d) $x^3 - x = 5$

9. Indica cuáles de las siguientes expresiones son identidades y cuáles son ecuaciones:

a) $3x + 4 = 3$

b) $a^2 + 3a^2 = 4a^2$

c) $2x + 3x = 3x + 2x$

d) $x + 5 = 2x - 5$

10. Calcula mentalmente la solución de las siguientes ecuaciones:

a) $x + 5 = 7$

b) $x - 4 = -3$

c) $2x + 4 = 10$

d) $5x - 1 = -16$

e) $12x - 13 = 11$

f) $-x + 1 = 2$

g) $-3x + 10 = 4$

h) $\frac{x+2}{3} + 1 = 3$

11. Indica si son equivalentes entre sí los siguientes pares de ecuaciones comprobando si se cumplen para una misma solución:

a) $x - 3 = 1$ y $\frac{2x+1}{3} = 3$

b) $x + 4 = 6$ y $\frac{4x+3}{11} = 2$

c) $4x + 2 = 6$ y $4 + \frac{x+1}{2} = 7$

d) $3x - 1 = 2$ y $\frac{6x-2}{3} + 1 = \frac{7}{3}$

2. Ecuaciones de primer grado

Observa las siguientes imágenes. En ellas aparecen unas igualdades algebraicas representadas por balanzas y pesas, algunas de valor desconocido.

	Representación	Ecuación
		$3x + 5 = x + 15$
Quitamos una pesa de 5 kg a cada lado		$3x = x + 10$
Quitamos una pesa de *x* kg a cada lado	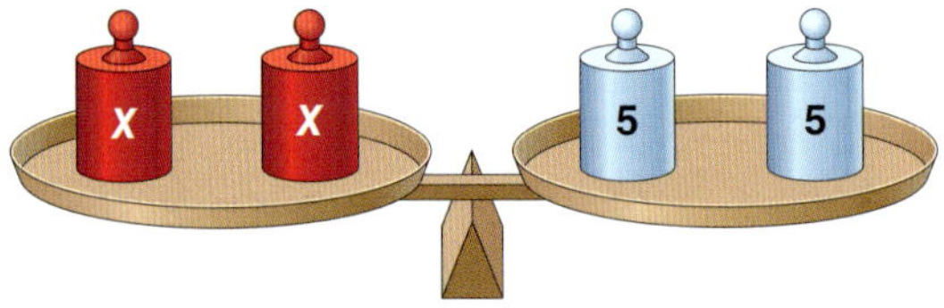	$2x = 10$
Quitamos la mitad de las pesas de cada lado	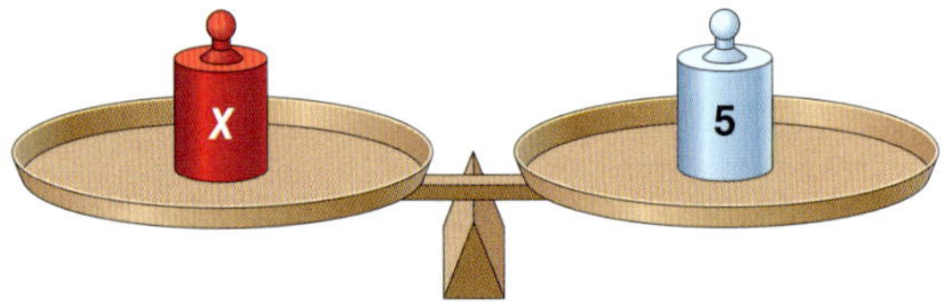	$x = 5$

Como puedes ver en el ejemplo, siempre que tengamos una igualdad podemos transformarla en otra equivalente si realizamos la misma operación a ambos lados del igual. Esto quiere decir que podemos sumar, restar, multiplicar o dividir uno de los miembros de la igualdad siempre que hagamos lo mismo con el otro.

Este es el procedimiento básico que vamos a utilizar para resolver ecuaciones de primer grado, que son ecuaciones en las que la incógnita aparece elevada a 1 (es decir, que aparece sin exponente).

2.1. Resolución de ecuaciones sencillas

EJEMPLO

Restamos 5 y sumamos *x* a ambos miembros

$4x + 5 = 15 - x$

$4x + 5 - 5 + x = 15 - x - 5 + x$

Dividimos entre 5 ambos miembros

$5x = 10$

$5x/5 = 10/5 \Rightarrow x = 2$

!

Observa que todas las operaciones van encaminadas a obtener una ecuación más sencilla. Para ello conviene aislar la incógnita dejándola sola en uno de los miembros de la ecuación.

Este procedimiento se denomina *despejar* la incógnita.

2.2. Resolución de ecuaciones con paréntesis

Cuando encuentres paréntesis en una ecuación, debes resolver primero las operaciones que indican estos paréntesis para eliminarlos y obtener así una ecuación más sencilla.

EJEMPLO

$3 \cdot (x - 1) = 2 - (x - 7)$

Operando obtenemos: $3x - 3 = 2 - x + 7 \Rightarrow 3x - 3 = 9 - x$

Esta ecuación la podemos resolver mediante el procedimiento habitual:

Sumando x y 3 a ambos miembros obtenemos: $4x = 12 \Rightarrow x = 3$

2.3. Resolución de ecuaciones con fracciones

Para simplificar ecuaciones que contienen fracciones tenemos que multiplicar los dos miembros por el mínimo común múltiplo de todos los denominadores que aparezcan. De esta forma obtendremos una ecuación equivalente pero sin fracciones.

EJEMPLO

$$\frac{3x}{2} = \frac{5x+2}{4} + 1$$

$$4 \cdot \left(\frac{3x}{2}\right) = \left(\frac{5x+2}{4} + 1\right) \cdot 4$$

Multiplicamos ambos miembros por 4

$$\frac{12x}{2} = \frac{20x+8}{4} + 4$$

$$6x = 5x + 2 + 4$$

Simplificamos las fracciones

$$\Rightarrow 6x = 5x + 6$$

$$x = 6$$

Restamos $5x$ a ambos miembros

2.4. Resolución de problemas

Las ecuaciones son una herramienta muy útil para resolver problemas. Recuerda que tal y como estudiamos en la primera unidad de este libro, las fases que debemos seguir para resolver un problema son:

- **Comprender el problema**

  Debes leer con mucha atención el enunciado identificando los datos que te proporciona y la cantidad o cantidades que queremos hallar.

- **Elegir una estrategia**

  Elige una letra para simbolizar la incógnita y trata de escribir todos los datos y relaciones que nos plantea el enunciado utilizando el lenguaje algebraico.

  Construyendo una igualdad con estas expresiones algebraicas obtendrás una ecuación que te permitirá hallar la incógnita que buscas.

- **Aplicar tu estrategia**

  Resuelve la ecuación y calcula el valor de la incógnita que cumple lo establecido en el enunciado.

- **Comprobar la solución**

  Recuerda que siempre hay que volver a leer el problema y comprobar que la solución que has obtenido responde a la pregunta que te planteaba el enunciado y se ajusta a los datos que te daban.

Comprobando soluciones

Para comprobar si un valor de la incógnita es o no solución de una ecuación, basta con sustituir dicho valor en los dos miembros de la ecuación y ver si se cumple la igualdad.

EJEMPLO

¿Es $x = 2$ solución de la ecuación $\frac{x+1}{3} + 1 = 2x - 2$?

Sustituyendo vemos que:

Primer miembro:

$\frac{2+1}{3} + 1 = \frac{3}{3} + 1 = 1 + 1 = 2$

Segundo miembro:

$2 \cdot 2 - 2 = 4 - 2 = 2$

Ambos miembros son iguales, por lo que sí se cumple la igualdad.

$x = 2$ sí es solución de esta ecuación.

a Actividades y tareas

1. Escribe en tu cuaderno la ecuación correspondiente a cada una de las imágenes. Explica además qué hemos hecho en cada caso para pasar de una situación a otra.

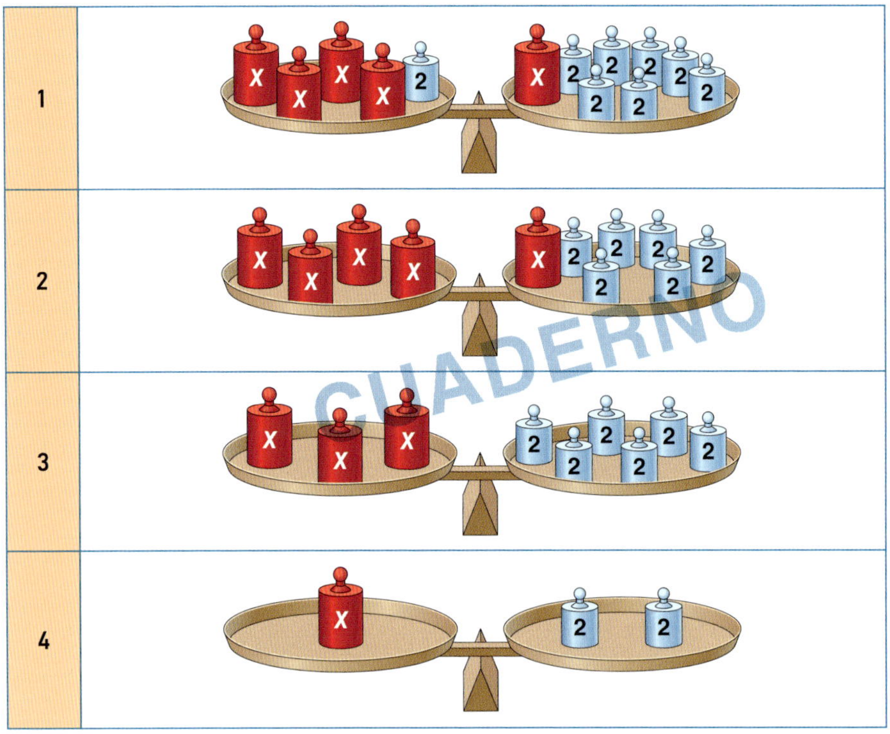

2. Resuelve la ecuación $3x + 6 = x + 12$ y representa el proceso en tu cuaderno utilizando una balanza y pesas de valor x y 2 kg.

3. Resuelve las siguientes ecuaciones:

a) $5x - 3 = 12$
b) $10x + 5 = 75$
c) $4x + 5 = 1$
d) $2x - 3 = 2$
e) $6x + 1 = x + 11$
f) $2x + 3 = x - 1$
g) $4x - 5 = x + 2$
h) $2x + 3 = x - 1$
i) $12x - 10 = 5x + 3$
j) $3 + 3x = 11 - x$
k) $x + 5 = 1 - 3x$
l) $3 - 2x = x + 10$
m) $6 - 3x = 2x + 1$
n) $9 + x = 3x - 11$
ñ) $5x + 1 = 2 - 3x$
o) $10x + 25 = 75 - 20x$

4. Resuelve las siguientes ecuaciones:

a) $2(x + 1) = x + 6$
b) $8x + 3 = 5(x + 6)$
c) $5 - (x + 6) = x - 5$
d) $4(2x + 1) = 3(x - 13)$
e) $5 - 3(x + 1) = 10$
f) $4(2 - x) = 5(x + 1) + 3$
g) $3x - 4 - (4x + 1) = 5 - 6x$
h) $2(3 - 2x) + 1 = 4(2x + 3)$

5. Resuelve las siguientes ecuaciones:

a) $\dfrac{x+1}{2} = x - 1$
b) $\dfrac{2x+4}{3} = 4$
c) $2x - 3 = \dfrac{3x+7}{2}$
d) $\dfrac{x+2}{3} = \dfrac{x-2}{5}$
e) $\dfrac{2x+1}{2} = \dfrac{2-3x}{4}$
f) $\dfrac{2x-3}{4} = \dfrac{2x+1}{6}$
g) $\dfrac{x}{2} + 1 = 2x - 5$
h) $5 - \dfrac{x}{3} = 3 - 2x$
i) $2 + \dfrac{x}{4} = 3 - \dfrac{x}{5}$
j) $\dfrac{3x-5}{2} + 1 = \dfrac{x-14}{5}$
k) $2(x + 1) = \dfrac{x}{3} - 7$
l) $\dfrac{2(x-1)}{3} + 1 = \dfrac{1}{5} - x$

! Calculadora WIRIS

La calculadora WIRIS es una herramienta disponible de forma gratuita en internet. Nos permite trabajar con toda clase de números (fracciones, potencias, raíces...). Además, resuelve ecuaciones y sistemas de ecuaciones, por lo que puede serte de gran ayuda para corregir las actividades de esta unidad.

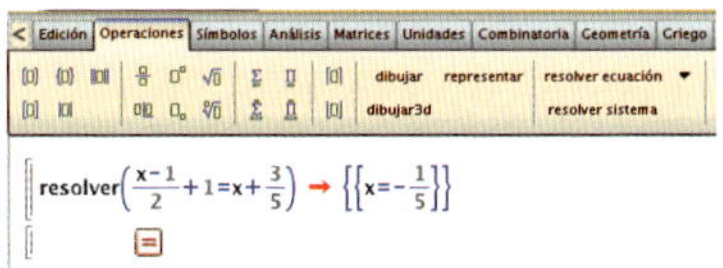

6. Completa la siguiente tabla en tu cuaderno calculando el valor de los dos miembros de cada ecuación para la solución propuesta. Indica si es solución de esa ecuación o no.

Ecuación	Posible solución	Primer miembro	Segundo miembro	¿Es solución de la ecuación?
$3x - 5 = x + 5$	5	$3 \cdot 5 - 5 = 15 - 5 = 10$	$5 + 5 = 10$	Sí
$2x - 7 = 3x - 10$	4			
$5 - x = 3x + 9$	–1			
$4(x + 1) = 2x - 2$	–2			
$\frac{x+1}{2} - 2 = \frac{x-1}{4}$	1			

CUADERNO

7. Sumando dos números consecutivos obtenemos 45.
   a) Si el primero de estos números es x, ¿cómo escribirías el segundo?
   b) Escribe la igualdad que representa que la suma de ambos números es 45.
   c) Resuelve la ecuación resultante. ¿Cuáles son los números?

8. Sumando la quinta parte de un número más su mitad obtenemos 14. ¿De qué número se trata?
   a) Si llamamos x al número que buscamos, ¿cómo escribiríamos su quinta parte? ¿Y su mitad?
   b) Escribe la igualdad que representa que la suma de ambas fracciones del número es 14.
   c) Resuelve la ecuación resultante. ¿Cuál es el número?

9. Un grupo de amigos pide en una cafetería 4 refrescos y 3 bocadillos. La cuenta total ha sido de 9,75 € y sabemos que un bocadillo cuesta 0,75 € más que un refresco. ¿Cuánto cuesta cada bocadillo y cada refresco?

10. Durante el verano, Ana, Elia y Nacho han leído en total 30 libros. Sabiendo que Ana ha leído ocho libros más que Nacho, y que Elia ha leído la mitad que Ana y Nacho juntos, ¿cuántos libros ha leído cada uno?

Aprendizaje cooperativo

11. En esta actividad tienes que trabajar con un compañero o compañera. Seguid estos pasos:
    a) Cada uno debe crear siete ecuaciones que cumplan los siguientes requisitos:

Ecuación	Solución	Incógnitas	Paréntesis	Denominadores
1	2	Solo en un miembro	No	No
2	5	En los dos miembros	No	No
3	2/3	En los dos miembros	No	No
4	–1	En los dos miembros	Sí	No
5	1/2	En los dos miembros	Sí	No
6	1	Solo en un miembro	Sí	Sí
7	–3	En los dos miembros	Sí	Sí

    b) Escribid vuestras ecuaciones en una hoja cambiando el orden de la tabla.
    c) Intercambiad vuestras ecuaciones de forma que cada uno resuelva las del compañero.
    d) Para terminar, cada uno tiene que corregir las ecuaciones que ha hecho su pareja señalando los fallos que haya cometido y la forma correcta de hacerlo.

3. Ecuaciones de segundo grado

Las ecuaciones de segundo grado son aquellas en las que la incógnita aparece elevada a 2 en alguno de sus términos. Además, puede haber otros términos con la incógnita elevada a 1 y con números sin incógnitas. Para expresar de la forma más cómoda posible una ecuación de segundo grado, trasladamos todos sus términos a uno de los miembros dejando el otro igual a 0.

EJEMPLOS

- $2x^2 - 7 = 1$

  Es una ecuación de segundo grado, ya que la x aparece elevada a 2. Pasamos el 1 al término de la izquierda y nos queda:

  $2x^2 - 7 - 1 = 0 \Rightarrow 2x^2 - 8 = 0$

- $5x^2 + x - 5 = 3x^2 - 3x - 5$

  Como es una ecuación de segundo grado, acumulamos todos los términos en el miembro de la izquierda:

  $5x^2 + x - 5 - 3x^2 + 3x + 5 = 0 \Rightarrow 2x^2 + 4x = 0$

- $x^2 - 3x = 3x - 5$

  De nuevo pasamos todos los términos al miembro de la izquierda:

  $x^2 - 3x - 3x + 5 = 0 \Rightarrow x^2 - 6x + 5 = 0$

- $x^2 + x = x^2 + 7 - 2x$

  En este caso puedes apreciar por qué es importante agrupar los términos en un solo miembro. Observa que al pasar todos los términos a la izquierda se anulan los términos de grado 2 y nuestra ecuación resulta ser una ecuación de primer grado.

  $x^2 + x - x^2 - 7 + 2x = 0 \Rightarrow 3x - 7 = 0$

Según los términos que aparezcan una vez agrupados todos a la izquierda tendremos distintos tipos de ecuaciones de segundo grado que pueden resolverse de forma distinta.

3.1. Ecuaciones de segundo grado incompletas: tipo $ax^2 - c = 0$

En estas ecuaciones aparece el término con x^2 y el denominado término independiente (que no tiene x) y falta el término de grado 1. Para resolver estas ecuaciones despejamos la x^2 y hacemos la raíz cuadrada.

EJEMPLO

$2x^2 - 8 = 0$

Sumamos 8 a ambos miembros

$2x^2 = 8$

Dividimos ambos miembros entre 2

$x^2 = 4$

Hacemos la raíz cuadrada

$x = \sqrt{4} = \pm 2$

Observa que al resolver la raíz cuadrada obtenemos dos valores, uno negativo y otro positivo. Tenemos dos soluciones: $x = -2$ y $x = 2$.

3.2. Ecuaciones de segundo grado incompletas: tipo $ax^2 + bx = 0$

En este caso vamos a usar la propiedad distributiva para sacar factor común. Veamos cómo nos ayuda esto a resolver la ecuación mediante un ejemplo.

EJEMPLO

$2x^2 - 4x = 0$

$x \cdot (2x - 4) = 0$

Como ambos términos en la izquierda tienen x, expresamos este miembro como un producto de x por un paréntesis.

Si el producto de dos factores es cero, quiere decir que uno de ellos es cero.

Esto nos da dos opciones:

$x = 0$

$2x - 4 = 0 \Rightarrow 2x = 4 \Rightarrow x = 2$

De nuevo hemos obtenido dos soluciones: $x = 0$ y $x = 2$.

3.3. Ecuaciones de segundo grado completas: $ax^2 + bx + c = 0$

Cuando en una ecuación de segundo grado aparecen todos sus términos, no podemos despejar ni deducir sus soluciones de forma directa.

Para resolverla vamos a necesitar la siguiente fórmula:

$$x = \frac{-b \pm \sqrt{b^2 - 4ac}}{2a}$$

Para utilizarla necesitamos identificar los coeficientes de la ecuación, es decir, a, b y c. Sustituyéndolos en la fórmula obtendremos las soluciones.

EJEMPLO

$x^2 - 6x + 5 = 0$

$a = 1$ $\quad$ $b = -6$ $\quad$ $c = 5$

Sustituimos en la fórmula:

$$x = \frac{6 \pm \sqrt{(-6)^2 - 4 \cdot 1 \cdot 5}}{2 \cdot 1} = \frac{6 \pm \sqrt{36 - 20}}{2} = \frac{6 \pm \sqrt{16}}{2} = \frac{6 \pm 4}{2}$$

Eso nos da dos opciones:

$$x = \frac{6+4}{2} = 5 \qquad x = \frac{6-4}{2} = 1$$

Las soluciones a nuestra ecuación son de nuevo dos: $x = 5$ y $x = 1$.

La clave para utilizar adecuadamente la fórmula de las ecuaciones de segundo grado es identificar correctamente los coeficientes a, b y c.

Para ello es muy importante tener en cuenta que:

- Cuando una incógnita aparece sin coeficiente, significa que está multiplicada por 1.
- Los signos forman parte del coeficiente.

a Actividades y tareas

1. Realiza las operaciones necesarias y agrupa todos los términos de las siguientes ecuaciones en el primer miembro. Indica cuáles de ellas son realmente ecuaciones de segundo grado:

a) $x^2 - 5x = 3x - 7$
b) $2x^2 - 5x = 3x + x^2$
c) $3(x^2 - 1) = 3x^2 + 2x$
d) $2x^2 - 3x = x^2 - 3(x + 1)$
e) $(x + 1)(x - 1) = x^2 + x$
f) $4 - (x^2 - 5x) = 1 - x^2$
g) $x - 6(x^2 - 1) = x^2 - 1$
h) $x(x + 1) = 2x^2 + 4$

2. Resuelve las siguientes ecuaciones de segundo grado:

a) $x^2 - 9 = 0$
b) $x^2 - 1 = 0$
c) $2x^2 - 2 = 0$
d) $3x^2 - 75 = 0$
e) $18 - 2x^2 = 0$
f) $9x^2 + x = 4 + x$
g) $x^2 - 5x = 9 - 5x$
h) $25x^2 + 2x = 2(x + 8)$
i) $\dfrac{x^2 - 1}{2} = 4$
j) $\dfrac{x^2}{3} + \dfrac{x}{2} = \dfrac{2x + 12}{4}$

3. Resuelve las siguientes ecuaciones de segundo grado:

a) $x^2 - 2x = 0$
b) $x^2 + 5x = 0$
c) $3x^2 - 12x = 0$
d) $5x^2 + 4x = 0$
e) $2x^2 - x = 0$
f) $x^2 - 2x + 1 = x + 1$
g) $3x^2 + 2x = x^2 - x$
h) $x^2 - (x + 5) = 3x - 5$
i) $\dfrac{x^2 - x}{3} = 4x$
j) $\dfrac{x^2}{3} + \dfrac{1}{2} = \dfrac{2x + 2}{4}$

!

Debes tener en cuenta que:

- Como en las ecuaciones de primer grado, las soluciones de una ecuación de segundo grado pueden ser números naturales, enteros o racionales.
- Cuando en una ecuación de segundo grado aparezcan fracciones puedes eliminarlos con el mismo procedimiento que en las ecuaciones de primer grado: multiplicar ambos miembros por el mínimo común múltiplo de los denominadores.

4. Resuelve las siguientes ecuaciones de segundo grado. Para ello, completa la siguiente tabla indicando primero el valor de sus coeficientes:

Ecuación	a	b	c	Soluciones
$x^2 - 3x + 2 = 0$	1	–3	2	
$x^2 - 2x - 3 = 0$				
$x^2 - 3x - 10 = 0$				
$x^2 + x - 20 = 0$				
$2x^2 + 10x + 12 = 0$				
$6x^2 - x - 2 = 0$				
$x^2 - 2(x - 5) = 5$				
$\dfrac{x^2 - 1}{4} + x = 5$				
$x^2 - 2 = \dfrac{x^2 - 3x}{2}$				

CUADERNO

5. Podemos resolver ecuaciones de segundo grado incompletas utilizando la fórmula general. Para ello, basta con tomar los coeficientes de los términos que faltan como cero. Resuelve las siguientes ecuaciones incompletas utilizando la fórmula de las ecuaciones de segundo grado:

a) $x^2 - 16 = 0$ b) $2x^2 - 5x = 0$ c) $-5x^2 + 125 = 0$ d) $4x^2 + 3x = 0$ e) $4x^2 - 1 = 0$

6. Indica en cuáles de las siguientes ecuaciones $x = -1$ es solución:

a) $x^2 - 2x - 3 = 0$ b) $4x^2 - 4x = 0$ c) $2x^2 - 10x - 12 = 0$ d) $2x^2 + x = 0$ e) $4x^2 - 4 = 0$

7. El área de un rectángulo cuya base es 5 metros más larga que su altura es de 500 m^2.

   a) Si llamamos x a la altura del triángulo, ¿cómo escribiríamos su base?

   b) Escribe la expresión algebraica que nos da el área de este rectángulo en función de x.

   c) Iguala esta expresión a 500 y resuelve la ecuación resultante. ¿Cuáles son las dimensiones del rectángulo?

8. Calcula las dimensiones de los siguientes polígonos:

   a) Su área mide 168 m^2

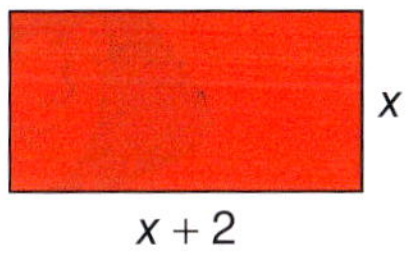

   b) Su área mide 16 m^2

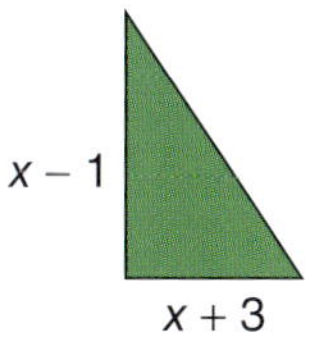

   c) El perímetro mide 45 m

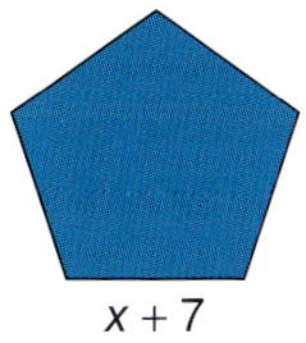

   d) El área mide 189 m^2

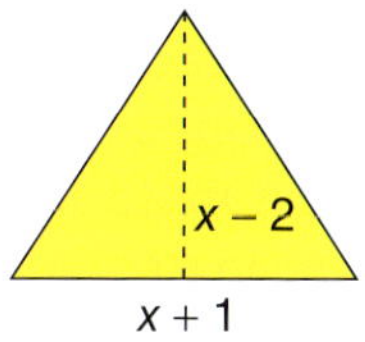

9. El producto de un número multiplicado por el resultado de sumarle 5 es 176. ¿Cuál es ese número?

10. Queremos construir una mesa de 1 m^2 de superficie que tenga un lado 45 cm más largo que el otro. ¿Cuáles deben ser las dimensiones de dicha mesa?

Investiga

11. En la fórmula para resolver ecuaciones de segundo grado aparece una raíz cuadrada con un signo ±. Por este motivo hemos obtenido dos soluciones para las ecuaciones de las actividades anteriores, pero ¿obtendremos siempre dos soluciones cuando resolvamos una ecuación de segundo grado? Para contestar a esta pregunta debes seguir los siguientes pasos:

   a) Completa, en tu cuaderno, la siguiente tabla calculando para cada ecuación el valor del número que iría dentro de la raíz en la fórmula de las ecuaciones de segundo grado. Este número se denomina **discriminante.**

Ecuación	Discriminante	Ecuación	Discriminante
$x^2 - 8x + 7 = 0$	$b^2 - 4ac = (-8)^2 - 4 \cdot 1 \cdot 7 = 64 - 28 = 36$	$x^2 + x + 10 = 0$	
$x^2 + 5x - 50 = 0$	CUADERNO	$x^2 - 6x + 9 = 0$	CUADERNO
$x^2 - 4x + 4 = 0$		$2x^2 - 2x + 5 = 0$	

   b) ¿Podemos calcular la raíz de un número negativo? ¿Qué ocurre entonces con las ecuaciones cuyo discriminante sea un número negativo?

   c) En algunos casos el valor del discriminante es 0. ¿Qué diferencia hay entre sumar y restar 0? ¿Qué podemos concluir entonces sobre la solución de las ecuaciones cuyo determinante sea 0?

   d) Escribe tus conclusiones en el cuaderno. Para que sea más sencillo, puedes hacerlo uniendo cada frase de la izquierda con otra de la derecha.

Cuando el discriminante de una ecuación de segundo grado es positivo...	... la ecuación no tiene solución.
Cuando el discriminante de una ecuación de segundo grado es cero...	... la ecuación tiene dos soluciones.
Cuando el discriminante de una ecuación de segundo grado es negativo...	... la ecuación tiene una solución.

   e) Indica, sin resolverlas, cuántas soluciones tienen las siguientes ecuaciones.

   a) $x^2 + 6x + 5 = 0$ c) $x^2 - 7x + 12 = 0$ e) $2x^2 - 3x + 5 = 0$ g) $-5x^2 + 4x - 10 = 0$

   b) $x^2 - x + 5 = 0$ d) $x^2 - 8x + 16 = 0$ f) $2x^2 + 8x + 8 = 0$ h) $x^2 + 5x + 4 = 0$

4. Sistemas de ecuaciones

Para poder resolver problemas más complejos debemos avanzar en nuestro estudio de las ecuaciones.

En muchas ocasiones nos podemos encontrar con problemas en los que se nos presenten dos o más incógnitas. Para resolverlos vamos a necesitar una ecuación por cada incógnita. En estas ecuaciones aparecerán relacionadas todas las incógnitas de nuestro problema y formarán lo que denominamos **sistemas de ecuaciones.**

En esta unidad vamos a aprender a resolver sistemas de dos ecuaciones con dos incógnitas. Para ello vamos a contar con **tres métodos distintos.** Los tres utilizan las propiedades de las ecuaciones equivalentes que vimos en la primera parte de la unidad y nos conducirán a la misma solución.

4.1. Método de reducción

Supongamos que nos plantean el siguiente sistema de ecuaciones:

EJEMPLO

$$\left.\begin{aligned}4x - 3y &= -7\\ 3x + 2y &= 16\end{aligned}\right\}$$

Lo que vamos a intentar conseguir es que el número que multiplica a una de las incógnitas en ambas ecuaciones sea el mismo con distinto signo. Para ello multiplicamos cada una de las ecuaciones por el número que nos interese.

Multiplicando la primera ecuación por 2, obtenemos:

$$8x - 6y = -14.$$

Multiplicando la segunda ecuación por 3, obtenemos:

$$9x + 6y = 48.$$

Si sumamos ahora las dos ecuaciones, miembro a miembro, obtenemos:

$$8x - 6y + 9x + 6y = -14 + 48 \quad \Leftrightarrow \quad 17x = 34$$

que es una ecuación con una sola incógnita. Resolviéndola encontramos el valor de x:

$$x = \frac{34}{17} \quad \Rightarrow \quad x = 2$$

Una vez que conocemos cuánto vale x, sustituimos dicho valor en cualquiera de las dos ecuaciones y despejamos y. Usamos, por ejemplo, la segunda ecuación:

$$3 \cdot 2 + 2y = 16 \quad \Rightarrow \quad 6 + 2y = 16 \quad \Rightarrow \quad 2y = 10 \quad \Rightarrow \quad y = 5$$

La solución a nuestro sistema es:

$$x = 2,\ y = 5.$$

Puedes comprobar que efectivamente es así sustituyendo estos valores en ambas ecuaciones.

Recuerda

En ocasiones es necesario multiplicar una de las ecuaciones por un número negativo.

Prueba, por ejemplo, a multiplicar la segunda ecuación del siguiente sistema por –3 y sumar luego ambas ecuaciones.

$$\left.\begin{aligned}4x - 3y &= -7\\ 3x + 2y &= 16\end{aligned}\right\}$$

4.2. Método de sustitución

En este método despejamos, en una de las ecuaciones, una de las variables y sustituimos la expresión obtenida en la otra ecuación.

EJEMPLO

$$\left.\begin{aligned} x + 3y &= 7 \\ 2x + y &= -1 \end{aligned}\right\}$$

Podemos despejar fácilmente en la primera ecuación la variable x, y obtenemos:

$$x + 3y = 7 \quad \Leftrightarrow \quad x = 7 - 3y$$

Sustituimos ahora esa expresión en lugar de la x en la segunda ecuación:

$$2\,(7 - 3y) + y = -1$$

Obtenemos así una ecuación de una sola incógnita, que podemos resolver:

$$2\,(7 - 3y) + y = -1 \quad \Leftrightarrow \quad 14 - 6y + y = -1 \quad \Leftrightarrow \quad -5y = -15 \quad \Leftrightarrow \quad y = 3$$

Como antes obtuvimos una expresión para x en función de y, no tenemos más que sustituir este resultado en esa expresión:

$$x = 7 - 3 \cdot 3 \quad \Leftrightarrow \quad x = -2$$

La solución a este sistema es: $x = -2$, $y = 3$.

Puedes comprobar si es correcto sustituyendo el resultado en el sistema de ecuaciones.

!

Clasificación de los sistemas de ecuaciones

Podemos clasificar los sistemas según sus soluciones:

- Sistema **compatible determinado:** tiene una única solución.
- Sistema **compatible indeterminado:** tiene infinitas soluciones.
- **Sistema incompatible:** no tiene soluciones.

Si obtenemos una solución (un valor de x y otro de y), el sistema es compatible determinado.

Si obtenemos una ecuación del tipo $0 = 0$, el sistema es compatible indeterminado.

Si obtenemos una ecuación del tipo $3 = 0$, el sistema es incompatible.

4.3. Método de igualación

En este caso vamos a despejar una de las variables en ambas ecuaciones, para luego igualar las expresiones obtenidas.

EJEMPLO

$$\left.\begin{aligned} 3x + y &= 3 \\ 6x - y &= 3 \end{aligned}\right\}$$

Despejamos y en ambas ecuaciones, y obtenemos:

$$3x + y = 3 \quad \Leftrightarrow \quad y = 3 - 3x$$

$$6x - y = 3 \quad \Leftrightarrow \quad y = 6x - 3$$

Si las dos expresiones que hemos hallado son iguales a y deben valer lo mismo. Igualándolas, obtenemos una ecuación para una sola incógnita. La resolvemos sin problemas, con lo que hallamos la x:

$$3 - 3x = 6x - 3 \quad \Leftrightarrow \quad -9x = -6 \quad \Leftrightarrow \quad x = \frac{6}{9} = \frac{2}{3}$$

Sustituyendo este resultado en cualquiera de las dos ecuaciones del sistema nos permitirá calcular y. Por ejemplo, utilizando la primera:

$$3 \cdot \frac{2}{3} + y = 3 \quad \Leftrightarrow \quad 2 + y = 3 \quad \Leftrightarrow \quad y = 1$$

La solución de este sistema es, por tanto: $x = \frac{2}{3}$, $y = 1$

Puedes comprobar si es correcta la solución sustituyendo estos valores en ambas ecuaciones del sistema.

a Actividades y tareas

1. Resuelve los siguientes sistemas de ecuaciones utilizando el método de reducción:

a) $\left.\begin{array}{r} x+y=2 \\ 2x-y=1 \end{array}\right\}$

b) $\left.\begin{array}{r} x+3y=6 \\ 3x-y=8 \end{array}\right\}$

c) $\left.\begin{array}{r} 2x+3y=13 \\ x+y=5 \end{array}\right\}$

d) $\left.\begin{array}{r} 4x+y=5 \\ 2x+3y=15 \end{array}\right\}$

e) $\left.\begin{array}{r} -2x-4y=6 \\ 3x+6y=-9 \end{array}\right\}$

f) $\left.\begin{array}{r} 3x+6y=-6 \\ x+y=5 \end{array}\right\}$

2. Resuelve los siguientes sistemas de ecuaciones utilizando el método de sustitución:

a) $\left.\begin{array}{r} x+2y=12 \\ 3x-y=1 \end{array}\right\}$

b) $\left.\begin{array}{r} 3x+y=8 \\ 2x+5y=14 \end{array}\right\}$

c) $\left.\begin{array}{r} 4x-y=-1 \\ 3x+2y=2 \end{array}\right\}$

d) $\left.\begin{array}{r} 3x-y=5 \\ -x+2y=10 \end{array}\right\}$

e) $\left.\begin{array}{r} -2x+2y=-4 \\ 3x-5y=4 \end{array}\right\}$

f) $\left.\begin{array}{r} 3x+6y=-6 \\ -2x+3y=11 \end{array}\right\}$

3. Resuelve los siguientes sistemas de ecuaciones utilizando el método de igualación:

a) $\left.\begin{array}{r} x+2y=11 \\ -2x+y=-5 \end{array}\right\}$

b) $\left.\begin{array}{r} 2x+y=0 \\ x+3y=7 \end{array}\right\}$

c) $\left.\begin{array}{r} 2x+y=9 \\ -x+y=3 \end{array}\right\}$

d) $\left.\begin{array}{r} 4x+y=-4 \\ 3x-2y=8 \end{array}\right\}$

e) $\left.\begin{array}{r} 2x-2y=10 \\ 3x+5y=-1 \end{array}\right\}$

f) $\left.\begin{array}{r} -4x+2y=-2 \\ 3x-4y=9 \end{array}\right\}$

4. Escribe dos sistemas de ecuaciones distintos que tengan como solución:

a) $x=3,\ y=5$

b) $x=-1,\ y=2$

c) $x=4,\ y=\frac{1}{2}$

d) $x=-\frac{1}{4},\ y=\frac{3}{5}$

5. Comprueba si los siguientes sistemas tienen como solución la indicada:

a) $\left.\begin{array}{r} 3x+4y=-1 \\ x-5y=6 \end{array}\right\}$ $x=1,\ y=-1$

b) $\left.\begin{array}{r} -3x-4y=14 \\ 2x+y=-1 \end{array}\right\}$ $x=2,\ y=-5$

c) $\left.\begin{array}{r} 7x+3y=13 \\ -4x+2y=0 \end{array}\right\}$ $x=2,\ y=1$

d) $\left.\begin{array}{r} 2x-6y=1 \\ 7x+5y=12 \end{array}\right\}$ $x=1,\ y=1$

e) $\left.\begin{array}{r} 2x-7y=13 \\ x+5y=4 \end{array}\right\}$ $x=3,\ y=-1$

f) $\left.\begin{array}{r} 4x-y=3 \\ -2x+y=5 \end{array}\right\}$ $x=4,\ y=13$

6. Intenta resolver los siguientes sistemas y señala si son compatibles o incompatibles.

a) $\left.\begin{array}{r} 4x-3y=1 \\ 8x-6y=4 \end{array}\right\}$

b) $\left.\begin{array}{r} -x+4y=2 \\ 2x-8y=3 \end{array}\right\}$

c) $\left.\begin{array}{r} 3x-5y=6 \\ -x+2y=-3 \end{array}\right\}$

d) $\left.\begin{array}{r} 5x+y=2 \\ -10x-2y=5 \end{array}\right\}$

Recuerda

Cuando un sistema es incompatible, al intentar resolverlo obtendremos una ecuación que es imposible resolver, del estilo de $3=0$.

7. Intenta resolver los siguientes sistemas y señala si son compatibles determinados o indeterminados.

a) $\left.\begin{array}{r} 3x+3y=3 \\ -2x+y=-14 \end{array}\right\}$ c) $\left.\begin{array}{r} 6x+9y=-15 \\ -2x-3y=5 \end{array}\right\}$ e) $\left.\begin{array}{r} 10x+2y=8 \\ 5x+y=4 \end{array}\right\}$

b) $\left.\begin{array}{r} 2x+6y=2 \\ x+3y=1 \end{array}\right\}$ d) $\left.\begin{array}{r} 2x-6y=4 \\ -x+3y=-2 \end{array}\right\}$ f) $\left.\begin{array}{r} 4x-3y=3 \\ -x+2y=3 \end{array}\right\}$

Recuerda

Cuando un sistema es compatible indeterminado, al intentar resolverlo obtendremos una identidad del estilo 0 = 0.

8. Resuelve los siguientes sistemas por el método que prefieras, indicando, en cada caso, si el sistema es incompatible, compatible determinado o compatible indeterminado.

a) $\left.\begin{array}{r} 3x+2y=1 \\ -6x-4y=5 \end{array}\right\}$ c) $\left.\begin{array}{r} 4x-y=2 \\ 8x-2y=4 \end{array}\right\}$ e) $\left.\begin{array}{r} 3x+y=2 \\ 6x-2y=0 \end{array}\right\}$

b) $\left.\begin{array}{r} 2x-y=4 \\ 3x+y=1 \end{array}\right\}$ d) $\left.\begin{array}{r} 6x-8y=14 \\ 3x-4y=6 \end{array}\right\}$ f) $\left.\begin{array}{r} -3x+y=2 \\ 6x-2y=-4 \end{array}\right\}$

9. En una tienda de música venden discos compactos a dos precios distintos: 16 € y 18 €. Si se han vendido un total de 45 discos la última semana, y han obtenido unos ingresos de 770 €, ¿cuántos discos de cada clase se han vendido?

Recuerda

Cuando en un problema aparezcan dos incógnitas, tendrás que ser capaz de obtener dos ecuaciones del enunciado para poder resolverlo.

10. Las dos cifras de la edad de Isabel suman 7. Si a cinco veces la primera le restamos dos veces la segunda, obtenemos 21. ¿Cuántos años tiene Isabel?

11. El precio de un ordenador de segunda mano es cinco veces menor que el de uno nuevo. Si resulta que un ordenador viejo cuesta 720 € menos que uno a estrenar, ¿cuánto cuesta cada ordenador?

12. En una clase de 27 alumnos el número de chicas es el doble que el de chicos. ¿Cuántos chicos y cuántas chicas hay?

13. En una clase hay alumnos de 14 y de 15 años de edad. Si en total suman 20 alumnos y la edad media es de 14,25 años, ¿cuántos alumnos hay de cada edad?

5. Funciones

Comenzamos nuestro estudio de las funciones analizando un ejemplo. Las figuras del margen muestran distintas construcciones posibles para un panal de abejas. Cada hexágono, que es regular, mide 0,5 cm de lado.

La primera figura se corresponde a un panal de una sola celda. La segunda es un panal de dos celdas de radio, la tercera tiene tres celdas de radio y así sucesivamente. Vamos a estudiar la relación entre el radio del panal y su perímetro. Para ello utilizaremos **tres formas distintas de representación.**

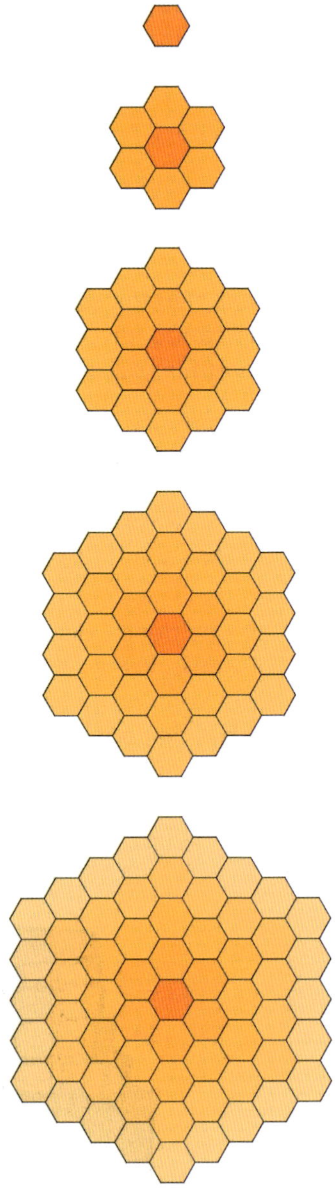

5.1. Tabla de valores

Si contamos los lados exteriores en cada caso y los multiplicamos por los 0,5 cm de lado, obtenemos el perímetro de estos cinco panales. Con esta información podemos construir una tabla de valores como la de la derecha.

Las tablas de valores suelen ser cómodas si queremos reflejar solo algunos casos, pero tienen el inconveniente de que no incluyen todas las posibilidades. Además, si son muy extensas pueden resultar confusas.

Radio (celdas)	Perímetro (cm)
1	3
2	9
3	15
4	21
5	27

5.2. Representación gráfica

Utilizando unos ejes perpendiculares podemos representar estos datos de forma gráfica. En el eje horizontal representamos el radio (medido en celdas) y en el vertical representamos el perímetro (medido en centímetros). Cada punto nos ofrece los datos de una de las figuras. La línea recta que hemos trazado uniéndolos sirve solo para ver mejor la tendencia ya que no hay panales cuyo radio sea un número decimal.

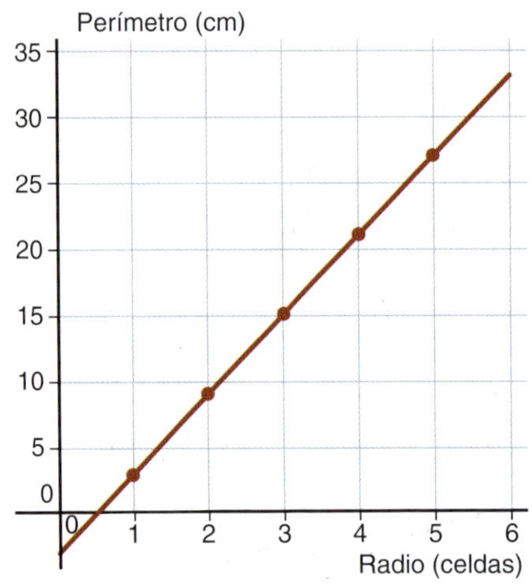

La representación gráfica suele ser muy útil en estos casos. Por ejemplo, podemos ver que el perímetro aumenta de forma constante y nos permitiría incluso calcular valores mayores prolongando la línea.

5.3. Expresión algebraica

Otra forma de expresar la relación entre el perímetro y el radio de un panal es utilizando una expresión algebraica. Así, si llamamos x al radio medido en celdas e y al perímetro medido en centímetros, podemos hallar la siguiente fórmula:

$$y = 6x - 3$$

Puedes comprobar que, sustituyendo los valores del radio de cada panal, obtenemos sus correspondientes perímetros. Hallar esta fórmula no siempre es posible, aunque es la forma más completa de describir esta relación. Nos permite calcular fácilmente el valor de y cuando conocemos el de x.

!

Ejes perpendiculares

En la representación gráfica mediante ejes perpendiculares cada punto viene dado por dos números que llamamos **coordenadas.**

La primera coordenada siempre es la horizontal y recibe el nombre de **abscisa.** La segunda coordenada es la vertical y recibe el nombre de **ordenada.** En este sistema, un punto se escribe de la siguiente forma:

$$A = (x,y)$$

5.4. Definición de función

Una vez visto un ejemplo de relación entre dos variables podemos definir adecuadamente el concepto matemático de función.

Una **función** es una relación entre dos magnitudes que se denominan variables. Si elegimos un valor de una de las variables (denominada **variable independiente**), la función nos permite calcular el valor correspondiente de la otra variable (denominada **variable dependiente**). El valor de la variable dependiente obtenido mediante la función debe ser único.

Aunque podemos elegir cualquier letra, habitualmente se utilizar la letra x para representar la variable independiente y la letra y para representar la variable dependiente.

En ejemplo del panal, la función es la relación existente entre el radio (variable independiente) y el perímetro (variable dependiente).

Como hemos visto en este ejemplo, una función puede expresarse de diversas formas: tabla de valores, representación gráfica y expresión algebraica.

5.5. Propiedades de una función

5.5.1. Dominio

Es el conjunto de valores posibles para la variable independiente.

En nuestro ejemplo, el dominio son todos los números naturales (1, 2, 3, 4...) ya que no consideramos panales con radio decimal.

5.5.2. Crecimiento

Cuando en una función aumenta el valor de la variable dependiente al aumentar el valor de la variable independiente, decimos que es **creciente.** Por el contrario, si el valor de la variable dependiente disminuye cuando aumenta el valor de la variable independiente, decimos que la función es **decreciente.**

En nuestro ejemplo, la función es siempre creciente ya que cuanto mayor es el radio del panal, mayor es su perímetro. En la gráfica puede apreciarse que a medida que nos movemos hacia la derecha (mayor radio), la función sube (mayor perímetro).

Como puedes ver en el ejemplo del margen, el crecimiento de una función puede cambiar, pasando de ser creciente a decreciente y viceversa. El punto en el que una función pasa de ser creciente a decreciente se denomina **máximo.** Cuando pasa de decrecer a crecer diremos que presenta un **mínimo.**

5.5.3. Puntos de corte con los ejes

Son los puntos en los que la representación gráfica de la función corta con los ejes de coordenadas. La función cortará con el eje vertical cuando $x = 0$. Por el contrario, cortará con el eje horizontal cuando $y = 0$.

En el ejemplo del panal, los puntos de corte no son interesantes (no tiene sentido que el perímetro o el radio midan 0), pero en otros casos estos puntos nos proporcionan información interesante (como en el ejemplo del margen).

!

La batería de un móvil

La siguiente gráfica representa el porcentaje de carga de la batería de un móvil durante 24 horas.

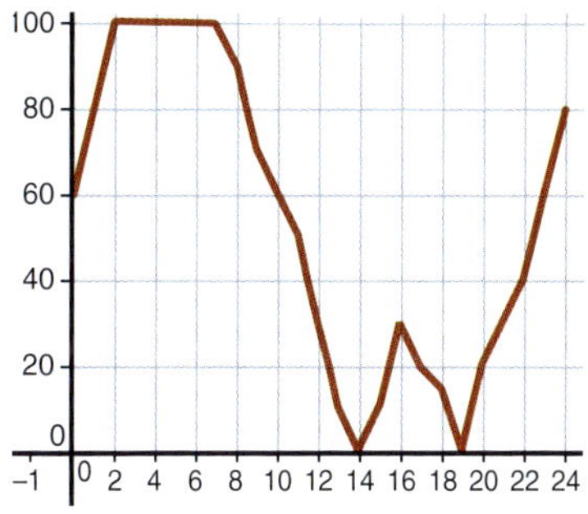

Los intervalos en los que la función es creciente nos indican que el móvil ha estado conectado al cargador.

El tramo en el que la función se mantiene constante en el valor 100 % indica que el móvil estaba completamente cargado y conectado al cargador.

En los tramos decrecientes, la inclinación de la función nos indica cuándo se ha usado más intensamente el móvil.

El máximo que podemos apreciar a las 16 horas significa que se desconectó el móvil del cargador.

Por otro lado, en este caso los puntos de corte con el eje horizontal nos indican cuándo se agotó la batería.

Como ves, podemos obtener mucha información analizando la representación gráfica de una función.

a Actividades y tareas

1. Dibuja en tu cuaderno unos ejes como los de la figura de la derecha y representa los siguientes puntos:

$A(1,3)$	$F(0,4)$
$B(5,3)$	$G(-1,0)$
$C(-1,6)$	$H\left(\frac{1}{2},2\right)$
$D(-3,-5)$	$I\left(-4,\frac{3}{2}\right)$
$E(2,-7)$	$J\left(-7,-\frac{7}{2}\right)$

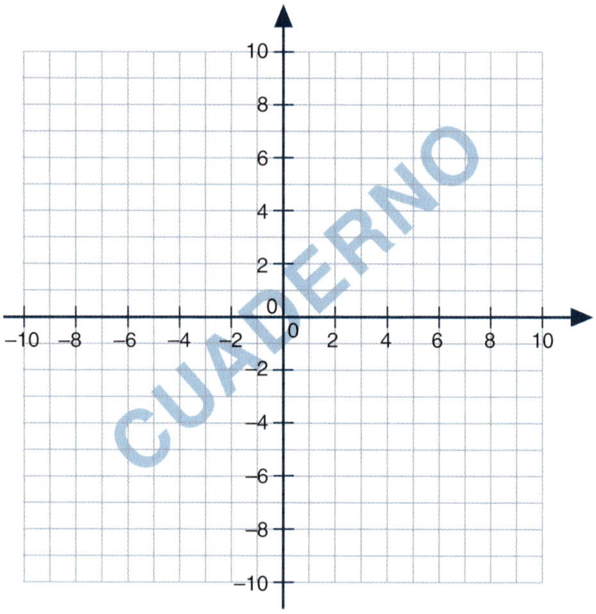

2. La relación entre el lado de un cuadrado y su área es:

$$A = l^2$$

Donde A es el área y l es el lado. Considerando esta relación como una función:

a) ¿Cuál es la variable independiente? ¿Y la dependiente?

b) Copia en tu cuaderno la tabla de valores y complétala.

c) Indica su dominio.

d) Representa en unos ejes de coordenadas los puntos obtenidos.

l (m)	A (m^2)
0	CUADERNO
1	
2	
3	
4	
5	

3. La siguiente función muestra el número de clientes que hay en una cafetería en cada hora en que está abierta:

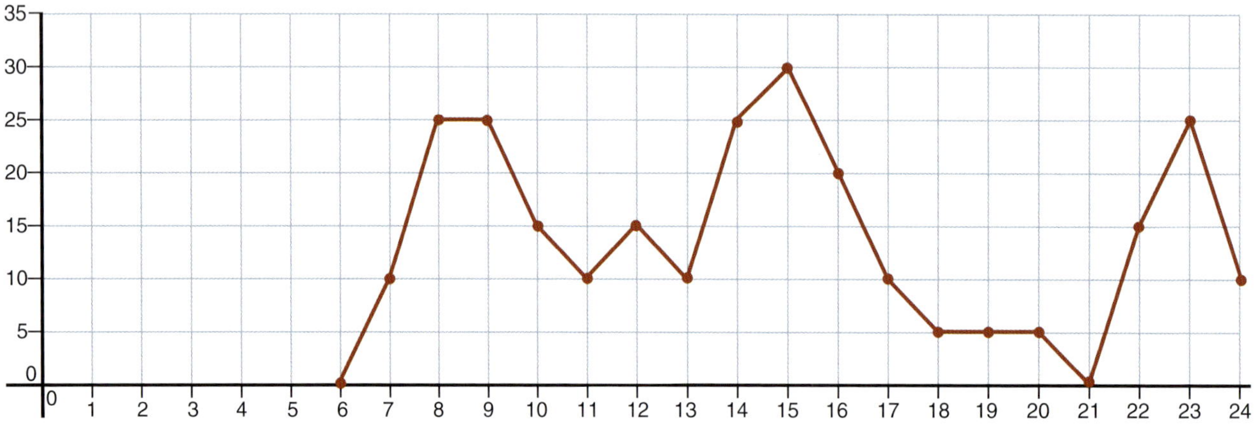

a) ¿Cuáles son la variable independiente y la variable dependiente en esta función?

b) Según la gráfica, ¿a qué hora abre y cierra la cafetería?

c) Indica en qué momentos crece y en cuáles decrece el número de clientes de dicha cafetería.

d) ¿En qué momentos el número de clientes de la cafetería permanece constante?

e) ¿Hay algún momento en el que la cafetería se queda vacía?

f) Construye una tabla de valores con los puntos señalados en la gráfica.

4. La tabla de valores de la derecha contiene algunos datos sobre los beneficios (o pérdidas cuando son negativos) que ha tenido una empresa desde su fundación en 1997.

Año	Beneficio (en miles de €)	Año	Beneficio (en miles de €)
1997	−1,5	2007	7
1999	−1	2009	1,5
2001	1	2011	−1,5
2003	5,5	2013	−2
2005	4	2015	1,5

a) ¿Cuál es la variable independiente? ¿Y la dependiente?

b) Representa gráficamente esta función.

c) Localiza los puntos de corte con el eje horizontal. ¿Qué significado tienen en este caso?

d) Señala en qué épocas la función es positiva (está por encima del eje horizontal) y en cuáles es negativa. ¿Qué significado tiene?

e) Señala los intervalos en los que esta función es creciente y decreciente. ¿Tiene algún máximo o mínimo? Indícalos.

Aplicación a la vida cotidiana

5. La siguiente gráfica muestra el porcentaje de carga de la batería de un teléfono móvil en las últimas 24 horas:

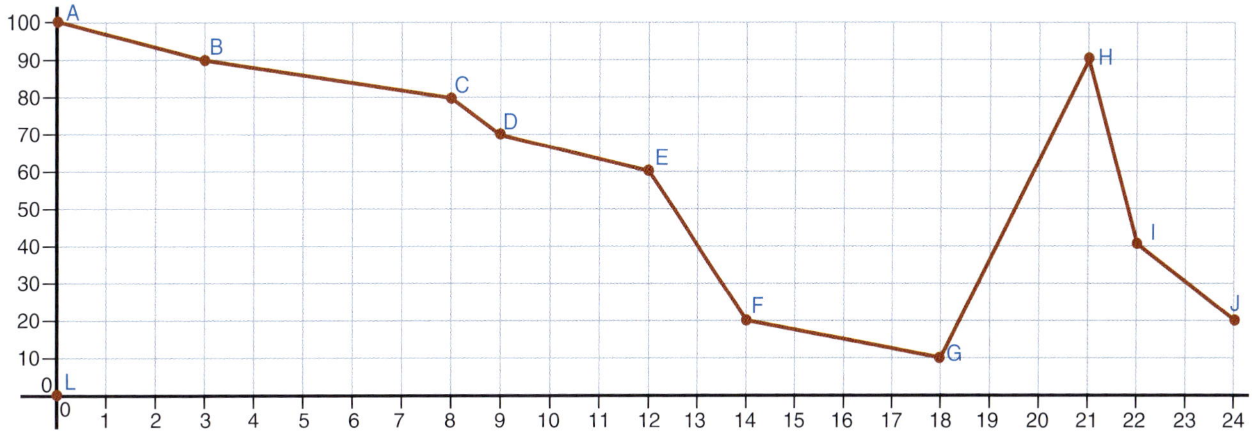

a) Indica en qué momentos la función es creciente y en cuáles es decreciente. ¿Qué significado tiene esto?

b) ¿Cuál es el porcentaje de carga mínimo que se alcanza? ¿En qué momento se alcanza?

c) ¿Qué sucede a las 21 h (punto H)?

d) El teléfono móvil muestra un aviso cuando la carga de la batería es menor del 20 %. ¿Cuándo apareció ese mensaje?

6. Una impresora de chorro de tinta cuesta 50 € y cada cartucho de tinta cuesta 30 €.

a) Copia en tu cuaderno y completa la siguiente tabla de valores:

Cartuchos comprados	Coste total
0	
1	
2	
3	
4	
5	

b) ¿Cuál es la variable independiente? ¿Y la dependiente?

c) Indica el dominio de la función.

d) Representa la función en unos ejes de coordenadas.

6. Funciones afines

Uno de los tipos de funciones más sencillo y útil al mismo tiempo son las funciones afines. Se caracterizan por las siguientes propiedades:

- Su representación gráfica es una recta.
- Su expresión algebraica es de la forma:

$$y = mx + n$$

donde x es la variable independiente, y es la variable dependiente y m y n son dos números que determinan la función.

A m se le denomina pendiente y nos indica la inclinación de la recta que representa a la función.

A n se le llama ordenada en el origen y nos da el punto de corte de la función con el eje vertical.

EJEMPLO

A continuación puedes ver la oferta de un gimnasio. Esta oferta establece una función que relaciona el precio total que pagaremos (variable dependiente) con los meses que asistimos a ese gimnasio (variable independiente).

Comenzamos construyendo una tabla de valores calculando qué precio pagaríamos para 1, 2, 3, 4 y 5 meses. A partir de la tabla representamos la función en unos ejes de coordenadas.

Meses	Pecio
1	50 €
2	80 €
3	110 €
4	140 €
5	170 €

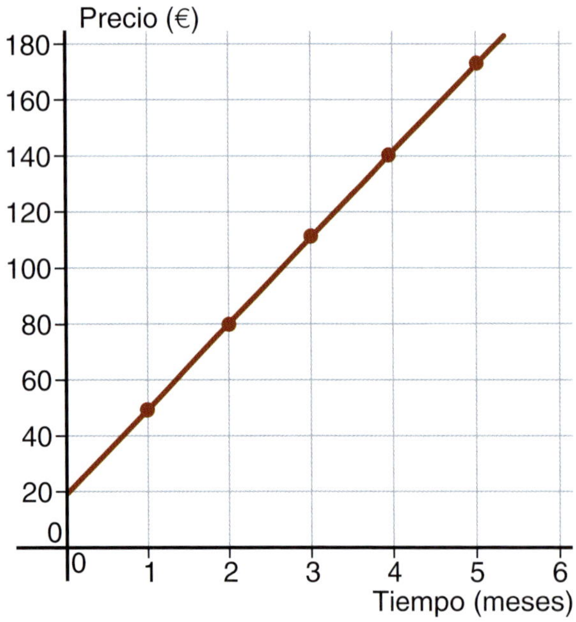

Vemos que se trata de una función afín ya que su representación gráfica es una línea recta. Además podemos hallar fácilmente su expresión algebraica. Para calcular el precio debemos multiplicar siempre los meses de asistencia por 30 € y sumarle los 20 € de inscripción de forma que nuestra función será:

$$y = 30x + 20$$

Donde x es el tiempo de asistencia (en meses) e y el precio total (en euros). En consecuencia, nuestra función afín tiene una pendiente 30 y ordenada en el origen 20.

!

¿Es una función afín?

Siempre que la representación gráfica de una función sea una línea recta, estaremos ante una función afín. También podemos identificarlas por su expresión algebraica, en la que la variable dependiente se calcula sumando a un número (ordenada en el origen) el producto de la variable independiente por la pendiente.

Ambas propiedades nos indican que la función estudiada en el apartado anterior, que relaciona el radio de los panales con su perímetro, es una función afín.

¡OFERTA!

GIMNASIO EULER

CUOTA MENSUAL: 30 €

INSCRIPCIÓN: 20 €

a Actividades y tareas

1. Vamos a estudiar las propiedades de las funciones afines comparando las gráficas y las ecuaciones de tres grupos de rectas:

GRUPO 1	GRUPO 2	GRUPO 3
Función 1: $y = x + 1$	Función 4: $y = 2x + 1$	Función 7: $y = -2x + 1$
Función 2: $y = x + 3$	Función 5: $y = 2x + 3$	Función 8: $y = -2x + 3$
Función 3: $y = x$	Función 6: $y = 2x$	Función 9: $y = -2x$

x	*x*
–2	●●●
0	●●●
2	●●●

a) ¿Son todas funciones afines? Justifica tu respuesta.

b) Completa una tabla de valores como la de la derecha para cada recta.

c) Representa estas funciones utilizando un único sistema de coordenadas para cada grupo. Usa colores distintos para cada recta de forma que sea fácil identificarlas.

d) ¿Qué tienen en común las representaciones gráficas de las funciones de cada grupo?

e) Señala cuál es la pendiente y la ordenada en el origen de cada una de las funciones.

f) ¿Cómo crees que influye el valor de la pendiente en la representación gráfica de las funciones?

g) Compara las primeras funciones de cada grupo. ¿Tienen algo en común? ¿Y las segundas? ¿Y las terceras?

h) ¿Cómo crees que influye el valor de la ordenada en el origen en la representación gráfica de una función?

2. Identifica cada una de las rectas representadas en el sistema de coordenadas con una de las siguientes expresiones algebraicas:

a) $y = 3x - 4$ c) $y = -x + 4$ e) $y = 3x$

b) $y = 2x + 4$ d) $y = -3x + 1$

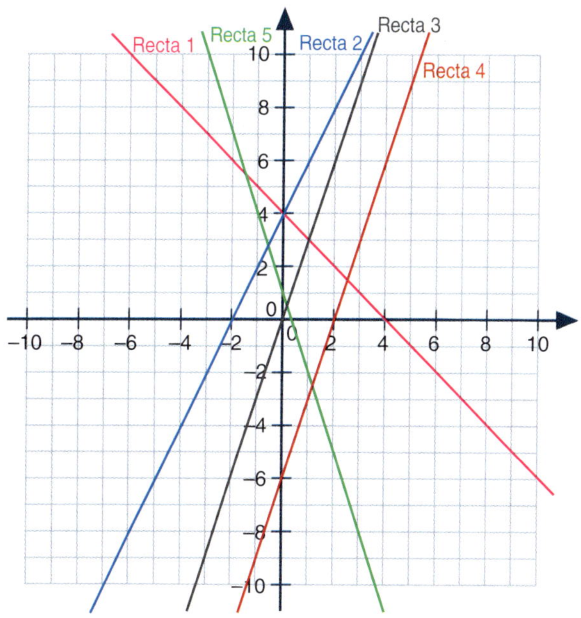

3. Las funciones cuya ordenada en el origen es 0 se denominan funciones lineales. Su expresión algebraica es siempre de la forma: $y = mx$

a) Escribe cuatro ejemplos de funciones lineales.

b) Represéntalas gráficamente.

c) ¿Qué tienen en común las representaciones gráficas de todas las funciones lineales?

4. Repite la actividad anterior con las funciones denominadas constantes, que son las que tienen pendiente 0.

Aplicación a la vida cotidiana

5. Carlos tiene ahorrados 35 €. Cada semana recibe 10 € de paga, de los que consigue ahorrar 5 €.

a) Completa en tu cuaderno una tabla de valores como la de la derecha indicando cuánto dinero ahorrado tendrá Carlos cada semana a partir de la actual.

b) En esta función, ¿cuál es la variable independiente? ¿Y la dependiente?

c) Representa gráficamente estos datos en unos ejes de coordenadas.

d) ¿De qué tipo de función se trata? Justifica tu respuesta.

e) Escribe la expresión algebraica de esta función.

Semana	Ahorros
1	
2	
3	CUADERNO
4	
5	
6	

1. Una empresa construye piscinas cuadradas como las de las figuras. Los cuadrados azules representan el agua de la piscina, y los cuadrados blancos, las baldosas que se colocan en el borde. Cada cuadrado mide 1 m de lado y tiene 1 m² de área.

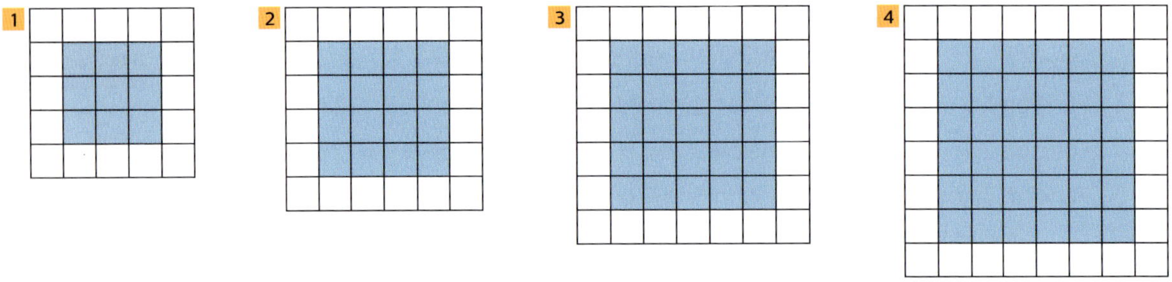

a) Realiza una tabla en tu cuaderno indicando la superficie de agua y el número de baldosas blancas necesarias para los modelos representados en la figura.

b) ¿Qué superficie de agua tendría una piscina cuadrada de 7 m de lado? Cuántas baldosas blancas necesitaríamos para los bordes?

c) Y para una piscina de 10 m de lado, ¿cuántas baldosas necesitaríamos? ¿Cuál sería su superficie?

d) Escribe una expresión algebraica que nos sirva para calcular la superficie de agua para una piscina de lado x.

e) Escribe una expresión algebraica que nos dé el número de baldosas blancas que se necesitan para construir una piscina de lado x.

2. Las siguientes ecuaciones tienen como solución $x = 1$ o $x = -1$. Completa en tu cuaderno la siguiente tabla escribiéndolas en la columna adecuada.

$2x + 5 = 7$ $\quad$ $3x - 1 = 4x$ $\quad$ $5x + 13 = 5 - x$

$3\,(x + 1) = 6$ $\quad$ $2\,(x - 1) = 0$ $\quad$ $4(1 - x) = 2(2x + 2)$

$\dfrac{1-2x}{3} = x + 2$ $\quad$ $\dfrac{6x+4}{5} = \dfrac{3x+1}{2}$ $\quad$ $\dfrac{9-11x}{4} = \dfrac{10-5x}{3}$

Ecuaciones con solución $x = 1$	Ecuaciones con solución $x = -1$
CUADERNO	

3. La siguiente función muestra la cantidad relativa de consultas sobre términos relacionados con la telefonía móvil en Google a lo largo de los últimos años. Puedes observar que hay picos muy señalados que indican que en determinados momentos las consultas sobre este tema aumentan bruscamente.

a) Analiza la gráfica y señala en qué momentos se producen estos máximos en la función. ¿Son siempre en la misma época del año?

b) Uno de estos momentos es al final de cada año. ¿A qué crees que se debe este aumento?

c) Busca información sobre las fechas de lanzamiento de los dispositivos de telefonía móvil más famosos y trata de relacionarlos con la gráfica.

CMCT CD

4. a) Resuelve las siguientes ecuaciones de segundo grado:

$x^2 - 4 = 0$ $x^2 - 2x - 3 = 0$ $x^2 - 5x = 0$

$x^2 + 4x + 4 = 0$ $x^2 + x + 9 = 0$ $-x^2 - 4x + 5 = 0$

b) Utiliza alguna aplicación o página web para representar las siguientes funciones:

$y = x^2 - 4$ $y = x^2 - 2x - 3$ $y = x^2 - 5x$

$y = x^2 + 4x + 4$ $y = x^2 + x + 9$ $y = -x^2 - 4x + 5 = 0$

c) Observa los puntos de corte de las funciones representadas con el eje horizontal. ¿Qué relación tienen con las soluciones de las ecuaciones correspondientes? ¿Sabrías decir por qué?

!

Representación de funciones en el ordenador

Existen muchos programas y aplicaciones que te permiten representar funciones en tu ordenador. En **Informática Matemática** puedes aprender a hacerlo con Geogebra.

Si prefieres no tener que instalar nada en tu ordenador o tableta, puedes utilizar alguno de los sitios web que te permiten representar funciones *online*. Además de la versión **online** del propio Geogebra, puede serte muy útil la calculadora WIRIS.

CMCT CCL

5. Completa en tu cuaderno la siguiente tabla escribiendo las ecuaciones de cada sistema como funciones. Para ello solo tienes que despejar la y en función de la x:

Sistema	$\left.\begin{array}{r} x+y=6 \\ -x+y=2 \end{array}\right\}$	$\left.\begin{array}{r} 2x+y=1 \\ 3x+y=0 \end{array}\right\}$	$\left.\begin{array}{r} 2x+y=6 \\ 4x+2y=1 \end{array}\right\}$	$\left.\begin{array}{r} 3x-2y=1 \\ 6x-4y=2 \end{array}\right\}$
Función 1	$y = 6 - x$	CUADERNO		
Función 2	$y = x + 2$			

a) Resuelve los sistemas de ecuaciones.

b) Representa las funciones de cada sistema en un mismo eje de coordenadas.

c) ¿Observas alguna relación entre las soluciones de cada sistema y la representación de las dos rectas que lo forman? ¿Qué ocurre cuando las rectas son paralelas? ¿Qué sucede cuando el sistema tiene infinitas soluciones? Escribe un breve texto en el que expliques tus conclusiones.

CMCT CSC

6. Observa los datos sobre llamadas internacionales que nos ofrece una factura de teléfono.

Fecha	Número de destino	Servicio	Duración	Importe
25 mayo	+4869570377	Llamada	6 m 24 s	1,5360
27 mayo	+4861005525	SMS	–	0,0800
28 mayo	+4869570377	Llamada	4 m 37 s	1,1080

a) Si sabemos que esta compañía no cobra nada por el establecimiento de llamada, ¿cuánto cuesta cada minuto?

b) Escribe una expresión algebraica que nos dé el coste en euros en función de la duración de la llamada (en segundos).

c) ¿Cuál es la variable independiente? ¿Y la dependiente?

d) ¿Cuánto costaría una llamada de 5 minutos y 15 segundos?

e) Si una llamada ha costado 0,84 €, ¿cuál fue su duración?

f) Representa gráficamente la función. ¿Qué tipo de función es?

Husos horarios

Tamara, Derek y Serguéi son tres amigos que viven en Madrid, Nueva York y Moscú, respectivamente. Aunque les gusta mucho conectarse a través de internet para chatear, no lo tienen nada fácil porque las horas en estos países son diferentes. Cuando en Madrid son las 12 del mediodía, en Nueva York son las 6 de la mañana y en Moscú son las 2 de la tarde.

En la siguiente tabla tienes el horario habitual de cada uno de ellos:

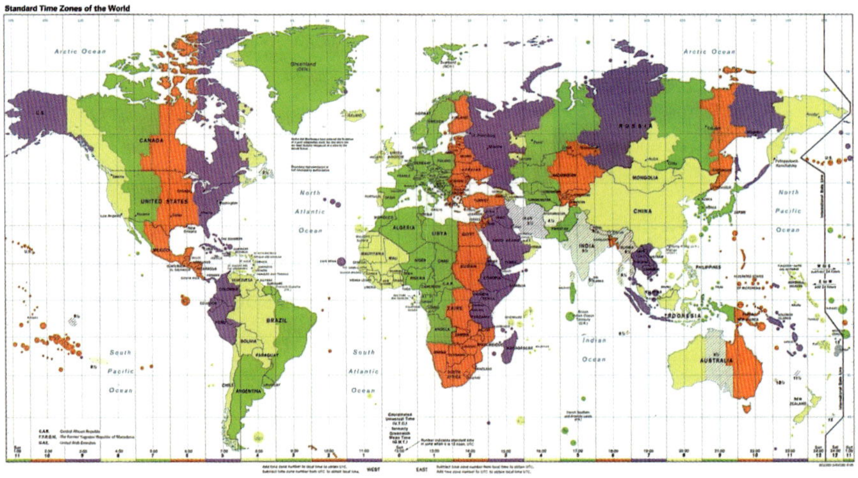

Tamara	Derek	Serguéi
Se levanta a las 7:30.	Se levanta a las 6:00.	Se levanta a las 7:00.
Está en el instituto desde las 8:30 hasta las 14:30.	Está en el instituto desde las 7:00 hasta las 12:00.	Está en el instituto desde las 8:00 hasta las 15:00.
De 18:00 a 19:00 va a clase de inglés.	De 15:00 a 17:30 entrena al baloncesto.	De 17:00 a 19:00 recibe clases de piano.
Se acuesta a las 23:00.	Se acuesta a las 21:00.	Se acuesta a las 22:30.

Actividades

Actividad 1: Tamara llega a casa a las 15:05 horas. ¿Qué hora es en cada una de las ciudades de sus dos amigos?

Actividad 2: Tamara ha tenido una idea: ha escrito las siguientes fórmulas para calcular la hora en las ciudades donde viven sus amigos:

$$NY = MA - 6 \qquad MO = MA + 2$$

Escribe las fórmulas que deberían utilizar Derek y Serguéi.

Actividad 3: Copia y completa la siguiente tabla en tu cuaderno:

Madrid	Nueva York	Moscú
14:31	•••	•••
•••	21:30	•••
•••	•••	00:15

Actividad 4: Teniendo en cuenta los horarios de los tres amigos, ¿crees que es buena idea que Derek intente conectarse para chatear a las 17:20 horas de Nueva York? ¿Qué están haciendo en ese momento Serguéi y Tamara?

Actividad 5: Encuentra todos los huecos en los que podrían chatear los tres amigos. Para ello puede serte útil representar en tres ejes paralelos, como el del ejemplo, el horario de cada uno de los amigos.

Tamara	0	1	2	3	4	5	6	7	8	9	10	11	12	13	14	15	16	17	18	19	20	21	22	23	24
	Durmiendo								Instituto										Inglés					Durm.	

Funciones en Geogebra

Ya conocemos Geogebra como una herramienta muy útil para el estudio de la Geometría. Ahora te presentamos los elementos básicos de uso de Geogebra para representar y estudiar funciones.

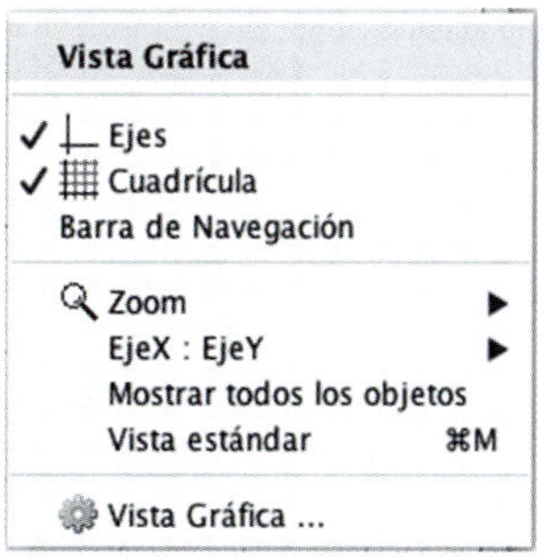

1. Apariencia

Vamos a trabajar con la apariencia Álgebra y Gráficos que incluye la Vista Algebraica y la Vista Gráfica. Configuramos nuestro espacio de trabajo pulsando con el botón derecho y activando la Cuadrícula y los Ejes. En este menú encontrarás también todas las opciones de formato para los ejes y la presentación general.

2. Entrada de datos

En la parte inferior encontramos la barra de Entrada.

Es aquí donde escribimos los elementos con los que queremos trabajar.

Por ejemplo, si queremos representar el punto A(1,4), escribiremos A=(1,4).

También podemos introducir funciones. Prueba a escribir $y = 2x - 4$ y verás esta recta representada. Observa que al mismo tiempo que la dibuja, todos los elementos con los que trabajamos van apareciendo en la barra Algebraica, en el margen izquierdo.

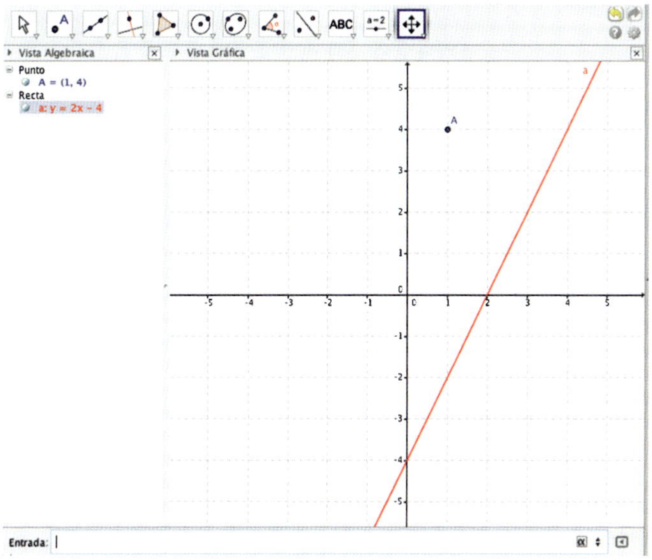

a Actividades y tareas

En una laboratorio están estudiando la características térmicas de un material. Tras calentarlo a cierta temperatura, lo introducen en un congelador y lo dejan enfriar, recogiendo datos de temperatura en distintos momentos. Puedes ver estos datos en la tabla de la derecha.

Tiempo (min)	Temperatura (°C)
2	37,5
4	25
5	18,75
7	6,26

1. Configura tu espacio de trabajo para disponer de unos ejes adecuados y representa estos datos tomando el tiempo en minutos como variable independiente (eje horizontal) y la temperatura en °C como variable dependiente (eje vertical).
2. Utiliza la herramienta recta ( ) para trazar la recta que une estos puntos. Puedes comprobar que Geogebra no solo la dibuja sino que además escribe su expresión algebraica en el margen derecho. ¿Cuál es la pendiente de esta recta? ¿Y la ordenada en el origen?
3. Utiliza la información gráfica y algebraica para contestar a las siguientes preguntas:
   a) ¿Cuánto baja la temperatura de este material cada minuto?
   b) ¿A qué temperatura estaba el material al inicio del experimento?
   c) ¿En qué momento alcanza los 0 °C?
   d) ¿Qué temperatura tendrá cuando hayan transcurrido 20 minutos?

Evaluación

1. Resuelve la siguiente resta de polinomios:

$$(x^3 + 3x^2 - x + 12) - (2x^3 - x + 5)$$

a) $-x^3 + 3x^2 + 7$

b) $-x^3 + 3x^2 - 2x + 7$

c) $-x^3 + 3x^2 - 7$

d) $x^3 + 3x^2 + 7$

2. Resuelve la siguiente multiplicación de polinomios:

$$(x^3 + 2x - 3) \cdot (x^2 - 5x)$$

a) $2x^5 - 5x^4 + 2x^3 - 13x^2 + 15x$

b) $x^5 - 5x^4 + 2x^3 - 15$

c) $x^5 - 5x^4 + 2x^3 - 7x^2 + 15x$

d) $x^5 - 5x^4 + 2x^3 - 13x^2 + 15x$

3. Resuelve la siguiente ecuación:

$$x - 4(x + 1) = 3x + 8$$

a) $x = 1$

c) $x = 2$

b) $x = -1$

d) $x = -2$

4. Resuelve la siguiente ecuación:

$$\frac{2x+1}{5} - 1 = \frac{3x-6}{4}$$

a) $x = 1$

c) $x = 2$

b) $x = -1$

d) $x = -2$

5. Resuelve la siguiente ecuación de segundo grado:

$$x^2 - 12x + 35 = 0$$

a) No tiene solución

b) –7 y 5

c) 5 y 7

d) 10 y 14

6. Resuelve el siguiente sistema de ecuaciones utilizando el método que prefieras:

$$\left.\begin{aligned} 2x + 5y &= -4 \\ 4x - 2y &= 16 \end{aligned}\right\}$$

a) $x = -5;\ y = 1$

c) $x = 5;\ y = -1$

b) $x = 3;\ y = -2$

d) $x = 3;\ y = 2$

7. Cada paquete de cuatro yogures tiene un precio de 1 €, y el de cuatro flanes, 1,20 €. Si he comprado flanes y yogures y me he gastado 8 € y 60 céntimos en 32 unidades en total, ¿cuántos flanes y cuántos yogures he comprado?

a) 20 yogures y 12 flanes

b) 12 yogures y 20 flanes

c) 16 yogures y 16 flanes

d) 32 yogures y 0 flanes

8. Indica con qué expresión algebraica se corresponde la tabla de datos siguiente:

a) $y = 2x - 1$

b) $y = -x^2 + 1$

c) $y = x^2 + 1$

d) $y = x^2 - 1$

x	y
–1	0
2	3
4	15

9. En una página web de venta en internet venden fundas para teléfonos móviles a 5,80 € la unidad. Los gastos de envío son siempre 8 €, independientemente del número de fundas que pidas. Escribe la expresión algebraica que resume la relación entre el precio total a pagar en euros (C) y el número de fundas que se compran (n):

a) $C = 5{,}80n$

b) $C = 8n + 5{,}80$

c) $C = 5{,}8n + 8$

d) $C = n + 5{,}80$

10. Indica qué recta de las siguientes se corresponde con la función $y = -2x + 6$

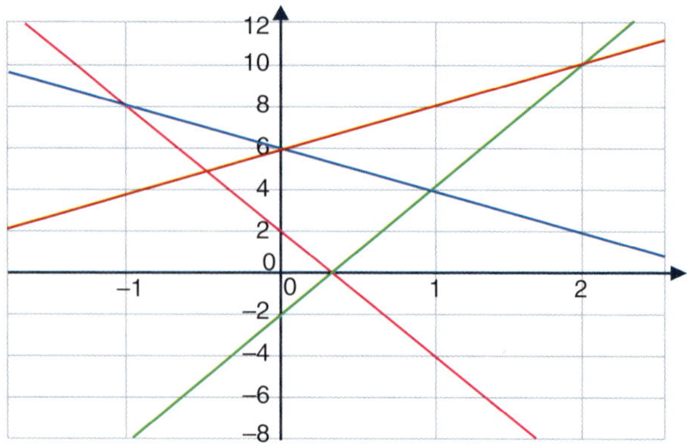

a) Recta roja

b) Recta azul

c) Recta verde

d) Recta rosa

Resumen

El **lenguaje algebraico** nos permite utilizar cantidades desconocidas o valores genéricos en nuestro trabajo matemático. Representamos estas cantidades mediante letras denominadas **variables** o **incógnitas.** Al conjunto de letras y números multiplicados entre sí se le denomina **monomio.**

En un monomio, las letras se denominan **parte literal** y los números que las multiplican, **coeficientes.** Sumando y restando monomios construimos **polinomios.**

Una igualdad entre expresiones algebraicas que solo se cumple para determinados valores de la variable es una **ecuación**. Buscar los valores de esta variable, a la que llamaremos **incógnita,** es resolver la ecuación. Para ello trataremos de encontrar ecuaciones equivalentes a la inicial pero más sencillas.

Cuando la incógnita está elevada a 1 diremos que la ecuación es **lineal o de primer grado.** Si aparece elevada a 2 entonces será una **ecuación de segundo grado.**

Un **sistema de ecuaciones lineales** es un conjunto de dos (o más) ecuaciones en las que aparecen dos (o más) incógnitas. Estas ecuaciones tienen que ser lineales, es decir, de grado 1. Para resolver sistemas de ecuaciones lineales disponemos de tres métodos distintos: **igualación, sustitución y reducción.** No todos los sistemas tienen solución única. Algunos tienen infinitas soluciones y otros no tienen ninguna.

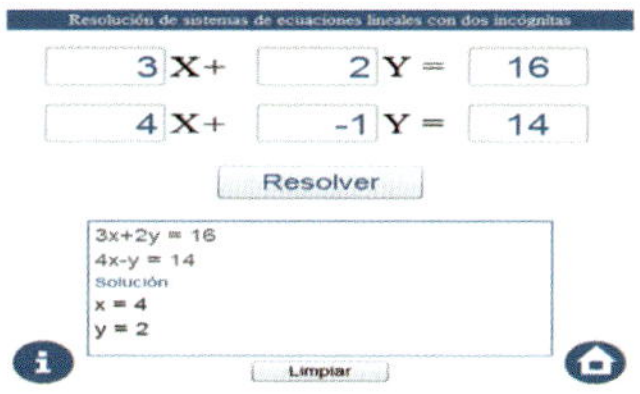

Una **función** es una relación entre dos variables que hace corresponder a cada valor de una de ellas **(variable independiente)** un único valor de la otra **(variable dependiente).** Puede expresarse mediante una expresión algebraica, una tabla de valores o una representación gráfica. Las funciones más sencillas son las **funciones afines** cuya representación gráfica es una recta y cuya expresión algebraica es siempre de la forma: $y = mx + n$ (m = pendiente; n = ordenada en el origen).

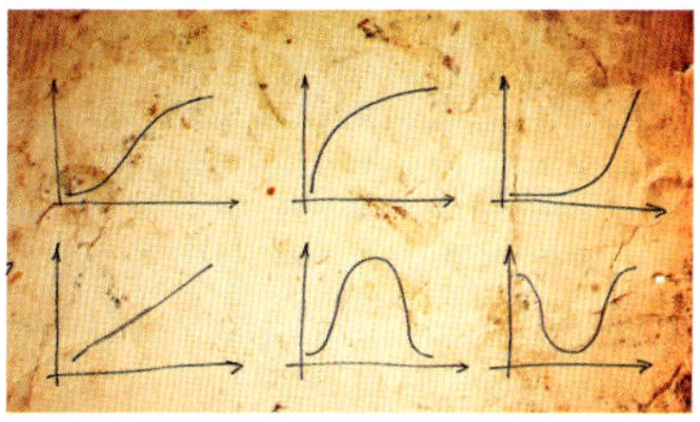

Mis progresos

Unidad 4	¡Soy muy competente!	Soy competente, pero puedo mejorar	Soy competente, pero debo mejorar	Me faltan competencias. ¡Debo esforzarme mucho más!
¿Sé aplicar lo aprendido?	Sé expresar funciones mediante una tabla de valores, una representación gráfica o una expresión algebraica y las utilizo para analizar situaciones reales analizando sus principales características.	Sé expresar funciones mediante una tabla de valores, una representación gráfica o una expresión algebraica aunque tengo alguna dificultad para utilizarlas en el análisis de situaciones reales.	Sé expresar funciones mediante una tabla de valores, una representación gráfica o una expresión algebraica aunque tengo dificultades para pasar de una forma a otra.	No sé expresar funciones mediante tablas de valores, representaciones gráficas o expresiones algebraicas.
Sé hacer…	Traduzco situaciones de la vida cotidiana al lenguaje algebraico y opero correctamente con monomios y polinomios.	Traduzco con alguna dificultad situaciones de la vida cotidiana al lenguaje algebraico y opero correctamente con monomios y polinomios.	Tengo muchas dificultades para traducir situaciones cotidianas al lenguaje algebraico y opero correctamente con monomios y polinomios.	No soy capaz de traducir situaciones de la vida cotidiana al lenguaje algebraico ni operar con monomios ni polinomios.
La tecnología y yo…	Traduzco situaciones de la vida cotidiana al lenguaje algebraico y opero correctamente con monomios y polinomios.	Utilizo con soltura Geogebra, WIRIS u otra herramienta similar para representar funciones y resolver ecuaciones.	Utilizo con dificultad Geogebra, WIRIS u otras herramientas similares para representar funciones y resolver ecuaciones.	No sé utilizar ninguna herramienta informática para representar funciones y resolver ecuaciones.
¿Sé trabajar en grupo?	Asumo mi rol sin interferir en el trabajo de los demás y aporto ideas al grupo.	Asumo mi rol y aporto ideas al grupo, pero suelo interferir en el trabajo de los demás.	Asumo mi rol, no aporto ideas al grupo e interfiero en el trabajo de los demás.	No asumo mi rol e interfiero en el trabajo de los demás sin aportar ideas al grupo.

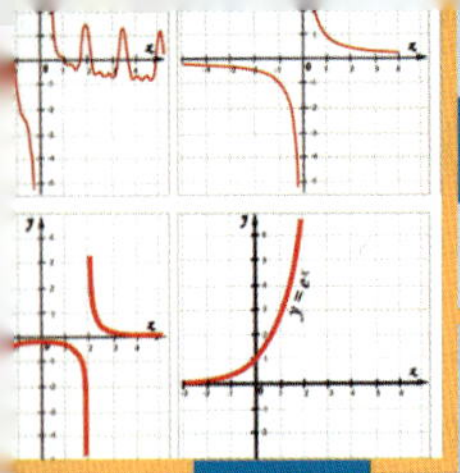

Uso responsable de las redes sociales

Ni chivatos ni policías: cibermediadores

«Los Mossos d'Esquadra nos enseñaron a vigilar con quién hablamos, a no pasar fotos a desconocidos», explica Laura H., estudiante de 16 años del Instituto Badía del Vallés y cibermediadora en este centro, situado a 15 kilómetros de Barcelona, con altas tasas de conflictividad, fracaso y absentismo. El equipo directivo (...) inició un servicio de mediación de alumnos de 3º y 4º de secundaria que se ha extendido a 58 institutos catalanes con 700 cibermediadores. Tras dos años en esto, Laura ha visto que sus compañeros confían más en ella que en los adultos.

«Cualquier iniciativa que no cuente con los alumnos, seguro que fracasará», añade Antonio Martínez Ramos, director del Instituto Parque Goya (Zaragoza). «Estos chicos no son chivatos, no son policías. Es solo que son capaces de detectar mejor que nosotros los temas graves», añade. Ambos centros son pioneros en la formación de ciberayudantes y explicaron este martes su experiencia en unas jornadas sobre convivencia en centros educativos organizadas por el Ministerio de Educación. (...)

Un perfil con permiso paterno

«La identidad de un adolescente es su móvil y su perfil en redes sociales», destacó en las jornadas la directora de Agencia Española de Protección de Datos (AEPD), Mar España. (...)

La responsable de la AEPD ofreció algunos datos. Según la Comisión Europea, los niños empiezan a navegar con siete años. Entre los 10 y los 15 usan las tecnologías de forma «casi universal», dijo citando al Instituto Nacional de Estadística. Un tercio contacta con personas que no conocen, alerta el Ministerio del Interior. El 10 % manifestó que había sufrido acoso por las redes sociales, según un estudio del Instituto Vasco de Investigación. Dos de cada tres chavales tienen perfiles en las redes sociales, aunque no pueden abrirlas sin permiso paterno antes de los 14. Una de las medidas en las que quiere trabajar la agencia, de hecho, es reclamar a las redes que solo permitan habilitar una cuenta a quien facilite su DNI.

Extraído de <www.elpais.com>. Pilar Álvarez. 14/10/2015

Antes del proyecto

Lee atentamente el texto y contesta a las siguientes preguntas:

1. Según el Instituto Nacional de Estadística, ¿qué porcentaje de jóvenes de entre 10 y 15 años contacta con personas que no conocen a través de redes sociales? ¿Cuántos han sufrido algún tipo de acoso?
2. Comenta la siguiente frase: «La identidad de un adolescente es su móvil y su perfil en redes sociales». ¿Qué crees que quiere decir? ¿Estás de acuerdo?
3. Pregunta a tus compañeros: ¿Cuántos usáis habitualmente alguna red social? ¿Cuál es la que más usáis? ¿Creéis que vuestro uso es responsable?

Lo que tenemos que hacer

Para concienciar de la importancia del uso responsable de las redes sociales, vuestra asociación va a diseñar y vender unas camisetas sobre este tema. Tendréis que elegir un lema para la campaña y calcular qué opción es la más conveniente para imprimir las camiseta.

Pasos a seguir

Paso 1. Elegir el mensaje

Lo primero es concretar qué mensaje queréis transmitir. Para ayudaros os presentamos algunas opciones. Elegid una de las siguientes propuestas o cread un mensaje propio si lo preferís:

a) No es legal crearse un perfil en una red social si eres menor de 14 años.

b) Nunca hay que contactar con desconocidos a través de una red social.

c) Si te metes en problemas en las redes sociales, debes buscar ayuda.

d) No debemos utilizar las redes sociales para insultar o molestar a los demás.

e) Si sufres acoso a través de las redes sociales, debes denunciar.

Paso 2. Crear un lema

Para que una campaña funcione es fundamental que el mensaje sea claro y sencillo. Para ello, lo mejor es elegir un buen lema. Buscad una frase sencilla y fácil de recordar que sintetice el mensaje que habéis elegido en el paso anterior.

IMPRENTA A

PRECIO FIJO: 40 €
PRECIO POR CAMISETA: 2 €

IMPRENTA B

PRECIO FIJO: 15 €
PRECIO POR CAMISETA: 2,5 €

Paso 3. ¿Dónde imprimimos las camisetas?

Encontráis dos ofertas para imprimir las camisetas. En ambas se cobra una cantidad fija para la pantalla de impresión y luego un precio por cada camiseta que se imprime.

1. Completad una tabla como la de la derecha calculando el precio que costaría imprimir las camisetas indicadas para cada una de las ofertas.

Camisetas	Precio
10	CUADERNO
50	
100	
150	

2. Representad ambas tablas en un mismo eje de coordenadas y contestad a las siguientes preguntas:
   a) ¿Qué opción es más barata para imprimir 40 camisetas?
   b) ¿Qué opción es más barata para imprimir 90 camisetas?
   c) ¿Qué opción es más barata para una cantidad pequeña de camisetas? ¿A partir de qué precio cambia esta opción?
3. Decidid cuántas camisetas imprimiríais pensando en los datos reales de vuestro instituto. ¿En qué imprenta lo haríais? ¿A qué precio venderíais cada camiseta?

Organizamos la información: presentación y conclusiones

Ordenad toda la información de los pasos uno, dos y tres e incorporadla como una nueva entrada en el blog de vuestra asociación. Incluid algunos datos sobre uso de redes por adolescentes y un anuncio de la camiseta con el precio que habéis decidido.

5 Estadística y probabilidad

En esta unidad

1. ¿Qué es la estadística?
2. Tablas de frecuencias
3. Agrupación de datos en intervalos
4. Representación gráfica
5. Medidas de centralización
6. Medidas de dispersión
7. El azar
8. Técnicas de recuento
9. La regla de Laplace

	Vamos a aprender a...	Competencias
Saberes científicos	– Conocer y distinguir el significado de población, muestra e individuo. – Clasificar las variables estadísticas en cualitativas, cuantitativas discretas y cuantitativas continuas. – Reconocer situaciones aleatorias y distinguirlas de los fenómenos deterministas. – Asignar probabilidades a los sucesos de situaciones aleatorias sencillas mediante la regla de Laplace, utilizando diagramas en árbol y tablas de contingencia para el recuento de posibles resultados.	CMCT
Lectura y comprensión	– Emplear un vocabulario adecuado para describir, analizar e interpretar información estadística. – Interpretar gráficos estadísticos sencillos recogidos de internet, medios de comunicación o de elaboración propia. – Conocer y utilizar adecuadamente el vocabulario propio para describir y analizar situaciones relacionadas con el azar.	CMCT CCL
Tratamiento de la información y competencia digital	– Organizar datos utilizando tablas de frecuencias y representaciones gráficas adecuadas. – Calcular las medidas de centralización (media, moda y mediana) y dispersión (rango y desviación típica) para estudiar datos de situaciones reales. – Emplear la calculadora, hojas de cálculo y otras herramientas tecnológicas para organizar datos, generar gráficos estadísticos y calcular las medidas de tendencia central y dispersión de variables estadísticas cuantitativas. – Utilizar las tecnologías de la información y de la comunicación para comunicar información resumida y relevante sobre una variable estadística analizada.	CMCT CD
Aprende a aprender ciencia	– Aplicar la relación entre estadística y probabilidad para deducir probabilidades de sucesos reales a partir de frecuencias relativas. – Valorar la necesidad de disponer de herramientas de recuento apropiadas para analizar de forma sistemática situaciones de resultados combinados.	CMCT CPAA
La ciencia en la sociedad	– Analizar y comprender problemas de la vida cotidiana relacionados con el azar. – Reconocer la utilidad de la estadística y las representaciones gráficas para el estudio y la representación de fenómenos y problemas de la vida cotidiana.	CMCT CSC CEC
Proyecto: Tu asociación de alumnos	– Extraer información de la lectura de textos y el análisis de mapas. – Buscar y ampliar información sobre un tema para elaborar una opinión razonada y coherente. – Utilizar tablas para organizar y resumir la información. – Publicar y compartir información en internet.	CMCT CSC SIE

Antes de comenzar

La estadística es una de las herramientas más útiles que nos ofrecen las Matemáticas para entender nuestro entorno. Internet, la televisión, los periódicos..., continuamente nos ofrecen datos para intentar mostrarnos lo que está ocurriendo o ha ocurrido a nuestro alrededor. Utilizando la estadística estos datos se vuelven comprensibles y nos permiten analizar la realidad que nos rodea. Además, gracias a la probabilidad podemos realizar predicciones basándonos en estudios estadísticos previos o mediante técnicas de recuento que nos permitan valorar todas las opciones de una situación cuyo resultado no conocemos con seguridad.

En esta unidad aprenderemos a utilizar ambas, la estadística y la probabilidad, para aumentar nuestra capacidad de gestionar y comprender el gran volumen de información que tenemos a nuestro alcance.

Actividades

- Estas son las notas que ha obtenido Mónica en los exámenes de Matemáticas que ha hecho en esta evaluación: 8, 3, 5, 6, 5, 7. ¿Cuál es su nota media?
- En la siguiente figura está representado el resultado de una encuesta en la que se ha pedido a un grupo de alumnos que valoren las jornadas culturales que se han organizado en el instituto:

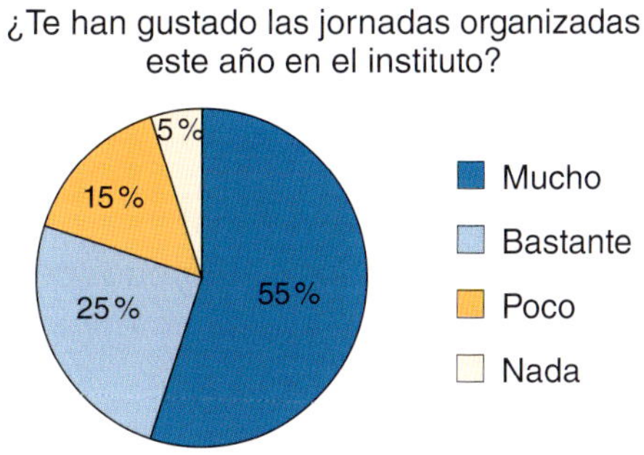

  – ¿Qué tipo de diagrama es?
  – ¿Qué piensa la mayoría de alumnos?
  – Compara los resultados positivos («Mucho» y «Bastante») con los negativos («Poco» y «Nada»). ¿Qué porcentaje de alumnos hay en cada caso?
- Si tiramos dos monedas al aire:
  – ¿Es igual de probable obtener dos caras que dos cruces?
  – Y obtener una cara y una cruz, ¿es más o menos probable que las situaciones anteriores? Justifica tu respuesta.

1. ¿Qué es la estadística?

La estadística es la ciencia que trata de obtener información a partir de grandes conjuntos de datos.

Su trabajo se centra en los siguientes aspectos:

- Recoger información de forma ordenada y rigurosa.
- Ordenar esa información para facilitar su uso y comprensión.
- Elaborar conclusiones a partir de esos datos.
- Realizar estimaciones y predicciones.

1.1. Población y muestra

El conjunto de personas, animales u objetos que se somete a un estudio estadístico se denomina **población.**

EJEMPLOS

- Cuando un profesor analiza las notas de su grupo, la población está formada por todos los alumnos de ese grupo.
- Cuando se realiza una encuesta sobre intención de voto, la población está compuesta por las personas con derecho a voto en esas elecciones.

Cuando la población es muy numerosa, los datos suelen recogerse de una parte de la misma denominada **muestra.**

EJEMPLO

En las situaciones anteriores, en el primer caso sería razonable estudiar la población al completo (la clase completa serían unos 30 alumnos como mucho); en el segundo caso lo razonable es estudiar únicamente una parte de la población total.

La elección de la muestra es fundamental para la calidad de un estudio estadístico. Cuando una muestra está bien seleccionada, se dice que es representativa de la población.

1.2. Variables estadísticas

La característica de los miembros de la población objeto de nuestro estudio estadístico se denomina **variable estadística.**

Adopta valores distintos para diferentes individuos y según sean estos valores se clasifica en:

- **Cualitativas:** los valores no son numéricos. Por ejemplo, el color de los ojos (marrón, azul, verde...), la opinión sobre algo (bien, mal, regular...) o el estado civil (soltero, casado, separado...) son variables estadísticas cualitativas.
- **Cuantitativas:** sus posibles valores son números. Existen dos tipos:
  - **Cuantitativas discretas.** No existen valores intermedios entre dos valores consecutivos. Por ejemplo, el número de hermanos o los coches por familia son variables estadísticas cuantitativas discretas.
  - **Cuantitativas continuas.** Siempre es posible encontrar un valor entre otros dos dados. La estatura de una persona o la velocidad de una partícula son variables estadísticas cuantitativas continuas.

!

La importancia de la estadística

Los métodos estadísticos se pueden aplicar en innumerables situaciones. Por ello la estadística está presente no solo en las ciencias naturales (física, medicina, biología...) o en las ciencias sociales (sociología, educación, economía...), sino también en nuestra vida cotidiana a través de los medios de comunicación, de internet, de los recursos tecnológicos, etc.

a Actividades y tareas

1. Clasifica las siguientes variables estadísticas en cualitativas, cuantitativas discretas y cuantitativas continuas:

   a) El color de los ojos de cada persona.

   b) El precio del m^2 de vivienda en cada barrio.

   c) El tipo de combustible que utiliza cada coche.

   d) Los libros que ha leído cada persona en el último mes.

   e) La temperatura media diaria en un municipio.

   f) El número de vehículos que utilizan cada día una autopista.

2. Analiza los siguientes ejemplos de estudios estadísticos y completa la tabla en tu cuaderno indicando en cada caso cuál es la población, la muestra (si hay), la variable estadística y el tipo de dicha variable.

Estudio estadístico	Población	Muestra	Variable	Tipo de variable
Una encuesta electoral en la que se pregunta a 2000 personas a qué partido van a votar en las próximas elecciones.				
En un instituto se evalúa el rendimiento de los 15 alumnos de PMAR I analizando las notas de todos ellos.				
Una empresa registra el navegador con el que acceden todos los usuarios a su web.				
Un profesor pide a un grupo de 20 alumnos que califiquen una actividad entre 0 y 10 para valorar la opinión de los 90 alumnos que han participado en ella.		CUADERNO		
Un grupo de biólogos registra el número de crías en cada uno de los nidos de buitre negro en un parque natural.				
Un periódico realiza un reportaje sobre el mundo laboral preguntando a 500 trabajadores por su sueldo.				
En un hospital registran la estatura de todos los recién nacidos en el mismo.				

3. Indica en los siguientes casos si consideras más oportuno estudiar la población al completo o utilizar una muestra. Justifica tu respuesta.

   a) Resultados en Matemáticas en una clase.

   b) Satisfacción de los usuarios de Google.

   c) Profesores de cada asignatura en una comunidad autónoma.

   d) Ventas de los distintos modelos de móviles.

   e) Audiencias televisivas.

   f) Valoración de una obra de teatro por los espectadores.

Trabajo cooperativo

4. Para realizar esta actividad debéis trabajar en grupos de dos o tres personas.

   a) Buscad en grupo casos de estadística presentes en vuestro entorno: noticias en prensa, televisión, internet, encuestas, etc.

   b) Siguiendo las instrucciones de vuestro profesor o profesora, formad nuevos grupos de manera que no coincidáis con vuestros compañeros del apartado anterior. Compartid los ejemplos que habéis encontrado e indicad en cada uno de ellos la población objeto del estudio, la muestra (si existe), la variable estadística y el tipo al que pertenece.

2. Tablas de frecuencias

Para ordenar los datos obtenidos en un estudio estadístico se utiliza una tabla denominada tabla de frecuencias. En ella reflejamos qué resultados son más habituales y cuales lo son menos. Para ello, cada posible valor de la variable aparece acompañado de una serie de frecuencias.

2.1. Frecuencia absoluta (*f*)

Es el número de veces que aparece cada valor de la variable estadística. Si sumamos todas las frecuencias absolutas obtenemos el número total de datos que hemos recogido.

2.2. Frecuencia acumulada (*F*)

La frecuencia acumulada de un determinado valor es la suma de su frecuencia absoluta con las frecuencias absolutas de los valores inferiores a él.

2.3. Frecuencia relativa (*h*)

Se obtiene dividiendo la frecuencia absoluta entre el número total de datos. La suma de todas las frecuencias relativas debe ser 1.

2.4. Porcentaje

Multiplicando por 100 la frecuencia relativa obtenemos el porcentaje respecto al total de datos que supone cada uno de los valores de la variable. La suma de todos los porcentajes es 100.

EJEMPLO

Preguntamos a 20 personas por el número de dispositivos móviles (teléfonos y tabletas) que hay en su casa. Nuestra variable, número de dispositivos móviles en cada casa, es una variable cuantitativa discreta. Obtenemos las siguientes respuestas:

3	4	4	6	3	5	4	5	4	5
3	2	4	2	5	4	2	4	3	6

Para ordenar esta información ordenamos estos datos en una tabla de frecuencias como la siguiente:

En la segunda columna escribimos la frecuencia absoluta de cada valor de la variable (las veces que hemos obtenido esa respuesta).

Sumando a cada frecuencia absoluta las frecuencias de los valores inferiores obtenemos la frecuencia acumulada.

En la primera columna escribimos todos los posibles valores de nuestra variable *x*.

Valores	*f*	*F*	*h*	Porcentaje
2	3	3	3/20	15 %
3	4	7	4/20 = 1/5	20 %
4	7	14	7/20	35 %
5	4	18	4/20 = 1/5	20 %
6	2	20	2/20 = 1/10	10 %
Total	20		1	100 %

Dividiendo la frecuencia absoluta entre el número total de datos obtenemos la frecuencia relativa.

Multiplicando la frecuencia relativa por 100 obtenemos el porcentaje correspondiente a cada valor de la variable.

a Actividades y tareas

1. Observa la tabla del ejemplo de la página anterior y responde a las siguientes preguntas:
   a) Según esa encuesta, ¿cuál es el número de dispositivos móviles más habitual?
   b) ¿Qué es más habitual, tener 2 o 6 dispositivos móviles en una casa?
   c) ¿Qué porcentaje de encuestados declara tener 5 dispositivos móviles en casa?
   d) ¿Qué fracción de encuestados tiene 4 o menos dispositivos móviles?
   e) ¿Qué porcentaje tiene 5 o más dispositivos móviles?

2. Una compañía de telecomunicaciones realiza una encuesta a 500 clientes para valorar su satisfacción con el servicio de conexión a internet. En esta encuesta les pide que valoren este servicio asignándole un valor entre 1 (muy disconforme) y 5 (muy satisfecho). La siguiente tabla muestra los resultados obtenidos:
   a) ¿Cuál es la variable estadística? ¿De qué tipo es?
   b) Completa en tu cuaderno la tabla de frecuencias añadiendo las columnas correspondientes a las frecuencias acumuladas, las frecuencias relativas y los porcentajes.
   c) ¿Qué fracción de clientes ha calificado con la máxima puntuación el servicio de conexión a internet?
   d) Si en la empresa consideran como valoración negativa 3 o menos, ¿qué porcentaje de clientes han valorado negativamente el servicio?

Valores	*f*
1	145
2	98
3	25
4	179
5	53
Total	500

3. La tabla de la derecha muestra los datos de los 10 juegos con más propietarios en la plataforma Steam a principios de 2015.
   a) ¿Cuál es la variable estadística? ¿De qué tipo es?
   b) Completa en tu cuaderno la tabla de frecuencias con las frecuencias acumuladas y relativas y los porcentajes.
   c) ¿Cuántos propietarios acumulan entre todos los juegos?
   d) ¿Qué porcentaje de estos propietarios lo son del juego más popular?
   e) ¿Qué porcentaje de jugadores acumulan entre los tres primeros juegos?
   f) ¿Qué diferencia en porcentaje hay entre el primer juego y el último juego de esta lista?

Juego	Propietarios
DOTA 2	58 562 308
Team Fortress 2	31 097 789
Unturned	19 226 823
Counter-Strike: GO	18 593 687
Counter-Strike: Source	14 471 946
Garry's Mod	13 802 077
Warframe	12 032 992
The Elder Scrolls V: Skryim	10 689 731

4. A continuación puedes ver las notas obtenidas en la asignatura de Matemáticas en un grupo de 28 alumnos.

8	6	5	7	7	2	9	1	2	8	4	5	7	5
5	6	10	3	9	7	8	4	4	6	5	6	3	8

   a) ¿Cuál es la variable estadística en este caso? ¿De qué tipo es?
   b) Ordena los datos en una tabla de frecuencias.
   c) ¿Cuál ha sido la nota más frecuente en esta clase?
   d) ¿Qué diferencia en porcentaje hay entre la primera y la segunda nota más frecuente?
   e) ¿Qué porcentaje de alumnos ha suspendido?
   f) ¿Qué fracción de alumnos ha sacado una nota superior a 8?

3. Agrupación de datos en intervalos

En una empresa quieren realizar un estudio estadístico sobre el tiempo que tardan sus empleados en llegar a su lugar de trabajo cada mañana. Preguntan a una muestra de 30 empleados y obtienen los datos recogidos en el margen. Observa que si ordenamos estos datos en una tabla de frecuencias tendremos una tabla muy grande en la que la mayor parte de los valores aparecerán con una frecuencia absoluta de 1 o 2 casos, ya que aunque muchos valores son muy parecidos, apenas hay resultados repetidos en esta distribución.

Para poder analizar estos datos de una forma más cómoda y eficiente vamos a **agruparlos en intervalos.** Esto es conveniente siempre que nuestra variable estadística adopte muchos valores distintos casi sin repeticiones. Esta situación se da especialmente con variables cuantitativas continuas donde podemos tener muchos valores distintos aunque muy próximos.

!

Tiempo que tardan en llegar al trabajo 30 trabajadores (en minutos)

22	41	46
33	74	28
17	41	18
24	16	45
8	37	26
54	40	31
17	21	51
44	58	27
48	54	76
39	60	65

3.1. Intervalos

En este caso vamos a agrupar los datos de 10 en 10 minutos. Nuestro primer intervalo irá entonces desde los 0 minutos a los 10 minutos. El segundo, de 10 a 20 minutos y así sucesivamente.

Es muy importante decidir en qué intervalo están incluidos los extremos. Para ello usamos corchetes y paréntesis para representar los intervalos. Un paréntesis indica que el extremo no está incluido mientras que un corchete sí lo incluye. Por ejemplo, si en nuestro caso queremos que en cada intervalo el extremo inferior no esté incluido y el exterior sí, nuestros intervalos serán:

(0,10] (10,20] (20,30] (30,40] etc.

Esto nos indica que un trabajador que tarda 10 minutos se incluye en el primer intervalo mientras que uno que tarda 40 minutos se contará en el cuarto.

3.2. Marca de clase

Cada intervalo tiene un valor asociado llamado **marca de clase** que representa a todos los datos incluidos en él. Para calcular la marca de clase hay que hallar el valor intermedio del intervalo, es decir, el que está a la misma distancia del extremo inferior y del extremo superior.

Por ejemplo, para el intervalo (0,10] la marca de clase es 5. Para (10,20] es 15, y así sucesivamente. Esta marca de clase se incluye en la tabla de frecuencias justo a continuación de los intervalos:

Intervalo	Marca de clase	*f*	*F*	*h*	Porcentaje
(0,10]	5	1	1	1/30	3,3 %
(10,20]	15	4	5	2/15	13,3 %
(20,30]	25	6	11	1/5	20 %
(30,40]	35	5	16	1/6	16,7 %
(40,50]	45	6	22	1/5	20 %
(50,60]	55	5	27	1/6	16,7 %
(60,70]	65	1	28	1/30	3,3 %
(70,80]	75	2	30	1/15	6,7 %
	Total	30		1	100 %

!

Marca de clase

Para calcular la marca de clase de un intervalo basta con sumar sus extremos y dividirlos entre dos:

$$\text{M. de clase} = \frac{\text{Ext. inferior} + \text{Ext. superior}}{2}$$

a Actividades y tareas

1. Los siguientes datos muestran las horas semanales dedicadas al estudio por 30 alumnos de PMAR I:

14,5	13,5	10	20,5	8,5	25	9	12,5	14	26
4	11	14	21,5	20,5	7	18	17,5	19	6
14	17	18	29	10	15	15,5	23	27	19

a) Completa en tu cuaderno la siguiente tabla de frecuencias agrupando los datos en los intervalos indicados:

Intervalo	Marca de clase	*f*	*F*	*h*	Porcentaje
(0,5]					
(5,10]					
(10,15]					
(15,20]					
(20,25]					
(25,30]					
	Total				

CUADERNO

b) ¿Qué significado tiene el uso de corchetes o paréntesis en la definición de los intervalos?

c) ¿En qué intervalo se encuentra el mayor número de alumnos? ¿Qué porcentaje suponen del total?

d) ¿Qué porcentaje del total suponen los alumnos que estudian 5 horas o menos a la semana?

e) ¿Y 15 horas o menos a la semana?

2. En un equipo de baloncesto el entrenador ha registrado el tiempo de juego que cada jugador ha estado en la cancha durante el último partido. Esto son los datos de los 12 jugadores del equipo (en minutos):

38,2	3,3	31,7	1,8	15,9	13,4
15,7	21,9	15,8	24,4	25,5	32,4

a) ¿Cuál es la variable estadística? ¿De qué tipo es?

b) Elige cuatro intervalos para clasificar estos datos.

c) Calcula la marca de clase de cada intervalo.

d) Ordena los datos en una tabla de frecuencias utilizando los cuatro intervalos que has definido en los apartados anteriores.

e) ¿Qué intervalo incluye a un mayor número de jugadores? ¿Qué porcentaje suponen del total de jugadores?

f) ¿Qué porcentaje del total suponen los jugadores que han jugado menos de 5 minutos?

g) ¿Y los que han jugado más de 20 minutos?

3. La empresa propietaria de una sala de cine realiza una encuesta, a la salida de un estreno, preguntando a los asistentes por su edad (en años). Estos son los datos que obtiene:

45	34	91	56	76	40	21	14	17	22	38	28	51	72
29	31	36	39	44	65	61	51	33	16	6	14	61	26

a) Indica cuál es la variable estadística en este caso. ¿De qué tipo es?

b) Elige unos intervalos adecuados para clasificar estos datos. Justifica tu respuesta.

c) Ordena los datos en una tabla de frecuencias.

d) ¿A qué intervalo pertenecen la mayoría de los encuestados? ¿Qué porcentaje suponen respecto del total?

e) ¿Qué intervalo es el que incluye menos espectadores? ¿Qué porcentaje suponen respecto del total?

4. Representación gráfica

Como puedes comprobar a tu alrededor, la forma más habitual de presentar estudios estadísticos es mediante representaciones gráficas. Los periódicos, los telediarios, etc., utilizan continuamente gráficos estadísticos que transmiten las conclusiones fundamentales de sus estudios de forma visual.

Para que un gráfico estadístico sea eficaz y transmita mucha información en poco tiempo, debe cumplir las siguientes normas:

- Presentar la información de forma sencilla, clara y precisa.
- Permitir comparar datos sin inducir errores.
- Mostrar la evolución y tendencias de los datos de forma clara.
- Que la presentación sea agradable y capte la atención del lector sobre los aspectos más importantes.

Existen distintos gráficos estadísticos. Para elegir el más adecuado para cada caso vamos a estudiar los principales tipos.

4.1. Diagrama de barras

Representamos los datos en unos ejes perpendiculares. En uno de los ejes se representan los valores de la variable, y en el otro, una de sus frecuencias. Según lo que queramos analizar puede ser más interesante representar la frecuencia absoluta, la relativa o el porcentaje.

Lo más habitual es representar las frecuencias en el eje vertical y los valores de la variable en el horizontal, como en el siguiente diagrama de barras. No obstante, también existe la posibilidad de representar en el eje vertical los valores de la variable y trabajar con barras que crecen horizontalmente.

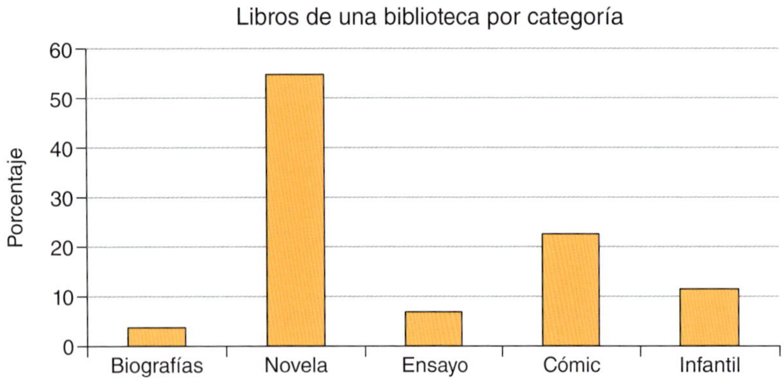

!

Leyendo el gráfico

Aunque no podamos ver los datos con total precisión, observa cómo de solo un vistazo el gráfico nos indica que la mayor parte de los libros de esta biblioteca son novelas (más del 50 %), muy por encima de la siguiente categoría, los cómics, que apenas superan el 20 %.

4.2. Histograma

Los histogramas son diagramas de barras en los que las barras aparecen unas junto a otras, sin separación entre ellas. Se utilizan para representar datos agrupados en intervalos.

Como puedes ver en el histograma de la derecha, los intervalos están uno a continuación del otro por lo que no tendría sentido separar las barras que los representan.

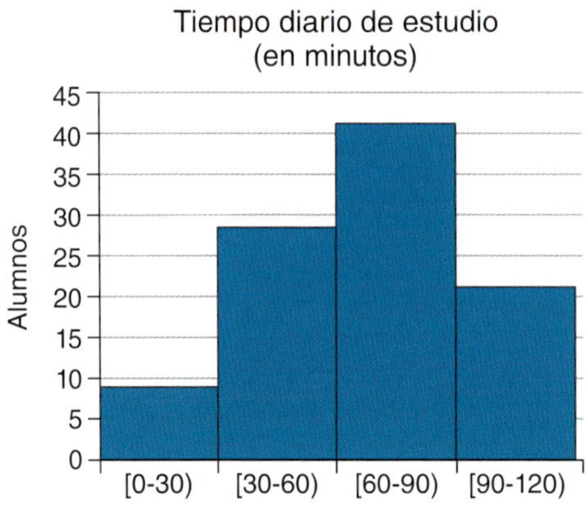

!

Leyendo el gráfico

En este caso podemos ver que la mayoría de los alumnos (más de 40) estudian entre 60 y 90 minutos al día. También podemos apreciar que el grupo menos numeroso es el que estudia entre 0 y 30 minutos.

4.3. Polígono de frecuencias

Consiste en representar nuestros datos como puntos en un diagrama de ejes cartesianos. Los valores de la variable se representan en el eje horizontal mientras que la frecuencia se representa en el eje vertical. El polígono de frecuencias es la línea que une esos puntos.

Este tipo de gráfico es muy útil cuando queremos estudiar datos recogidos a lo largo del tiempo ya que muestran claramente la tendencia y evolución de esos datos. Por ejemplo, hemos utilizado un polígono de frecuencias para representar el número de visualizaciones que tuvo un vídeo durante la primera semana en la que estuvo disponible en una plataforma digital.

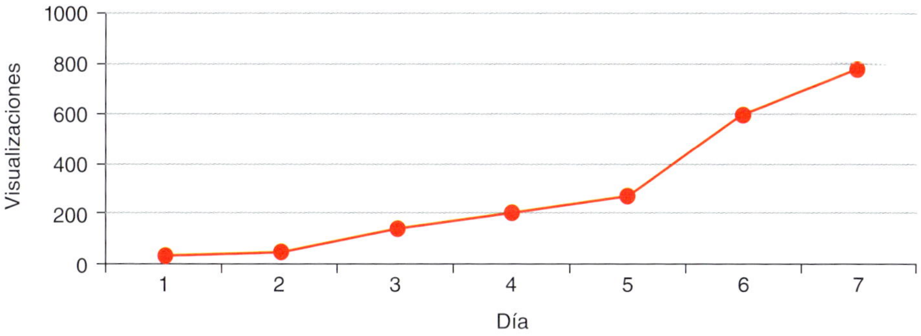

Leyendo el gráfico

Analizando el gráfico podemos apreciar fácilmente cómo las visualizaciones han ido creciendo durante toda la semana, especialmente en los últimos dos días. El mayor incremento se produjo entre el día 5 y el día 6.

4.4. Diagrama de sectores

Consiste en representar las frecuencias relativas o los porcentajes como sectores circulares. Cada sector circular es proporcional a la frecuencia o porcentaje que representa. Para calcularlo establecemos la proporción correspondiente, teniendo en cuenta que a 100 % le corresponden 360°.

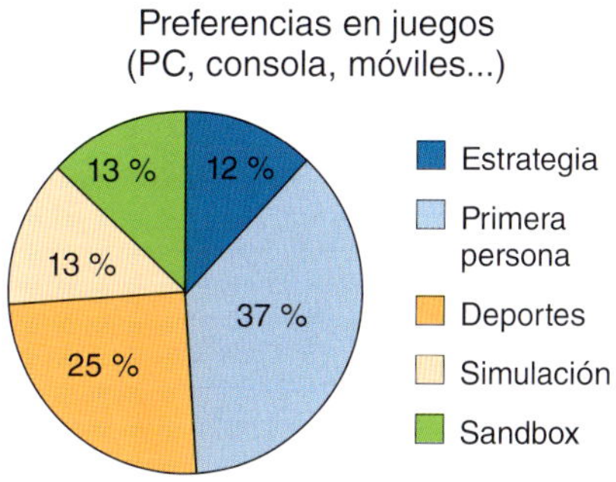

Por ejemplo, en el diagrama de sectores superior hemos calculado el ángulo correspondiente a los juegos de deportes de la siguiente manera:

$$\frac{x}{25} = \frac{360}{100} \Rightarrow x = \frac{25 \cdot 360}{100} = 90^\circ$$

Leyendo el gráfico

En el diagrama de sectores puede apreciarse que la opción mayoritaria es la de los juegos en primera persona. Además, podemos ver cómo agrupando deportes, simulación y sandbox superamos la mitad de los jugadores encuestados.

4.5. Otras representaciones gráficas

Otras representaciones gráficas que pueden resultar muy útiles son:

- **Pictograma.** Consiste en utilizar figuras relacionadas con el estudio estadístico cuyo tamaño o número es proporcional al dato que representan. Se utiliza principalmente con variables cualitativas o cuantitativas discretas. Puedes ver un ejemplo de pictograma en la figura de la derecha.
- **Cartograma.** Se trata de representar los datos referentes a distintos países o regiones utilizando un mapa. En él se colorean las zonas correspondientes según una escala que nos indica el valor de cada frecuencia. También puede escribirse este valor sobre la región para facilitar su lectura.

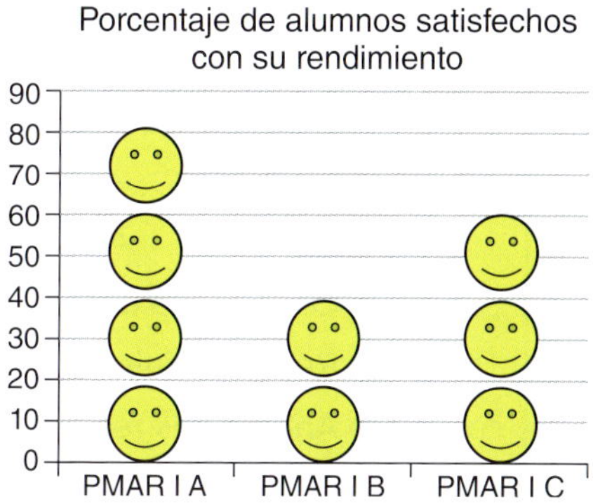

a Actividades y tareas

1. En la tabla de la derecha están resumidos los datos obtenidos en una encuesta en la que se ha preguntado a un grupo de 60 alumnos por su asignatura favorita.

   a) Completa en tu cuaderno esta tabla añadiendo la frecuencia relativa y el porcentaje.

   b) Representa gráficamente estos datos utilizando un diagrama de barras.

Asignatura	Alumnos
Ciencias Naturales	17
Ciencias Sociales	7
Inglés	8
Lengua Castellana	5
Matemáticas	8
Educación Física	15

2. Los siguientes datos muestran la duración (en minutos y segundos) de los 28 vídeos realizados por los alumnos de un grupo para un trabajo en la asignatura de inglés.

2:35	1:56	3:45	3:02	1:34	2:57	2:04	3:33	3:12	2:17	4:15	3:49	3:51	1:47
3:09	2:48	2:38	2:42	1:57	4:10	3:11	4:16	1:20	2:50	3:46	3:10	2:01	3:37

   a) Clasifica los datos utilizando intervalos de 30 segundos de amplitud.

   b) Ordena estos datos en una tabla de frecuencias.

   c) Representa estos gráficos utilizando un histograma.

   d) Analiza los datos utilizando la gráfica que has elaborado.

3. Las pirámides de población son un gráfico estadístico formado por dos histogramas horizontales opuestos. En ambos casos la longitud de las barras nos indica el porcentaje de población para cada tramo de edad. En la derecha están representados los hombres y en la izquierda las mujeres. Observa la pirámide de población de España en el año 2011.

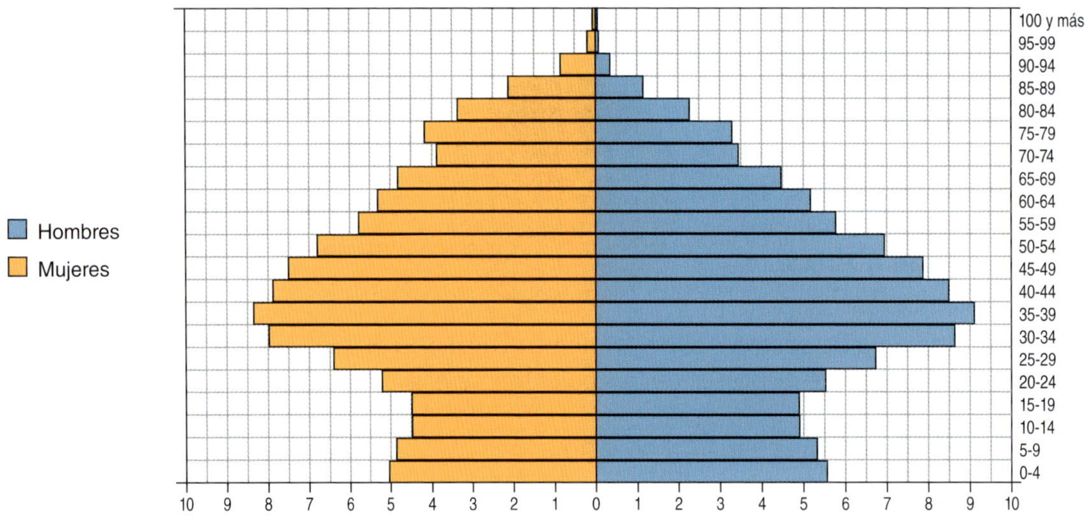

   a) Según la gráfica, ¿qué porcentaje del total de la población corresponde a hombres de entre 50 y 54 años? ¿Y a mujeres de entre 25 y 29 años?

   b) ¿Cuál es el grupo de edad más numeroso entre las mujeres? ¿Y entre los hombres?

   c) Según la gráfica, ¿ahora la natalidad es mayor o menor que en los años 70? Justifica tu respuesta.

4. Los siguientes datos recogen las notas obtenidas en un examen por un grupo de 28 alumnos:

6	4	7	7	3	8	1	9	8	5	6	5	7	6
10	9	2	5	7	7	6	7	5	2	9	4	8	9

   a) Ordena los datos en una tabla de frecuencias.

   b) Represéntalos gráficamente mediante un polígono de frecuencias.

   c) Analiza los resultados de este examen utilizando la gráfica que has dibujado.

5. El diagrama de sectores de la derecha muestra los resultados de un estudio sobre el uso de las redes sociales en el mundo. Se muestra el porcentaje de usuarios activos de las principales redes sociales respecto al total de usuarios registrados.
   a) ¿Qué red tiene un mayor porcentaje de usuarios?
   b) Si hay un total de 4 000 millones de usuarios activos, ¿cuántos usuarios utilizan Skype?
   c) ¿Qué porcentaje suman las tres redes sociales más populares?

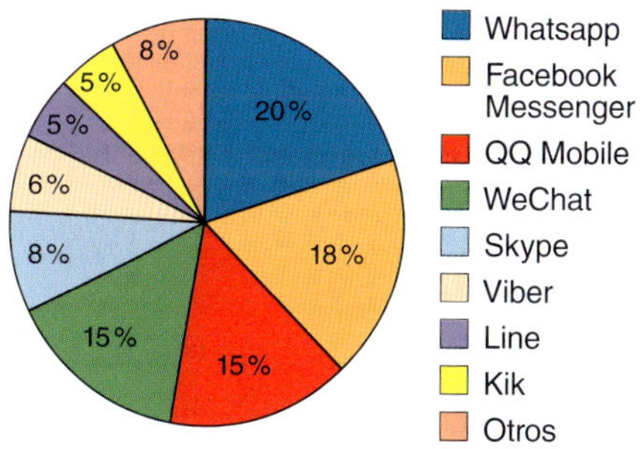

6. En el mapa de la siguiente se muestra la distribución de la población mundial en los distintos países.
   a) ¿Qué países son los más poblados del mundo?
   b) ¿Qué país de Sudamérica es el que tiene mayor población? ¿Y de África?
   c) ¿Dónde crees que la población es mayor, en Europa, en Asia o en América?

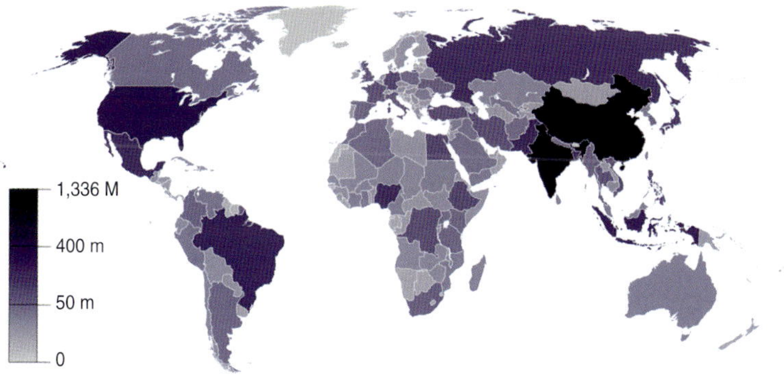

7. La imagen inferior apareció en el diario *El País* con motivo del Mundial de Baloncesto 2014. En ella se muestran los datos más importantes de los ocho equipos que alcanzaron los cuartos de final.
   a) ¿Crees que los gráficos elegidos ayudan a entender mejor la información?
   b) ¿Por qué crees que destacaron en color los datos de España y Estados Unidos?

8. Analiza los datos que aparecen en el pictograma y di si las siguientes afirmaciones son verdaderas o falsas:
   a) El único aspecto en el que España superaba a Estados Unidos es en los tapones por partido.
   b) España realizó, de promedio, cinco asistencias más por partido que Serbia.
   c) El número de rebotes por partido de Estados Unidos duplica al de Brasil.
   d) España robó más del doble de balones que Lituania.
   e) España ocupó la primera o segunda posición en todos los aspectos representados en la imagen.
   f) La diferencia en robos de balones entre Brasil y Francia fue la misma que entre Eslovenia y Turquía.

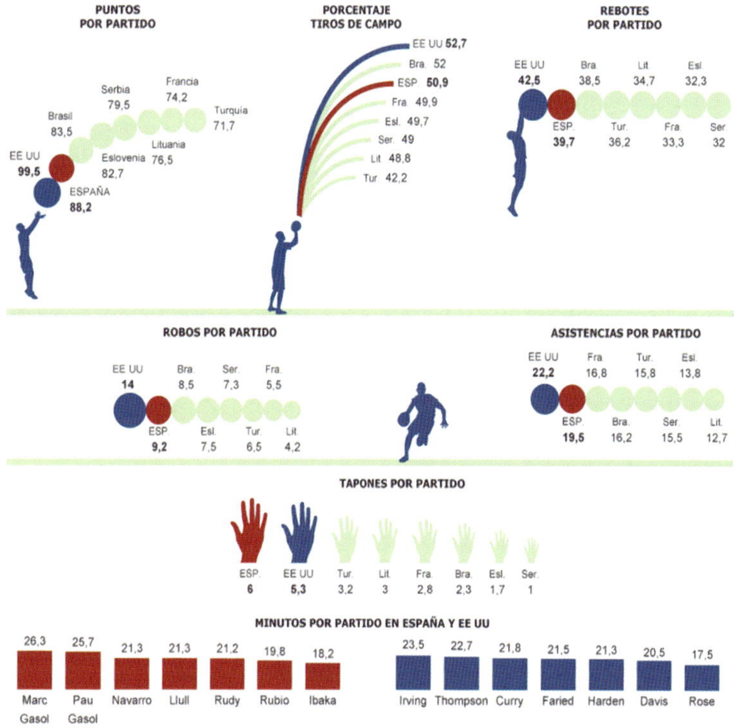

5. Medidas de centralización

Las medidas de centralización son parámetros estadísticos que nos indican en torno a qué valores se distribuyen nuestros datos. Estos parámetros son la media, la moda y la mediana.

5.1. La media

La media, llamada también media aritmética o promedio, se calcula sumando todos los datos y dividiendo entre el número total de datos que tenemos. Es un parámetro muy utilizado ya que su valor nos sirve para representar todos los datos de la distribución. Se representa como $\bar{x}$.

5.2. La moda

La moda es el dato que más veces aparece, es decir, el de mayor frecuencia absoluta. Nos sirve para detectar qué valor es el más frecuente pero no nos dice nada del resto de valores.

5.3. La mediana

Es el valor de la variable que es superior a la mitad de los datos e inferior a la otra mitad. Es decir, si ordenásemos de menor a mayor todos los datos de nuestro estudio estadístico, sería el dato que ocupara la posición intermedia.

!

Para calcular la mediana

- Si tenemos un número impar de datos, tomamos el que ocupa la posición intermedia.
- Si tenemos un número par de datos, hacemos el promedio de los dos que ocupan la posición intermedia.

EJEMPLO

Los siguientes datos muestran el número de asignaturas suspensas en la primera evaluación de un grupo de 15 alumnos:

0, 0, 1, 5, 1, 2, 0, 3, 1, 2, 2, 4, 3, 0, 5

La tabla de frecuencias sería:

Valores	f	F	h	Porcentaje
0	4	4	4/15	26,7 %
1	3	7	3/15	20 %
2	3	10	3/15	20 %
3	2	12	2/15	13,3 %
4	1	13	1/15	6,7 %
5	2	15	2/15	13,3 %
Total	15		1	100 %

Para calcular la media sumamos todos los datos y dividimos entre 15. Al tenerlos agrupados en la tabla es más fácil multiplicar cada dato por su frecuencia:

$$\text{Media} = \bar{x} = \frac{0 \cdot 4 + 1 \cdot 3 + 2 \cdot 3 + 3 \cdot 2 + 4 \cdot 1 + 5 \cdot 2}{15} = 1{,}93$$

De la tabla se deduce que la **moda** es 0, ya que es el valor que más aparece (4 veces).

Al tener un total de 15 datos, la **mediana** sería el dato que ocupa la posición 8ª. Así, estará por encima de 7 valores y por debajo de otros 7. Si ordenamos todos los datos de menor a mayor vemos que la mediana es 2:

0 0 0 0 1 1 1 (2) 2 2 3 3 4 5 5

← 7 por debajo | 7 por arriba →

!

Si representamos gráficamente nuestros datos, podemos apreciar que, a pesar de que la media se aproxima a 2, hay más datos por debajo de 2 (ninguna o una suspensa) que por encima de dos.

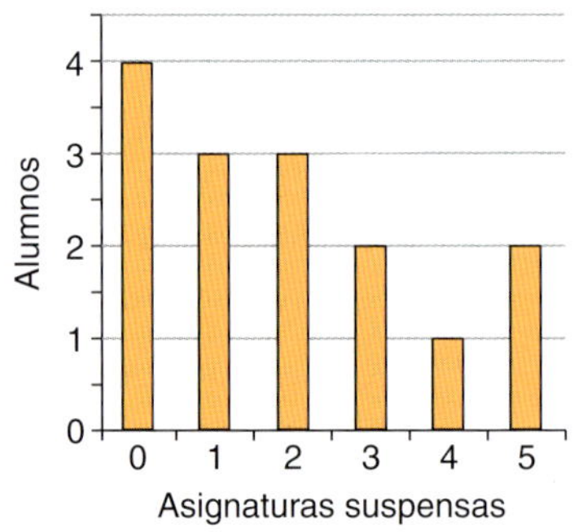

a Actividades y tareas

1. La siguiente gráfica muestra los datos de un estudio estadístico sobre la antigüedad de los coches de los empleados de una empresa.

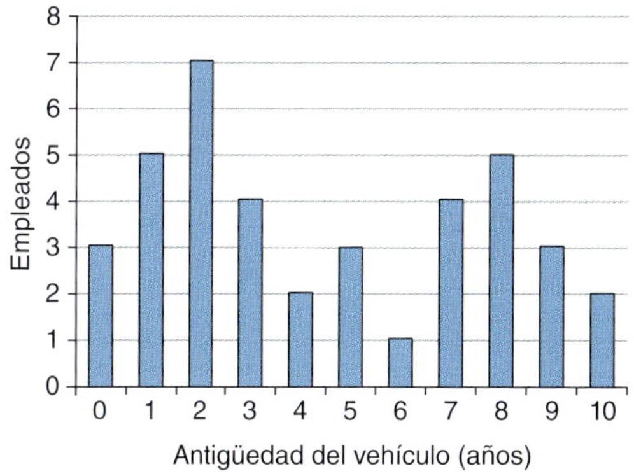

   a) Extrae los datos del gráfico y ordénalos en una tabla de frecuencias.

   b) Calcula la media, la moda y la mediana.

2. La duración de la batería de un teléfono móvil depende de su capacidad. A continuación puedes ver la capacidad de la batería en miliamperios-hora (mAh) de 30 modelos distintos:

   800 1200 1000 4000 1100 4500 900 1400
   1900 2000 1800 1220 2700 1700 2400 2300
   1220 1400 3800 1700 1350 1750 1150 2600 3650 2800 3100 2300 3600 1550

   a) Completa en tu cuaderno la siguiente tabla de frecuencias:

Intervalo	Marca de clase	*f*	*F*	*h*	Porcentaje
(500, 1000]					
(1000, 1500]					
(1500, 2000]					
(2000, 2500]					
(2500, 3000]					
(3000, 3500]					
(3500, 4000]					
(4000, 4500]					
	Total				

CUADERNO

   b) Calcula la media sin tener en cuenta los intervalos, es decir, sumando todos los datos y dividiéndolos entre 30.

   c) Calcula la media considerando que todos los valores incluidos en un intervalo están representados por su marca de clase.

   d) Compara los dos resultados y escribe un breve texto que indique las ventajas y los inconvenientes de calcular la media utilizando la marca de clase cuando los datos están agrupados en intervalos.

Aprendizaje cooperativo

3. En esta actividad vais a trabajar en parejas. A continuación puedes ver las notas obtenidas por los alumnos de dos grupos de PMAR I en un examen del ámbito científico-matemático:

PMAR I A										PMAR I B									
1	9	10	1	1	9	1	1	2	10	4	6	7	3	6	9	3	1	3	4
10	9	10	3	1	1	1	10	1	10	8	6	9	4	3	5	4	6	4	6

   a) Analizad cada uno los resultados de un grupo ordenando los datos en una tabla de frecuencias, representándolos mediante un diagrama de barras y calculando su media, su moda y su mediana.

   b) Comparad los resultados obtenidos en cada caso contestando juntos a las siguientes preguntas:

   - ¿En qué grupo se ha obtenido mejor nota media?
   - ¿Qué grupo tiene una mediana superior?
   - Comparad las gráficas obtenidas.
   - ¿En qué grupo consideráis que se han obtenido mejores resultados? Razonad vuestra respuesta utilizando las gráficas que habéis realizado y los parámetros de centralización obtenidos.

6. Medidas de dispersión

Las medidas de dispersión son parámetros estadísticos que nos indican si los datos con los que trabajamos están muy agrupados o no. Las más habituales son: rango, varianza y desviación típica.

Para comprenderlos mejor vamos a utilizar un ejemplo.

Los siguientes datos muestran el número de personas que viven en las 20 viviendas de un edificio:

5	3	2	2	2	3	4	5	4	4
3	2	4	5	5	3	5	4	4	1

Calculamos la media de estos datos:

$$\text{Media} = \frac{5+3+2+2+2+3+4+5+4+4+3+2+4+5+5+3+5+4+4+1}{20} = 3{,}5$$

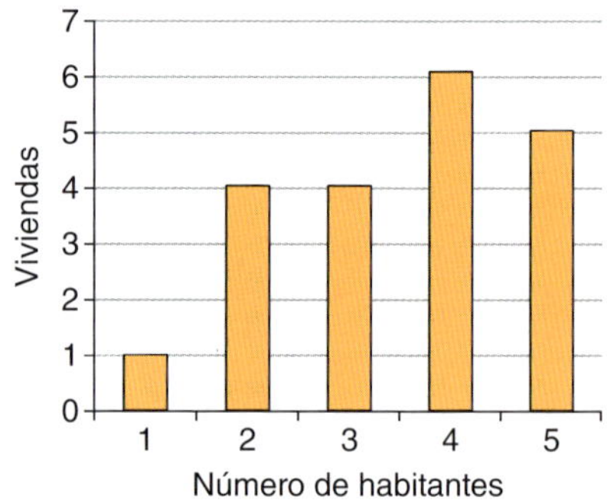

6.1. Rango

Es la diferencia entre los valores mayor y menor de la variable. Nos da una primera aproximación de lo dispersos que están nuestros datos.

Así, en nuestro ejemplo, el rango es:

Rango = 5 − 1 = 4

6.2. La varianza

Para calcular la varianza debemos añadir dos columnas más a nuestra tabla de frecuencias. Vamos a calcular en cada caso la diferencia entre la media y cada valor de la variable. Para evitar que las diferencias positivas y negativas se cancelen entre sí, elevaremos estas diferencias al cuadrado.

x	f	F	h	%	$x-\bar{x}$	$(x-\bar{x})^2$
1	1	1	1/20	5%	−2,5	6,25
2	4	5	4/20	20%	−1,5	2,25
3	4	9	4/20	20%	−0,5	0,25
4	6	15	6/20	30%	0,5	0,25
5	5	20	5/20	25%	1,5	2,25
Total	20		1	100%		

Restamos la media a cada valor de la variable:

$1 - 3{,}5 = -2{,}5$

$2 - 3{,}5 = -1{,}5$

etc.

Elevamos los resultados obtenidos al cuadrado para evitar números negativos.

La varianza, que se representa como s^2, se obtendrá calculando el promedio de los valores obtenidos, es decir, multiplicando cada uno por la frecuencia y dividiendo por el número total de datos.

$$\text{Varianza} = s^2 = \frac{6{,}25 \cdot 1 + 2{,}25 \cdot 4 + 0{,}25 \cdot 4 + 0{,}25 \cdot 6 + 2{,}25 \cdot 5}{20} = 1{,}45$$

6.3. Desviación típica

La desviación típica es la raíz cuadrada de la varianza. Se simboliza con la letra *s*. En nuestro caso:

$$\text{Desviación típica} = s = \sqrt{1{,}45} = 1{,}2$$

!

¿Qué nos dice la desviación típica?

Una desviación típica pequeña nos indica que la mayoría de los resultados son muy próximos a la media. Por el contrario, si la desviación típica es grande, significa que hay muchos datos muy alejados de la media.

a Actividades y tareas

1. En la siguiente tabla se muestra el número de alumnos que hay en un instituto, clasificados según su edad.

Edad (años)	*f* (alumnos)	*F*	*h*	%	$x - \bar{x}$	$(x - \bar{x})^2$
11	21					
12	62					
13	57					
14	68					
15	61					
16	56					
17	34					
18	25					
19	5					
Total						

a) Completa la tabla en tu cuaderno calculando las frecuencias acumuladas, relativas y el porcentaje.

b) Calcula la media, la moda y la mediana.

c) Calcula el rango, la varianza y la desviación típica.

2. En la siguiente tabla puedes ver todas las notas que han obtenido dos alumnos en los exámenes realizados en el primer trimestre.

a) Completa dos tablas de frecuencias, una para cada alumno.

b) Calcula las notas medias de Mario y Andrea.

c) Calcula la desviación típica de ambos.

d) Según los resultados que has obtenido, ¿quién ha logrado mejores resultados? ¿Quién ha sido más irregular?

Notas de Mario					Notas de Andrea				
2	5	7	7	5	8	2	6	7	1
1	8	5	4	6	1	9	6	9	1
1	5	5	7	6	8	9	6	9	1
2	8	7	4	5	1	2	6	7	1

3. En un supermercado realizan un estudio sobre el gasto de sus clientes en cada compra. Para ello analizan una muestra de 350 compras. El siguiente histograma representa los resultados obtenidos, mostrando el número de personas que han realizado un intervalo de gasto determinado.

a) Ordena los datos del histograma en una tabla de frecuencias que incluya la marca de clase de cada intervalo.

b) Calcula la media de esta distribución utilizando la marca de clase de cada intervalo.

c) Calcula la varianza y la desviación típica utilizando la marca de clase.

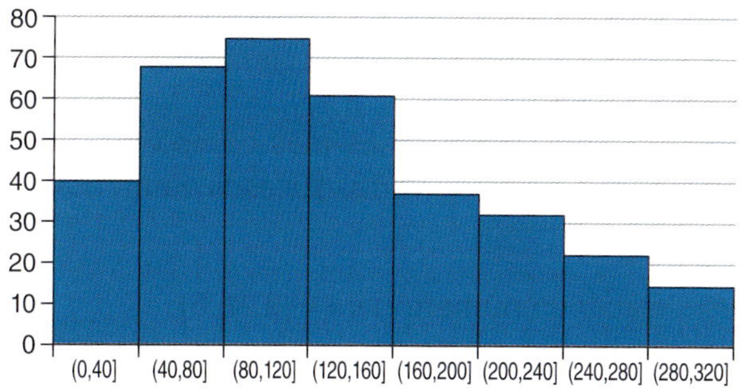

Investiga

4. Pregunta en clase por el número de personas que viven en la casa de cada compañero. Con estos datos, realiza un estudio estadístico que incluya los siguientes elementos:

a) Tabla de frecuencias (incluyendo frecuencia absoluta, acumulada, relativa y porcentaje).

b) Representación gráfica (elige el tipo que creas más conveniente).

c) Cálculo de la media, la moda y la mediana.

d) Cálculo del rango, la varianza y la desviación típica.

e) Análisis de los resultados: ¿podemos considerar que la media representa bien a la mayoría de los casos?

7. El azar

En nuestra vida cotidiana existen situaciones que, repetidas en las mismas condiciones, nos dan siempre el mismo resultado. Por ejemplo, si soltamos una pelota de tenis desde una ventana sabemos que la pelota caerá. Podemos incluso calcular el tiempo que tardará en caer si tenemos los conocimientos de física adecuados. Este tipo de situaciones se denominan **deterministas.**

En las situaciones deterministas es posible predecir el resultado. Basta con conocer los datos iniciales y las leyes físicas apropiadas.

Sin embargo, en otras ocasiones esto no es posible, ya sea por desconocimiento de las condiciones de partida o por la complejidad de los cálculos necesarios. En estos casos nos encontramos con situaciones en las que no sabemos con seguridad qué es lo que va a suceder.

Cuando lanzamos un dado, por ejemplo, aunque a nuestros ojos lo lancemos en las mismas condiciones que en otras ocasiones, no podemos saber el resultado que obtendremos. Este tipo de situaciones se denominan **aleatorias.**

La **probabilidad** es la rama de las matemáticas que estudia estas situaciones.

7.1. Espacio muestral

Para analizar una situación aleatoria debemos comenzar estableciendo los posibles resultados que podemos obtener. No sabemos con certeza cuál de ellos ocurrirá, pero sí podemos saber cuáles son las opciones.

A cada posible resultado en una situación aleatoria se le denomina **suceso.** Al conjunto de todos los sucesos posibles lo llamamos **espacio muestral.**

Cuando lanzamos un dado, por ejemplo, aunque no sepamos qué número terminará saliendo, sí sabemos que solo hay seis posibles resultados: 1, 2, 3, 4, 5 o 6. Cada uno de estos resultados se denomina **suceso elemental.**

El conjunto formado por todos ellos es el **espacio muestral** del experimento:

$$E = \{1, 2, 3, 4, 5, 6\}$$

7.2. Sucesos compuestos

Podemos construir sucesos más complejos, denominados **sucesos compuestos,** que incluyan varios sucesos elementales.

EJEMPLO

A = «sacar un número par» = {2, 4, 6}

B = «sacar un número primo» = {2, 3, 5}

Los sucesos pueden combinarse de dos formas distintas:

- **Unión,** que se indica con el símbolo $\cup$. Consiste en acumular los sucesos elementales que forman los dos sucesos compuestos.

  Por ejemplo: $A \cup B = \{2, 4, 6\} \cup \{2, 3, 5\} = \{2, 3, 4, 5, 6\}$ equivale a «sacar un número que sea par **o** que sea primo».

- **Intersección,** que se indica con el símbolo $\cap$. Está formada por los sucesos elementales que aparecen en los dos sucesos compuestos.

  Por ejemplo: $A \cap B = \{2, 4, 6\} \cap \{2, 3, 5\} = \{2\}$ equivale a «sacar un número par **y que además** sea primo».

!

Algunos sucesos importantes

- Cuando un suceso no incluye ningún elemento del espacio muestral, se denomina **suceso imposible.**

  Por ejemplo, el suceso «sacar 7» cuando tiramos un dado de 6 caras es un suceso imposible:

  Sacar un 7 = {ø}

- Cuando un suceso incluye todos los elementos del espacio muestral, se denomina **suceso seguro.**

  Por ejemplo, el suceso «sacar 6 o menos» al lanzar un dado es un suceso seguro:

  Sacar 6 o menos = {1, 2, 3, 4, 5, 6}

a Actividades y tareas

1. Indica cuáles de las siguientes situaciones son deterministas y cuáles son aleatorias. Justifica tu respuesta.
   a) Dejamos caer una pelota rodando por una rampa. ¿Con qué velocidad llegará al final?
   b) Lanzamos una moneda al aire. ¿Saldrá cara o cruz?
   c) Escogemos una carta de un mazo después de haberlo mezclado. ¿Es de oros?
   d) Mi próximo cumpleaños, ¿en qué día de la semana caerá?
   e) En tu próximo examen de matemáticas, ¿qué nota sacarás?
   f) ¿A qué hora amanecerá mañana?
   g) Un jugador tira un penalti en un partido de fútbol. ¿Será gol?
   h) Pongo una olla con agua al fuego. ¿Cuánto subirá su temperatura?

2. Escribe el espacio muestral de las siguientes situaciones aleatorias.
   a) Lanzar una moneda al aire.
   b) Lanzar un dado de 4 caras.
   c) Lanzar un dado de 12 caras.
   d) Lanzar un tiro libre en un partido de baloncesto.
   e) Abrir un libro por una página cualquiera y observar la primera letra.
   f) Sacar un bolígrafo de tu estuche y observar el color.

3. Nacho prepara dos cajas de cartón con una bola roja, una bola verde y una bola azul en cada una. Le pide a Rocío que tome, sin mirar, una bola de cada caja.
   a) Escribe el espacio muestral de esta situación.
   b) Construye el suceso B = «sacar una bola roja y una bola azul».
   c) Construye el suceso A = «sacar dos bolas iguales».
   d) Construye el suceso sacar dos bolas distintas.

4. Introducimos en un saco de tela 10 tarjetas numeradas del 0 al 9. Sacamos una de ellas al azar:
   a) Escribe el espacio muestral de esta situación aleatoria.
   b) Construye el suceso A = «Sacar 6 o más».
   c) Construye el suceso B = «Sacar un número par».
   d) Construye el suceso $A \cup B$.
   e) Construye el suceso $A \cap B$.
   f) ¿Cuál de los sucesos anteriores corresponde a «sacar un número que sea par y además mayor que 6»?
   g) ¿Cuál de los sucesos anteriores corresponde a «sacar un número que sea mayor que 6 o par»?

5. En un instituto hay alumnos desde 1.º de ESO hasta 2.º de Bachillerato. Si escogemos un alumno al azar y le preguntamos por su curso:
   a) ¿Qué respuestas podemos obtener? Escribe el espacio muestral de este suceso aleatorio.
   b) Construye el suceso E = «ser un estudiante de la ESO».
   c) Construye el suceso B, contrario al suceso E del apartado anterior. ¿Qué sucesos lo forman?
   d) Calcula $E \cup B$.
   e) Calcula $E \cap B$.

8. Técnicas de recuento

Como acabamos de ver, el primer paso para analizar situaciones aleatorias es conocer los posibles resultados que podemos obtener. Para poder hacerlo en situaciones con cierta complejidad vamos a necesitar unas herramientas matemáticas conocidas como técnicas de recuento. Veremos las más importantes mediante dos ejemplos.

8.1. Diagramas en árbol

Un jugador de baloncesto lanza tres tiros libres. ¿Qué puede ocurrir?

Vamos a distinguir dos sucesos: E = «encesta» y N = «no encesta».

Representamos los posibles resultados mediante un diagrama en el que desarrollamos todas las opciones posibles utilizando flechas:

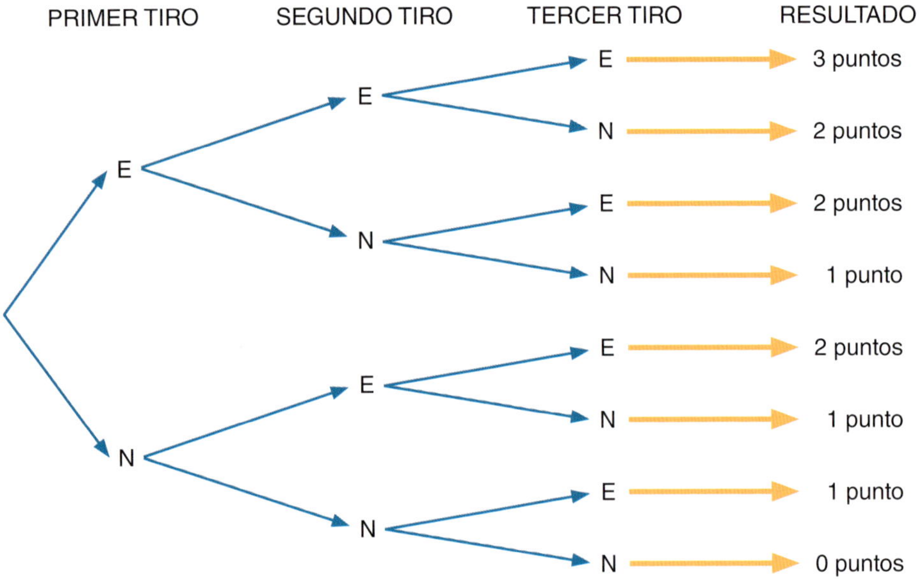

De esta forma podemos ver que hay una combinación para obtener 3 puntos, tres combinaciones que nos dan 2 puntos, otras tres que dan 1 y una que da 0.

8.2. Tablas de contingencia

En una pizzería ofrecen 4 pizzas: margarita, barbacoa, suprema y hawaiana. Además, es posible elegir entre 3 tipos de masa: fina, clásica y con queso. La siguiente tabla muestra las pizzas de cada tipo que se han vendido durante un día:

	Margarita	Barbacoa	Suprema	Hawaiana	TOTAL
Fina	12	5	8	3	28
Clásica	15	7	10	4	36
Queso	6	7	7	2	22
TOTAL	33	19	25	9	86

Observa cómo gracias a la tabla podemos analizar rápidamente los datos. Por ejemplo, podemos ver que el tipo de pizza más vendida ha sido Margarita (33 pizzas), mientras que la masa más habitual es la clásica (36 pizzas). También es muy sencillo saber el número de pizzas de cada combinación que se han vendido (12 margarita con masa fina, 7 barbacoa con masa con queso, etc.).

a Actividades y tareas

1. Completa en tu cuaderno el diagrama en árbol de la figura sabiendo que representa los posibles resultados de lanzar al aire tres monedas. Hemos utilizado C para representar el suceso «cara» y Z para representar el suceso «cruz».

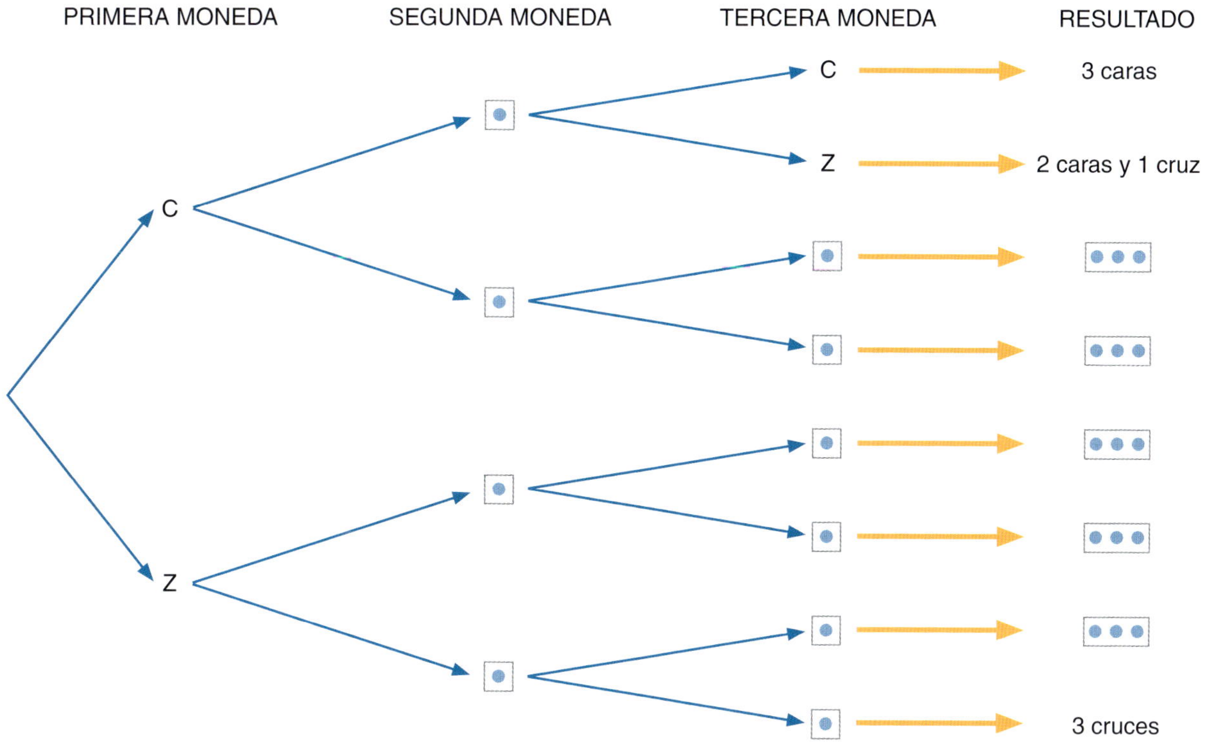

2. En una bolsa de tela introducimos bolas rojas y negras y, a continuación, sacamos tres bolas al azar:
   a) Dibuja un diagrama en árbol que muestre todos los resultados posibles.
   b) Escribe el espacio muestral de esta situación.
   c) Construye el suceso «sacar dos bolas negras y una roja».

3. En un concesionario de coches venden un modelo de coche en cuatro colores distintos: blanco, negro, rojo y azul. Además, podemos elegir entre tres motores distintos: gasolina, diésel y eléctrico. La siguiente tabla muestra los coches que se han vendido de cada tipo:
   a) Completa la tabla en tu cuaderno calculando los totales.
   b) ¿Cuántos coches se han vendido en total?
   c) ¿Qué combinación es la más vendida? ¿Cuál es la menos vendida?
   d) ¿Qué motor es el que más se ha vendido?
   e) ¿Cuál es el color menos vendido?

	Blanco	Negro	Rojo	Azul	TOTAL
Gasolina	4	3	5	2	•••
Diésel	6	2	5	1	•••
Eléctrico	1	0	2	1	•••
TOTAL	•••	•••	•••	•••	•••

4. La siguiente tabla nos muestra los alumnos aprobados y suspensos que hay en cada curso de la ESO de un instituto. Complétala en tu cuaderno y contesta las siguientes preguntas:
   a) ¿Cuántos alumnos hay en total?
   b) ¿En qué curso hay más alumnos?
   c) ¿En qué curso hay más suspensos?

	1.º ESO	2.º ESO	3.º ESO	4.º ESO	TOTAL
Aprobados	40	47	•••	51	181
Suspensos	•••	13	•••	•••	•••
TOTAL	59	•••	57	63	•••

9. La regla de Laplace

Ya hemos visto que, aunque no podemos estar seguros de qué resultado vamos a obtener al realizar un experimento aleatorio, sí podemos establecer todos los resultados posibles. Estos resultados, denominados sucesos elementales, forman el espacio muestral. También hemos visto que podemos construir sucesos compuestos con varios sucesos elementales.

Nuestro siguiente paso consiste en determinar en qué medida es más probable que ocurra uno u otro resultado, sea este un suceso elemental o un suceso compuesto. Para ello vamos a asignar a cada suceso un número comprendido entre 0 y 1, que denominaremos probabilidad.

Para denotar la probabilidad de un suceso S utilizaremos P(S).

Pierre-Simon Laplace.

La probabilidad nos indica cómo de posible es que ocurra un determinado suceso. Su valor mínimo, 0, significa que un suceso no ocurrirá nunca **(suceso imposible)** mientras que su valor máximo, 1, nos indica que un suceso ocurrirá siempre **(suceso seguro).**

Para calcular la probabilidad utilizamos la **regla de Laplace:**

$$P(S) = \frac{\text{Sucesos favorables}}{\text{Sucesos posibles}}$$

Los **sucesos favorables** hacen referencia a todos los sucesos elementales que están incluidos en el suceso S. Los **sucesos posibles** son todos los que forman el espacio muestral.

Para poder aplicar la regla de Laplace es imprescindible que todos los sucesos elementales sean igual de probables.

EJEMPLO

Lanzamos un dado de 6 caras. Vamos a calcular la probabilidad de los siguientes sucesos:

A = «Sacar un número par».

B = «Sacar un número impar».

C = «Sacar un número mayor que 4».

Como ya hemos visto, en este experimento el espacio muestral estaría formado por 6 sucesos elementales: E = {1, 2, 3, 4, 5, 6}.

Los sucesos que queremos estudiar estarían compuestos de la siguiente forma:

A = {2, 4, 6}   B = {1, 3, 5}   C = {5, 6}

Aplicando la regla de Laplace en cada caso, obtenemos:

$P(A) = \frac{3}{6} = 0{,}5$ $P(B) = \frac{3}{6} = 0{,}5$ $P(C) = \frac{2}{6} = 0{,}33$

Así pues, es igual de probable obtener un número par que uno impar mientras que solo obtendríamos un número mayor que 4 en un tercio de las ocasiones.

Estos valores no nos garantizan un resultado concreto en una única tirada de dados, pero serían la frecuencia relativa con la que obtendríamos cada uno de los resultados si lanzamos el dado un número muy grande de veces.

a Actividades y tareas

1. Hacemos girar una ruleta como la de la figura:
   a) Escribe el espacio muestral de este suceso.
   b) Calcula la probabilidad de obtener 1.
   c) Calcula la probabilidad obtener 2.
   d) Calcula la probabilidad de obtener 3.
   e) Calcula la probabilidad del suceso «obtener 2 o más».
   f) Calcula la probabilidad de obtener menos de 2.

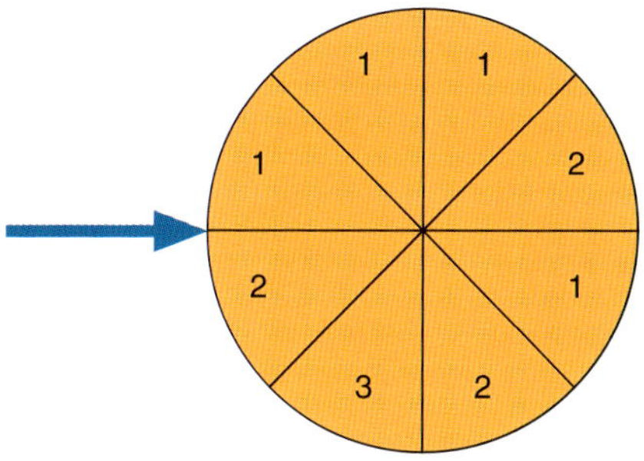

2. El grupo preferido de Laura editó 5 discos. En la siguiente tabla se muestra el número de canciones que tiene cada uno de ellos y cuántas de ellas se encuentran entre las canciones favoritas de Laura. Si elige los 5 discos y los reproduce de forma aleatoria, ¿cuál es la probabilidad de que la primera canción sea una de sus favoritas?

Disco	Canciones	Favoritas
Primero	12	3
Segundo	11	1
Tercero	12	2
Cuarto	10	1
Quinto	10	2

3. En una bolsa de tela introducimos 4 bolas rojas, 5 negras y 2 blancas:
   a) ¿Cuál es la probabilidad de sacar una bola negra?
   b) ¿Cuál es la probabilidad de sacar una bola blanca?
   c) ¿Cuál es la probabilidad de sacar una bola que sea roja o blanca?
   d) ¿Cuál es la probabilidad de sacar una bola que no sea negra?

4. En la siguiente tabla se muestran las galletas de cada tipo y tamaño que hay en una caja:
   a) Completa la tabla en tu cuaderno calculando los totales correspondiente.
   b) Cogemos una galleta de la caja al azar:
      – ¿Cuál es la probabilidad de que sea una galleta grande de chocolate negro?
      – ¿Cuál es la probabilidad de que sea una galleta pequeña de coco?
      – ¿Cuál es la probabilidad de que sea una galleta pequeña?
      – ¿Cuál es la probabilidad de que sea una galleta de chocolate blanco?
      – ¿Cuál es la probabilidad de que no sea una galleta de chocolate?

	Chocolate negro	Chocolate blanco	Coco	TOTAL
Grande	5	10	5	●●●
Pequeña	15	4	5	●●●
TOTAL	●●●	●●●	●●●	●●●

5. La siguiente gráfica muestra la distribución de los alumnos de un grupo de 2.º de ESO según la optativa que cursan:
   a) Completa la tabla en tu cuaderno.
   b) Si seleccionamos a un alumno de este grupo al azar:
      – ¿Cuál es la probabilidad de que estudie Francés?
      – ¿Cuál es la probabilidad de que estudie Alemán?
      – ¿Cuál es la probabilidad de que estudie Cultura Clásica?
      – ¿Cuál es la probabilidad de que no estudie Francés?
      – ¿Cuál es la probabilidad de que estudie Alemán o Cultura Clásica?
      – ¿Cuál es la probabilidad de que no estudie ninguno de esos idiomas?

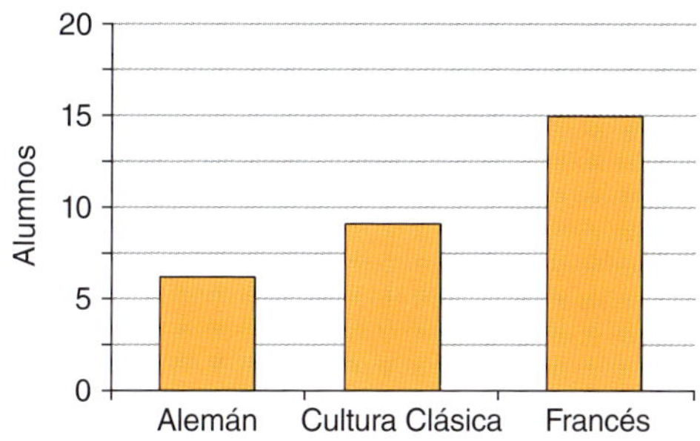

Asignatura	Alumnos	Porcentaje
Alemán		
Cultura Clásica	CUADERNO	
Francés		

CMCT CD

1. Los siguientes datos muestran el promedio de días de lluvia anuales en las capitales de las 52 provincias españolas en los últimos 30 años.

A Coruña	156	Ciudad Real	92	Lugo	142	Santander	160
Albacete	86	Córdoba	66	Madrid	70	Segovia	109
Alicante	66	Cuenca	87	Málaga	54	Sevilla	60
Almería	48	Girona	76	Melilla	66	Soria	91
Ávila	93	Granada	65	Murcia	73	Tarragona	74
Badajoz	86	Guadalajara	66	Ourense	108	Tenerife	55
Barcelona	81	Huelva	66	Oviedo	170	Teruel	82
Bilbao	169	Huesca	71	Palencia	80	Toledo	76
Burgos	112	Jaén	63	Palma	73	Valencia	80
Cáceres	86	Las Palmas de Gran Canaria	26	Pamplona	108	Valladolid	82
Cádiz	18	León	103	Pontevedra	136	Vitoria-Gasteiz	127
Castellón	84	Lleida	70	Salamanca	96	Zamora	75
Ceuta	78	Logroño	97	San Sebastián	172	Zaragoza	77

Representa estos datos en un cartograma siguiendo estos pasos:

a) Busca en internet un mapa político mudo de España. Descarga el archivo en tu ordenador.

b) Elige los colores que vas a utilizar para agrupar los datos en los siguientes intervalos y represéntalos coloreando las celdas inferiores de una escala como la siguiente:

0 - 25	26 - 50	51 - 75	76 - 100	101 - 125	126 - 150	150 - 175
•••	•••	•••	•••	•••	•••	•••

c) Colorea el mapa mudo con el color correspondiente para cada provincia. Para ello puedes utilizar un programa de edición de imágenes, como por ejemplo GIMP (es gratuito).

CMCT CEC

2. La siguiente tabla muestra el número total de concursos y festivales de música que se han organizado en España en los últimos años.

	2005	**2006**	**2007**	**2008**	**2009**	**2010**	**2011**	**2012**	**2013**	**2014**
Festivales	551	779	779	755	794	584	880	901	814	855
Concursos	281	274	264	260	262	268	281	278	209	221

a) Construye un polígono de frecuencias para cada serie de datos (concursos y festivales). Utiliza unos únicos ejes de coordenadas y un color distinto para cada polígono para que sea más sencillo distinguirlos.

b) Analiza la gráfica que has obtenido:

– ¿Cómo ha evolucionado el número de festivales musicales organizados en España?

– ¿Ha ocurrido lo mismo con los concursos?

CMCT SIE

3. Pide a tus profesores datos sobre el rendimiento de vuestro grupo en Ámbito Científico y Matemático y en Ámbito Lingüístico y Social. Pueden ser, por ejemplo, las notas de la evaluación anterior o las del último examen.

a) Realiza un estudio estadístico de estos datos calculando la media, la moda, la mediana y la desviación típica en cada caso.

b) Analiza la situación de vuestro grupo según estos datos y escribe un breve texto comparando ambas asignaturas y realizando propuestas de mejora.

CMCT CSC CCL

4. Las siguientes imágenes muestran las pirámides de población de tres países distintos:

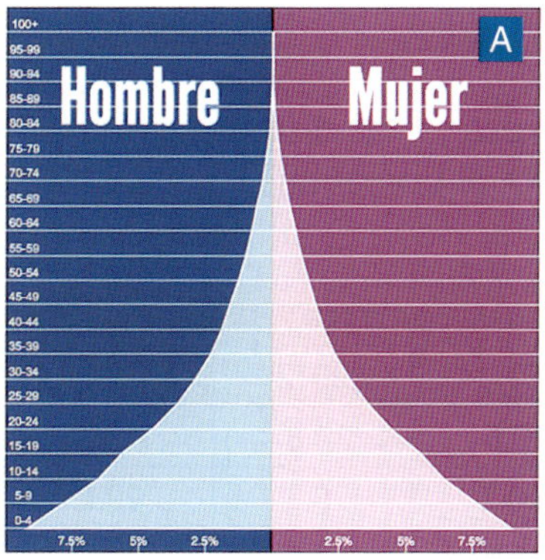

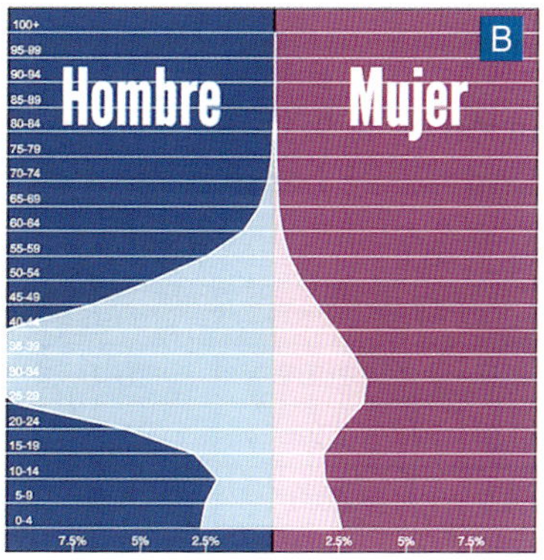

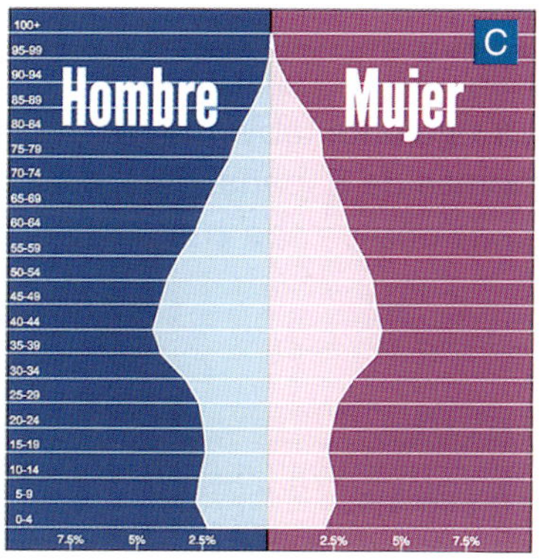

a) ¿Cuáles son las diferencias principales que aprecias entre ellas? Escribe un breve texto que describa cada una de ellas analizando en qué franja de edad es más ancha cada pirámide y que compare la situación de hombres y mujeres en cada país.

b) Asocia cada uno de los siguientes textos a una de las pirámides de población:

A partir de 1976, en **España** se produjo una reducción brusca de la tasa de natalidad. Esto ha provocado un preocupante envejecimiento de la población aunque en las últimas décadas la llegada de inmigrantes ha reducido este problema.

En **Somalia**, la esperanza de vida al nacer es de 55 años, una de las más bajas del mundo. Esto provoca que la mayor parte de la población sea menor de 40 años y que el porcentaje de ancianos sea muy pequeño.

La población de **Emiratos Árabes** está fuertemente condicionada por la inmigración. El 81% de sus habitantes proviene de otros países y suelen ser hombres jóvenes que llegan de países más pobres en busca de trabajo.

CMCT CPAA

5. Introducimos en una caja cuatro bolas numeradas del 0 al 3. Sacamos una bola y a continuación otra sin devolver la primera a la caja. Por último, multiplicamos los números de las bolas que hemos extraído.

a) Completa la siguiente tabla en tu cuaderno calculando todos los posibles resultados.

		Segunda bola			
		0	**1**	**2**	**3**
Primera bola	**0**		0	•••	•••
	1	•••		•••	•••
	2	•••	•••		6
	3	0	•••	•••	

b) Completa el espacio muestral de este experimento:

$$E = \{0 \cdot 1, 0 \cdot 2, 0 \cdot 3, 1 \cdot 0, ...\}$$

c) ¿De cuántas formas podemos obtener como resultado final 0? Construye el suceso O = «obtener 0».

d) ¿De cuántas formas podemos obtener 4? Construye el suceso C = «obtener 4».

e) Aplica la regla de Laplace para calcular las probabilidades de los sucesos definidos en los apartados anteriores.

La tasa de riesgo de pobreza

La siguiente tabla muestra la evolución de la tasa de riesgo de pobreza en las distintas comunidades autónomas de España. Ofrece datos desde 2008 hasta 2014 y nos indica el porcentaje de la población que en cada año y cada comunidad autónoma se encontraba por debajo del denominado «umbral de pobreza».

	Tasa de riesgo de pobreza						
	2008	2009	2010	2011	2012	2013	2014
Nacional	19,8	20,4	20,7	20,6	20,8	20,4	22,2
Andalucía	27,3	28,8	28,3	30,7	28,3	29,1	33,3
Aragón	14,9	11,3	14,2	15,5	14,5	16,1	16,9
Asturias, Principado de	13,2	13,0	11,5	14,1	13,0	14,1	16,7
Balears, Illes	18,1	18,1	22,7	21,0	19,9	19,8	17,9
Canarias	30,7	30,4	29,7	30,1	33,6	28,4	27,6
Cantabria	14,3	13,9	20,1	16,7	17,7	17,8	20,6
Castilla y León	17,5	18,8	19,5	17,6	15,9	17,5	20,4
Castilla-La Mancha	26,4	24,8	28,3	29,4	30,0	31,3	28,4
Cataluña	12,3	15,2	14,7	14,2	15,8	13,9	15,8
Comunitat Valenciana	23,6	20,9	22,7	22,0	25,0	23,6	26,2
Extremadura	35,3	30,9	35,7	31,7	29,4	30,9	33,1
Galicia	20,9	20,6	18,1	16,1	18,3	17,2	15,4
Madrid, Comunidad de	14,9	15,9	14,4	14,0	14,2	13,4	14,7
Murcia, Región de	24,5	29,1	29,8	25,8	25,2	26,8	37,2
Navarra, Comunidad Foral de	5,9	7,8	10,7	8,1	7,0	9,9	11,9
País Vasco	9,1	10,0	11,7	13,8	13,3	10,5	10,2
Rioja, La	16,2	17,2	21,2	20,6	16,8	19,3	16,2
Ceuta	40,1	36,4	31,3	26,3	32,2	40,8	44,3
Melilla	17,7	30,0	25,8	26,5	8,6	21,7	19,2

Fuente: Instituto Nacional de Estadística (INE)

Actividades

Actividad 1. Busca en internet la definición de «umbral de pobreza». Según esta definición:

a) ¿El umbral de pobreza es el mismo en todos los países?

b) ¿Puede aumentar la riqueza de un país y que crezca la tasa de riesgo de pobreza? Justifica tu respuesta.

Actividad 2. Representa, mediante un polígono de frecuencias, los datos de todos estos años de tu comunidad autónoma junto con los del total nacional (primera fila):

a) Compara los datos de 2014 para comunidad autónoma con los estatales. ¿Es la situación mejor o peor?

b) Compara la evolución que ha sufrido la tasa de riesgo de pobreza en tu comunidad autónoma con la evolución a nivel estatal.

Actividad 3. Realiza una tabla en la que se observe la diferencia entre los datos de 2014 y 2008 en todas las comunidades autónomas:

a) Representa estos datos con un diagrama de barras.

b) ¿Cuáles son las cuatro comunidades autónomas en las que ha mejorado más la situación en estos años?

c) ¿Cuáles son las cuatro comunidades autónomas en las que la situación ha empeorado más?

Gráficos en una hoja de cálculo

Objetivo:

Aprender cómo utilizar una hoja de cálculo para realizar gráficos estadísticos.

Procedimiento:

Para lograr nuestro objetivo analizaremos un ejemplo. En este caso hemos utilizado la hoja de cálculo de Google. Para crear una solo necesitas una cuenta de Google para acceder a Google Drive y elegir crear un documento nuevo tipo hoja de cálculo. Existen otras opciones como Microsoft Excel, Calc (de la suite gratuita Openoffice) o Numbers (para Mac). Todas funcionan de forma similar y no te será difícil utilizarlas si comprendes su funcionamiento general.

1 Lo primero es construir la tabla con nuestros datos. En este caso muestra los resultados obtenidos en una encuesta sobre actividades de ocio en un grupo de 44 alumnos.

Puedes cambiar el formato coloreando las celdas y añadiendo o quitando bordes.

2 Para insertar un gráfico utilizamos la herramienta de la barra de menús correspondiente:

Al pulsarla nos ofrecerá diversas opciones que nos permiten elegir exactamente el tipo de gráfico y su formato.

3 En el editor de gráficos seguimos los siguientes pasos:

A) Seleccionamos las celdas que vamos a representar (en este caso desde la celda A1 hasta la celda B5).

B) Elegimos usar la columna A como etiquetas.

C) Elegimos el tipo de gráfico, en este caso, gráfico circular.

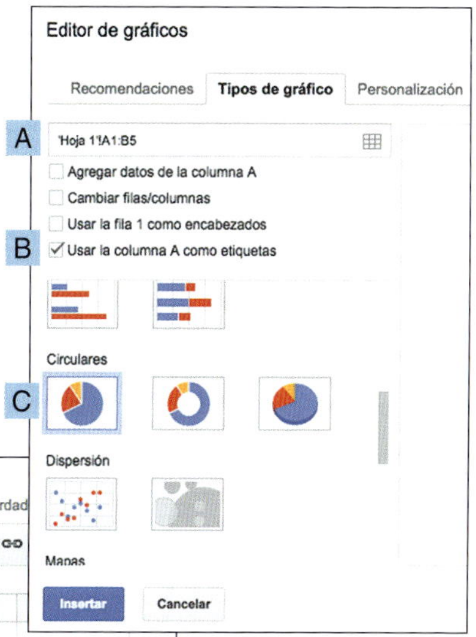

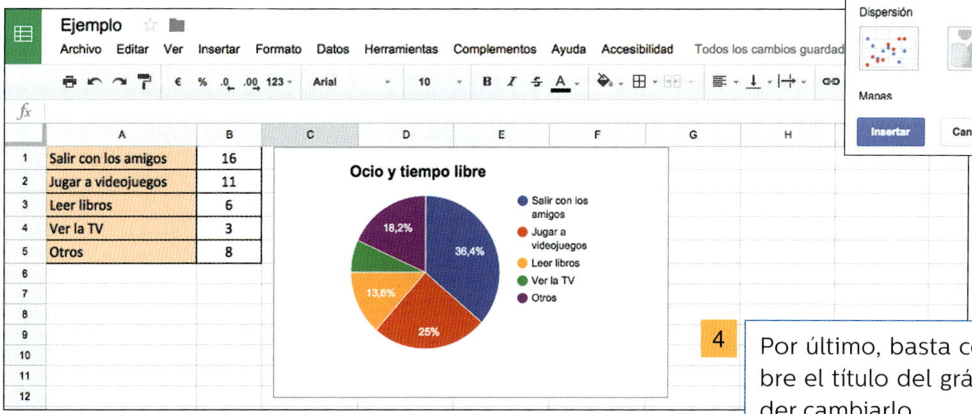

4 Por último, basta con pulsar sobre el título del gráfico para poder cambiarlo.

a Actividades y tareas

1. Sigue los pasos indicados y representa los datos del ejemplo en tu propia hoja de cálculo.
2. Pregunta a tus compañeros sobre cuál es su actividad principal en su tiempo libre y realiza tu propia encuesta representando los datos gráficamente en una hoja de cálculo. Trata de descubrir nuevas opciones de gráficos y formatos explorando en los distintos menús de la aplicación.

Evaluación

1. Si realizamos una encuesta preguntando a los alumnos del centro cuántos hermanos tienen, ¿de qué tipo de variable se trata?

a) Cualitativa.

b) Cuantitativa continua.

c) Cuantitativa discreta.

d) Ninguna de los anteriores.

2. ¿Con qué gráfico se representarían mejor los datos del estudio de la actividad anterior?

a) Histograma.

b) Diagrama de sectores.

c) Diagrama de barras.

d) Los dos anteriores son válidos.

3. Los siguientes datos muestran las reproducciones que ha tenido un vídeo en los últimos diez días:

23 21 45 67 89 88
96 107 121 103

Calcula la media de estos datos:

a) 76

b) 77

c) 78

d) 79

4. ¿Cuál es la mediana de los datos de la actividad 3?

a) 88

b) 88

c) 88,5

d) 89,5

5. La desviación típica de los datos de la actividad 3 es:

a) 45,7

b) 33,6

c) 1128,6

d) 1207,1

6. La siguiente tabla muestra los resultados, agrupados en intervalos, de una encuesta sobre las horas que dedican al sueño los empleados de una empresa. ¿Cuál sería la media de estos datos?:

Horas de sueño	Empleados
[4 - 6)	5
[6 - 8)	15
[8 - 10)	23
[10 - 12)	7

a) 8,28 c) 0,83

b) 82,8 d) 7,35

7. Si lanzamos un dado de 6 caras, ¿qué es más probable, obtener un número par o un número menor que 3?

a) Sacar un número par.

b) Sacar un número menor que 3.

c) Los dos tienen una probabilidad de 0,5.

d) Los dos tienen una probabilidad de 0,33.

8. En una clase de 25 alumnos, 10 de ellos estudian Francés; 9, Cultura Clásica, y 6, Alemán. Si escogemos un alumno al azar, ¿cuál es la probabilidad de que sea un alumno que estudie Francés?

a) 0,24 c) 0,4

b) 0,36 d) 0,6

9. Introducimos en una bolsa de tela 10 bolas de colores: 3 rojas, 5 azules y 2 verdes. Sacamos dos de estas bolas al azar. ¿Cuántos resultados posibles podemos obtener?

a) 3 c) 9

b) 6 d) 12

10. Si sacamos una única bola al azar de la bolsa descrita en la actividad anterior, ¿cuál es la probabilidad de extraer una bola que no sea verde?

a) 0,2 c) 0,5

b) 0,3 d) 0,8

Resumen

La **estadística** nos permite estudiar grandes cantidades de datos. El conjunto de personas (o animales, o cosas...) que queremos estudiar se denomina **población.** Si limitamos nuestro estudio a una parte de ella la denominamos **muestra.**

Si la variable que estudiamos puede representarse con números, se denomina **cuantitativa,** que puede ser **continua** (siempre hay valores intermedios) y **discreta.** En caso contrario, se trata de una **variable cualitativa.**

Un **estudio estadístico** incluye: ordenar los datos en una tabla de frecuencias, representar los datos gráficamente (utilizando diagrama de barras, histogramas, diagrama de sectores, polígonos de frecuencias...), calcular **medidas de centralización** (media, moda y mediana) y de **dispersión** (rango, varianza y desviación típica).

Si es necesario, podemos agrupar lo datos en **intervalos** y definir **marcas de clase** que representen los datos incluidos en cada uno de ellos.

Cuando podemos predecir el resultado de una situación concreta, esta se denomina **determinista.** Las situaciones que, aunque se repitan en las mismas condiciones, no siempre dan el mismo resultado, se denominan **aleatorias.** La **probabilidad** estudia estas situaciones asociando a cada suceso posible un número, entre 0 y 1, que nos indica la probabilidad de que ocurra. Un suceso que ocurre siempre tendrá probabilidad 1, y si es imposible, su probabilidad será 0.

Para calcular la probabilidad de un suceso utilizamos la regla de Laplace:

$$P(S) = \frac{\text{Casos favorables a S}}{\text{Casos posibles}}$$

Para poder aplicar esta regla todos los casos deben ser igual de probables. Esta consiste en dividir todos los casos favorables al suceso que nos interesa entre todos los casos posibles. Para poder contar de forma ordenada estos casos, debemos utilizar técnicas como los **diagramas en árbol** o las **tablas de contingencia.**

Mis progresos

Unidad 5	¡Soy muy competente!	Soy competente, pero puedo mejorar	Soy competente, pero debo mejorar	Me faltan competencias. ¡Debo esforzarme mucho más!
¿Sé aplicar lo aprendido?	Asigno correctamente probabilidades utilizando técnicas de recuento adecuadas.	Asigno correctamente probabilidades en situaciones sencillas que no requieren utilizar técnicas de recuento.	Reconozco los sucesos de un experimento aleatorio, pero cometo algunos errores al calcular probabilidades.	No sé cómo estudiar experimentos aleatorios, me cuesta determinar sus sucesos y calcular sus probabilidades.
Sé hacer...	Sé realizar un estudio estadístico completo ordenando los datos en una tabla de frecuencias, agrupándolos en intervalos si es necesario, usando representaciones gráficas y calculando medidas de centralización y dispersión.	Sé realizar un estudio estadístico completo ordenando los datos en una tabla de frecuencias, usando representaciones gráficas y calculando medidas de centralización y dispersión.	Sé realizar un estudio estadístico ordenando los datos en una tabla de frecuencias, usando representaciones gráficas y calculando medidas de centralización.	No sé aplicar herramientas estadísticas para representar y estudiar un conjunto de datos.
La tecnología y yo...	Utilizo con soltura hojas de cálculo y otras herramientas informáticas disponibles en internet para representar datos estadísticos.	Utilizo con soltura hojas de cálculo para representar datos estadísticos.	Utilizo con dificultad hojas de cálculo para representar datos estadísticos.	No sé utilizar hojas de cálculo para representar datos estadísticos.
¿Sé trabajar en grupo?	Asumo mi rol sin interferir en el trabajo de los demás y aporto ideas al grupo.	Asumo mi rol y aporto ideas al grupo, pero suelo interferir en el trabajo de los demás.	Asumo mi rol, no aporto ideas al grupo e interfiero en el trabajo de los demás.	No asumo mi rol e interfiero en el trabajo de los demás sin aportar ideas al grupo.

Encuesta sobre los deberes en nuestro centro de estudios

Situación de partida

Niños agobiados por exceso de deberes

Ni demasiado, ni demasiado poco. Con los deberes escolares pasa como con tantas otras cosas, en las que, con frecuencia, el péndulo oscila entre un extremo y el otro, y no hay forma de alcanzar el equilibrio. Que una madre preocupada por la educación pero también por la felicidad de sus tres hijos haya obtenido más de 100 000 apoyos a su propuesta de «racionalización de los deberes en el sistema educativo español», en Change.org, quiere decir que algo no funciona bien.

El problema de los deberes no es que los niños tengan que hacer tareas en casa; es que no hay una regla, una pauta que tenga en cuenta los objetivos académicos, por supuesto, pero también el bienestar de los niños. La cantidad de deberes depende de cada profesor y eso hace que algunos se queden cortos y otros se pasen. Las diferencias no dependen solo del nivel de exigencia del docente, sino de sus habilidades: unos consiguen impartir el programa con buenos resultados y sin más esfuerzo que el que se hace en clase, y otros no logran cumplir el objetivo sin que los chicos se lleven a casa gran cantidad de tareas. Pero es muy probable que los primeros no estén tan bien valorados por los padres como los segundos, porque en la cuestión de los deberes también influyen factores culturales. El que tengan muchos deberes tranquiliza a los padres estresados por el miedo a que sus hijos no sean suficientemente competitivos para triunfar en la vida.

¿Tan importantes son los deberes para el éxito educativo? Un estudio (Falch y Rønning, 2012) demuestra que puede haber hasta tres puntos de diferencia en la nota entre los niños que hacen deberes y los que no. Pero..., cuidado. Eso depende del sistema educativo. El estudio se hizo, en 2007, en 16 países de la OCDE utilizando como base los exámenes TIMSS sobre matemáticas y ciencia (España no participa en esta prueba). Curiosamente, en algunos países los deberes mejoraban la nota, pero en otros, como Suecia, la bajaban. La clave está en cómo se plantean. Si se conciben como un sustituto de las tareas de clase, si consisten en que los niños aprendan solos en casa, no solo no ayudan, sino que el resultado es peor. Si, por el contrario, son un complemento para reforzar lo ya aprendido, entonces mejora.

Los deberes son necesarios y convenientes, pero bien orientados y en su justa medida. Permiten reforzar lo aprendido y ayudan al niño a entrenarse en el esfuerzo, la organización y la planificación del tiempo. A condición de que sean tareas atractivas y tengan la ayuda necesaria porque, a veces, no saber gestionar bien los deberes es una fuente de frustración y angustia. En todo caso no hay que olvidar que los niños son niños y necesitan jugar y explayarse. En el aprendizaje de la vida, tan importante es saber matemáticas como aprender a jugar y a relacionarse con otros niños en la plaza. Claro que ahora tampoco hay demasiadas plazas en las que jugar y muchas veces resulta más fácil o más cómodo llenar el tiempo con deberes que buscar alternativas estimulantes y socializadoras.

Extraído de <www.elpais.com>.
Milagros Pérez Oliva. 18/5/2015

Antes del proyecto

Lee atentamente el texto y contesta a las siguientes preguntas:

1. Según la autora, ¿qué aspectos positivos tienen los deberes? ¿Y negativos?
2. Según tu propia experiencia, ¿se ajusta la cantidad de deberes a vuestras necesidades educativas? ¿Establecerías algún tipo de límite?
3. Organizad un debate en clase comentando las principales ideas del texto y vuestra propia opinión.

Lo que tenemos que hacer

Para conocer la situación real de nuestro centro de estudios en relación a las tareas para casa vamos a realizar una encuesta. Como no podemos preguntar a todos los alumnos de nuestro centro tendremos que elegir una muestra adecuada para nuestro estudio estadístico.

Pasos a seguir

Paso 1. Diseñar la encuesta

Antes de nada tenéis que elegir qué preguntas queréis hacer a los encuestados. Para que la encuesta no sea muy pesada podemos centrarnos solo en un par de preguntas. Elegid dos de las siguientes o elaborad vuestras propias preguntas. Os proponemos utilizar respuestas cerradas porque facilitan el posterior estudio estadístico.

- **¿Cuánto tiempo dedicas de media a realizar los deberes cada día?**
  De 0 a 1 hora — De 1 a 2 horas — De 2 a 3 horas — De 3 a 4 horas
- **¿Crees que los deberes te ayudan en tu aprendizaje?**
  Mucho — Bastante — Poco — Nada
- **¿Sueles hacer los deberes todos los días?**
  Siempre — Habitualmente — A veces — Nunca
- **En una tarde, ¿de cuántas asignaturas sueles tener deberes?**
  De ninguna — De 1 a 3 — De 4 a 6 — De 6 a 9

Paso 2. Elegir la muestra

Preguntar a todos los alumnos de nuestro centro puede llevarnos demasiado tiempo, así que vamos a seleccionar una muestra para nuestro estudio estadístico. Para que la muestra sea representativa, necesitamos que esté formada por alumnos de distintos cursos en la misma proporción que en la realidad.

Busca información sobre los alumnos que hay en el centro en cada nivel y completa la tabla calculando el número de alumnos de cada curso al que habría que preguntar para trabajar con una muestra de 60 alumnos con la misma proporción de alumnos en cada nivel.

Nivel	Todo el centro	Muestra de 60 alumnos
1.º ESO		
2.º ESO		
3.º ESO		
4.º ESO		
PMAR I		
PMAR II		
TOTAL		60

CUADERNO

Paso 3. Realizar la encuesta y analizar los resultados

Siguiendo los cálculos del paso anterior, preguntad a alumnos de distintos niveles las cuestiones que habéis elegido.

Una vez hayáis recogido todos datos, estudiadlos utilizando tablas de frecuencias, representaciones gráficas (del tipo que consideréis adecuada) y calculando medidas de centralización y dispersión, si es posible. Utilizad una hoja de cálculo si os resulta más cómodo.

Organizamos la información: presentación y conclusiones

Ordenad toda la información de los pasos uno, dos y tres e incorporadla como una nueva entrada en el blog de vuestra asociación. No olvidéis incluir las gráficas que habéis elaborado ya que es la forma más eficiente de transmitir información estadística. Además, escribid un breve texto explicando las conclusiones a las que habéis llegado.

6 La materia y los cambios químicos

En esta unidad

1. La materia
2. Estados de agregación de la materia
3. Cambios de estado. Teoría cinética
4. Sustancias puras y mezclas
5. Separación mezclas
6. Cambios físicos y químicos
7. Reacciones químicas
8. Química en la sociedad y en el medioambiente

	Vamos a aprender a...	Competencias
Saberes científicos	– Explicar las propiedades de los gases, líquidos y sólidos utilizando el modelo cinético-molecular. – Distinguir entre propiedades generales y propiedades características de la materia, utilizando estas últimas para la caracterización de sustancias. – Identificar cuáles son los reactivos y los productos de reacciones químicas sencillas. Clasificar algunos productos de uso cotidiano en función de su procedencia natural o sintética.	CMCT, CCL
Lectura y comprensión	– Describir e interpretar los cambios de estado de la materia utilizando el modelo cinético-molecular y aplicarlo a fenómenos cotidianos.	CMCT, CCL
Tratamiento de la información y competencia digital	– Recabar información de diferentes fuentes sobre las aplicaciones de las reacciones químicas en la vida cotidiana. – Elaborar presentaciones, utilizando programas informáticos, a partir de información seleccionada.	CMCT, CD, CPAA, SIE
Aprende a aprender ciencia	– Deducir, a partir de las gráficas de calentamiento de una sustancia, sus puntos de fusión y ebullición, e identificarlas utilizando las tablas de datos necesarias. – Describir y realizar la determinación experimental del volumen y de la masa de un sólido y/o un líquido y calcular su densidad. – Diseñar métodos de separación de mezclas según las propiedades características de las sustancias que las componen, describiendo el material de laboratorio adecuado.	CMCT, CPAA
La ciencia en la sociedad	– Relacionar propiedades de los materiales de nuestro entorno con su uso. – Escribir e interpretar los cambios de estado de la materia utilizando el modelo cinético-molecular y aplicarlo a la interpretación de fenómenos cotidianos. – Distinguir y clasificar sistemas materiales de uso cotidiano en sustancias puras y mezclas, especificando en este último caso si se trata de mezclas homogéneas, heterogéneas o coloides. – Identificar y asociar productos procedentes de la industria química con su contribución a la mejora de la calidad de vida de las personas. – Proponer medidas y actitudes, a nivel individual y colectivo, para mitigar los problemas medioambientales de importancia global.	CMCT, CPAA, CSC
Proyecto: Tu asociación de alumnos	– Extraer información de la lectura de textos y del análisis de gráficos, tablas y mapas. – Buscar y ampliar información sobre un tema para elaborar una opinión razonada y coherente. – Utilizar tablas para organizar y resumir la información. – Publicar y compartir información en internet.	CMCT, CSC, SIE

Antes de comenzar

La química forma parte de nuestra vida cotidiana: la respiración, la digestión, la maduración de los frutos, los cambios en los alimentos al cocinarlos...

Todo lo que nos rodea es materia, pero no toda la materia es igual. ¿En qué se diferencia el mercurio del hierro? ¿Y la leche del agua con azúcar? Todos estos aspectos los vamos a aprender en esta unidad.

Actividades

- ¿Por qué el hielo flota en el agua?
- ¿Qué es la sublimación?
- ¿Por qué se oxidan las barandillas de hierro?
- ¿Qué agentes contaminantes produce una industria química?

1. La materia

¿Has pensado alguna vez de qué están hechas todas las cosas que te rodean? La silla donde te sientas en clase puede ser de madera, pero la ventana por donde miras al patio es de cristal, tu libro de Ámbito es de papel y cartón, y así un montón de ejemplos más.

Entonces, ¿qué es la materia? Podemos decir que es de lo que están hechas todas las cosas. Presenta muchos aspectos diferentes, formando los distintos cuerpos materiales que están a nuestro alrededor.

La **materia** es todo lo que tiene masa y ocupa volumen.

Toda la materia presenta unas propiedades comunes: el volumen y la masa, con independencia de la sustancia de que esté formada, por lo que estas propiedades reciben el nombre de **propiedades generales** de la materia.

Por el contrario, existen otras propiedades que dependen de la naturaleza de la sustancia: como densidad, temperatura, dureza, olor, sabor, solubilidad, conductividad eléctrica, etc., y reciben el nombre de **propiedades específicas** de la materia.

!

¿Quién tiene más masa?

Si te preguntan quién tiene más masa, 1 kg de hierro o 1 kg de corcho, no vayas a contestar que el kilo de hierro.

Los dos tienen la misma masa, lo que pasa es que el volumen del corcho es mayor que el del hierro.

1.1. Propiedades generales de la materia

1.1.1. Masa

La **masa** es la cantidad de materia que tiene un cuerpo y se mide en kilogramos (kg).

Para hallar la masa de cualquier objeto hay que utilizar un instrumento de medida adecuado: en el laboratorio utilizamos balanzas de precisión, pero en nuestra vida cotidiana usamos pesos, básculas o balanzas electrónicas.

1.1.2. Volumen

Coge ahora tu libro de Ámbito y mídelo. ¿Te has dado cuenta de que tiene tres dimensiones? Igual que con el papel, podemos medir el ancho y el largo, es decir, la superficie, pero, además, tiene otra longitud: la altura (el grosor del libro). Si multiplicas las tres medidas habrás averiguado cuál es el volumen que ocupa tu libro. Así, un libro de 22,5 cm de ancho, 29 cm de largo y 1,5 cm de altura o grosor, tendrá un volumen de 22,5 cm × 29 cm × 1,5 cm = 178,75 cm^3.

El **volumen** es la porción del espacio que ocupa un cuerpo.

Tú ocupas un volumen, tu pupitre también, tu casa, un balón de fútbol, un coche, y así puedes buscar un montón de objetos a tu alrededor que tienen volumen.

Para medir el volumen de un cuerpo, como vimos en la unidad 1, podemos usar instrumentos de medida como probetas, matraces, vasos graduados y pipetas, o, si el cuerpo es regular, utilizar cálculos matemáticos aplicando las fórmulas del volumen del sólido correspondiente: cilindro, esfera, cubo, etc.

Probeta para medir el volumen.

!

Superficie

Todos los cuerpos materiales tienen unas dimensiones, es decir, se pueden medir. Coge una hoja de tu cuaderno y mide con la regla su largo y su ancho; esas son sus dimensiones y quizá sean distintas de una hoja de tu compañero. Supongamos que las medidas que tú has obtenido son 22 cm de ancho y 30 cm de largo.

Podemos saber más cosas. Si multiplicas esos resultados, habrás averiguado cuál es la superficie de tu hoja.

En este caso, la superficie será: 22 cm × 30 cm = 660 cm^2. Fíjate en que una hoja de papel solo tiene dos dimensiones: largo y ancho.

1.2. Propiedades específicas de la materia

1.2.1. Densidad

La densidad es una propiedad que depende de la masa y del volumen.

La **densidad** es la masa que contiene la unidad de volumen de un cuerpo.

Se expresa mediante la fórmula:

$$d = \frac{m}{V}$$

donde *d* es la densidad, *m* es la **masa** y *V* es el **volumen**.

Su unidad en el Sistema Internacional es el kilogramo por metro cúbico (kg/m^3), es decir, la relación entre la masa expresada en kilogramos y el volumen en metros cúbicos. Cuando se trata de líquidos o gases, el volumen puede expresarse en litros (L).

La densidad permite distinguir los diferentes tipos de materia. Dos cuerpos diferentes pueden tener la misma masa, pero siempre diferente densidad. El corcho tiene unas propiedades que lo diferencian del hierro, entre ellas, la densidad.

El agua tiene una densidad de 1000 kg/m^3, o sea, una masa de agua de 1000 kg ocupa un volumen de 1 m^3.

La **flotabilidad** es una propiedad que depende de la densidad de las sustancias:

- Si la densidad de un cuerpo es menor que la densidad del agua, el cuerpo flotará en el agua. Por ejemplo, un corcho.
- Si la densidad de un cuerpo es mayor que la densidad del agua, el cuerpo no flotará en el agua. Por ejemplo, una piedra.
- Como regla general, un cuerpo flotará sobre otro si tiene menor densidad que este.

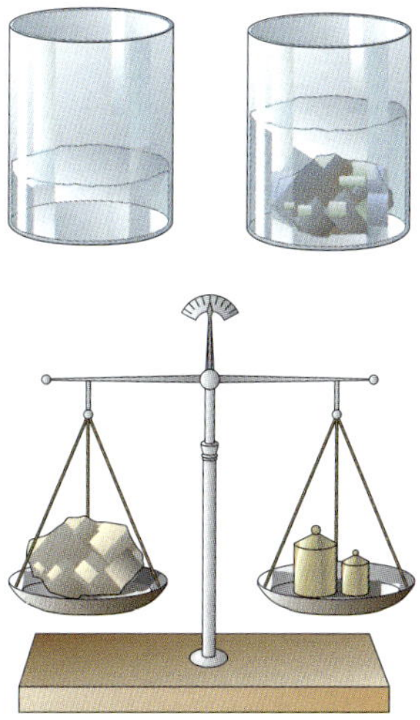

Medida directa de la densidad de una roca, midiendo, independientemente, su masa y su volumen.

1.2.2. Temperatura

La **temperatura** es una propiedad relacionada con la cantidad de calor que tiene un cuerpo. Un cuerpo caliente cede calor, mientras que uno frío lo absorbe.

Cuando se ponen en contacto dos cuerpos con distinta temperatura, el que tiene mayor temperatura se enfría y el que tiene menor temperatura se calienta hasta que la temperatura de ambos se iguala.

Para medir la temperatura, utilizamos termómetros que emplean la llamada escala **centígrada** o **Celsius.** En esta escala, la unidad es el grado centígrado (°C):

- El 0 °C es la temperatura de **fusión** del agua a la presión de 1 atm.
- El 100 °C es la temperatura de **ebullición** del agua a la presión de 1 atm.

En el Sistema Internacional, la temperatura se expresa en grados **Kelvin.** En esta escala, a la temperatura de –273 °C se le llama **cero absoluto**:

La equivalencia entre las dos escalas es:

$$K = {}^{\circ}C + 273$$

!

Termómetros de mercurio

Los termómetros de mercurio ya no se usan para medir la temperatura, actualmente se utilizan de alcohol y digitales.

Están basados en la dilatación de la materia, en el caso del mercurio. Constan de un pequeño depósito unido a un fino hilo; cuando la temperatura aumenta, el mercurio se dilata y sube por el tubo.

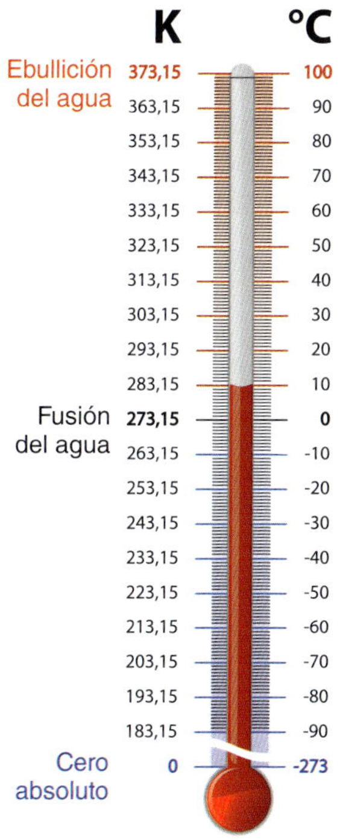

a Actividades y tareas

1. ¿Qué es la materia? Escribe cinco formas diferentes de presentación de la materia.
2. ¿Cuáles son las propiedades generales de la materia? Defínelas.

Investiga

3. Busca información en un diccionario sobre las siguientes propiedades de la materia y completa en tu cuaderno la siguiente tabla con su definición y un ejemplo de una sustancia que posea esa propiedad.

Propiedad	Definición	Ejemplo
Conductividad		
Dilatación		
Tenacidad		
Dureza		
Fragilidad		
Ductilidad		
Maleabilidad		

CUADERNO

4. Teniendo en cuenta las propiedades anteriores, señala a qué propiedad corresponde cada uno de los fenómenos siguientes y por qué:
   a) El volumen de las vías del tren aumenta en verano.
   b) Los cables de la luz están fabricados con hilos de cobre.
   c) Las cucharas que se utilizan para cocinar se fabrican de madera o de silicona, pero no de metal.
   d) Los vasos de vidrio se rompen con un impacto.
   e) Para hacer cortes precisos de vidrio se utilizan puntas de diamante.

Experimenta

5. En la unidad 1 hemos visto cómo medimos el volumen de los líquidos. Pero, ¿cómo tomamos la cantidad adecuada de un reactivo sólido o de una muestra? Para ello utilizamos la balanza de precisión. Estas balanzas son muy precisas, y el número de decimales que proporcionan varía dependiendo del modelo. Algunas, además, poseen una estructura que protege la muestra a medir del aire, para así obtener mayor precisión. ¿Cómo se utilizan?:
   a) Encendemos la balanza y colocamos un vidrio de reloj sobre la misma. En la pantalla aparecerá la masa de este instrumento. Las balanzas nos permiten tarar, es decir, restar la masa del vidrio de reloj para que podamos tomar la masa adecuada del reactivo con más facilidad. Para ello debemos pulsar el botón de tara.
   b) Con una espátula, y en cantidades pequeñas, tomamos la sustancia que vamos a pesar.
   c) Cuando el valor esté cercano al que deseamos, mantenemos la espátula sobre el vidrio de reloj y con la otra mano sacudimos el extremo final de la espátula para que caigan pequeñas cantidades.

   Ahora hazlo tú. Utilizando una balanza, prepara cuatro muestras de sal con las siguientes medidas: 0,01 g, 100 µg, 2,5 g y 0,35 g.

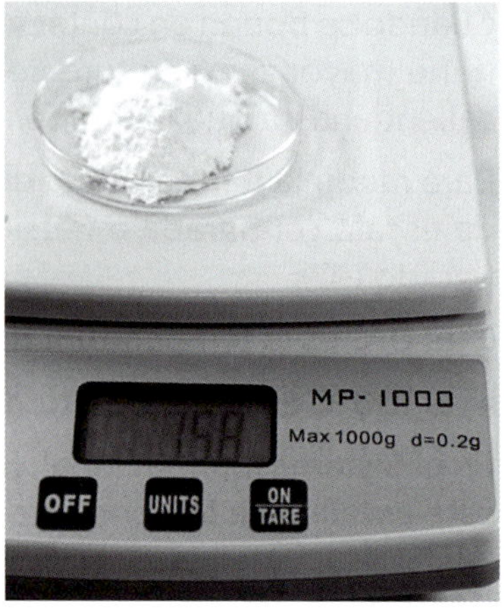

Balanza de precisión.

6. En una balanza de cocina, pesa diversos elementos: patatas, tomates, pan, etc. Escribe en tu cuaderno los resultados ordenándolos de menor a mayor masa.
7. Introduce una canica de acero en un vaso de agua. ¿Flota o se hunde? ¿Y si introduces un cubito de hielo?

Problemas de densidades

Los problemas de densidades son fáciles de resolver si sigues estos pasos:

1. Lee bien el problema, localiza los datos que te dan y la incógnita que debes averiguar.
2. Si no lo están, expresa todas las unidades en la misma unidad del Sistema Internacional.
3. Escribe la fórmula de la densidad y despeja la incógnita pedida.
4. Resuelve el problema con los datos dados.

Lo verás más claro con un ejemplo: «Medio litro de éter tiene una masa de 350 g. ¿Cuál es la densidad del éter?».

1. Datos — Incógnita
   Volumen de éter: 1/2 L — Densidad del éter
   Masa del éter: 350 g
2. 1/2 L = 0,5 L. Sabemos que 1000 L = 1 m^3, luego 0,5 L = 0,0005 m^3. Por lo tanto, 350 g equivalen a 0,350 kg.

3. y 4. Como nos piden la densidad, solo queda poner los datos en la fórmula:

$$d = \frac{m}{V} = \frac{0{,}350\ \text{kg}}{0{,}0005\ \text{m}^3} = 700 = \frac{\text{kg}}{\text{m}^3}$$

Solución: la densidad del éter es de 700 kg/m^3. Fíjate bien:

- Si la incógnita es la masa: $d = \frac{m}{V} \rightarrow m = d \cdot V$
- Si la incógnita es el volumen: $d = \frac{m}{V} \rightarrow V = \frac{m}{d}$

Densidades (kg/m^3)	
Agua	1 000
Agua de mar	1 025
Hielo	910
Corcho	240
Alcohol	790
Aceite de oliva	920
Leche	1 030
Ser humano	1 070
Glicerina	1 260
Hierro	7 900
Plata	10 500
Oro	19 300
Plomo	11 400

Correspondencia de unidades

1 dm^3 = 1 L   1 m^3 = 1 000 L

Para pasar de metros cúbicos a litros, solo hay que multiplicar por 1000.

1 000 kg/m^3 = 1 000 kg/ 1 000 L = 1 kg/L

1 kg/m^3 = 1 g/L

8. Busca en la tabla de densidades, la densidad del alcohol y calcula el volumen que ocupa 1 kg de alcohol.
9. Observa en la misma tabla la densidad del corcho y calcula la masa de una bola de corcho de 0,1 m^3 de volumen.
10. Comprueba ahora en la tabla la densidad aproximada de una persona. Pésate y expresa tu masa en kilogramos. ¿Qué volumen aproximado ocupas? Si fueras un cubo, ¿cuánto medirían tus lados?

    Volumen del cubo = lado^3

11. Un acuario tiene 1,60 m de largo, 1 m de ancho y 0,90 m de alto. ¿Cuál es su volumen? Si está completamente lleno de agua, ¿qué masa de agua tendrá?
12. Calcula el volumen que ocupan 2 kg de hierro. ¿Qué volumen ocuparían si fueran de plata?

2. Estados de agregación de la materia

La materia se puede presentar en tres estados diferentes: sólido, líquido y gaseoso. El agua es una sustancia que se encuentra en la naturaleza en los tres estados.

2.1. Estado sólido

- Los cuerpos sólidos tienen una **masa constante.**
- Tienen **forma propia y fija.**
- Su **volumen también es fijo.** La forma y el volumen de una mesa no van a cambiar, a menos que la deformes o la rompas. Es muy difícil deformar los cuerpos sólidos. La unión entre sus partículas es muy fuerte.

Sólido.

2.2. Estado líquido

- Los cuerpos líquidos tienen una **masa constante.**
- Igual que los sólidos, su **volumen** también es **constante.**
- Los líquidos, a diferencia de los sólidos, **no tienen forma propia,** ya que adoptan la forma del recipiente que los contiene, sin cambiar de volumen. Si echo agua en un vaso, adoptará la forma del vaso, pero si la echo en una botella, tendrá la forma de la botella.

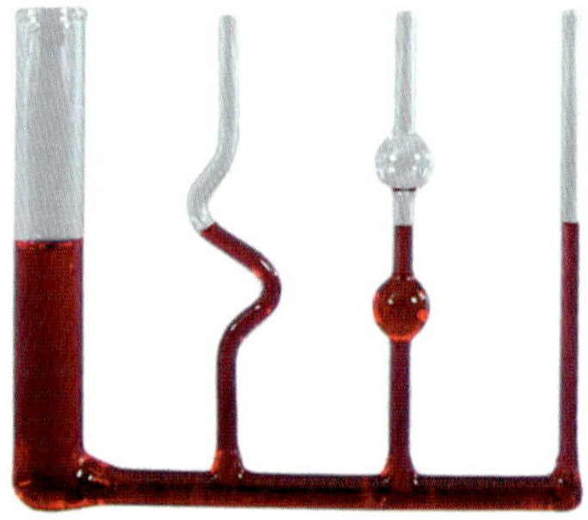

Líquido.

2.3. Estado gaseoso

El aire que respiramos es una mezcla de gases. Veamos las propiedades de estos:

- Los gases tienen una **masa constante,** igual que los sólidos y los líquidos.
- Su **volumen no es constante,** pues puede disminuir si se aplican fuerzas sobre ellos, y aumentar si desaparecen esas fuerzas.
- Los **gases no tienen forma propia,** es decir, igual que los líquidos, toman la forma del recipiente que los contiene.

Una característica de los gases es que tienden a ocupar el mayor volumen posible. En consecuencia, un gas en una habitación ocupa todo el volumen de esta.

Por el contrario, también pueden comprimirse, y ocupar el menor volumen posible, hasta el límite.

Gaseoso.

3. Cambios de estado. Teoría cinética

El estado de una sustancia está determinado por su temperatura.

Cuando los sólidos se calientan, se convierten en líquidos, y si seguimos calentándolos, los líquidos se convierten en gases.

Para explicar los estados de la materia, sus propiedades y los cambios que se producen en ella, se elaboró una teoría que consideraba que los sólidos, los líquidos y los gases están formados por partículas invisibles a simple vista. Aunque hay un gran vacío entre ellas, existen fuerzas de atracción que las mantienen más o menos unidas.

Estas partículas están en continuo movimiento. Por ello a esta teoría se la denomina **teoría cinética** (en griego, *cine*, «movimiento»).

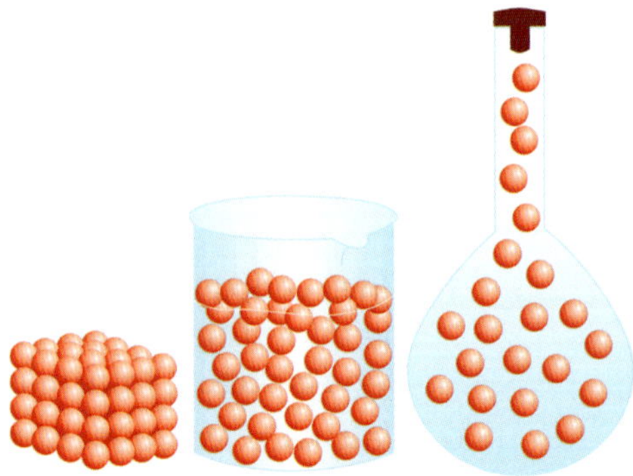

Representación de los estados de la materia, según la teoría cinética.

3.1. Cambio de estado: de sólido a líquido

En el estado sólido, las partículas están muy cerca unas de otras, formando un bloque compacto. Hay muy poco espacio para moverse. Las fuerzas de atracción entre las partículas son muy grandes.

Por eso los sólidos tienen unas determinadas propiedades, como forma propia y volumen fijo.

Si calentamos el sólido, las fuerzas que unen las partículas se van debilitando con el calor, las partículas tienen más libertad de movimiento y más espacio, hasta llegar al estado líquido.

Recuerda que los líquidos tienen una masa y un volumen constante, pero no tienen forma propia.

> El paso de sólido a líquido por medio del calor se denomina **fusión.**

Cada cuerpo sólido funde a una temperatura fija y determinada, llamada **temperatura de fusión**. Para el hielo, esta temperatura es de 0 °C.

Recuerda

Mientras ocurre el cambio de estado, la temperatura permanece constante.

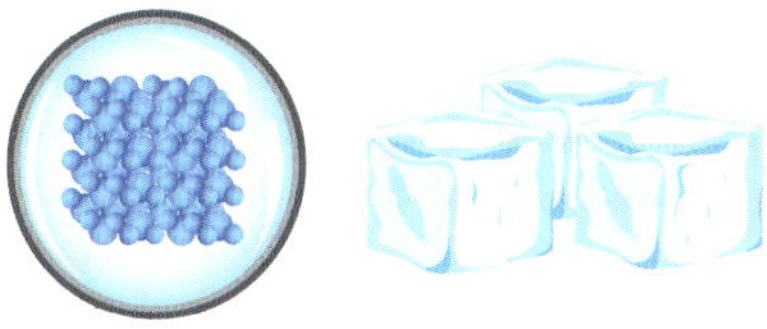

Sólido.

3.2. Cambio de estado: de líquido a gas

Si seguimos calentando el líquido, llegará un momento en el que los débiles enlaces que mantienen unidas las partículas se rompan dejando las partículas libres: el líquido ha pasado a gas.

Al no tener fuerzas de unión, los gases no tienen forma ni volumen propio, y se difunden por todo el recipiente.

> El paso de líquido a gas por acción del calor recibe el nombre de **vaporización.**

La vaporización puede producirse de dos formas:

- **Evaporación**: es una vaporización lenta que se realiza solo en la superficie libre del líquido y a cualquier temperatura.

  Así, si colocas alcohol o agua en un recipiente destapado, al cabo de un tiempo desaparecen. Decimos que se han evaporado.

- **Ebullición:** se produce cuando el líquido alcanza su **temperatura de ebullición,** en toda la masa de líquido a la vez.

  La temperatura de ebullición del agua es de 100 °C. Cuando el agua llega a esa temperatura, decimos que hierve.

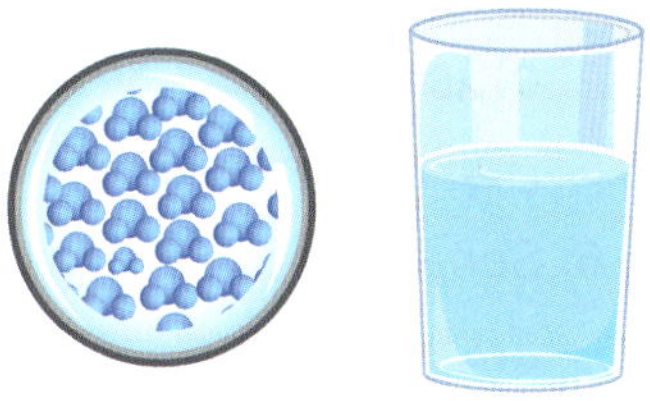

Líquido.

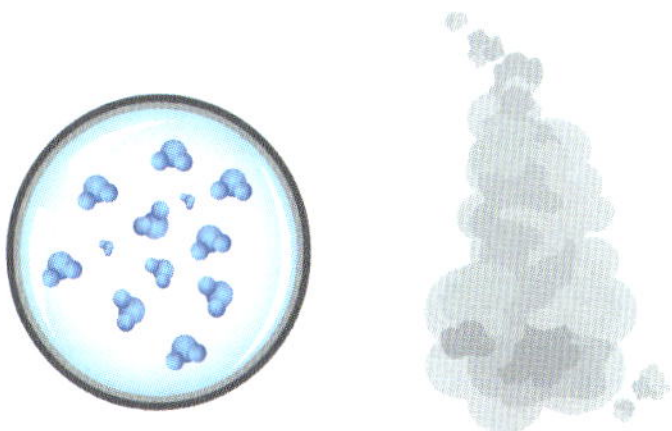

Gases.

Esquema de los cambios de estado

Cambio de estado es el proceso físico que tiene lugar cuando una sustancia pasa de un estado de agregación a otro diferente. Está condicionado por su temperatura.

- **Fusión** es el cambio de estado de sólido a líquido, y solidificación es el cambio inverso.
- **Vaporización** es el cambio de líquido a gas, y licuación o condensación es el cambio inverso.
- **Sublimación** es el cambio de sólido a gas, y el cambio inverso recibe el nombre de sublimación regresiva.

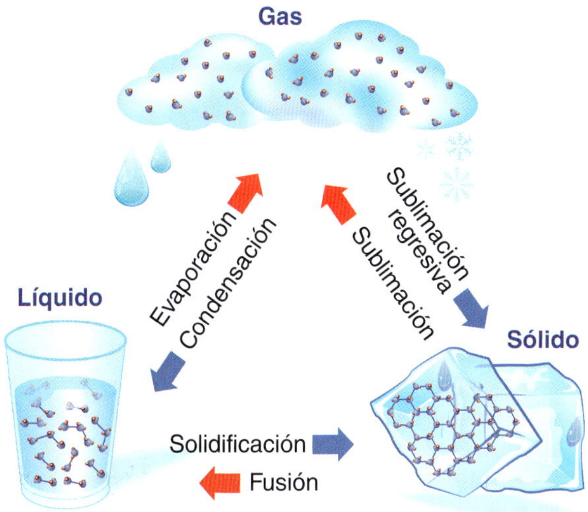

FÍSICA Y QUÍMICA

a Actividades y tareas

1. Las siguientes imágenes muestran los tres estados de agregación de la materia. Relaciona cada imagen con el estado que representan.

A 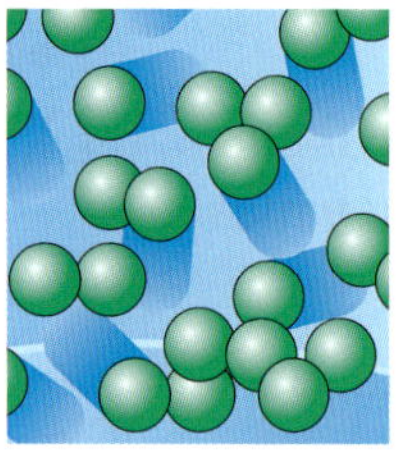
B 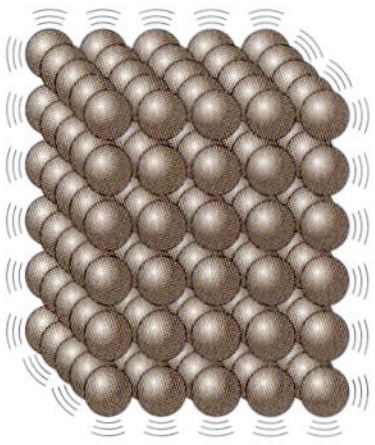
C 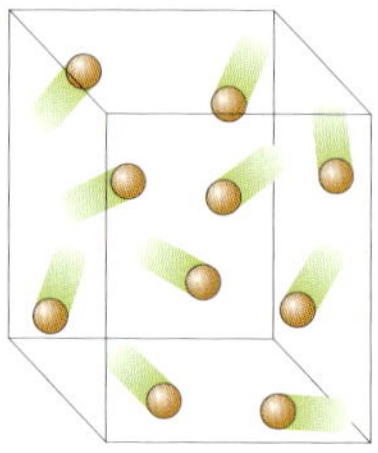

¿Cómo se explica, utilizando la teoría cinético-molecular, el comportamiento de las moléculas que constituyen los gases, los líquidos y los sólidos?

2. Realiza en tu cuaderno un cuadro de doble entrada donde se resuman las características de los tres estados en los que se puede encontrar la materia.
3. ¿Conoces alguna sustancia que se encuentre en la naturaleza en los tres estados?
4. Define:

   a) Temperatura de fusión.

   b) Temperatura de ebullición.
5. ¿Qué diferencia existe entre evaporación y ebullición?
6. Señala qué cambio de estado es responsable de cada uno de estos fenómenos:

   a) La ropa se seca en verano y en invierno no.

   b) En los días de frío, los cristales del aula se empañan y posteriormente se forman gotas de agua en su superficie.

   c) Si calentamos agua en una cacerola tapada, llega un momento que la tapa comienza a moverse.

   d) Al abrir el congelador sale «humo».

   e) En invierno se puede patinar en la superficie de los lagos.

Interpreta imágenes

7. Observa las siguientes imágenes y emite una hipótesis que las explique. Para ello utiliza los siguientes términos: agua, densidad, líquido, hielo, flotabilidad y sólido.

   ¿Por qué ocurre este fenómeno? Busca información sobre la estructura del agua y realiza un dibujo que explique la distribución de las moléculas de agua líquida y sólida.

Interpreta imágenes

8. La siguiente gráfica muestra cómo ocurren los cambios de estado de una sustancia según aumenta su temperatura. Observa que mientras está ocurriendo el cambio de estado, conviven los dos estados y la temperatura no aumenta.

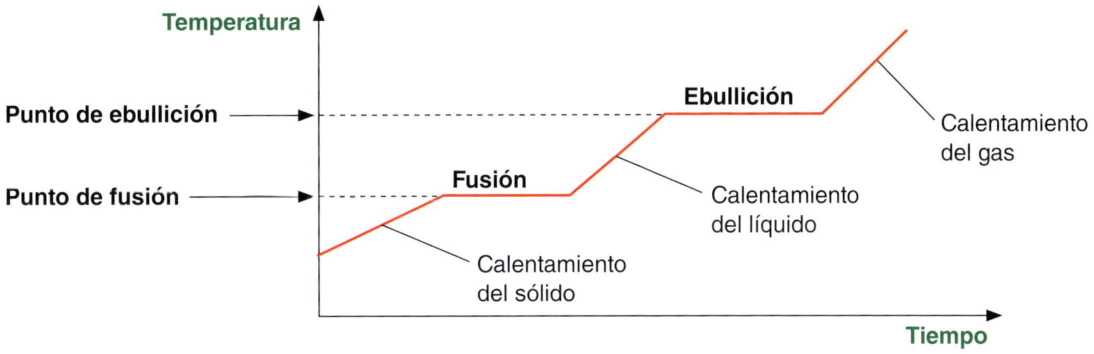

Observa las siguientes gráficas y contesta a las cuestiones:

A

B

a) ¿Cuál es la temperatura inicial en cada una de ellas?

b) ¿Cuál es la temperatura final en cada una de ellas?

c) ¿A qué temperatura ocurre la fusión?

d) ¿A qué temperatura ocurre la ebullición?

e) ¿La gráfica representa un calentamiento o un enfriamiento?

f) ¿Puedes identificar alguna de las sustancias?

Experimenta

9. Como ya hemos estudiado, los gases se pueden comprimir. ¿Cómo podemos comprobarlo? Para ello, vamos a utilizar una jeringuilla grande y un globo pequeño.
   1. Inflamos el globo.
   2. Introducimos el globo en la jeringuilla.
   3. Ponemos el émbolo de la jeringuilla y tapamos con el dedo la salida de la jeringuilla.
   4. Bajamos el émbolo.

   ¿Qué ha ocurrido? ¿Por qué?

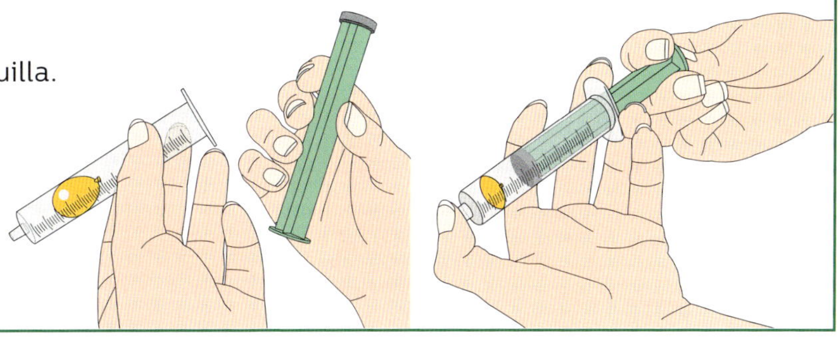

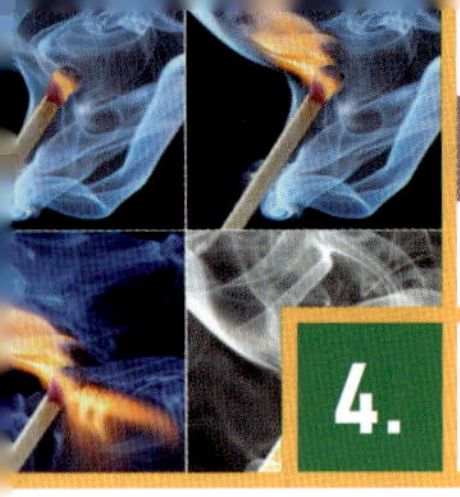

4. Sustancias puras y mezclas

Una **sustancia** es cada una de las diversas clases de materia que existen en la naturaleza. Las **mezclas** están formadas por dos o más sustancias puras.

4.1. Sustancias puras

Las **sustancias puras** están compuestas por un único tipo de componente y presentan unas propiedades físicas características, que se mantienen aunque se encuentren formando parte de una mezcla.

Algunas de estas propiedades son: la temperatura, el color, la densidad, el sabor...

Las sustancias puras se clasifican en elementos y compuestos:

- **Elementos:** están formados por la misma clase de átomos, como por ejemplo, el hierro, el calcio o la plata. Algunos elementos están formados por más de un átomo, como es el caso de algunos gases como el oxígeno (O_2) o el hidrógeno (H_2).
- **Compuestos:** están constituidos por átomos de diferentes elementos químicos que forman moléculas. Las **moléculas** representan la proporción en la que se combinan los átomos de los diferentes elementos químicos para formar compuestos. Pueden ser muy sencillos, como el ClNa (sal común), o más complejos como la glucosa ($C_6H_{12}O_6$).

Un **átomo** es la parte más pequeña de una sustancia simple que interviene en una reacción química.

Los átomos de los elementos químicos se designan con una letra o letras que los representan y se denomina símbolo.

Los elementos químicos que existen en la naturaleza se ordenan en la **tabla periódica**.

!

¿Qué representa la fórmula de un compuesto?

- H_2O: indica que una molécula de agua está formada por dos átomos de hidrógeno y uno de oxígeno.

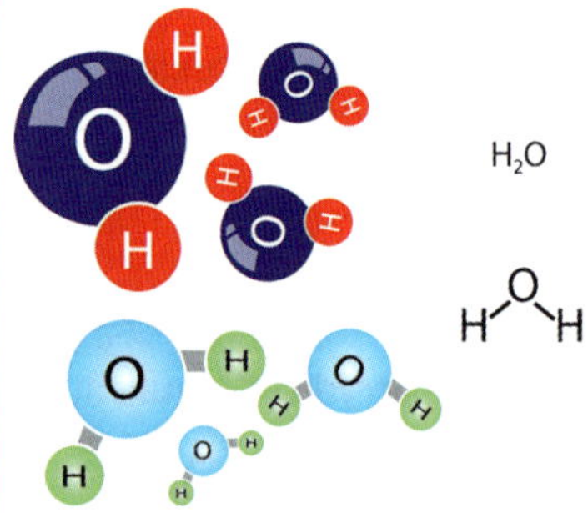

- $C_6H_{12}O_6$: la glucosa está formada por 6 átomos de carbono, 12 de hidrógeno y otros 6 de oxígeno.

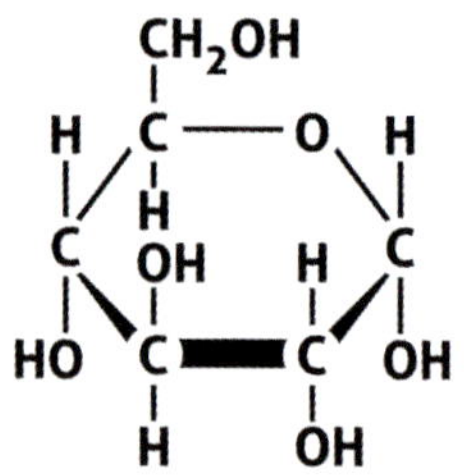

TABLA PERIÓDICA DE LOS ELEMENTOS QUÍMICOS

CLAVE: Número atómico → 52; Masa atómica → 127,60; Símbolo → Te; Nombre → Telurio

	Gases nobles
	No metales
	Semimetales
	Metales
	Obtenibles

Ca	Sólido
Hg	Líquido
Cl	Gaseoso
Uut	Aún no aislado

Estado en condiciones normales

	GRUPO 1	2	3	4	5	6	7	8	9	10	11	12	13	14	15	16	17	GRUPO 18
	Ia	IIa	IIIb	IVb	Vb	VIb	VIIb	VIIIb	VIIIb	VIIIb	Ib	IIb	IIIa	IVa	Va	VIa	VIIa	VIIIa
1	1 H Hidrógeno 1,0079	IIA																2 He Helio 4.003
2	3 Li Litio 6,941	4 Be Berilio 9,012											5 B Boro 10,811	6 C Carbono 12,011	7 N Nitrógeno 14,007	8 O Oxígeno 15,999	9 F Flúor 18,998	10 Ne Neón 20,180
3	11 Na Sodio 22,990	12 Mg Magnesio 24,305											13 Al Aluminio 26,982	14 Si Silicio 28,086	15 P Fósforo 30,974	16 S Azufre 32,066	17 Cl Cloro 35,453	18 Ar Argón 39,948
4	19 K Potasio 39,098	20 Ca Calcio 40,078	21 Sc Escandio 44,956	22 Ti Titanio 47,867	23 V Vanadio 50,942	24 Cr Cromo 51,996	25 Mn Manganeso 54,938	26 Fe Hierro 55,845	27 Co Cobalto 58,933	28 Ni Níquel 58,693	29 Cu Cobre 63,546	30 Zn Cinc 65,39	31 Ga Galio 69,723	32 Ge Germanio 72,61	33 As Arsénico 74,922	34 Se Selenio 78,96	35 Br Bromo 79,904	36 Kr Kriptón 83,80
5	37 Rb Rubidio 85,468	38 Sr Estroncio 87,62	39 Y Itrio 88,906	40 Zr Circonio 91,224	41 Nb Niobio 92,906	42 Mo Molibdeno 95,94	43 Tc Tecnecio 98,906	44 Ru Rutenio 101,07	45 Rh Rodio 102,906	46 Pd Paladio 106,42	47 Ag Plata 107,868	48 Cd Cadmio 112,411	49 In Indio 114,818	50 Sn Estaño 118,710	51 Sb Antimonio 121,760	52 Te Telurio 127,60	53 I Yodo 126,904	54 Xe Xenón 131,29
6	55 Cs Cesio 132,905	56 Ba Bario 137,327	57 La Lantano 138,906	72 Hf Hafnio 178,49	73 Ta Tántalo 180,948	74 W Wolframio 183,84	75 Re Renio 186,207	76 Os Osmio 190,23	77 Ir Iridio 192,217	78 Pt Platino 195,078	79 Au Oro 196,967	80 Hg Mercurio 200,59	81 Tl Talio 204,383	82 Pb Plomo 207,2	83 Bi Bismuto 208,980	84 Po Polonio 208,982	85 At Astato 209,987	86 Rn Radón 222,018
7	87 Fr Francio 223,020	88 Ra Radio 226,025	89 Ac Actinio 227,028	104 Rf Rutherfordio 261,109	105 Db Dubnio 262,114	106 Sg Seaborgio 263,119	107 Bh Bohrio 264,12	108 Hs Hassio 265,131	109 Mt Meitnerio 268	110 Ds Darnstadtio 269	111 Rg Roentgenio 272	112 Cn Copernicio 285	113 Uut Ununtrio	114 Fl Flerovio 289	115 Uup Ununpentio	116 Lv Livermorio 289	117 Uus Ununseptio	118 Uuo Ununoctio 293

ELEMENTOS DE TRANSICIÓN (grupos 3 a 12)

Lantánidos	6	58 Ce Cerio 140,116	59 Pr Praseodimio 140,908	60 Nd Neodimio 144,24	61 Pm Prometio 144,913	62 Sm Samario 150,36	63 Eu Europio 151,964	64 Gd Gadolinio 157,25	65 Tb Terbio 158,925	66 Dy Disprosio 162,50	67 Ho Holmio 164,930	68 Er Erbio 167,26	69 Tm Tulio 168,934	70 Yb Iterbio 173,04	71 Lu Lutecio 174,967
Actínidos	7	90 Th Torio 232,038	91 Pa Protactinio 231,036	92 U Uranio 238,029	93 Np Neptunio 237,048	94 Pu Plutonio 244,064	95 Am Americio 243,061	96 Cm Curio 247,070	97 Bk Berkelio 247,070	98 Cf Californio 251,080	99 Es Einstenio 252,083	100 Fm Fermio 257,095	101 Md Mendelevio 258,098	102 No Nobelio 259,101	103 Lr Laurencio 262,110

Las masas atómicas son las adoptadas por la IUPAC (International Union of Pure and Applied Chemistry) en 1995 redondeadas a tres decimales.

!

Nuevos elementos

Se han descubierto cuatro nuevos elementos químicos: se trata de cuatro elementos superpesados (113, 115, 117 y 118).

4.2. Mezclas

Una **mezcla** está formada por dos o más sustancias puras.

Para separar los componentes constituyentes de una mezcla se utilizan distintas técnicas físicas o químicas.

Hay dos tipos de mezclas: las heterogéneas y las homogéneas.

4.2.1. Mezclas heterogéneas

Principales características de las mezclas heterogéneas:

- Las sustancias que las forman se ven a simple vista o con ayuda del microscopio.
- Los componentes pueden estar en cualquier proporción.
- Cada constituyente conserva sus propiedades.

A cada componente diferente se le llama fase. Un ejemplo de mezcla heterogénea es el granito o la leche con cacao (los componentes se diferencian con ayuda del microscopio).

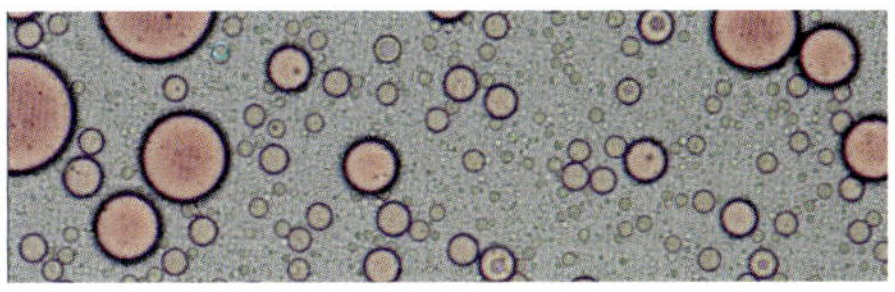

Café con leche.

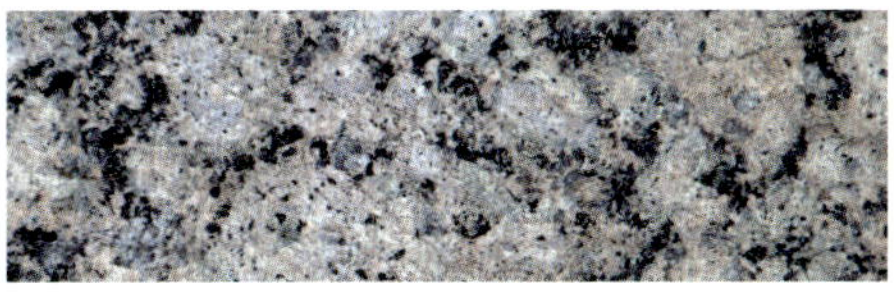

Granito.

4.2.2. Mezclas homogéneas o disoluciones

Principales características de las mezclas homogéneas:

- Las sustancias que las forman no se pueden diferenciar ni a simple vista ni con ayuda del microscopio.
- Los componentes pueden variar dentro de ciertos límites.

Al componente más abundante de la disolución se le denomina **disolvente**, mientras que el componente que se encuentra en menor cantidad recibe el nombre de **soluto**. El tamaño de las partículas de soluto debe ser menor de 10 nm. En el caso del agua con azúcar, por ejemplo, el agua sería el disolvente y el azúcar, el soluto.

Disolución.

Podemos definir dos aspectos importantes de las disoluciones:

- La **solubilidad** de una disolución es la máxima cantidad de soluto expresada en gramos que se puede disolver en 100 gramos de disolvente.
- La **concentración** de una disolución es la cantidad de soluto que se disuelve en una cantidad determinada de disolvente. Se puede expresar en g/L.

$$\text{Concentración de una disolución} = \frac{\text{g de soluto}}{\text{L de disolvente}}$$

Según su concentración, una disolución puede ser:

- **Diluida:** una disolución poco concentrada (es decir, con poco soluto).
- **Concentrada:** mayor concentración de soluto.
- **Saturada:** la mayor concentración de soluto que puede admitir el disolvente.

Existe un tipo de mezclas homogéneas de especial interés que son las **disoluciones coloidales.** En estas disoluciones, las partículas de soluto son de un tamaño mayor que las anteriores, entre 10 y 100 nm. Aun así, no se diferencian a simple vista. Presentan características peculiares, como el efecto Tyndall que se produce al iluminar una disolución coloidal con una lámpara. En estos momentos se puede observar el movimiento de las partículas. Un ejemplo de disolución coloidal es el agua con harina.

a Actividades y tareas

1. Realiza en tu cuaderno un esquema clasificando los distintos tipos de sustancias:

2. ¿Es una mezcla el aire? ¿Y el mar? Razona tu respuesta.
3. ¿En qué se diferencian una disolución y un coloide?
4. El amoniaco es un gas. Sin embargo, el que utilizamos en casa para limpiar está en estado líquido. ¿Cómo es posible este fenómeno?
5. ¿Siempre que unimos dos líquidos se mezclan de forma homogénea? Explica razonadamente la respuesta.
6. El disolvente y el soluto de una disolución pueden presentarse en todos los estados, por lo cual, se pueden dar los siguientes tipos de disolución.

Soluto	Disolvente	Ejemplo 1	Ejemplo 2
Gas	Gas	Aire	●●●
	Líquido	Bebidas gaseosas	●●●
	Sólido	Hidrógeno en paladio	●●●
Líquido	Gas	Niebla	●●●
	Líquido	Alcohol en agua	●●●
	Sólido	Amalgama	●●●
Sólido	Gas	Humo	●●●
	Líquido	Azúcar en agua	●●●
	Sólido	Aleaciones	●●●

Busca información sobre las disoluciones y completa el cuadro en tu cuaderno con otro ejemplo de cada tipo.

7. Clasifica las siguiente sustancias en puras (elemento o compuesto) y mezclas (homogéneas o heterogéneas):

a) Agua con arena.
b) Cobre.
c) Dióxido de carbono.
d) Plata.
e) Zumo de limón y aceite.
f) Agua con sal.
g) Amoniaco.
h) Agua con aceite.
i) Miel.
j) Limaduras de hierro y alcohol.

Práctica científica

8. Identificación y clasificación de mezclas en heterogéneas y homogéneas, diferenciando las disoluciones de los coloides utilizando el efecto Tyndall.

Material

- Una caja de cartón pequeña.
- Una linterna que dé un buen haz de luz.
- 6 tubos de ensayo.
- Probeta de 10 mL.
- Pipetas.
- Gradilla.
- Gotero.
- Balanza de precisión.
- Vidrios de reloj.

Reactivos

- Agua destilada.
- Alcohol etílico.
- Azúcar.
- Leche.
- Detergente en polvo.

Procedimiento

- Numera los tubos de 1 a 6.
- En cada uno de los tubos se añaden los siguientes reactivos:

Tubo	Contenido
1	5 mL de agua
2	5 mL de agua + 30 mg de azúcar
3	5 mL de agua + 1 gota de leche
4	5 mL de agua + 30 mg de arena
5	5 mL de agua + 30 mg de detergente en polvo
6	5 mL de agua + 1 gota de alcohol

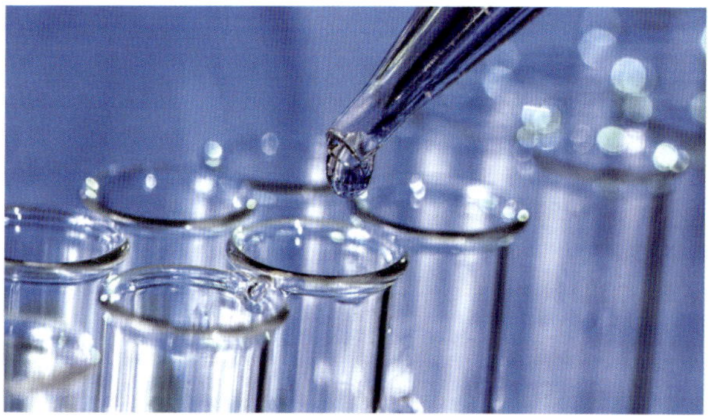

- Agita los tubos durante unos momentos (para ello, si tienes disponibilidad, puedes utilizar un agitador de tubos). Déjalos reposar unos instantes.
- Anota el resultado en tu cuaderno. ¿Alguno de ellos ha sedimentado?
- Continúa el experimento con aquellos tubos que no hayan sedimentado.
- Toma la caja de cartón y prepárala como indica la figura.
- Por el orificio 1, introduce el tubo número 1 (que solo contiene agua), y por el orificio 2, introduce aquellos que no hayan sedimentado. Enciende la linterna y observa lo que ocurre.

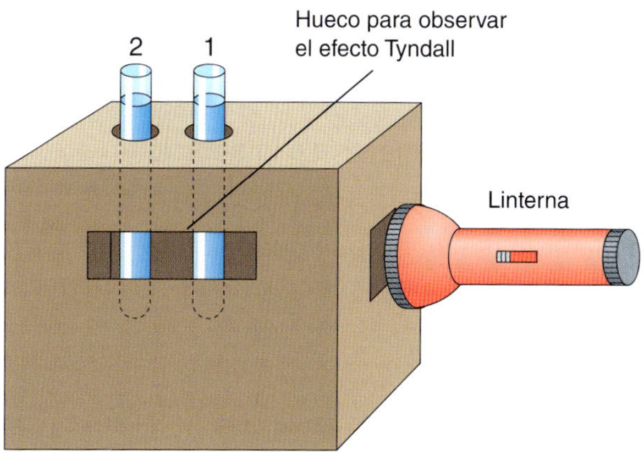

Anota en tu cuaderno los resultados obtenidos y clasifica las mezclas realizadas en el experimento.

5. Separación de mezclas

Para separar los componentes de una mezcla hay que conocer los tipos de sustancias que la integran y sus propiedades físicas características, como la masa, la densidad, etc.

V

Insoluble: que no puede disolverse.

Fuerza centrípetra: fuerza dirigida radialmente hacia el centro, que se manifiesta en cuerpos que describen trayectorias curvas.

5.1. Mezclas heterogéneas

5.1.1. Filtración

Es una técnica utilizada para separar sólidos insolubles y líquidos, como por ejemplo una mezcla de arena y agua. Se basa en el diferente tamaño de las partículas.

Para separar los componentes se necesita un papel de filtro poroso y plegado colocado en un embudo y un recipiente para recoger el líquido. Al añadir la mezcla, el líquido pasará por el filtro y el sólido quedará retenido en el papel.

Filtración.

5.1.2. Sedimentación

Se emplea para separar sólidos de líquidos, así como para separar distintos líquidos de una mezcla que sean inmiscibles entre sí.

Mediante la sedimentación separamos los componentes de una mezcla que poseen diferente densidad. Simplemente se tiene que dejar reposar la mezcla y los componentes se irán separando, de forma que en el fondo quedará el componente que posea más densidad y arriba el menos denso.

5.1.3. Decantación

La decantación se emplea para separar un sólido insoluble de un líquido o para separar dos líquidos inmiscibles, que no se mezclan entre sí, como el agua y el aceite. Se basa en la diferente densidad de los componentes de la mezcla.

Al mezclar agua y aceite, como el aceite es menos denso que el agua, quedará arriba, y el agua irá al fondo. Se pone la mezcla en un embudo de decantación y se espera a que se separen los dos líquidos, ya que el líquido menos denso flota sobre el otro. Para realizar la separación, se abre a continuación la llave del embudo hasta que caiga toda el agua, dejando el líquido menos denso, el aceite dentro del embudo.

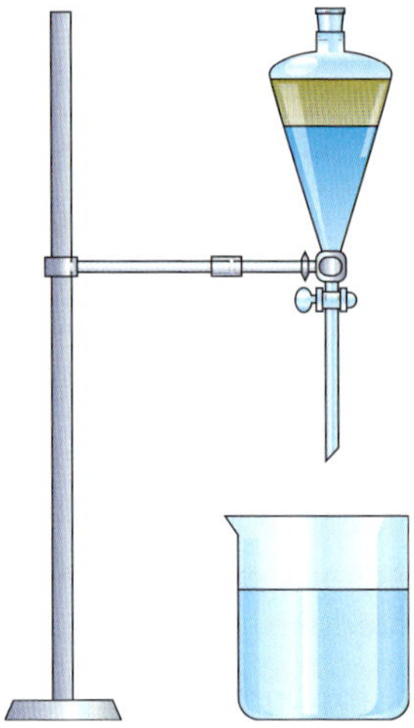

Decantación.

5.1.4. Separación magnética o imantación

En el caso de una mezcla de diversos sólidos en la que uno de ellos es un material magnético, se puede utilizar un imán como agente separador, al atraer de la mezcla solo el sólido magnético.

5.1.5. Centrifugación

La centrifugación utiliza la fuerza centrípeta para separar sustancias que poseen diferente densidad. De forma que se somete a la muestra a un movimiento giratorio, acelerando la decantación quedando los materiales más densos en el fondo y los menos en la parte superior.

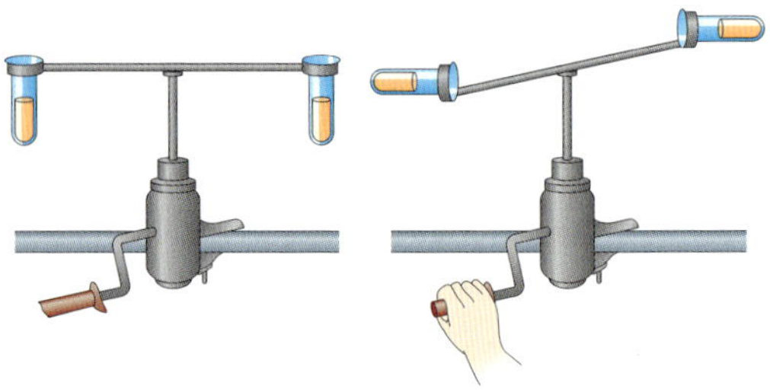

Centrifugación.

5.2. Mezclas homogéneas

5.2.1. Destilación

Consiste en la separación de los componentes de una disolución con distintos puntos de ebullición, como el alcohol y el agua. Para ello, se calienta la mezcla en un matraz hasta que el líquido más volátil se evapora. El vapor se recoge en un tubo, que se mantiene frío gracias al agua que circula por él (tubo encamisado), de forma que el líquido evaporado se condensa y cae en un recipiente denominado colector. Esta técnica se utiliza, por ejemplo, en la fabricación de muchas bebidas alcohólicas y perfumes.

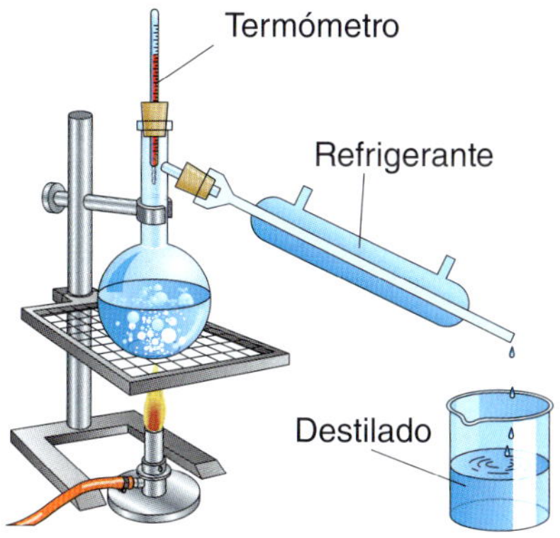

Destilación.

5.2.2. Evaporación y cristalización

La evaporación es un procedimiento que se emplea para separar las disoluciones de un sólido soluble y un líquido. Consiste en la evaporación del disolvente líquido de forma que el soluto permanezca en el recipiente original.

Si la evaporación es lenta, el soluto puede formar estructuras regulares o cristales. El proceso se denomina entonces **cristalización.** Este método se utiliza en las salinas, para obtener la sal del agua de mar.

Si aplicamos calor a la disolución y aceleramos de esta manera el proceso, se denomina **evaporación.**

Cristalización.

5.2.3. Cromatografía

Es una técnica que separa las sustancias según la velocidad a la que se mueven, a través de un medio absorbente o papel de filtro, poroso (fase estacionaria), arrastradas por un disolvente en movimiento. Con esta técnica se comenzaron a separar componentes coloreados, de ahí recibe su nombre. Se coloca un papel de filtro (medio absorbente) en contacto con la disolución problema y se humedece el papel con un disolvente que hace de medio móvil. Este asciende por capilaridad por el papel y en su recorrido disuelve y arrastra los distintos componentes de la mezcla problema con diferentes velocidades. Los componentes de menor tamaño ascienden más y el grosor de la línea nos da información de la cantidad de soluto.

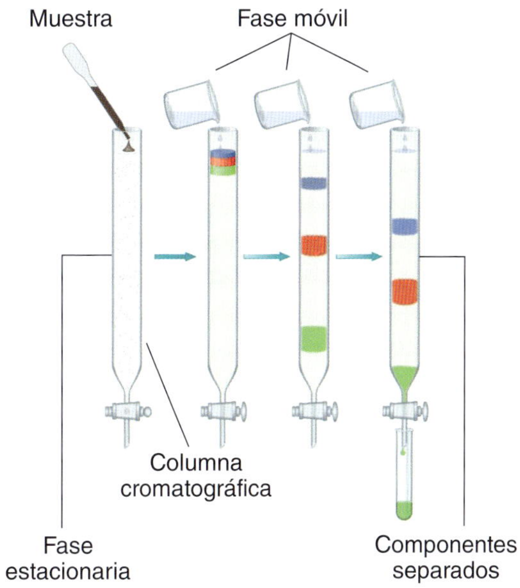

Cromatografía en columna de distintas proteínas.

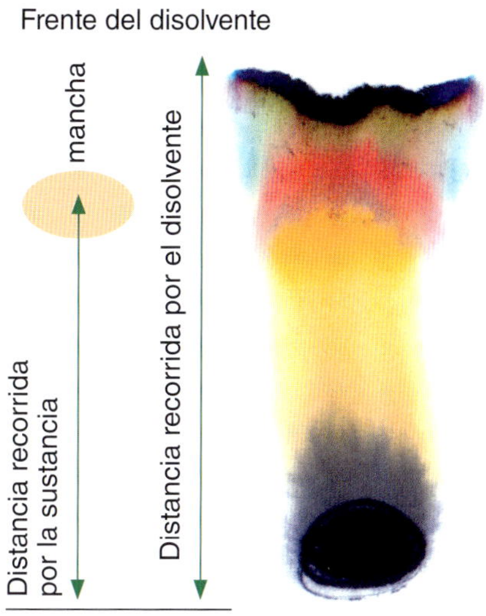

Cromatografía en papel.

a Actividades y tareas

1. Realiza un esquema en tu cuaderno sobre las distintas técnicas de separación de mezclas que existen.

2. Define:

   a) Decantación. b) Evaporación.

3. Escribe en tu cuaderno qué método de separación emplearías para las siguientes mezclas: garbanzos de lentejas, azúcar disuelto en un vaso de agua muy azucarada, agua mezclada con aceite, limaduras de hierro mezcladas con sal, y ropa mojada con agua.

Interpreta imágenes

4. Observa la siguiente imagen y busca información sobre ella.

   a) ¿Qué nombre recibe?

   b) ¿Para qué se utiliza?

   c) ¿En qué industria podemos encontrarlo?

5. La siguiente imagen representa el resultado obtenido después de realizar un procedimiento de separación de mezclas.

   a) ¿De qué método se trata?

   b) ¿En qué consiste el procedimiento?

   c) Observando el resultado de la separación. ¿Qué conclusiones se pueden extraer?

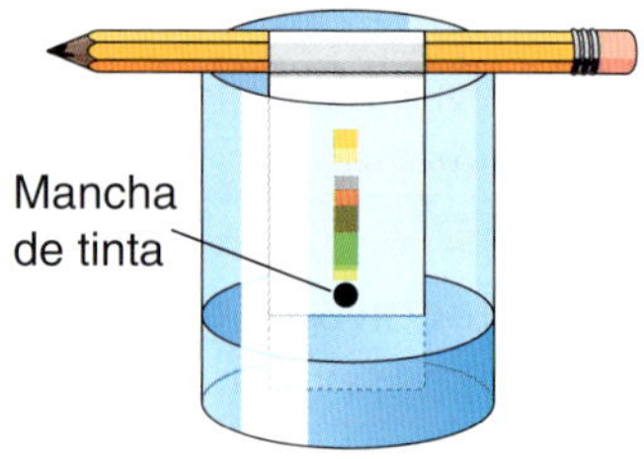

Trabajo cooperativo

6. El objetivo de este trabajo es conocer la importancia de las salinas y recopilar información sobre su localización. Dividimos la clase en grupos de tres personas y cada uno de los grupos se encargará de una salina de nuestro país. Deberán buscar información sobre el nombre de la salina, el tipo de sal que produce y su historia. La información se presentará al resto de sus compañeros mediante un cartel que contendrá imágenes del lugar, situación geográfica, usos e historia del lugar.

1 Salinas de Fuencaliente
2 Salinas d'Es Trenc
3 Salinas del Bufadero
4 Salinas de San Pedro del Pinatar
5 Parque natural de las Salinas de Santa Pola
6 Salinas de Ibiza
7 Parque natural de las Lagunas de La Mata y Torrevieja
8 Salinas de la Trinidad
9 Salinas del Cabo de Gata
10 Salinas Biomaris

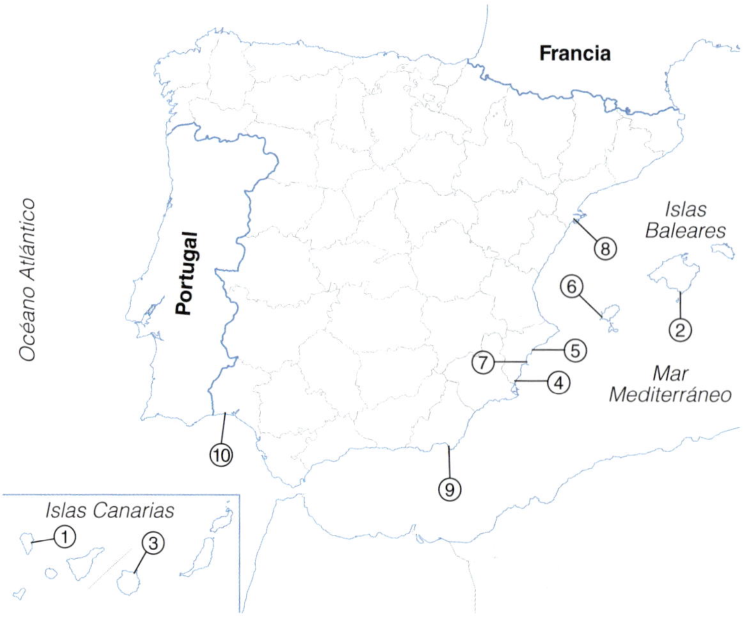

Diez salinas brillantes en España. «El viajero», *El País*. 28 de octubre de 2015.

Práctica científica

7. Vas a realizar en el laboratorio tres tipos de separación de mezclas: por filtración, por cristalización y por sublimación.

- Filtración y cristalización

Material

- Dicromato potásico y carbonato de calcio.
- Dos vasos de precipitados.
- Una varilla de vidrio.
- Un cristalizador, un embudo y papel de filtro.

Procedimiento

- Pesa 5 g aproximadamente de dicromato potásico y 2 g de carbonato de calcio. Tritúralos un poco en el mortero si es necesario. Mezcla los dos compuestos.
- Añade 50 cm^3 aproximadamente de agua en el vaso, y agrega poco a poco la mezcla. Agita con la varilla de vidrio.
- Pon el embudo con un papel de filtro previamente doblado en otro vaso y filtra la mezcla. ¿Qué observas? Calienta, con mucho cuidado y con ayuda de tu profesor, lo que has recogido en el vaso hasta que el volumen se reduzca a la mitad.
- Deja enfriar un poco lo que ha quedado y pásalo a un cristalizador. Déjalo reposar hasta observar que se han formado cristales.

Hay que utilizar un recipiente para pesar: si vas a pesar un sólido puedes usar un vidrio de reloj, pero si se trata de un líquido, utiliza un vaso de precipitado.

Para pesar un sólido sigue estos pasos: primero pesa el plato vacío y apunta el resultado. A continuación, pon el sólido en el plato y colócalo en la balanza. La diferencia de pesada será la masa del sólido.

- Sublimación

Material

- Cloruro de sodio (sal).
- Diez cristalitos como máximo de yodo en escamas.
- Un vaso pequeño de precipitados.

Procedimiento

- Pon en el vaso unos gramos de cloruro de sodio y los diez cristalitos de yodo en escamas.
- Coloca encima el vidrio de reloj lleno de agua y caliéntalo suavemente. ¿Qué observas ahora?

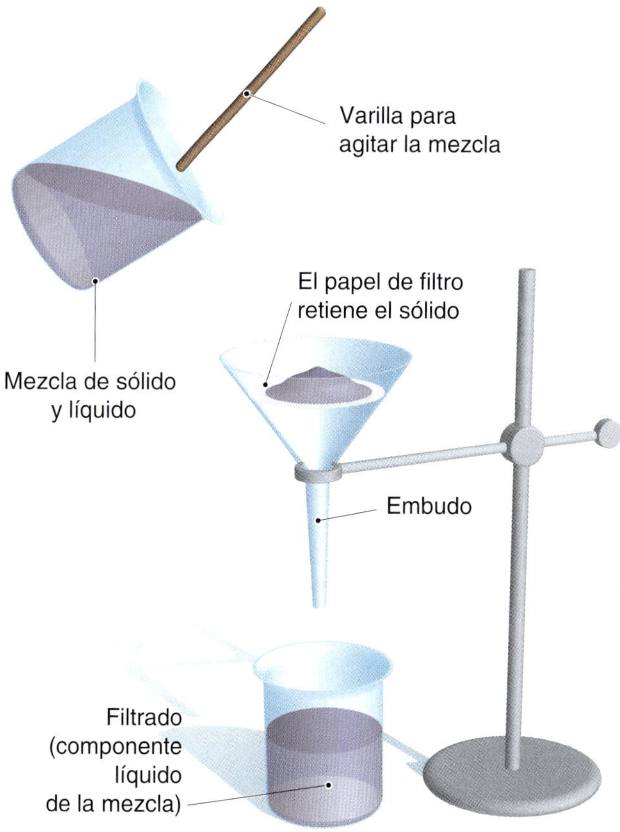

a) Escribe en tu cuaderno los pasos que has dado para realizar las tres prácticas.

b) Elabora un pequeño resumen de todo lo observado e intenta dar una explicación. Tu profesor o profesora te ayudará si tienes alguna duda.

c) Busca en el diccionario las definiciones de: filtración, cristalización y sublimación, y anótalas en vuestro cuaderno.

6. Cambios físicos y químicos

La materia puede experimentar cambios si sufre un aumento o descenso de su temperatura, si se le añade otra sustancia, etc.

Existen dos tipos de fenómenos o cambios que puede experimentar la materia:

- **Fenómeno físico:** si el cambio es meramente de forma o accidental. Por ejemplo la caída de un cuerpo.
- **Fenómeno químico:** todo cambio o transformación que altera la composición de las sustancias. Son cambios permanentes. Por ejemplo, la combustión del butano.

Dependiendo del fenómeno que ocurra pueden darse dos tipos de cambios en la materia: cambios físicos y cambios químicos.

Esquema de los cambios o transformaciones que pueden experimentar los sistemas materiales.

6.1. Cambios físicos

Los **cambios físicos** son aquellos cambios en los que no se produce una modificación de la naturaleza de la materia; al final del cambio, la materia no se ha transformado.

Si yo introduzco en el congelador un recipiente con agua, al cabo de un tiempo el agua habrá dejado de ser líquida y se habrá convertido en hielo. Esto sería un cambio físico, pues el agua y el hielo son la misma sustancia, pero en un estado, líquido o sólido, diferente.

Si mezclamos harina con garbanzos también se produce un cambio físico, pues la naturaleza de la harina y la de los garbanzos no se han transformado.

6.2. Cambios químicos

Los **cambios químicos** se producen cuando, al final del cambio, ha ocurrido una transformación de la sustancia inicial, es decir, una modificación de la naturaleza de la materia: sus propiedades han cambiado.

Si yo tengo un papel y le prendo fuego con una cerilla, el resultado será humo y un montón de cenizas.

Esto sería un cambio químico, pues el papel ha dejado de serlo, y se ha transformado en dos sustancias diferentes de la inicial.

El hidrógeno combinado con el oxígeno forma el agua. Esto es un cambio químico, pues la unión de dos sustancias da lugar a una nueva sustancia.

!

Cambio físico y cambio químico

- Si, después del cambio, la materia sigue manteniendo sus propiedades características, es un **cambio físico.**
- Si, después del cambio, la materia se transforma en otra cosa y por lo tanto sus propiedades han cambiado, entonces es un **cambio químico.**

Cambio físico, transformación de hielo en agua líquida.

Cambio químico, pieza de hierro oxidada.

a Actividades y tareas

1. Define fenómeno físico y fenómeno químico. ¿Cómo los puedes diferenciar?
2. Clasifica como cambio físico o químico las siguientes transformaciones:

   a) Evaporación del agua.

   b) Encender un fuego.

   c) Congelación del agua.

   d) Echar azúcar en el café.

   e) Cocinar un trozo de carne.

   f) Formación de agua a partir de hidrógeno y oxígeno.

Interpreta imágenes

3. Observa las siguientes imágenes y señala si se ha producido un cambio físico o químico.

A

B

C

D
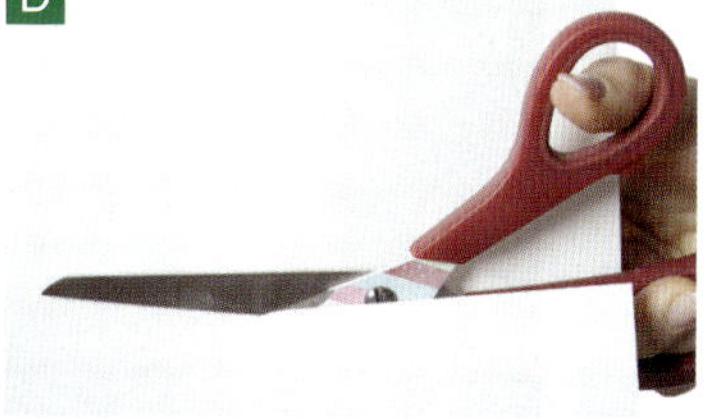

E
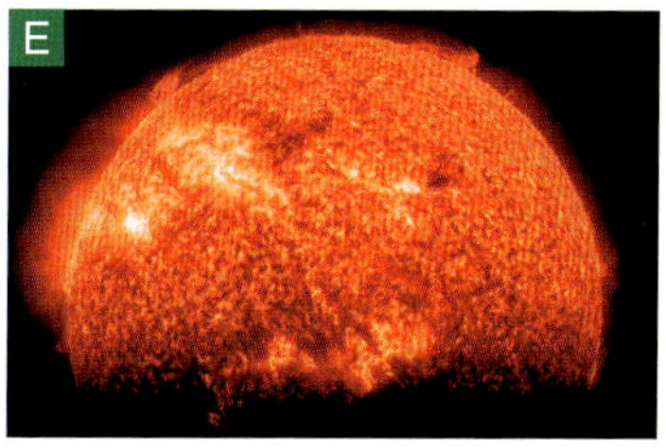

F

G

H

Trabajo cooperativo

4. Dividid la clase en cinco grupos. Cada uno de los grupos va a realizar una pequeña experiencia al resto de la clase, de las que se citan a continuación:

   a) Cortar un folio en trozos muy pequeños.

   b) Quemar un trozo de papel.

   c) Arrugar un folio hasta convertirlo en una bola.

   d) Introducir un folio en un vaso con agua.

   e) Construir un barco con un folio.

   Realizaréis un informe de la actividad que contenga los siguientes apartados:

   1. Título; 2. Material necesario; 3. Hipótesis; 4. Procedimiento; 5. Resultado; 6. Conclusiones.

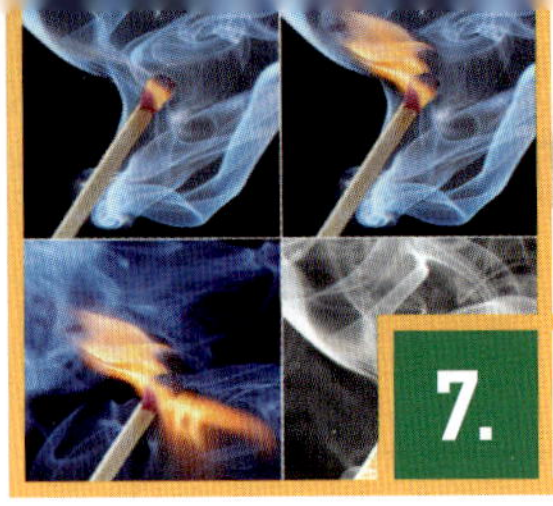

7. Reacciones químicas

Cuando los fenómenos químicos dan lugar a un cambio químico, decimos que se ha producido una reacción química.

Una **reacción química** es un proceso en el que una o más sustancias reaccionan para dar lugar a otras sustancias con propiedades diferentes.

H_2O

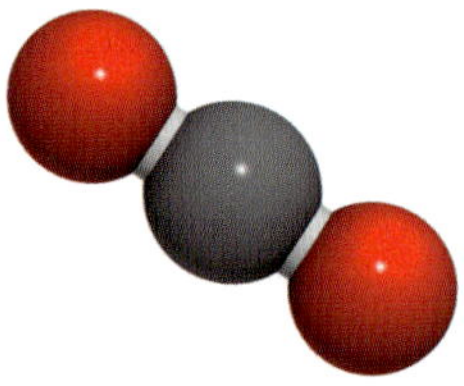

CO_2

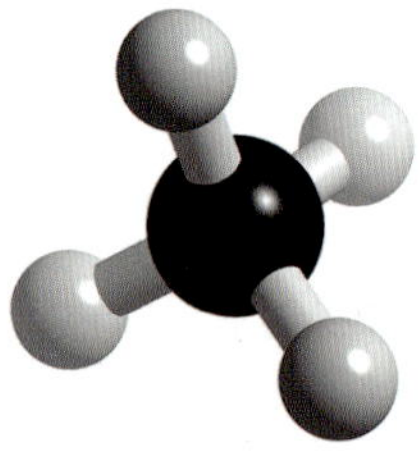

CH_4

Si en tu casa se utiliza gas como combustible, este, al quemarse, se transforma en dióxido de carbono y agua, sustancias totalmente diferentes de la inicial.

En una reacción química intervienen los siguientes elementos:

- **Reactivos**, las sustancias que se transforman, reaccionan o sustancias iniciales.
- **Productos**, las sustancias que se originan, las finales.

Una reacción química se expresa por medio de las **ecuaciones químicas:** en el primer término se escriben las fórmulas de los reactivos y en el segundo, las de los productos. Los términos están separados por una flecha (→) que indica el sentido en el que transcurre la reacción.

Por ejemplo: **Reactivos** → **Productos**

$$C + O_2 \rightarrow CO_2$$

quiere decir que si se combina un átomo de carbono (reactivo) y una molécula de oxígeno (reactivo), darán lugar a una molécula de dióxido de carbono (producto).

Veamos otra: $2\,H_2 + O_2 \rightarrow 2\,H_2O$

En una ecuación química correctamente expresada, y de acuerdo con la **ley de conservación de la masa,** el número total de átomos de cada elemento químico es igual en los reactivos y en los productos. Es decir, el tipo y el número de átomos de los elementos químicos que intervienen en una reacción no se modifican en el transcurso de esta.

Los valores numéricos que acompañan a cada fórmula se denominan **coeficientes estequiométricos.** Nos indican la proporción en la que se combinan las diferentes moléculas que intervienen en la reacción.

Hay que tener en cuenta que la materia ni se crea ni se destruye, solo se transforma; por ello, el número de átomos de cada elemento químico que interviene debe ser igual a ambos lados de la ecuación química.

Reacción de combustión.

Tipos de reacciones químicas		
Reacciones de descomposición	A partir de un compuesto se obtienen dos sustancias diferentes: $CaCO_3 \longrightarrow CaO + CO_2$	
Reacciones de síntesis o formación	Se forma una sustancia a partir de sus elementos: $Fe + S \longrightarrow FeS$	
Reacciones de sustitución	Los compuestos intercambian átomos, dando lugar a nuevas sustancias: $NaOH + HCl \longrightarrow NaCl + H_2O$ Existen dos tipos de reacciones de sustitución de especial importancia: reacciones de oxidación y combustión.	
	Reacciones de oxidación	Son aquellas en las que una sustancia se combina con el oxígeno: $2\,Fe + O_2 \longrightarrow 2\,FeO$
	Reacciones de combustión	En las que los compuestos del carbono reaccionan con oxígeno dando dióxido de carbono más agua: $CH_4 + 2O_2 \longrightarrow CO_2 + 2\,H_2O$

a Actividades y tareas

1. Observa el siguiente esquema que representa una reacción química y explica lo que significa cada uno de los términos:

$$n\,X + m\,Z \rightarrow B\,T$$

2. Enumera cinco reacciones químicas que puedas observar a tu alrededor. ¿Sabrías decir cada uno de los componentes de las mismas?

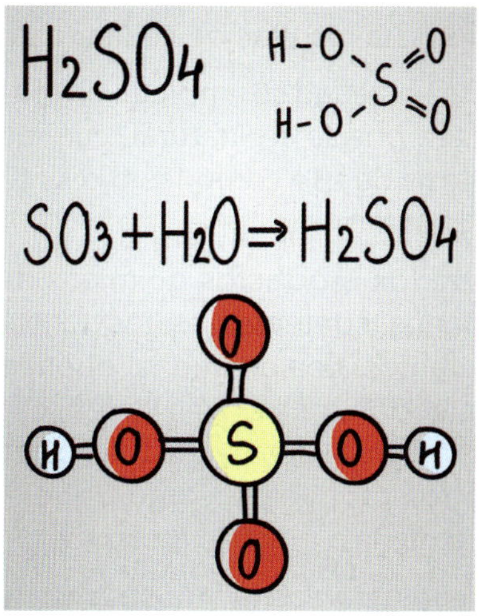

3. Clasifica las siguientes reacciones químicas:

a) $2\,C_4H_{10} + 13\,O_2 \rightarrow 8\,CO_2 + 10\,H_2O$

b) $(NH_4)_2CO_3 \rightarrow 2\,NH_3 + CO_2 + H_2O$

c) $C_3H_8 + 5\,O_2 \rightarrow 3CO_2 + 4\,H_2O$

d) $PbO_2 \rightarrow Pb + O_2$

e) $C + O_2 \rightarrow CO_2$

f) $2\,Mg + O_2 \rightarrow 2\,MgO$

g) $SO_3 + H_2O \rightarrow H_2SO_4$

h) $2\,PbO + C \rightarrow CO_2 + 2\,Pb$

Práctica científica

4. Realiza una serie de prácticas sencillas:

a) Añade 1 g de bicarbonato de sodio en un matraz aforado y vierte sobre él unas gotas de vinagre.
- ¿Qué ocurre?
- Toca el matraz. ¿Qué temperatura tiene?

b) Enciende una vela, y con un folio doblado a modo de canalón, dirige el gas hacia la llama.
- ¿Qué observas?
- Emite una hipótesis sobre la reacción que ha tenido lugar y escríbela.

c) En un tubo de ensayo, añade unas gotas de sulfato de cobre(II) y, sobre él, cinc metálico. Déjalo reposar unos minutos.
- ¿De qué color es el sulfato de cobre(II)?
- ¿Qué ha ocurrido?
- Busca información sobre esta reacción y escríbela.

d) Llena un cuarto de vaso de precipitado de azúcar y sobre él vierte ácido sulfúrico concentrado. ¡Cuidado! El ácido sulfúrico resulta peligroso.
- ¿Qué le ha ocurrido al azúcar?
- ¿Se ha desprendido algún gas?
- Busca información sobre esta reacción y explica lo que ocurre.

Estas prácticas las podéis grabar en vídeo y explicárselas a otros grupos del centro, o exponerlas en el centro a vuestras familias.

Investiga

5. Antoine-Laurent de Lavoiser realizó importantes investigaciones sobre las reacciones químicas. Investiga sobre su vida y trabajo científico y contesta las siguientes cuestiones:

a) ¿Dónde y cuándo nació y vivió?

b) Describe algunos de los experimentos que realizó.

c) ¿Cuál fue su aportación a la ciencia?

8. Química en la sociedad y en el medioambiente

La química está presente en todos los ámbitos de la vida, en los seres vivos ocurren infinidad de reacciones químicas como la síntesis de proteínas y lípidos, la respiración celular o la fotosíntesis.

En la sociedad se emplean un elevado número de productos químicos, cuyo origen puede ser **natural,** cuando es la propia naturaleza la que realiza la síntesis de ese compuesto o **sintético,** cuando se fabrica artificialmente en un laboratorio.

Entre los productos químicos de uso cotidiano podemos nombrar a los jabones y detergentes, los aditivos alimentarios, los polímeros y los medicamentos. Los polímeros pueden ser de origen natural, como el caucho o el algodón o de origen sintético, como los plásticos (PVC) y las fibras textiles sintéticas. Las industrias farmacéuticas sintetizan antibióticos, vacunas y otros productos, como por ejemplo la insulina que permiten llevar una vida digna a muchas personas.

EL PVC (policloruro de vinilo) es un derivado plástico con numerosas aplicaciones.

La evolución de la industria química a lo largo de la historia ha contribuido en gran medida al desarrollo de la humanidad pero también ha ocasionado y ocasiona efectos negativos, la contaminación. Los principales problemas ambientales que provocan las industrias son:

- La elevada producción de residuos, envases y embalajes entre los que destacan: papel, cartón, vidrios, latas, aluminio, plástico y derivados, telas, corchos... Todos estos residuos requieren una clasificación adecuada para depositarlos en el contenedor apropiado y de esta forma poder reciclarlos.
- En el caso de las industrias alimentarias y ganaderas producen una gran cantidad de residuos orgánicos procedentes de restos vegetales y animales.
- Otro grupo de residuos importante son aquellos que requieren una gestión especial, como es el caso de productos químicos utilizados en la agricultura o en todo tipo de industrias.
- Y por último la emisión de gases como el dióxido y el monóxido de carbono, procedentes de la combustión, óxidos de azufre y los óxidos de nitrógeno.

Cuya consecuencia son el **efecto invernadero,** la **contaminación del agua,** del **suelo,** la **destrucción de la capa de ozono** y la **lluvia ácida.**

Actualmente se están generando nuevos materiales y energías para disminuir el deterioro del medioambiente:

- **Biocarburantes:** se fabrican a partir de biomasa: maíz, restos de seres vivos, madera, paja, etc.
- **Bioplásticos biodegradables** a partir de plantas.
- **Pilas de hidrógeno** con las que se mueven coches y autobuses. Liberan al medio vapor de agua en lugar de gases efecto invernadero como el CO_2.
- Tecnologías de **alumbrado** que consuman menos energía.

Autobús eléctrico.

Para mitigar los problemas medioambientales de importancia global los principios básicos son reducir el consumo, el desarrollo de fuentes de energía menos contaminantes, la reutilización y el reciclado de los residuos son las reglas básicas para alcanzar un **desarrollo sostenible,** el desarrollo que asegura las necesidades del presente sin comprometer la necesidad de las futuras generaciones.

a Actividades y tareas

1. Observa el siguiente decálogo de buenas prácticas en nuestra vida diaria y señala por lo menos una acción que realices para cumplir cada una de estas diez premisas.

> 1. Reduce, reutiliza y recicla lo máximo posible.
> 2. Consume la energía necesaria sin despilfarrar.
> 3. Separa tus residuos y llévalos al contenedor o punto limpio adecuado.
> 4. No utilices el automóvil cuando no sea necesario.
> 5. No emplees los electrodomésticos a media carga.
> 6. No uses indiscriminadamente el desagüe para deshacerte de tus desperdicios.
> 7. El ruido también es una forma de contaminación. Intenta minimizarlo.
> 8. Practica medidas de ahorro de agua.
> 9. No utilices productos agresivos con el medioambiente.
> 10. Tus residuos peligrosos los debe gestionar una entidad autorizada.
>
> Ministerio de Medio Ambiente.

2. Investiga sobre las luces OLED, diodos orgánicos emisores de luz.
   - ¿De qué material están construidas?
   - ¿Cómo es su funcionamiento?
   - ¿Qué ventajas presentan frente a las otras lámparas?

3. Realiza un mapa mental que resuma los diferentes residuos que pueden generar las industrias.

Trabajo cooperativo

4. Dividid la clase en grupos de tres personas. Cada uno de estos grupos realizará una investigación sobre un tipo de industria, como por ejemplo: química, producción de alimentos, productos textiles, materiales de embalaje, etc. Cada grupo realizará una exposición a sus compañeros mediante un vídeo. Este material audiovisual debe contener:

   a) Productos que fabrican.

   b) Materias primas de las que parten.

   c) Proceso de fabricación.

   d) Tipos de residuos que generan.

   e) Plan de gestión de los residuos que generan.

   f) Opinión personal.

1. Define:
   a) Materia.
   b) Masa.
   c) Volumen.
   d) Densidad.
   e) Temperatura.

2. Copia y completa los siguientes textos en tu cuaderno:
   - La densidad depende de la ● ● ● y el ● ● ●.
   - Un cuerpo caliente ● ● ● calor, mientras que uno ● ● ● lo absorbe.
   - En los cambios ● ● ● la naturaleza de la materia no se transforma, pero en los cambios ● ● ● sí se transforma la materia.
   - La materia se puede presentar en tres estados: ● ● ●, ● ● ● y ● ● ●.
   - Los cuerpos sólidos tienen masa ● ● ●, y forma ● ● ●. Su volumen también es ● ● ●.
   - Los cuerpos líquidos tienen una ● ● ● y un ● ● ● constantes, pero no tienen ● ● ● propia.
   - Los gases tienen una masa ● ● ●, su volumen no es ● ● ● y tampoco tienen ● ● ● propia.
   - El paso de sólido a líquido se llama ● ● ●, y el de líquido a gas ● ● ●.
   - La temperatura de ● ● ● del agua es de 100 °C.
   - El paso de líquido a sólido se denomina ● ● ●, y el de gas a líquido ● ● ●.

3. De las siguientes sustancias, indica cuáles son puras y cuáles son mezclas: mármol, agua del grifo, sal, zumo, nieve, oro, hormigón, crema de dientes, diamante y aire. Razona la respuesta.

Sustancia pura	Mezcla
CUAD	ERNO

4. ¿Por qué métodos separarías los componentes de las siguientes disoluciones: alcohol, agua y sal común y agua azucarada?

5. Escribe en tu cuaderno si se trata de una mezcla homogénea o heterogénea, y por qué:
   a) Ensalada
   b) Agua
   c) Paella
   d) Leche
   e) Harina con garbanzos
   f) Limonada
   g) Café
   h) Sopa de fideos
   i) Agua y alcohol
   j) Agua con azúcar
   k) Gasolina
   l) Aceite y agua

6. Lee el siguiente fragmento de la obrita de teatro *La bruja Sinforosa* y explica qué tipo de mezcla están realizando las brujas y cómo separarías algunos de sus componentes.

> «Tendrás que tomar el elixir mágico antibrujas que traemos preparado. Dice así: medio vaso de agua de lluvia, con una cucharada de aceite, un trébol, una pata de saltamontes viudo, un berberecho, un limón exprimido, un pelo rubio con tres nudos, ajo en polvo y azúcar a discreción. Agitar antes de usar...».
>
> ANNA SERNA VARA: *La bruja Sinforosa*, Susaeta.

CSC

7. El juego de los cambios de estado. Dependiendo de cuántos seáis en clase, os colocaréis en varias filas. Si, por ejemplo, sois 20 os colocaréis en cinco filas de cuatro alumnos. Os pondréis muy cerca unos de otros y los de cada fila os cogeréis del brazo. Los de los extremos darán la mano que les queda libre a los de los extremos de la fila de atrás, y así hasta que todos forméis un bloque compacto: estáis representando el **estado sólido.**

El profesor dirá que está administrando calor, así que os empezaréis a separar, primero sin soltaros y, después, algunos de vosotros quedaréis libres. Ahora sois un **líquido.**

Si el calor continúa, os iréis soltando poco a poco hasta que todos quedéis libres. Habréis escenificado el estado **gaseoso.**

Ahora vamos a volver al estado sólido. ¿Cómo? Muy fácil, aplicaremos frío. Si a un gas se le enfría lo suficiente se transforma en un líquido y si se sigue aplicando frío el líquido pasará a sólido.

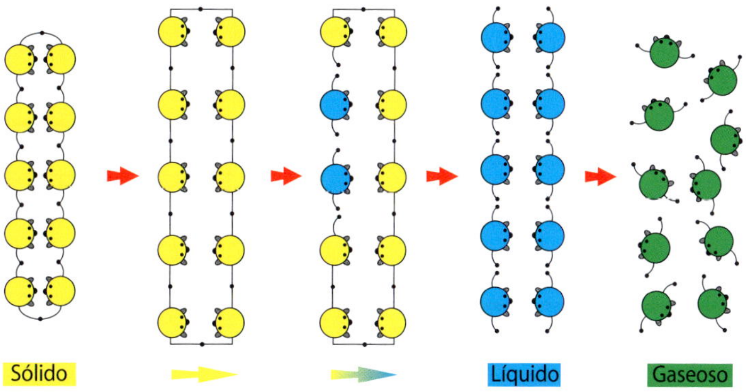

CMCT CCL

8. Indica en tu cuaderno a qué conceptos corresponden los siguientes términos:

Términos
A. Molécula
B. Compuesto
C. Elemento
D. Sustancia pura
E. Mezcla heterogénea
F. Mezcla homogénea

Definiciones
1. Sustancias que no se pueden separar en otras diferentes. Se representan con un símbolo
2. Las sustancias que las forman se ven a simple vista
3. Sustancias que se pueden separar en otras más simples
4. Son combinaciones de átomos
5. Sustancias formadas por solo un tipo de componente
6. Las sustancias que las forman no se distinguen a simple vista

CSC CEC CD

9. Las aleaciones son mezclas de dos metales. Tienen una importancia clave para muchos procesos industriales. Investiga sobre el bronce, el acero, el latón y el acero inoxidable, y contesta las siguientes cuestiones:

a) ¿Cuál es su composición?

b) ¿En qué momento de la historia se descubrieron?

c) ¿Cuáles son sus aplicaciones?

d) Realiza una línea del tiempo que resuma todos estos aspectos añadiendo imágenes.

CEC SIE CD

10. La fabricación de jabón de aceite ha permitido reutilizar un compuesto muy contaminante para el agua desde tiempos antiguos. Imagina que vas a crear una fábrica de jabón. Para ello, investiga sobre los siguientes aspectos y elabora un informe con los mismos:

a) ¿En qué consiste el proceso de fabricación del jabón? ¿Qué materias primas se necesitan?

b) ¿En qué reacción química se base el proceso?

c) Elabora un plan para la recogida del aceite usado para la elaboración del jabón.

d) ¿Dónde lo puedes fabricar y almacenar?

e) ¿Qué productos de desecho se generan? ¿Cómo puedes gestionarlos de forma sostenible?

El pan

Un cocinero hace el pan mezclando harina, agua, sal y levadura. Una vez mezclado todo, coloca la mezcla en un recipiente durante varias horas para que se produzca el proceso de la fermentación. Durante la fermentación, se produce un cambio químico en la mezcla: la levadura (un hongo unicelular) transforma el almidón y los azúcares de la harina en dióxido de carbono y alcohol.

Actividades

Actividad 1: La fermentación hace que la mezcla se hinche. ¿Por qué se hincha?:

a) Se hincha porque se produce alcohol, que se transforma en gas.

b) Se hincha porque los hongos unicelulares se reproducen dentro de ella.

c) Se hincha porque se produce un gas, el dióxido de carbono.

d) Se hincha porque la fermentación transforma el agua líquida en vapor.

Actividad 2: En la mezcla, la levadura transforma el almidón y los azúcares de la harina mediante una reacción química en la que se produce dióxido de carbono y alcohol. ¿De dónde provienen los **átomos de carbono** que forman parte del dióxido de carbono y del alcohol? Contesta en tu cuaderno «sí» o «no», para cada una de las posibles explicaciones siguientes.

	Sí	No
Algunos átomos de carbono provienen de los azúcares.	•••	•••
Algunos átomos de carbono formaban parte de las moléculas de pan.	•••	•••
Algunos átomos de carbono provienen del agua.	•••	•••
Los átomos de carbono se formaron a partir de otros elementos en una reacción química.	•••	•••

Actividad 3: Cuando la mezcla de pan hinchada (fermentada) se cuece en el horno, las burbujas de gas y vapor que hay en la mezcla se dilatan. ¿Por qué se dilatan los gases y los vapores al calentarse?

a) Sus moléculas se hacen más grandes.

b) Sus moléculas se mueven más deprisa.

c) Aumenta su número de moléculas.

d) Sus moléculas entran en colisión con menos frecuencia.

Experimenta en tu casa con masas, volúmenes y densidades

MATERIALES

- Balanza de cocina (si es electrónica, mejor), un vaso graduado (en mililitros, mL, o en centímetros cúbicos, cm^3), plato pequeño, vasos y una regla.
- Una patata, un tomate y una naranja.
- Cubo de madera.

Objetivo:

Experimentar con las propiedades de la materia: masa, volumen y densidad.

Procedimiento:

- Medida de masa

  Si vas a pesar un sólido puedes usar un plato pequeño, pero si se trata de un líquido, utiliza un vaso de cristal.

  Para un sólido sigue estos pasos: primero pesa el plato vacío apuntando el resultado. A continuación, pon el sólido en el plato y colócalos en la balanza. Anota lo que te marca ahora. La diferencia entre las dos medidas te dará la masa del sólido. Por ejemplo, el plato vacío pesa 30 g, y con el sólido, 50 g. El sólido pesará 50 g − 30 g = 20 g (¡OJO! Las unidades dependerán de la balanza que utilices). Pesa los siguientes elementos anotando los datos en tu cuaderno: una patata, un tomate y una naranja.

- Medida de volumen

  Si el cuerpo es regular, como un cubo de madera, mide con una regla su ancho, largo y alto y multiplica las tres medidas (recuerda que el volumen de un cubo es su lado elevado al cubo). Si lo mides en centímetros, el resultado será en centímetros cúbicos. Con otros cuerpos geométricos (un cilindro o una esfera) puedes calcular su volumen aplicando fórmulas matemáticas.

  Si el cuerpo es irregular, sigue estos pasos: llena de agua el vaso graduado hasta un poco menos de la mitad aproximadamente. Anota la medida mirando la escala numérica. Ese será el volumen inicial, V_i. Introduce con cuidado el objeto del que quieras saber su volumen. El agua subirá, así que anota la nueva medida, que llamarás volumen final, V_f. La diferencia entre las dos medidas será el volumen del cuerpo. ¡OJO con las unidades! Si el vaso está graduado en mililitros, el volumen se obtiene en mililitros (recuerda que 1 mL equivale a 1 cm^3). Si el vaso está graduado en centímetros cúbicos, el volumen del cuerpo se expresará en esa unidad.

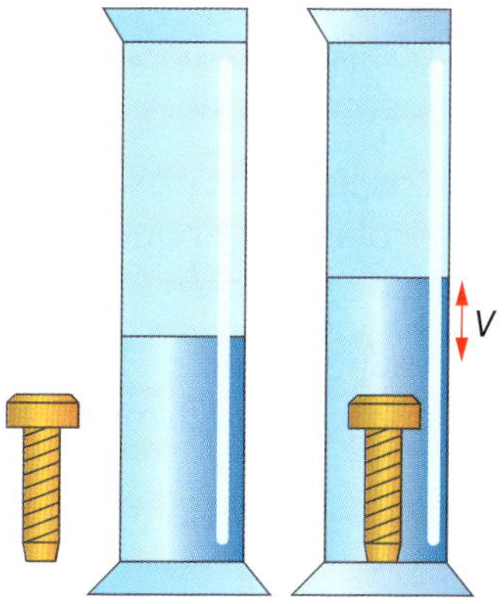

  Realiza varias medidas con diferentes elementos y anótalo todo en tu cuaderno.

- Medida de densidades

  Ya hemos visto que la densidad se expresa mediante la fórmula: $d = \frac{m}{V}$

  Así, si el volumen de un sólido ha sido de 2 cm^3 y ha pesado 10 g, la densidad será: $d = \frac{10\text{ g}}{2\text{ cm}^3} = 5\frac{\text{g}}{\text{cm}^3}$
  Si quieres pasar las unidades al SI, la relación es: 1 g/cm^3 = 1000 kg/m^3.

a Actividades y tareas

1. Calcula las densidades de todos los elementos utilizados en tu práctica y completa con ellos en tu cuaderno una tabla parecida a la siguiente.

   ¿Qué objeto ha tenido mayor densidad? ¿Y menor? Este último, ¿podrá flotar en el agua?

Objeto	Patata	Tomate	Naranja	Cubo de madera	Canica	Objeto irregular
Masa (m)						
Volumen (V)			CUADERNO			
Densidad (d)						

Evaluación

1. La propiedades generales de la materia son:
   a) La masa, el volumen y la densidad.
   b) La temperatura de fusión y de ebullición.
   c) Las dos respuestas anteriores son ciertas.
   d) La masa y el volumen.

2. Calcula la densidad de un cuerpo sabiendo que 480 kg de esa sustancia ocupan un volumen de 2 m^3.
   a) 240 kg/m^3
   b) 0,004 m^3/kg
   c) 960 kg/m^3
   d) 460 kg/m^3

3. Según la teoría cinética de los gases:
   a) Las partículas se mantienen íntimamente unidas.
   b) Los sólidos presentan una movilidad relativamente grande.
   c) Los líquidos poseen una movilidad de las partículas mayor que la de los sólidos y menor que la de los gases.
   d) La movilidad de las partículas de las sustancias aumenta al disminuir la temperatura.

4. Teniendo en cuenta los cambios de estado:
   a) La sublimación es el paso de sólido a gas.
   b) La condensación es el paso de líquido a gas.
   c) La vaporización ocurre a cualquier temperatura.
   d) La solidificación del agua ocurre a los 100 °C.

5. Con respecto a la materia:
   a) Los elementos están formados por un único átomo.
   b) Las mezclas homogéneas se denominan disoluciones.
   c) En las mezclas heterogéneas no se distinguen los componentes, ni a simple vista ni con el microscopio.
   d) Los coloides están formados por partículas de un tamaño menor de 10 nm.

6. Calcula la concentración de una disolución de 50 g de cloruro de sodio (NaCl) en agua, en la que se obtiene un volumen final de medio litro.
   a) 1 g/L
   b) 0,1 g/L
   c) 200 g/L
   d) 100 g/L

7. Teniendo en cuenta los métodos de separación de mezclas:
   a) La filtración separa las mezclas homogéneas.
   b) La cromatografía separa partículas según el tiempo que tardan en recorrer una fase estacionaria.
   c) La imantación separa partículas de cobre de una mezcla.
   d) La destilación se utiliza para fabricar el vino.

8. Un fenómeno físico explica:
   a) La oxidación de los barrotes de una ventana.
   b) La combustión de un pedazo de papel.
   c) La rotura de un folio en pedazos.
   d) Los plátanos maduran con el paso del tiempo.

9. En las reacciones químicas:
   a) Los reactivos se combinan entre sí para dar los productos.
   b) De descomposición, una sustancia da lugar a otras.
   c) De combustión, la materia orgánica se combina con oxígeno para dar dióxido de carbono y agua.
   d) Todas las respuestas anteriores son correctas.

10. Respecto a la química y la sociedad:
    a) Los biocarburantes se crean a partir de combustibles fósiles.
    b) Los recursos orgánicos no producen contaminación.
    c) Los OLED son diodos orgánicos que emiten luz.
    d) Los residuos gaseosos no producen en ningún caso contaminación.

Resumen

La **materia** es todo aquello que tiene masa y ocupa volumen. Las propiedades generales de la materia son la masa (se mide en kg) y el volumen (m^3). Las propiedades específicas de la materia son la densidad (relación entre la masa de un cuerpo y el volumen que ocupa), la temperatura de fusión y de ebullición y otras como conductividad, dilatación, tenacidad, dureza, fragilidad, ductilidad, maleabilidad...

La materia se puede encontrar en tres **estados de agregación:** sólido, líquido y gas. La existencia de estos tres estados se explica mediante la **teoría cinética** que enuncia que las partículas están en continuo movimiento. Dependiendo de la velocidad de las partículas y de la distancia entre ellas, se encuentran en un estado o en otro. Cuando incrementamos la energía a una sustancia, la velocidad de sus partículas aumenta y se producen los cambios de estado, de igual forma que si disminuye su energía.

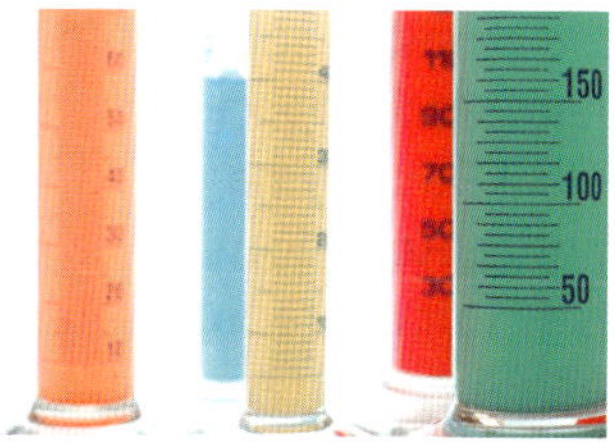

La materia se puede clasificar en **sustancia simple** (elemento o compuesto) y **mezcla.** Las mezclas son **heterogéneas,** si podemos diferenciar sus componentes a simple vista o con ayuda del microscopio, u **homogéneas,** si los componentes no se diferencian a simple vista. Destacamos que dentro de las mezclas homogéneas se encuentran las **disoluciones** (tamaño de partícula disuelta de hasta 10 nm) y los coloides (tamaño de partículas de 10 nm a 100 nm). Dependiendo del tipo de mezcla que tengamos, las podemos separar por diferentes métodos.

La materia puede experimentar **cambios físicos** y **cambios químicos.** Los cambios físicos dan lugar a la variación de la forma, la posición, etc., sin alterar su composición; sin embargo, en los cambios químicos se producen cambios de composición. Estos cambios químicos se representan mediante las **reacciones químicas.** En ellas, los reactivos se combinan para dar lugar a los productos.

La actividad industrial puede ser un foco de problemas medioambientales. Por otro lado, muchas de las industrias se dedican a buscar soluciones que mejoren la calidad ambiental. En nuestra mano está realizar un uso sostenible de los recursos naturales.

Mis progresos

Unidad 6	¡Soy muy competente!	Soy competente, pero puedo mejorar	Soy competente, pero debo mejorar	Me faltan competencias. ¡Debo esforzarme mucho más!
¿Sé aplicar lo aprendido?	Conozco las diferencias entre elementos y compuestos y disoluciones y mezclas heterogéneas. Los reconozco habitualmente a mi alrededor.	Conozco las diferencias entre elementos y compuestos y disoluciones y mezclas heterogéneas. Me cuesta reconocerlos a mi alrededor.	No tengo claro todas las diferencias entre elementos y compuestos y disoluciones y mezclas heterogéneas. Me cuesta reconocerlos a mi alrededor.	No conozco qué diferencia a un elemento de un compuesto ni a una disolución de una mezcla heterogénea.
Sé hacer...	Sé aplicar las técnicas de estudio como el resumen y la esquematización. Realizo e interpreto gráficas de cambios de estado.	Sé realizar resúmenes pero tengo dificultades en la elaboración de esquemas. Realizo o interpreto gráficas de cambios de estado.	Tengo dificultades en la elaboración de los esquemas y de los resúmenes. Tengo dificultad en realizar gráficas e interpretarlas.	No sé realizar esquemas ni resúmenes. No sé realizar representaciones gráficas de los cambios de estado.
La tecnología y yo...	Navego, encuentro mucha información interesante en la web y tengo dominio de las herramientas TIC para la realización de las actividades propuestas.	Navego, encuentro a veces información interesante en la web y tengo dominio alto de las herramientas TIC para la realización de las actividades propuestas.	Navego con dificultad por la web, mi forma de usarla no es adecuada y tengo poco dominio de las herramientas TIC para la realización de las actividades propuestas.	Me cuesta mucho navegar por la web, no sé utilizarla y no tengo dominio de las herramientas TIC para la realización de las actividades propuestas.
¿Sé trabajar en grupo?	Asumo mi rol sin interferir en el trabajo de los demás y aporto ideas al grupo.	Asumo mi rol y aporto ideas al grupo, pero suelo interferir en el trabajo de los demás.	Asumo mi rol, no aporto ideas al grupo e interfiero en el trabajo de los demás.	No asumo mi rol e interfiero en el trabajo de los demás sin aportar ideas al grupo.

Galletas solidarias

Situación de partida

Química en la cocina: la explicación científica de los trucos tradicionales

Durante décadas, nuestras abuelas han demostrado que la cocina está llena de trucos que nos pueden hacer la vida más fácil. Se trataba de recursos que no se leían en ningún sitio, sino que se aprendían con la práctica o viendo a otro con más habilidad manejarse entre fogones.

Aunque ellas no lo llamasen así, lo que hacían estas cocineras de toda la vida era pura química: distintos elementos reaccionando entre sí. La American Chemical Society ha creado una serie llamada precisamente Reactions en la que pone nombre a todos esos trucos tradicionales que han pasado de generación en generación.

Madurar la fruta muy verde

Lo ideal sería comprar la fruta en su punto de madurez pero, para que dure más en casa antes de echarse a perder, hay quien la compra un poco verde. El problema es cuando está demasiado verde y es incomestible. Para acelerar la maduración y que la podamos comer antes, el truco está en meter las piezas de fruta en una bolsa con otra fruta que ya esté madura.

La clave es en un compuesto gaseoso llamado *etileno*, un gas que desprenden las frutas maduras y que acelera la maduración. Por tanto, si juntamos en una bolsa, por ejemplo, unos plátanos verdes y unos tomates maduros, estos últimos desprenderán etileno, que quedará atrapado dentro del envoltorio y favorecerá la maduración de los primeros.

Pero hay que tener cuidado porque a más maduración, más etileno. Así, el proceso seguirá adelante, echándose a perder toda la fruta.

Para que las galletas aguanten más tiempo

Poca gente tiene tiempo hoy día para hacer galletas caseras o pastas, aunque dé gusto ver cómo vuelan una vez salidas del horno. Y es mejor así, porque a los pocos días ya no estarán tiernas y suaves, sino secas y duras. Para esto también hay truco.

Las galletas llevan azúcar, de uno u otro tipo, y todos los azúcares son *higroscópicos*, es decir, absorben la humedad del medio en el que se encuentran. Si guardamos las galletas en un tarro o en una bolsa cerrada, absorberán la humedad a su alcance y se resecarán. Pero si introducimos en el mismo tarro una rebanada de pan de molde, estarán en perfectas condiciones más tiempo. Esto es así porque el pan tiene más humedad, que aportará al ambiente y evitará que las galletas se sequen.

<www.elconfidencial.com>
Rocío P. Benavente, 25/06/2014

Antes del proyecto

Lee atentamente el texto y contesta las siguientes preguntas.

1. Según el texto, ¿qué compuesto desprenden las frutas cuando maduran?
2. ¿Qué ocurre si metemos en una bolsa cerrada fruta ya madura con otra aún verde? ¿Tiene que ser el mismo tipo de fruta o pueden ser distintos tipos?
3. Si no te interesa que la fruta que tienes en casa madure muy rápidamente, ¿es mejor guardarla en un frutero o en una bolsa de plástico?
4. ¿Por qué evitamos que las galletas se sequen al guardarlas con una rebanada de pan?
5. ¿Qué ocurre si guardamos galletas en un recipiente abierto y el ambiente tiene mucha humedad?

Lo que tenemos que hacer

Vuestra asociación va a organizar una venta de galletas solidarias. Debéis planificar la compra de los ingredientes y sus precios. Además tendréis que elegir a qué organización donaréis los beneficios de esta actividad.

Pasos a seguir

Paso 1. Calcular los ingredientes

En el siguiente cuadro tenéis una posible receta para elaborar vuestras galletas:

Receta para 20 galletas			
300 g de mantequilla	2 huevos (aprox. 130 g)	350 g de harina	250 g de azúcar

1. Batir la mantequilla y el azúcar.
2. Añadir los huevos y volver a batir.
3. Añadir poco a poco la harina y volver a batir.
4. Amasar la masa resultante, extenderla sobre papel de horno y cubrirla con el mismo papel.
5. Dejar reposar la masa una hora.
6. Calentar el horno a 180 °C (superior e inferior).
7. Estirar la masa un poco más, hasta alcanzar un grosor de unos 5 o 6 mm.
8. Retirar el papel superior y utilizar moldes para cortar las galletas.
9. Colocar las galletas en una bandeja y meterlas en el horno.
10. Transcurridos 15 o 20 minutos (cuando las galletas estén doradas por el centro y más oscuras por los bordes), sacar las galletas del horno y colocarlas sobre una rejilla hasta que se enfríen.

1. Calculad la cantidad de cada ingrediente para hornear una única galleta.
2. ¿Cuántas galletas queréis preparar? Discutid en detalle este apartado y tomad una decisión entre todos.
3. Calculad la cantidad necesaria de cada uno de los ingredientes que necesitaríais para elaborar el número de galletas que hayáis decidido.

Paso 2. Definir el precio

1. Buscad información en internet o en un supermercado cercano sobre el precio de los ingredientes que necesitáis para elaborar vuestras galletas y calculad el precio que costaría elaborar cada una de las galletas.
2. Decidid, en función del resultado de la actividad anterior, a qué precio queréis vender vuestras galletas. Para ello tenéis que tener en cuenta los siguientes aspectos: debe ser suficiente para cubrir el coste de los ingredientes y generar algo de beneficio, ha de ser un precio atractivo para el posible comprador y tiene que ser un precio cómodo que no requiera una gestión complicada de cambio (es mucho más fácil cobrar galletas a 50 céntimos que a 63 céntimos).

Paso 3. Eligir una organización

Los beneficios de esta actividad irán destinados a una ONG de vuestra elección. Informaos en internet y elegid la organización que más interesante os resulte. Pedid ayuda a vuestro profesor y tomad una decisión entre todos los miembros del grupo.

Organizamos la información: presentación y conclusiones

Añadid una nueva entrada al blog de vuestra asociación con información sobre la actividad de venta de galletas (cantidad de galletas elaboradas, cantidades de ingredientes empleados...) y un póster en el que la anunciéis. El póster debe incluir el precio de venta de las galletas e información sobre la ONG elegida.

7 Fuerza y movimiento

En esta unidad

1. El movimiento
2. Características del movimiento
3. Las fuerzas
4. La gravedad
5. Máquinas simples
6. Carga eléctrica
7. Magnetismo

	Vamos a aprender a...	Competencias
Saberes científicos	– Reconocer y estudiar las fuerzas que intervienen en situaciones de la vida cotidiana. – Analizar situaciones de movimiento utilizando los conceptos de posición, velocidad y aceleración. – Reconocer la importancia de la ley de la gravitación universal de Newton y la relación entre los conceptos de masa y peso.	CMCT
Lectura y comprensión	– Utilizar adecuadamente el vocabulario científico para describir situaciones relacionadas con las fuerzas y el movimiento de los cuerpos.	CMCT CCL
Tratamiento de la información y competencia digital	– Utilizar tablas de valores y representaciones gráficas elaboradas con ordenador para estudiar de forma cualitativa movimientos de diverso tipo.	CMCT CD
Aprende a aprender ciencia	– Realizar prácticas sencillas para estudiar las propiedades electrostáticas de la materia y sus consecuencias en nuestra vida cotidiana. – Estudiar el funcionamiento de una brújula y relacionarlo con la existencia del campo magnético terrestre.	CMCT CPAA
La ciencia en la sociedad	– Reconocer la importancia del conocimiento científico para el desarrollo tecnológico de nuestra sociedad. – Valorar la evolución del conocimiento científico y su influencia en nuestra concepción del universo.	CMCT CSC CEC
Proyecto: Tu asociación de alumnos	– Extraer información de la lectura de textos y el análisis de tablas y gráficas. – Buscar y ampliar información sobre un tema para elaborar una opinión coherente y personal. – Realizar cálculos realistas orientados a la toma de decisiones. – Publicar y compartir información en internet.	CMCT CSC SIE

Antes de comenzar

El estudio del movimiento y de sus causas ha sido uno de los principales objetivos de filósofos y científicos desde la Antigüedad. El movimiento del Sol, la Luna, los planetas, el de un cuerpo que cae o el de una bola que rueda por una rampa, han sido objeto de estudio de genios de la talla de Aristóteles, Galileo, Newton o Einstein.

Conceptos como posición, velocidad o aceleración nos permiten estudiar de forma rigurosa cómo se mueven los cuerpos. Por otra parte, para explicar por qué se mueven, debemos recurrir al concepto de fuerza y descubrir así las distintas interacciones que ocurren a nuestro alrededor. En esta unidad vamos a estudiar las más importantes desde un punto de vista macroscópico: gravedad, electricidad y magnetismo.

Actividades

- ¿Qué diferencia hay entre un objeto que se mueve con velocidad constante y otro que lo hace con una aceleración determinada?
- ¿Cómo puede afectar la aplicación de una fuerza sobre un objeto?
- ¿Qué relación hay entre una manzana que cae de un árbol y la Luna orbitando en torno a la Tierra?
- ¿Sabes por qué después de frotar un globo contra tu pelo este se queda pegado a la pared?
- ¿Por qué la aguja de una brújula apunta siempre hacia el norte?

1. El movimiento

1.1. ¿Qué es el movimiento?

Imagina que estás sentado en tu habitación mirando por la ventana. En la calle, un coche está parado esperando a que la luz del semáforo se ponga en verde. Cuando esto sucede, el vehículo comienza a moverse y se aleja.

¿Cómo sabías cuándo el coche estaba parado y cuándo estaba moviéndose? La respuesta es sencilla: el coche (o cualquier cuerpo) se mueve cuando varía su posición respecto a otros objetos que nos sirven de referencia. De la misma forma, si la posición de un cuerpo respecto a esas referencias no varía, decimos que está quieto o en reposo.

Este ejemplo tan sencillo nos conduce a una definición de movimiento: llamamos **movimiento** al cambio de posición de un cuerpo con respecto a otro u otros cuerpos que utilizamos de referencia.

Es importante incluir en esta definición la necesidad de establecer una referencia. En el ejemplo con el que hemos empezado, cuando el semáforo aún estaba en rojo, diríamos que tanto el coche como tú, que estás sentado mirando por la ventana, estáis en reposo.

Esto se debe a que estamos usando como referencia los objetos que consideramos fijos de nuestro entorno: los edificios, las señales, el asfalto... Pero imagina que pudiese haber alguien observando todo esto desde el espacio: para él, todos (el coche, tú, la calle, los edificios...) estáis en movimiento, ya que todos nos movemos con la Tierra en su rotación.

Así pues, la condición de movimiento o reposo depende completamente de la referencia que escojamos para estudiar el movimiento.

Desde el espacio exterior, en la Tierra nada está en reposo.

!

Galileo Galilei

Como ya sabes, este sabio nacido en Pisa es considerado por muchos como el «padre de la ciencia».

Contribuyó de manera fundamental al desarrollo del método científico y fue pionero en la realización de experimentos utilizando medidas exactas y operando matemáticamente con ellas.

Una de las muchas cosas que estudió fue, precisamente, el movimiento de los cuerpos.

!

Cuando no hay referencia...

Cuando montamos en un ascensor, solo podemos ver su interior, de forma que no tenemos ninguna referencia para determinar nuestro movimiento. Esto hace que solo podamos percibir cuándo estamos acelerando o frenando debido a la inercia que sentimos.

1.2. Sistemas de referencia

Para poder describir un movimiento, lo primero que debemos definir es un sistema de referencia adecuado.

El **sistema de referencia** más sencillo que podemos construir estaría formado por los siguientes elementos:

- **Un eje de coordenadas.** Nos va a servir para indicar la posición de los objetos. Se trata de una línea que indica la dirección que sigue el movimiento. Está graduado utilizando una unidad de medida adecuada (metros, kilómetros, etc.).
- **Un origen.** Nos indica a partir de qué punto medimos la posición del objeto u objetos que estamos estudiando.
- **Un sentido.** Debemos indicar en nuestro eje hacia dónde vamos a considerar un movimiento positivo y hacia dónde negativo. Esto quedará reflejado en el valor de las coordenadas a ambos lados del origen, que será el 0.

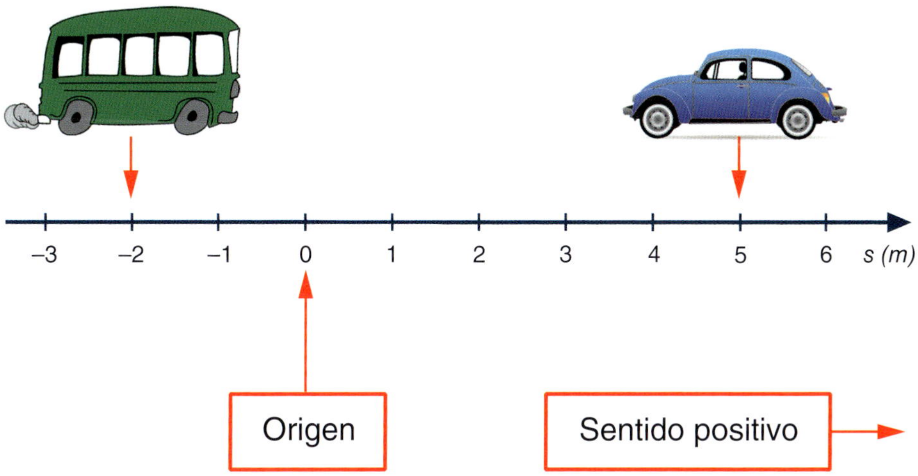

La posición del cuerpo que estamos estudiando se denomina *s*. Basta con decir su valor para saber dónde se encuentra el objeto exactamente.

EJEMPLO

En el sistema de referencia de la imagen superior, el coche está situado en s = 5 m. Esto quiere decir que está a cinco metros del origen en sentido positivo. Por el contrario, el autobús se encuentra en s = –2 m, lo que nos indica que está a dos metros del origen pero esta vez en sentido negativo, es decir, a la izquierda.

Como ya hemos comentado, la descripción del movimiento de un cuerpo varía según el sistema de referencia que utilicemos.

EJEMPLO

Observa la imagen de la derecha: para el observador que camina por la acera izquierda, el coche se encuentra a 4 m del origen en sentido positivo, mientras que para el observador de la acera derecha la posición del automóvil es –1 m. Es importante señalar que aunque el valor de la posición cambia de un sistema de referencia a otro, no cambia el significado físico. Ambos localizan el coche en el mismo punto aunque con coordenadas distintas.

!

Movimiento rectilíneo

Un sistema de referencia de un solo eje es útil para estudiar movimientos en línea recta (una dimensión) denominados movimientos rectilíneos.

Para estudiar movimientos en dos o tres dimensiones necesitaríamos añadir uno o dos ejes más a nuestro sistema de referencia.

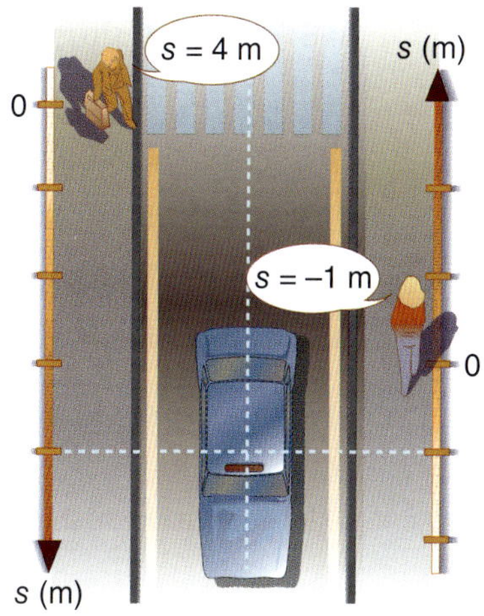

a Actividades y tareas

1. Indica si las siguientes afirmaciones son verdaderas o falsas. Justifica tu respuesta en cada caso poniendo como ejemplo situaciones reales:

   a) Decimos que algo se mueve cuando su posición cambia respecto a objetos que consideramos fijos.

   b) Da igual el sistema de referencia que tomemos, un edificio siempre será un objeto en reposo.

   c) Según su propio sistema de referencia, para un pasajero que va sentado en un avión que vuela a 1040 km/h, él y su compañero de viaje, sentado a su lado, están en reposo.

   d) Para construir un sistema de referencia solo necesitamos definir un eje de coordenadas y un origen.

   e) El valor de la posición de un cuerpo siempre es el mismo, independientemente del sistema de referencia que tomemos.

   f) Si un cuerpo se percibe en movimiento desde un sistema de referencia, no puede estar en reposo desde un sistema de referencia distinto.

2. Indica en tu cuaderno la posición de los siguientes cuerpos utilizando el sistema de referencia de la figura:

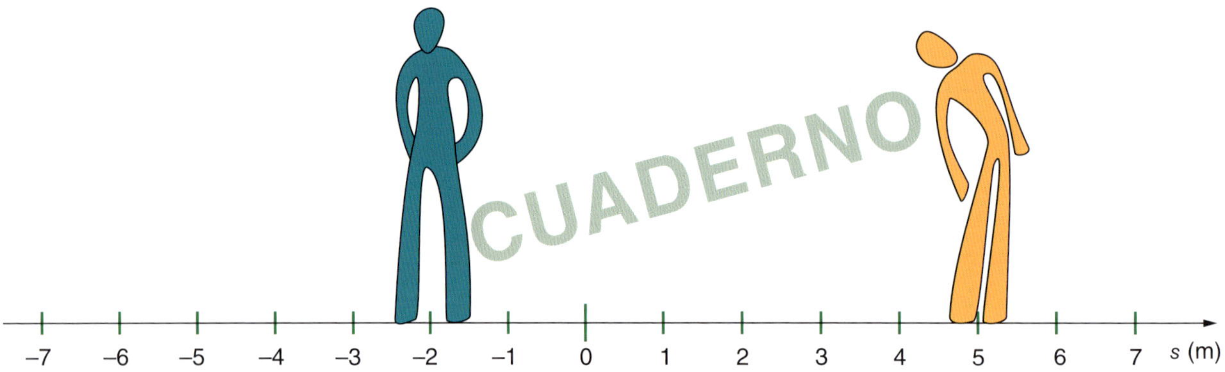

3. Construye un nuevo sistema de referencia en el que la figura azul esté en el origen y el sentido positivo sea hacia la izquierda. Indica la posición de las figuras en este nuevo sistema de referencia.

4. Copia en tu cuaderno el siguiente sistema de referencia y sitúa en él los cuerpos que se indican:

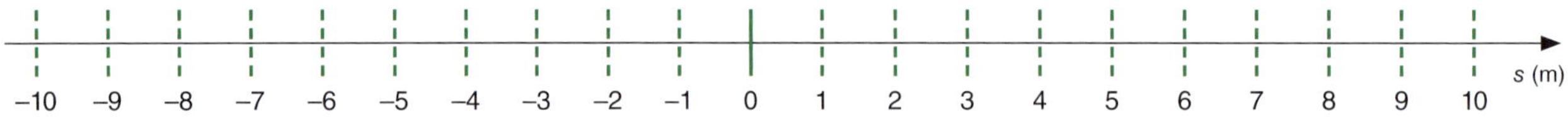

   a) El cuerpo A situado en $s = 4$ m

   b) El cuerpo B situado en $s = 9$ m

   c) El cuerpo C situado en $s = -3$ m

   d) El cuerpo D situado en $s = -8$ m

   e) El cuerpo E situado en $s = 1{,}5$ m

   f) El cuerpo F situado en $s = -4{,}5$ m

   g) El cuerpo G situado en $s = \frac{2}{3}$ m

   h) El cuerpo H situado en $s = -\frac{8}{5}$ m

5. Considera ahora un sistema de referencia en el que el cuerpo A de la actividad anterior se encuentra en el origen, y el cuerpo B, en s = 5 m. Completa, en tu cuaderno, la siguiente tabla indicando las posiciones del resto de cuerpos en este nuevo sistema de referencia:

Cuerpo	Sistema de referencia de la actividad 4	Sistema de referencia de la actividad 5
A	4 m	0 m
B	9 m	5 m
C		
D		
E		
F		
G		
H		

6. En la imagen están representados los sistemas de referencia que utilizan dos observadores distintos para describir el movimiento de un cuerpo:

OBSERVADOR 1

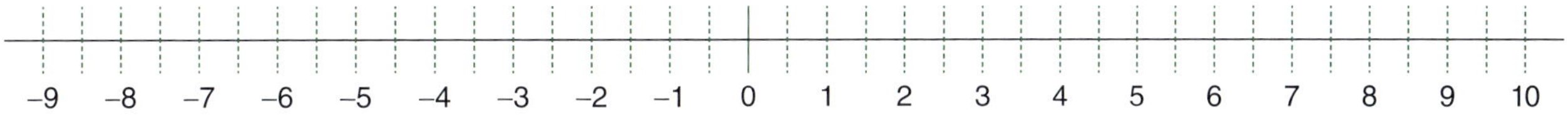

OBSERVADOR 2

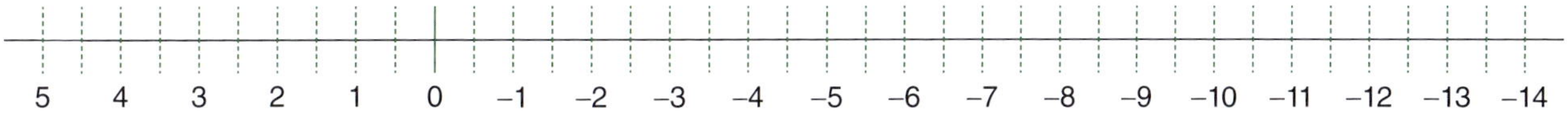

El observador 1 describe el movimiento del cuerpo de la siguiente manera:

«Inicialmente, el cuerpo se encuentra en s = 2 m. Al final del movimiento se ha desplazado hasta s = 10 m».

a) Escribe la descripción que haría el observador 2 de este mismo movimiento.

b) En el primer sistema de referencia, ¿en qué sentido se ha movido el cuerpo, positivo o negativo?

c) ¿Y en el sistema de referencia del observador 2?

d) Según el observador 1, ¿qué distancia ha recorrido el cuerpo?

e) ¿Qué distancia ha recorrido el cuerpo de acuerdo al segundo sistema de referencia?

7. La señalización de la red de carreteras españolas funciona como un sistema de referencia en el que el eje, en lugar de ser una línea recta, es la propia carretera. Así, cada carretera tiene un origen (el lugar en el que empiezan a contarse los kilómetros) y un sentido positivo (hacia donde van creciendo los kilómetros).

a) Busca información en internet sobre el origen de la mayoría de las autovías españolas.

b) En un programa de radio hemos podido oír la siguiente frase: «se ha producido un accidente en el kilómetro 48 de la A5».

Escribe un breve texto explicando por qué es suficiente dar el punto kilométrico y el nombre de la autovía para localizar el accidente. En tu texto deben aparecer las expresiones «origen» y «sistema de referencia».

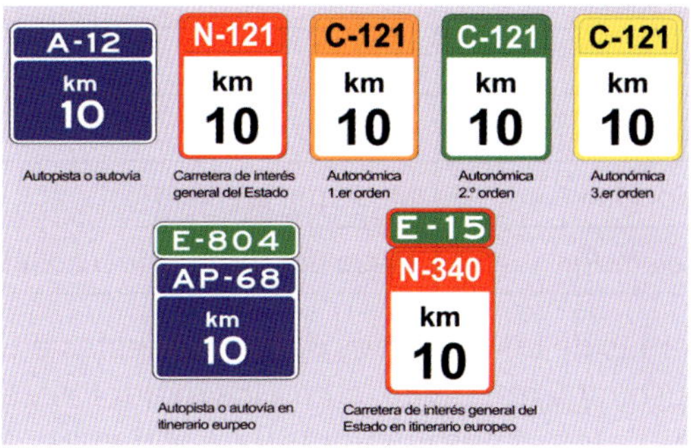

2. Características del movimiento

Una vez que hemos definido adecuadamente el movimiento, vamos a establecer los elementos que utilizaremos para estudiarlo.

Posición

La posición de un cuerpo es el lugar que ocupa en el espacio en un momento concreto. Como ya hemos visto, para determinarlo de manera precisa es necesario utilizar un buen sistema de referencia.

Trayectoria

Es la línea (recta o curva) formada por todas las posiciones que ha ocupado el cuerpo a lo largo de su movimiento.

Espacio recorrido

Es la longitud de la trayectoria descrita por el cuerpo en su movimiento.

Velocidad

Es el espacio recorrido por el cuerpo en una unidad de tiempo, es decir, el espacio que recorre el cuerpo en un segundo, en una hora, etc.

En nuestro caso, la calcularemos como un promedio. Si, por ejemplo, un coche ha tardado 3 h en recorrer 240 km, su velocidad promedio o, simplemente, **velocidad media,** será:

$$V_m = \frac{240 \text{ km}}{3\text{h}} = 80 \text{ km/h}$$

Esto no quiere decir que haya viajado a esa velocidad en todo momento. Es, sencillamente, el promedio de su velocidad.

Aceleración

La aceleración refleja el cambio de velocidad por unidad de tiempo. Se calcula dividiendo la variación que se ha producido en la velocidad entre el tiempo que ha tardado en producirse. Por ejemplo, si un coche acelera de 0 a 30 m/s en 10 s, su aceleración es:

$$a = \frac{30}{10} = 3 \text{ m/s}^2$$

2.1. Unidades

La siguiente tabla resume las principales unidades que vamos a utilizar en el estudio del movimiento de un cuerpo.

Magnitud	Unidad en el Sistema Internacional	Símbolo
Longitud	Metro	m
Tiempo	Segundo	s
Velocidad	Metro por segundo	m/s
Aceleración	Metro por segundo al cuadrado	m/s^2

Además de las unidades del SI expuestas en la tabla, existen otras unidades de uso muy frecuente, como los múltiplos y submúltiplos del metro (km, cm, mm...) o los minutos y horas para el tiempo. Además, la unidad de velocidad más habitual es el kilómetro por hora (km/h).

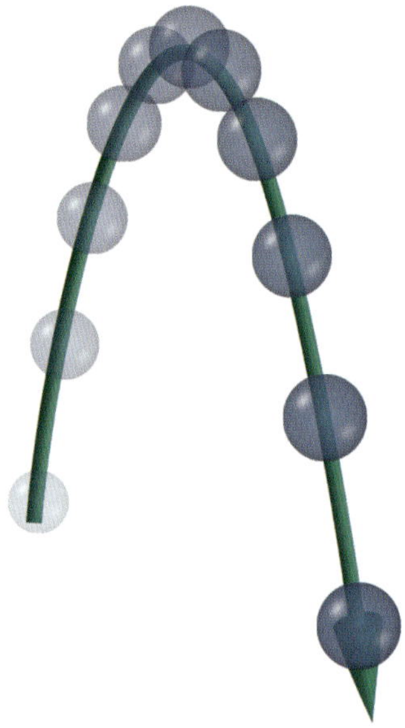

La trayectoria de un proyectil es una parábola.

!

Fórmulas

Para calcular la **velocidad media** dividimos el espacio recorrido entre el tiempo empleado en recorrerlo:

$$v_m = \frac{\text{espacio recorrido}}{\text{tiempo}}$$

Para calcular la **aceleración media** dividimos el cambio producido en la velocidad entre el tiempo que ha tardado en producirse:

$$a = \frac{\text{cambio de velocidad}}{\text{tiempo}}$$

!

km/h y m/s

Para transformar m/s a km/h, y viceversa, hay que cambiar las dos unidades involucradas. Puedes ver cómo se hace en los siguientes ejemplos:

Cambio de m/s a km/h:

$$30 \text{ m/s} = \frac{30 \cdot 3600}{1000} \text{ km/h} = 108 \text{ km/h}$$

Cambio de km/h a m/s:

$$90 \text{ km/h} = \frac{90 \cdot 1000}{3600} \text{ m/s} = 25 \text{ m/s}$$

a Actividades y tareas

1. Expresa las siguientes magnitudes en las unidades que se indican:

a) 500 m en km
b) 0,02 km en cm
c) 20 mm en m
d) 4 000 cm en km
e) 12,5 km en m
f) 0,45 m en cm
g) 124,75 mm en m
h) 25,05 cm en mm

2. Realiza los siguientes cambios de unidades:

a) 400 s en minutos y segundos
b) 12,5 h en horas y minutos
c) 30 s en minutos
d) 1,5 min en segundos
e) 1,5 min en minutos y segundos
f) 0,5 h en segundos
g) 8 h 30 min en minutos
h) 8 h 30 min en segundos
i) 25 min 40 s en segundos
j) 25 min 40 s en minutos
k) 4,2 h en segundos
l) 4,2 h en minutos

3. Completa en tu cuaderno la tabla de la derecha expresando las siguientes velocidades en las unidades indicadas:

Velocidad en km/h	Velocidad en m/s
120 km/h	● ● ●
● ● ●	30 m/s
100 km/h	● ● ●
● ● ●	25 m/s
70 km/h	● ● ●
● ● ●	15 m/s
50 km/h	● ● ●
● ● ●	10 m/s

4. Un coche ha recorrido los 600 km que separan Madrid de Santiago de Compostela en 5 horas y media.

a) Calcula la velocidad media a la que ha viajado.

b) ¿Quiere decir eso que en todo momento el coche se ha desplazado a esa velocidad? Razona tu respuesta.

5. La velocidad de crucero de un avión Boeing 740 es de 828 km/h. Calcula la distancia que recorrerá este avión en los siguientes casos:

a) Un vuelo de 2 h
b) Un vuelo de 4 horas y media
c) Un vuelo de 3 horas y cuarto
d) Un vuelo de 2 h y 40 min

6. Un coche sale de Talavera de la Reina a las 14:30 h. Sabiendo que esta ciudad se encuentra en el punto kilométrico 115 de la A5 y que Badajoz está en el 400, ¿a qué hora llegará a Badajoz si viaja a una velocidad media de 110 km/h y se detiene 10 minutos para repostar gasolina?

7. Calcula la velocidad a la que se mueve un cuerpo que parte del reposo y sufre una aceleración de 0,5 m/s^2 durante 10 segundos.

8. ¿Qué aceleración tiene que sufrir un coche para frenarse en seco en 2 segundos si circula a una velocidad de 100 km/h?

Investiga

9. Los movimientos se clasifican según su trayectoria y según su velocidad. Busca información en internet y asocia, en tu cuaderno, a cada tipo de movimiento su definición y un ejemplo adecuado.

Movimiento rectilíneo uniforme (MRU)	Trayectoria recta y aceleración constante	La Estación Espacial Internacional
Movimiento rectilíneo uniformemente acelerado (MRUA)	Trayectoria recta y velocidad constante	Un barco circulando a velocidad de crucero
Movimiento circular uniforme (MCU)	Trayectoria circular y velocidad constante	Una pelota cae desde una ventana

3. Las fuerzas

Se consideran **fuerzas** todas las acciones o influencias capaces de cambiar la **velocidad** de un cuerpo o de **deformarlo.**

Cuando empujamos un carro, cuando abrimos una puerta o cuando arrugamos una hoja de papel, estamos ejerciendo fuerzas sobre estos objetos. En todos estos casos, las fuerzas actúan por el contacto entre dos cuerpos, por lo que se denominan **fuerzas de contacto.**

En otros, las fuerzas actúan a distancia, como la atracción que se produce entre dos cargas opuestas o entre un imán y un trozo de hierro. Se trata entonces de **fuerzas de acción a distancia.**

La ciencia que estudia las fuerzas y sus efectos es la física y, en concreto, una de sus ramas principales, la dinámica. Sus principios fundamentales fueron establecidos por Newton en sus famosas leyes del movimiento.

3.1. Leyes de Newton

- **1.ª ley de Newton** o **ley de la inercia.** Fue enunciada por Galileo y, años después, Newton la convirtió en la primera ley de la mecánica.

  Cuando sobre un cuerpo no actúa ninguna fuerza, o las que actúan se anulan entre sí, el cuerpo no cambia de velocidad. Si el cuerpo está quieto, permanece quieto, y si se está moviendo, continúa moviéndose con la misma velocidad y en el mismo sentido indefinidamente.
- **2.ª ley de Newton.** La aceleración con la que un cuerpo cambia su velocidad es proporcional a la fuerza neta que actúa sobre él. Esto se cumple según la ecuación:

  $$F = m \cdot a$$

  Donde F representa la fuerza total que actúa sobre el cuerpo, m es su masa y a, la aceleración.
- **3.ª ley de Newton** o **principio de acción y reacción.** Siempre que un cuerpo ejerce una fuerza sobre otro, recibe de este último una fuerza igual en sentido contrario.

3.2. Cambios en la velocidad

Las fuerzas pueden cambiar la velocidad de un cuerpo. Tal y como se deduce de la 2.ª ley de Newton, la acción de una fuerza sobre un cuerpo que está moviéndose puede acelerarlo o frenarlo, y si actúa sobre un cuerpo que está en reposo, puede hacer que este comience a moverse.

Por ejemplo, cuando un coche circula a 60 km/h, el motor debe hacer una fuerza sobre él para que su velocidad aumente a 70 km/h. De la misma manera, un coche frena hasta quedarse parado debido a la fuerza que ejercen los frenos.

Los frenos ejercen la fuerza que hace que el coche se pare.

!

Isaac Newton

Considerado por muchos como el mayor científico de toda la historia, entre sus muchas investigaciones destacan las que dedicó al estudio de las fuerzas y su influencia en el movimiento de los cuerpos.

3.3. Representación de fuerzas

La unidad que se utiliza habitualmente para expresar la magnitud de las fuerzas es el **newton,** que se simboliza con la letra N.

Un **newton** es la fuerza que, aplicada a un kilogramo de masa, le comunica una aceleración de 1 m/s^2; 1 N = 1 kg · 1 m/s^2.

Si queremos analizar el efecto que tienen determinadas fuerzas sobre un cuerpo, es tan importante conocer su magnitud como el sentido en el que se aplican.

Por ejemplo, en la figura del margen podemos apreciar dos casos similares en los que ejercemos una fuerza de 500 N sobre una moto que se desplaza inicialmente hacia la derecha. ¿Tendrán estas fuerzas el mismo efecto?

Las respuesta es, evidentemente, no. Una hará que la moto se desplace aún más rápido, mientras que la otra frenará la moto. Como ves, hemos podido interpretar correctamente lo que sucede gracias a que las fuerzas están representadas por flechas que nos indican en qué sentido actúan. Además, la longitud de las flechas está directamente relacionada con el valor de las fuerzas. Una fuerza dos veces más grande se representa con una flecha el doble de larga.

Por último, debes tener en cuenta que si sobre un cuerpo actúan dos fuerzas en el mismo sentido, ambas fuerzas se suman. Si las dos fuerzas actúan en sentidos opuestos, la menor se resta a la mayor, y si son iguales, las fuerzas se anulan.

EJEMPLOS

- **Dos fuerzas en el mismo sentido**

La fuerza total que actúa sobre el objeto de la figura es:

$F_1 + F_2 = 100$ N + 60 N = 160 N (hacia la derecha).

- **Dos fuerzas distintas en sentido contrario**

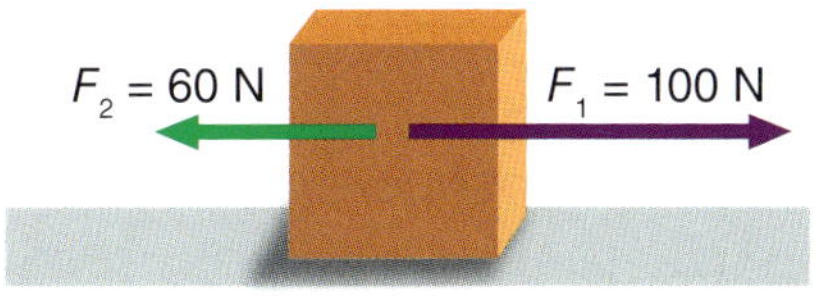

La fuerza que actúa sobre el objeto de la figura es:

$F_1 - F_2 = 100$ N − 60 N = 40 N (hacia la derecha).

- **Dos fuerzas iguales en sentido contrario**

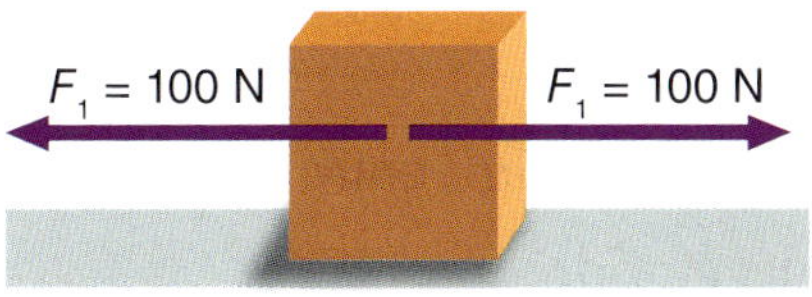

En este caso, la fuerza total que actúa sobre el cuerpo es de 0 N, es decir, como si no actuara ninguna fuerza sobre el cuerpo.

!

Fuerza de rozamiento

Una fuerza muy relacionada con la 3.ª ley de Newton es la **fuerza de rozamiento.** Se trata de una fuerza que se origina por la fricción entre superficies y que por ejemplo aparece cuando queremos arrastrar un objeto sobre el suelo. Siempre se opone al desplazamiento pero no siempre dificulta nuestro trabajo ya que, entre otras cosas, nos permite caminar. Si no existiese esta fuerza entre nuestros zapatos y el suelo, sería imposible andar. Piensa en lo difícil que resulta desplazarse sobre el hielo, por ejemplo.

a Actividades y tareas

1. Une en tu cuaderno mediante flechas las distintas situaciones con el responsable de la fuerza que hace que esos objetos se muevan habitualmente y el tipo de fuerza de que se trata en cada caso:

■ Aguja de una brújula	■ Motor	
■ Camión	■ Viento	■ De contacto
■ Velero	■ Campo magnético	■ A distancia
■ Meteorito	■ Gravedad	

2. Indica, justificando tu respuesta, cuál de las tres leyes de Newton explica mejor las siguientes situaciones:

   a) La fuerza que necesitamos para levantar un objeto de 20 kg es el doble que la necesaria para levantar un objeto de 10 kg.

   b) Al disparar un arma siempre se produce un retroceso de la misma.

   c) Cuando bajamos una pendiente en bicicleta, tenemos que usar los frenos para detenernos.

   d) Al saltar desde una barca al muelle, la barca sale despedida hacia atrás.

3. Calcula la aceleración con la que se moverían los siguientes cuerpos:

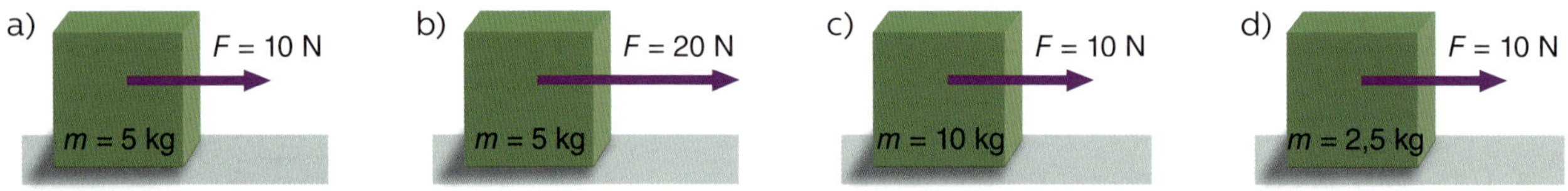

4. Observa las siguientes figuras:

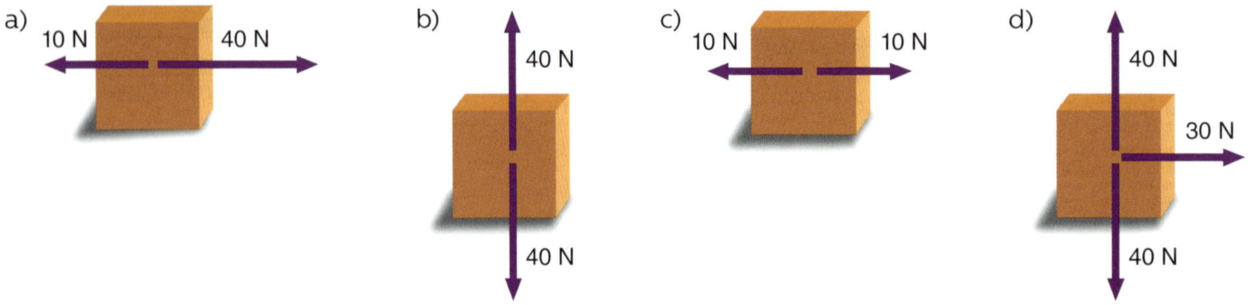

   - ¿Hacia dónde crees que se moverá cada uno de los cuerpos?
   - ¿Qué fuerza total actúa sobre cada uno de los cuerpos?
   - Calcula la aceleración que sufre cada uno de los cuerpos si todos tienen una masa de 20 kg.

5. Seguro que alguna vez has inflado un globo para luego soltarlo y ver cómo sale despedido y vuela por la habitación a medida que el aire sale de su interior:

   a) ¿Por qué sale el aire del globo?

   b) ¿Quién ejerce la fuerza que hace que el aire salga?

   c) ¿Según el principio de acción y reacción, qué debería ocurrir entre el globo y el aire?

   d) ¿Qué ocurre cuando ya no queda aire dentro del globo?

   e) ¿Por qué aumenta la velocidad del globo si lo hinchamos más?

6. Escribe un breve texto explicando lo que ocurre desde un punto de vista físico cuando damos un salto. Utiliza para ello la tercera ley de Newton. Si necesitas ayudas, prueba a responder primero las siguientes preguntas:

   a) Cuando queremos dar un salto, flexionamos nuestras piernas para ejercer una fuerza. Ahora bien, ¿sobre quién y en qué sentido es esa fuerza?

   b) Si no tuviésemos contacto con el suelo (como nos ocurre, por ejemplo, cuando flotamos en el agua), ¿podríamos saltar?

   c) Según el principio de acción y reacción, ¿qué sucede si nosotros ejercemos una fuerza sobre el suelo?

7. Imagina que transportamos una caja muy pesada en un vagón de tren sin ninguna sujeción y sin ni siquiera paredes. Las siguientes imágenes representan lo que ocurriría cuando el tren tomase una curva:

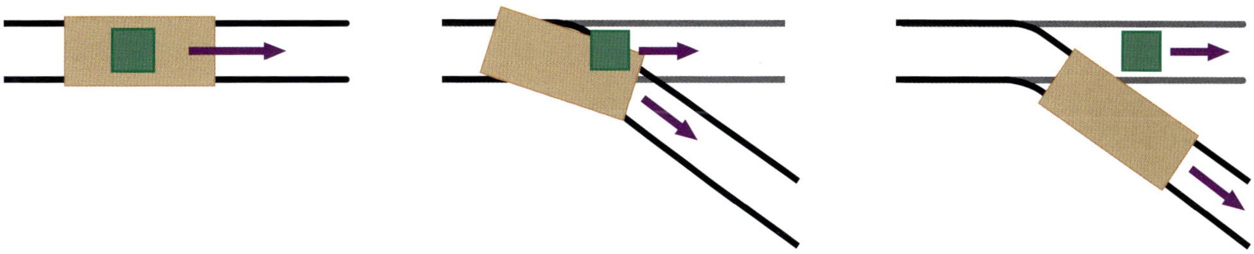

   a) ¿Qué fuerza es la responsable de que el vagón gire?

   b) ¿Actúa alguna fuerza sobre la caja?

   c) Justifica el movimiento de la caja utilizando la primera ley de Newton.

   d) Escribe un breve texto en el que expliques lo que le ocurre al pasajero de un coche cuando se toma una curva. En el texto debes utilizar el concepto de fuerza y la primera ley de Newton.

Práctica científica

8. Para esta pequeña práctica necesitarás los siguientes elementos:

   - Un vaso.
   - Un trozo cuadrado de cartón duro.
   - Una moneda.

   Coloca el cartón tapando el vaso y pon sobre él la moneda tal y como puedes ver en la figura. Golpea el cartón con un golpe seco con el dedo. Observa lo que sucede y contesta las siguientes preguntas:

   a) ¿Qué ocurre con la moneda?

   b) ¿A quién afecta la fuerza que ejerces con el dedo?

   c) Según la primera ley de Newton, ¿qué debe ocurrir para que la moneda se mueva hacia la derecha?

   d) Si la moneda se mueve y tú no la has tocado con el dedo, ¿a qué fuerza se debe?

3.4. Deformaciones

Como ya hemos comentado, aparte de modificar su velocidad, la acción de una fuerza sobre un cuerpo puede cambiar su forma. En este sentido, no todos los objetos se comportan de la misma manera por lo que comenzamos estudiando la clasificación de los cuerpos según su reacción ante una fuerza.

Los ladrillos son cuerpos rígidos.

3.4.1. Cuerpos rígidos

Aunque cuando una fuerza actúa sobre un cuerpo produce siempre alguna deformación, en muchos casos esta deformación es tan pequeña que resulta imposible percibirla. En estos casos consideramos que el cuerpo no se ha deformado y lo denominamos cuerpo rígido.

Por ejemplo, un trozo de granito o un vaso de cristal son cuerpos rígidos.

Los globos son cuerpos elásticos.

3.4.2. Cuerpos elásticos

Son los cuerpos cuyas dimensiones sí cambian apreciablemente bajo la acción de una fuerza pero recuperan su forma original cuando la fuerza deja de actuar sobre ellos.

Por ejemplo, un balón de goma o un globo son cuerpos elásticos ya que aunque se deforman al sufrir el efecto de una fuerza, recuperan su forma original cuando esta fuerza deja de actuar sobre ellos.

La arcilla es un cuerpo plástico.

3.4.3. Cuerpos plásticos

Los cuerpos plásticos son aquellos cuya forma varía bajo la acción de una fuerza y permanece alterada cuando la fuerza deja de actuar, es decir, no recuperan su forma original.

Por ejemplo, un bloque de cera o un trozo de arcilla son materiales plásticos ya que se deforman fácilmente cuando actúa sobre ellos una fuerza y permanecen deformados aunque la fuerza deje de actuar.

La clasificación en cuerpos elásticos o plásticos no siempre está clara ya que muchos cuerpos son elásticos siempre que la fuerza que actúa sobre ellos no supere cierto valor. A este valor se le denomina **límite elástico.** Cuando el límite elástico se sobrepasa, el cuerpo pierde su capacidad de recuperar su forma original. Se convierte así en un cuerpo plástico. Si la fuerza es aún más grande, el objeto puede llegar a romperse.

!

El dinamómetro

Para medir fuerzas se utiliza un dinamómetro. En el apartado «*Trabajo científico*» de esta unidad te explicamos cómo construir uno.

En la imagen, un dinamómetro digital.

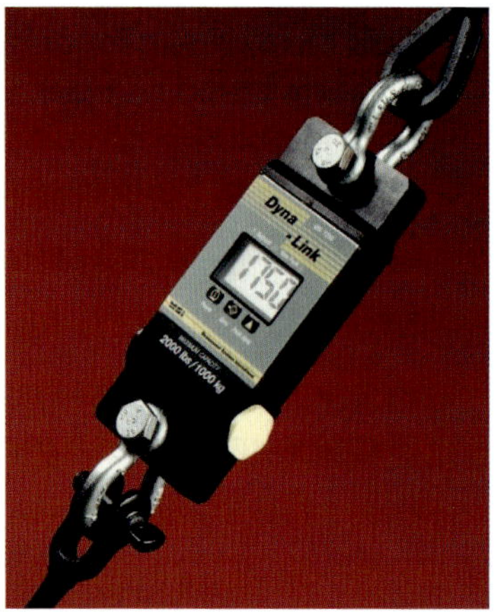

3.5. Ley de Hooke

La ley de Hooke establece que la fuerza que hay que hacer para deformar un cuerpo elástico es proporcional a la magnitud de la deformación. Por ejemplo, para alargar un muelle 2 cm hace falta el doble de fuerza que para alargarlo 1 cm. Ocurrirá lo mismo si, en lugar de alargar el muelle, lo comprimimos.

Este resultado puede resumirse mediante una fórmula:

$$F = k \cdot x$$

donde k es una constante denominada **constante elástica**, que es distinta en cada cuerpo y depende del material del que esté hecho y de su forma, x es lo que se alarga o comprime el objeto.

a Actividades y tareas

1. Indica si los siguientes objetos son elásticos, plásticos o rígidos.
   a) Un bloque de hormigón.
   b) Un bloque de acero.
   c) Una varilla muy delgada de acero.
   d) Un trozo de plastilina.
   e) Una goma de borrar.
   f) Un trozo de porcelana.
   g) Una hoja de papel.
   h) Un cubito de hielo.
   i) Una ventana de cristal.
   j) Una cuerda de violín.
   k) Una camiseta de licra.
   l) Un trozo de masa para hacer pan.

2. En un laboratorio comprobamos que un muelle sufre una elongación de 10 cm al ejercer sobre él una fuerza de 20 N.
   a) Para trabajar con la ley de Hooke conviene emplear las unidades del Sistema Internacional de Unidades. Transforma la elongación del muelle a metros.
   b) Calcula la constante elástica de este muelle.
   c) ¿Cuál sería la elongación de este mismo muelle si sobre él actuase una fuerza de 80 N?

3. Calcula la elongación de los siguientes muelles:
   a) Un muelle de $k = 10$ N/m sometido a una fuerza de 0,5 N.
   b) Un muelle de $k = 20$ N/m sometido a una fuerza de 0,5 N.
   c) Un muelle de $k = 50$ N/m sometido a una fuerza de 12 N.
   d) Un muelle de $k = 50$ N/m sometido a una fuerza de 24 N.

4. ¿Qué fuerza necesitamos ejercer sobre un muelle con $k = 100$ N/m y 20 cm de longitud para que llegue a medir 30 cm? ¿Y para que llegue a medir 40 cm?

Investiga

5. La primera vez que Robert Hooke publicó su famosa teoría lo hizo de una forma poco habitual. Incluyó en uno de sus libros el siguiente anagrama:

   ceiiinosssttuu

   Busca información y contesta las siguientes preguntas:
   a) ¿Qué es un anagrama?
   b) ¿Qué significa el anagrama que publicó Robert Hooke?
   c) ¿Por qué decidió publicar su ley de esa manera?
   d) Trata de encontrar otros ejemplos en los que se haya utilizado un anagrama para publicar un resultado científico.

Práctica científica

7. Para realizar esta práctica vas a necesitar los siguientes elementos: un muelle, un juego de pesas, una regla y un soporte.
   a) Cuelga el muelle del soporte y mide la altura de su extremo cuando no cuelga ninguna pesa de él.
   b) A continuación, comienza a colgar distintas pesas en el muelle, midiendo en cada caso cuánto se estira el muelle.
   c) Escribe los resultados en una tabla como la de la derecha.
   d) Representa los datos en una gráfica utilizando el eje horizontal para la masa y el vertical para la elongación del muelle.
   e) Analiza la gráfica que has obtenido y relaciónala con la ley de Hooke.

Masa	Elongación

CUADERNO

4. La gravedad

Cuentan que Isaac Newton, al ver caer una manzana, tuvo una genial intuición: la fuerza que hacía caer esa manzana y la que mantenía a la Luna y a los planetas girando en órbitas era la misma.

No sabemos si realmente la idea le sobrevino a Newton al ver caer una manzana, pero lo que sí es cierto es que a partir de esa idea Newton elaboró una de las teorías científicas más brillantes de todos los tiempos.

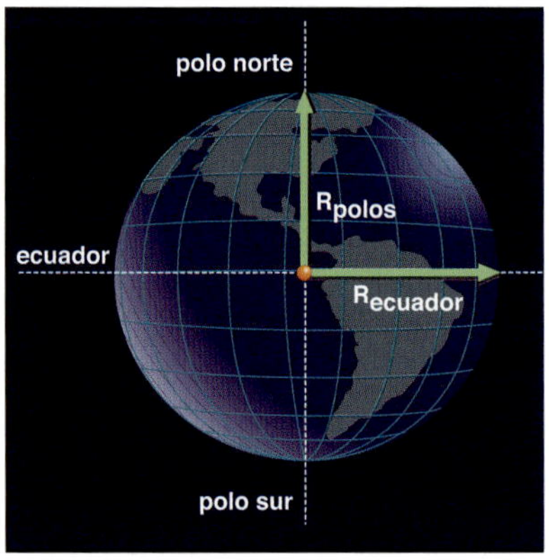

El radio de la Tierra es diferente en los polos y en el ecuador.

Según la denominada **ley de la gravitación universal,** entre dos cuerpos cualesquiera siempre existe una atracción gravitatoria. Esta fuerza, que hace que los cuerpos se atraigan, es mayor cuanto mayor es la masa de cada cuerpo y disminuye a medida que aumenta la distancia entre ambos.

Si la masa de los dos cuerpos es muy grande, esta fuerza se manifiesta claramente, incluso aunque la distancia entre ellos sea enorme. Esto sucede, por ejemplo, con los planetas y las estrellas. La fuerza que mantiene a la Tierra y al resto de los planetas girando en torno al Sol, o a la Luna girando en torno a la Tierra, es la **gravedad.**

Ahora bien, los objetos de nuestro alrededor son mucho menos pesados que los planetas y las estrellas. Incluso colocando dos de estos objetos a muy poca distancia uno del otro, habitualmente la fuerza de la atracción gravitatoria entre ellos es imperceptible.

Pero hay un cuerpo con una masa lo suficientemente grande como para que podamos sentir su atracción gravitatoria sobre nosotros y sobre prácticamente todos los objetos que nos rodean: la Tierra.

A esta atracción gravitatoria entre la Tierra y los demás objetos la denominamos **peso.** Como varía con la distancia al centro de la Tierra, nuestro peso es distinto en los polos que en el ecuador. Incluso varía si lo medimos a nivel del mar o en una montaña muy alta, aunque esta variación es muy pequeña.

V

Latitud:

Nos indica nuestra posición en la superficie de la Tierra. Es la medida del ángulo que forma nuestro radio con el radio del ecuador. También debemos indicar si estamos en el hemisferio norte o sur.

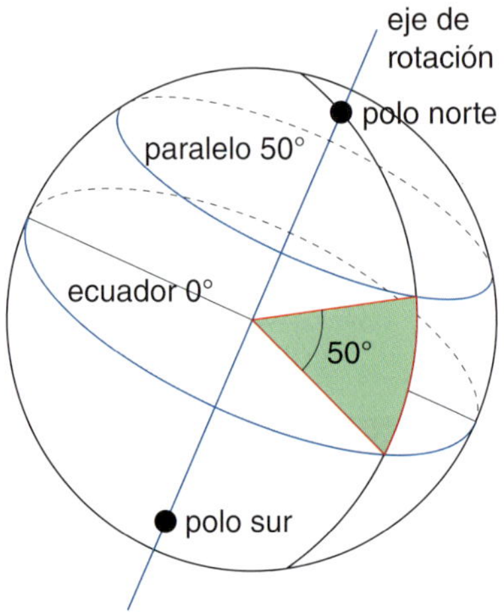

En general, el **valor del peso** se calcula suponiendo que estamos a 45° de **latitud** y a nivel del mar. Se obtiene multiplicando la masa del cuerpo, expresada en kilogramos, por una constante que llamamos **aceleración de la gravedad (g),** cuyo valor es de 9,8 m/s^2. Como el peso es una fuerza, el resultado se expresa en N.

$$P = m \cdot g$$

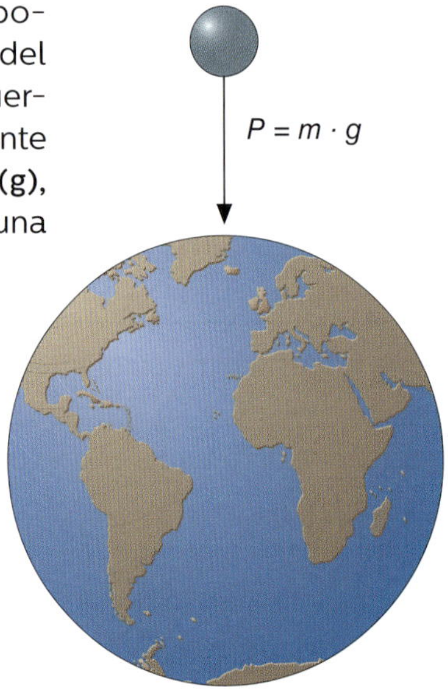

EJEMPLOS

- Una persona de 60 kg:
  $P = 60 \cdot 9{,}8 = 588$ N
- Un coche de 800 kg:
  $P = 800 \cdot 9{,}8 = 7840$ N
- Una moneda de 2 g:
  $P = 0{,}002 \cdot 9{,}8 = 0{,}0196$ N

4.1. Peso y masa

Como ya lo has estudiado, la **masa** es una propiedad de la materia. Mide la cantidad de materia que posee un cuerpo y se expresa en **kilogramos (kg).**

Por otro lado, el **peso** es una fuerza, y como todas las fuerzas se mide en **newtons (N).** Depende de la masa, pero no hay que confundirlo con esta, ya que también depende de dónde nos encontremos.

EJEMPLO

Supongamos un astronauta que tiene una masa de 75 kg. En la Tierra, antes de subir a la nave que lo va a llevar a la Luna, su peso es:

$$P = 75 \cdot 9{,}8 = 735 \text{ N}$$

Una vez que la nave despega y comienza a alejarse de la Tierra, la atracción gravitatoria que ejerce nuestro planeta sobre el astronauta disminuye. En ese momento pesa menos que en la superficie terrestre, pero su masa sigue siendo de 75 kg (ni ha ganado ni ha perdido materia). Incluso hay un momento en el que la atracción gravitatoria no le afecta. En ese instante, su peso es nulo:

$$P_{\text{espacio}} = 0 \text{ N}$$

Estación Espacial Internacional.

Cuando el astronauta llega a la Luna, sufre una atracción gravitatoria más pequeña que en la Tierra, ya que la masa de la Luna es mucho más pequeña. Así, el valor de la constante de la aceleración de la gravedad, que en la Tierra es de 9,8 m/s^2, en la Luna es de 1,62 m/s^2.

Para calcular el peso del astronauta en la Luna multiplicamos esta constante por su masa, que sigue siendo la misma:

$$P_{\text{Luna}} = 75 \cdot 1{,}62 = 121{,}5 \text{ N}$$

Es fácil comprobar que este peso, unas seis veces más pequeño que el que tenía el astronauta en nuestro planeta, equivale al que experimenta un objeto de unos 12,4 kg en la Tierra. La masa del astronauta sigue siendo, en todo momento, de 75 kg.

Así pues, es importante distinguir la **masa** de un cuerpo, que depende de la cantidad de materia que lo forma y que no varía con los cambios de posición, de su **peso,** que es la fuerza gravitatoria que sufre el cuerpo y que depende de su posición y del cuerpo que lo atrae.

!

La báscula

Una báscula está construida para medir nuestra masa en función del peso o la atracción gravitatoria que sentimos en la superficie terrestre.

Si utilizases una báscula normal en la superficie de la Luna, te indicaría una masa seis veces más pequeña que la que tienes realmente.

a Actividades y tareas

1. Indica si las siguientes afirmaciones son verdaderas o falsas:
   a) La ley de la gravitación universal explica por qué los objetos caen al suelo pero no por qué la Luna orbita en torno a la Tierra.
   b) La atracción gravitatoria aumenta cuanto mayor es la masa de los cuerpos que se atraen.
   c) La atracción gravitatoria disminuye si los cuerpos que se atraen se alejan.
   d) Existe atracción gravitatoria entre dos granos de arena pero es tan pequeña que no podemos percibirla.
   e) Nuestro peso, que es la fuerza con la que nos atrae la Tierra, es el mismo en todos los lugares del mundo.
   f) Nuestra masa puede cambiar en función de nuestra latitud ya que el radio terrestre no es el mismo en los polos que en el ecuador.

2. Calcula el peso de los siguientes objetos en la Tierra:
   a) Una persona de 55 kg.
   b) 250 g de azúcar.
   c) Un libro de 600 g.
   d) Un elefante de 7,5 t.
   e) 2 kg de patatas.
   f) Un avión de 240 t.
   g) Un teléfono móvil de 166 g.
   h) 20 mg de un medicamento.

3. Calcula el peso de los objetos de la actividad anterior en la Luna, teniendo en cuenta que en nuestro satélite la aceleración de la gravedad es $g = 1{,}62\ m/s^2$.

4. El peso de una persona en la Tierra es de 588 N:
   a) Si se pesa en una báscula, ¿qué valor nos indica la aguja?
   b) Calcula su peso en la Luna.
   c) ¿Cambia su masa en la Luna? ¿Por qué ha disminuido su peso?

5. Calcula la masa de los siguientes cuerpos sabiendo que su peso es:
   a) $P = 980$ N
   b) $P = 49$ N
   c) $P = 24{,}5$ N
   d) $P = 68{,}6$ N
   e) $P = 44{,}1$ N
   f) $P = 3920$ N
   g) $P = 1225$ N
   h) $P = 9{,}8$ N

6. Colgamos una masa de 2 kg de un muelle vertical tal y como muestra la figura. En el equilibrio, la fuerza elástica y el peso son iguales.
   a) Calcula la elongación del muelle de la figura sabiendo que su constante elástica es $k = 200$ N/m.
   b) Calcula cuánto se alargaría el muelle si repetimos el experimento en la Luna.

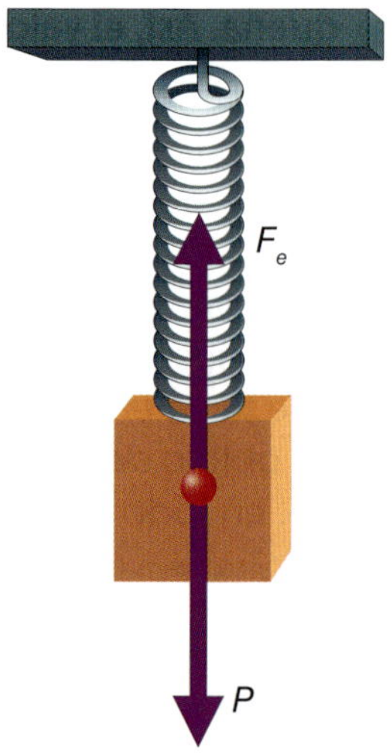

7. Un astronauta se pesa en una báscula justo antes de viajar a Marte. La aguja señala 75 kg. Al llegar a Marte, donde la aceleración de la gravedad es $g = 3{,}71$, utiliza la misma báscula para volver a pesarse. Suponiendo que el astronauta ni ha engordado ni ha adelgazado durante el viaje:
   a) ¿Cuál es el valor del peso del astronauta en la Tierra?
   b) ¿Cuánto vale su peso en Marte?
   c) ¿Qué marcará la báscula cuando se pese en Marte?

8. Completa las siguientes frases en tu cuaderno realizando los cálculos adecuados:

   a) El peso en la Tierra de una persona de 80 kg es de ● ● ● N.

   b) Esa misma persona tendría en la Luna un peso de ● ● ● N.

   c) Si utiliza una báscula calibrada en la Tierra para pesarse en la Luna, la báscula señalaría ● ● ● kg.

   d) No obstante, su masa es siempre de ● ● ● kg, y lo único que varía es la fuerza graitatoria con la que es atraída en cada caso.

9. Como ya hemos visto, el valor de la aceleración de la gravedad en la Tierra cambia con la latitud. Habitualmente utilizamos $g = 9{,}8\ m/s^2$ como valor general, pero si queremos ser más precisos debemos usar un valor distinto en cada latitud. Por ejemplo, el valor de la aceleración de la gravedad en el ecuador es $g = 9{,}78\ m/s^2$, mientras que en los polos es $g = 9{,}83\ m/s^2$.

   a) Calcula tu peso en el ecuador.

   b) Calcula tu peso en los polos.

   c) ¿Qué diferencia hay entre ambos valores?

   d) Si utilizamos el valor general de $g = 9{,}8\ m/s^2$, ¿a qué masa equivale la diferencia entre ambos valores que has calculado en el apartado anterior?

Investiga

10. Busca información y contesta las siguientes preguntas acerca de la vida de Isaac Newton:

    a) ¿En qué año y dónde nació Newton?

    b) ¿Qué científico murió el mismo año en el que nació Newton?

    c) ¿En qué importante universidad estudió y desarrolló su carrera científica?

    d) ¿Cuál es su obra más importante y en qué año se publicó?

    e) Indica cuál de las siguientes disciplinas no formó nunca parte de las investigaciones de Isaac Newton:

    Astronomía — Óptica — Termodinámica
    Matemáticas — Medicina — Teología

11. Busca información y completa la siguiente tabla en tu cuaderno calculando cuánto pesarías en los distintos planetas del sistema solar.

Planeta	*g*	Peso
Mercurio		
Venus		
Tierra	$9{,}8\ m/s^2$	
Marte		
Júpiter		
Saturno		
Urano		
Neptuno		

CUADERNO

FÍSICA Y QUÍMICA

5. Máquinas simples

Una máquina simple es un dispositivo que transforma la fuerza que ejercemos en otra de mayor magnitud o distinta dirección. Vamos a estudiar las más importantes: plano inclinado, cuña, palanca y polea.

5.1. El plano inclinado

Consiste en una superficie inclinada respecto a la horizontal que nos permite vencer el peso de un cuerpo y elevarlo con menos esfuerzo. Cuanto menos inclinación tenga el plano, menor será la fuerza aunque mayor será la distancia necesaria para levantar el objeto.

A nuestro alrededor podemos encontrar muchos planos inclinados: rampas de carga, accesos para discapacitados, funiculares, etc.

Un funicular es un ejemplo de plano inclinado.

5.2. La cuña

La cuña consiste en una pieza en forma de prisma triangular que, como puedes ver en la imagen del margen, transforma la fuerza que ejercemos sobre ella (flecha roja) en dos fuerzas prácticamente perpendiculares a esta y opuestas entre sí (flechas azules).

Se utiliza para fracturar cuerpos sólidos, para ajustar o apretar dos objetos o para calzarlos. Algunos ejemplos muy habituales de cuñas son los cuchillos, las hachas, los arados o los cinceles.

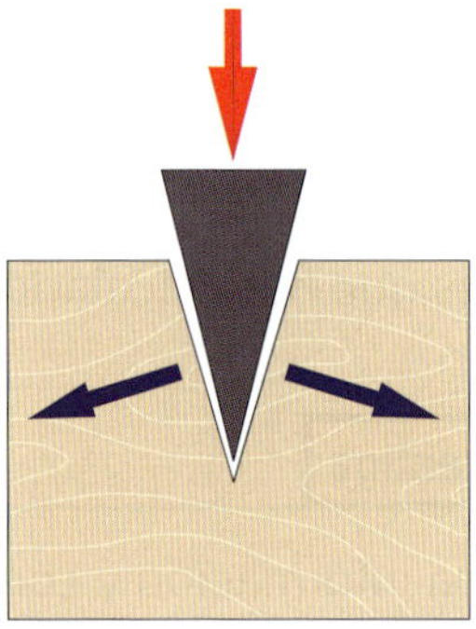

Cuña.

5.3. La palanca

La palanca consiste en una barra rígida situada sobre un punto de apoyo, tal y como indica la figura del margen.

Como puedes ver en el ejemplo de la figura, mediante la palanca conseguimos vencer una fuerza (resistencia) aplicando otra menor (potencia) gracias al conocido como «principio de la palanca»:

$$F_1 \cdot d_1 = F_2 \cdot d_2$$

Es decir, el efecto de la fuerza depende de la distancia al punto de apoyo. Una fuerza pequeña aplicada a mayor distancia consigue el mismo efecto que una fuerza mayor aplicada más cerca del punto de apoyo.

Podemos encontrar numerosos ejemplos de palancas a nuestro alrededor: tijeras, abrebotellas, tenazas, etc.

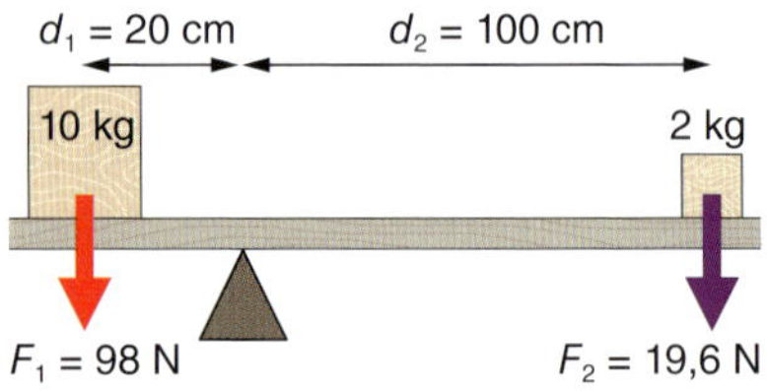

Ejemplo de palanca simple: el efecto de fuerzas distintas es el mismo debido a la distancia respecto al punto de apoyo.

5.4. La polea

La polea es una máquina que se utiliza para transmitir fuerzas. Mediante una polea simple logramos que la fuerza que ejercemos (flecha roja en la imagen del margen) se transforme en una fuerza de igual valor pero en otra dirección (flecha azul).

Además, combinando poleas se construyen aparejos (o polipastos) que reducen la fuerza necesaria para realizar el mismo trabajo. Como en los demás casos, esta reducción se hace a costa de aumentar la distancia necesaria, en este caso la que tiene que recorrer la cuerda.

Podemos encontrar poleas a nuestro alrededor en el mecanismo de un ascensor, en las máquinas de un gimnasio, en las grúas de construcción...

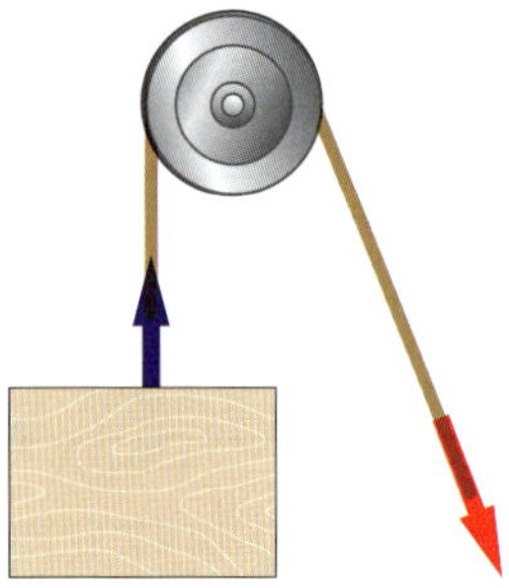

Polea simple: obtenemos una fuerza igual a la que aplicamos pero en otra dirección.

a Actividades y tareas

1. Indica, aplicando el principio de la palanca, si las siguientes balanzas están en equilibrio:

a) 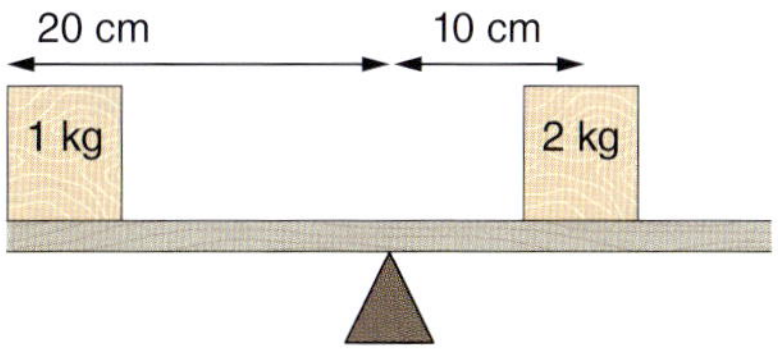

b) 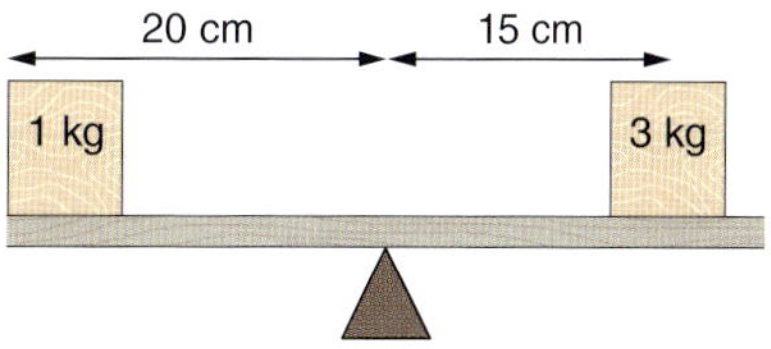

2. Las siguientes imágenes muestran los tres tipos principales de palancas:

a) Palanca de primera especie

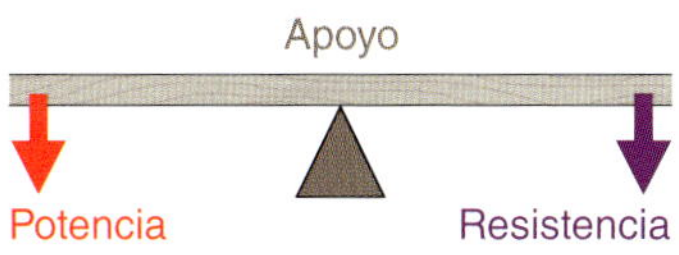

b) Palanca de segunda especie

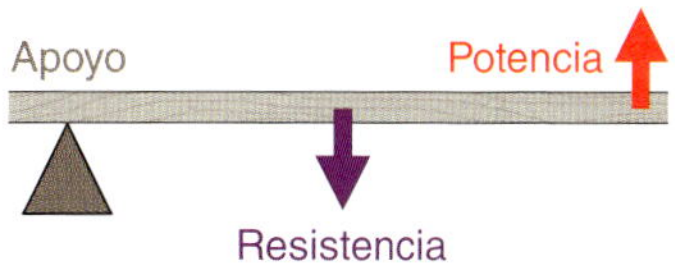

c) Palanca de tercera especie

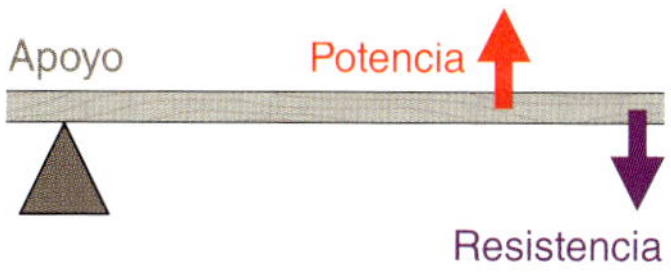

a) Escribe una breve definición de cada una de ellas explicando en cada caso la posición del punto de apoyo, la potencia y la resistencia.

b) Busca un ejemplo de cada tipo de palanca en la vida real.

3. Calcula el peso y la masa que necesitaremos en cada caso para que la balanza esté equilibrada:

a) 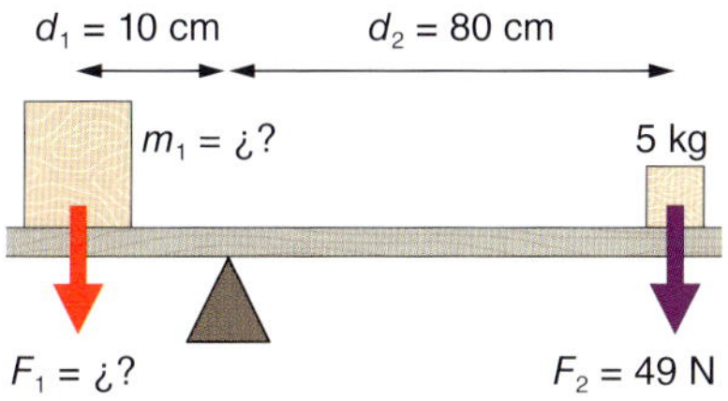

b) 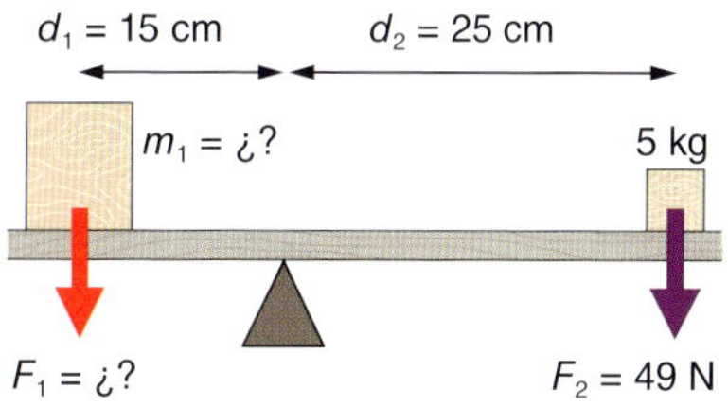

Aprendizaje cooperativo

4. Formad grupos de tres o cuatro alumnos siguiendo las instrucciones de vuestro profesor o profesora. Cada uno de estos grupos tiene que completar en su cuaderno una tabla como la siguiente con ejemplos reales de aplicación de máquinas simples.

Plano inclinado	Cuña	Palanca	Polea
	CUADERNO		

Para ello vais a realizar un juego con las siguientes instrucciones:

a) Cada miembro del equipo comienza el juego con dos puntos.

b) El ganador será el que conserve algún punto cuando los demás hayan perdido todos.

c) Echad a suertes el jugador que comienza el juego.

d) En su turno, cada jugador tiene que añadir un ejemplo a la tabla, en cualquiera de las columnas.

e) Si cuando le llega el turno, un jugador no puede añadir un ejemplo en un tiempo razonable, pierde un punto y el turno pasa al siguiente jugador.

6. Carga eléctrica

6.1. El origen de la carga eléctrica: los átomos

La materia está formada por átomos. Estos, a su vez, están formados por partículas más pequeñas que son de tres tipos: protones, neutrones y electrones. Los protones y los neutrones se encuentran en el centro del átomo formando su núcleo mientras que los electrones, mucho más pequeños, giran a su alrededor. Tanto los protones como los electrones tienen una propiedad conocida como **carga eléctrica.** Los protones tienen carga positiva y los electrones, negativa. Los neutrones, por el contrario, no tienen carga eléctrica. Decimos que son neutros (de ahí su nombre).

El valor de la carga de un electrón y un protón es igual aunque con signos distintos. Esto, junto con el hecho de que, en estado normal, un átomo tiene los mismos protones que electrones, hace que la carga total de los materiales sea cero, es decir, que sean neutros.

No obstante, en algunas ocasiones, los electrones pueden desplazarse, pasando de un material a otro. En ese caso, uno de los materiales quedará con exceso de carga positiva (al haber perdido electrones), y el otro, con exceso de carga negativa (al haber ganado electrones). Cuando esto sucede con un número suficiente de electrones, podemos percibir los efectos de estas cargas a nivel macroscópico.

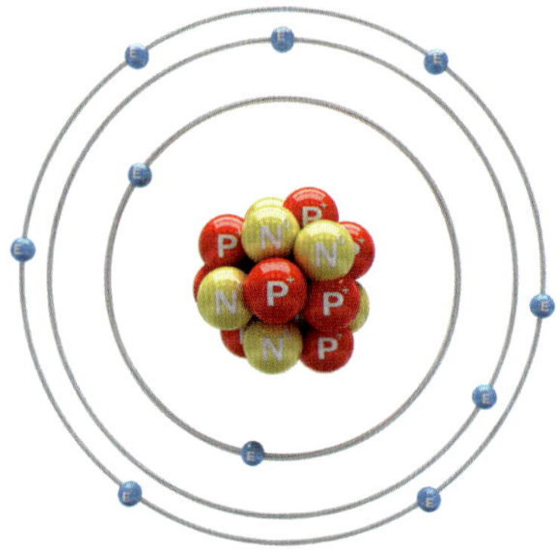

Representación de un átomo.

6.2. Fuerza electrostática

Una propiedad que cumplen todos los cuerpos con carga eléctrica es que entre ellos se establece una fuerza denominada **fuerza electrostática.** Esta fuerza hace que los cuerpos con la misma carga eléctrica se repelan mientras que los que tienen distinta carga se atraigan.

Cargas iguales se repelen		Cargas distintas se atraen
← + + →	← – – →	+ → ← –

La fuerza electrostática es más grande cuanto mayor es la carga de los cuerpos, y más pequeña, cuanto más lejos están los unos de los otros.

6.3. Aislantes y conductores

En algunos materiales, como los metales, los electrones tienen una gran libertad de movimiento. Esto hace que cuando se les somete a una fuerza eléctrica, los electrones se mueven fácilmente y se produce corriente eléctrica. A estos materiales se les denomina **conductores.**

Por el contrario, otros materiales, como el plástico o la lana, se denominan **aislantes** porque sus electrones tienen poco margen de movimiento y no se produce corriente aunque se les someta a una gran fuerza eléctrica. Lo que sí ocurre en estos materiales es que pueden ganar o perder los electrones más próximos a su superficie, lo que provoca la aparición de carga electrostática. Este fenómeno se puede conseguir por inducción o por fricción.

!

Carga por fricción

Cuando frotamos dos materiales aislantes, los electrones de la superficie de uno pueden pasar al otro. De esta forma, ambos adquieren carga eléctrica: positiva el que pierde electrones y negativa el que los gana. Esto ocurre, por ejemplo, al frotar un bolígrafo con un jersey de lana.

Carga por contacto

Cuando ponemos en contacto un cuerpo cargado con otro que no lo está, se produce una corriente de electrones de uno a otro hasta que ambos terminan con la misma carga.

Carga por inducción

Al aproximar un cuerpo cargado a otro neutro, las cargas de este último se separan por efecto de la fuerza electrostática. Esto provoca la aparición de cargas positivas y negativas en un objeto inicialmente neutro. Su carga total sigue siendo nula, pero su distribución hace que podamos apreciar fenómenos electrostáticos.

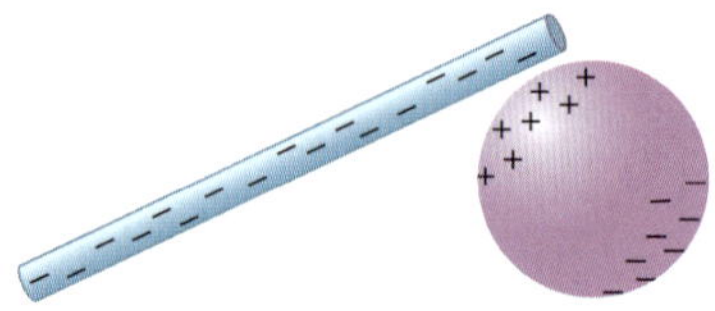

Por ejemplo, al acercar una varilla cargada negativamente a una esfera, esta adquiere dos cargas inducidas, positiva cerca de la barra y negativa en el extremo opuesto.

a Actividades y tareas

1. Es muy posible que ya conozcas el siguiente experimento en el que se aprecia de forma muy sencilla la presencia de cargas electrostáticas: al frotar un bolígrafo con un jersey de lana, el bolígrafo se carga eléctricamente. Si luego lo aproximamos a unos trozos pequeños de papel veremos que los atrae y quedan pegados a él.

   Elige en cada caso una de las tres opciones que te ofrecemos para explicar este fenómeno:

   a) El bolígrafo se carga...

Por fricción	Por contacto	Por inducción

   b) Los pedazos de papel se cargan al acercarse el bolígrafo...

Por fricción	Por contacto	Por inducción

   c) Las cargas del bolígrafo y los trozos de papel...

Son iguales	Son distintas	Son nulas

Investiga

2. Busca información en internet e indica, en tu cuaderno, qué definición y qué unidad de medida se corresponde con cada una de las siguientes magnitudes relacionadas con la electricidad.

Carga eléctrica	Es la cantidad de energía que se genera o se consume por unidad de tiempo.	Vatio (W)
Voltaje	Mide la cantidad de cargas que atraviesan un material cuando hay corriente eléctrica.	Voltio (V)
Intensidad	Es una propiedad de la materia que hace que algunos cuerpos se atraigan y otros se repelan.	Culombio (C)
Potencia	Aparece entre cargas opuestas y representa la fuerza con la que sería atraída y repelida por ellas otra carga situada entre ambas.	Amperio (A)

Práctica científica

3. En esta actividad vamos a construir un electroscopio, que es un instrumento que nos permite detectar la presencia de cargas eléctricas.

   Vamos a necesitar los siguientes elementos:

   - Frasco transparente con tapa de plástico.
   - Papel de aluminio.
   - Alambre de cobre o acero.

   Para construir el electroscopio debes atravesar la tapa del frasco con el alambre. En el extremo que quedará dentro del frasco, dobla el alambre para formar un gancho y cuelga de él un trozo rectangular y alargado de papel de aluminio, tal y como puedes ver en la figura. En el otro extremo del alambre coloca una bola de papel de aluminio. Cerrando el frasco habrás terminado de construir tu electroscopio. Ahora ya puedes realizar los siguientes experimentos:

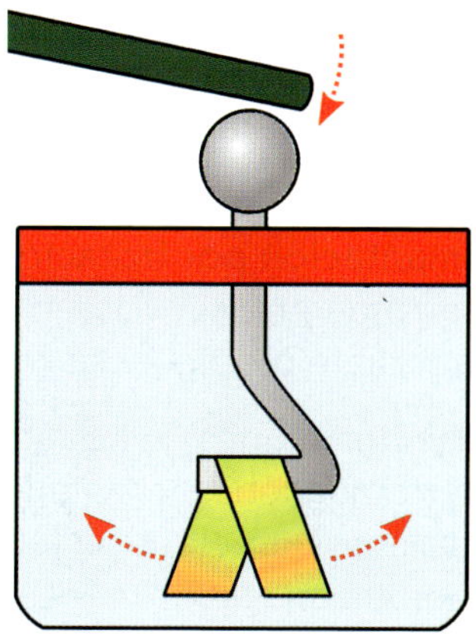

   a) Si acercas un objeto cargado (como un globo que hayas frotado con tu pelo) verás que las láminas se separan. ¿Por qué crees que ocurre esto?

   b) Estando las láminas de papel de aluminio separadas, toca la bola del electroscopio con un objeto conductor (o simplemente con tu mano). ¿Qué ocurre? ¿Cuál crees que es la explicación?

7. Magnetismo

El magnetismo es una propiedad de la materia que se manifiesta mediante fuerzas de atracción y repulsión entre algunos materiales.

Ya en la antigua Grecia llamó la atención la existencia de piedras que atraían el hierro y otros metales. Llamaron a este material **magnetita** y fue objeto de estudio durante siglos, tanto en Europa como en Asia.

7.1. Imanes

A los objetos que presentan la capacidad de atraer ciertos metales se les denomina imanes. Por su parte, a los materiales que son atraídos por los imanes los llamamos ferromagnéticos. Los más conocidos son el hierro, el níquel, el acero y el cobalto.

Un imán presenta dos polos, llamados norte y sur. Cuando aproximamos dos imanes, pueden suceder dos cosas:

- Si se aproximan dos polos iguales, los imanes se repelen.
- Si se aproximan dos polos distintos, los imanes se atraen.

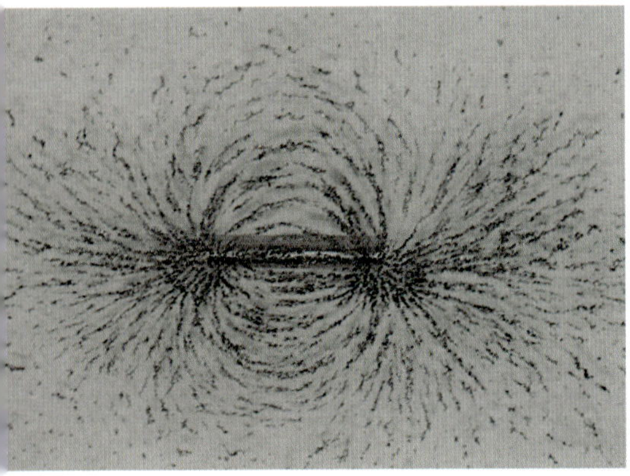

Líneas de campo de un imán formadas por limaduras de hierro.

Si el imán puede moverse libremente, tiende a orientarse de forma que su polo sur apunta al norte y su polo norte apunta al sur. Esto se debe a que la Tierra actúa como un imán gigante con dos polos, norte y sur, situados muy cerca de los polos norte y sur geográficos.

Es imposible construir un imán con un solo polo. Si partimos un imán en dos, obtendremos dos nuevos imanes, cada uno de ellos con un polo norte y un polo sur.

Podemos apreciar claramente la fuerza magnética que genera un imán a su alrededor utilizando limaduras de hierro. Como puedes ver en la imagen, al acercar un imán a un montón de limaduras de hierro, estas se colocarán siguiendo las líneas de fuerza que van desde el polo norte del imán hasta el polo sur.

> **!**
>
> **El campo magnético terrestre**
>
> La Tierra posee un campo magnético que se origina en su núcleo. Este campo nos protege de la corriente de partículas energéticas proveniente del Sol, el denominado *viento solar*. Sin el campo magnético terrestre este viento solar destruiría la capa de ozono y la vida en nuestro planeta no sería posible tal y como la conocemos.
>
> 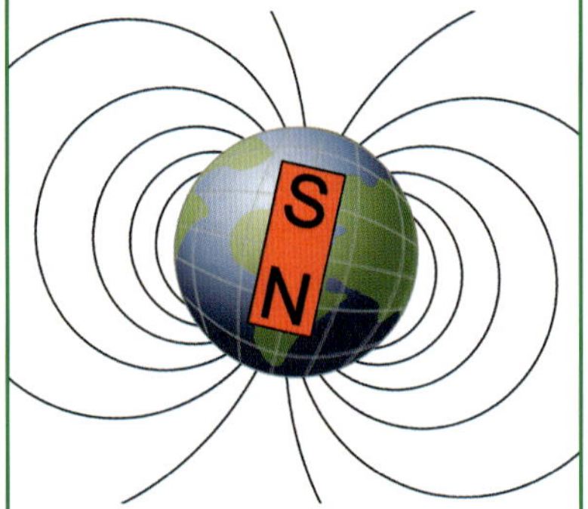
>
>
> Además, este campo magnético provoca que los imanes tiendan a orientarse señalando la dirección norte-sur.
>
> Gracias a esto el ser humano pudo construir brújulas que le permitieron orientarse en mar abierto aun cuando las nubes ocultasen las estrellas que se utilizaban como referencia.

7.2. Imantación

Los imanes pueden tener origen natural (como la magnetita) o ser fabricados por el ser humano mediante un proceso denominado imantación. Hay varios **tipos de imantación:**

- **Imantación por frotación.** Si frotamos un objeto hecho de un material ferromagnético, con un imán un número suficiente de veces, el objeto adquiere propiedades magnéticas y se convierte él mismo en un imán.
- **Electroimanes.** Enrollando un cable en torno a una pieza de material ferromagnético y haciendo que por él circule una corriente eléctrica, obtenemos un electroimán. Los electroimanes son especialmente útiles porque apagando o encendiendo la corriente eléctrica activamos o desactivamos sus propiedades magnéticas.

Electroimán.

a Actividades y tareas

1. Indica si las siguientes afirmaciones son verdaderas o falsas:
   a) Los objetos que tienen la capacidad de atraer otros cuerpos se denominan ferromagnéticos.
   b) Dos polos distintos se atraen y dos polos iguales se repelen.
   c) El polo norte geográfico está muy próximo al polo sur del campo magnético terrestre.
   d) Si un imán puede moverse libremente se orienta en la dirección norte-sur.
   e) La única manera de conseguir un imán es mediante imantación por rozamiento.
   f) Un electroimán es un imán que podemos encender y apagar.

2. Busca información e indica en cuáles de los siguientes aparatos podemos encontrar un imán:
   a) Altavoces.
   b) Televisión de plasma.
   c) Batidora.
   d) Disco duro.
   e) Teléfono móvil.
   f) Tarjeta de crédito.
   g) Guitarra eléctrica.
   h) Bombilla.

Aprendizaje cooperativo

3. En esta actividad debéis trabajar en grupo siguiendo las instrucciones de vuestro profesor.
   a) Buscad información en internet sobre la capacidad de ciertos animales para detectar campos magnéticos. Elaborad una lista con todas las especies que encontréis que sean capaces de detectar el campo magnético terrestre.
   b) Cada miembro del grupo debe elegir uno de estos animales y ampliar la información sobre cómo consiguen detectar campos magnéticos y para qué utilizan esta capacidad.
   c) Para finalizar la actividad, cada miembro del grupo debe explicar brevemente la información que ha encontrado sobre la especie que eligió en el apartado anterior.

Práctica científica

4. En esta actividad vas a fabricar tu propia brújula. Para ello necesitarás los siguientes elementos:
   - Una aguja (de hierro o acero).
   - Un imán.
   - Un corcho.
   - Un cuenco con agua.

   Una vez dispongas de todo el material necesario, completa los siguientes pasos:

   1. Comenzamos imantando la aguja. Para ello debes frotarla con el imán durante unos segundos. Comprueba que efectivamente está imantada acercándola a otras agujas o a otro trozo de metal ferromagnético.
   2. A continuación, corta una pequeña sección del corcho y atraviésalo con la aguja, siguiendo el ejemplo de la imagen.
   3. Llena el cuenco con agua y deposita con cuidado en ella el corcho con la aguja.
   4. Al dejar que el corcho flote libremente podrás ver cómo la aguja se alinea con el campo magnético terrestre, mostrándonos la dirección norte-sur.
   5. Para finalizar, debes determinar qué extremo de la aguja apunta hacia el norte. Puedes hacerlo con otra brújula o usando alguna de las aplicaciones del móvil que incluyen esa función.

CMCT CD

1. La siguiente tabla muestra la posición de un cuerpo en distintos momentos:

a) Utiliza una aplicación informática como Geogebra o la calculadora WIRIS para representar estos datos en una gráfica mediante dos ejes. Coloca el tiempo en el eje horizontal y la posición en el vertical.

b) ¿Cuál será su posición cuando hayan pasado 10 s? ¿Y después de 20 s?

c) ¿En qué momento estará en la posición 100 m? ¿Qué distancia habrá recorrido?

d) Calcula la velocidad media de este cuerpo.

e) Analizando la gráfica, ¿qué tipo de función hemos obtenido?

f) Halla la pendiente y la ordenada en el origen de esta función.

g) ¿Qué relación tiene la pendiente con la velocidad del objeto?

h) ¿Qué nos indica la ordenada en el origen?

Tiempo (s)	Posición (m)
0	4
1	7
2	10
3	13
4	16
5	19

CMCT CPAA

2. La gráfica de la derecha muestra el movimiento de un objeto representando su posición medida en metros (eje vertical) a lo largo del tiempo medido en segundos (eje horizontal):

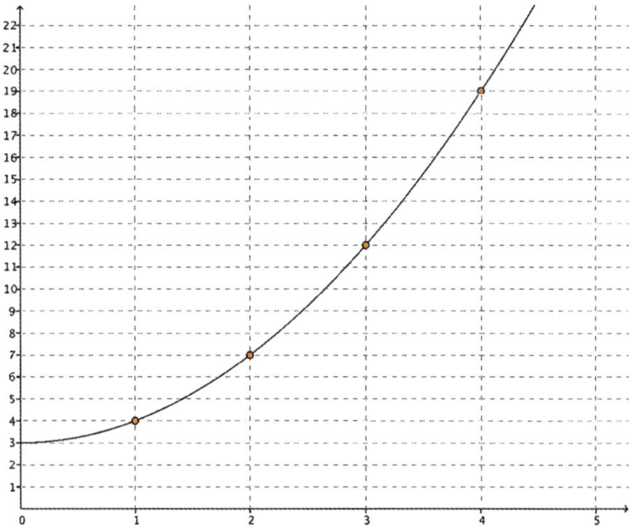

a) ¿Cuál era su posición a los 4 s?

b) ¿En qué momento alcanza los 7 m?

c) ¿Qué distancia recorre durante el primer segundo de movimiento?

d) ¿Y en los siguientes segundos? Calcula el espacio recorrido cada segundo de los mostrados en la gráfica.

e) ¿Es un movimiento con velocidad constante o acelerado?

CMCT CSC CCL

3. a) Busca en internet los límites de velocidad que están establecidos para los distintos tipos de carreteras en nuestro país y completa en tu cuaderno la siguiente tabla:

Tipo de carretera	Límite de velocidad (km/h)	Límite de velocidad (m/s)
Autopistas y autovías		
Carreteras convencionales con más de 1,5 m de arcén		
Carreteras convencionales con menos de 1,5 m de arcén		
Vías urbanas		

b) El tiempo que tarda en reaccionar un conductor cuando ve algún peligro es, en promedio, de 0,75 segundos. Calcula qué distancia recorre un coche en cada uno de los límites hallados en el apartado anterior antes de que el conductor sea capaz de reaccionar ante un supuesto peligro.

c) Escribe un breve texto sobre la necesidad de respetar los límites de velocidad teniendo en cuenta los datos que has calculado en los apartados anteriores.

4. Roberto, Darío y Adriana van en un coche que circula a 50 km/h. De repente, Adriana tiene que pisar el freno bruscamente para evitar chocar con otro coche. Vamos a analizar lo que ocurre a continuación utilizando las leyes de Newton.

a) La fuerza responsable de que el coche se detenga la ejercen los frenos. ¿Sobre quién actúa esta fuerza?

b) Según la primera ley de Newton, ¿qué le ocurre a un pasajero de este coche que se desplaza a 50 km/h si sobre él no está actuando ninguna fuerza?

c) ¿Qué puede suceder si el coche se detiene pero los pasajeros continúan su desplazamiento?

d) ¿Qué se necesita para que los pasajeros también detengan su movimiento?

e) Explica la importancia de usar cinturón de seguridad utilizando la primera ley de Newton.

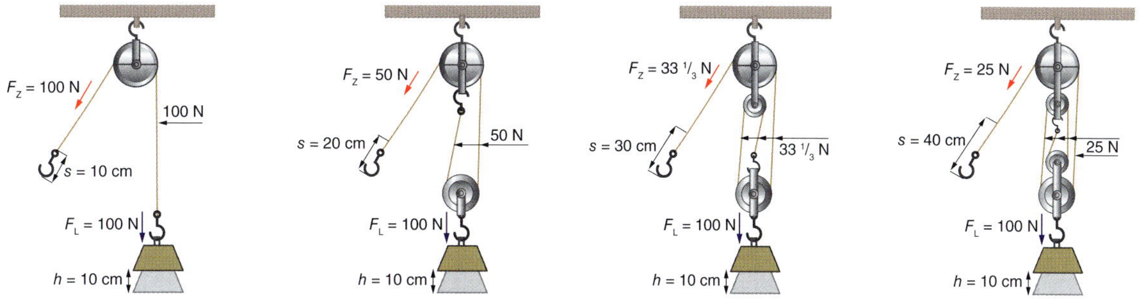

5. Observa las cuatro poleas de la imagen. En cada una de ellas está representada la fuerza que debemos ejercer (flecha roja) para levantar un peso que es el mismo en todos los casos (100 N). También está indicado el desplazamiento necesario en cada caso (s) para levantar el peso 10 cm.

a) Completa una tabla en tu cuaderno indicando el número de poleas, la fuerza y la distancia necesarias en cada uno de los cuatro casos.

b) Analiza la tabla que has construido y escribe las conclusiones que deduzcas de ella.

6. En la tabla de la derecha se muestran una serie de materiales ordenados según su tendencia a acumular cargas positivas (parte superior de la tabla) o cargas negativas (parte inferior de la tabla). Si frotamos dos materiales, cuanto más separados estén en la tabla, más fácil será que ambos resulten cargados electrostáticamente, cada uno con la carga del signo correspondiente.

Mayor carga positiva ↑	Aire
	Piel humana
	Cuero
	Vidrio
	Pelo
	Nailon
	Lana
	Seda
	Papel
Sin carga	Algodón
	Acero
Mayor carga negativa ↓	Ámbar
	Poliestireno
	Globo de goma
	Níquel, cobre
	Bronce, plata
	Poliéster
	Papel film
	Vinilo (PVC)
	Teflón

a) Indica, en los siguientes casos, qué tipo de carga se acumula en cada material:

- Frotamos un globo contra una camisa de seda.
- Frotamos un envase de corcho blanco (poliestireno) con una alfombra de lana.
- Nos peinamos con un cepillo hecho de nailon.

b) Diseña un experimento para demostrar la presencia de cargas electrostáticas en el que debes lograr que una lata de aluminio ruede sobre una mesa horizontal sin tocarla. Utiliza materiales de los que dispongas a tu alrededor y comprueba que tu experimento funciona.

c) Escribe un breve texto explicando lo que ocurre en tu experimento desde un punto de vista eléctrico. ¿Qué objetos están cargados? ¿Por qué se atraen o se repelen?

Interpretando gráficas

Vamos a estudiar el movimiento de un tren que circula entre tres estaciones. En la siguiente figura están representadas estas estaciones y la distancia que las separa sobre un sistema de referencia:

A continuación puedes ver una representación gráfica del movimiento del tren. Para ello hemos utilizado unos ejes perpendiculares. En el eje horizontal está indicado el tiempo (en minutos) y en el eje vertical hemos representado la posición del tren (en kilómetros). Observa que las distintas estaciones están representadas en el mismo color que en el sistema de referencia anterior.

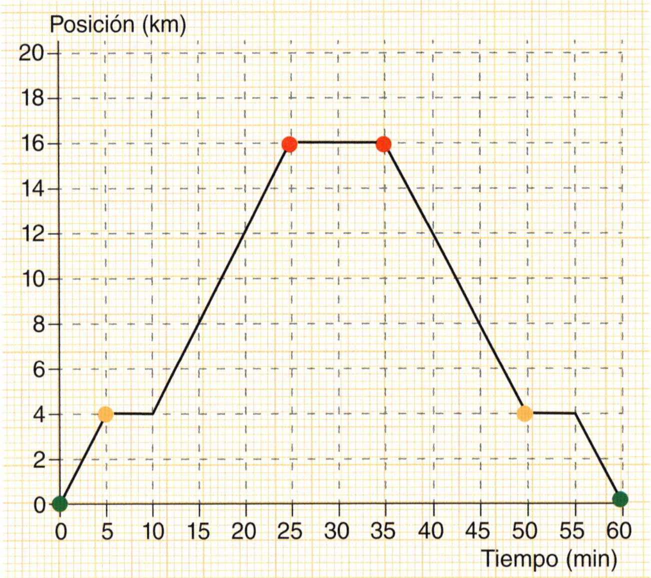

Actividades

Actividad 1: ¿Cuánto tarda el tren en realizar su primera parada?

Actividad 2: ¿Cuánto tiempo permanece en esa estación?

Actividad 3: ¿En qué momento llega a la siguiente estación? ¿Cuánto tiempo permanece allí?

Actividad 4: ¿En qué momento inicia el tren su camino de vuelta?

Actividad 5: La velocidad del tren cuando está en movimiento, ¿es siempre la misma? Justifica tu respuesta.

Actividad 6: ¿Cuánto tarda el tren en realizar el recorrido completo de ida y vuelta?

Actividad 7: ¿Cuál es su velocidad media?

Actividad 8: Ahora, diseña una gráfica similar que represente el movimiento de un tren entre cuatro estaciones según las siguientes condiciones:

a) El tren realiza el trayecto parando en todas las estaciones a la ida pero vuelve directamente de la cuarta a la primera, sin paradas intermedias.

b) El tren se mueve a la misma velocidad que el del ejemplo anterior.

c) El tren para 10 minutos en cada estación.

Construye tu propio dinamómetro

Objetivo:

El dinamómetro que vas a construir se basa en lo que ocurre cuando colgamos una masa determinada de un muelle.

El muelle se alargará hasta que la fuerza elástica iguale el peso del objeto y así se alcance el equilibrio. En la figura del margen está representada la situación.

La fuerza que ejerce el muelle será entonces el producto de la masa que hemos colgado por 9,8 m/s^2. Si, por ejemplo, colgamos una masa de 10 g (0,01 kg):

$$F = P = 0{,}01 \cdot 9{,}8 = 0{,}098\ \text{N}$$

Una vez entendido esto, es hora de ponerse manos a la obra.

MATERIALES

- Un muelle.
- Un juego de pesas.
- Una tabla.
- Un clavo.
- Una regla.
- Un rotulador.

Procedimiento:

1. Cuelga el muelle de la tabla utilizando el clavo. Debes colgar el muelle lo suficientemente separado de la tabla para que, cuando pongas todo el sistema en posición vertical, el muelle no choque con la tabla.
2. Dibuja sobre la tabla dos líneas verticales, una a cada lado del resorte. En una podrás medir masas; en la otra, fuerzas.
3. A continuación vamos a calibrar el muelle. Para ello, lo primero que debes hacer es marcar en ambas líneas verticales el punto donde se encuentra el final del muelle cuando de él no cuelga nada.

   Seguidamente debes colgar del muelle una pesa de 10 g y dejar que se estire hasta que se quede en reposo. Marca ahora en cada una de las líneas verticales la altura a la que ha llegado el muelle. En un lado escribe, junto a la marca, 10 g. En el otro, la fuerza correspondiente: 0,010 · 9,8 = 0,098 N (observa que hemos cambiado las unidades a kg).
4. Repite el proceso con pesas de 20 g, 30 g, 40 g, etc. Ya tienes una escala a cada lado del muelle: una mide masas; la otra, fuerzas.

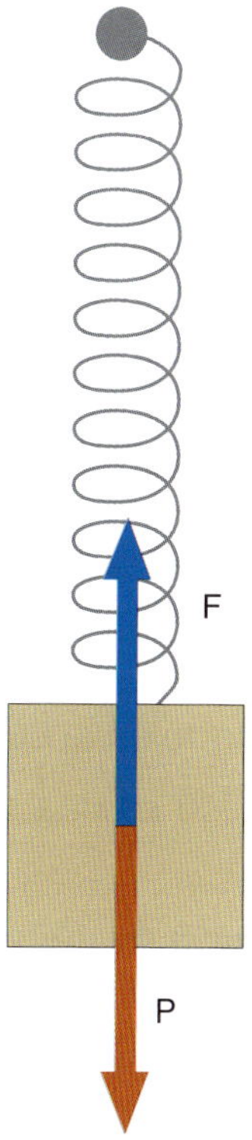

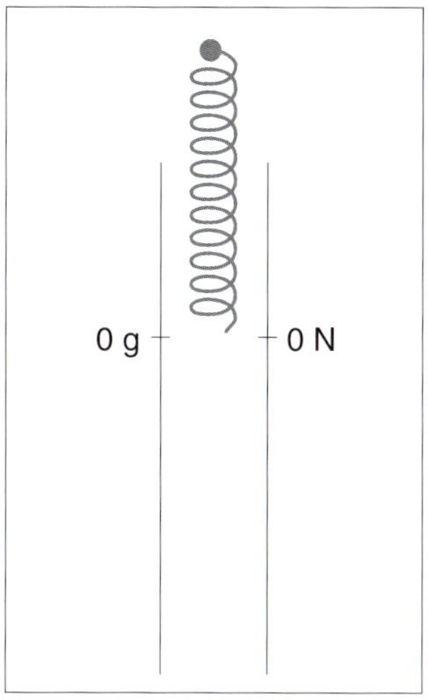

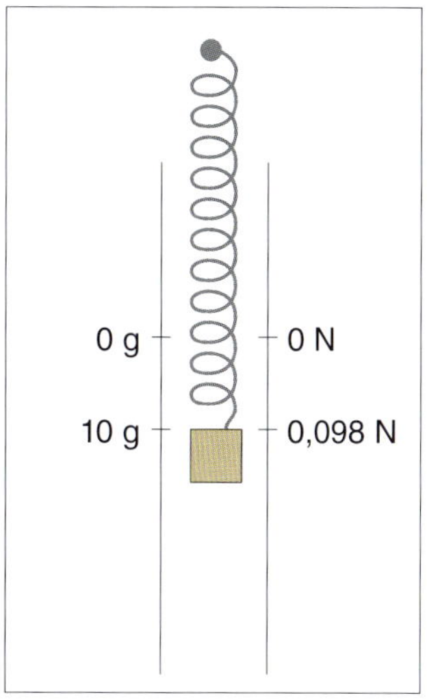

Ya has construido tu dinamómetro. Puedes colgar cualquier objeto y medir su masa o su peso, siempre que no supere el alargamiento máximo de tu muelle.

¡Ojo!

Si tu muelle es muy duro, es posible que apenas se alargue cuando cuelgues de él la pesa de 10 g. Tendrás que utilizar una pesa mayor para calibrarlo.

Evaluación

1. Joaquín viaja desde Toledo a Valencia, un recorrido de 371 km, en 3 horas y media. ¿Cuál es su velocidad media?

a) 112,4 km/h

b) 106 km/h

c) 123,7 km/h

d) 120 km/h

2. Mónica viaja en un tren que circula a 116 km/h. Está a 58 km de su destino y necesita llegar antes de media hora. ¿Llegará a tiempo?

a) Sí, llegará justo a la hora.

b) Sí, llegará con 2 minutos de sobra.

c) No, llegará 2 minutos tarde.

d) No, llegará 5 minutos tarde.

3. ¿Qué ley de Newton es la más apropiada para explicar que cuesta el doble levantar un objeto de 20 kg que uno de 10 kg?

a) Primera ley de Newton.

b) Segunda ley de Newton.

c) Tercera ley de Newton.

d) Todas las anteriores.

4. Cuando un astronauta que está en la Luna puede dar saltos mucho más grandes que en la Tierra, se debe a que en la Luna:

a) Su peso es una sexta parte de su peso en la Tierra.

b) Su masa es una sexta parte de su peso en la Tierra.

c) No hay atmósfera.

d) Tanto su peso como su masa son una sexta parte de su valor en la Tierra.

5. La masa de una pizza, antes de introducirla en un horno, ¿qué tipo de cuerpo es según sus propiedades elásticas?

a) Un cuerpo elástico.

b) Un cuerpo plástico.

c) Un cuerpo rígido.

d) Ninguna de las anteriores es cierta.

6. ¿Qué fuerza debemos ejercer sobre un muelle de constante elástica $k = 10$ N/m para que se alargue 5 cm?

a) 50 N

b) 5 N

c) 0,5 N

d) 0,05 N

7. Una polea es una máquina simple que:

a) Cambia el valor de la fuerza que ejercemos.

b) Cambia la dirección de la fuerza que ejercemos.

c) Convierte la fuerza que ejercemos en dos fuerzas perpendiculares.

d) Se utiliza en arados y cinceles.

8. Calcula la fuerza que debemos ejercer en la siguiente balanza para que esté equilibrada:

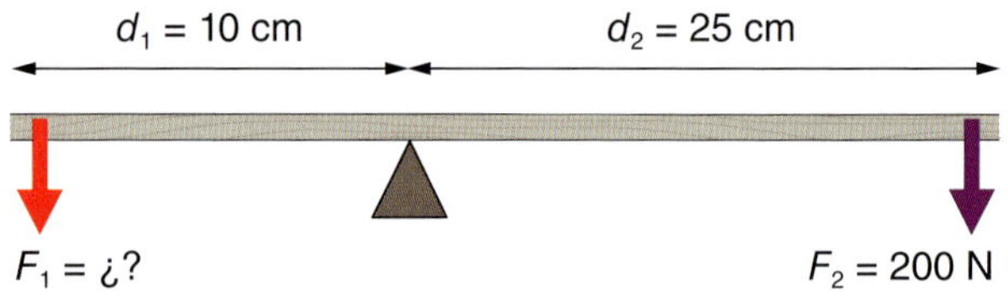

a) 400 N

b) 40 N

c) 50 N

d) 500 N

9. Si queremos utilizar un cuerpo cargado para cargar otro por inducción:

a) Hay que frotarlos en una misma dirección.

b) No es necesario que haya contacto entre ambos.

c) Tiene que estar lo más lejos posible.

d) El cuerpo cargado debe tener cargas negativas.

10. La aguja de una brújula se orienta de forma que:

a) Su polo norte apunta al polo norte magnético de la Tierra.

b) Su polo norte apunta al polo sur magnético de la Tierra.

c) Su polo sur apunta al polo sur magnético de la Tierra.

d) Ninguna de las afirmaciones anteriores es correcta.

Resumen

Las **magnitudes fundamentales** para estudiar el movimiento de un cuerpo son **el tiempo, la posición, la velocidad y la aceleración.** Utilizando un **sistema de referencia** adecuado podremos analizar cómo cambia la posición del cuerpo a lo largo del tiempo. Este cambio nos define la velocidad, que nos indica cuánto avanza o retrocede en cada unidad de tiempo. Si esta velocidad cambia, se debe a la presencia de una aceleración.

Las **tres leyes de Newton** nos explican por qué se mueven los cuerpos:

- 1.ª ley: todo cuerpo mantiene su estado de movimiento hasta que actúa una fuerza sobre él.
- 2.ª ley: la aceleración que sufre un cuerpo es proporcional a la fuerza que actúa sobre él.
- 3.ª ley: cuando un cuerpo ejerce una fuerza sobre otro, recibe esa misma fuerza en sentido contrario.

Además de estas leyes, Newton enunció la **ley de la gravitación universal**, que explica por qué los cuerpos caen y las órbitas de los planetas.

Las **máquinas simples** son dispositivos que transforman la fuerza que aplicamos en otra de mayor magnitud o distinta dirección. Las más importantes son:

- El **plano inclinado,** que nos permite elevar cuerpos con menos esfuerzo.
- La **cuña,** que transforma nuestra fuerza en fuerzas laterales.
- La **palanca,** que consigue que una fuerza pequeña venza una resistencia muy grande.
- La **polea,** que cambia la dirección de la fuerza que ejercemos.

La **materia,** que está formada por átomos, posee una propiedad denominada **carga eléctrica**. Cuando dos cargas se aproximan, surge una fuerza de **atracción** (si son distintas) o **repulsión** (si son iguales) denominada **fuerza electrostática.**

Por otra parte, algunos materiales (denominados imanes) poseen la capacidad de atraer o repeler a otros (denominados ferromagnéticos). Los **imanes** pueden ser naturales o artificiales. La fuerza que generan se denomina **fuerza magnética.**

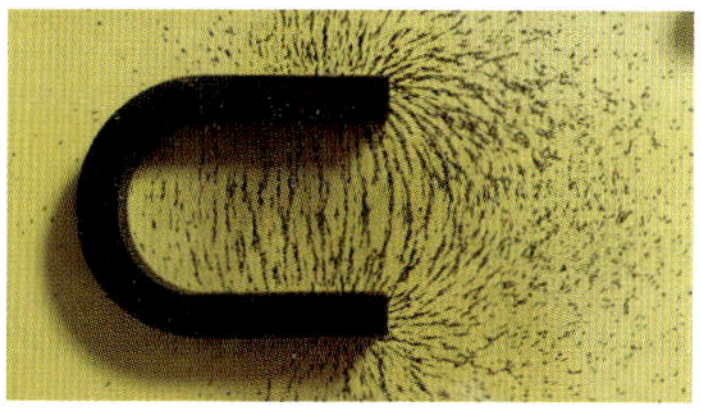

Mis progresos

Unidad 7	¡Soy muy competente!	Soy competente, pero puedo mejorar	Soy competente, pero debo mejorar	Me faltan competencias. ¡Debo esforzarme mucho más!
¿Sé aplicar lo aprendido?	Analizo situaciones de mi entorno aplicando los conceptos de posición, velocidad y aceleración y realizando cálculos correctamente y sin ninguna dificultad.	Analizo situaciones de mi entorno aplicando los conceptos de posición, velocidad y aceleración y realizando cálculos correctamente con alguna dificultad.	Analizo situaciones de mi entorno aplicando los conceptos de posición, velocidad y aceleración aunque me resulta complicado realizar cálculos relacionados con estas magnitudes.	No soy capaz de analizar situaciones de mi entorno aplicando los conceptos de posición, velocidad y aceleración.
Sé hacer...	Utilizo el concepto de fuerza para explicar situaciones reales, tanto las relacionadas con la gravedad (distinguiendo peso y masa) como las relativas a fenómenos electrostáticos y magnéticos.	Utilizo con alguna dificultad el concepto de fuerza para explicar situaciones reales, tanto las relacionadas con la gravedad (distinguiendo peso y masa) como las relativas a fenómenos electrostáticos y magnéticos.	Encuentro muchas dificultades para utilizar el concepto de fuerza en situaciones cotidianas, aunque distingo peso y masa y reconozco los fenómenos en los que interviene la fuerza electrostática y la fuerza magnética.	No sé utilizar el concepto de fuerza para analizar situaciones cotidianas y confundo los conceptos de masa y peso.
La tecnología y yo...	Utilizo con soltura programas y aplicaciones *online* para representar y estudiar movimientos.	Utilizo con alguna dificultad programas y aplicaciones *online* para representar y estudiar movimientos.	Utilizo con bastante dificultad programas y aplicaciones *online* para representar y estudiar movimientos.	No sé utilizar programas y aplicaciones *online* para representar y estudiar movimientos.
¿Sé trabajar en grupo?	Asumo mi rol sin interferir en el trabajo de los demás y aporto ideas al grupo.	Asumo mi rol y aporto ideas al grupo, pero suelo interferir en el trabajo de los demás.	Asumo mi rol, no aporto ideas al grupo e interfiero en el trabajo de los demás.	No asumo mi rol e interfiero en el trabajo de los demás sin aportar ideas al grupo.

Un recorrido por las distintas formas de entender el universo

Situación de partida

La teoría de la relatividad general de Albert Einstein cumple cien años

La ciencia está de aniversario. Y de los grandes. Hace un siglo, el 25 de noviembre de 1915, Albert Einstein presentaba en Berlín la teoría de la relatividad general, un documento que removió los cimientos de la física y cambió el conocimiento acerca del mundo y del universo. Esta teoría supuso toda una revolución científica, ya que reveló que el espacio y el tiempo –que no transcurre igual en todas partes– están entrelazados y se pueden deformar. El avance ha deslumbrado desde entonces a los físicos y está considerado como una de las cimas intelectuales de la humanidad.

Velocidad de la luz constante

Lo auténticamente revolucionario fue que Einstein entendiese como ley fundamental, base de su teoría de la relatividad especial, que la velocidad de la luz es constante (casi 300 000 kilómetros por segundo) se mida donde se mida –para observadores no acelerados–, y además nada en el universo puede superarla.

Teniendo en cuenta esta premisa, al tiempo y al espacio les pasan cosas diferentes cuando nos acercamos a la velocidad de la luz: el espacio se contrae y el tiempo pasa más despacio; con mayor velocidad se produce una especie de compresión del tiempo.

Si un astronauta hiciese un viaje por el espacio a una velocidad cercana a la de la luz, al regresar a la Tierra descubriría que su reloj –biológico– no coincide con el de sus familiares que le esperan: el tiempo transcurrido para este sería menor (envejecimiento más lento). Con Einstein, tiempo y espacio dejan de ser absolutos (lo que contradice las reglas de Newton) y pasan a depender del observador. Pero Einstein continuó: unos años más tarde extendió los conceptos de su primera teoría para explicar la gravedad.

Explicación de la gravedad

En la teoría general (25 de noviembre de 1915), el físico planteó que la gravedad viaja exactamente a la velocidad de la luz. Además, estableció que la gravedad está íntimamente unida al espacio y el tiempo (unificados en el tejido espacio-tiempo).

De esta manera, el Sol curva el espacio-tiempo y atrae a los planetas que giran a su alrededor (como en un colchón con dos personas, en el que la más corpulenta lo deforma y atrae a la otra). Y el tiempo también se curva en presencia de masa (gravedad): el reloj del suelo va más despacio que el reloj a gran altura (...).

‹www.rtve.es/noticias›, 24 de noviembre de 2015

Antes del proyecto

Lee atentamente el texto y contesta las siguientes preguntas:

1. ¿Qué estableció Einstein sobre la velocidad de la luz como base de su teoría especial de la relatividad?
2. ¿Qué ocurre con el espacio y el tiempo al aproximarnos a la velocidad de la luz?
3. De acuerdo con la teoría de la relatividad, ¿qué se encontraría un astronauta que realizara un viaje a una gran velocidad cuando volviese a la Tierra?
4. Según la teoría general de la relatividad de Einstein, ¿qué hace que la Tierra y los planetas se vean atraídos por el Sol?

Lo que tenemos que hacer

En esta ocasión, vuestra asociación de alumnos va a preparar un mural con motivo de la celebración de la semana de la ciencia en el instituto. En estos murales vamos a presentar una línea temporal con los principales modelos cosmológicos de la historia, desde la Grecia clásica hasta la actualidad.

Pasos a seguir

Paso 1. Los grandes sabios

La concepción que ha tenido el ser humano sobre el universo ha cambiado mucho a lo largo de la historia. Las teorías de los siguientes filósofos y científicos fueron decisivas para la construcción de los distintos modelos que durante siglos han tratado de explicar el universo. Busca información sobre ellos e indica en qué época vivió cada uno.

Aristóteles	Nicolás Copérnico	Johannes Kepler	Albert Einstein
Ptolomeo	Galileo Galilei	Isaac Newton	Edwin Hubble

Paso 2. Sus ideas

Asocia, en tu cuaderno, cada uno de los siguientes párrafos a uno de los personajes de la actividad anterior:

- Su teoría de la relatividad general revolucionó nuestra concepción de la gravedad, el espacio y el tiempo. Sentó las bases del modelo cosmológico actual: la teoría del *Big Bang*.
- Expone su modelo geocéntrico en su tratado *Almagesto*: la Tierra ocupa el centro del universo y el Sol y el resto de planetas giran a su alrededor.
- Su teoría heliocéntrica cambió la historia. Según esta, el Sol es el centro del sistema solar y, la Tierra, junto con el resto de planetas, giran a su alrededor.
- Gracias a su telescopio pudo observar las lunas de Saturno y Júpiter. Se enfrentó a graves problemas con la Iglesia por defender el modelo heliocéntrico de Copérnico.
- Afirmaba que la Tierra era el centro del universo y que todo está formado por cinco elementos: tierra, aire, agua, fuego y éter.
- Estudió el movimiento de los planetas en torno al Sol. Descubrió que las órbitas que describen no son círculos perfectos, como se creía, sino elipses.
- Su ley de la gravitación universal estableció la causa por la que unos cuerpos orbitan en torno a otros: la fuerza de la gravedad. Esta fuerza explica tanto las órbitas de los planetas como la caída de los cuerpos en la Tierra.
- Gracias a su trabajo comprendimos que nuestra galaxia solo es una más de las innumerables que hay en el universo. Además estudió la expansión del universo, base fundamental para la teoría del *Big Bang*.

Paso 3. La línea temporal

Elaborad un mural con una línea temporal como la siguiente:

–400 –200 0 200 400 600 800 1 000 1 200 1 400 1 600 1 800 2 000

En ella debéis situar a los personajes del paso 1 junto a sus ideas (paso 2) y alguna imagen representativa de las mismas. Podéis realizar este mural a mano o utilizando alguna herramienta informática, como Prezi o Timeline.

Organizamos la información: presentación y conclusiones

Añadid una nueva entrada al blog de vuestra asociación con fotografías del mural que habéis realizado (o el propio mural, si lo habéis hecho con ordenador). No olvidéis incluir ilustraciones que ayuden a entender las ideas de estos grandes sabios.

8 La energía

En esta unidad

1. Cualidades de la energía
2. La energía y sus tipos
3. Calor y temperatura
4. Termómetro y escalas termométricas
5. Efectos del calor
6. Propagación del calor
7. Fuentes de energía
8. Ahorro energético

	Vamos a aprender a...	Competencias
Saberes científicos	– Identificar los diferentes tipos de energía y sus aplicaciones en situaciones de la vida cotidiana. – Establecer la relación matemática que existe entre el calor y la temperatura, aplicándola a fenómenos de la vida diaria. – Enumerar los diferentes tipos y fuentes de energía, analizando el impacto medioambiental de cada una de ellas. – Reconocer la necesidad de un consumo energético racional y sostenible para preservar nuestro entorno.	CMCT CCL
Lectura y comprensión	– Describir la utilidad del termómetro para medir la temperatura de los cuerpos, expresando el resultado en unidades del Sistema Internacional. – Analizar la predominancia de las fuentes de energía convencionales frente a las alternativas, argumentando los motivos por los que estas últimas aún no están suficientemente explotadas.	CMCT CCL
Tratamiento de la información y competencia digital	– Extraer información de diversas fuentes: páginas web, vídeos, textos... – Realizar presentaciones utilizando programas informáticos. – Elaborar documentos utilizando procesadores de texto.	CMCT CD CPAA
Aprende a aprender ciencia	– Determinar, experimentalmente, la variación que se produce al mezclar sustancias que se encuentran a diferentes temperaturas. – Interpretar los efectos de la energía térmica sobre los cuerpos en situaciones cotidianas y en experiencias de laboratorio.	CMCT CPAA
La ciencia en la sociedad	– Reconocer la necesidad de un consumo energético racional y sostenible para preservar nuestro entorno.	CMCT CPAA CSC
Proyecto: Tu asociación de alumnos	– Extraer información de la lectura de textos y del análisis de tablas y mapas. – Buscar y ampliar información sobre un tema para elaborar una opinión razonada y coherente. – Utilizar tablas para organizar y resumir la información. – Publicar y compartir información en internet.	CMCT CSC SIE

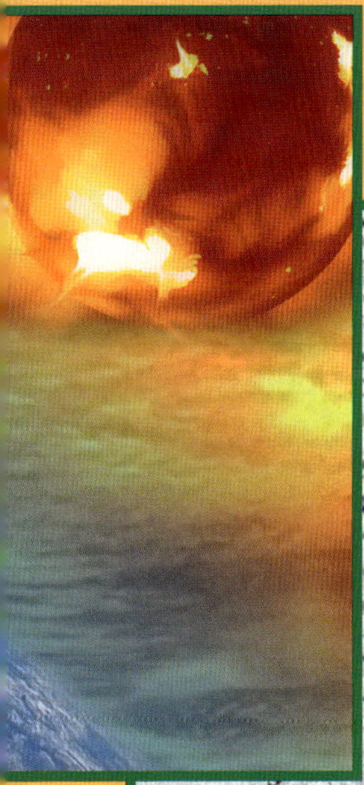

Antes de comenzar

El Sol lleva emitiendo energía en forma de luz y calor desde hace aproximadamente 4 500 millones de años; nuestro planeta, del mismo modo, lleva emitiendo energía, que se origina en su interior, desde su formación.

En nuestra vida cotidiana necesitamos la energía para un sinfín de actividades. ¿De dónde la obtenemos? Obtenemos la energía principalmente del Sol. En esta unidad vamos a profundizar sobre el concepto de energía y sus tipos.

La energía térmica interviene en numerosos fenómenos que ocurren en la Tierra y explica muchos que suceden a diario. Su transferencia, el calor, nos mantiene con vida.

Sin la energía del Sol no hubiera sido posible el desarrollo de la vida en la Tierra. Y las fuentes de energía son imprescindibles para el bienestar de las poblaciones. No todas las fuentes de energía son respetuosas con el medioambiente; por ello debemos potenciar el uso de las energías renovables e ir retirando de nuestro entorno las no renovables.

Actividades

- ¿En qué unidades se mide la energía?
- ¿Qué tipos de energías existen?
- ¿Qué escalas de temperatura se utilizan?
- ¿Qué diferencia existe entre calor y temperatura?
- ¿Qué diferencias existen entre energías renovables y no renovables?

1. Cualidades de la energía

Es difícil definir la energía ya que, a pesar de que no se puede ver ni tocar, está en todas partes. La palabra «energía» significa, en griego, «actividad». La energía está presente en cualquier sistema material.

La **energía** es una magnitud física y se define como la capacidad que tienen los cuerpos o sistemas materiales para producir transformaciones a su alrededor; por tanto, es una propiedad de los sistemas materiales.

También podemos decir que la energía es la capacidad de los sistemas materiales de producir un trabajo. Se realiza un trabajo cuando al aplicar una fuerza sobre un objeto, este se desplaza.

La fórmula para calcular el trabajo es:

$$W = F \cdot d$$

donde *W* es el trabajo, *F* es la fuerza aplicada, y *d*, la distancia en metros.

La unidad de energía y, por tanto, de trabajo, en el Sistema Internacional es el julio.

La energía se puede presentar en la naturaleza de diferentes formas transformables entre sí: energía térmica, mecánica, química, eléctrica, nuclear y electromagnética.

!

James P. Joule

(1818-1889). Era propietario de una fábrica de cerveza y un buen investigador. Sus experimentos sobre el calor hicieron que determinara el equivalente mecánico del calor, estudiando todas las formas de energía de la época. En su honor, la unidad de energía en el Sistema Internacional se llama julio.

1.1. Cualidades de la energía

La energía se transfiere, se transforma, se conserva y se degrada:

- Se **transfiere** de un sistema a otro; si ponemos dos cuerpos en contacto con diferente temperatura, el de mayor temperatura cede energía al de menor temperatura. A esta energía transferida se la denomina calor.
- Se **transforma** de una forma a otra de energía; por ejemplo, en una bombilla, la energía eléctrica se transforma en energía luminosa y calorífica.
- Se **conserva,** se mantiene constante en las transformaciones, pero una parte de ella pasa a ser calor.
- Se **degrada,** esa energía en forma de calor no puede aprovecharse en la siguiente transformación.

1.2. Ley de la conservación de la energía

Formulada por Mayer en 1845, la **ley de la conservación de la energía** establece que la energía no se crea ni se destruye, solo se transforma.

Esto lo vemos todos los días a nuestro alrededor: la energía del viento (eólica) mueve las aspas de los molinos (energía mecánica) y, a su vez, se transforma en energía eléctrica mediante un generador. Muchas formas de energía pueden convertirse en otras que resultan más útiles para el ser humano.

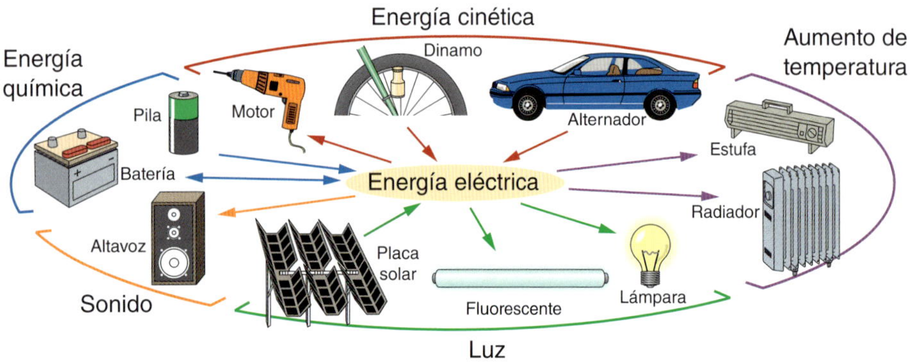

Para levantar la caja hay que realizar un trabajo. Cuando se sostiene la caja en lo alto, no se realiza trabajo ya que no hay desplazamiento, pero sí esfuerzo.

a Actividades y tareas

1. ¿Qué diferencia existe entre esfuerzo y trabajo?
2. Observa las siguientes ilustraciones y señala si existe trabajo o solo esfuerzo.

A

B

3. Enumera las formas en las que se puede encontrar la energía en la naturaleza.
4. Observa tu vivienda, realiza un listado de todos los instrumentos que necesiten energía eléctrica para funcionar y describe en qué transforman esa energía. Por ejemplo, el motor del secador transforma la energía eléctrica en calor que calienta aire que sale a gran velocidad.
5. ¿Cuáles son las cualidades de la energía? Escribe un ejemplo de cada una de ellas.

Experimenta

6. ¿Es el trabajo directamente proporcional a la fuerza que ejercemos y a la distancia a la que desplazamos un objeto?

Material

- Una goma elástica.
- Cuerda.
- Paquetes de folios.
- Un metro.

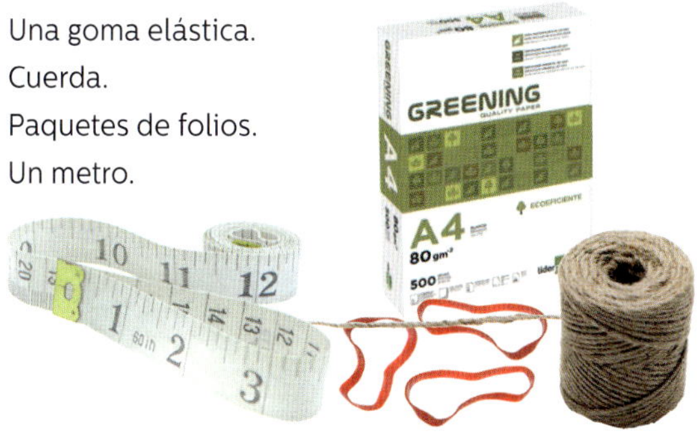

Procedimiento

1. Toma un paquete de folios y sujétalo con cuerdas.
2. En el extremo de la cuerda coloca una goma elástica que hayas medido previamente.
3. Levanta el paquete de folios tirando de la goma elástica unos diez centímetros.
4. Anota la longitud de la goma elástica.
5. Repite el proceso con más de un paquete de folios y diferentes distancias. Anota todos los resultados en la tabla.

Longitud de la goma	Altura alcanzada por los folios	Número de paquetes de folios
Inicial	Encima de la mesa	Un paquete

CUADERNO

a) ¿De qué depende la longitud de la goma?

b) ¿En qué experimento has desarrollado más fuerza?

c) ¿Qué trabajo has realizado en cada caso?

2. La energía y sus tipos

La energía se puede presentar de diferentes formas: como energía térmica, mecánica, química o nuclear, entre otras.

2.1. Energía mecánica, motriz o del movimiento

La energía mecánica es la suma de la energía potencial y la cinética. Es la energía que mueve todo: los coches, el viento, las olas, etc.

$$E_m = E_p + E_c$$

2.1.1. Energía cinética

Es la energía que poseen los cuerpos en movimiento, depende de la masa del cuerpo y la velocidad que lleve. Se calcula mediante la ecuación:

$$E_c = \frac{1}{2} m \cdot v^2$$

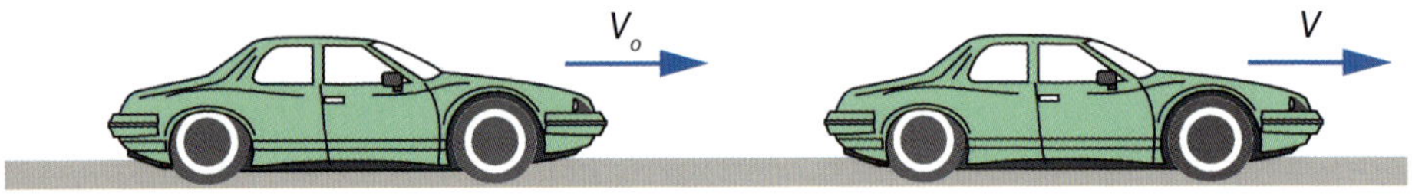

La energía cinética se asocia a la masa y velocidad de los objetos.

2.1.2. Energía potencial gravitatoria

Los sistemas materiales que se encuentran a una determinada altura poseen energía potencial. Es debida a la existencia de gravedad. La energía potencial de un cuerpo depende de la masa de dicho cuerpo y de la altura a la que se encuentre.

$$E_p = m \cdot g \cdot h$$

m = masa del cuerpo

g = aceleración de la gravedad ($g = 9{,}8\ m/s^2$)

h = altura

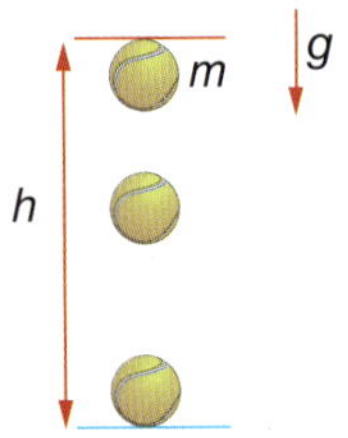

Una pelota de tenis posee energía potencial ya que se encuentra a una determinada altura. Cuando comienza a moverse (caer), la energía potencial se va transformando en energía cinética, puesto que aumenta la velocidad y disminuye la altura.

$$E_m = E_p + E_c$$

2.1.3. Energía potencial elástica

Esta energía está asociada a los resortes sometidos a una compresión. Depende del material con el que esté construido el muelle y la distancia que se desplace.

$$E_{pe} = \frac{1}{2} K \cdot x^2$$

Siendo K la constante elástica específica para cada material, y x, la distancia que se desplace el muelle.

!

Cualquier tipo de energía mecánica produce energía térmica

Comprueba lo anterior con dos sencillos experimentos: en invierno tienes las manos frías, pero si las frotas fuerte durante un rato notarás que se calientan. Si en clase de educación física tu profesor te pide que saltes sobre una cama elástica, ¿qué sucede? En los dos casos, la energía motriz mecánica (del movimiento) ha producido energía térmica.

El arco acumula energía potencial elástica al tensarse.

2.2. Energía térmica o calorífica

Es la energía que se intercambia entre cuerpos con diferentes temperaturas. El calor es una forma de energía que se transfiere de unos cuerpos a otros como consecuencia de la diferencia de temperaturas entre ellos. Esta energía fluye siempre desde el cuerpo más caliente al cuerpo más frío, hasta que ambos alcanzan la misma temperatura.

2.3. Energía química

La energía química es aquella que está asociada a la producción de las reacciones químicas. Si las reacciones liberan energía al producirse o, por el contrario, necesitan energía para que ocurran, las clasificamos en:

- **Reacciones endotérmicas:** aquellas que necesitan un aporte energético del exterior para que se produzcan. Un ejemplo es la formación de agua.

$$2\,H_2 + O_2 \rightarrow 2\,H_2O$$

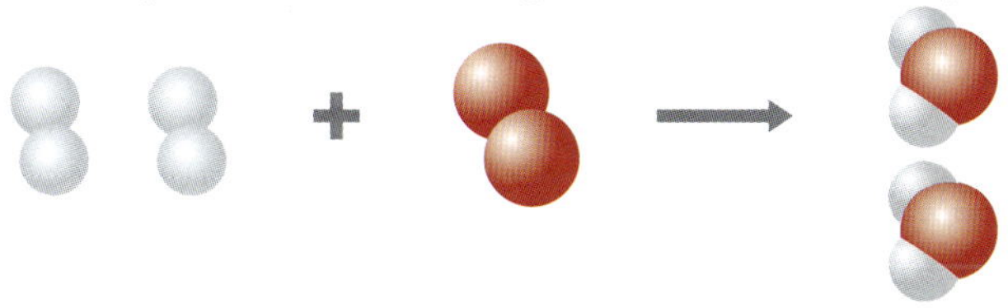

- **Reacciones exotérmicas:** liberan energía en forma de calor o luz al producirse; entre las reacciones exotérmicas más importantes están las de combustión. Un ejemplo es la combustión del butano.

$$CH_4 + 2\,O_2 \rightarrow CO_2 + 2\,H_2O + \text{Energía}$$

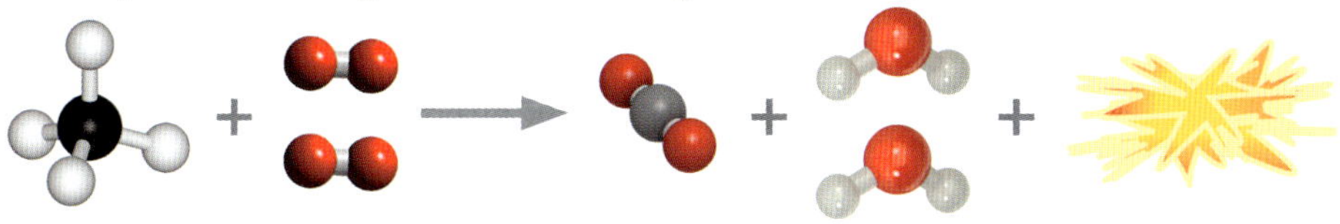

!

Los seres vivos

Los seres vivos obtienen energía gracias a las combustiones de la glucosa que realizan sus células.

$$C_6H_{12}O_6 + 6\,O_2$$

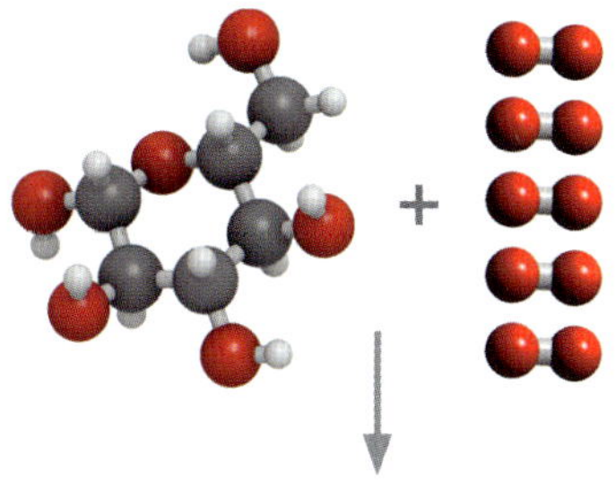

$$6\,CO_2 + 6\,H_2O + \text{Energía}$$

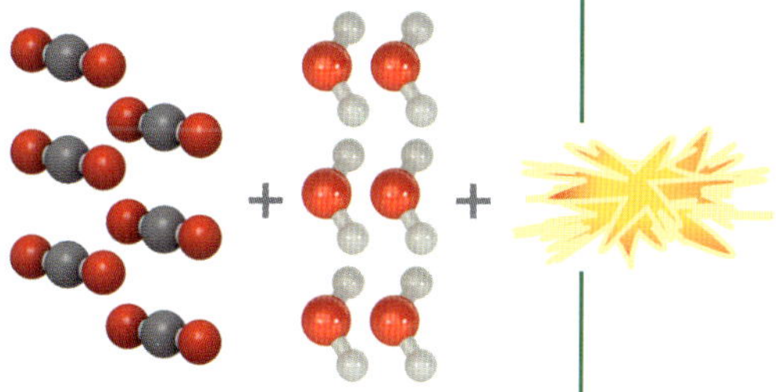

2.4. Energía eléctrica

La energía eléctrica se produce por el movimiento de cargas eléctricas en el interior de un material conductor.

2.5. Energía nuclear

La energía nuclear es la energía asociada a las interacciones nucleares de los átomos de las sustancias materiales. La energía nuclear se manifiesta en las reacciones nucleares. Existen dos tipos: las reacciones de **fusión nuclear** en las que dos átomos se fusionan para dar uno diferente de mayor tamaño, como ocurre en el núcleo del Sol, donde dos átomos de hidrógeno se unen para formar un átomo de helio; y las reacciones de **fisión nuclear** en las que átomos muy pesados se dividen en otros más pequeños, liberando gran cantidad de energía, como ocurre en las centrales nucleares.

2.6. Energía electromagnética

Es la energía asociada a las radiaciones electromagnéticas. Se produce gracias a la presencia en el espacio de un campo electromagnético, y depende de la intensidad de los campos eléctrico y magnético. Se puede propagar en el vacío. Destacamos ejemplos como la luz, las microondas y los rayos X.

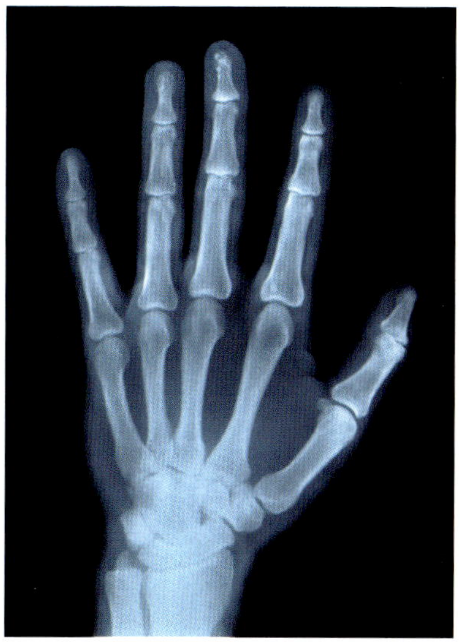

Los rayos X se emplean para visualizar estructuras internas de nuestro organismo como pueden ser los huesos.

a Actividades y tareas

1. Calcula la energía potencial que posee un cuerpo de 5 kg de masa que se encuentra a una altura de 20 m.
2. Un tren lleva una velocidad de 55 m/s. Si su masa es de 2000 kg, ¿qué energía cinética posee?
3. Observa la siguiente imagen, y teniendo como referencia el punto A donde estarían situados los coches de la atracción que se desplazan, señala:
   a) ¿En qué punto de la montaña rusa la energía potencial es máxima?
   b) ¿En qué punto la energía potencial es nula?
   c) ¿En qué punto la energía cinética es máxima?
   d) Según esto, ¿cómo van variando la energía potencial y la energía cinética según se desplazan los cochecitos de la atracción? ¿Ves alguna regularidad?

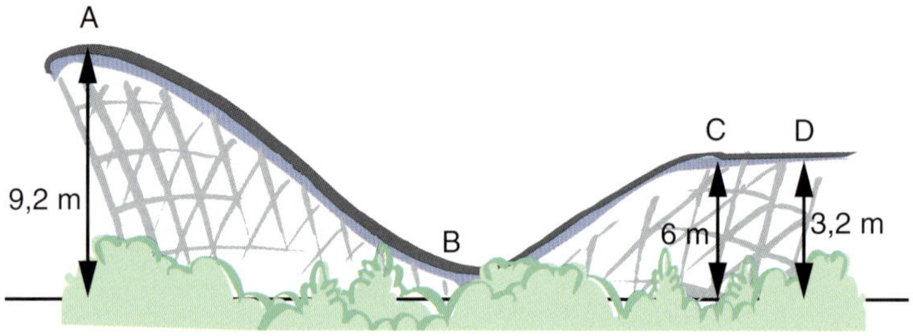

4. ¿En qué se diferencian las reacciones de fisión y de fusión nuclear? Cita dos procesos donde se utilicen estas reacciones.

Aprender a aprender

5. Completa el siguiente mapa mental que relaciona los diferentes tipos de energía.

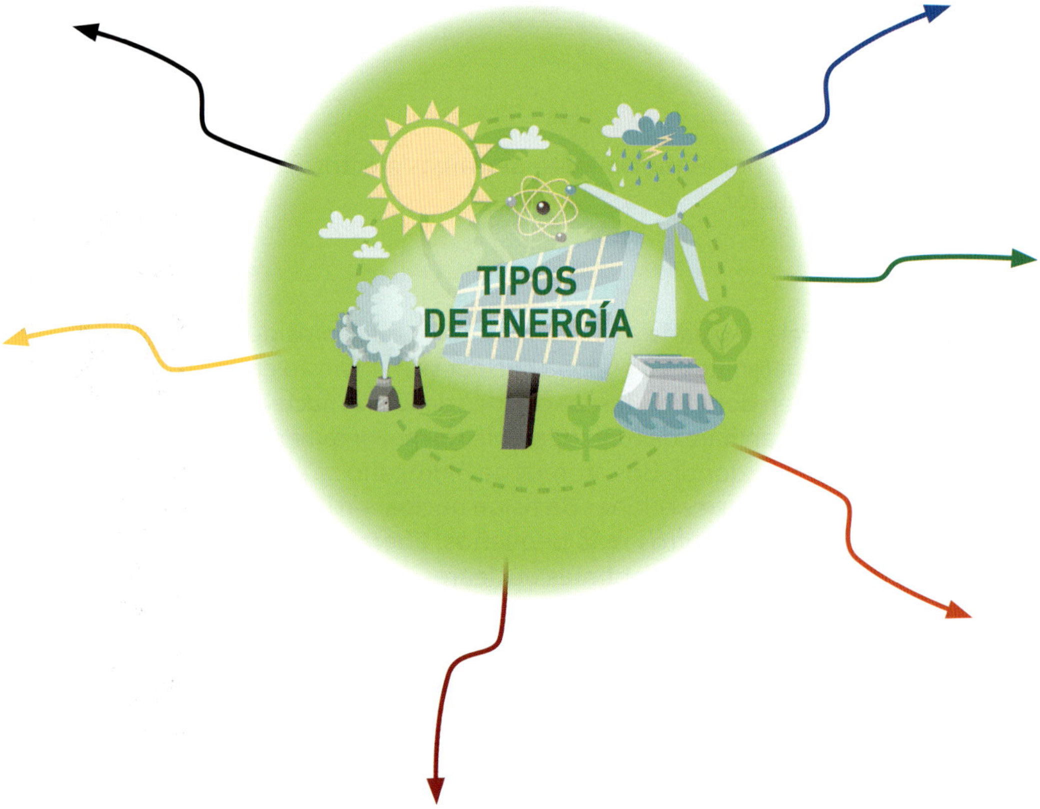

Investiga

6. Busca información sobre el microondas y contesta las siguientes cuestiones:
   a) ¿Quién lo inventó?
   b) ¿Qué longitud de onda emite el microondas?
   c) ¿Qué efectos produce en el alimento?
   d) ¿Por qué posee un plato giratorio?
   e) ¿Qué efectos genera sobre el metal y el plástico?
   f) ¿Para qué utilizas el microondas en casa?
   g) Elabora una receta con el microondas y compártela con tus compañeros.

Experimenta

7. Indica si las siguientes reacciones químicas son endotérmicas o exotérmicas:

Material

- Termómetro.
- 3 tubos de ensayo.
- Balanza de precisión.
- Frasco lavador.
- Agua destilada.
- Perlas de sosa (hidróxido de sodio).
- Ácido clorhídrico.
- Nitrato de amonio.

Procedimiento

1. Añade 10 mL de agua a un tubo de ensayo y mide la temperatura. Añade 3 perlas de ácido clorhídrico. Agita y toma la temperatura.
2. Añade 10 mL de agua a un tubo de ensayo y mide la temperatura. Después, añade 1 g de cloruro de calcio y toma la temperatura.
3. Pesa 1 g de nitrato de amonio y lo añades a 10 mL de agua destilada. Toma la temperatura. Agita la disolución y vuelve a tomar la temperatura.

Compuesto	Temperatura inicial	Temperatura final	Diferencia de temperatura
Agua + sosa			
Agua + cloruro de calcio			
Agua + nitrato de amonio			

CUADERNO

a) ¿Cómo ha variado la temperatura en las diferentes soluciones?

b) ¿Qué es una reacción endotérmica? ¿Qué es una reacción exotérmica?

c) Clasifica las reacciones anteriores en endotérmicas y exotérmicas.

3. Calor y temperatura

Existen tres conceptos que utilizamos a menudo y que, aunque están muy relacionados, no son exactamente lo mismo: energía térmica, temperatura y calor. Empezaremos distinguiendo claramente qué significa cada uno de ellos.

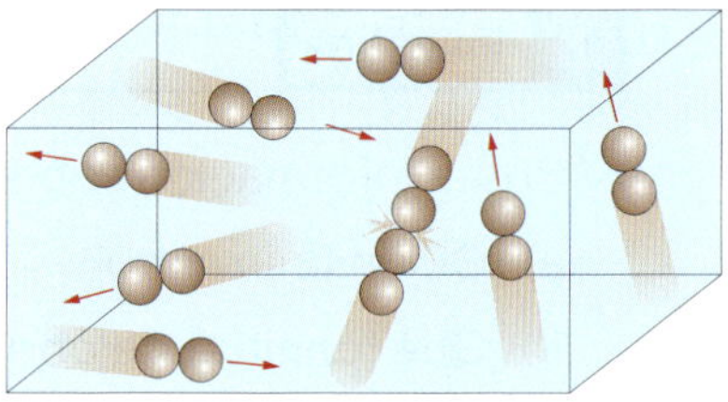

Átomos de un gas moviéndose por todo el recipiente que los contiene.

3.1. Energía térmica

La materia está formada por la unión de pequeñas partículas. Estas partículas, que reciben el nombre de **átomos,** se encuentran unidas entre sí por fuerzas.

Además, los átomos no están quietos, sino que se mueven continuamente: a veces, oscilando en una posición fija; otras, desplazándose a gran velocidad por todo el espacio que tienen disponible. Este movimiento se denomina **agitación térmica.**

Cada átomo, por moverse, tiene una cierta cantidad de energía cinética.

De esta forma, todos los cuerpos almacenan una cantidad de energía que se corresponde con la suma de la energía cinética de sus átomos. A esta energía se la denomina energía térmica.

La **energía térmica** de un cuerpo es la suma de las energías cinéticas de todos los átomos que lo forman.

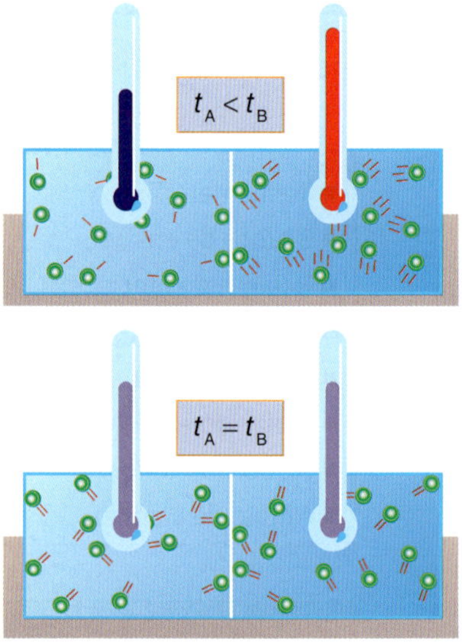

Los dos sistemas evolucionan hasta que igualan sus temperaturas.

3.2. Temperatura

La magnitud que nos permite saber la velocidad con la que se mueven los átomos de un cuerpo es la temperatura.

Basta con que tengas un termómetro a mano para que puedas medir cuándo los átomos de cualquier cuerpo se mueven más deprisa (más temperatura) o menos deprisa (menos temperatura).

La **temperatura** de un sistema es una medida de la energía cinética media de sus átomos.

3.3. Calor

¿Qué ocurre cuando dos cuerpos que se encuentran a distinta temperatura se ponen en contacto?

Como habrás observado en más de una ocasión, el cuerpo que tiene mayor temperatura se enfría, mientras que el que está a menor temperatura se calienta, hasta que ambos se encuentran a la misma temperatura, momento en el que están en **equilibrio térmico.**

Lo que se produce es un traspaso de energía térmica del cuerpo de mayor temperatura (y que, por tanto, tiene más energía) al de temperatura menor.

A esa energía térmica que fluye o pasa de un cuerpo a otro se la denomina **calor**. Es decir, un cuerpo transmite calor a otro cuando le cede parte de su energía térmica.

El **calor** es la energía térmica que se propaga de un cuerpo a otro.

De esta forma, cuando un cuerpo transmite calor, pierde energía térmica.

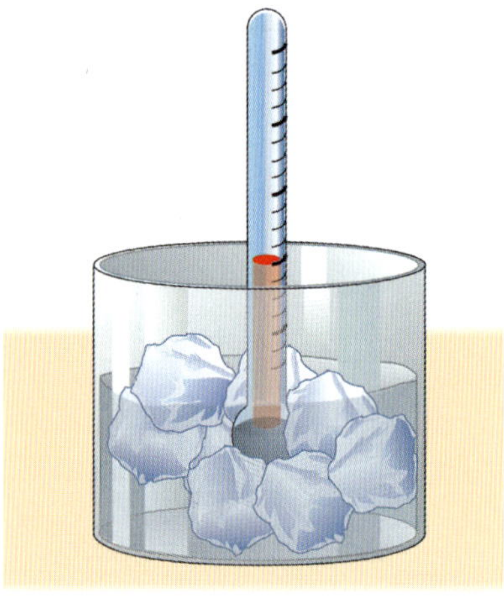

Los cubitos de hielo disminuyen la temperatura del líquido ya que este les cede calor.

a Actividades y tareas

1. Define los siguientes términos:

   a) Energía química b) Temperatura c) Calor

2. Copia y completa en tu cuaderno la siguiente frase situando en el lugar adecuado las palabras calor, temperatura y energía térmica.

   Cuando un cuerpo frío entra en contacto con otro caliente, se produce una transmisión de ●●●. El cuerpo caliente pierde parte de su ●●● y disminuye su ●●●.

3. Indica en tu cuaderno si las siguientes afirmaciones son verdaderas o falsas:

   a) Los átomos de cualquier cuerpo se mueven más rápido si su temperatura aumenta.

   b) El calor es una forma de nombrar la temperatura.

   c) Cuando cogemos una barra metálica que está más fría que nuestra piel, su energía térmica aumenta y la nuestra disminuye.

   d) La temperatura de un cuerpo mide el calor que tiene dicho cuerpo.

4. El siguiente cuadro muestra las unidades que se utilizan para medir el calor.

Unidades de calor y energía

- La unidad que utilizamos para expresar la energía es el julio (J).
- Tradicionalmente, para hablar de calor se utiliza una unidad que seguro que conoces: la caloría (cal).
- Una caloría es la cantidad de calor que necesitamos para que 1 g de agua aumente su temperatura en 1 °C.
- La equivalencia entre ambas unidades se establece con las siguientes fórmulas:

1 J = 0,24 cal   1 cal = 4,18 J   1 kcal = 1000 cal

A partir de esta información, realiza los siguientes cambios de unidades:

a) Expresa las siguientes energías en calorías:

- 430 J
- 0,78 J
- 20 J
- 1000 J

b) Expresa las siguientes energías en julios:

- 20 cal
- 2500 cal
- 0,2 cal
- 100 cal

Experimenta

5. ¿Es lo mismo calor que temperatura? Coloca un vaso de precipitado con 150 mL de agua del grifo y otro con 150 g de hielo. Mide la temperatura en los dos vasos de precipitado y anótalas. Mezcla el contenido de los dos vasos de precipitado, espera 5 minutos y vuelve a medir la temperatura. ¿Se ha derretido todo el hielo? Si no es así, espera hasta que ocurra y vuelve a medir la temperatura.

   Explica lo que ha ocurrido utilizando los términos calor y temperatura.

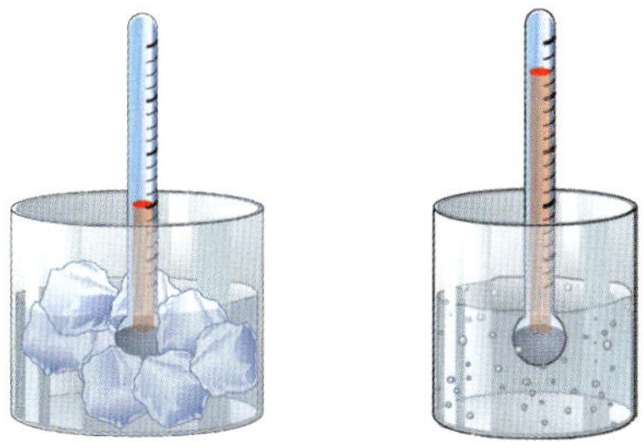

4. Termómetro y escalas termométricas

El instrumento que empleamos para medir la temperatura de los cuerpos es el **termómetro**. Actualmente existen muchos tipos de termómetros, aunque el más común es el termómetro digital.

Todos los termómetros se basan en la variación de las propiedades de algunas sustancias cuando reciben o transfieren calor.

El termómetro digital emplea un sensor que transforma las variaciones de temperatura en voltaje aprovechando la variación en la conductividad eléctrica o la dilatación que sufre uno de sus componentes debido al calor. La información se muestra en una pantalla de LCD o incluso se transmite a un ordenador en aquellos termómetros más sofisticados.

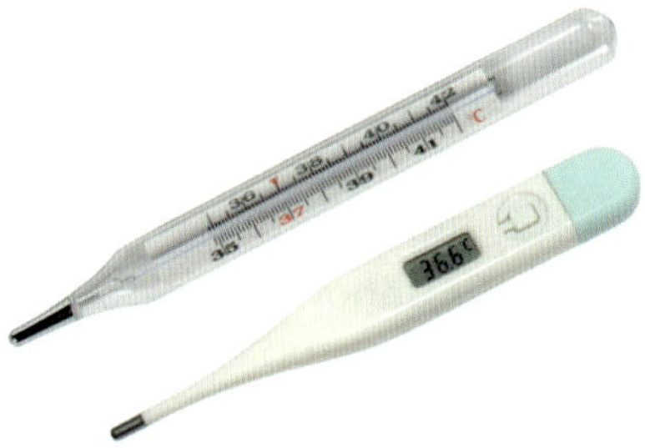
Termómetros de mercurio y digital.

4.1. Escala centígrada o Celsius

La escala utilizada en la mayoría de los países es la denominada escala centígrada o Celsius. La escala toma dos temperaturas como referencia: la temperatura a la que el hielo comienza a derretirse (temperatura de fusión), que se toma como 0, y la temperatura a la que se encuentra el agua cuando empieza a evaporarse (temperatura de ebullición), que se toma como 100 grados.

Para referirnos a los **grados centígrados o grados Celsius** utilizamos el símbolo °C.

4.2. Escala Fahrenheit

Esta escala es anterior a la escala centígrada pero menos utilizada. Se emplea en la mayoría de los países anglosajones. Toma como referencias la temperatura corporal y la del hielo mezclada con cloruro de amonio. Los grados Fahrenheit se simbolizan como °F. El punto de fusión del hielo es el valor 32 (32 °F) y el punto de ebullición del agua es 212 °F. Para transformar grados Fahrenheit en grados centígrados, y viceversa, se utilizan las siguientes fórmulas:

$$°F = °C \cdot 1,8 + 32$$

$$°C = (°F - 32)/1,8$$

4.3. Escala Kelvin

Finalmente, en los laboratorios de todo el mundo se emplea una escala conocida como escala Kelvin o absoluta. Esta escala se basa en el concepto de temperatura como medida de la velocidad de los átomos de un cuerpo. Como tal, tiene un valor mínimo, que es cuando los átomos no se mueven. Esto, que sucede a 273 °C bajo cero, se toma como 0 en la escala Kelvin. Se denomina **cero absoluto.** Los grados kelvin se simbolizan simplemente como K. La relación entre esta escala y la escala centígrada viene dada por las siguientes fórmulas:

$$°C = K - 273$$

$$K = °C + 273$$

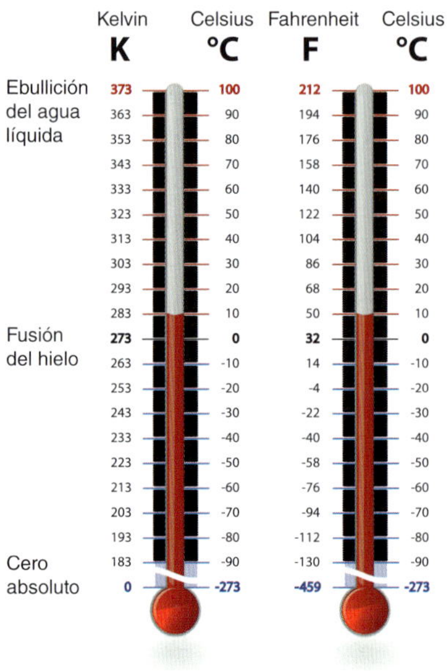

a Actividades y tareas

1. Realiza las siguientes transformaciones de °C a kelvin:

a) 20 °C
c) 50 °C
e) –4 °C
g) –87 °C
b) 25 °C
d) 10 °C
f) –10 °C
h) 37 °C

2. Realiza las siguientes transformaciones de °C a grados Fahrenheit:

a) 20 °C
c) 50 °C
e) –4 °C
g) –87 °C
b) 10 °C
d) 25 °C
f) –10 °C
h) 37 °C

3. Realiza las siguientes transformaciones de kelvin a grados Celsius:

a) 425 k
c) 225 k
e) 150 k
g) 300 k
b) 120 k
d) 367 k
f) –5 k
h) 200 k

4. Realiza las siguientes transformaciones de grados Fahrenheit a °C

a) 15 °F
c) 100 °F
e) 10 °F
g) 32 °F
b) 80 °F
d) 30 °F
f) 212 °F
h) 300 °F

5. Observa las siguientes imágenes de termómetros e indica para qué se utiliza cada uno de ellos. Si es necesario, busca información en internet.

A

B

C

D
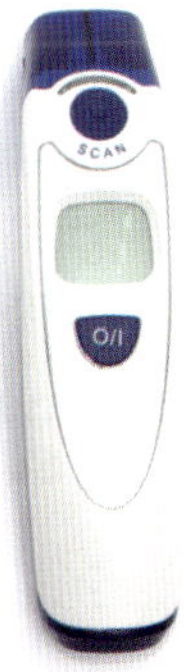

E
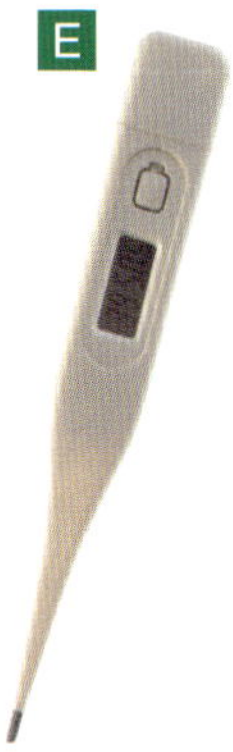
F
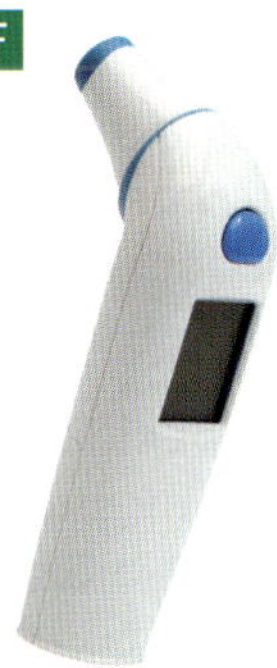
G
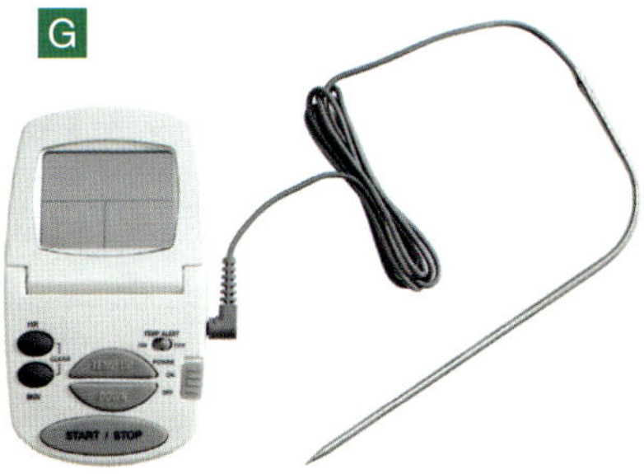

H
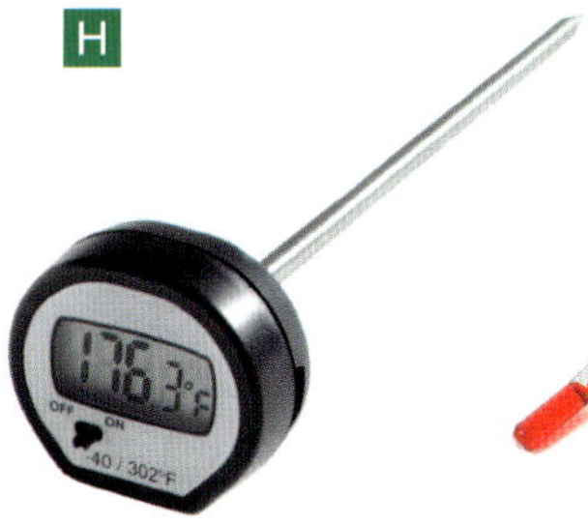

I
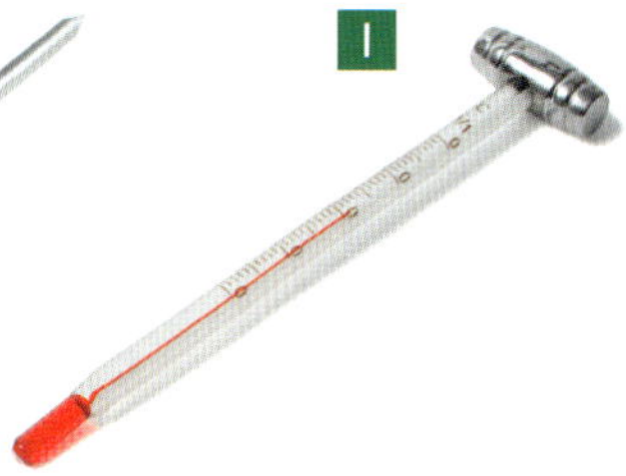
J

Investiga

6. Busca información sobre los termómetros de mercurio y contesta las siguientes cuestiones:

a) ¿Cuándo se han dejado de fabricar?

b) ¿Qué organismo ha prohibido su venta?

c) ¿Por qué son peligrosos los termómetros de mercurio?

d) ¿En qué alimentos se pueden acumular?

e) Si un termómetro de mercurio se rompe en casa, ¿qué medidas de precaución debemos tener para retirar los restos?

5. Efectos del calor

Cuando un cuerpo gana o pierde energía térmica en forma de calor, puede sufrir varios efectos. Vamos a aprender algo acerca de ellos.

5.1. Cambio de temperatura

Recuerda que la temperatura es una medida de la energía térmica de un cuerpo, de forma que si el cuerpo pierde o gana esta energía en forma de calor, es normal que su temperatura cambie.

No todos los cuerpos reaccionan igual ante una misma cantidad de calor, ya que, según la sustancia o el material del que estén hechos, será necesario más o menos calor para conseguir la misma variación de temperatura.

El **calor específico** de una sustancia es la cantidad de calor que necesitamos para que un 1 kg de dicha sustancia aumente su temperatura en un grado.

Por ejemplo, para que 1 kg de hierro aumente su temperatura en un grado, tendremos que suministrarle 473 J en forma de calor, mientras que para que a 1 kg de agua le suceda lo mismo serán necesarios 4 183 J. Además, el calor necesario para que ocurran estos cambios de temperatura es proporcional a la masa del cuerpo, es decir, que si en lugar de 1 kg de aluminio tenemos, por ejemplo, 5 kg, necesitaremos cinco veces más calor.

El calor específico también nos indica el calor que debe ceder un cuerpo para disminuir su temperatura. Por ejemplo, si 1 kg de cobre pierde 389 J, su temperatura disminuye un grado.

5.2. Cambio de volumen

Otro efecto que podemos apreciar en un cuerpo (sólido, líquido o gaseoso) es el cambio de tamaño cuando recibe o pierde calor.

Esto se debe a que cuando un cuerpo recibe calor, se incrementa su agitación térmica, lo que provoca una mayor separación entre sus partículas, que ocupan mayor espacio.

Llamamos **dilatación** al aumento del volumen de un cuerpo cuando recibe calor.

Si el cuerpo cede calor, su volumen disminuye y diremos entonces que ha sufrido una **contracción**.

5.2. Cambio de estado

La materia que nos rodea puede presentarse en tres estados distintos: sólido, líquido y gaseoso.

Uno de los efectos que puede tener el calor en un cuerpo es precisamente provocar en él un cambio de estado. El estado en el que se encuentra un cuerpo está determinado por el movimiento de sus partículas. Esto es lo que hace posible que cuando reciba o ceda calor, su estado pueda verse alterado.

Calores específicos de algunas sustancias

Sustancia	Calor específico $\left(\frac{J}{kg \cdot °C}\right)$
Agua	4183
Alcohol	2513
Aceite de oliva	1675
Ladrillo	880
Vidrio	838
Hierro	473
Acero	460
Cobre	389
Bronce	360
Mercurio	138
Oro	130
Plomo	130

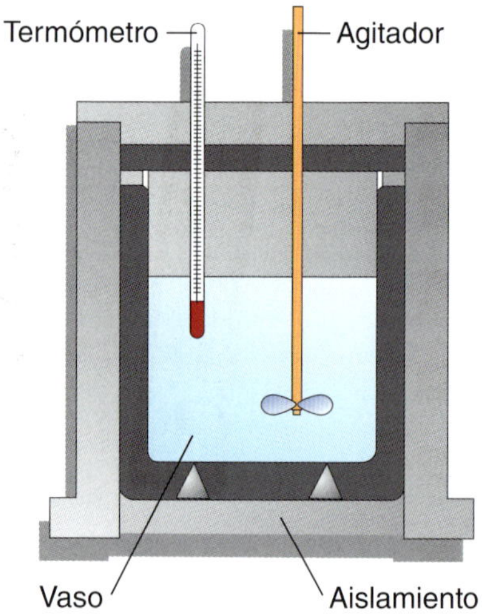

Calorímetro, recipiente aislado térmicamente del exterior, que se utiliza para medir los calores específicos de las sustancias.

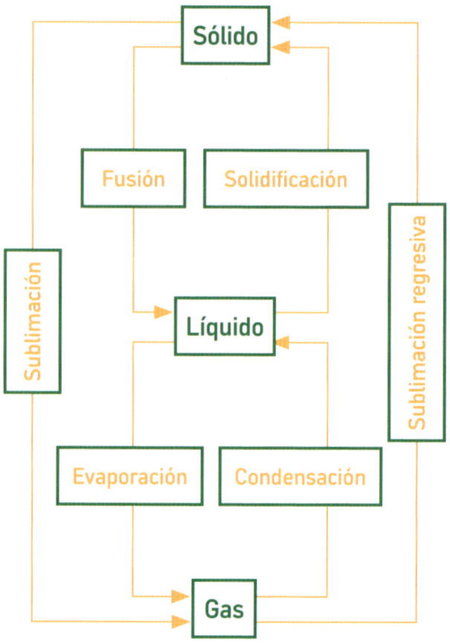

a Actividades y tareas

1. Indica el nombre del cambio de estado que se produce en cada una de las siguientes situaciones:
   a) Tras un rato en el fuego, el agua comienza a hervir.
   b) Al abrir la puerta del congelador observamos vapor de agua en su interior.
   c) Después de una ducha, en el espejo del baño se forman gotas de agua.
2. Fijándote en los datos que aparecen en la tabla de los calores específicos, calcula la energía necesaria para que se produzcan los siguientes cambios de temperaturas:
   a) 1 kg de cobre pasa de 20 °C a 21 °C.
   b) 2 kg de cobre pasan de 20 °C a 25 °C.
   c) 1 kg de mercurio pasa de 15 °C a 16 °C.
   d) 10 kg de mercurio pasan de 25 °C a 26 °C.
   e) 1 kg de acero pasa de 30 °C a 50 °C.
   f) 30 kg de acero pasan de 12 °C a 18 °C.

Experimenta

3. ¿Cómo ocurre la dilatación en sólidos, líquidos y gases?

La dilatación

- **Dilatación en sólidos:** se dilatan muy poco debido a que sus partículas están muy juntas, pero todas las construcciones que se realizan (carreteras, edificios, vías de tren, etc.) presentan juntas de dilatación para que sus estructuras no se dañen.
- **Dilatación en gases:** se dilatan más que los líquidos ya que sus partículas están muy distantes unas de otras.
- **Dilatación en líquidos:** los líquidos se dilatan más que los sólidos, pues sus partículas están más separadas. Un ejemplo es el aumento de volumen del mercurio en un termómetro cuando se calienta.

Observa las siguientes imágenes que muestran el montaje de unos experimentos realizados para comprobar los efectos del calor en los diferentes estados de agregación de la materia.

A

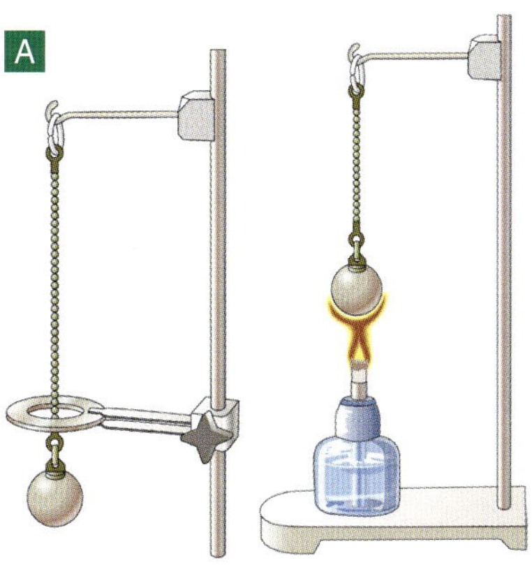

Se coloca una bola metálica sobre el mechero Bunsen y se calienta durante unos minutos. La bola cabía por la arandela antes de ser calentada.

B

Se llena de agua un Erlenmeyer y se coloca un globo en su boca. A continuación se calienta el agua hasta que hierva durante unos minutos.

C

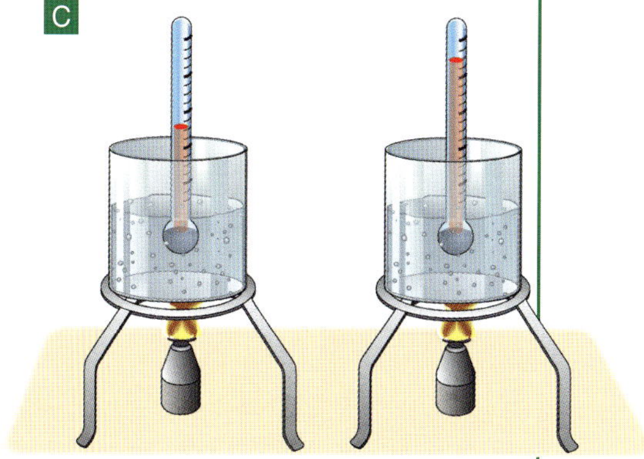

Se coloca un vaso de precipitado con agua sobre un soporte y se enciende el mechero Bunsen, y se introduce un termómetro dentro y se observa lo que ocurre.

¿Qué ocurre en cada una de las experiencias? Explica los resultados utilizando los fenómenos estudiados en la unidad.

6. Propagación del calor

El **calor** es energía térmica que abandona un cuerpo para pasar a otro que se encuentra a menor temperatura.

A continuación estudiaremos las tres formas en las que el calor puede propagarse: conducción, convección y radiación.

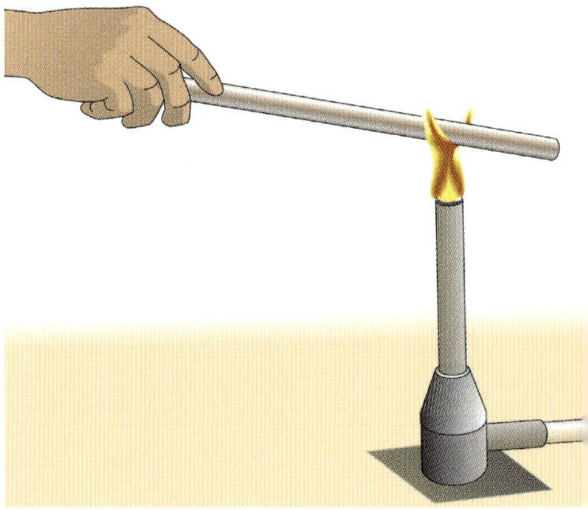

Transmisión de calor por conducción.

6.1. Conducción

La **conducción térmica** se produce en los sólidos cuando dos cuerpos que están a distinta temperatura entran en contacto. La energía térmica del cuerpo de mayor temperatura se transmite, de partícula a partícula, a los átomos del cuerpo inicialmente más frío.

La transmisión de calor continúa hasta que los cuerpos igualan sus temperaturas o hasta que deja de haber contacto entre ellos.

Diremos que se ha alcanzado el equilibrio térmico cuando los dos cuerpos que han entrado en contacto igualan su temperatura.

Es importante señalar que en la conducción no se produce transporte de materia. Lo que se transfiere de un cuerpo a otro es únicamente energía térmica.

Los líquidos conducen muy mal el calor y los gases peor.

Según esto, los materiales los podemos clasificar en conductores y aislantes.

- **Conductores**: se denominan conductores aquellos materiales que transmiten bien el calor y, por tanto, tienen una conductividad térmica alta. Los metales son los mejores conductores del calor, por lo que se utilizan siempre que se pretenda mejorar la transmisión del calor. En consecuencia, las sartenes y las ollas en las que cocinamos suelen ser metálicas. La plata y el cobre son los metales con mayor conductividad térmica.
- **Aislantes**: se denominan aislantes los materiales que transmiten mal el calor. Los gases y algunos materiales sólidos de muy baja conductividad térmica (madera, fibra de vidrio, corcho, el poliéster expandido...) se utilizan habitualmente cuando se pretende aislar algún objeto de los efectos del calor.

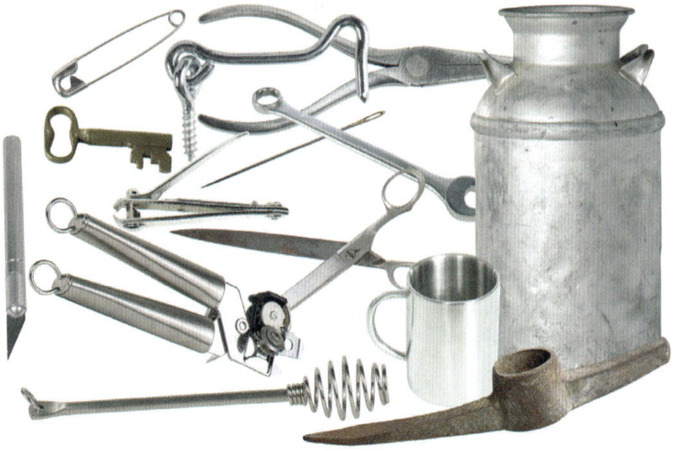

Materiales conductores (izquierda) y aislantes (derecha).

6.2. Convección

La **convección** se produce únicamente en los fluidos (líquidos y gases). Consiste en la transferencia de calor mediante el desplazamiento de materia de los puntos fríos a los calientes, y viceversa.

Este fenómeno es fundamental en la meteorología. En la atmósfera, las masas de aire caliente próximas a la superficie ascienden a las capas superiores. Las masas de aire frío, al contrario, descienden hasta la superficie, donde se calientan y vuelven a subir. Se forman entonces las denominadas corrientes de convección, que en este caso originan el viento.

Existe un tipo de convección denominada convección forzada, en la que las corrientes no se establecen de forma natural, sino que somos nosotros los que obligamos al fluido a moverse en la dirección que nos interesa.

Es lo que ocurre en verano, cuando utilizamos un ventilador para sobrellevar el calor: lo que estamos haciendo es crear artificialmente una corriente de aire que sustituye continuamente el aire próximo a nuestra piel (que se encuentra a una temperatura similar a la nuestra) por aire más fresco.

El calor del Sol se transmite por radiación.

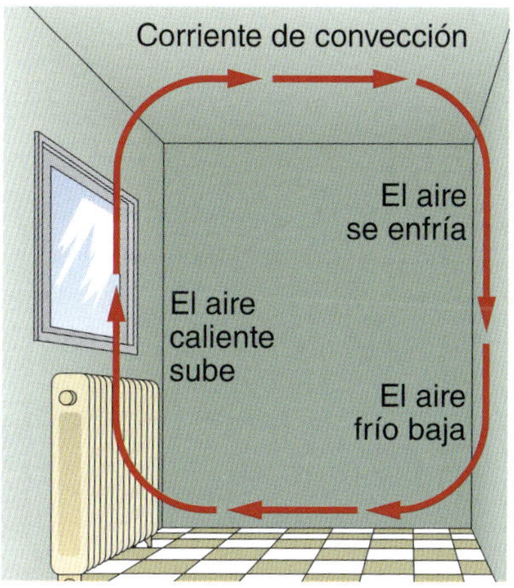

La calefacción de una vivienda se realiza por convección del aire calentado por un radiador-calefactor. El aire caliente se dilata y disminuye su densidad, lo que hace que ascienda hacia el techo de la habitación y provoque el desplazamiento del aire frío hacia el suelo, que, a continuación, se calentará por el radiador-calefactor para repetir el ciclo.

6.3. Radiación

La **radiación** es una forma de transmisión de energía térmica que no precisa de ningún medio material para producirse; esto quiere decir que puede suceder entre dos cuerpos que no están en contacto y sin que haya movimiento de materia entre ambos.

Es el mismo fenómeno físico que explica la propagación de la luz. De hecho, en algunas ocasiones, un cuerpo que irradia calor emite también luz visible. En esos casos solemos decir que está «al rojo vivo».

La radiación es, por ejemplo, la manera en que el Sol nos transmite energía calorífica. También explica el calor que sentimos al aproximarnos a un radiador antes de tocarlo.

Propagación del calor

Aunque hemos hablado de las tres formas de **propagación del calor** por separado, lo normal es que la energía térmica se transmita de varias formas a la vez, como podemos apreciar en la ilustración.

El calor del fuego se transmite al soporte de hierro de la chimenea mediante **conducción**, pero llega a todos los objetos de la habitación gracias a la **radiación**.

Además, el aire más cercano al fuego, al aumentar de temperatura, se mueve hacia arriba, mientras que el aire cercano al techo baja, provocando una corriente de **convección**.

La convección es también la responsable de que el aire caliente cargado de humo ascienda por la chimenea y no se quede en la habitación.

a Actividades y tareas

1. Define los siguientes términos: conducción, convección y radiación.
2. ¿Cómo se originan los vientos?
3. ¿Qué aguas son más cálidas, las de las zonas ecuatoriales o las de las zonas polares? ¿Qué genera esta diferencia de temperaturas? ¿Cómo se denomina ese fenómeno?
4. Compara los fenómenos de las dos actividades anteriores. ¿En qué se diferencian y en qué se parecen?
5. Observa la siguiente imagen y contesta las siguientes cuestiones:
   a) ¿Qué tipo de propagación del calor utilizan los aparatos de aire acondicionado?
   b) ¿Dónde se colocan generalmente los aparatos de aire acondicionado? ¿Por qué?
   c) ¿Son igual de efectivos para transmitir el calor cuando actúan como bomba de calor? ¿Por qué?

6. ¿Qué tipo de propagación de calor ocurre al encender un radiador? Coloca una hoja de papel a dos centímetros de un radiador cuando esté encendido y emitiendo calor. ¿Qué ocurre? ¿Cómo lo explicas utilizando los medios de propagación del calor?
7. Lee el siguiente texto y contesta las preguntas explicando tu respuesta:

   «El color de un cuerpo determina cómo absorbe calor en forma de radiación. Así, los objetos oscuros absorben la mayor parte de la energía calorífica que les llega, mientras que los cuerpos de colores claros reflejan gran parte de esa radiación».

   a) ¿Qué color es el más apropiado para una camiseta que vas a llevar puesta en pleno verano?
   b) Un coche gris oscuro y otro blanco se encuentran aparcados en la misma calle en un día soleado. En uno de ellos la temperatura interior es de 38 °C mientras que en el otro es de 51 °C. ¿Podrías decir qué temperatura corresponde a cada uno de ellos?
   c) Marta está planeando ir de camping a la playa este verano. En la tienda de deportes encuentra tres modelos de tienda de campaña: una azul oscuro, otra amarilla y otra gris claro metalizada. ¿Cuál crees que es la mejor elección?
8. Indica si la propagación de calor en cada caso se produce por conducción, convección o radiación:
   a) Mónica, tumbada en la playa, disfruta del calor del Sol.
   b) Cuando Joaquín tocó por descuido la plancha encendida, pegó un grito.
   c) En las viejas locomotoras, la chimenea expulsaba una gran columna de humo.
   d) Para poder soportar el enorme calor del verano, Gema utiliza el aire acondicionado.
   e) Cuando Andrés introdujo el pie en el agua exclamó: «¡está congelada!».
   f) En un estudio de televisión suele hacer mucho calor por culpa de los focos.

Experimenta

9. Vamos a realizar dos experiencias para comprobar si los siguientes materiales son conductores del calor.

Material

- Vaso de precipitado.
- Cuchara de madera y de metal.
- Lámina de hierro (puede ser una bandeja del horno).
- Bandeja de porexpán.
- Velas.
- Clips.
- Pinzas de madera.

- Experiencia 1

Llenamos dos vasos de precipitado con agua muy caliente y en su interior depositamos una cuchara de metal y otra de madera. Después de cinco minutos sacamos las dos cucharas del interior y las tocamos. ¿Qué observas?

- Experiencia 2

Tomamos la lámina de metal (puede ser una bandeja del horno) y encendemos las velas para que se derritan. Cuando estén derretidas colocamos los clips encima. Cuando las velas se vuelvan a solidificar, los clips quedarán verticales. Hacemos lo mismo con la bandeja de porexpán.

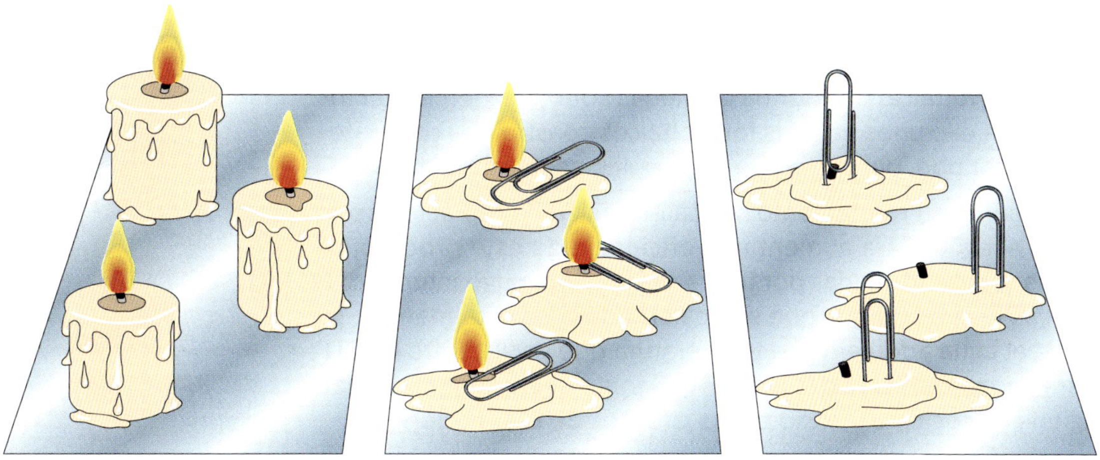

Una vez que tengamos preparadas las dos bandejas, las pasamos durante unos momentos a unos 5 cm de distancia sobre el mechero Bunsen, sujetándolas con unas pinzas de madera. ¿Qué ocurre?

Después de realizar las dos experiencias, ¿a qué conclusión llegas? ¿Qué material es conductor y cuál no lo es?

7. Fuentes de energía

Desde la Antigüedad el ser humano ha utilizado la combustión de la madera como fuente de energía; el viento para mover los barcos... En nuestra vida cotidiana necesitamos constantemente la energía para que funcionen los diferentes aparatos que utilizamos, como la vitrocerámica, el horno, la lavadora, el secador, la caldera que calienta el agua, el ordenador, los automóviles... ¿De dónde obtenemos esa energía?

Electrodomésticos.

Las **fuentes de energía** se pueden definir como los recursos naturales capaces de generar la energía necesaria para hacer funcionar las máquinas, las industrias, los transportes...

Las fuentes de energías se pueden clasificar en **fuentes de energía renovables,** aquellas que no se agotan con su uso, y **fuentes de energía no renovables,** que se agotan con su uso puesto que su cantidad es limitada.

7.1. Fuentes de energía renovables

Fuentes de energía que se pueden regenerar ya que forman parte de un ciclo natural continuo e inagotable, siempre y cuando su extracción no sobrepase su renovación. Son fuentes de energía renovables la energía solar, la energía eólica, la energía hidráulica, la energía mareomotriz, la energía geotérmica y la biomasa.

7.1.1. La energía solar

El Sol emite energía debido a los procesos de fisión nuclear que ocurren en su interior, y esa energía llega a la Tierra por radiación.

Los seres vivos utilizan dicha energía para múltiples procesos orgánicos, entre los que destacan: la fotosíntesis, el mantenimiento de la temperatura corporal en el caso de los reptiles o anfibios, la síntesis de la vitamina D en las células de nuestra piel, etc.

Instalación de energía solar fotovoltaica.

En la actualidad, el hombre ha desarrollado una tecnología capaz de aprovechar como fuente de energía la radiación solar que llega a nuestro planeta.

Se utilizan instalaciones mediante dos procesos:

- **Energía solar fotovoltaica:** transforma la energía solar en energía eléctrica utilizando para ello unos paneles fotovoltaicos construidos con material semiconductor que, por acción de la luz solar, generan electricidad.
- **Energía termosolar:** su fundamento radica en utilizar la radiación solar para calentar el agua. Para aumentar la eficiencia de este proceso, se utilizan placas solares formadas por tubos aislados por cuyo interior discurre agua, gas u otros fluidos que son calentados. De esta manera, se consigue que el agua adquiera una temperatura que oscila entre los 50° o 60 °C. Esta agua se utiliza en las viviendas como agua sanitaria usada para la higiene, la cocina o incluso en los circuitos de calefacción.

7.1.2. Energía eólica

Se aprovecha la energía cinética del viento que genera el movimiento de las aspas de un molino. Este movimiento tradicionalmente se ha utilizado para moler los granos de cereal y, con ello, fabricar harinas. En la actualidad, los aerogeneradores transforman la energía eólica en energía eléctrica.

Instalación de energía eólica.

7.1.3. Energía hidráulica

Aprovecha la energía potencial gravitatoria que posee el agua almacenada en los embalses. El agua, al caer, va transformando su energía potencial en energía cinética. Las turbinas que se localizan en el fondo transforman esta energía en energía eléctrica.

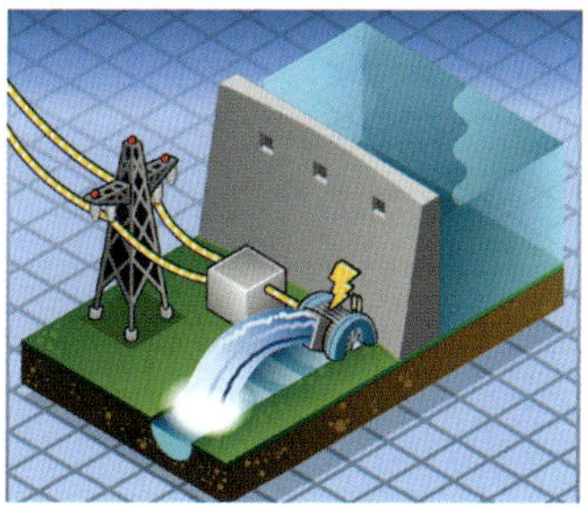

Central hidroeléctrica.

7.1.4. Energías del mar

La energía del agua del mar se puede transformar en energía eléctrica según el tipo de energía que se aproveche:

- La **energía mareomotriz** aprovecha las mareas, el descenso y ascenso del nivel del mar debido a la acción de la Luna sobre la Tierra.
- La **energía de las corrientes** aprovecha las corrientes de agua.
- La **energía maremotérmica** se basa en las diferencias de temperatura existente entre las diferentes capas de agua.
- La **energía undimotriz** aprovecha la energía de las olas.
- La **energía azul o potencia osmótica** aprovecha la energía obtenida por la diferencia en la concentración de la sal entre el agua de mar y el agua de los ríos mediante los procesos de ósmosis.

Instalación mareomotriz.

7.1.5. Biomasa

Los restos orgánicos que generan los seres vivos constituyen una fuente de energía. Estos restos se pueden obtener de forma natural (restos vegetales, basura orgánica), o bien mediante cultivos destinados a producir materia orgánica cuyo fin es la fabricación de otros combustibles, como el biodiésel o el biogás.

Instalación de biomasa.

7.1.6. Energía geotérmica

Esta energía aprovecha el calor del interior terrestre para generar electricidad: climatizar estancias (por calefacción o aire acondicionado), generar agua caliente sanitaria o incluso para producir electricidad.

Las aplicaciones dependerán de la temperatura a la cual se encuentren las aguas del yacimiento, que pueden oscilar desde los 120 °C hasta los 20 °C y se pueden presentar como aguas termales, fumarolas, géiseres o, simplemente, como aguas presentes en los subsuelos.

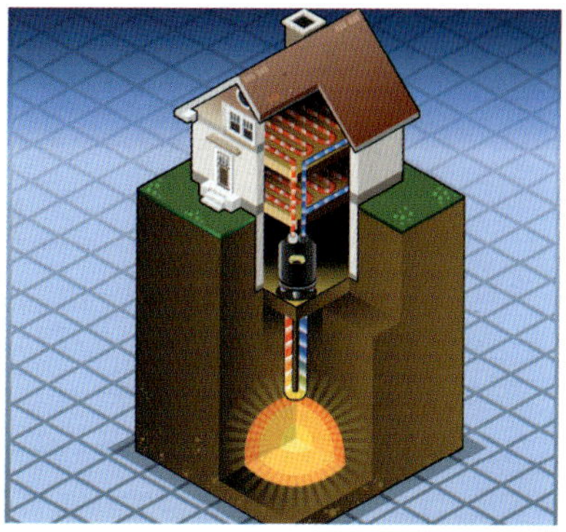

Instalación geotérmica.

a Actividades y tareas

1. Define en tu cuaderno:

   a) Fuente de energía renovable.

   b) Fuente de energía no renovable.

2. Completa en tu cuaderno el siguiente cuadro señalando el fundamento de las siguientes fuentes de energías renovables y uno de sus usos.

Energía	Fundamento	Usos
Fotovoltaica		
Termosolar		
Eólica		
Hidráulica		
Mareomotriz		
Energía de las corrientes		
Maremotérmica		
Undimotriz		
Geotérmica		
Biomasa		

3. ¿Qué es el biodiésel? ¿A partir de qué materia orgánica se genera? ¿Qué usos tiene?

4. Observa analíticamente tu vivienda y realiza un listado de los aparatos que utilizan energía para funcionar. ¿Puedes imaginar vivir un día sin ellos? ¿Cómo sería?

5. La siguiente página de internet muestra un vídeo que resume cómo se utiliza la biomasa para obtener energía, visiónalo y contesta las siguientes cuestiones:

   <www.endesaeduca.com/Endesa_educa/recursos-interactivos/produccion-de-electricidad/xiv.-las-centrales-de-biomasa>

   a) ¿Cómo obtenemos la energía existente en la biomasa?

   b) ¿Qué producto se genera en esa combustión?

   c) ¿Qué energía produce el vapor de agua y cómo?

   d) ¿Qué destino final tiene el vapor de agua?

6. Observa las siguientes imágenes y relaciónalas con la fuente de energía que utiliza:

A

B
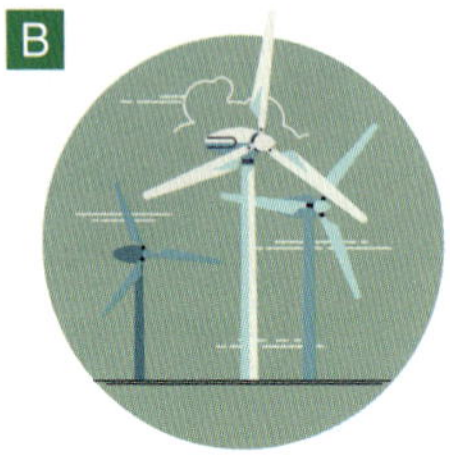

C

D

E
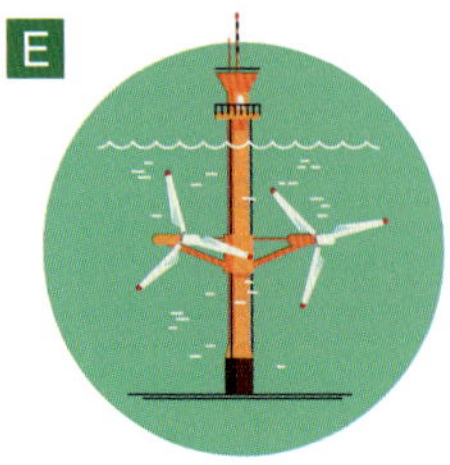

F

Investiga

7. La estación de Metro de Madrid de Pacífico posee un sistema de climatización basado en una energía renovable. Busca información sobre él y contesta a las siguientes cuestiones:

   a) ¿Qué tipo de energía utiliza?

   b) ¿Qué servicios ofrece?

   c) ¿Cómo se realizó la instalación?

   d) ¿Cuánta energía ahorra?

   e) ¿Cuánto se reducirán las emisiones de CO_2?

8. La siguiente página web contiene un vídeo que describe la explotación de la energía eólica.

   <www.acciona.com/es/energias-renovables/energia-eolica/>

   Después de su visionado contesta las siguientes cuestiones:

   a) ¿Qué porcentaje de energía eléctrica mundial representa?

   b) ¿Cuánta energía se genera con solo 33 aerogeneradores?

   c) ¿Cuántos hogares se abastecen con esta energía?

   d) ¿Cuántas toneladas de CO_2 al año evita que se emitan?

   e) ¿Cuánto pueden llegar a medir las torres?

Interpreta imágenes

9. Los siguientes mapas muestra el potencial geotérmico de España.

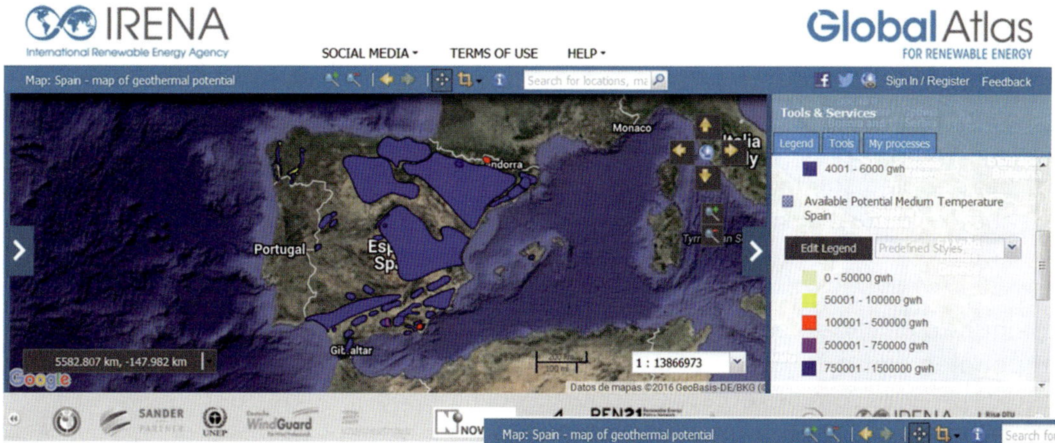

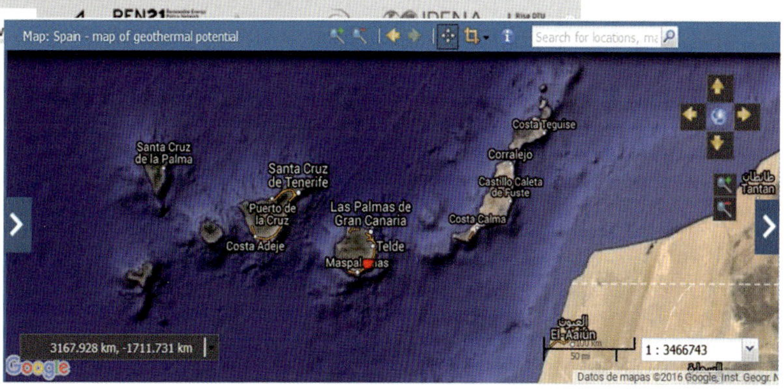

   <http://irena.masdar.ac.ae/?map=714>

   a) ¿Qué zonas poseen energía térmica en abundancia?

   b) El mapa muestra energía térmica en Andorra. Busca información y explica para qué se utiliza. Para ello puedes ayudarte incluyendo en la búsqueda el nombre de la siguiente población: Escaldes Engordany.

7.2. Fuentes de energía no renovables

Las fuentes de energía no renovables no se regeneran en el transcurso de la vida humana, ya que su formación necesita millones de años; por tanto, se van agotando progresivamente. Las principales fuentes de energía no renovables son los **combustibles fósiles (carbón, petróleo y gas natural)** y la **energía nuclear.**

Extracción de carbón.

7.2.1. El carbón

El carbón es una roca sedimentaria de color negro muy rica en carbono y gran poder calorífico (6 500 cal/g). Los yacimientos de carbón se generaron en el planeta hace unos 360 millones de años, cuando los grandes bosques de helechos y otros vegetales que habitaban la Tierra fueron ocupando el fondo de las lagunas, En la actualidad, el carbón se extrae de minas de superficie o subterráneas pero su utilización es cada vez menor debido a los problemas medioambientales que origina. Se utiliza en la obtención de energía eléctrica en las centrales térmicas, en la industria siderúrgica y de altos hornos, como combustible y generador de aleaciones, uso doméstico y como materia prima en la industria química.

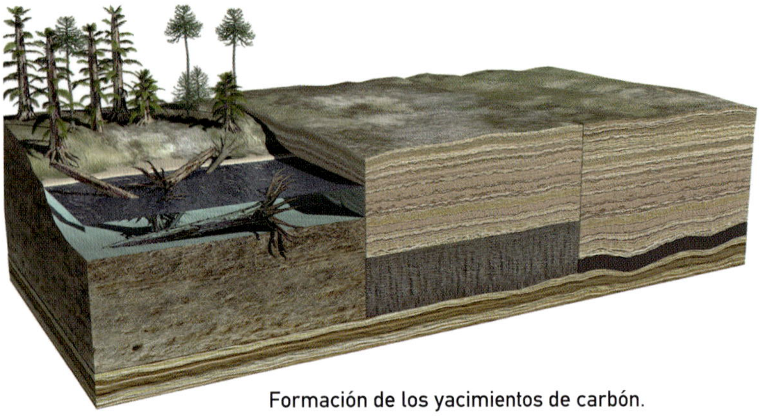

Formación de los yacimientos de carbón.

7.2.2. Petróleo

El petróleo es una mezcla de compuestos orgánicos, hidrocarburos. Los yacimientos de petróleo que existen en la actualidad se originaron gracias a los depósitos de animales y vegetales que quedaron enterrados en los fondos marinos, y a la presión y temperatura que soportaron con el paso del tiempo. Los usos del petróleo son muy diversos, desde la fabricación de gasolinas hasta dentífricos o plásticos.

Producción de petróleo.

7.2.3. Gas natural

El gas natural está compuesto principalmente por metano (CH_4). Se encuentra acompañando al petróleo en las capas superiores de los yacimientos, junto con otros gases más pesados como es el caso del butano y el propano. Estos últimos también se utilizan como combustibles. El gas natural es transportado por gasoductos que recorren los fondos marinos o se sitúan en la superficie. Se utiliza para la generación de energía y como materia prima para la fabricación de compuestos químicos, fertilizantes, plásticos, etc.

Gaseoducto.

7.2.4. Energía nuclear

Las centrales nucleares generan energía eléctrica a partir de la energía liberada en los procesos de fusión de los núcleos de átomos de uranio calentando vapor de agua que termina generando energía eléctrica.

Estos procesos se realizan en un reactor sometido a fuertes medidas de seguridad.

a Actividades y tareas

1. En la anterior página de actividades realizaste un listado de los aparatos que utilizan energía en tu vivienda. Ahora, añádele qué tipo de energía utilizan: electricidad, gas, energía solar, etc. ¿Crees que alguno de ellos podría funcionar con energías renovables?
2. La siguiente imagen muestra el origen de la electricidad que se genera en España:

   a) ¿Cuál es la principal fuente de energía que se utiliza en España?

   b) ¿Qué cantidad de electricidad se genera mediante energías no renovables?

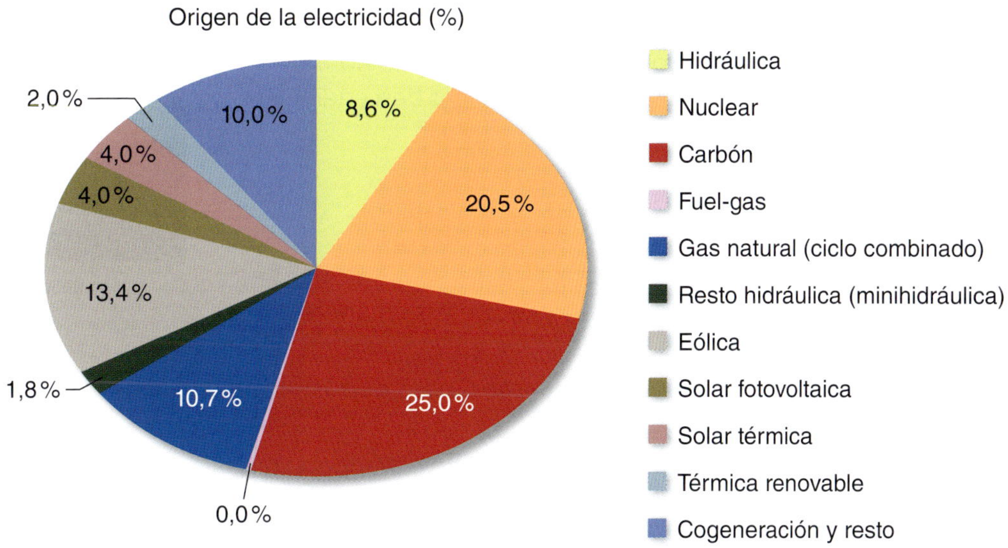

   c) ¿Qué porcentaje de electricidad se genera gracias a las energías renovables?

   d) ¿Qué conclusiones extraes?

   e) ¿Crees que esto puede cambiarse? ¿En qué sentido?

3. ¿Qué productos de desecho generan las energías fósiles? ¿Qué inconvenientes crees que puede acarrear la utilización de estos combustibles fósiles?

Investiga

4. Entra en la siguiente página web y busca la animación que presenta el funcionamiento de una central nuclear.

   <www.unesa.es/sector-electrico/funcionamiento-de-las-centrales-electricas/1349-central-nuclear>

   a) Explica los procesos que tienen lugar en la central hasta generar la energía.

   b) ¿Cuántas centrales nucleares existen en España? Sitúalas en un mapa.

   c) ¿Cuándo comenzó a utilizarse la energía nuclear en España?

   d) ¿Cómo se gestionan los residuos de una central nuclear?

Trabajo colaborativo

5. Toma medio folio y escribe en dos minutos cinco productos derivados del petróleo. Ahora mira el de tu compañero y anota los productos que tú no has incluido. Posteriormente, completad con otros compañeros. Entre todos los alumnos de clase, formad una la lista. Si no aparecen más de veinte productos, buscad información y completadla.

8. Ahorro energético

Campaña publicitaria de ahorro de energía.

Nuestra sociedad y nuestra economía dependen en gran medida de las fuentes de energía. El consumo de energía trae como consecuencia su agotamiento, además de que su extracción, transporte y consumo provocan contaminación y problemas medioambientales.

Es por esto que hay que concienciarse de la necesidad de disminuir el consumo energético global del planeta. Pero para eso debemos empezar desde nuestro ambiente más cercano: los hogares, los centros de estudio, de trabajo, los desplazamientos cotidianos...

De esta manera aseguraremos un desarrollo sostenible y una mejora de la calidad del medio en el que vivimos y en el que vivirán nuestros descendientes.

8.1. Ahorro en el hogar

- Electrodomésticos:
  - Es conveniente usar la lavadora y el lavavajillas cuando estén completamente llenos, y a una temperatura no muy alta. De esta manera evitaremos malgastar agua y energía.
  - La nevera solo hay que abrirla el tiempo necesario para depositar o tomar lo que necesitamos.
  - Cuando se utilice el horno para cocinar, debemos aprovechar para hacer varios platos de forma consecutiva.
  - Los electrodomésticos poseen una etiqueta energética que nos informa sobre cuál es su consumo. Las categorías A^{+++} son las que menos energía consumen.

Interpretación de las etiquetas

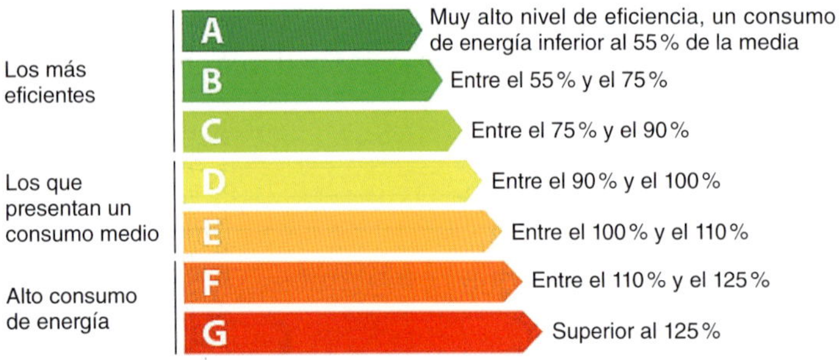

- Climatización: con respecto al mantenimiento de la temperatura correcta en nuestras viviendas, hay que tener presentes las siguientes precauciones:
  - La temperatura en invierno debe estar entre 19° y 21 °C. En verano, entre 22° y 26 °C.
  - Las habitaciones deben ventilarse unos 10 minutos al día a primera hora de la mañana.
  - Las persianas y las ventanas deben cerrar correctamente, las de doble acristalamiento ahorran un 25 % de energía. Además, las cortinas también aíslan.
- Iluminación:
  - El lugar de trabajo o realización de la tarea debe estar iluminado con luz natural el mayor tiempo posible.
  - Los leds permiten iluminar estancias con bajo consumo. Su encendido es instantáneo y no tienen en su composición materiales tóxicos.

a Actividades y tareas

1. Esta lista muestra una serie de acciones diarias que malgastan energía. ¿Cuál de ellas haces tú? ¿Crees que puedes cambiarlas?
   a) Pensar con la nevera abierta lo que voy a coger.
   b) Utilizar la secadora en verano.
   c) Poner el lavavajillas con los platos de una sola comida.
   d) Ir al centro escolar en coche aunque andando se tarde 15 minutos.
   e) Dejar las luces encendidas en las estancias donde no hay nadie.
   f) Estar en invierno en manga corta en casa por el efecto de la calefacción y en verano en manga larga por el aire acondicionado.
   g) Utilizar bombillas tradicionales.
   h) Dejar las ventanas abiertas y las cortinas cuando está dando el sol de cara en verano.

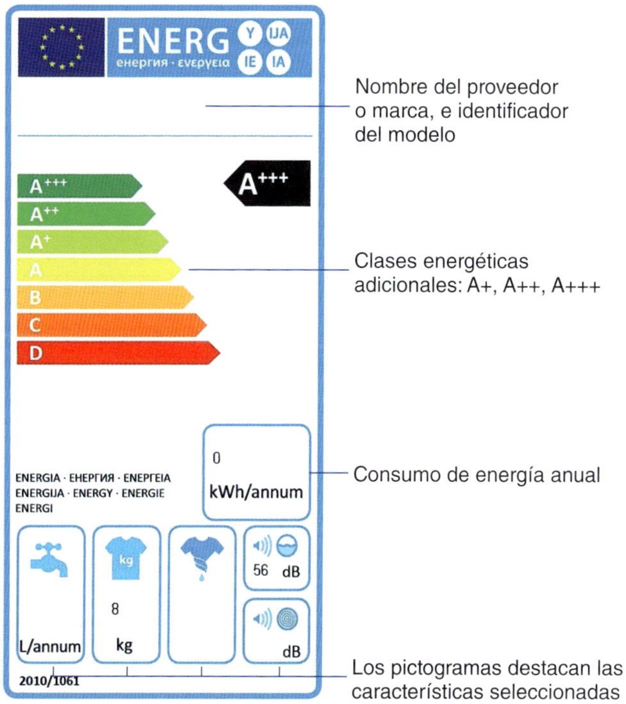

2. Observa la etiqueta energética de los electrodomésticos de tu hogar y clasifícalos según su categoría energética.

3. Analiza tu centro escolar.
   a) ¿Crees que se hace un buen uso de la calefacción?
   b) ¿Cuánto tiempo se ventilan las clases?
   c) ¿Qué tipo de iluminación posee?
   d) ¿Se apagan las luces al salir al recreo?
   e) ¿Se recicla el papel?

   Analiza los datos y elabora un informe incluyendo los puntos fuertes del centro, las deficiencias encontradas y propón medidas para mejorarlas. Preséntalas a tus representantes en el consejo escolar para darlas a conocer.

4. Observa las siguientes imágenes de medios de transporte y medita sobre su utilización. ¿Cuál utilizas más? ¿Cuál crees que contamina más y cuál menos? En tu localidad, ¿cómo se desplaza la población? ¿Cuáles de estos medios de transporte abundan más?

1. Completa en tu cuaderno el siguiente cuadro resumen sobre la energía:

Definición	Unidades	Tipos
	CUADERNO	

2. ¿Qué es la energía mecánica? ¿En qué subtipos se puede descomponer? ¿Qué relación existe entre ambas?

3. Un cuerpo de 30 kg de masa se encuentra a 20 m del suelo. ¿Qué energía potencial posee? ¿Y energía cinética?

4. ¿Cuánta energía necesitamos para aumentar 10 °C tres kg de mercurio?

5. Tenemos hielo a –10 °C. ¿Qué le ocurrirá si le suministramos energía de forma continuada? Explica cada uno de los pasos.

6. ¿Cómo se transmite el calor producido por una chimenea?

7. ¿Cómo se clasifican los materiales atendiendo a la transmisión del calor? Pon un ejemplo de cada caso.

8. Realiza un esquema en el que relaciones todos los contenidos tratados en la unidad.

9. Lee el siguiente texto y contesta las cuestiones explicando tu respuesta:

> «Debido a la conducción térmica, el aire próximo a nuestra piel recibe calor de nuestro cuerpo hasta que alcanza una temperatura similar a él. Este proceso nos hace perder energía y sentimos frío.
>
> Cuando las temperaturas se igualan, el proceso termina, pero si el aire se mueve y es reemplazado por aire frío, el proceso se reanuda y la sensación de frío vuelve».

a) ¿Por qué una manta nos protege del frío?

b) Si un ventilador simplemente mueve el aire que está en la habitación, sin enfriarlo, ¿por qué nos hace sentir menos calor?

c) ¿Por qué en los días de frío y viento tenemos la sensación de que la temperatura es más baja de lo que realmente es? Y cuando hace calor y sopla algo de brisa, ¿qué ocurre?

10. Busca información sobre el origen de la palabra eólico. ¿De qué dios recibe el nombre?

a) La imagen muestra el cuadro de Botticelli: *El nacimiento de Venus*. ¿Qué dioses griegos aparecen en él?

b) ¿Qué representa el cuadro?

c) ¿En qué año se pintó la obra? ¿A qué estilo pictórico pertenece?

El nacimiento de Venus, Botticelli.

CCL CEC CMCT

11. Lee el siguiente fragmento del Quijote y contesta las cuestiones:

> «En esto, descubrieron treinta o cuarenta molinos de viento que hay en aquel campo, y así como don Quijote los vio, dijo a su escudero:
>
> —La ventura va guiando nuestras cosas mejor de lo que acertáramos a desear; porque ves allí, amigo Sancho Panza, donde se descubren treinta o pocos más desaforados gigantes, con quien pienso hacer batalla y quitarles a todos las vidas, con cuyos despojos comenzaremos a enriquecer, que esta es buena guerra, y es gran servicio de Dios quitar tan mala simiente de sobre la faz de la Tierra.
>
> —¿Qué gigantes? —dijo Sancho Panza.
>
> —Aquellos que allí ves —respondió su amo—, de los brazos largos, que los suelen tener algunos de casi dos leguas.
>
> —Mire vuestra merced —respondió Sancho— que aquellos que allí se parecen no son gigantes, sino molinos de viento, y lo que en ellos parecen brazos son las aspas, que, volteadas del viento, hacen andar la piedra del molino.
>
> —Bien parece —respondió don Quijote— que no estás cursado en esto de las aventuras: ellos son gigantes; y si tienes miedo quítate de ahí, y ponte en oración en el espacio que yo voy a entrar con ellos en fiera y desigual batalla».
>
> MIGUEL DE CERVANTES: *Don Quijote de la Mancha*. Capítulo VII.

a) ¿Cuándo se escribió el Quijote?

b) ¿Qué confunde con gigantes don Quijote? ¿Dónde están situados?

c) ¿Para qué se ha utilizado la energía eólica en el pasado, y en el presente?

d) Realiza un mural que ponga de manifiesto el uso de la energía eólica, tanto tradicional como actual.

SIE CMCT

12. El mapa muestra las corrientes marinas. Supón que eres dueño de una empresa que se dedica a obtener energía a partir de procesos no contaminantes. ¿En qué lugar colocarías una explotación de energía que utiliza las corrientes marinas?

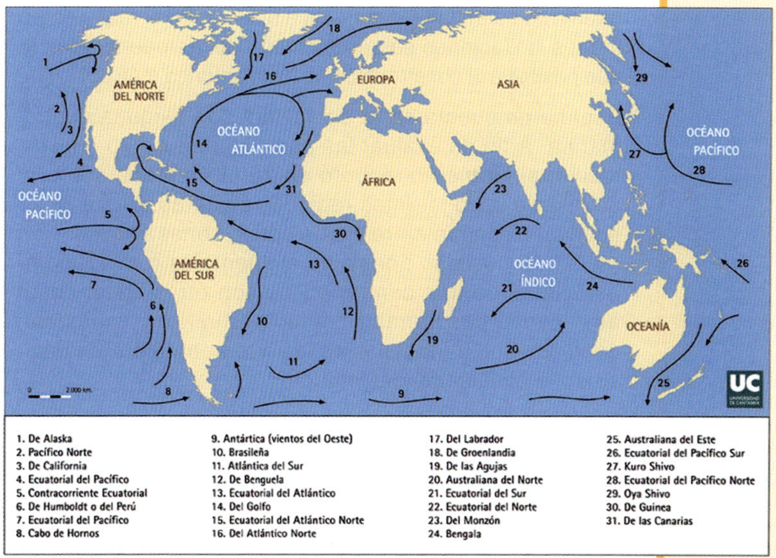

CD CSC SIE CPAA

13. Role playing: La clase de divide en los siguientes grupos:

- Políticos del Ministerio de Agricultura, Alimentación y Medio Ambiente.
- Políticos del Ministerio de Industria, Energía y Turismo.
- Empresa petrolera.
- Empresa de energía eólica.
- Ecologistas.
- Asociación de consumidores.

Cada grupo preparará una exposición que defienda su postura ante la utilización de las diferentes fuentes de energía. Para ello, buscad información sobre estos diferentes grupos. Tendréis 5 minutos para exponer las diversas posturas utilizando argumentos científicos.

Posteriormente, estableceréis un debate donde el profesor actuará como moderador. Al final de la actividad, estableced unas conclusiones que plasmaréis en un mural para colocarlo en el aula.

Producción de energía

Transiciones pasadas

Abrirse hueco en el mercado energético

En los últimos dos siglos, cada fuente energética que ha alcanzado una posición de dominio ha necesitado entre 50 y 60 años para lograrlo. El carbón, que desplazó a la madera, tardó desde 1840 hasta 1900 en pasar del 5 al 50 por ciento del suministro mundial. El petróleo, que aún no ha llegado al 50 por ciento, ascendió a un ritmo casi idéntico. El gas natural, probable sucesor del petróleo, procede aún con mayor lentitud. Hoy, las energías renovables «modernas» (eólica, solar, geotérmica y biocombustibles) apenas dan cuenta de un 3,4 por ciento de la producción mundial.

Investigación y Ciencia, junio 2012

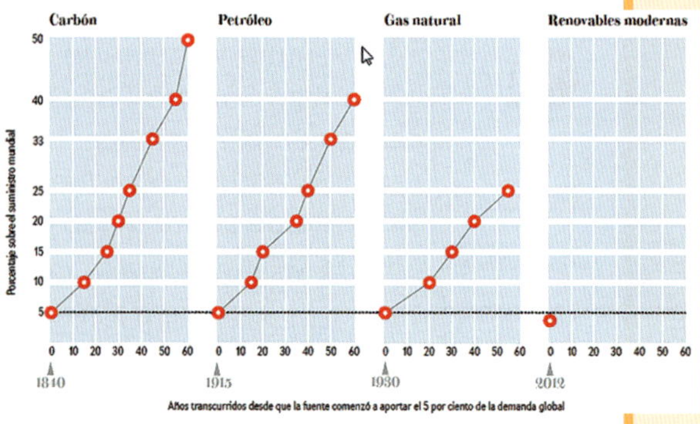

Energía eólica marina

¿Una opción de futuro?

Laura Castro Santos y Vicente Díaz Casas

España es el cuarto productor mundial de energía eólica, por detrás de EE. UU., China y Alemania. A finales de 2010, los parques eólicos operativos en nuestro país sumaban una potencia nominal de 20 gigavatios (el 20 por ciento de la potencia total instalada) y generaron el 16 por ciento de la demanda de ese año. En consonancia con las directrices de la Unión Europea en materia energética, el Informe de Previsión del Plan de Energías Renovables 2011-2020 calcula que, para 2020, un 22,7 por ciento de la aportación al consumo final bruto en España deberá provenir de fuentes renovables. Dada la actual saturación eólica de las zonas terrestres, una opción para ampliar ese suministro en el futuro reside en la energía eólica marina. En el mar existen menos limitaciones sobre el tamaño del aerogenerador, lo que posibilita la construcción de instalaciones más potentes.

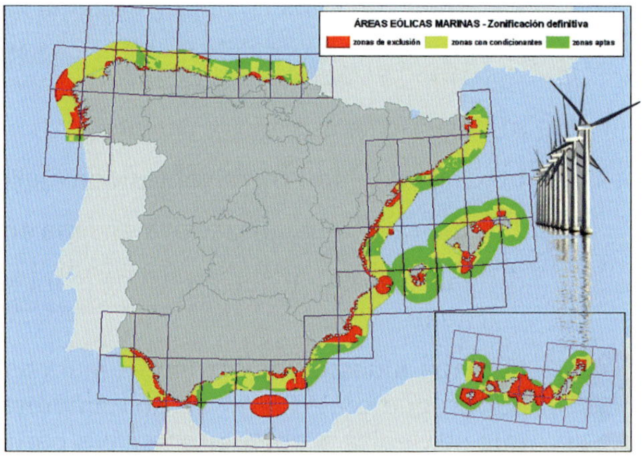

España no cuenta en la actualidad con ninguna central marina. A fin de evaluar las posibilidades de su implantación, el Gobierno elaboró en 2009 un mapa sobre la aptitud de las diferentes regiones costeras. Dicha clasificación distingue entre zonas aptas, zonas de exclusión (debido a posibles perjuicios ambientales o a la incompatibilidad de una central eólica con otros fines, como actividades pesqueras o tráfico portuario) y zonas con condicionantes (aquellas en las que deberá profundizarse en la evaluación del impacto).

Desde un punto de vista económico, sin embargo, hoy por hoy las plataformas flotantes no resultan viables. Ello se debe, sobre todo, a los costes de fabricación, a las dificultades que ocasiona el transporte eléctrico y a la necesidad de buques especializados para su mantenimiento. Por ello, nuestro grupo de investigación trabaja en estos momentos en el diseño de sistemas de amarre y anclaje para parques flotantes, así como en la determinación de los principales factores que intervienen en el coste final. Sin duda, lograr que la energía eólica marina se convierta en una opción energética viable requerirá la participación de varios ámbitos técnicos, científicos y socioeconómicos.

Investigación y Ciencia, junio 2012

Actividades

Actividad 1: ¿Cuántos años tardaron las energías no renovables en ocupar una cuota de mercado del 30 %? ¿Por qué crees que se dan estas diferencias?

Actividad 2: A nivel mundial, ¿qué porcentaje de energía se genera a partir de las energías renovables?

Actividad 3: ¿Qué porcentaje de energía suministró la energía eólica en España en el 2010?

Actividad 4: ¿Qué porcentaje debe suponer la utilización de energías renovables en España en el año 2020?

Actividad 5: ¿Qué zonas resultan aptas para colocar centrales eólicas marinas?

Construcción de un calentador solar

MATERIALES

- Contrachapado.
- Cola.
- Manguera.
- Silicona.
- Cristal.
- Reglas.
- Bidón de plástico.
- Instrumentos para cortar.
- Pintura negra.
- Taladro.
- Papel de aluminio.

Objetivo:

Construcción de un calentador solar de agua en grupos, capaz de calentar agua a 60 °C en un día soleado.

Procedimiento:

1. Análisis e investigación

Cada miembro del grupo de trabajo investigará sobre la energía solar: formas de aprovechamiento, climatología adecuada, orientación, etc.

2. Planificación y diseño

- Cada alumno realizará un diseño del calentador, anotando el material de construcción y las dimensiones de dicho material.
- Los grupos elegirán, de los diseños individuales, cuál realizarán entre todos, así como qué material se va a utilizar para la construcción del calentador y sus dimensiones.
- Se asignará a cada miembro del grupo el cargo que va a desempeñar: coordinador, secretario, encargado del material, dibujante y encargado de herramientas y limpieza.

3. Fabricación

1. Construir el cajón que servirá de placa solar, realizando dos orificios para la salida y entrada de la manguera.
2. Construir el soporte del cajón, de forma que el ángulo de inclinación resultante sea de 45°, aproximadamente.
3. Pintar el cajón con pintura negra.
4. Forrar los laterales interiores del cajón con papel de aluminio.
5. Colocar la manguera, formando meandros sobre el fondo del cajón.
6. Sellar el cristal sobre el cajón.
7. Pintar el bidón con pintura negra y realizar las perforaciones necesarias para colocar la manguera.
8. Ensamblar las diferentes partes del proyecto y rellenar el bidón con agua.
9. Colocar el calentador al sol y analizar su funcionamiento.

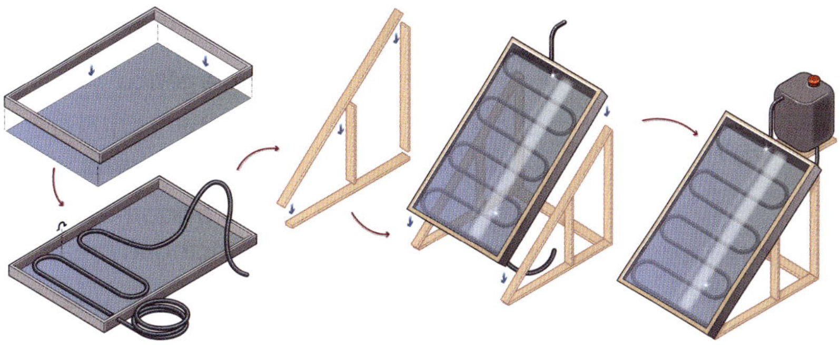

4. Presentación

El grupo presentará al resto de la clase su calentador de agua, indicando cuál puede ser su uso y cómo es su funcionamiento, así como los materiales que se han utilizado para su fabricación.

5. Evaluación del proyecto

El grupo expone a los demás alumnos las dificultades que han tenido en la realización del proyecto, cómo las han solventado..., y se asignan una nota. Los demás miembros de la clase evalúan al grupo.

Evaluación

1. Cualidades de la energía:
   a) La energía se transfiere, se transforma y se conserva.
   b) La energía se transforma, se conserva y se degrada.
   c) La energía se transfiere, se transforma, se degrada y se conserva.
   d) Todas las respuestas anteriores son falsas.

2. Con referencia a la energía:
   a) La energía cinética es la que poseen los cuerpos debido a su velocidad.
   b) La energía potencial depende de la altura a la que se encuentren los objetos.
   c) La energía potencial elástica se da en los muelles sometidos a una compresión.
   d) Todas las respuestas anteriores son verdaderas.

3. Con referencia al calor, la temperatura y la energía térmica:
   a) El movimiento de los átomos que forman una sustancia determina su energía térmica.
   b) La temperatura de los cuerpos se debe a la disposición de sus átomos en el espacio.
   c) Los intercambios de temperatura hacen que las moléculas modifiquen su energía potencial.
   d) La energía térmica también se denomina temperatura del cuerpo.

4. Transforma 65 °C en kelvin y Fahrenheit:
   a) 338 K/150 °F
   b) 338 K/149 °F
   c) 200 K/400 F
   d) 340 K/149 F

5. Calcula cuánta energía tenemos que suministrar para que 1 kg de oro aumente su temperatura 50 °C:
   a) 4500 J
   b) 2000 J
   c) 6500 J
   d) 7530 J

6. Transmisión del calor:
   a) Si dos cuerpos con diferente temperatura se ponen en contacto, el cuerpo con menor temperatura cede calor al más caliente.
   b) Al situar al lado dos sólidos, el cuerpo más caliente le transmite por convección energía al más frío.
   c) La radiación de la energía del Sol llega hasta nosotros por radiación.
   d) Una chimenea transmite calor mediante conducción, convección y radiación.

7. Fuentes de energía:
   a) Las energías renovables permiten su uso de forma continuada, no se agotan.
   b) Las energías no renovables no generan ningún problema en el entorno donde se explotan.
   c) Las energías no renovables nunca se vuelven a generar.
   d) Las energías no renovables no se pueden sustituir por energías renovables.

8. Las energías renovables:
   a) Con la utilización de energía solar fotovoltaica conseguimos calentar el agua necesaria para el uso doméstico.
   b) La energía eólica se utiliza en la actualidad para producir electricidad.
   c) La energía undimotriz aprovecha la acción de las corrientes que existen en los océanos.
   d) La biomasa se obtiene únicamente de los seres vivos muertos.

9. Energías no renovables:
   a) El gas y el petróleo aparecen juntos en los yacimientos.
   b) En la actualidad, el uso del carbón prácticamente ha desaparecido.
   c) El rendimiento energético de la energía nuclear es muy bajo comparado con el de la energía solar.
   d) Los usos del petróleo los encontramos en la obtención de combustibles; no se utiliza en otras industrias.

10. Ahorro energético:
   a) Las bombillas de bajo consumo son las que mejor rendimiento generan.
   b) Los electrodomésticos consumen poca energía y funcionan mejor con poca carga.
   c) Las ventanas de una vivienda deben tener doble cristal para aislar de forma eficiente.
   d) La temperatura ideal para una vivienda debe ser todo el año de 23 °C.

Resumen

La **energía** es la capacidad que poseen los sistemas materiales de producir transformaciones a su alrededor. Se puede transferir, transformar, se conserva y se degrada.

Los **tipos de energías** que existen son: mecánica, térmica, química, eléctrica, nuclear y electromagnética.

La energía **térmica** de un cuerpo es la suma de las energías cinéticas de los átomos que lo forman. La **temperatura** de un sistema es una medida de las energías cinéticas. Si la energía térmica se propaga de un cuerpo a otro, se denomina **calor**. La temperatura se mide mediante los termómetros; existen tres escalas de temperatura: Celsius, Kelvin y Fahrenheit.

Los efectos del calor sobre un cuerpo son: el cambio de temperatura, el de volumen y el de estado. El calor se propaga mediante: **conducción**, cuando dos sólidos a distinta temperatura entran en contacto; **convección**, en fluidos; y **radiación,** sin necesidad de ningún medio material (de esta forma llega la energía del Sol hasta nosotros).

Las **fuentes de energía** que utilizamos pueden ser **renovables,** que no se agotan con su uso, como es el caso de la energía solar, el viento, el agua o la materia orgánica; y **no renovables,** que se extraen a una velocidad superior a su recuperación y, por tanto, se agotan con su uso, como ocurre con el carbón, el petróleo y el gas natural. La energía **nuclear** genera unos residuos muy dañinos para los seres vivos durante décadas. Es necesario tomar conciencia de la necesidad de promover el ahorro energético que nos permita cuidar el planeta y evitar pérdidas económicas innecesarias.

Mis progresos

Unidad 8	¡Soy muy competente!	Soy competente, pero puedo mejorar	Soy competente, pero debo mejorar	Me faltan competencias. ¡Debo esforzarme mucho más!
¿Sé aplicar lo aprendido?	Realizo ejercicios y problemas de energías aplicando las fórmulas adecuadas y teniendo en cuenta las unidades características. Diferencio las energías y fuentes de energía, clasificándolas y explicando sus características.	Realizo ejercicios y problemas de energías aplicando las fórmulas adecuadas y teniendo en cuenta las unidades características, todo ello con dificultad. Clasifico las energías y fuentes de energías, pero tengo dificultad en conocer sus características.	Realizo ejercicios aplicando los conocimientos sobre energías pero no soy capaz de realizar problemas. Conozco las energías y fuentes de energías pero no sus características.	No soy capaz de aplicar los conocimientos sobre energías en la resolución de problemas. No conozco las diferentes energías ni las fuentes de energía.
Sé hacer...	Sé aplicar las técnicas de estudio como el resumen y la esquematización. Analizo información procedente de diferentes fuentes, elaborando conclusiones coherentes. Analizo gráficas de consumo y producción energética y elaboro conclusiones.	Sé realizar resúmenes pero tengo dificultades en la elaboración de esquemas. Analizo información procedente de diferentes fuentes, pero tengo dificultades en la elaboración de conclusiones coherentes. Analizo gráficas con dificultad extrayendo alguna conclusión.	Tengo dificultades en la elaboración de los esquemas y resúmenes. Analizo información procedente de algunas fuentes, pero tengo dificultades en la elaboración de conclusiones coherentes Analizo gráficas con dificultad, pero no sé elaborar conclusiones.	No sé realizar esquemas ni resúmenes. No soy capaz de analizar la información. No sé analizar gráficas.
La tecnología y yo...	Navego, encuentro mucha información interesante en la web y tengo dominio de las herramientas TIC para la realización de las actividades propuestas.	Navego, encuentro a veces información interesante en la web y tengo dominio alto de las herramientas TIC para la realización de las actividades propuestas.	Navego con dificultad por la web, mi forma de usarla no es adecuada y tengo poco dominio de las herramientas TIC para la realización de las actividades propuestas.	Me cuesta mucho navegar por la web, no sé utilizarla y no tengo dominio de las herramientas TIC para la realización de las actividades propuestas.
¿Sé trabajar en grupo?	Asumo mi rol sin interferir en el trabajo de los demás y aporto ideas al grupo.	Asumo mi rol y aporto ideas al grupo, pero suelo interferir en el trabajo de los demás.	Asumo mi rol, no aporto ideas al grupo e interfiero en el trabajo de los demás.	No asumo mi rol e interfiero en el trabajo de los demás sin aportar ideas al grupo.

Ahorro energético

Situación de partida

Parla optimizará el gasto energético en colegios, polideportivos y centros

Parla, 18 jul (EFE).- El ayuntamiento de Parla ha anunciado hoy que ha comenzado obras para mejorar la eficiencia energética en los 21 colegios públicos de Educación Infantil y Primaria de la ciudad, en la Escuela Infantil Momo, en cuatro polideportivos y en varios centros formativos.

La reforma consiste en la sustitución de toda la iluminación interior actual por luminarias tipo LED que reducen el consumo energético y así cumplen la normativa europea por la que todos los Estados miembros se comprometieron a reducir el consumo de energía para 2020 en un 20 %.

El Consistorio de Parla ha destacado que con esta reducción «no sólo se rebajan costes, sino que también se lucha contra el cambio climático» y ha adelantado que las obras estarán finalizadas antes del inicio del nuevo curso escolar.

En los CEIP Los Lagos, Magerit, María Moliner, Miguel Delibes, Virgen del Carmen, Antonio Machado y en la UNED, el ayuntamiento también ha iniciado la instalación de válvulas termostáticas que permitirán optimizar la calefacción en cada uno de los espacios de estos centros.

Con esta tecnología se controla cuándo se llega al nivel óptimo de calor en cada una de las aulas o espacios, para así regular la calefacción y evitar el desperdicio energético.

De este modo se logra repartir la energía de forma más eficiente, considerando la orientación de las distintas estancias, su amplitud, ocupación, etc.

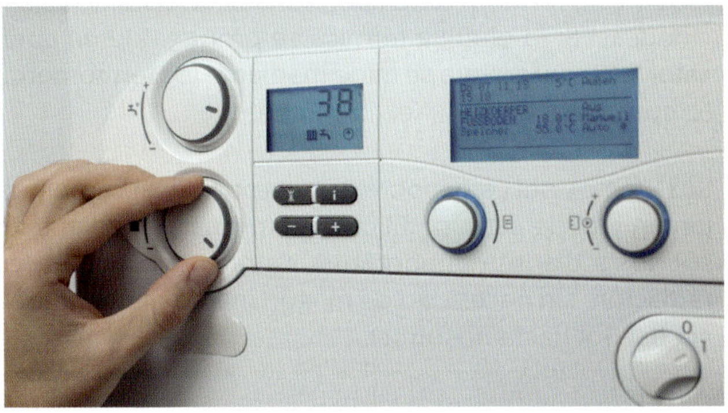

El trabajo que se está realizando en las calderas complementa el que se hizo el pasado verano, gracias al cual se cambiaron calderas antiguas por otras de gas natural con capacidad energética A^{++}.

A estas acciones hay que unir una inversión de 30 000 euros procedentes de las arcas municipales para realizar retoques de pintura en siete centros educativos, la reposición de la arena en los areneros infantiles de otros seis colegios y el acondicionamiento de las zonas en las que se encuentran los depósitos de gasóleo en cinco más.

Además de los 21 colegios, el Centro Ocupacional Villa de Parla, el Centro de Educación Permanente de Adultos Ramón y Cajal, el centro de la UNED, la UFIL San Ramón, y los polideportivos Julián Besteiro, El Nido, Giner de los Ríos y La Cantueña son las otras instalaciones donde se van a cambiar las luminarias.

La Vanguardia, 18/07/2014

Antes del proyecto

Lee atentamente el texto y contesta las siguientes cuestiones buscando información adicional si es necesario.

1. Escribe una lista con todas las mejoras relacionadas con la eficiencia energética que, según el texto, se van a instalar en los colegios de Parla.
2. Busca información sobre cada una de ellas y explica en un breve texto cómo consiguen que sea más eficiente el uso de la energía.

Lo que tenemos que hacer

En esta ocasión vuestra asociación va a ayudar a que vuestro centro sea más eficiente en su consumo de energía eléctrica. Para ello vais a realizar un informe sobre la situación actual y a proponer posibles mejoras que reduzcan el consumo de electricidad en vuestro instituto. Además de publicar el informe en vuestra web, podéis hacérselo llegar a la dirección del centro para que conozcan vuestras propuestas.

Pasos a seguir

Paso 1. Inventario

En un centro educativo la mayor parte del consumo eléctrico se debe a la iluminación y a los equipos informáticos. Vuestra primera tarea será contabilizar todos los elementos que contribuyen al consumo eléctrico en vuestro instituto. Para ello, tened en cuenta los siguientes aspectos:

- Seguid siempre las indicaciones del profesor o profesora y, si lo veis oportuno, repartid la tarea entre los distintos grupos de trabajo de vuestra clase.
- Si todas las aulas de vuestro centro son iguales, no necesitáis contar los elementos en todas ellas. Basta con conocer la situación en una de ellas y saber el número total de aulas.
- Es muy posible que podáis conseguir parte de esta información preguntando a la dirección del centro.

Reflejad esos datos completando la tabla de la derecha. En la columna de observaciones anotad todos los aspectos que consideréis relevantes (etiquetado enérgico, tipo de consumo, etc.).

Iluminación		
Elemento	**Cantidad**	**Observaciones**
Bombillas		
Fluorescentes		

CUADERNO

Equipos informáticos		
Elemento	**Cantidad**	**Observaciones**
CPU's		
Monitores		
Impresoras		
Proyectores		

CUADERNO

Paso 2. Gasto en electricidad

Con ayuda de vuestro profesor o profesora, preguntad al equipo directivo del centro sobre el gasto anual de energía eléctrica en los últimos años (mejor si podéis conseguir los datos mes a mes). Representad estos datos en una gráfica.

Paso 3. Medidas de ahorro energético

Buscad información en internet sobre las posibles medidas de ahorro en el consumo eléctrico y adaptarlas a la situación de vuestro centro. Ordenad todas vuestras propuestas en una lista en las que expliquéis cómo se podrían llevar a cabo en el caso concreto de vuestro instituto.

Organizamos la información: presentación y conclusiones

Organizad toda la información de los pasos uno, dos y tres y elaborad un informe que recoja los datos que habéis conseguido y vuestras propuestas de mejora. Publicad el informe en vuestro blog, compartiendo el archivo o utilizando alguna plataforma de presentaciones *on line* o creación de libros digitales. Si lo consideráis oportuno, haced llegar este informe al equipo directivo de vuestro centro.

9 Biodiversidad I

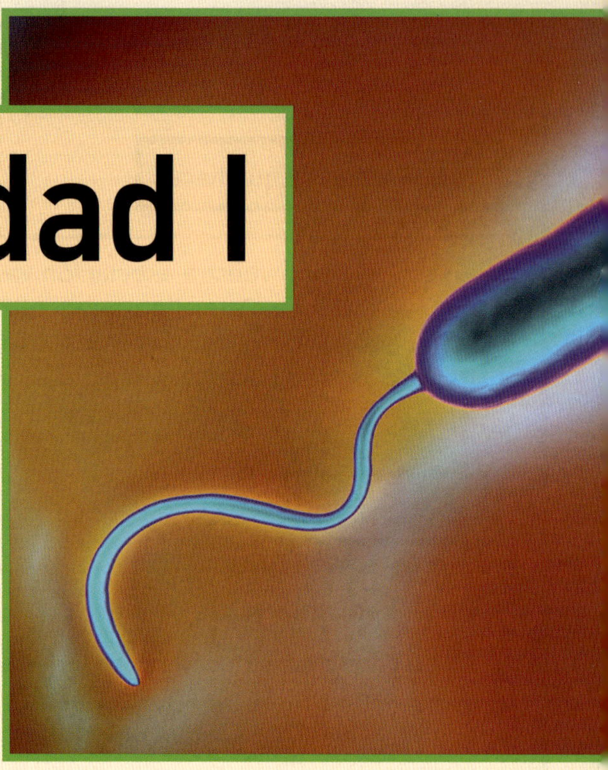

En esta unidad

1. Composición de los seres vivos
2. Funciones vitales
3. Teoría celular
4. Taxonomía
5. Los cinco reinos
6. Los virus
7. Las bacterias
8. Los protoctistas
9. Los hongos

	Vamos a aprender a...	Competencias
Saberes científicos	– Describir las funciones comunes a todos los seres vivos, diferenciando entre nutrición autótrofa y heterótrofa. – Contrastar el proceso de nutrición autótrofa y nutrición heterótrofa, deduciendo la relación que hay entre ellas.	CMCT
Lectura y comprensión	– Establecer comparativamente las analogías y diferencias entre célula procariota y eucariota, y entre célula animal y vegetal.	CMCT CCL
Tratamiento de la información y competencia digital	– Realizar investigaciones sobre los diferentes grupos de seres vivos, comunicando los resultados y utilizando programas de tratamiento de la información.	CMCT
Aprende a aprender ciencia	– Diferenciar la materia viva de la inerte, y la materia orgánica de la inorgánica, partiendo de las características particulares de ambas.	CMCT CCL
La ciencia en la sociedad	– Conocer los usos de los diferentes microorganismos en la industria.	SIE CSC
Proyecto: Tu asociación de alumnos	– Extraer información de la lectura de textos y el análisis de *mapas*. – Buscar y ampliar información sobre un tema para elaborar una opinión razonada y coherente. – Utilizar tablas para organizar y resumir la información. – Publicar y compartir información en internet.	CMCT CSC SIE

Antes de comenzar

Los seres vivos están formados por una serie de moléculas inorgánicas y orgánicas. Y se organizan en células, las unidades básicas de la vida. Pero, ¿las células son todas iguales? No, los organismos pertenecientes al Reino Moneras poseen células procariotas, y el resto de los Reinos de los demás seres vivos, eucariotas.

Dependiendo de su complejidad, los organismos se organizan en reinos. Este término está en un estudio continuo.

En esta unidad vamos a estudiar los seres vivos que pertenecen al Reino de los Moneras, Protoctistas y Hongos.

Actividades

- ¿Qué moléculas forman los seres vivos?
- ¿Qué funciones realizan las células?
- ¿Quién visualizó por primera vez una célula?
- Cita los tipos de nutrición que pueden presentar los seres vivos.
- ¿Los protozoos y las algas perteneces al mismo grupo?
- ¿Qué es un virus? ¿Cómo se transmite el ébola?

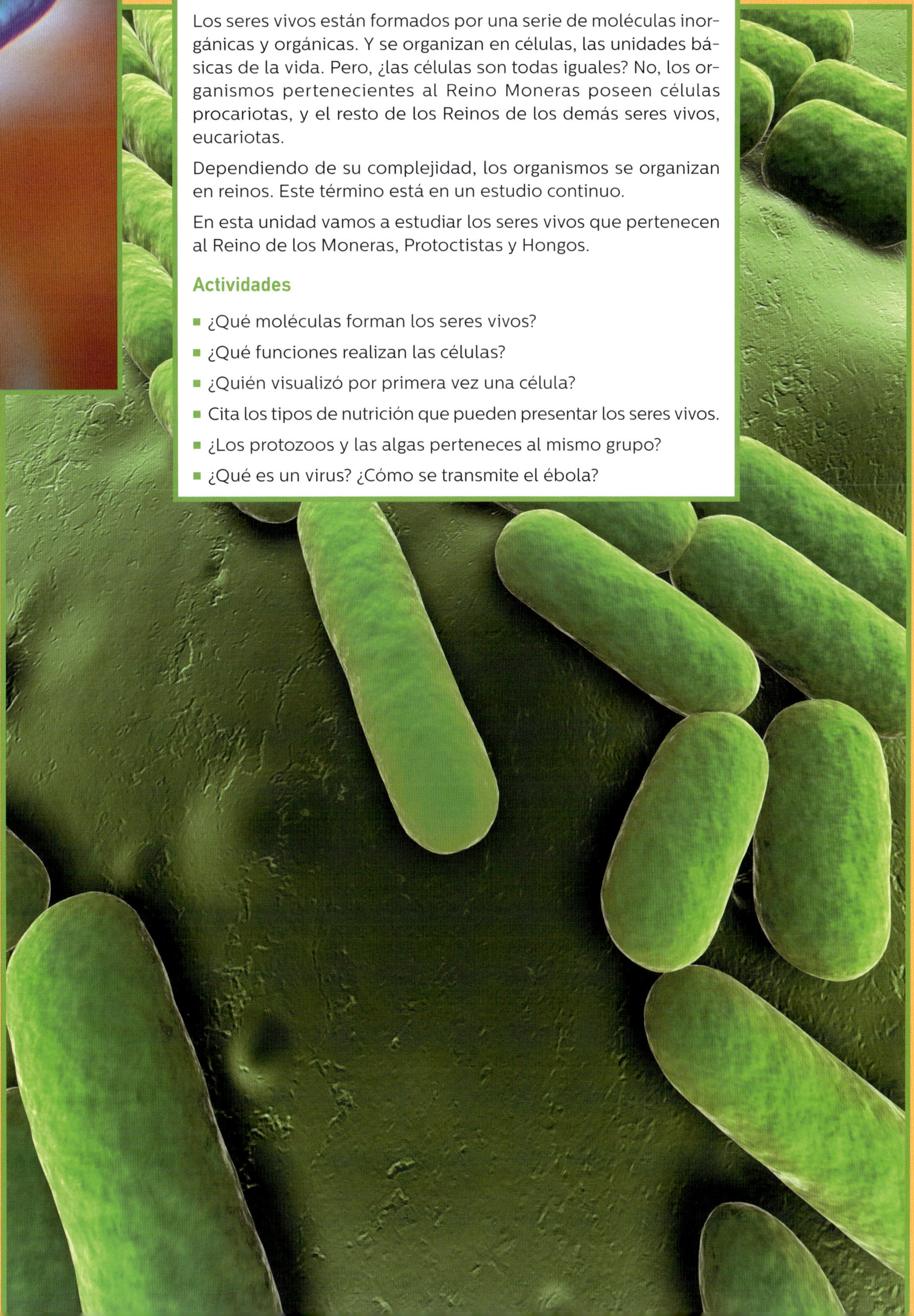

1. Composición de los seres vivos

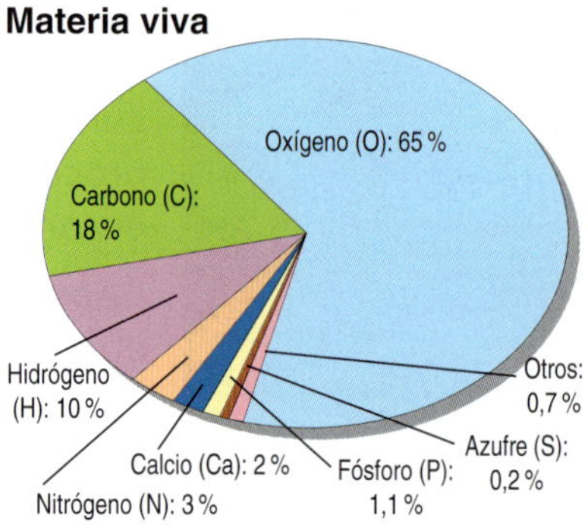

Los seres vivos están formados por un conjunto de **moléculas orgánicas** e **inorgánicas,** es decir, presentan una composición química similar y están constituidos por **células.** Interaccionan con el medio que les rodea intercambiando materia y energía y cumplen las siguientes funciones características: **nutrición, relación** y **reproducción.**

De todos los elementos químicos que existen en la Tierra, solo unos pocos forman parte de los seres vivos, y los principales son el carbono, el oxígeno y el hidrógeno.

Los elementos químicos se unen entre sí para dar lugar a moléculas. Las moléculas que forman los seres vivos se dividen en inorgánicas y orgánicas.

Moléculas inorgánicas

Agua

Constituye el componente mayoritario de los seres vivos. Su proporción varía entre el 70 y 90 % de su peso. El agua es el medio donde ocurren las reacciones químicas de los seres vivos, disuelve sustancias y las transporta; a su vez, actúa como regulador de la temperatura. Posee una característica anormal y es que posee un estado sólido menos denso que el líquido.

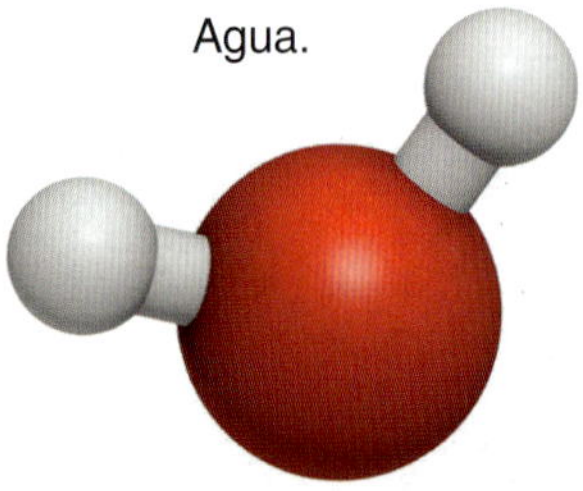
Agua.

Sales minerales

Intervienen en procesos fundamentales, como la contracción de los músculos, la transmisión del impulso nervioso, la coagulación sanguínea, etc. Destacan los iones de sodio, potasio, calcio, magnesio, cobre, hierro y cloro.

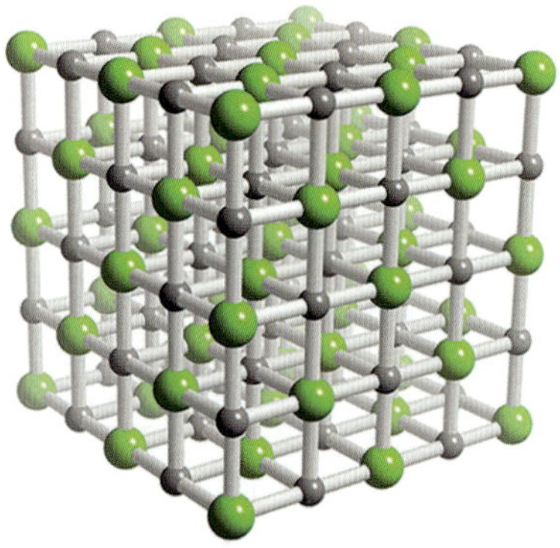
Red cristalina, NaCl.

Moléculas orgánicas

Están compuestas por átomos de carbono, hidrógeno y oxígeno fundamentalmente. El carbono es el segundo elemento en abundancia en los seres vivos, pero es el más importante, es el elemento básico para la vida. Tiene gran capacidad para combinarse con otros elementos y formar moléculas de cadenas muy largas que constituyen las moléculas orgánicas.

Glúcidos o hidratos de carbono

Nos proporcionan energía. Entre ellos destacamos la glucosa (molécula que utilizan los seres vivos como fuente de energía) y la fructosa. Al unirse entre sí forman la lactosa, u otros glúcidos de tamaño mucho mayor, como el almidón o la celulosa.

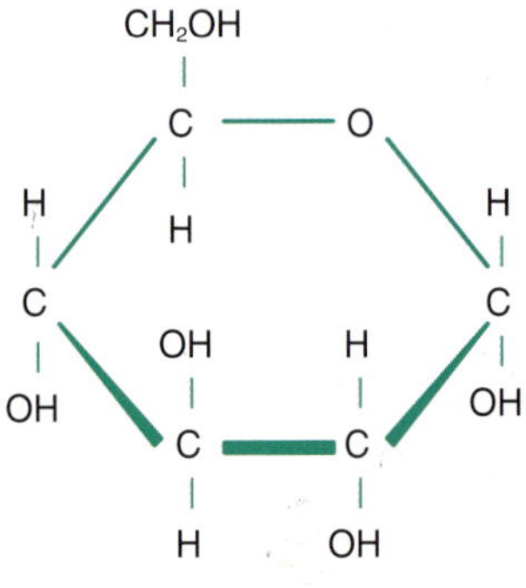

Glucosa.

Lípidos

Almacenan la energía de los seres vivos. No se pueden disolver en agua. Ejemplos de lípidos son: el colesterol, los ácidos grasos como el oleico (se encuentra en el aceite de oliva), los triglicéridos, etc.

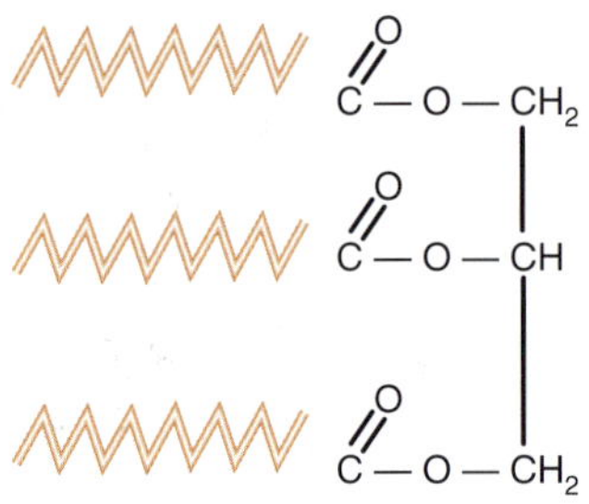

Triglicérido.

Proteínas

Están compuestas por la unión de aminoácidos. Son las encargadas de formar estructuras como los músculos, regular procesos vitales, etc.

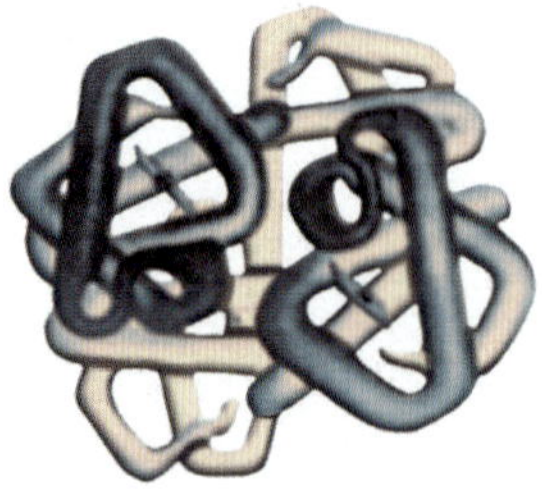
Proteína.

Ácidos nucleicos

Hay dos tipos: ADN y ARN. El ADN (ácido desoxirribonucleico) forma los cromosomas, que portan la información necesaria para que los seres vivos se desarrollen y realicen todas sus funciones. El ARN (ácido ribonucleico) interviene en la síntesis de las proteínas celulares.

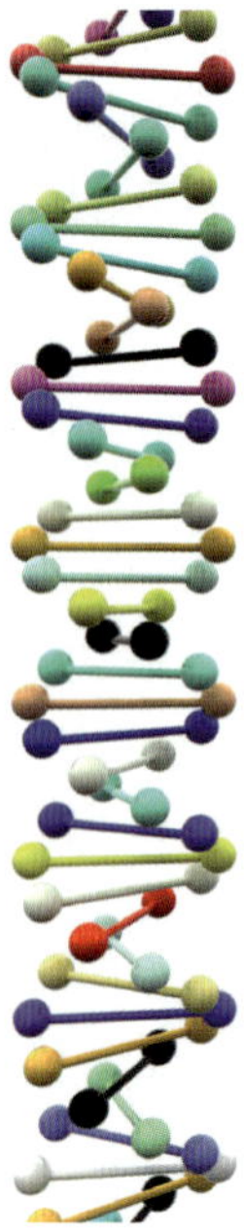
ADN.

a Actividades y tareas

1. Realiza un esquema de llaves incluyendo todos los componentes de los seres vivos.
2. Dibuja una tabla periódica y colorea los elementos químicos teniendo en cuenta la proporción en la que se encuentran en la materia viva..

3. En el siguiente dibujo aparece la estructura del agua en estado gaseoso, líquido y sólido. ¿Qué diferencias encuentras en su estructura? ¿Cómo se explica que el hielo flote sobre el agua?

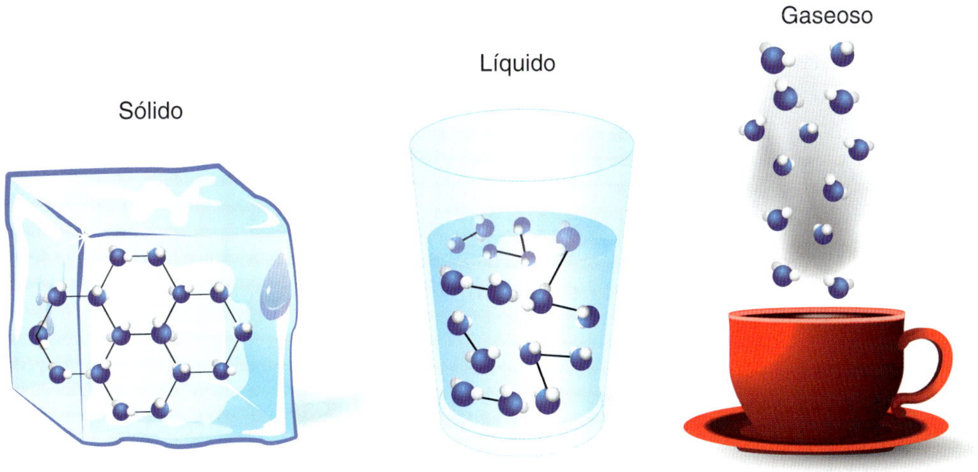

4. El almidón es un glúcido formado por una larga cadena de moléculas de glucosa unidas entre sí. Está presente en los vegetales constituyendo una reserva energética para estos. Contesta las siguientes cuestiones:
   a) Señala, de los siguientes alimentos, cuál posee un contenido mayor de almidón: pescado, patata, cacahuete, filete de pollo y loncha de jamón.
   b) El almidón se tiñe con el yodo, obteniéndose de esa manera un compuesto de color negro. Señala cuáles de los siguientes tubos de ensayo tomarán un color negro al añadirle yodo:
      - Agua + celulosa
      - Agua + harina
      - Agua + glucosa
5. Copia y completa el siguiente cuadro en tu cuaderno:

Biomoléculas orgánicas	Función	Ejemplo

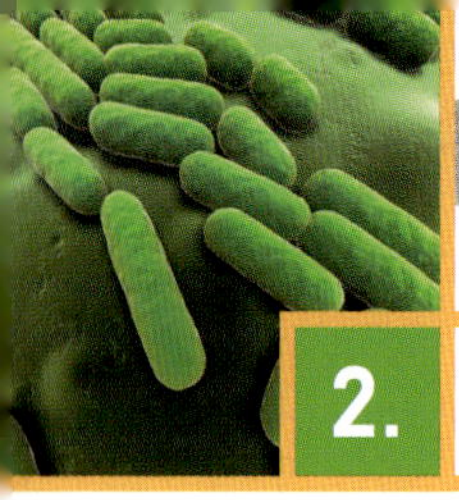

2. Funciones vitales

Todos los seres vivos tienen en común que realizan las mismas funciones vitales: **nutrición**, **relación** y **reproducción.**

2.1. Función de nutrición

Los **procesos de nutrición** incluyen la toma de nutrientes del exterior, su aprovechamiento y la eliminación de los residuos.

Según su forma de obtener la energía, podemos clasificar a los seres vivos en dos categorías: autótrofos y heterótrofos.

2.1.1. Autótrofos

Los seres vivos **autótrofos** son capaces de fabricar sustancias orgánicas (es decir, azúcares, lípidos y proteínas) a partir de compuestos inorgánicos, como las sustancias minerales, el agua y el dióxido de carbono. Para esto necesitan una fuente de energía que generalmente es la luz solar. Este proceso se denomina **fotosíntesis.** Para que la fotosíntesis tenga lugar, es necesario un pigmento: la **clorofila,** responsable de captar la energía lumínica procedente del sol. El color de la clorofila es verde, por ello los organismos fotosintetizadores son mayoritariamente de dicho color. En los organismos que realizan la fotosíntesis (plantas, algas y cianobacterias), esta tiene lugar en los **cloroplastos** de las células, excepto en las cianobacterias puesto que son células procariotas.

$$CO_2 + H_2O \longrightarrow \text{Glucosa} + O_2 + \text{Energía}$$

1. Las plantas absorben el agua y las sales minerales del suelo a través de las raíces.
2. Las hojas toman el dióxido de carbono del aire y expulsan oxígeno.
3. La clorofila presente en los cloroplastos de las hojas capta la energía del Sol necesaria para fabricar las moléculas de materia orgánica.

Además de la clorofila, existen otros pigmentos que también captan la energía de la luz solar, y que tienen otros tonos: pardos, rojizos... Estos pigmentos dan lugar a la gran variedad de tonos que podemos encontrarnos en otoño en un bosque.

Los organismos autótrofos que utilizan como fuente de energía para sintetizar moléculas orgánicas la procedente de compuestos inorgánicos como metano (CH_4), amoníaco (NH_3) o ácido sulfhídrico (SH_2) se denominan **quimiosíntéticos.** Los organismos que son capaces de realizar la quimiosíntesis son solo algunas bacterias.

2.1.2. Heterótrofos

Aquellos seres vivos que obtienen la materia a partir de compuestos orgánicos procedentes de otros seres vivos. Existen dos tipos de nutrición heterótrofa, la que se realiza en presencia de oxígeno **(aerobios), respiración celular,** y la que no requiere oxígeno **(anaerobios), fermentación.**

- **Fermentaciones:** realizadas por los organismos menos evolucionados, como bacterias (procariotas) y levaduras (eucariotas). En estas reacciones se transforman los compuestos orgánicos en otros más sencillos.
- **Respiración celular:** es un proceso que ocurre en las células eucariotas, tanto animales como vegetales, dentro de las **mitocondrias.** En la respiración celular, los compuestos orgánicos, mayoritariamente la glucosa, se transforman en dióxido de carbono y agua, liberando energía en el proceso, que a su vez se utiliza para crear nuevas estructuras, desplazarse... Para que la respiración celular ocurra, las células necesitan oxígeno.

$$\text{Glucosa} + O_2 \longrightarrow CO_2 + H_2O + \text{Energía}$$

Tipos de fermentaciones
Fermentación láctica
La lactosa de la leche se transforma en ácido láctico (yogures, quesos...).
Fermentación alcohólica
Los azúcares son transformados en etanol y dióxido de carbono (vino, cerveza...).
Fermentación acética
Proceso por el que el etanol del vino o de la sidra se transforma en ácido acético (vinagre).

2.2. Función de relación

La **relación** es la capacidad de los seres vivos de responder a estímulos (luz, temperatura, agua, búsqueda de alimento, protegerse de agresiones...), es decir, a los cambios del medio que les rodea.

Los **receptores,** órganos sensoriales en animales y receptores más difusos en plantas, son los encargados de captar los estímulos. Los órganos encargados de elaborar las respuestas son el sistema nervioso y el sistema hormonal o endocrino en los animales y las hormonas en las plantas. Los tipos de respuestas son muy distintos en los diferentes grupos de seres vivos; en las plantas son más sencillos que en los animales.

Las plantas responden a los estímulos mediante la producción de sustancias químicas, hormonas, o mediante movimientos, **tropismos** o **nastias** y **fotoperiodicidad.**

Las respuestas en los animales son muy complejas. Los músculos y las glándulas originan respuestas muy variadas, movimientos del cuerpo realizados por el aparato locomotor o la fabricación de sustancias por las glándulas o tejidos.

!

Vocabulario

Tropismo: movimientos de crecimiento orientados por un estímulo en una dirección determinada.

Fototropismo: crecimiento hacia la luz (fototropismo positivo) o en sentido contrario (fototropismo negativo).

Geotropismo: crecimiento siguiendo la gravedad.

Nastias: movimientos por un estímulo sin una dirección determinada, por ejemplo, la apertura y el cierre de las flores al amanecer y al anochecer.

Fotoperiodicidad: respuesta de los organismos a los cambios de periodos de luz y oscuridad en un ciclo de 24 horas.

2.3. Función de reproducción

La función de **reproducción** asegura la perpetuación de los seres vivos.

Hay dos tipos de reproducción:

- **Reproducción asexual.** Un organismo da lugar a otros idénticos entre sí y al organismo de origen. Así se reproducen las bacterias, las esponjas y, en ocasiones, las plantas.

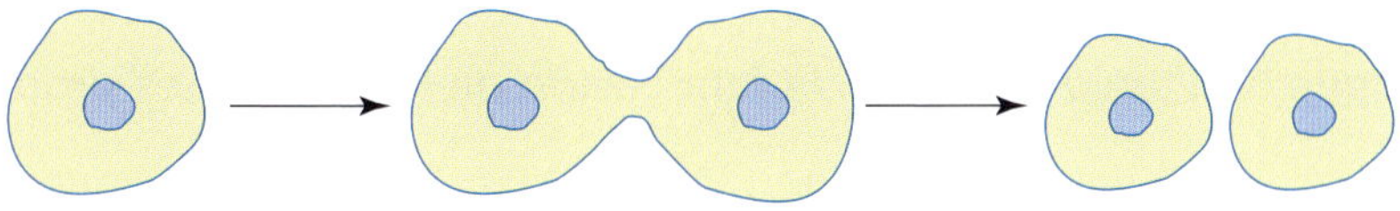

Bipartición: una célula se divide en dos.

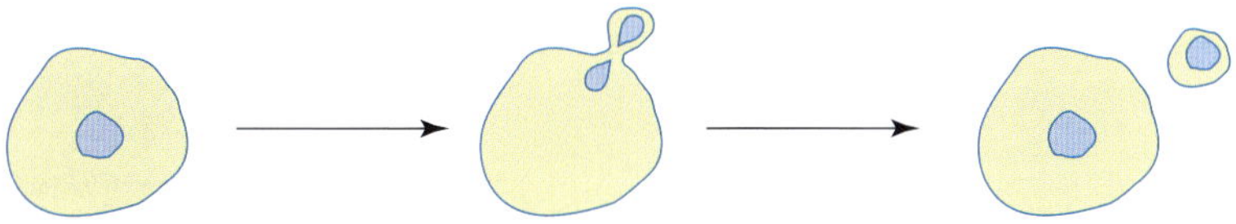

Gemación: formación de yemas.

Esporulación: consiste en la producción de esporas, capaces de originar un nuevo individuo.

- **Reproducción sexual.** Implica la participación de dos individuos de diferente sexo y la existencia de células especializadas, denominadas **gametos,** que al fusionarse dan lugar al nuevo ser vivo. La información genética de ambos se une, y los descendientes presentan caracteres que son mezcla de los dos progenitores. De esta manera se reproducen las plantas y los animales.

  Los gametos en los animales son los óvulos (femeninos) y los espermatozoides (masculinos). En los vegetales, son los óvulos (femeninos) y los granos de polen (masculinos).

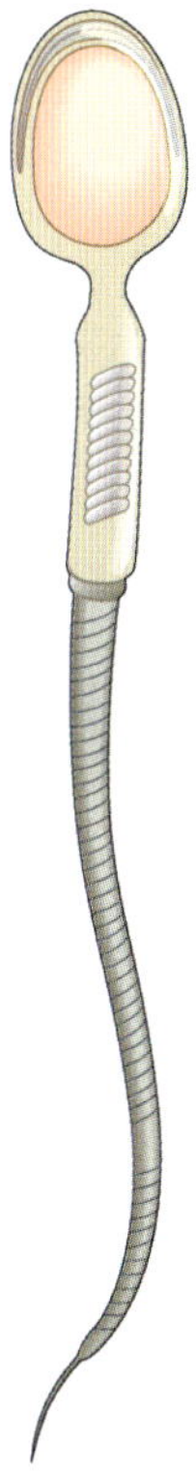

Gameto masculino, espermatozoide.

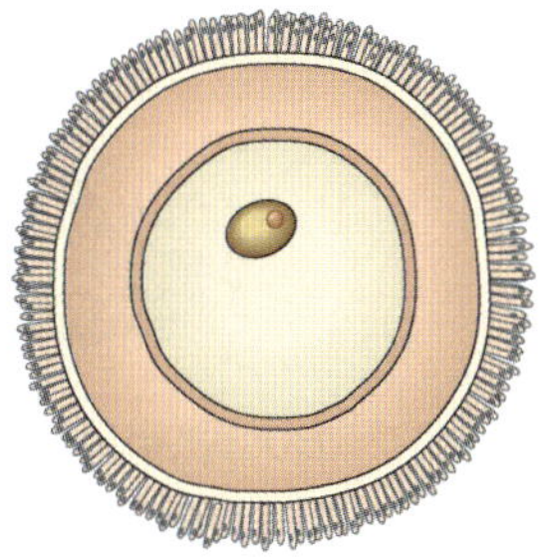

Gameto femenino, óvulo.

a Actividades y tareas

1. Explica, en doce líneas, cuáles son las funciones vitales que realiza un ser vivo.
2. Observa las siguientes imágenes y clasifica como autótrofos y heterótrofos los organismos que aparecen en ellas. ¿Qué mecanismo utilizan para nutrirse?

A

B

C

D

E

F

3. Señala los tipos de fermentación que han tenido lugar en la fabricación de los siguientes productos alimenticios:

A

B

C

D

Busca información sobre otros productos como el kefir o el kumis y explica qué son y mediante qué proceso se fabrican. ¿Existe algún otro producto que se genere a partir de la fermentación alcohólica?

4. Escribe las reacciones químicas que representan la fotosíntesis y la respiración celular. ¿Qué seres vivos realizan estos procesos?
5. Indica las diferencias que existen entre la fermentación y la respiración celular.
6. ¿Por qué las raíces de algunos árboles pueden romper las tuberías de agua?
7. Cita algún ser vivo que conozcas que tenga sensibilidad ante los cambios de luz. ¿Cuál es su respuesta?

8. Observa estas imágenes y explica a qué es debido el color de los vegetales. ¿En qué época del año han sido tomadas estas imágenes?

9. Investiga sobre los frutos y frutas del otoño. ¿Qué tienen en común? Realiza un mural para el aula con sus imágenes y dos recetas para realizar con cada uno.

10. Define los siguientes términos en tu cuaderno:

    a) Fermentación

    b) Tropismo

    c) Bipartición

    d) Esporulación

11. Enumera las estructuras que utilizan los animales para captar los cambios del medio que les rodea.

12. Realiza un diagrama explicando los procesos que ocurren en un organismo desde que se recibe un estímulo hasta que se elabora una respuesta. Debe contener los siguientes términos: receptor, hormona, músculo, sistema nervioso y estímulo.

13. Une en tu cuaderno los términos de ambas columnas:

1. Fototropismo positivo	a. Raíz
2. Geotropismo	b. Cierre de las flores
3. Nastia	c. Sueño y vigilia
4. Fotoperiodicidad	d. Tallo

14. ¿Qué mecanismo reproductor utilizan las bacterias? ¿Y las plantas?

15. Señala cuáles son las células reproductoras de los animales y de las plantas. ¿En qué estructuras se generan?

16. Escribe las diferencias entre los diferentes procesos de división celular que poseen los individuos con reproducción asexual. Cita un ejemplo de un ser vivo que siga dicho proceso.

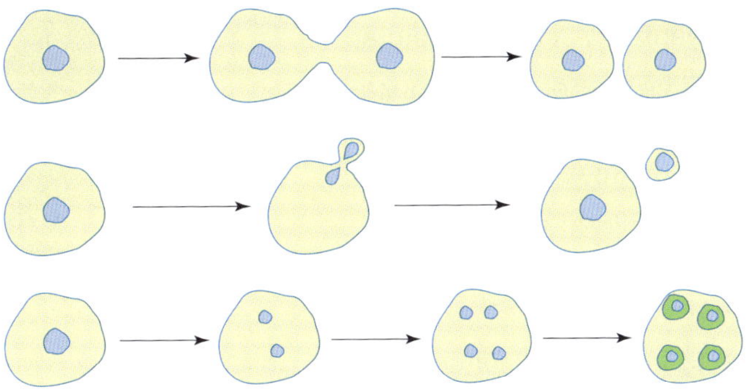

17. Describe las diferencias que existen entre la reproducción sexual y la reproducción asexual.

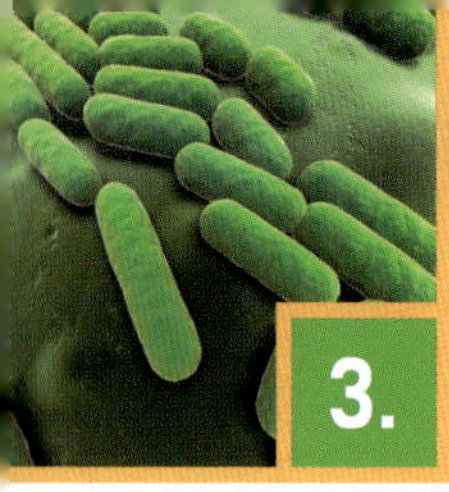

3. Teoría celular

En 1665, Robert Hooke observó, por primera vez, células de corcho en un microscopio, y las llamó *cellulae*, palabra latina que significa «celdilla».

Posteriormente, otros investigadores fueron descubriendo que los seres vivos, tanto animales como vegetales, están constituidos por células.

En 1858, Rudolf Virchow postuló la **teoría celular** que tiene los siguientes principios:

- Todos los seres vivos están constituidos por una o varias células.
- La célula es la estructura más pequeña que tiene vida.
- La célula es la estructura más pequeña capaz de nutrirse y relacionarse con el medio que la rodea.
- Las células poseen la información necesaria para dar lugar a otras células.
- Toda célula procede de otra ya existente.

Dependiendo de su complejidad, las células pueden ser procariotas (bacterias o cianobacterias) o eucariotas (plantas, animales o algas). Dentro de estas últimas también se diferencian, en cuanto a estructura y funcionalidad, las células animales de las vegetales.

!

Organización celular

Hay individuos **unicelulares** formados por una sola célula, como las bacterias o los protozoos. En algunas ocasiones, un conjunto de células iguales crecen juntas, en **colonias.** En este caso todas las células realizan las mismas funciones. El caso más complejo lo tenemos en los individuos **pluricelulares.** Están compuestos por un conjunto de células con funciones diferenciadas. Esto ocurre en las plantas superiores y en los animales.

3.1. Células procariotas

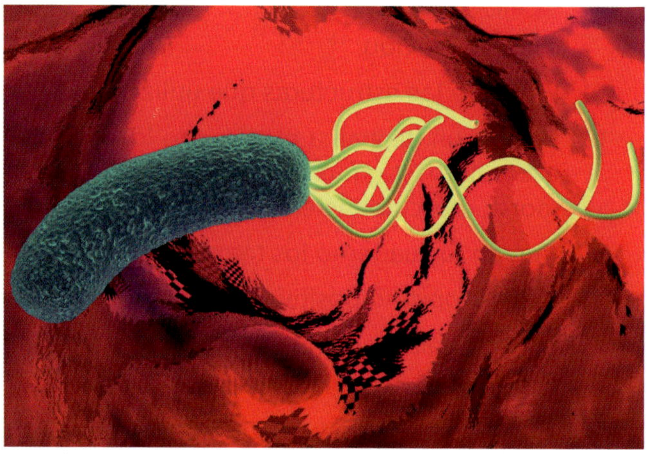

El término procariota proviene del latín *pro* («anterior») y *carionte* («núcleo»). Son las primeras células que surgieron en el planeta, y, por tanto, las que poseen una organización más sencilla.

Las bacterias y las cianobacterias están formadas por células procariotas.

Estructura de la célula procariota:

- **Pared celular:** proporciona resistencia a la célula, es rígida.
- **Membrana celular:** delimita la célula y la mantiene en contacto con el exterior, permitiendo el intercambio de sustancias.
- **Citoplasma:** está compuesto principalmente por agua, y en él se encuentran las estructuras que organizan la actividad celular:
- **Nucleoide:** material genético formado por una molécula de ADN circular, que organiza la actividad celular.
- **Ribosomas:** estructuras que intervienen en la fabricación de nuevas proteínas necesarias para la célula.
- **Mesosomas:** repliegues de la membrana celular donde tienen lugar las reacciones celulares.
- **Estructuras** que le confieren movilidad. Las hay de dos tipos:
  - **Fimbrias o pelos** que recubren toda la célula.
  - **Flagelo,** prolongación única que ayuda al desplazamiento de la célula.

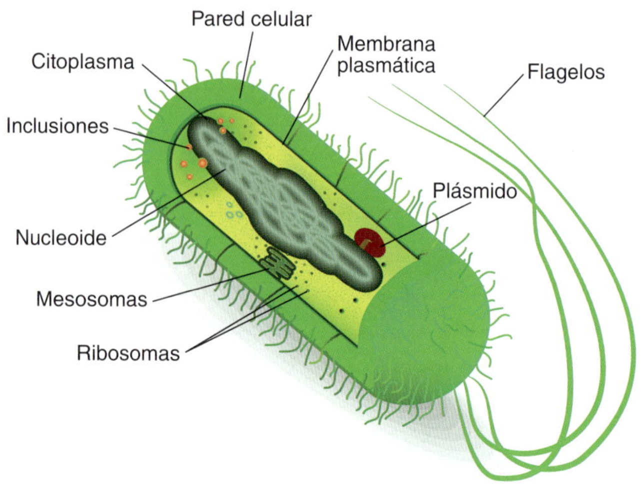

Estructura externa e interna de una célula procariota.

a Actividades y tareas

1. Enumera los principios de la teoría celular.
2. ¿Qué estructuras utilizan las células procariotas para desplazarse?
3. Señala las diferencias entre los ribosomas y los mesosomas.

Investiga

4. La teoría celular fue elaborada con la aportación de numerosos científicos:
   a) Investiga la historia del microscopio.
   b) Averigua las aportaciones de los siguientes científicos a la teoría celular: Schleiden, Schwann, Virchow y Santiago Ramón y Cajal.
   c) Con todos estos datos, elabora una línea del tiempo que resuma la historia de la creación de la teoría celular.
5. Uno de los postulados de la teoría celular dice que todas las células provienen de otra ya existente. Este postulado supuso un gran hito en la historia de la ciencia porque hasta este momento estaba establecida la teoría de la generación espontánea:
   a) Investiga sobre esta teoría y redacta un texto de unas diez líneas que resuma sus principios.
   b) Observa la siguiente imagen y explica el experimento desarrollado por F. Radi para desmentir la teoría de la generación espontánea. (Busca información si fuera necesario).

   c) Louis Pasteur también realizó experimentos para desmentir esta teoría. Utiliza estos dibujos para describir cuáles fueron las aportaciones de Pasteur en este campo. ¿Qué aplicaciones tiene en la conservación de los alimentos este experimento?

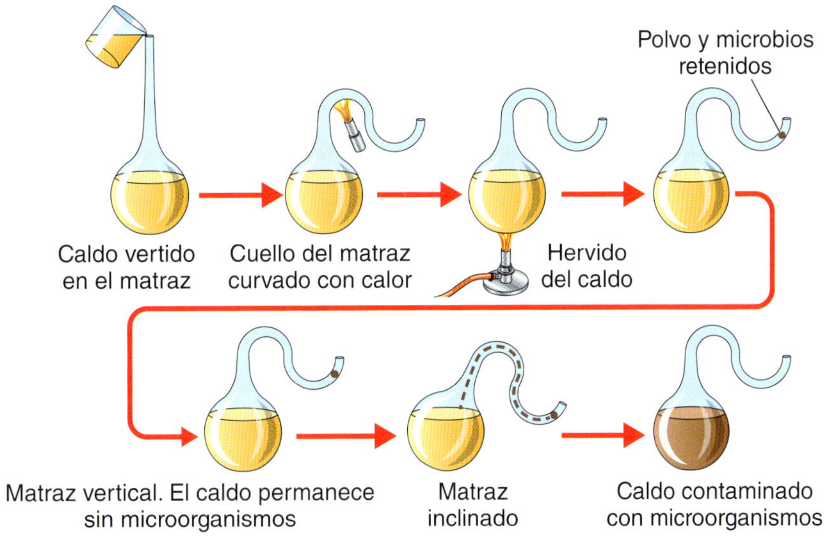

6. Realiza un dibujo en tu cuaderno de una célula procariota y señala sus partes.

3.2. Células eucariotas

El término eucariota proviene del latín *eu* («verdadero») y *carionte* («núcleo»); así, eucariota significaría «células con núcleo verdadero».

Las células eucariotas surgieron de las procariotas. Poseen estructuras membranosas dentro del citoplasma, es decir, están compartimentadas, organizadas por departamentos.

Dentro de las células eucariotas se diferencian, tanto anatómica como funcionalmente, las animales de las vegetales.

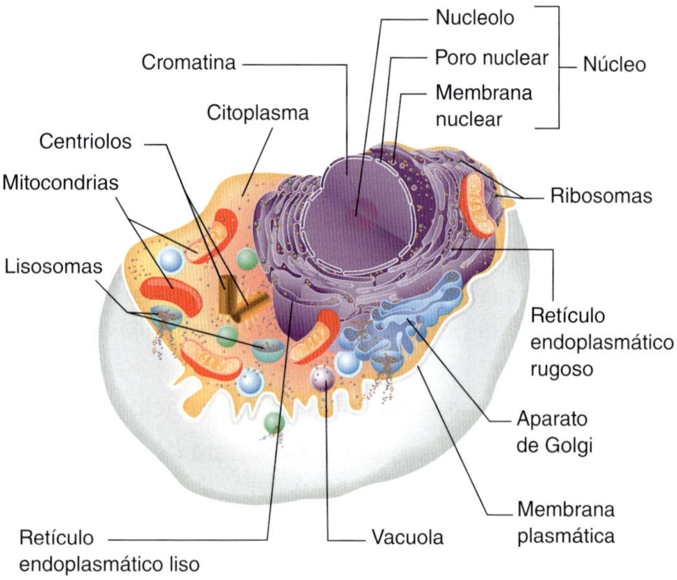

Célula animal.

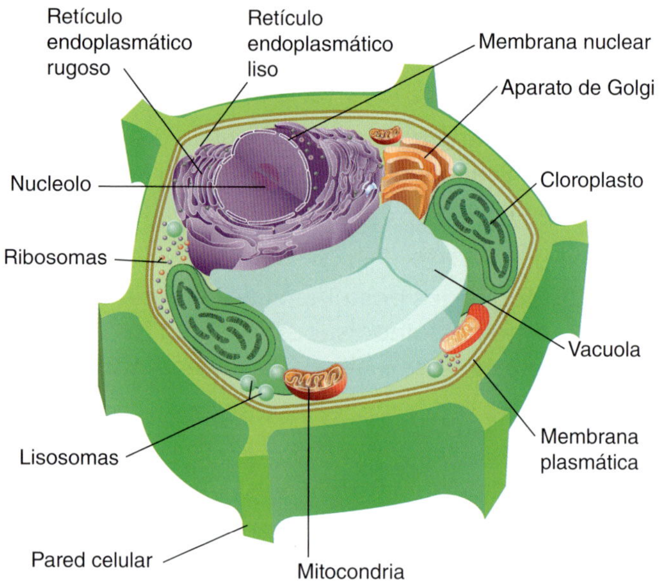

Célula vegetal.

Orgánulos celulares	Funciones
Membrana plasmática	Delimita las células y las comunica con el exterior de forma selectiva; solo entran los nutrientes necesarios para la célula y salen sustancias de desecho.
Mitocondrias	Centrales energéticas de la célula.
Aparato de Golgi	Transporte de sustancias al exterior celular.
Ribosomas	Síntesis de proteínas.
Retículo endoplasmático rugoso (RER)	Almacén de proteínas.
Retículo endoplasmático liso (REL)	Forma lípidos y los transporta con proteínas.
Lisosomas	Digieren las sustancias ingeridas por la célula.
Vacuolas	Almacenan diferentes sustancias; en las células vegetales son de gran tamaño.
Centriolos	Exclusivos de células animales, intervienen en la división celular.
Pared celular	Presente solo en células vegetales; está compuesta por celulosa, le da rigidez y forma definida a la célula.
Cloroplastos	Exclusivos de células vegetales, almacenan clorofila y otros pigmentos y realizan la fotosíntesis.
Núcleo	Es el encargado de organizar la actividad celular. Comprende: ▪ **Membrana nuclear,** que posee numerosos poros y comunica el núcleo con el citoplasma. ▪ **Material genético:** formado por ADN unido a proteínas. En el momento de la división celular formará los cromosomas. ▪ **Nucleolo:** lugar donde se sintetiza el ARN que forma los ribosomas.

a Actividades y tareas

1. Justifica qué tipo de nutrición tendrán las células animales y las células vegetales.
2. Realiza una comparación entre la célula animal y la célula vegetal. Para ello, ten en cuenta los siguientes aspectos:
   - Órganos comunes.
   - Órganos diferentes entre las dos.
   - Forma.
   - Seres vivos en las que están presentes.
3. Relaciona en tu cuaderno los términos de ambas columnas:

1. Lisosomas	a. Almacén de proteínas
2. Retículo endoplasmático liso	b. Transporte de sustancias al exterior
3. Retículo endoplasmático rugoso	c. Digestión de sustancias
4. Aparato de Golgi	d. Forma lípidos y transporta proteínas

Investiga

4. La siguiente imagen muestra la teoría endosimbionte de Lynn Margullis. Esta teoría aclara el origen de las células eucariotas a partir de las células procariotas.

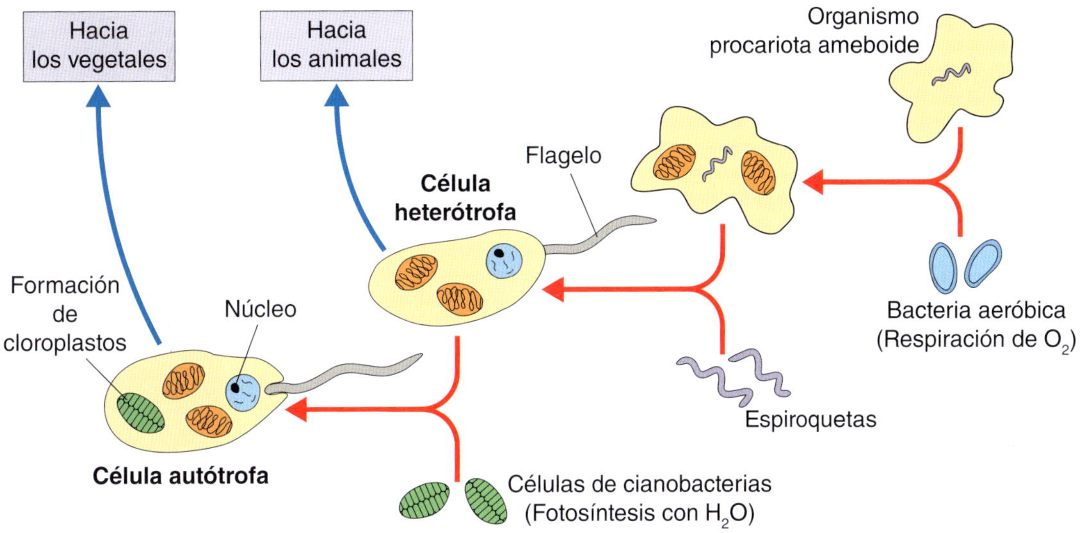

Busca información y explica esta teoría, así como los argumentos que se utilizan para avalarla.

Práctica científica

5. Observación al microscopio de células de la mucosa bucal.

Material
- Microscopio.
- Células bucales.
- Portaobjetos y cubreobjetos.
- Frasco lavador.
- Espátula desechable
- Azul de metileno.

Procedimiento
- Se raspa suavemente la cara interna del carrillo de la boca con una espátula desechable.
- Se coloca una gota de agua junto con la muestra en un portaobjetos. Se deja secar al aire y se añaden unas gotas de azul de metileno. Después de un minuto, se lava la preparación bajo el grifo.
- Se cubre con un cubreobjetos y se observa al microscopio.

a) Dibuja lo que ves a través del microscopio utilizando los tres aumentos. Señala los aumentos que te proporciona cada objetivo.

b) ¿Qué aspecto tienen las células? ¿Qué forma posee? ¿Por qué?

c) ¿Qué se observa en su interior?

4. Taxonomía

La extraordinaria variedad de formas de vida que podemos contemplar en la actualidad es el resultado de millones de años de evolución en la que los seres vivos se han ido adaptando para poder vivir en ambientes muy diversos.

Hoy en día hay descritas cerca de un millón y medio de especies, aunque se estima que podrían llegar hasta los 100 millones. Para comprender la organización y facilitar el estudio de los seres vivos es necesario **clasificarlos.**

Para ello, podemos emplear diferentes criterios, como por ejemplo:

- **Medio en el que habitan:** acuáticos (algas, tiburones, delfines, atunes...), terrestres (lombrices, topos, serpientes, vacas, seres humanos...).
- **Tipo de alimentación:** herbívoros (saltamontes, gacelas, etc.), carnívoros (leones, mantis, buitres, etc.), omnívoros (osos, seres humanos, etc.).
- **Modo de desplazarse:** reptando (lombrices, serpientes, etc.), nadando (sardinas, peces payaso, ballenas, etc.), caminando (arañas, lagartijas, avestruces, búfalos, etc.), volando (mariposas, murciélagos, águilas, etc.).

En la actualidad, la **taxonomía** clasifica a los seres vivos siguiendo criterios naturales basados en los siguientes aspectos:

- Análisis de la **evolución** de los seres vivos, a través del **estudio de los fósiles,** de las características de los esqueletos, como las extremidades, las mandíbulas, etc.
- Estudio del **desarrollo embrionario** (cambios producidos desde que se engendra un ser vivo hasta que nace).
- **Funcionamiento de los órganos** (fisiología): análisis de los aparatos circulatorio, respiratorio, locomotor, digestivo, sistema nervioso, forma de reproducirse, manera de eliminar los residuos, etc.
- Estudio de los **cromosomas:** número, información genética que portan, etc.
- **Distribución geográfica en el planeta:** seres vivos ubicuos (que habitan, prácticamente, todas las regiones del planeta), específicos (que habitan lugares determinados), etc.

Los seres vivos están organizados en **taxones** o grupos jerarquizados.

De más general a más concreto tenemos las siguientes categorías:

reino - filum (división en plantas) → clase → orden → familia → → género → especie

En algunos casos es necesario introducir algunos subgrupos, como subclases, subfilum, suborden, etc.

Para designar a las especies mediante un nombre científico se emplea la **nomenclatura binomial,** creada por **Linneo** en 1758.

Esta nomenclatura es un sistema internacional formado por dos palabras de origen latino. La primera designa el género (escrita en mayúsculas), y la segunda, la especie (en minúsculas); ambas palabras deben destacar del texto donde se encuentren, escribiéndolas en otro color, subrayándolas o cambiando el tipo de letra. Por ejemplo: el lobo es *Canis lupus*.

Una **especie** es un conjunto de individuos semejantes en estructura y funcionamiento, que se reproducen entre sí dando lugar a descendientes fértiles, y que tienen un antepasado común.

!

Vocabulario

Taxonomía: rama de la biología que estudia la clasificación de los seres vivos.

Cromosomas: fragmentos de ADN donde reside la información necesaria para que un ser vivo pueda desarrollarse y realizar sus funciones vitales.

Gacelas, organismos herbívoros.

Leones, organismos carnívoros.

a Actividades y tareas

1. ¿Qué ventajas conlleva que los seres vivos tengan nombres científicos internacionales?

2. Dada la siguiente lista de animales: rana, caballo, cerdo, águila, pescadilla, delfín, cocodrilo y murciélago. Completa la tabla en tu cuaderno, señalando las características de cada uno de ellos.

   ¿Estos criterios serían suficientes para realizar una clasificación taxonómica? ¿Cuáles crees que deberían completarlos?

Organismo	Tipo de alimentación	Aspecto de la piel	Modo de desplazarse	Forma de reproducirse
•••	•••	•••	•••	•••

3. En el cuadro aparece la clasificación de algunos seres vivos:

Clasificación de algunos seres vivos			
Taxones	**Roble**	**Paloma**	**Ser humano**
Reino	Metafitas (planta)	Metazoos (Animal)	Metazoos (Animal)
Filum (división)	Espermafita	Cordado	Cordado
Subfilum	Angiosperma	Vertebrado	Vertebrado
Clase	Dicotiledoneas	Ave	Mamífero
Orden	Fagales	Columbiformes	Primates
Familia	Fagaceas	Colúmbidos	Hominidos
Género	Quercus	Columba	Homo
Especie	*Quercus ilex*	*Columba columba*	*Homo sapiens*

   Teniendo en cuenta esta información, ordena correctamente las categorías taxonómicas que describen a los siguientes seres vivos:

   - Champiñón. Familia Agaricáceas. Especie *Agaricus campestris*. División Basidiomicetos. Género *Agaricus*. Orden Agaricales. Reino Fungi. Clase Homobasidiomicetos.
   - Manta. Subclase Elasmobranquios. Orden Myliobatiformes. Clase Condrictios. Reino Metazoos. Familia Dasyatidae. Superclase peces. Género Manta. Filum Cordados. Especie *Manta birostris*.
   - Tenia: Género *Taenia*. Orden Taenidale. Filum Platelmintos. Especie *Taenia saginata*. Familia Taeniidae. Clase Cestodos. Reino Metazoos.
   - Melón: División Espermafitas. Orden Cucurbitales. Reino Metafitas. Especie *Cucurmis melo*. Clase Dicotiledóneas. Género *Cucurmis*. Familia Cucurbitáceas.

Investiga

4. **Linneo** fue el precursor del sistema de clasificación de los seres vivos que se utiliza en la actualidad. Busca datos sobre su vida y su obra y contesta las siguientes preguntas:

   a) ¿Dónde y cuándo nació Linneo? ¿Cuál era su nombre completo?

   b) Además de a la Botánica, ¿a qué otra actividad se dedicó?

   c) ¿Cómo se llamaba el libro en el que estableció la nomenclatura binomial? ¿En qué año se publicó?.

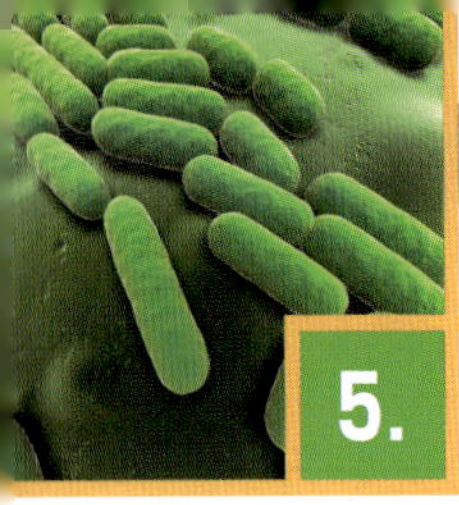

5. Los cinco reinos

La **taxonomía**, siguiendo los criterios expuestos en el apartado anterior, clasifica a los seres vivos en cinco reinos:

- Reino Moneras.
- Reino Protistas o Protoctistas.
- Reino de los Hongos o Fungi.
- Reino de las Plantas o Metafitas.
- Reino de los Animales o Metazoos.

!

Vocabulario

Procariota: palabra de origen griego (*pro-* «anterior», *carionte* «núcleo»), que designa las células que no presentan su material genético rodeado por una membrana.

Eucariota: palabra de origen griego (*eu-* «verdadero», *carionte* «núcleo»), que designa las células que presentan su material genético rodeado por una membrana.

Reino Moneras

- **Procariotas** unicelulares, formados por una única célula.
- Pueden ser autótrofos o heterótrofos.
- Reproducción asexual por bipartición.
- Los organismos que forman este reino son las bacterias y las cianobacterias.

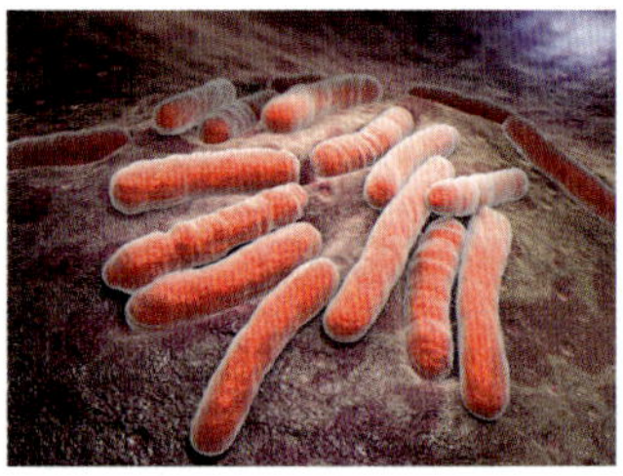

Reino Protistas o Protoctistas

- **Eucariotas** unicelulares o pluricelulares.
- Pueden ser autótrofos o heterótrofos.
- Reproducción asexual por bipartición, o sexual por conjugación.
- Los organismos que lo forman son los protozoos y las algas.

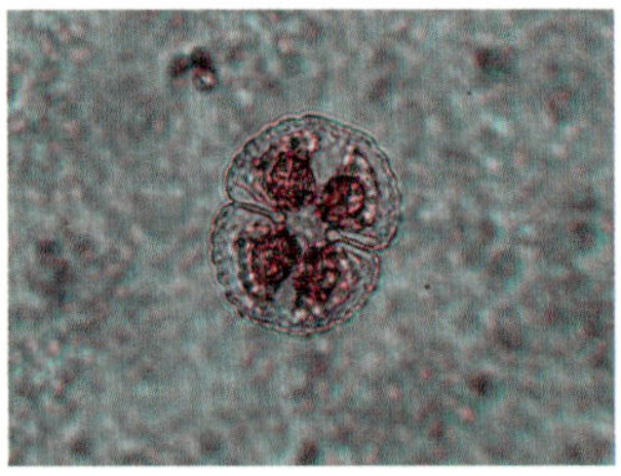

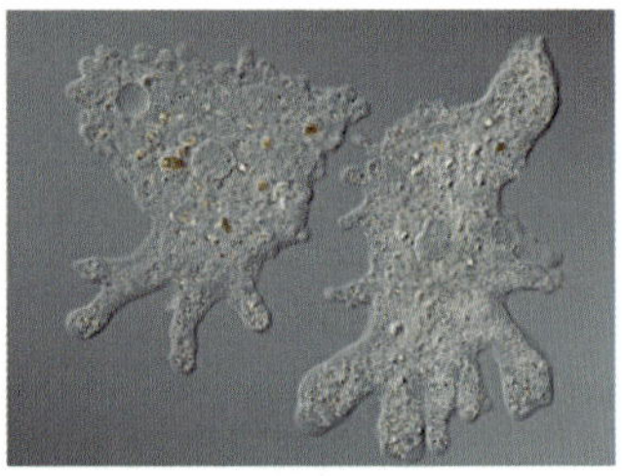

Reino de los Hongos (Fungi)

- **Eucariotas** pluricelulares.
- Heterótrofos.
- Reproducción sexual y asexual.
- Entre estos se encuentran las setas, los mohos, etc.

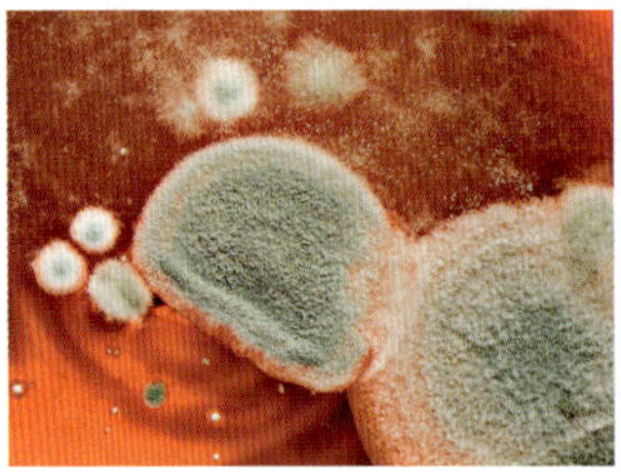

Reino de las Plantas (Metafitas)

- **Eucariotas** pluricelulares con tejidos verdaderos.
- Autótrofos, fotosintetizadores.
- Reproducción sexual y asexual.
- Formado por organismos como el girasol, el trébol, el abeto...

Reino de los Animales (Metazoos)

- **Eucariotas** pluricelulares con tejidos verdaderos.
- Heterótrofos.
- Reproducción sexual.
- Organismos: hormiga, lombriz, pato, rana, antílope...

a Actividades y tareas

1. Señala si son verdaderas o falsas las siguientes afirmaciones:

   a) Solo uno de los reinos está integrado por organismos unicelulares.

   b) Las plantas son autótrofas fotosintetizadoras.

   c) Los hongos realizan la fotosíntesis y poseen reproducción sexual.

   d) Las algas pueden ser pluricelulares y realizan la fotosíntesis.

   e) Los metazoos, en algunas ocasiones, pueden ser autótrofos, aunque la mayoría son heterótrofos.

2. Copia y completa el siguiente cuadro en tu cuaderno:

Reino	Tipo de células	Nutrición	Reproducción	Ejemplo
Moneras				
Protistas				
Hongos				
Plantas				
Animales				

3. En las siguientes imágenes aparece un representante de cada uno de los cinco reinos en los que se clasifican los seres vivos. Identifícalos y cita tres características que sirven para clasificarlos dentro de dichos reinos.

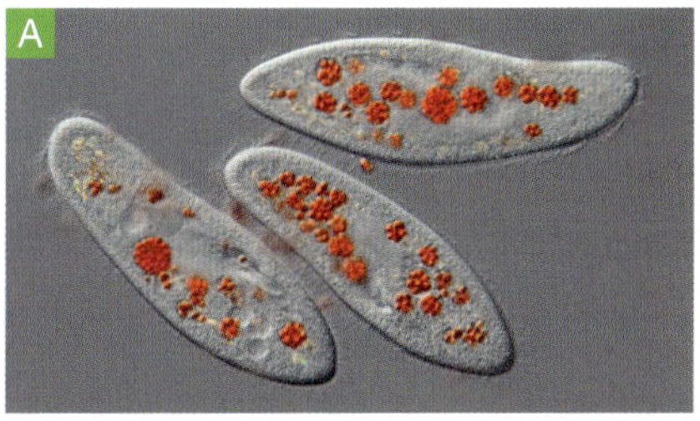

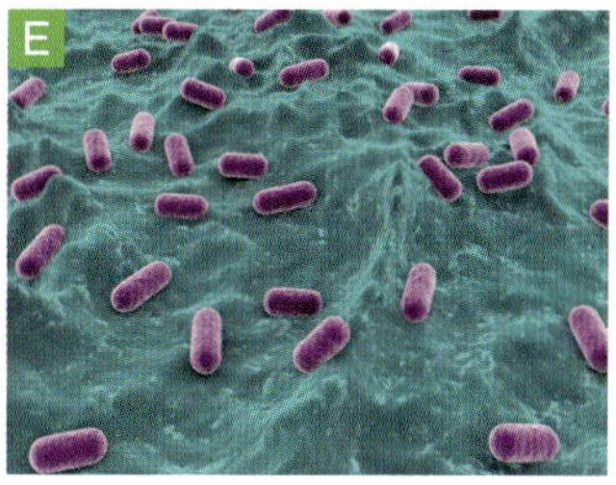

4. Realiza un mapa mental que relacione las diferentes características de los reinos en los que se clasifican los seres vivos. Para comprender cómo se realiza esta destreza de pensamiento, utiliza el vídeo donde su creador, Tony Buzan, describe el mecanismo por el cual se realiza y la justificación de su importancia para el aprendizaje. <www.youtube.com/watch?v=udf_ZTu3fRU>. También puedes buscar imágenes de mapas mentales que te ayuden a perfeccionar esta técnica.

Investiga

La clasificación de los seres vivos está en continua revisión. En la actualidad, las líneas de investigación trabajan para descifrar las relaciones filogenéticas de los seres vivos más complicados de caracterizar, los procariotas. Como ya hemos estudiado, los procariotas son organismos unicelulares y poseen unas necesidades de nutrientes muy variadas e incluso desconocidas, por ello es muy difícil hacerlos crecer en un laboratorio. Investiga sobre el término **dominio**, y explica cuáles son los dominios en los que se clasifica a los seres vivos en la actualidad.

6. Los virus

Los virus no pertenecen a ninguno de los reinos en los que se clasifican los seres vivos, se encuentran en la frontera entre lo vivo y no vivo.

Los virus son seres **acelulares** (no son células) y **parásitos estrictos,** es decir, necesitan parasitar una célula para poder desarrollarse.

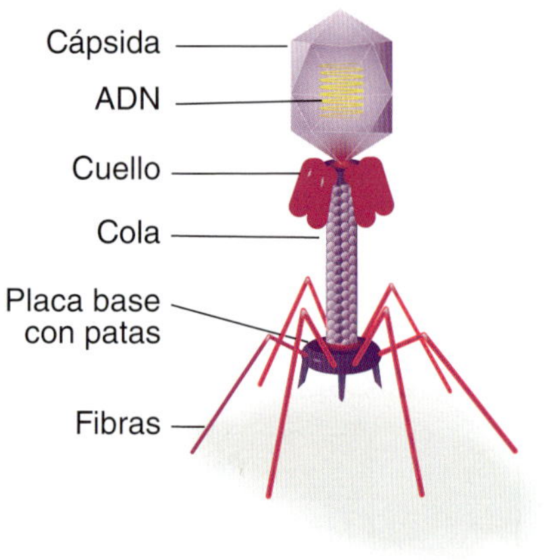

Estructura interna de un bacteriofago.

6.1. Estructura viral

- Una **envuelta** de membrana plasmática procedente de la célula a la que parasitan (no todos los virus la poseen).
- Una **cápsida** (cubierta), formada por proteínas, que da rigidez y define su forma geométrica. Por ejemplo, el virus VIH (virus de la inmunodeficiencia humana o virus del sida) tiene forma geométrica de icosaedro; el virus del mosaico del tabaco tiene forma de cilindro, etc.
- Una molécula de **material genético** (ADN o ARN) que contiene la información necesaria para crear nuevas partículas virales.
- En algunos casos tienen una **proteína** que les ayuda a utilizar la maquinaria celular para reproducirse.

6.2. Mecanismo de acción viral

Todos los grupos de seres vivos (bacterias, protozoos, hongos, animales y plantas) pueden ser parasitados por virus. Cada virus afecta específicamente a un tipo de ser vivo, pero es poco frecuente el salto de estos virus entre especies (como el caso de las gripes aviar y porcina hacia la especie humana).

Cuando un virus infecta una célula, los orgánulos de esta comienzan a producir nuevas estructuras virales. Al ensamblarse, terminarán rompiendo la membrana plasmática, para salir al exterior e infectar a las células cercanas. Esto puede ocurrir en el momento en que se produce la infección viral (vía lítica) o después de un tiempo de duración variable (vía lisogénica).

6.3. Mecanismo de contagio

Dependiendo del tipo de virus, pueden ser:

- Por contacto físico, como la varicela, el sarampión, etc.
- Mediante el agua, como la hepatitis.
- Por los fluidos corporales, como el VIH.
- Mediante la saliva, como la gripe o los catarros (rinovirus).

6.4. Los virus son perjudiciales

Causan graves enfermedades, que en determinados momentos de la historia han llegado a diezmar considerablemente la población.

Entre estas enfermedades destacamos la viruela, la rubeola, la gripe, el sarampión, la varicela, el sida, la hepatitis, la poliomielitis, el herpes...

Provocan importantes pérdidas económicas. Los virus pueden causar la muerte de los animales de granja y la desaparición de las cosechas de algunos cultivos.

También causan daños en la industria, como es el caso de la destrucción de las bacterias que producen el yogur.

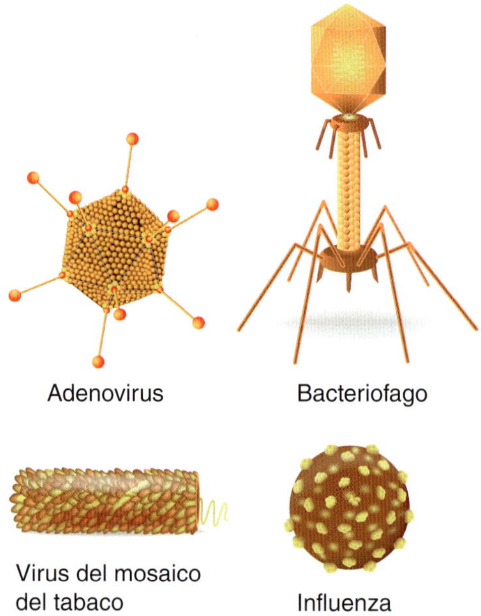

Tipos de virus.

a Actividades y tareas

1. ¿Por qué los virus son considerados parásitos estrictos?
2. Dibuja en tu cuaderno la estructura de un bacteriófago T e intenta señalar cada una de sus partes.
3. Relaciona los términos de las dos columnas en tu cuaderno en relación con los virus:

1. Envuelta	a. Material genético
2. Cápside	b. Membrana plasmática
3. ADN	c. Proteína

4. ¿En qué se diferencian el ciclo lítico y el lisogénico de un virus? Busca información sobre los virus que producen ciclo lisogénico en la especie humana y razona el nivel de complejidad que requiere su curación.
5. Observa la siguiente imagen de cómo ocurre el mecanismo de acción viral:

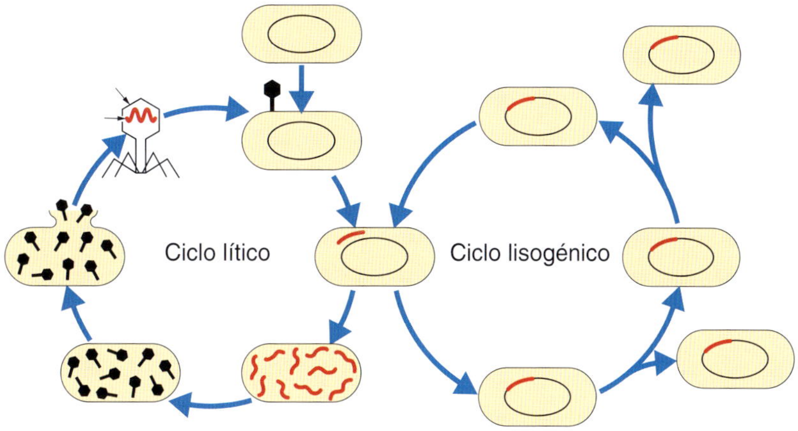

Elabora un informe que describe lo que ocurre en cada una de las fases en que se dividen un ciclo lítico y un ciclo lisogénico de un virus.

6. Enumera los medios de contagio con los que se pueden contraer las enfermedades de origen viral.

Investiga

7. En el mes de abril de 2015, en plena epidemia de ébola, la revista *Investigación y Ciencia* publicó un artículo sobre ese virus. Aquí mostramos un fragmento. Busca información sobre el medio de transmisión y los métodos que tenemos para defendernos de este virus.

> **Biología de un patógeno perverso: cómo el ébola asola vidas**
>
> En las primeras fases de la infección, el virus asesta un golpe devastador al sistema inmunitario y el aparato circulatorio. El ataque paraliza las defensas del organismo y le permite multiplicarse a placer por células de todo el cuerpo. El colapso simultáneo de la red de vasos sanguíneos y las consiguientes hemorragias le prestan nuevas oportunidades para infectar a otras personas.

8. Busca información en internet, en el diccionario o en una enciclopedia, sobre los síntomas y los virus que dan lugar a las siguientes enfermedades: viruela, rubeola, gripe, sarampión, varicela, sida, hepatitis, poliomielitis y herpes. Realiza una encuesta entre tus familiares y conocidos (veinte personas) preguntando quién ha sufrido alguna de estas enfermedades, a qué edad aproximadamente y qué síntomas tuvieron. ¿Sabes si existen vacunas para prevenir su contagio?

   Con todos estos datos, realiza un estudio y elabora unas conclusiones. Preséntalo utilizando un procesador de textos. Una vez que se hayan expuesto en clase los trabajos, analizad entre todos los resultados obtenidos.

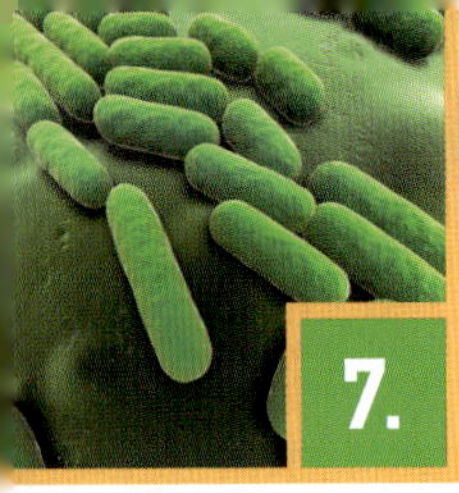

7. Las bacterias

Las bacterias son seres vivos **unicelulares procariotas.** Habitan todos los lugares del planeta, gracias a su capacidad de adaptarse al entorno, incluso cuando las condiciones son extremas. Su tamaño es de aproximadamente una micra. Se pueden clasificar siguiendo varios criterios: forma, nutrición e interacción con el ser humano. Por su **nutrición** se clasifican en:

- **Autótrofas:** se alimentan de compuestos inorgánicos, si utilizan como fuente de energía la luz solar (son fotoautótrofas como las cianobacterias), y quimioautótrofas si emplean compuestos químicos (como el dióxido de azufre, SO_2) como fuente de energía. Un ejemplo son las bacterias que habitan en los volcanes.
- **Heterótrofas:** se alimentan de materia orgánica previamente elaborada por otros organismos y pueden ser:
  - **Parásitas.** Viven a expensas de otros seres vivos produciendo enfermedades, por ejemplo, en el hombre, cólera, salmonelosis, botulismo, tuberculosis, neumonía...
  - **Simbióticas.** Se asocian con otros organismos vivos en una relación de beneficio mutuo, como las bacterias que viven en el interior del intestino y que facilitan la eliminación de los desechos, o las bacterias del género *Rhizobium* que fijan el nitrógeno atmosférico necesario para las plantas y estas, a cambio, les proporcionan materia orgánica.
  - **Saprófitas.** Se alimentan de materia orgánica en descomposición (cadáveres, excrementos, hojas secas...) permitiendo que pueda ser de nuevo utilizadas por las plantas.

Hay bacterias que son capaces de vivir sin oxígeno **(anaerobias)**, como es el caso del *Clostridium botulinum*, causante del botulismo. Otras necesitan el oxígeno **(aerobias)**, como las bacterias lácticas.

Las **cianobacterias** son **organismos unicelulares** que pueden vivir de forma independiente o formando colonias. Son autótrofas, realizan la fotosíntesis; para ello, poseen clorofila, que les da un tono verde azulado. Responsables del aumento de la proporción de oxígeno en la atmósfera (21% en la actualidad).

!

Vocabulario

Colonias: conjunto de individuos de la misma especie que viven unidos, pueden realizar funciones diferentes y tienen mayor capacidad de defensa frente a las agresiones externas.

Simbiosis: relación entre individuos de distinta especie, de beneficio mutuo.

Parasitismo: relación entre individuos de distinta especie, en la que uno de ellos saca beneficio del otro perjudicándolo.

!

Estromatolitos

Las cianobacterias viven en las aguas de los océanos y constituyen gran parte del plancton marino. Liberan oxígeno y captan grandes cantidades de dióxido de carbono para formar carbonatos que, al precipitar, dan lugar a la formación de los **estromatolitos.**

Estromatolitos.

Tipos de bacterias según su forma

Cocos: forma esférica

Diplococos: dos cocos juntos

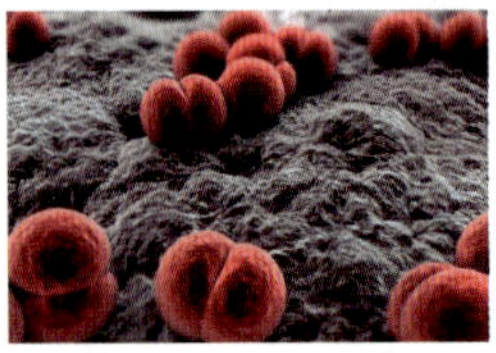

Estafilococos: forman aglomeraciones

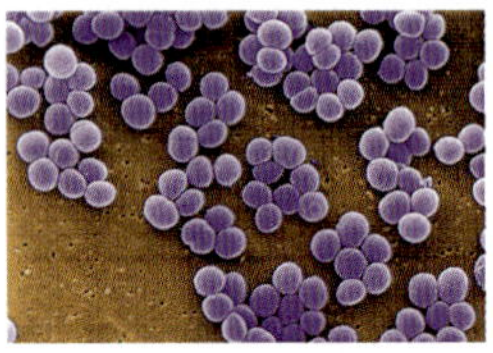

Estreptococos: forman cadenas

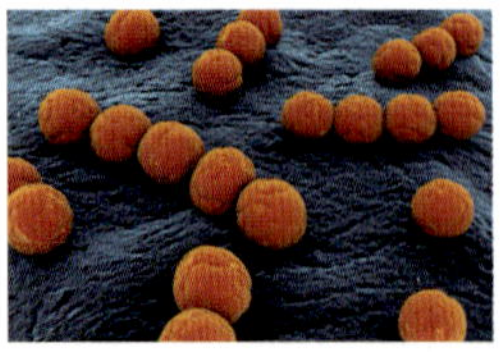

Bacilos: similares a un bastón

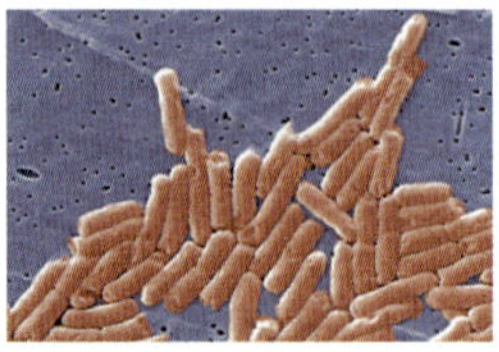

Espirilos: bastones en forma de tirabuzón

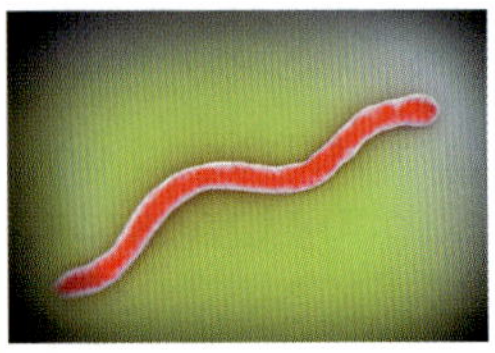

Espiroquetas: muy largas y finas

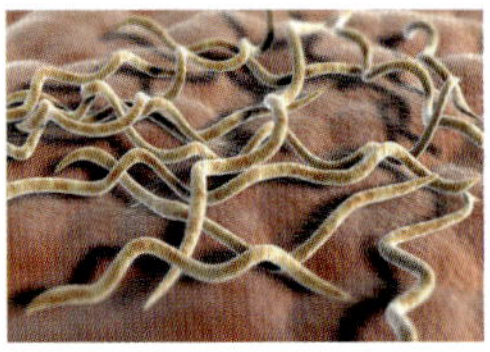

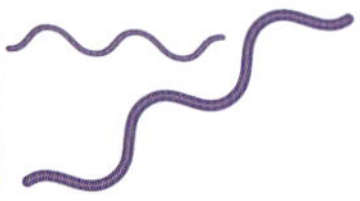

Vibrios: en forma de coma

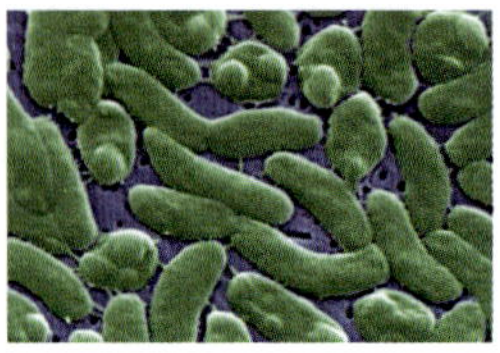

a Actividades y tareas

1. Desde la Antigüedad, la humanidad ha utilizado las bacterias para obtener alimentos. Así, de la fermentación de la leche por las bacterias obtenemos el yogur y el queso. Las bacterias que descomponen los restos vegetales forman el humus. Pero también las bacterias son la causa de multitud de enfermedades que se combaten con los antibióticos. Busca información y señala las bacterias que dan lugar a la formación del yogur y describe el proceso de fabricación por el cual se genera este alimento.
2. ¿Qué son las cianobacterias? ¿Qué son los estromatolitos? ¿Dónde se encuentran?
3. Define los siguientes términos:
   a) Saprófita
   b) Simbiosis
   c) Parasitismo
4. Explica los términos aerobio y anaerobio. Cita dos bacterias que pertenezcan a cada tipo.

Investiga

5. Las arqueobacterias son un grupo de organismos formados por células procariotas. Las siguientes imágenes muestran sus hábitats y su forma.

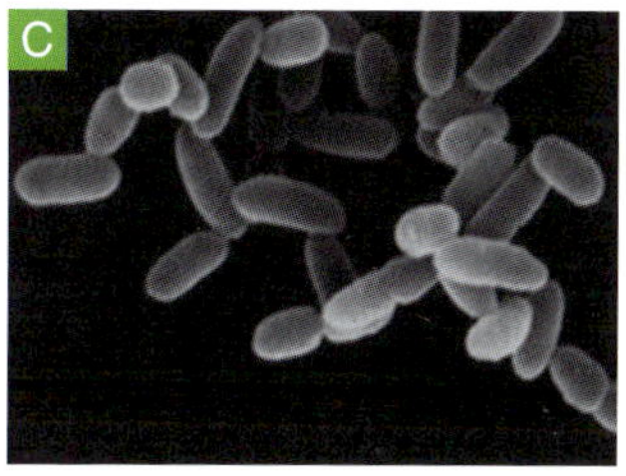

   Investiga sobre estos organismos y contesta las siguientes cuestiones:
   a) ¿Cómo se pueden denominar estos microrganismos atendiendo a su forma?
   b) ¿En qué lugares habitan?
   c) ¿Cómo puede ser su nutrición?
   d) ¿En qué se diferencian de las bacterias?
6. Investiga sobre las bacterias del género *Rhizobium*. Estas bacterias se asocian con las plantas que aparecen en las siguientes imágenes:

   a) ¿Qué tipos de plantas son? Identifica cada una de ellas.
   b) ¿Con qué parte de la planta se asocian?
   c) ¿Qué estructuras forman?
   d) ¿Qué intercambio de sustancias se produce entra las plantas y las bacterias?
   e) ¿Cuál es su importancia ecológica?
   f) ¿Qué beneficios aporta a nuestra salud el consumo de estas plantas?

8. Los protoctistas

8.1. Protozoos

Están formados por seres vivos **unicelulares eucariotas.** Son acuáticos y pueden vivir tanto en agua dulce como salada, incluso en el interior de otros seres vivos (parásitos). Son heterótrofos, se alimentan de restos orgánicos que están presenten en el agua.

Se desplazan mediante estructuras celulares diseñadas para ello:

- **Cilios:** «pelillos» que recubren toda la superficie celular y provocan corrientes de agua a su alrededor.
- **Flagelos:** prolongaciones únicas que, con su movimiento, causan el desplazamiento de todas las células.
- **Pseudópodos:** el citoplasma celular se deforma y emite prolongaciones que dan lugar al movimiento.

Tipos de protozoos			
Flagelados	**Ciliados**	**Rizópodos**	**Esporozoos**
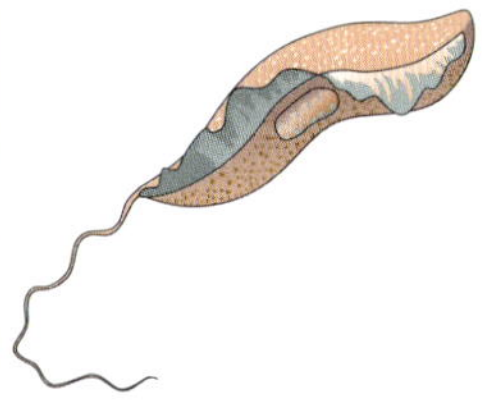 *Trypanosoma*, produce la enfermedad del sueño	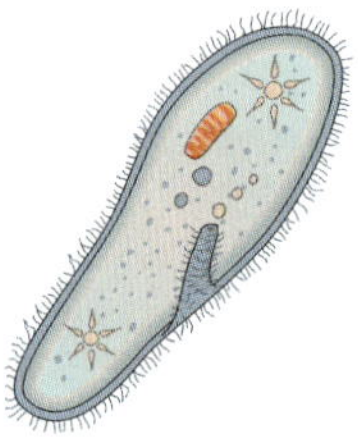 *Paramecio* 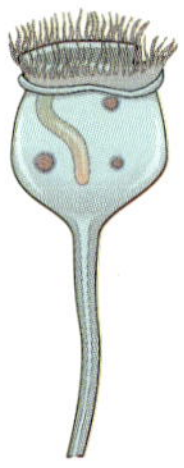 *Vorticella*	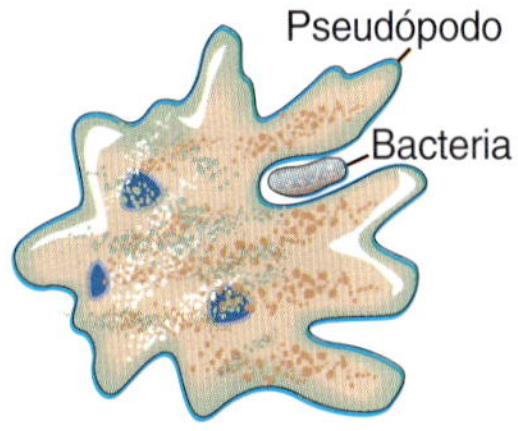 *Ameba* fagocitando una bacteria 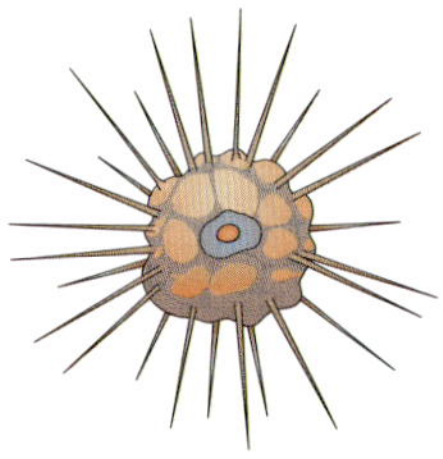 *Radiolario*	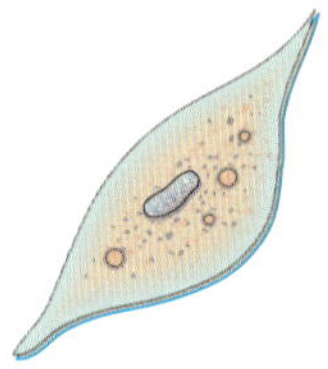 *Plasmodium*, parásito que provoca el paludismo

8.2. Algas

Son seres vivos **eucariotas unicelulares** o **pluricelulares** y **autótrofos,** pues realizan la fotosíntesis. Colonizan tanto aguas dulces como saladas y, al igual que las cianobacterias, forman parte del plancton.

Pueden vivir de modo independiente o formando colonias. Su tamaño es muy variado: algunas son microscópicas y otras constituyen grandes estructuras que pueden llegar a medir varios metros. Existen diferentes grupos según su complejidad. Dependiendo de los pigmentos que presenten pueden vivir a diferentes profundidades.

Algas rojas o rodofíceas: con pigmentos de color rojo, algunas forman parte de los arrecifes coralino. Pueden vivir hasta los 200 m de profundidad.

Algas pardas o feofíceas: contienen pigmentos pardos y se sujetan a las rocas mediante unos sistemas de anclaje a modo de raíces (rizoides). Pueden vivir hasta los 100 m de profundidad.

Algas verdes o clorofíceas: contienen clorofila que les confiere ese color verde característico. Algunas son unicelulares y otras son relativamente grandes, como la lechuga de mar del género *Ulva*. Viven en la superficie del mar.

a Actividades y tareas

1. Explica los mecanismos de desplazamiento de los protozoos.
2. ¿Cuál es la principal diferencia entre un alga y un protozoo?
3. Compara las cianobacterias y las algas. ¿Cuáles son sus principales semejanzas y diferencias?
4. ¿Qué relación existe entre los pigmentos que posee cada grupo de alga y la profundidad a la que se encuentra?
5. Relaciona en tu cuaderno las siguientes imágenes con su descripción:

1. Alga verde del género *Volvox* que forma colonias esféricas constituidas por muchas células.
2. Los foraminíferos y los radiolarios son protozoos ameboides que poseen unas conchas calizas muy características.
3. Las diatomeas son algas unicelulares que presentan un caparazón de sílice. Forman parte del fitoplancton.

Investiga

6. Los protozoos *Trypanosoma* y *Plasmodium*, son los responsables de producir en el hombre enfermedades muy graves: la enfermedad del sueño y la malaria. Busca información sobre estas enfermedades y contesta:

   a) Organismos necesarios para la transmisión de estas enfermedades.

   b) Áreas del planeta donde tienen mayor distribución.

   c) Sintomatología de la enfermedad.

   d) Tratamiento.

   e) Medios para prevenir su contagio.

7. Las algas poseen en la actualidad una gran variedad de usos:

   - Alimento, tanto para el ser humano como para otros animales (forraje).
   - Utilización en la industria:
     - Como espesante en la industria alimenticia, para la fabricación de alimentos como helados, sopas, cremas, salsas, conservantes de pescados y carnes, fabricación de gominolas...
     - Industria cosmética: fabricación de lápices de labios, esmaltes de uñas, cremas para el afeitado, champús, lociones corporales, etc.
     - Industria farmacéutica: fabricación de las cápsulas de revestimiento en las que se incluyen numerosos medicamentos.
     - El agar agar se utiliza en laboratorios como medio nutritivo para provocar el crecimiento de bacterias, mohos y levaduras.

Busca información sobre los diferentes usos que pueden tener las algas y señala qué algas se utilizan para cada uso. Con esta información, formad grupos de trabajo de 4 personas y elaborad un mural donde aparezcan los diferentes usos, el alga que se utiliza, la localización de la misma y una imagen.

9. Los hongos

Los hongos son **eucariotas heterótrofos**. Pueden ser **unicelulares**, pero generalmente son **pluricelulares,** aunque no forman tejidos.

Las células se van agrupando en forma de cadenas ramificadas, dando lugar a las **hifas.** Estas, a su vez, se van agrupando constituyendo el **micelio.**

Son heterótrofos. Pueden ser saprofitos (obtienen los nutrientes de la materia orgánica sobre la que crecen: hojarasca del bosque, alimentos, etc.) o parásitos (logran los nutrientes de los seres vivos en los que crecen).

Se reproducen mediante **esporas,** estructuras de gran resistencia que se dispersan por el aire, de forma que llegan a lugares muy alejados.

Entre las plantas y los animales

Los hongos poseen características que los asemejan a las plantas, como su adhesión al sustrato y el crecimiento continuo durante toda su vida; otras los acercan a los animales, pues son heterótrofos y tienen en las paredes de sus células una cubierta de quitina, al igual que los caparazones de los insectos.

9.1. Clasificación

Los hongos se clasifican en tres grupos, según dos criterios: la separación de las células de las hifas por tabiques y sus estructuras reproductoras:

- **Zigomicetos.** No poseen paredes de separación en sus hifas. Viven de forma saprofita o parásita. Incluye el moho del pan y el de las frutas.
- **Ascomicetos.** Poseen paredes que separan las células. Pueden ser unicelulares (como las levaduras) o pluricelulares (como las trufas). Algunos miembros de este grupo ocasionan enfermedades en plantas y animales.
- **Basidiomicetos.** Poseen paredes en sus hifas. Incluye las setas, las royas y los tizones. Estos dos últimos causan enfermedades en las plantas.

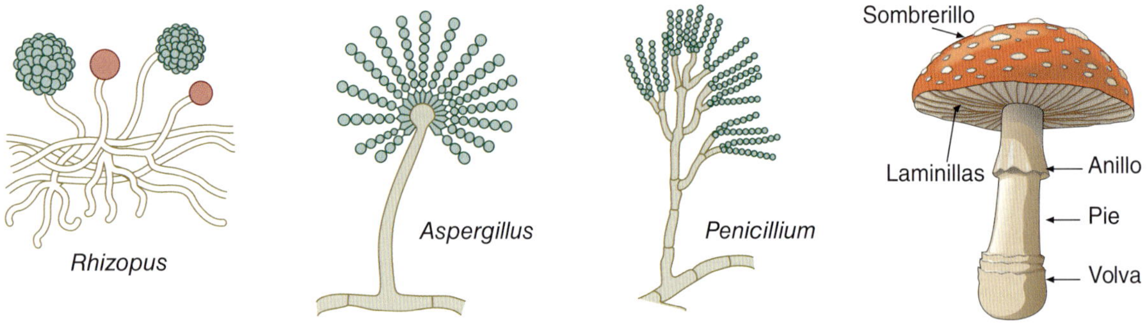

Esquema de *Rhizopus* (zigomicetos), *Aspergillus* y *Penicillium* (ascomicetos) y de una seta típica, *Amanita muscaria* (basidiomicetos).

9.2. Importancia y uso de los hongos

En los ecosistemas, el papel que desempeñan los hongos es fundamental, pues son organismos descomponedores, es decir, transforman la materia orgánica en inorgánica.

Se utilizan en la industria alimenticia: las levaduras (*Saccharomyces cerevisiae*) son imprescindibles en la fabricación de productos como el pan, la cerveza, el vino, en la maduración de quesos como el queso azul, etc.

Las setas se utilizan como alimento, aunque muchas de ellas son venenosas y pueden causar la muerte.

A partir de algunos hongos del género *Penicillium* se extraen antibióticos, imprescindibles en el control de las enfermedades producidas por bacterias.

Causan enfermedades tanto en animales como en plantas, como la candidiasis, el pie de atleta, la roya de la soja, etc.

Micorrizas y líquenes

Los hongos forman simbiosis con otros seres vivos, dando lugar a **micorrizas** y **líquenes** (asociación entre un hongo y un alga). Las micorrizas son estructuras que se forman en las raíces de algunas plantas. Estas estructuras permiten a las plantas obtener minerales; a cambio, el hongo recibe de la planta la materia orgánica que necesita.

a Actividades y tareas

1. ¿Qué seres vivos conoces que actúen en los ecosistemas eliminando los restos de animales y plantas?
2. Si estos seres vivos no existieran, ¿qué aspecto tendrían los ecosistemas?
3. Cita los criterios que se utilizan para clasificar los hongos.
4. ¿De dónde obtienen los nutrientes los hongos?
5. ¿En qué estación del año hay más setas? ¿Cómo deberán estar los suelos de los bosques para que crezcan las setas?
6. Si vas al campo y recoges setas, ¿las puedes guisar y comer sin tomar ninguna precaución?

¿Cómo se recogen las setas?

Las primeras veces que se sale al campo es conveniente ir acompañado de un experto que diferencie las setas venenosas de las comestibles.

- Podemos observar las setas en el bosque sin necesidad de arrancarlas.
- Si queremos llevárnoslas, hay que cortarlas por el pie con un cuchillo y transportarlas en una cesta de mimbre. Esto permite que las esporas se dispersen y que las setas no se estropeen.

7. Pasea por tu barrio y por los parques cercanos, y busca en ellos líquenes. A partir de lo que has observado, ¿consideras que tu barrio tiene un alto nivel de contaminación ambiental?

Líquenes: son el resultado de la relación entre un hongo y un alga. Crecen sobre rocas, árboles, etc.

- Son los primeros habitantes de un ecosistema; destruyen las rocas sobre las que crecen, lo que posibilita la llegada de otros seres vivos.
- Son muy sensibles a la contaminación ambiental, por ello, su presencia o ausencia indica el nivel de contaminación de un lugar.

8. Investiga sobre cuáles son las materias primas necesarias para la fabricación del pan, del vino y de la cerveza. ¿En el vino y en la cerveza están presentes las levaduras?

   Busca información sobre la levadura *Saccharomyces cerevisiae* y aporta otros usos de la misma.

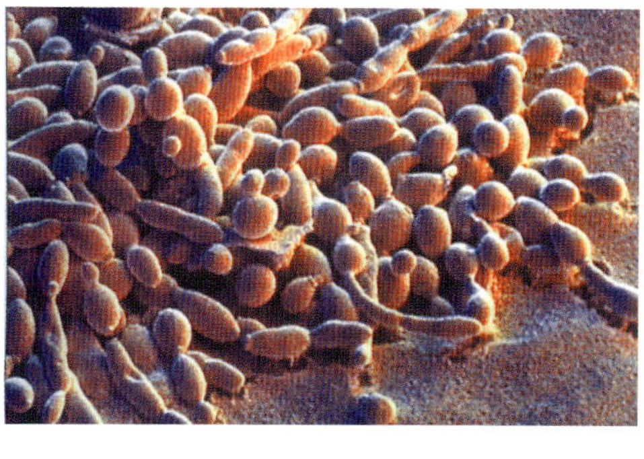

1. Señala en tu cuaderno si las siguientes afirmaciones son verdaderas o falsas:
   a) La taxonomía clasifica a los seres vivos teniendo en cuenta criterios que varían de un país a otro.
   b) El taxón más general es el filum, y el más concreto, la familia.
   c) Los virus no se clasifican en ningún reino, puesto que se les considera la forma de vida más sencilla.
   d) Los virus solo causan enfermedades en animales; a las plantas y a la especie humana no les afectan.
   e) Las bacterias intervienen en procesos industriales, como la fabricación de yogur o vinagre.
   f) Los estromatolitos son acúmulos de algas que realizan la fotosíntesis.
   g) Los protozoos utilizan diversos mecanismos para desplazarse: flagelos, cilios o pseudópodos.
   h) Las algas se dividen en tres grupos: algas verdes, algas pardas y algas rojas.
   i) Todas las setas se pueden ingerir sin tomar precauciones, puesto que no son venenosas.

2. ¿Qué funciones desempeña el agua en los seres vivos?

3. Enumera las funciones que realiza una célula.

4. Explica las diferencias entre un organismo heterótrofo y otro autótrofo.

5. ¿Qué alimentos necesita una planta para poder realizar la fotosíntesis? ¿En qué orgánulos tiene lugar la fotosíntesis? ¿Y la respiración celular? ¿Una célula animal puede realizar la fotosíntesis? ¿Por qué? ¿Y una célula vegetal puede realizar la respiración celular?

6. En los siguientes dibujos aparecen representados los distintos tipos de moléculas orgánicas que forman los seres vivos. Identifica cada uno de ellos y cita la función que realizan en los seres vivos.

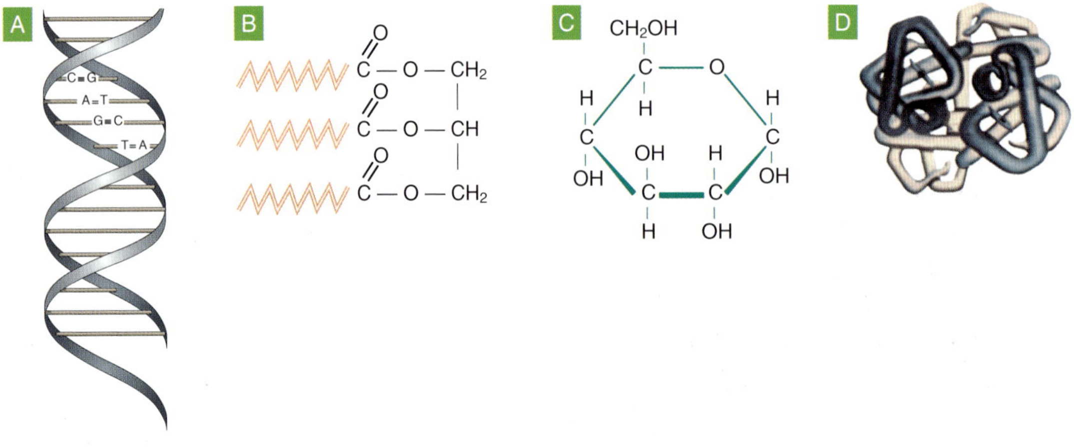

7. ¿Cuál es el origen etimológico de las palabras «procariota» y «eucariota»?

8. Enumera las estructuras celulares que están implicadas en la fabricación de las proteínas y en su transporte.

9. ¿Qué células son capaces de realizar la fotosíntesis? ¿Dónde tiene lugar la fotosíntesis?

10. Copia y completa el siguiente cuadro en tu cuaderno señalando, en cada uno de los grupos, qué enfermedades producen y en qué procesos industriales los utilizamos.

	Virus	**Bacterias**	**Protozoos**	**Hongos**
Enfermedades	● ● ●	● ● ●	● ● ●	● ● ●
Procesos industriales	● ● ●	● ● ●	● ● ●	● ● ●

SIE CD 11. Decides abrir una empresa que emplee en su proceso de fabricación alguno de los seres vivos que hemos estudiado en esta unidad:

a) ¿Cuál eliges?

b) ¿Qué producto vas a producir?

c) ¿Qué materias primas vas a utilizar?

d) ¿Cómo se llamará la marca con la que vas a comercializar el producto?

CPAA 12. Elabora un esquema que relacione cada reino en el que se clasifican los seres vivos con las características que poseen, hábitats, ejemplos...

CEC 13. Lee atentamente los siguientes fragmentos del libro *Parque Jurásico* y contesta las preguntas:

«Malcolm suspiró.

—¿Cree que es la primera vez que algo así ha ocurrido? ¿No sabe nada sobre el oxígeno?

—Sé que es necesario para la vida.

—Lo es ahora, pero el oxígeno es, en realidad, un veneno metabólico; es un gas corrosivo, como el flúor, que se usa para grabar vidrio. Y cuando lo produjeron por primera vez, como producto de desecho, algunas células vegetales, hace, digamos, alrededor de tres mil años, desencadenó una crisis en todas las demás formas de vida que había en el planeta: esas células vegetales estaban contaminando el ambiente con un veneno letal; estaban exhalando gas mortífero e incrementando su concentración. Un planeta como Venus tiene menos del uno por ciento de oxígeno. En la Tierra, la concentración de oxígeno estaba ascendiendo con rapidez: ¡cinco, diez, hasta, finalmente, el 21 por ciento! ¡La Tierra tenía una atmósfera de veneno puro! ¡Incompatible con la vida!

Hammond parecía irritado.

—Entonces, ¿qué es lo que usted quiere probar? ¿Que los contaminantes modernos se van a incorporar también?

—No. Mi tesis es que la vida sobre la Tierra puede cuidar de sí misma.

Para la mentalidad de un ser humano, cien años es mucho tiempo. Pero, para la Tierra, cien años no es nada. Un millón de años no es nada.

Si mañana desaparecemos, la Tierra no nos echará en falta.

—Y no sería nada raro que hubiéramos desaparecido —dijo Hammond, encolerizado.

—Sí —admitió Malcolm—. No sería nada raro.

—¿Qué es lo que está usted diciendo? ¿Que no nos deberíamos preocupar por el ambiente?

—No, claro que no.

—Entonces, ¿qué?

Malcolm tosió y fijó la mirada en el infinito.

—Seamos claros: el planeta no está en peligro. Nosotros estamos en peligro. No tenemos el poder de destruir el planeta ni de salvarlo. Pero podríamos tener el poder de salvarnos a nosotros mismos».

Michael Crichton: *Parque Jurásico*

a) ¿Es verdad que el oxígeno comenzó a aumentar de proporción en la atmósfera a causa de las plantas? ¿Fueron otros seres vivos los que generaron ese aumento?

b) ¿Crees que los seres humanos están destrozando su entorno? Piensa y expón en clase cinco acciones cotidianas que ayuden a proteger el planeta.

Santiago Ramón y Cajal

¿Sabías que uno de los científicos que más contribuyó a conocer la estructura de las células era español? Se trata de Santiago Ramón y Cajal. Es uno de los científicos más importantes de todos los tiempos y en este proyecto vamos a descubrir cómo fue su vida y cuáles fueron sus principales descubrimientos.

Actividades

Actividad 1: Comenzaremos por repasar algunos aspectos fundamentales de la vida del científico Santiago Ramón y Cajal. Busca datos sobre él y responde las siguientes cuestiones:

a) ¿Dónde y cuándo nació Santiago Ramón y Cajal?

b) Escribe cinco localidades en las que vivió el científico español durante sus primeros 20 años de vida.

c) ¿En qué se licenció y con qué edad?

d) En su obra hubo un instrumento fundamental, el microscopio. ¿Cómo consiguió su primer microscopio?

e) Habrás leído en más de una biografía que Ramón y Cajal destacó por sus trabajos en histología. ¿Qué es la histología?

f) Indica alguno de los cargos que ocupó Ramón y Cajal a lo largo de su vida.

Actividad 2: Vamos a analizar ahora, con un poco de detenimiento, uno de los aspectos más importantes de la vida de Santiago Ramón y Cajal: el premio Nobel.

a) Comenzamos buscando algo de información acerca de estos premios tan famosos. ¿Cuándo y gracias a quién surgieron estos galardones?

b) ¿Para qué campos del saber existen premios Nobel?

c) ¿Sabrías decir cuántos españoles han recibido el Nobel y en qué campos?

d) ¿Con qué importante científico compartió Ramón y Cajal su premio? ¿Has oído su nombre alguna vez?

e) El principal objetivo del estudio de Ramón y Cajal fueron las células del tejido nervioso. ¿Cómo se llaman estas células? Señala algunas diferencias entre ellas y las células de otros tejidos.

Actividad 3: Ordena toda la información que has buscado para contestar las preguntas y redacta un pequeño informe biográfico sobre Santiago Ramón y Cajal. Utiliza un procesador de textos y no olvides añadir algunas fotos.

Observación de organismos de agua dulce

MATERIALES

- Microscopio.
- Portaobjetos.
- Cubreobjetos.
- Pipeta de Pasteur.
- Agua de una charca.

Objetivo:

Observar microorganismos de agua dulce y clasificarlos utilizando guías.

Procedimiento:

1. Se toma agua de una charca cercana, de un lago, un río... Si es posible, se recogerán también algas.
2. Para visualizar estos organismos de agua dulce, también podemos hacer nosotros un caldo de cultivo en el que se desarrollen.

   Basta con tomar restos de hojas, arena, trocitos de verdura (espinacas, lechuga, acelgas...). Los depositamos en un recipiente de vidrio y añadimos algunos nutrientes (una pizca de azúcar o una pizca de sal). Para visualizar correctamente los protozoos, como los rotíferos, no se te olvide añadir unas hebras de algodón. Después, debes tener un poquito de paciencia y dejarlo así una semana.
3. Se toma una gota de agua y se coloca sobre un portaobjetos. Se lleva al microscopio, y con el menor aumento se selecciona la zona de la preparación con más seres vivos. Se puede ir cambiando de aumento para obtener una mejor visualización.
4. Repite esta operación tantas veces como desees, e intenta visualizar el mayor número posible de seres vivos.

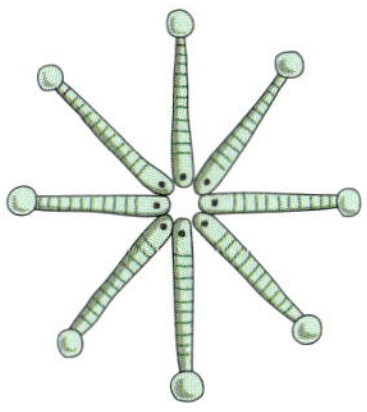
Asterionella

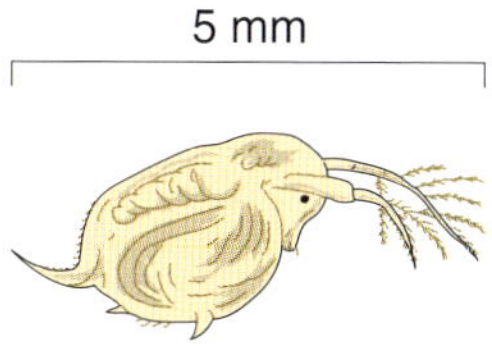

Dafnia

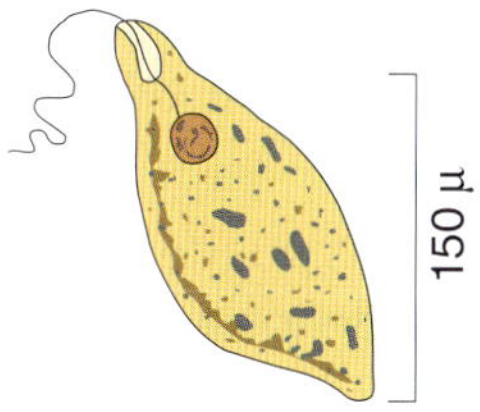

Euglena

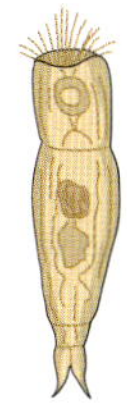
Furcularia forficula

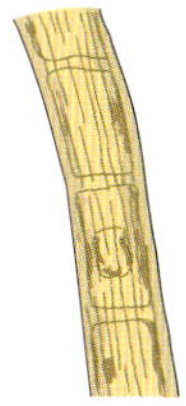
Hormidium

Navicula

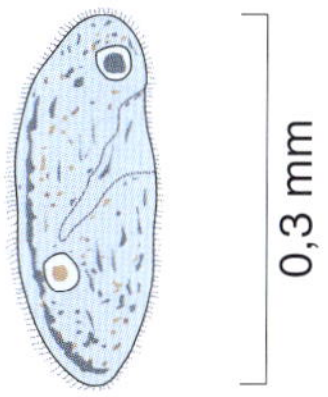

Paramecium

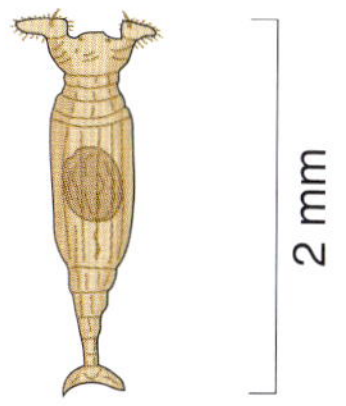

Philodina rosela

Spirogyra

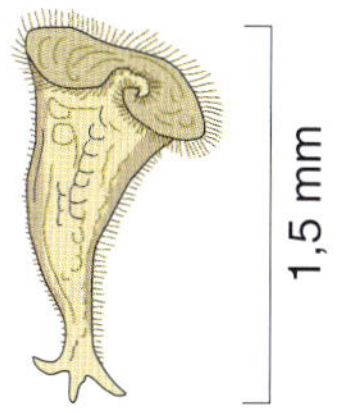

Stentor

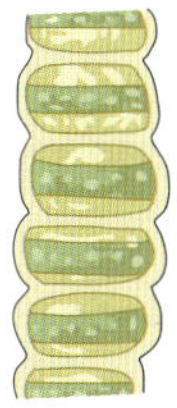
Ulothrix

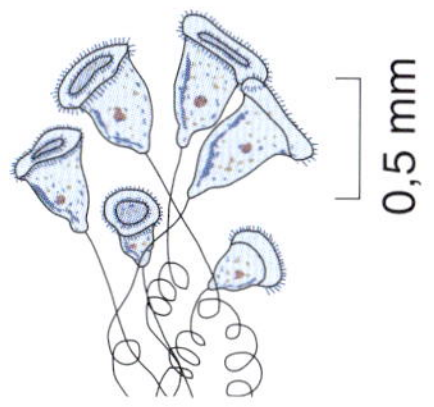

Vorticella

a Actividades y tareas

1. Dibuja cada una de las preparaciones que observes.
2. Intenta clasificar los organismos que encuentres, utilizando para ello la guía que aquí te presentamos.
3. ¿Qué individuos predominan? ¿Todos se encuentran distribuidos de igual forma en el agua?
4. ¿Podemos beber el agua de lagos, pantanos, ríos..., sin potabilizar? ¿Qué puede ocurrir si lo hacemos?
5. Realiza con tus compañeros, organizados en grupos de trabajo, un cartel con los organismos que hayáis encontrado, clasificándolos por reinos, y exponedlo en clase.

Evaluación

1. Con respecto a la composición de los seres vivos:
   a) Las moléculas orgánicas son los glúcidos y las sales minerales.
   b) El agua es en todos los seres vivos el 90% de su peso.
   c) Los ácidos nucleicos forman moléculas como el ADN y el ARN.
   d) El CO_2 es la molécula fundamental de los compuestos orgánicos.
2. Con respecto a las funciones vitales que desarrolla un ser vivo:
   a) Los seres vivos autótrofos fabrican materia orgánica a partir de materia inorgánica.
   b) Las fermentaciones las llevan a cabo siempre las bacterias.
   c) Los seres vivos heterótrofos pueden realizar sus funciones sin necesidad de los autótrofos.
   d) Todos los organismos fotosintetizadores son de color verde.
3. Teoría celular:
   a) Robert Hook fue el autor en 1665 de la teoría celular.
   b) Uno de los principios de la teoría celular es que las células surgen de la materia en descomposición.
   c) Toda célula procede de otra ya existente.
   d) Todas las respuestas anteriores son ciertas.
4. Respecto a las células:
   a) Las células procariotas poseen ribosomas y núcleo propio.
   b) Las células eucariotas poseen un sistema de endomembranas interno.
   c) Los flagelos son responsables de la movilidad de las células.
   d) Las respuestas b y c son verdaderas.
5. Las bacterias:
   a) Presentan diferentes formas y se clasifican según estas.
   b) Según su metabolismo, pueden ser autótrofas o heterótrofas.
   c) Algunas producen enfermedades y otras se utilizan en procesos industriales.
   d) Todas las respuestas anteriores son verdaderas.
6. Indica cuáles de las siguientes afirmaciones son ciertas:
   a) Según la forma de obtención de los alimentos, los animales se clasifican en herbívoros, carnívoros y omnívoros.
   b) Las categorías taxonómicas ordenadas son: reino, filum, clase, orden familia, género y especie.
   c) Una especie es un conjunto de individuos semejantes en estructura y funcionamiento, que se reproducen entre sí dando lugar a descendientes fértiles, y que tienen un antepasado común.
   d) Todas las respuestas anteriores son correctas.
7. En relación a los reinos en los que se clasifican los seres vivos:
   a) Las plantas utilizan la energía lumínica para fabricar materia orgánica.
   b) El reino moneras incluye a los protozoos y a las algas.
   c) Los animales presentan reproducción asexual.
   d) Los hongos son capaces de realizar la fotosíntesis.
8. Los virus:
   a) Poseen una cápsida proteica que los delimita.
   b) Todos están rodeados de membrana.
   c) Solo infectan a las células animales.
   d) Se utilizan en procesos industriales.
9. Las algas:
   a) Son heterótrofas.
   b) Poseen tejidos conductores de la savia bruta.
   c) Se utilizan para alimentación y para obtener sustancias importantes en la industria.
   d) Se clasifican en dos grupos: feofíceas y rodofíceas.
10. Los hongos:
    a) Su nutrición es autótrofa, como las plantas.
    b) Sus células poseen una pared de quitina.
    c) Los mohos producen muchas enfermedades y ningún uso beneficioso.
    d) Las levaduras se utilizan para fabricar el yogur.

Resumen

Los seres vivos están formados por **moléculas inorgánicas** (agua y sales minerales) y **moléculas orgánicas:** los glúcidos, las proteínas, los lípidos y los ácidos nucleicos. Estas biomoléculas se organizan formando **células.** Existen dos tipos de células: **procariotas y eucariotas.** Las células procariotas se caracterizan principalmente porque su material genético se encuentra libre en el citoplasma, y las células eucariotas, por el contrario, poseen sistemas membranosos internos y, por lo tanto, su material genético está delimitado por una membrana, constituyendo el núcleo.

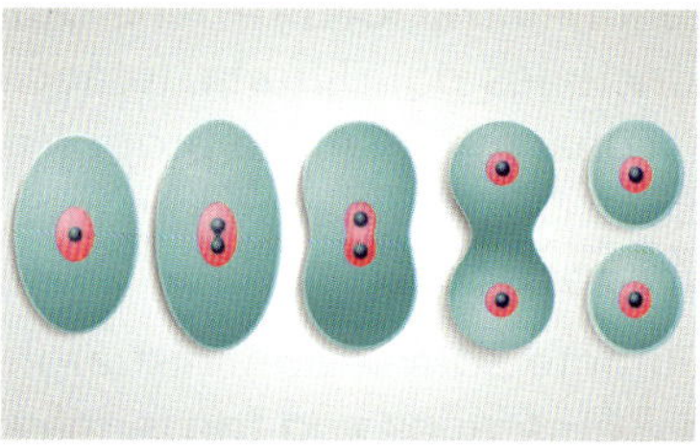

Todos los seres vivos se **nutren**, se **relacionan** y se **reproducen**. Según su forma de nutrición, los seres vivos se clasifican en **autótrofos,** capaces de sintetizar materia orgánica a partir de materia inorgánica y **heterótrofos,** que necesitan tomar la materia orgánica del exterior.

Existen dos tipos de reproducción: **asexual,** en la que un organismo da lugar a otros organismos idénticos a los progenitores, y **sexual,** en la que dos individuos de diferente sexo dan lugar a un descendiente diferente a los progenitores.

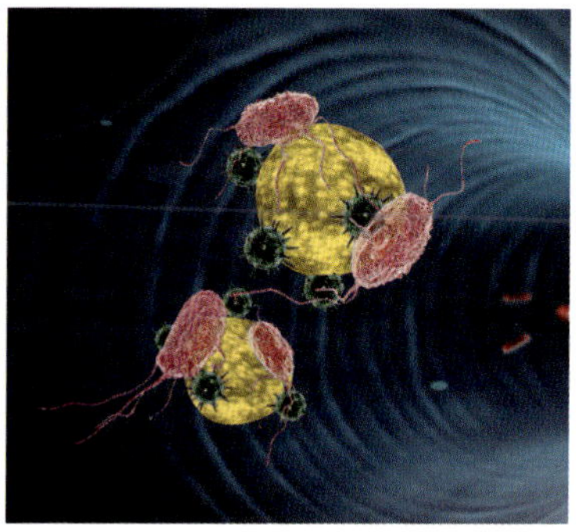

Clasificamos a los seres vivos en cinco reinos: **moneras, protoctistas, hongos, vegetales** y **animales.**

Los **virus** son partículas acelulares y **parásitos estrictos.** Provocan enfermedades en animales y plantas.

El reino **moneras** está formado por bacterias y cianobacterias, unicelulares y procariotas, con reproducción asexual y nutrición autótrofa o heterótrofa.

Los **protoctistas** poseen células eucariotas; los protozoos son heterótrofos y las algas autótrofas.

Los **hongos** presentan células eucariotas y son heterótrofos. Poseen una gran importancia económica

Mis progresos

Unidad 9	¡Soy muy competente!	Soy competente, pero puedo mejorar	Soy competente, pero debo mejorar	Me faltan competencias. ¡Debo esforzarme mucho más!
¿Sé aplicar lo aprendido?	Diferencio los distintos tipos de células, describiendo su anatomía y fisiología. Clasifico seres vivos dependiendo del reino al que pertenecen y señalo todas las características propias del reino.	Diferencio los distintos tipos de células, pero tengo dificultades en describir su anatomía o fisiología. Clasifico seres vivos dependiendo del reino al que pertenecen y señalo alguna característica propia de su reino.	Diferencio los distintos tipos de células, pero no soy capaz de describir su anatomía y fisiología. Clasifico seres vivos dependiendo del reino al que pertenecen.	No diferencio los distintos tipos de células. Tengo dificultades para clasificar a los seres vivos.
Sé hacer...	Sé aplicar las técnicas de estudio, como el resumen y la esquematización. Realizo líneas del tiempo añadiendo cada autor con su descubrimiento, en el año preciso. Dibujo los diferentes tipos de células añadiendo cada orgánulo con su función, teniendo en cuenta la escala de tamaños.	Sé realizar resúmenes pero tengo dificultades en la elaboración de esquemas. Ordeno cronológicamente los autores y reconozco sus estudios. Dibujo los diferentes tipos de células, añadiendo cada orgánulo con su función.	Tengo dificultades en la elaboración de los esquemas y resúmenes. Ordeno cronológicamente los autores. Dibujo los diferentes tipos de células, añadiendo cada orgánulo.	No sé realizar esquemas y resúmenes. No sé realizar líneas del tiempo. Tengo dificultad en reconocer los diferentes tipos celulares mediante dibujos.
La tecnología y yo...	Navego, encuentro mucha información interesante en la web y tengo dominio de las herramientas TIC para la realización de las actividades propuestas.	Navego, encuentro a veces información interesante en la web y tengo dominio alto de las herramientas TIC para la realización de las actividades propuestas.	Navego con dificultad por la web, mi forma de usarla no es adecuada y tengo poco dominio de las herramientas TIC para la realización de las actividades propuestas.	Me cuesta mucho navegar por la web, no sé utilizarla y no tengo dominio de las herramientas TIC para la realización de las actividades propuestas.
¿Sé trabajar en grupo?	Asumo mi rol sin interferir en el trabajo de los demás y aporto ideas al grupo.	Asumo mi rol y aporto ideas al grupo, pero suelo interferir en el trabajo de los demás.	Asumo mi rol, no aporto ideas al grupo e interfiero en el trabajo de los demás.	No asumo mi rol e interfiero en el trabajo de los demás sin aportar ideas al grupo.

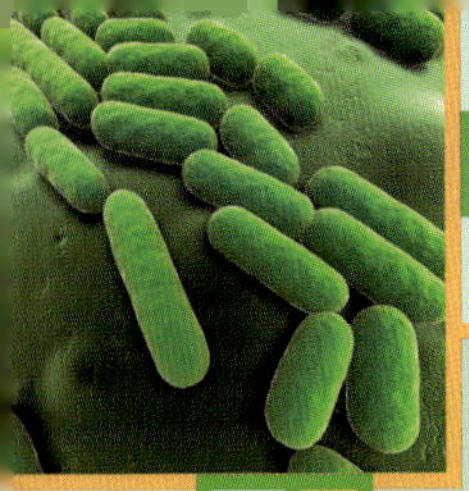

La importancia de las vacunas

Situación de partida

Cobertura vacunal

La inmunización previene cada año entre dos y tres millones de defunciones por difteria, tétanos, tos ferina y sarampión. La cobertura vacunal mundial —la proporción de niños de todo el mundo que reciben las vacunas recomendadas— se ha mantenido estable en los últimos años.

Durante 2014 se administraron tres dosis de la vacuna contra la difteria, el tétanos y la tos ferina (DTP3) al 86 % de los niños de todo el mundo (unos 115 millones), a fin de protegerlos contra graves enfermedades infecciosas que podrían provocarles trastornos y discapacidades graves, e incluso la muerte. En 2014, 129 países habían alcanzado al menos el 90 % de cobertura con la vacuna DTP3.

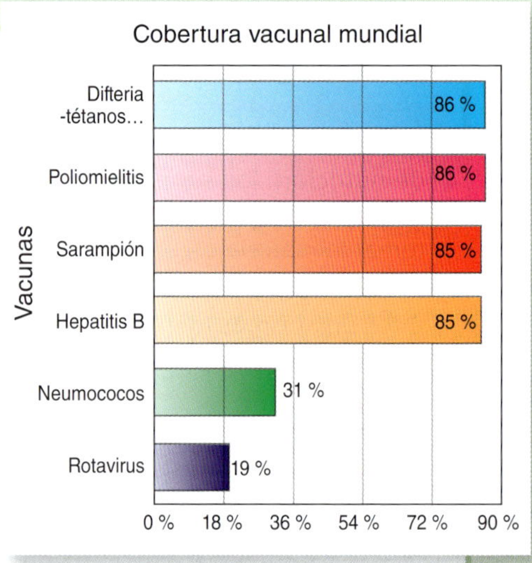

Principales retos

A pesar de los progresos logrados en el último decenio en materia de cobertura vacunal mundial, aún persisten disparidades regionales y locales como consecuencia de:

- Recursos limitados.
- Prioridades sanitarias concurrentes.
- Gestión deficiente de los sistemas de salud.
- Seguimiento y supervisión inapropiados.

En 2014 se calcula que 18,7 millones de lactantes de todo el mundo quedaron fuera del alcance de los servicios de administración sistemática de vacunas, por ejemplo, la DTP3. Más del 60 % de ellos viven en diez países, a saber: Etiopía, Filipinas, India, Indonesia, Iraq, Nigeria, Pakistán, República Democrática del Congo, Uganda y Sudáfrica.

Es preciso acordar como prioridad el fortalecimiento de la vacunación sistemática en todo el mundo, especialmente en los países que albergan el mayor número de niños no vacunados. Es necesario redoblar esfuerzos para llegar a los grupos desatendidos, en particular los de zonas aisladas, entornos urbanos desfavorecidos, Estados frágiles y regiones asoladas por conflictos.

Organización Mundial de la Salud (OMS). Septiembre de 2015

Antes del proyecto

1. Busca información sobre las enfermedades reflejadas en el gráfico y realiza una tabla en tu cuaderno en la que indiques qué causa y qué efectos tiene en una persona infectada cada una de ellas.
2. Según los datos del texto, ¿a cuantos niños se les habían administrado las tres dosis de la vacuna DTP3 en 2014? ¿Qué porcentaje suponen del total? ¿Cuántos niños no han sido vacunados adecuadamente?
3. ¿En cuántos países se concentran la mayoría de los casos de niños sin vacunar? ¿Por qué crees que sucede esto? Escribe un breve texto relacionando la ausencia de vacunación con la situación de estos países.

Lo que tenemos que hacer

La administración de vacunas es una de las medidas sanitarias que más beneficios ha reportado a nuestra sociedad. Por ello, vuestra asociación va a colaborar para difundir información sobre algunos aspectos importantes relacionados con las vacunas. Para ello, además de buscar información, contactaréis con un centro de salud de vuestra localidad.

Pasos a seguir

Paso 1. El calendario de vacunación

Contestad las siguientes preguntas, buscando información en internet cuando sea necesario:

a) ¿Qué es un calendario de vacunación?

b) ¿Qué vacunas incluye el calendario de vacunación de vuestra comunidad autónoma?

c) ¿A qué edad comienza y a qué edad termina el calendario de vacunación en tu comunidad?

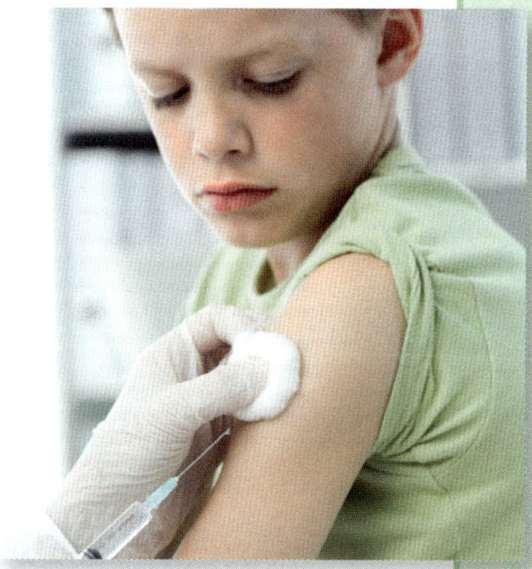

Paso 2. La historia de las vacunas

Buscad información y ordenad los siguientes acontecimientos en una tabla asignando una de las siguientes fechas a cada uno de ellos:

1796	1885	1909	1954	1970-1980	1979	Finales siglo XX

Salk elabora una vacuna contra la poliomielitis.
Impulso de la ingeniería genética y de la vacunología reversa.
La Organización Mundial de la Salud declara erradicada la viruela.
Pasteur procede a la vacunación contra la rabia.
Jenner inventa la primera vacuna contra la viruela.
Se desarrollan las vacunas contra tétanos, difteria y tuberculosis.
Desarrollo de vacunas frente a varicela, meningococo, neumococo y *Haemophilus influenzae B*.

Paso 3. Tu centro de salud

Contactad con un centro de salud de vuestra localidad y averiguad si pueden facilitaros información sobre las distintas campañas de vacunación que desarrollan.

Organizamos la información: presentación y conclusiones

Ordenad toda la información de los pasos uno, dos y tres e incorporadla como una nueva entrada en el blog de vuestra asociación. Debéis incluir el calendario de vacunación de vuestra comunidad autónoma y los datos más importantes sobre las campañas de vacunación que se organizan en vuestra localidad.

10 Biodiversidad II

En esta unidad

1. Las plantas
2. Los animales
3. Animales invertebrados
4. Animales vertebrados
5. Ecosistemas
6. Biomas

	Vamos a aprender a...	Competencias
Saberes científicos	– Clasificar los diferentes grupos de plantas y animales. – Conocer las características principales de las plantas y de los animales. – Diferenciar los componentes bióticos y abióticos de un ecosistema.	CMCT
Lectura y comprensión	– Extraer información de textos científicos relacionados con los contenidos de la unidad. – Leer atentamente los enunciados de los ejercicios para realizar con corrección las cuestiones requeridas.	CMCT CCL
Tratamiento de la información y competencia digital	– Realizar investigaciones sobre los diferentes grupos de animales y plantas comunicando los resultados utilizando programas de tratamiento de la información.	CMCT
Aprende a aprender ciencia	– Elaborar cuadros de doble entrada sobre las características de plantas y animales. – Extraer similitudes y diferencias entre los diferentes grupos de animales y plantas.	CMCT CCL
La ciencia en la sociedad	– Reconocer y difundir acciones que favorecen la conservación del medioambiente. – Conocer las aplicaciones de las plantas y animales en la industria.	SIE CSC
Proyecto: Tu asociación de alumnos	– Extraer información de la lectura de textos y el análisis de mapas y tablas. – Buscar y ampliar información sobre un tema para elaborar una opinión razonada y coherente. – Utilizar tablas para organizar y resumir la información. – Publicar y compartir información en internet.	CMCT CSC SIE

Antes de comenzar

En esta unidad vamos a estudiar las características de los vegetales y de los animales. Cada grupo de seres vivos posee unas características que los diferencian de los demás y unas peculiaridades que los caracteriza.

Un ecosistema es el conjunto de seres vivos que habitan un lugar, las relaciones que se establecen entre ellos y el conjunto de factores físico-químicos del medio que les rodea. No todos los seres vivos pueden vivir en las mismas condiciones climáticas, por ello, se distribuyen geográficamente en los diferentes biomas.

Actividades

- ¿Qué grupos de plantas existen?
- ¿En qué se diferencian las gimnospermas de las angiospermas?
- ¿A qué grupo de animales pertenecen los gasterópodos?
- ¿Cómo se denominan los elementos de un ecosistema?
- ¿Qué seres vivos viven en la tundra?

1. Las plantas

El reino de las plantas (metafitas) está formado por un grupo de seres vivos con las siguientes características:

- Son organismos **pluricelulares eucariotas.**
- Son **autótrofos,** es decir, realizan la fotosíntesis para obtener energía y, por ello, son de color verde.
- Están estructurados en raíz, tallo y hojas, aunque de diferente complejidad según el grupo.
- Viven fijos al sustrato, por lo que no se desplazan, aunque sí se mueven.
- Se reproducen de forma asexual y sexual.

! **Cormofitos**

Se denominan así los grupos de plantas que tienen estructura tipo **cormo,** caracterizada por la presencia de tejidos conductores y de raíz, tallo y hojas. Estos grupos son las pteridófitas y las espermafitas.

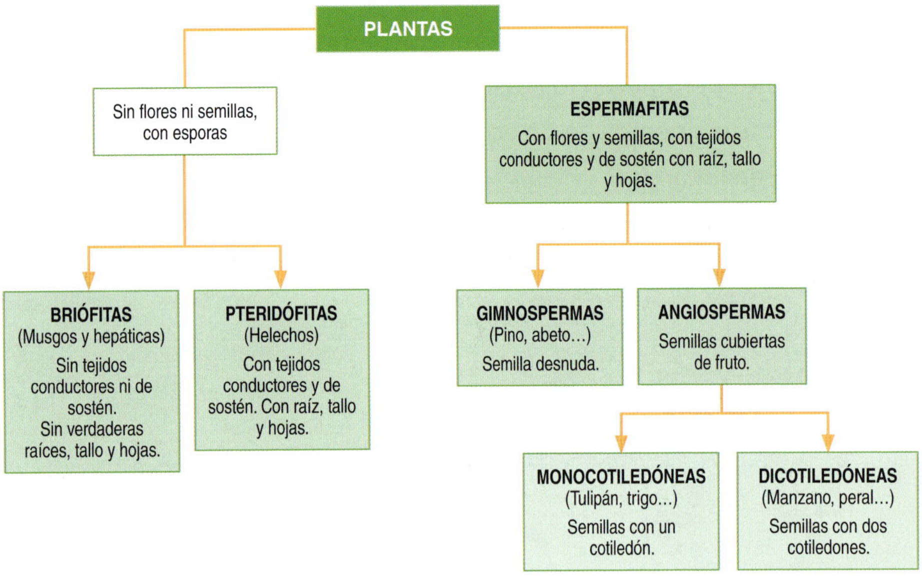

1.1. Briófitas

Constituyen el grupo de plantas más sencillas y tienen una gran dependencia del agua, puesto que no poseen tejidos que la distribuyan. Todas las partes de la planta deben tomar agua y sales minerales (savia bruta) del medio que las rodea. Por ello viven en lugares muy húmedos.

Se reproducen mediante esporas, las cuales se forman a final del verano en el esporangio, situado sobre un filamento. Cuando esta cápsula se abre, las esporas salen al exterior y dan lugar a nuevos individuos.

A este grupo pertenecen las **hepáticas** y los **musgos.** Las hepáticas tienen un aspecto similar a las algas, y los musgos se asemejan más a una planta.

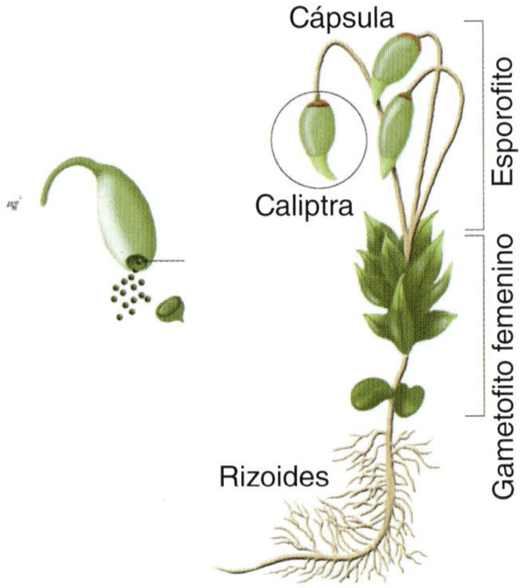

Anatomía de un musgo.

1.2. Pteridófitas

Los helechos son plantas que poseen tejidos diferenciados. Su reproducción se realiza a través de esporas, pues no poseen ni flores ni frutos.

Viven en lugares húmedos y sombríos. Formaron grandes bosques que han originado yacimientos de hulla.

Sus hojas, denominadas frondes, son de color verde brillante y nacen enrolladas. En primavera, en su envés, aparecen unos saquitos (soros) en cuyo interior se encuentran las esporas.

Cuando están maduras, salen al exterior.

Anatomía de un helecho.

a Actividades y tareas

1. Realiza un esquema de llaves sobre los distintos grupos de plantas que existen.
2. Señala qué criterio utilizarías para distinguir los siguientes grupos de plantas:
   a) Helecho y musgo.
   b) Pino y tulipán.
   c) Manzano y ciprés.
   d) Cebada y melocotonero.
   e) Hepática y abeto.
3. Lee el siguiente texto sobre los diferentes tipos de tejidos vegetales y relaciona cada tipo de tejido con su función.

Los tejidos vegetales

- **Meristemáticos:** son los responsables del crecimiento de las plantas, tanto en longitud como en grosor.
- **Conductores:** transportan la savia bruta y la savia elaborada a toda la planta.
- **Protectores:** recubren la parte externa de la planta, protegiéndola y evitando la pérdida de agua.
- **Parenquimáticos:** son de dos tipos, los que contienen la clorofila para realizar la fotosíntesis y los que almacenan sustancias de reserva, como el almidón.
- **De sostén:** mantienen la planta erguida.
- **Secretores:** producen sustancias que liberan al exterior, como gomas, resinas, etc.

1. Crecimiento de la planta	a. De sostén
2. Transporte de savia bruta y elaborada	b. Secretores
3. Evitan la pérdida de agua	c. Meristemáticos
4. Almacenan almidón	d. Conductores
5. Mantienen la planta erguida	e. Parenquimáticos
6. Producen sustancias como las resinas	f. Protectores

4. Dibuja en tu cuaderno un musgo y señala sus partes. ¿A qué partes de una planta espermafita se asemejan las estructuras del musgo?
5. Explica las características de las zonas donde se desarrollan principalmente los musgos y los helechos, y relaciónalo con las cualidades de estas plantas. ¿Por qué no pueden vivir en los desiertos?

Investiga

6. Busca información complementaria sobre los musgos y los helechos para realizar un mural que contenga las respuestas a las siguientes preguntas:
   a) ¿Poseen flores los musgos y los helechos?
   b) ¿Cómo se reproducen?
   c) ¿Cómo se llaman las estructuras que contienen las células reproductoras en los musgos y en los helechos?
   d) ¿Dónde se localizan?
7. Los musgos poseen importantes funciones dentro de los ecosistemas. Busca información sobre ellas y anótalas en tu cuaderno. Cita también tres usos que se pueden hacer de los musgos.

1.3. Espermafitas

Presentan la organización típica de las cormofitas: raíz, tallo y hojas. Además, poseen flores, es decir, estructuras reproductoras. Se dividen en dos grupos: gimnospermas y angiospermas.

1.3.1. Raíz

Es una estructura subterránea, en la mayoría de los casos, con geotropismo positivo, es decir, que tiende a crecer siempre en dirección a la tierra. No posee clorofila, puesto que no realiza la fotosíntesis.

Las raíces cumplen diversas funciones: fijan la planta al sustrato y absorben el agua y las sales minerales (savia bruta) de este. En ocasiones, almacenan sustancias de reserva, como es el caso de las zanahorias.

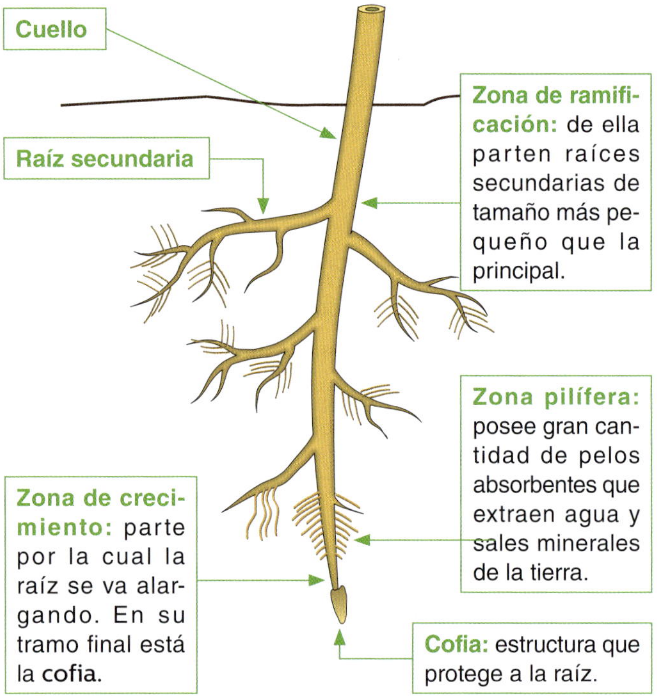

1.3.2. Tallo

Es el órgano de la planta que crece en sentido contrario a la tierra (geotropismo negativo). Cumple la función de sostén de las hojas y las flores. En su interior, los tejidos conductores transportan la savia bruta y la savia elaborada a todas las partes de la planta. En algunos casos, almacena sustancias de reserva.

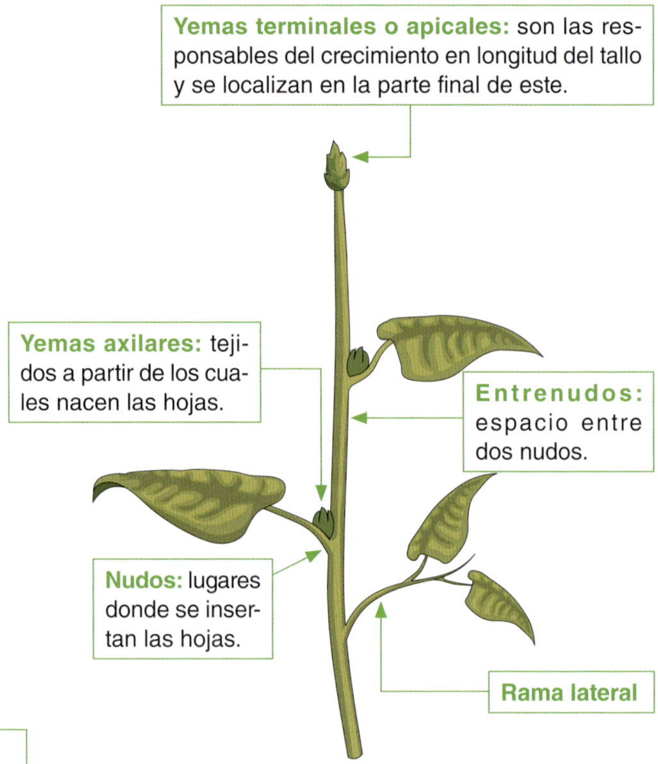

1.3.3. Hojas

Son los órganos de las plantas, que crecen de forma lateral en los tallos. Tienen forma plana y color verde, porque poseen clorofila.

Las funciones que desempeñan las hojas son las siguientes: son el lugar de la planta donde se fija la energía procedente de la luz solar, regulan el intercambio de los gases (dióxido de carbono y oxígeno) y controlan la transpiración del agua (entrada y salida del agua de la planta).

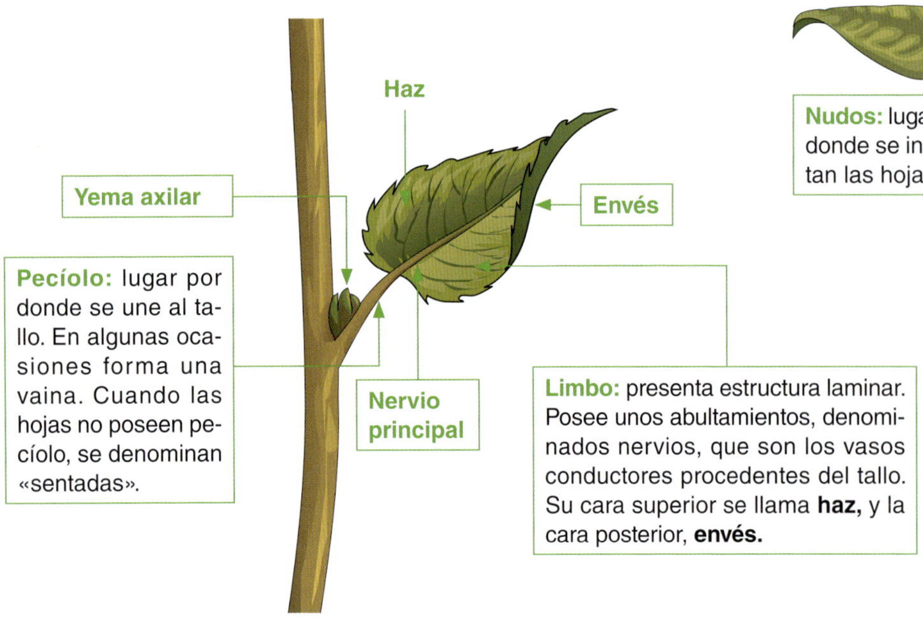

1.3.4. Flores

Desempeñan funciones reproductoras. Poseen características (olor, color, néctar...) que atraen a otros seres vivos (insectos, pájaros...), los cuales hacen llegar el polen a otras flores.

Las flores de las plantas pueden formar inflorescencias o conjunto de flores.

Estambre: es el órgano reproductor masculino de la flor. Está formado por un filamento delgado en cuyo extremo se localiza la **antera,** saquito donde se forman los granos de **polen.** El conjunto de estambres se denomina **androceo.**

Carpelo: órgano reproductor femenino de la flor, que tiene forma de botellita. En la parte inferior se encuentra el **ovario,** en cuyo interior se desarrollan los **óvulos.** El cuello se denomina **estilo** y la abertura, **estigma.** El conjunto de carpelos se denomina **gineceo.**

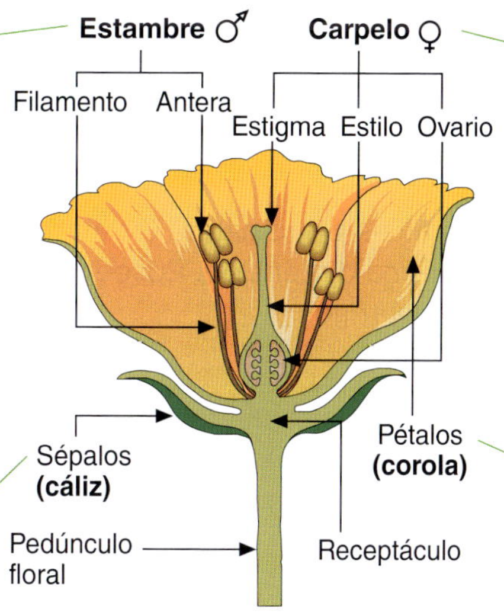

Cáliz: formado por unas hojas verdes llamadas **sépalos.** Une la flor al tallo.

Corola: constituida por un conjunto de hojas de colores vistosos, llamadas **pétalos,** que rodean las estructuras reproductoras.

Gimnospermas

- Su porte es arbóreo.
- Poseen una gruesa raíz central que se hunde en el terreno, a gran profundidad, de la que parten raíces secundarias y terciarias.
- Son plantas, en general, perennes, es decir, tienen hojas en el árbol durante todas las estaciones. Estas hojas son pequeñas, aciculares (como las del pino, el cedro...) o escamosas (como las de las secuoyas, los cipreses, etc.).
- La polinización es anemófila (el polen es esparcido por el aire).
- Producen semillas desnudas, o sea, que no están recubiertas por un fruto. Estas semillas se desarrollan en el interior de unas estructuras denominadas conos (como una piña).
- Están formadas por cuatro grupos de plantas, entre las que destacamos dos: los ginkgos y las coníferas.

Ginkgo.

Conífera.

Angiospermas

Plantas con flores verdaderas y sus semillas están dentro de un fruto.

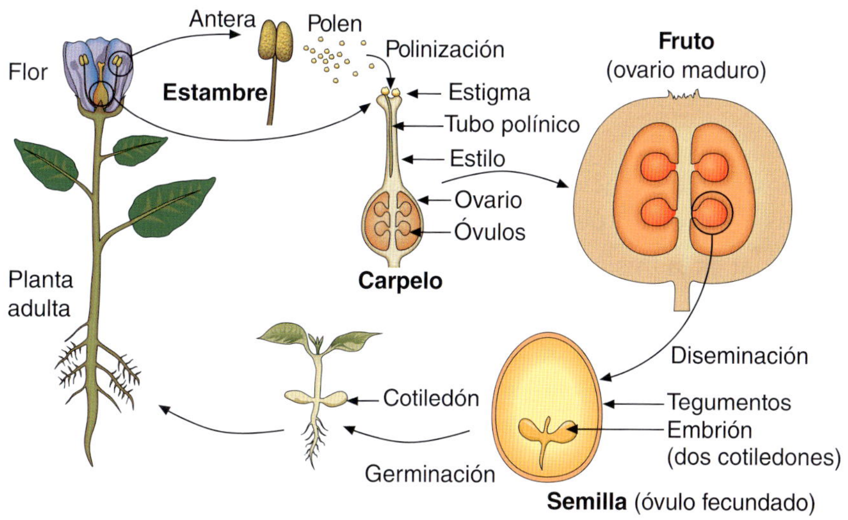

Monocotiledóneas

- El embrión lo forma un solo cotiledón.
- Las raíces son fasciculadas.
- Sus tallos no crecen en grosor.
- Sus hojas son paralelinervias.
- La mayoría de las plantas son herbáceas. Ejemplos: palmera, bananero, cebolla, ajo, tulipán, cereales, etc.

Dicotiledóneas

- Sus semillas tienen dos cotiledones (surgen dos hojillas).
- Las raíces son axonomorfas.
- Los tallos de más de un año crecen en grosor.
- Las hojas no son paralelinervias.
- Hay plantas herbáceas y leñosas. Ejemplos: manzano, encina, acacia, romero, tomatera, judía, etc.

a Actividades y tareas

1. Cita cada una de las partes de una raíz y explica cuál es su función.
2. Relaciona cada definición de los diferentes tipos de raíces que existen según su forma, con la imagen que la representa:

   1. **Raíz axonomorfa o pivotante:** la raíz principal se va ramificando gradualmente. Es el caso del cerezo, del pino...
   2. **Raíz fasciculada:** no existen raíces principales, todas tienen aproximadamente la misma dimensión. Poseen aspecto de cabellera, como en el trigo.
   3. **Raíz adventicia:** crecen en cualquier parte del tallo o incluso de las hojas. Son aéreas, es decir, crecen fuera de la tierra. Absorben el agua del ambiente. Como la hiedra.
   4. **Raíz napiformes:** la raíz central está muy desarrollada, y las secundarias, muy poco, como la zanahoria o el puerro.
   5. **Raíz tuberosa:** la raíz central almacena sustancias de reserva para la planta, como por ejemplo la remolacha.

A

B

C

D

E

3. Describe las funciones que desarrollan las hojas en las plantas.
4. ¿Cuál es la misión de la corola en una flor?
5. Copia y completa en tu cuaderno el siguiente cuadro:

Características	Dicotiledóneas	Monocotiledóneas
Semilla		
Raíces		
Tallos		
Hojas		
Ejemplo		

Investiga

6. En algunas ocasiones, las plantas poseen tallos modificados, como es el caso de las espinas y los zarcillos. Busca información acerca de estos, explica cuál es su función y cita algún ejemplo de cada caso.
7. No todas las flores poseen estambres y carpelos, es decir, algunas especies vegetales poseen flores femeninas y flores masculinas situadas en la misma planta (monoicas) o en plantas diferentes. Busca información sobre las siguientes especies vegetales y realiza en tu cuaderno una tabla colocando cada una de ellas dónde corresponda: gingko, rosa, sandía, acebo, pino, naranja, higuera, kiwi, manzana, maíz, clavel y álamo.

Plantas monoicas (poseen en un mismo pie los dos sexos)		Plantas dioicas (Flores femeninas y masculinas situadas en diferentes pies)
Flores femeninas + flores masculinas	Flores hermafroditas	
•••	•••	•••

8. ¿Sabes qué es un esqueje? Las plantas pueden reproducirse de forma sexual y asexual. Busca información sobre los tipos de reproducción de los vegetales y elabora un informe en el que detalles cada uno de los procesos.

9. Busca información sobre la polinización. Define el término y cita cuatro tipos de polinización presentes en las plantas.

10. Averigua qué producto alimenticio se obtiene de la remolacha. ¿Qué vitamina posee en abundancia la zanahoria?

Trabajo cooperativo

11. ¿Cuántas coníferas conoces? La clase se divide en grupos de cuatro. Cada alumno tendrá medio folio y en tres minutos hará una lista con el nombre de todas las coníferas que conozca. Cuando termine el tiempo, trazará una línea debajo de su lista. Posteriormente, cada uno de los alumnos, se levantará y buscará en las listas de sus compañeros algunos de los nombres que no tenía en la suya. Al finalizar, se realizará una lista conjunta de toda la clase.

12. Para realizar esta actividad iremos a la frutería del mercado más cercano (la actividad también se puede realizar en los mercados de internet). Dividiremos la clase en grupos de cuatro o tres personas. Cada grupo se responsabilizará de la observación de un determinado grupo de productos; por ejemplo, el grupo 1: raíces; grupo 2; tallos; grupo 3: hojas; grupo 4: flores; y el grupo 5: frutos.

    Posteriormente, cada grupo elaborará un mural donde incluya una ficha de cada producto observado.

Nombre popular: Nombre científico: Parte de la planta: Tipo: Nutrientes que aporta: Receta:	Imagen del producto	Mapa con la distribución de la planta

Para poder clasificar cada uno de los productos, puedes utilizar las imágenes que se muestran a continuación:

Tipos de tallos

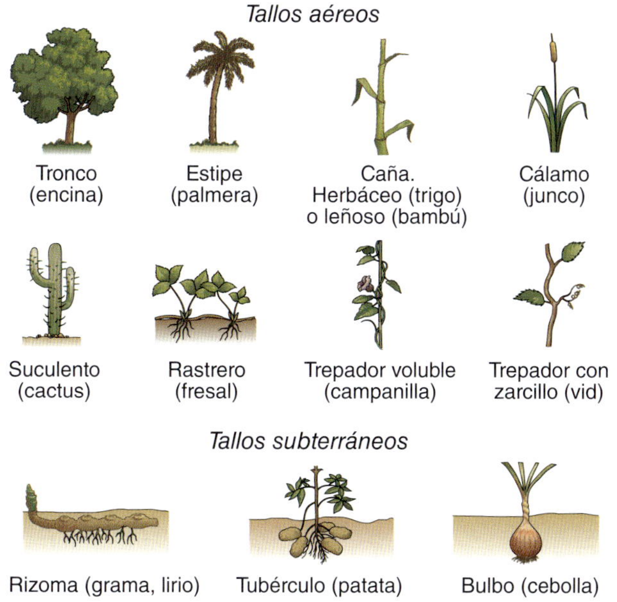

Tipos de frutos

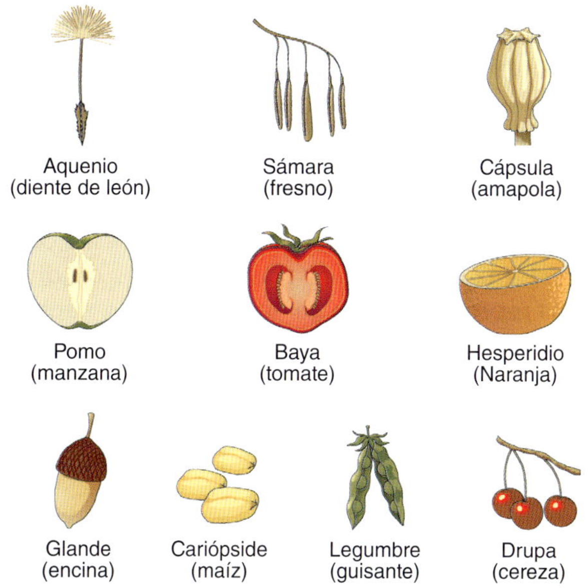

2. Los animales

El reino de los animales (metazoos) está constituido por un grupo de seres vivos muy heterogéneos en cuanto a organización, complejidad e incluso tamaño. Todos tienen en común que son heterótrofos (toman la materia de otros seres vivos) y eucariotas pluricelulares, sus células están organizadas en tejidos y órganos.

2.1. Función de nutrición

Incluye los procesos de ingestión de alimentos, extracción de los nutrientes, transporte de los mismos a todas las células del organismo y eliminación de los desechos producidos por la actividad de las células.

Para esto, los animales han desarrollado una serie de aparatos o sistemas:

- **Aparato respiratorio:** es el encargado de tomar el oxígeno del exterior. Los animales acuáticos a través de las branquias; los terrestres, mediante la tráquea (insectos), la piel (ranas) o por pulmones.
- **Aparato digestivo:** su función es extraer los nutrientes de los alimentos que se ingieren. Consta de un tubo, de complejidad variable. En el caso de las esponjas es un saco, mientras que en otros animales, como los reptiles, las aves y los mamíferos, consta de boca, esófago, estómago e intestino, así como de glándulas anejas que intervienen en el proceso de digestión de los alimentos ingeridos.
- **Aparato circulatorio:** comunica todas las células del cuerpo a través de la **sangre,** fluido cuya función es distribuir el oxígeno y los nutrientes a las células, y recoger de estas los productos de desecho. Se impulsa mediante el corazón.
- **Aparato excretor:** elimina las sustancias de desecho presentes en el organismo. En los animales más complejos, la orina se fabrica en los riñones.

2.2. Función de relación

Los animales interaccionan con el entorno de forma muy compleja. Poseen un sistema nervioso que les permite recibir estímulos de diferente tipo, a través de los órganos de los sentidos (vista, oído, olfato, tacto y gusto), comunicarse con otros miembros de un grupo, desplazarse gracias al esqueleto (que puede ser externo o interno) y a los músculos, y realizar funciones superiores, como recordar, aprender...

2.3. Función de reproducción

Los animales se reproducen mayoritariamente de forma sexual, es decir, es necesaria la presencia de dos individuos de diferente sexo que generen células reproductoras o gametos (óvulos y espermatozoides), cuya unión, **fecundación,** da lugar a un nuevo ser.

La fecundación puede ser **externa,** si los gametos se unen en el exterior (medio acuoso), como ocurre en peces o reptiles, o **interna,** cuando ocurre en el interior de la hembra, como en algunos insectos, aves, mamíferos...

Algunos animales se reproducen de forma asexual, como las esponjas o las estrellas de mar, que a partir de uno de sus brazos son capaces de generar un nuevo individuo.

!

Vocabulario

Herbívoros: se alimentan de vegetales.

Carnívoros: se alimentan de otros animales.

Omnívoros: su alimentación incluye vegetales y animales.

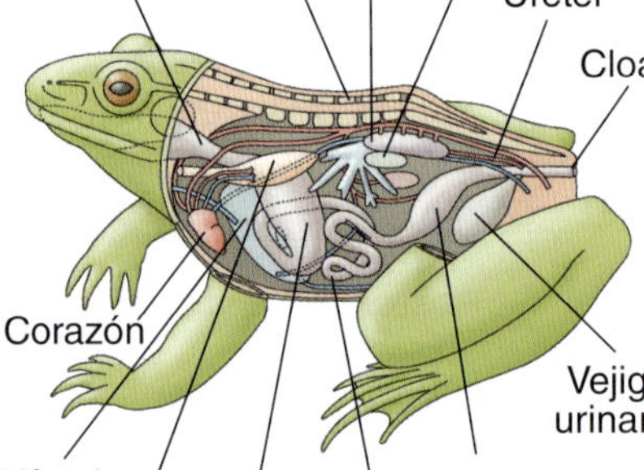

!

Desarrollo del embrión

- **Individuos ovíparos:** el embrión se forma en el interior de un huevo, como es el caso de los anfibios, de los peces, de los reptiles y de las aves.
- **Individuos ovovivíparos:** los huevos se desarrollan en el interior de la madre; es el caso de algunas serpientes como la víbora, y de anfibios como la salamandra.
- **Individuos vivíparos:** se desarrollan en el interior del cuerpo de la hembra, como en los mamíferos.

a Actividades y tareas

1. Indica las principales características que presentan los animales.
2. Copia y completa el siguiente cuadro en tu cuaderno:

Aparatos relacionados con la nutrición	Función

3. Define los siguientes términos en tu cuaderno:

a) Gameto   b) Fecundación   c) Individuo ovovivíparo   d) Sistema nervioso

4. Copia y completa el siguiente cuadro en tu cuaderno indicando el nombre de tres animales que utilicen cada uno de los sistemas de respiración siguientes:

Respiración por branquias	
Respiración por tráquea	
Respiración cutánea	
Respiración por pulmones	

5. Enumera tres tipos de alimentos que consuman cada uno de estos animales. ¿Qué tipo de alimentación tienen?

Animales	Alimentos	Alimentación
Rinoceronte		
Saltamontes		
Oso pardo		
Tiburón		

6. ¿En qué consiste la función de relación? ¿Qué procesos incluye?
7. Explica los tipos de fecundación que existen y pon un ejemplo de cada caso.
8. ¿Qué diferencia existe entre los individuos ovíparos y los vivíparos?

Investiga

9. Busca información sobre el ornitorrinco, ¿Cómo se reproduce? Redacta un texto de diez líneas aproximadamente indicando su clasificación y principales características.
10. Observa la imagen de la estrella de mar y describe el proceso que está ocurriendo.
11. Algunos individuos sufren metamorfosis en su desarrollo corporal, es decir, su cuerpo cambia de morfología, alimentación, hábitat, etc., a lo largo de su vida. Busca información sobre este proceso y cita cuatro animales que realicen metamorfosis.

En la imagen, la metamorfosis de la mariposa.

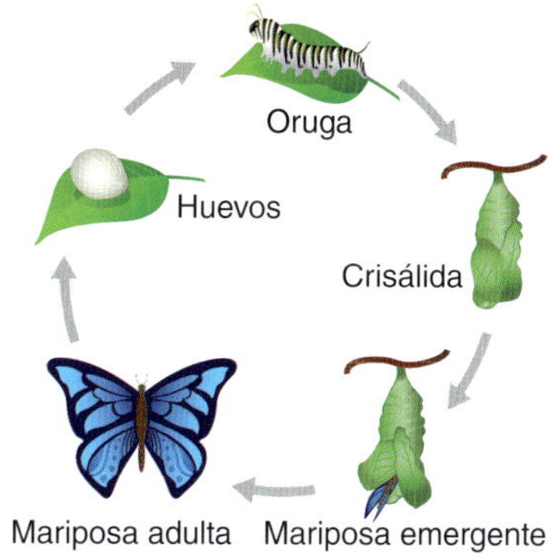

3. Animales invertebrados

Carecen de esqueleto interno. Se clasifican en: poríferos, celentéreos, platelmintos, nematodos, anélidos, moluscos, equinodermos y artrópodos.

3.1. Esponjas

Son los animales más sencillos. Están formados por dos capas de células que forman un saco, viven fijos en el fondo marino y se alimentan de las partículas nutritivas que obtienen filtrando el agua marina. Presentan reproducción sexual y asexual.

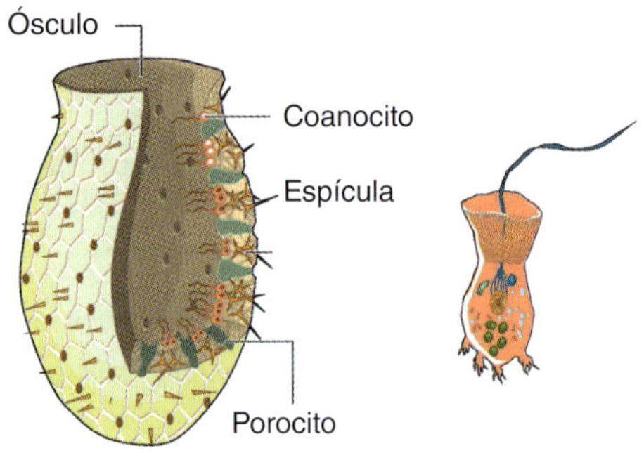

Esponja.

3.2. Celentéreos o cnidarios

Su cuerpo presenta forma de saco con un único orificio (boca y ano al mismo tiempo), rodeado de tentáculos provistos de células urticantes, denominadas cnidocitos, que les sirven como defensa y para capturar a sus presas.

Destacamos en este grupo representantes como la hidra, las actinias o anémonas de mar y las madréporas o corales.

En el ciclo reproductor, algunas especies alternan la forma **medusas** (reproducción sexual) y la fase **pólipo** (reproducción asexual).

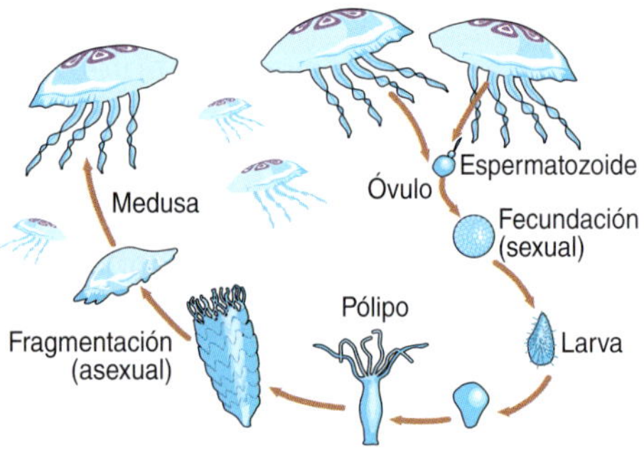

Medusa.

3.3. Platelmintos

Su nombre significa «gusano plano» y son aplanados y macizos. No presentan ninguna cavidad en su interior. Poseen cefalización y un incipiente sistema nervioso formado por un par de ganglios.

Se reproducen de forma asexual, por bipartición, como la **planaria,** que vive de forma libre en el agua. Una vez que se han separado, cada una de las partes regenera el resto del animal. Otros son hermafroditas aunque poseen fecundación cruzada, es decir, los órganos sexuales femeninos y masculinos maduran al mismo tiempo. Algunos parasitan a otros animales, como es el caso de la **tenia.**

Tenia.

3.4. Anélidos

Presentan el cuerpo segmentado y dividido en anillos. Su cabeza posee órganos sensoriales (tacto, gusto y algunos órganos de la visión) y apéndices destinados a la masticación.

Su sistema circulatorio es cerrado. Pueden presentar sexos separados o ser hermafroditas. Se desplazan mediante ondas de contracción y relajación de sus músculos.

Pueden ser acuáticos o terrestres. Los acuáticos se alimentan de otros seres vivos que ingieren tras filtrar el agua marina. Los terrestres se alimentan de materia en descomposición de los suelos, como es el caso de la **lombriz de tierra.** Ejercen un papel muy importante en la formación de suelos fértiles.

Las **sanguijuelas** se alimentan de la sangre de otros seres vivos, que obtienen adhiriéndose a su piel y chupándola.

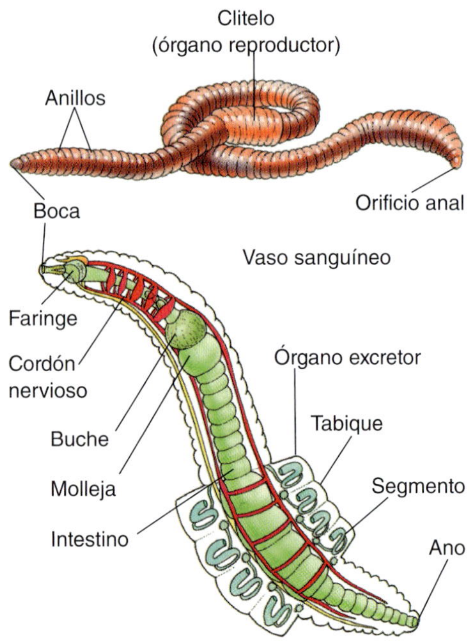

Lombriz de tierra.

3.5. Moluscos

Constituyen un grupo de animales muy numeroso, entre los que destacamos los caracoles, las ostras o los calamares, que habitan tanto en el medio acuático como en el terrestre.

- Presentan concha externa o interna formada de carbonato cálcico.
- Algunos son herbívoros, como los caracoles; otros obtienen los nutrientes filtrando el agua, como los mejillones, y otros son carnívoros, como los pulpos.

Poseen un órgano denominado **«pie»,** con el cual se desplazan. Su reproducción es sexual y ponen huevos (ovíparos).

Existen tres grupos principales: **gasterópodos** (caracoles, babosas, bígaros...), **bivalvos** (almejas, mejillones, ostras...) y **cefalópodos** (pulpos, calamares...).

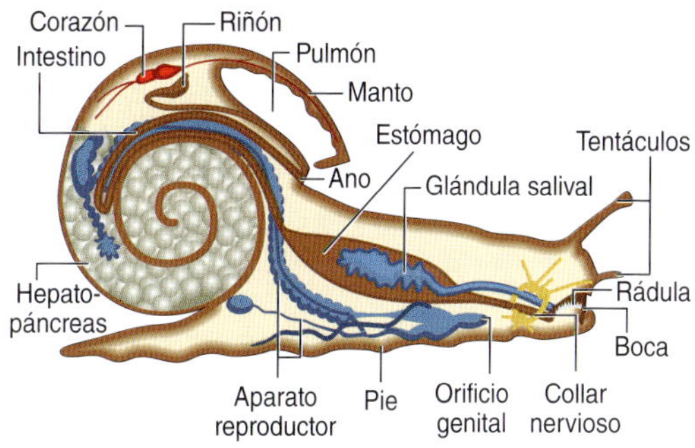

Caracol.

3.6. Artrópodos

Son el grupo más numeroso del reino animal. Habitan todos los ambientes del planeta, tanto acuáticos como terrestres, y presentan una gran capacidad de adaptación.

- Poseen un esqueleto externo (exoesqueleto) compuesto de quitina. Las especies marinas tienen, además, carbonato cálcico, como los cangrejos.
- Su cuerpo está segmentado y articulado. De cada uno de los segmentos parten dos apéndices, los cuales poseen funciones muy diversas, como por ejemplo: locomoción, masticación, tacto (a través de las antenas), etc.
- Los artrópodos terrestres respiran mediante tráquea, y los marinos, por branquias.
- El sistema circulatorio es abierto, es decir, la sangre sale en algunos momentos de los vasos sanguíneos.
- Su sistema digestivo es completo y está adaptado a diversos sistemas de alimentación.
- Su reproducción es sexual, mayoritariamente con fecundación interna; son ovíparos u ovovivíparos.
- Su sistema nervioso está muy desarrollado. Presentan un gran desarrollo de los órganos de los sentidos.
- Se dividen en cuatro grupos principales: **arácnidos, miriápodos, crustáceos** e **insectos.**

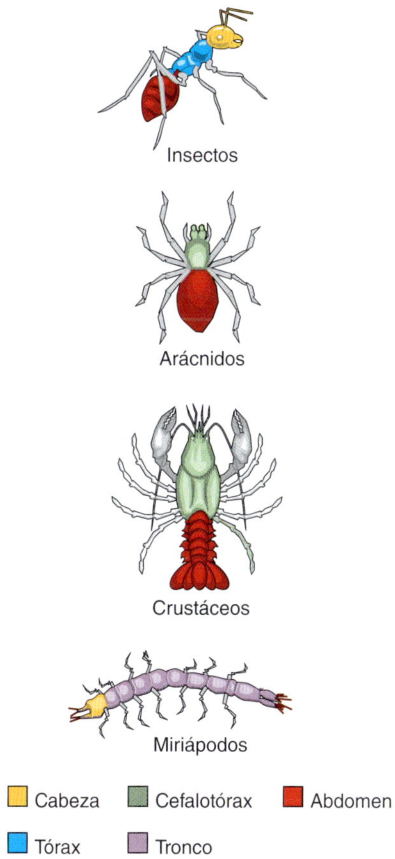

Partes del cuerpo de los principales grupos de artrópodos.

3.7. Equinodermos

Son un grupo de animales de hábitat marino, como las estrellas de mar y los erizos. Sus características son:

- Se desplazan a través de un **aparato ambulacral,** formado por muchos pies que utilizan el agua marina para moverse.
- Presentan esqueleto interno.
- Se alimentan, o bien de algas, como los erizos, o de otros animales marinos, como las estrellas.
- Se reproducen de forma asexual, como la estrella de mar, pero también sexualmente. Son ovíparos con fecundación externa.

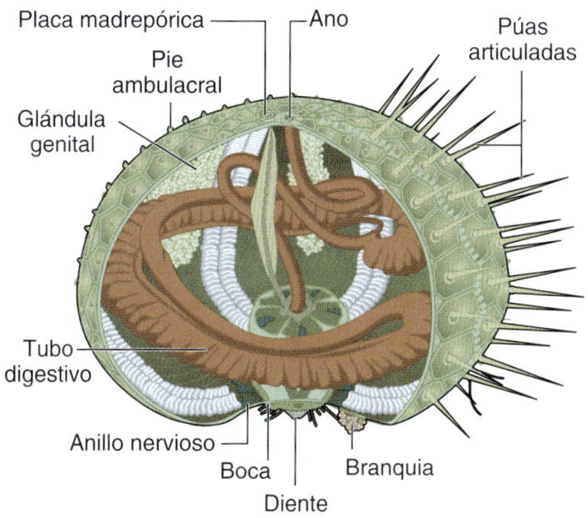

Erizo.

a Actividades y tareas

1. ¿Cómo se alimentan las medusas?
2. En los cnidarios, ¿qué organismos poseen movilidad y cuáles están fijos al sustrato?
3. Señala las características de los platelmintos y cita dos animales que pertenezcan a este grupo.
4. Explica cuál es la importancia de las lombrices de tierra y a qué grupo pertenecen.
5. Cita las diferencias existentes entre los distintos tipos de moluscos.

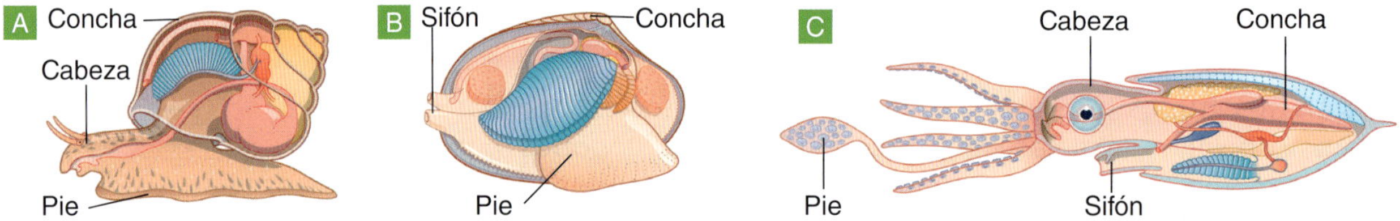

6. Clasifica los siguientes animales en gasterópodos, bivalvos y cefalópodos:
   ostra - caracol - mejillón - sepia - almeja
7. ¿Qué función desempeña el exoesqueleto de los artrópodos? ¿Cuál es su componente principal?
8. ¿Qué criterios utilizarías para diferenciar un arácnido de un insecto?
9. ¿Qué peculiaridad presentan las arañas?
10. ¿Cuántas patas pueden tener los miriápodos?
11. Cita el nombre de dos artrópodos que posean cabeza, tórax y abdomen, y de otros dos con cefalotórax y abdomen.
12. Lee la siguiente información en referencia a la simetría de los animales, y a partir de ella y analizando las características de los diferentes grupos de animales invertebrados, copia y completa el siguiente cuadro en tu cuaderno.

Simetría

El cuerpo de los animales puede tener diversos tipos de simetrías, es decir, sus estructuras corporales se organizan en torno a ejes:

- **Asimétricos:** no poseen ningún tipo de simetría, como las esponjas.
- **Simetría radial:** su cuerpo se organiza en torno a un eje central, como ocurre con los pólipos o las estrellas de mar.
- **Simetría bilateral:** su cuerpo se organiza en torno a un plano; así ocurre con los insectos, los peces, etc.

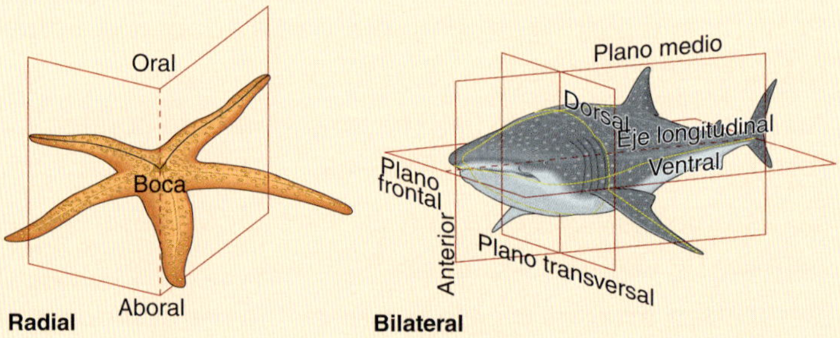

Animal	Simetría	Alimentación	Desplazamiento	Reproducción	Clasificación
Esponja					
Medusa					
Tenia					
Lombriz blanca					
Sanguijuela					
Mejillón					
Escorpión					
Carabinero					

CUADERNO

13. ¿Cómo se denominan las estructuras mediante las cuales se desplazan los erizos de mar?

Investiga

14. Busca información sobre los corales y menciona algunos seres vivos que habiten en ellos.

15. Los arácnidos se dividen en tres grupos: arañas, escorpiones y ácaros. Busca información sobre ellos y señala cómo se llama cada uno de los seres vivos que aparecen en las imágenes:

A

B
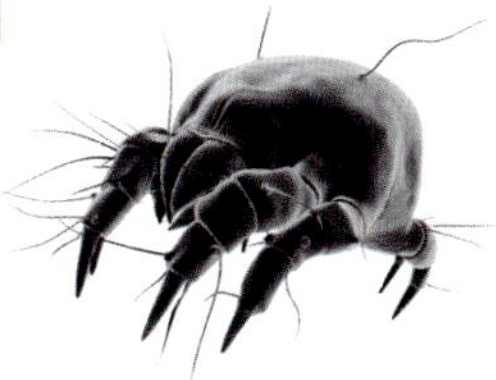

C

16. Para identificar el grupo al que pertenece un ser vivo, hay que prestar atención a sus características. Las imágenes muestran un representante de cada uno de los grupos de invertebrados que hemos estudiado en esta unidad. Identifica a qué grupo pertenece cada uno de los animales. Para ello utiliza la siguiente clave dicotómica.

1. No poseen simetría	Poríferos	5. Animales sin cavidades	Platelmintos
1. Poseen simetría	2	5. Animales con el sistema digestivo con dos orificios	6
2. Simetría radiada, sin aparato digestivo	Celentéreos 3	6. Sin sistema circulatorio	Nematodos
2. Simetría bilateral o radiada, con aparato digestivo	4	6. Con sistema circulatorio	7
3. Organismos sésiles	Pólipos	7. Con concha interna o externa de carbonato cálcico	Moluscos
3. Organismos de vida libre	Medusas	7. Sin concha	8
4. Simetría bilateral	5	8. Cuerpo blando y segmentado en anillos	Anélidos
4. Simetría radiada con aparato digestivo	Equinodermos	8. Presencia de exoesqueleto	Artrópodos

A

B

C

D
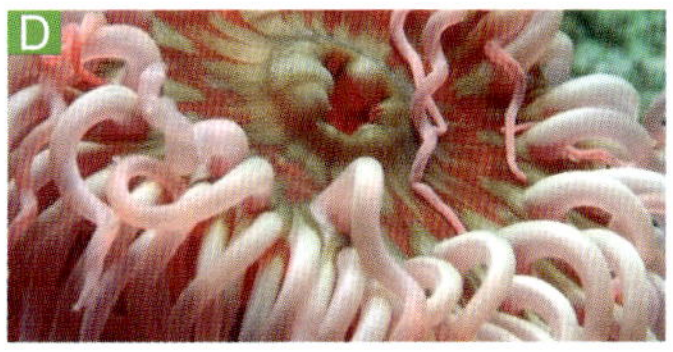

E
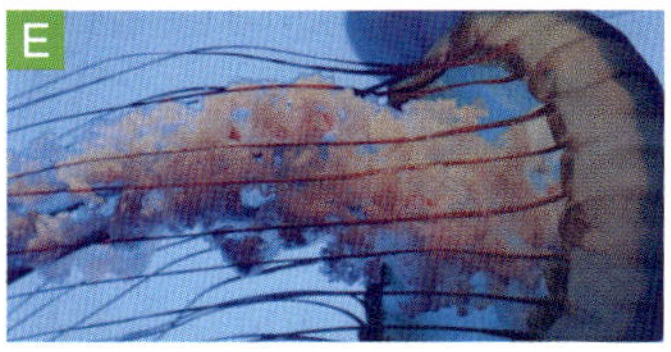

F

G
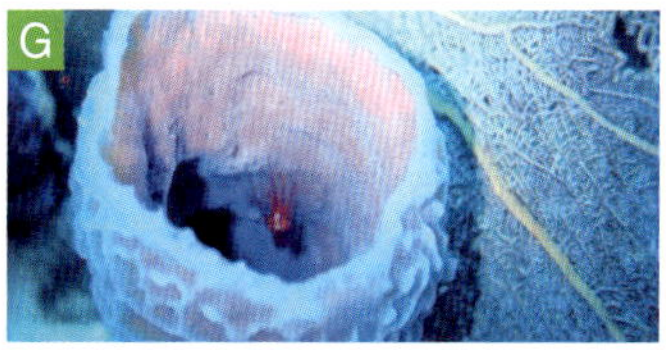

H

I

BIOLOGÍA Y GEOLOGÍA

4. Animales vertebrados

Poseen esqueleto interno y su sistema nervioso está protegido por la columna vertebral y el cráneo. Respiran por pulmones o branquias y presentan el aparato digestivo completo con glándulas anejas. El aparato circulatorio es cerrado, la sangre siempre está alojada en vasos sanguíneos. Su aparato excretor está formado por riñones, uréteres y vejiga que almacena la orina. Se reproducen sexualmente y poseen sexos separados. Los grupos de vertebrados son: **peces, anfibios, reptiles, aves y mamíferos.**

4.1. Peces

Animales acuáticos cuyas características son:

- Se desplazan gracias a la presencia de **aletas.**
- Respiran por **branquias.**
- No son capaces de regular su temperatura corporal **(poiquilotermos),** es decir, presentan la misma la temperatura del medio externo.
- El **aparato circulatorio** es **sencillo,** su corazón solo posee dos cavidades: la superior, denominada aurícula, y la inferior, el ventrículo.
- Presentan **línea lateral,** órgano sensorial.
- Son **ovíparos** con **fecundación externa,** en la mayoría de los casos. Los huevos formados se desarrollan de forma libre.

4.2. Anfibios

Primeros vertebrados terrestres, aunque todavía necesitan el medio acuático para su desarrollo. Sus características son:

- Presentan **cuatro patas,** que están especializadas para saltar o caminar.
- Respiran por **pulmones** o **branquias** y a través de la **piel.** Esta es lisa y siempre está húmeda; poseen gran cantidad de glándulas secretoras, algunas de ellas con sustancias venenosas. También tienen una gran variedad de pigmentos que les proporcionan diversidad de colores.
- Su **corazón** presenta **dos aurículas** y un **solo ventrículo.** Su sistema **circulatorio** es **doble,** es decir, para que la sangre realice un recorrido completo por el cuerpo, debe pasar dos veces por el corazón.
- Son **poiquilotermos** y carnívoros.
- Son **ovíparos,** con **fecundación externa.** Las larvas sufren metamorfosis.

4.3. Reptiles

Adaptados totalmente a la vida terrestre gracias a dos adaptaciones determinantes: la **piel** está recubierta de **escamas** para impedir la desecación y se reproducen por **huevos** con cubiertas protectoras, que se desarrollan fuera del agua. Sus características principales son:

- Tienen cuatro extremidades cortas o inexistentes (como en las serpientes), por lo que se desplazan reptando sobre el terreno.
- Su **corazón** presenta **dos aurículas** y **dos ventrículos,** que no están totalmente separados, salvo en el caso de los cocodrilos. La sangre poco oxigenada llega a una aurícula, y la oxigenada, procedente de los **pulmones,** llega a la otra, por lo que prácticamente no hay mezcla.
- Son **poiquilotermos,** no regulan su temperatura corporal. Por ello, en invierno muchos de ellos hibernan.
- Su **fecundación** es **interna** y no sufren metamorfosis.

!

Grupos de peces

- **Cartilaginosos o condrictios:** son los menos evolucionados. Su esqueleto está formado por **tejido cartilaginoso** y no óseo. Ejemplos: tiburón, manta, raya, congrio...
- **Óseos u octeictios:** su esqueleto está formado por **tejido óseo.** Tienen el cuerpo cubierto de **escamas.** Flotan gracias a la **vejiga natatoria.** Ejemplos: trucha, sardina, atún, pez payaso, pez soldado...

!

Grupos de anfibios

- **Urodelos:** tritones y salamandras; poseen cola.

- **Anuros:** ranas y sapos, sin cola en la fase adulta.

!

Grupos de reptiles

- **Quelonios:** tortugas y galápagos; poseen un caparazón protector y pico en vez de dientes.
- **Ofidios:** es el caso de las serpientes; carecen de extremidades.
- **Saurios:** lagartos, camaleones e iguanas; son carnívoros.
- **Cocodrilos:** cocodrilos, caimanes, aligátores y gaviales; son los de mayor tamaño y están adaptados a la vida en el agua.

4.4. Aves

Presentan las siguientes características:

- Poseen el cuerpo recubierto de **plumas** y la mayoría tienen capacidad de volar. Poseen cuatro extremidades, pero las dos delanteras están transformadas en alas que les permiten desplazarse por el medio aéreo.
- Su **esqueleto** es **fino** y sus huesos son huecos, lo que les ayuda a mantenerse en el aire. Poseen un pico córneo y no tienen dientes.
- Su **aparato digestivo** presenta unas estructuras adaptadas a su alimentación. El esófago desemboca en el **buche,** que almacena el alimento; pasa al estómago, y de este, a la **molleja,** lugar donde se muele; finalmente, termina en el intestino, que se abre en la cloaca.
- Su **circulación** es **doble** (hay dos circuitos sanguíneos) y **completa** (la sangre con poco contenido en oxígeno nunca se une con la sangre rica en oxígeno). Su **corazón** tiene **cuatro cavidades** separadas totalmente: dos aurículas y dos ventrículos.
- Son **homeotermos,** capaces de regular su temperatura corporal.
- Se reproducen por **huevos** (ovíparos), que incuban los progenitores.

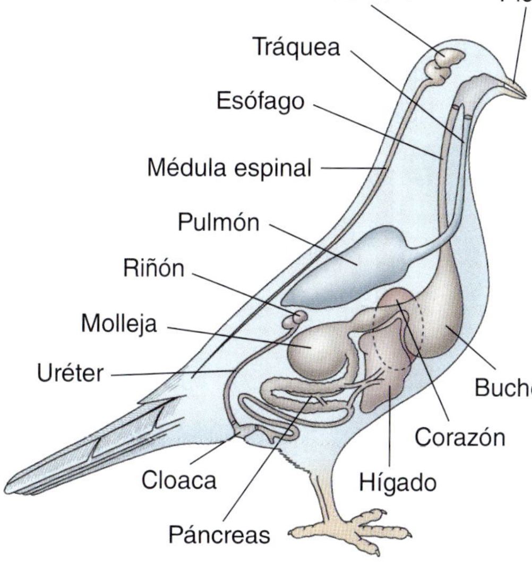

Anatomía interna de un ave.

4.5. Mamíferos

La característica principal de los mamíferos, por la que reciben su nombre, es la existencia de glándulas mamarias en las hembras, que segregan leche para alimentar a sus crías.

Debido al origen común entre aves y mamíferos (evolucionaron a partir de reptiles), comparten las siguientes características: son homeotermos; poseen circulación sanguínea doble y completa; su aparato digestivo es completo, con hígado y páncreas; respiran por pulmones; tienen aparato urinario (formado por riñones, uréteres y vejiga); presentan dos sexos (femenino y masculino) y la fecundación es interna.

Sin embargo, los mamíferos poseen **características propias** que los diferencian del resto de seres vivos:

- Su cuerpo está recubierto de **pelos,** aunque algunos tengan muy poca cantidad. Esto los ayuda a regular su temperatura corporal. Además, tienen **glándulas secretoras** de sudor, de olor, de grasa y de leche.
- Su boca presenta dos modificaciones: presencia de **labios carnosos** (en la mayoría de los casos), que permiten a las crías mamar (extraer de las glándulas mamarias la leche que produce la madre), y de **dientes.**
- La mayoría de los mamíferos son **vivíparos.** El desarrollo de las crías se produce en el útero de la madre.
- Poseen **cuatro extremidades,** con funciones diferentes en cada grupo.
- Presentan un **sistema nervioso muy desarrollado.** Los órganos de los sentidos están muy especializados. Además, son capaces de aprender y memorizar, signos ambos de una gran inteligencia.

!

Clasificación de los mamíferos

- **Monotremas:** son los mamíferos más antiguos. Se reproducen por huevos (ovíparos) y tienen pico. Las hembras poseen glándulas mamarias sin pezones. Entre estos se encuentran los ornitorrincos y los equidnas.
- **Marsupiales:** la gran mayoría de estos animales viven en el continente australiano y, algunos, en América. Son vivíparos, el embrión se desarrolla en el útero materno, pero sin placenta.
- **Euterios:** presentan placenta a partir de la cual se alimenta el embrión filtrando la sangre materna.

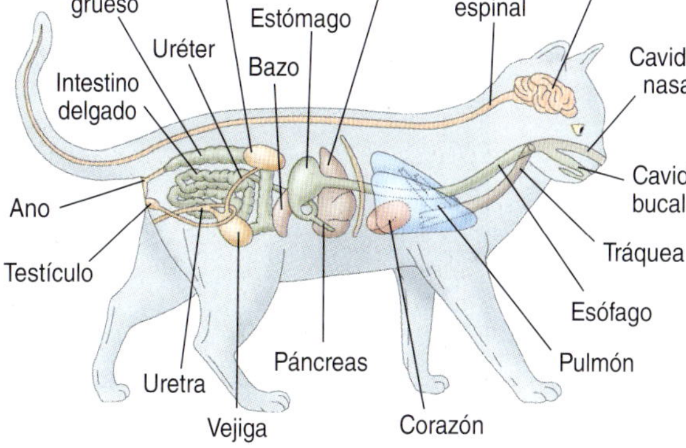

Anatomía interna de un mamífero.

a Actividades y tareas

1. Observa las siguientes imágenes y señala a qué grupo de animales vertebrados (peces, anfibios, reptiles, aves y mamíferos) corresponde cada aparato circulatorio. ¿Qué criterio has utilizado para identificarlos?

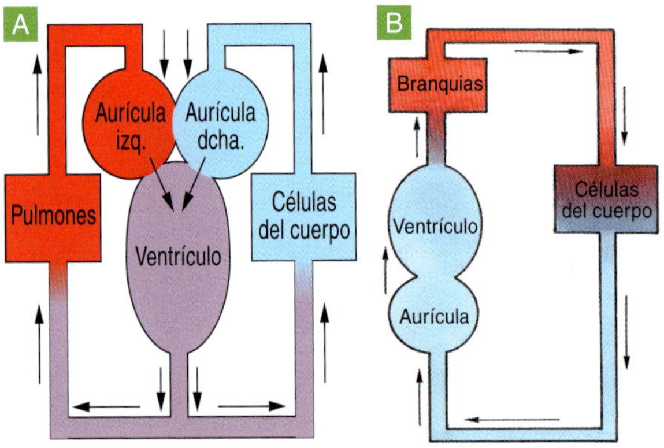

2. ¿Qué diferencias existen entre los peces cartilaginosos y los óseos?

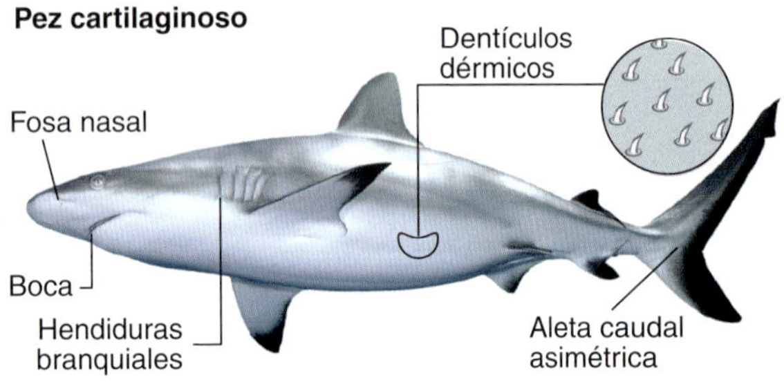

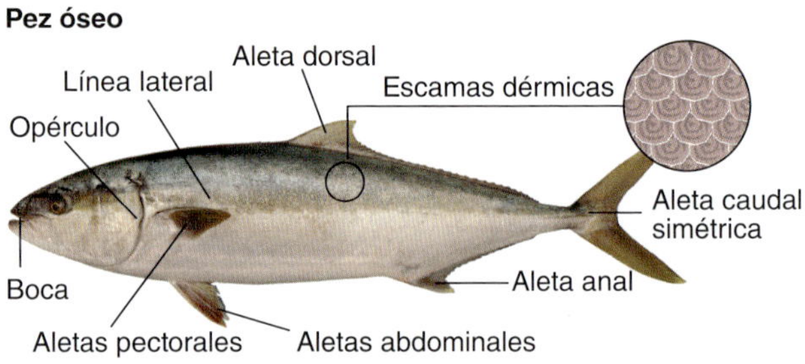

3. Clasifica en tu cuaderno los siguientes peces en cartilaginosos y óseos: merluza, pez martillo, pez espada, trucha, atún, manta, pez payaso y tiburón blanco.

Cartilaginosos	Óseos
•••	•••

4. Describe el proceso de la metamorfosis que se muestra en la figura de la derecha.

5. ¿Cómo es la morfología de las crías de los reptiles? ¿Se parece a la de los adultos?

6. Explica cuáles son las diferencias anatómicas entre los urodelos y los anuros.

Urodelo: Salamandra.

Anuros: Rana.

7. ¿Los reptiles pueden vivir en zonas muy frías? ¿Qué estrategias deben seguir para sobrevivir en las estaciones frías?
8. Cita los grupos en los que se clasifican los reptiles y pon un ejemplo de cada uno de ellos.
9. ¿Qué diferencia existe entre los animales poiquilotermos y los homeotermos?
10. Las aves no poseen dientes. ¿Qué modificaciones presenta su aparato digestivo para moler los alimentos?
11. ¿Qué tipo de alimentos consumen las aves? ¿Todas se alimentan igual?

Los picos de las aves

La forma del pico varía según el tipo de alimentación.

Insectívoro.

Carnívoro.

Filtrador.

Granívoro.

12. ¿Por qué es necesario que las aves incuben los huevos?
13. ¿Existen mamíferos en todos los ambientes terrestres? Cita un ejemplo de cada caso.
14. Explica las diferentes adaptaciones que presentan las extremidades de los mamíferos.
15. ¿Cómo se produce el desarrollo embrionario de los mamíferos?
16. Señala las diferencias existentes entre las aves y los mamíferos.
17. ¿Cuál es la característica fundamental de los mamíferos?
18. Completa en tu cuaderno el siguiente cuadro sinóptico de doble entrada y escribe las características de cada uno de los grupos de animales vertebrados:

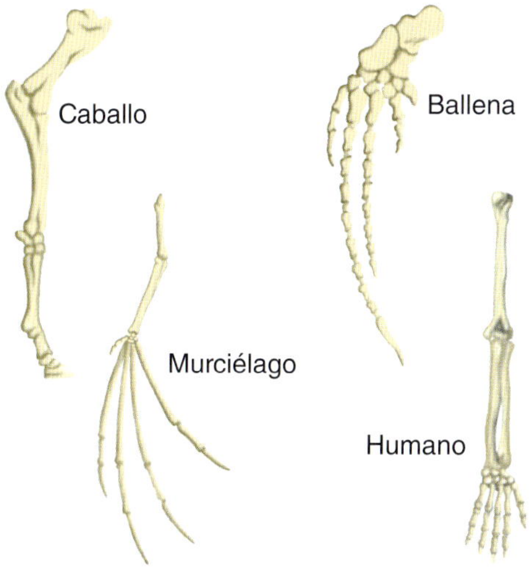

Estructura esquelética de las extremidades de diferentes mamíferos.

Características	Peces	Anfibios	Reptiles	Aves	Mamíferos
Aparato respiratorio					
Corazón					
Aparato circulatorio					
Regulación de la temperatura					
Aspecto de la piel					
Hábitats					
Reproducción					
Clasificación					

CUADERNO

5. Ecosistemas

La **biosfera** es la capa de la Tierra en la que habitan los seres vivos. Esta capa está en relación con la litosfera, la hidrosfera y la atmósfera.

Un **ecosistema** es el conjunto de seres vivos que habitan un lugar geográfico determinado (**biocenosis**), las características físico-químicas de ese lugar (**biotopo**) y las relaciones que se establecen entre ambos elementos.

5.1. Biotopo o factores abióticos

- **Luz:** es un factor fundamental para el ecosistema, pues resulta imprescindible para que las plantas realicen la fotosíntesis. La longitud y la latitud, la nubosidad y la cantidad de vegetación determinan la cantidad de luz que recibe un determinado lugar y, los seres vivos que allí se desarrollan.
- **Temperatura y agua:** los seres vivos solo pueden vivir en un intervalo de temperatura determinado y necesitan agua. Aquellos que viven en condiciones extremas de temperatura y humedad, han desarrollado adaptaciones para soportarlas.
- **Suelo** es una fina capa de material fértil que recubre la superficie de la tierra. Cada tipo de suelo posee una composición dependiendo de la roca de la cual proceda: silíceos, calcáreos... Cada especie vegetal preferirá un tipo de suelo. Cuanto más rico en humus sea un suelo, más fértil será y mejor se desarrollarán los seres vivos.

5.2. Biocenosis o factores bióticos

Los seres vivos que habitan un ecosistema están relacionados entre sí. Estas relaciones pueden ser **intraespecíficas** entre organismos de la misma especie, o **interespecíficas,** entre diferentes especies.

Los organismos se clasifican dentro de un ecosistema, según su forma de obtener la materia y la energía, en **productores, consumidores** y **descomponedores.**

Consumidores: son heterótrofos, necesitan alimentarse de otros seres vivos que les proporcionan la materia orgánica. Dependiendo de cuál sea su alimentación, se dividen en: **primarios** (herbívoros), **secundarios** (carnívoros que se alimentan de herbívoros) **terciarios,** (se alimentan de consumidores secundarios) y **carroñeros** (se alimentan de los restos de animales muertos).

Productores: transforman la materia inorgánica en materia orgánica, utilizable por los demás seres vivos. Dependiendo de cuál sea su fuente de energía, pueden ser fotosintetizadores (algas y plantas) o quimiosintetizadores (bacterias).

Descomponedores: obtienen sus nutrientes transformando los restos de plantas y animales en sustancias inorgánicas que volverán a utilizar los vegetales, cerrando de esta manera el ciclo de la materia. Dentro de este grupo se encuentran las bacterias y los hongos.

a Actividades y tareas

1. Cita cinco seres vivos que habiten en lugares muy fríos, en zonas con estaciones frías y cálidas, y en zonas desérticas. ¿Qué adaptaciones poseen para soportar esas condiciones climáticas?
2. Lee el siguiente texto y observa la imagen donde se describe la formación de los suelos, y contesta las siguientes cuestiones:

Formación del suelo

El suelo se forma por la acción atmosférica y de los seres vivos sobre las rocas, y atraviesa por varias etapas: 1. Disgregación mecánica de la roca. 2. Meteorización química de los materiales. 3. Instalación de seres vivos, vegetales, microorganismos, etc., sobre ese sustrato, continuando la meteorización de los minerales.

El tipo de suelo que se forma en una zona determinada depende mayoritariamente de su clima.

Los componentes sólidos del suelo quedan aglutinados por el humus formando unas divisiones verticales llamadas horizontes.

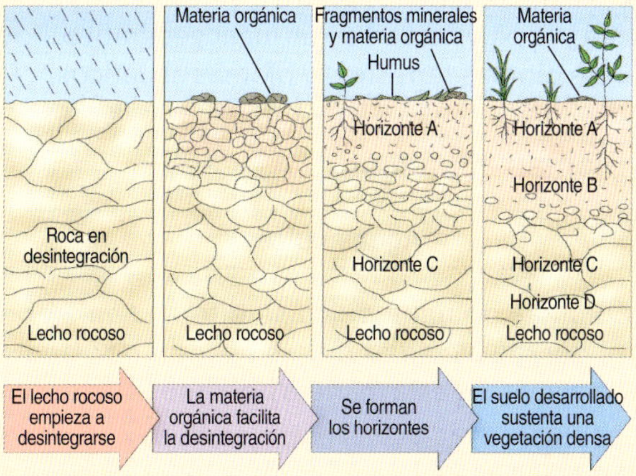

- **Horizonte A:** es el más superficial, donde se encuentra la hierba. Tiene mucha materia orgánica (humus), por lo que es de color oscuro, y puede medir desde centímetros hasta metros.
- **Horizonte B:** en él tenemos materiales arrastrados desde el horizonte A, como sales minerales, nitratos, etc. Casi no hay humus, por eso su color es claro.
- **Horizonte C:** formado por la parte superior de la roca sobre la que se apoya el suelo. Está más o menos fragmentado por las alteraciones químicas y mecánicas.
- **Horizonte D:** es material rocoso que no ha sufrido alteraciones físicas ni químicas.

a) ¿Qué estructura del suelo determinará que sea más o menos fértil?

b) ¿Qué alteraciones sufren las rocas para convertirse en suelo?

c) ¿Qué etapas presenta la formación de un suelo?

3. ¿Qué papel desempeñan los organismos descomponedores en el ecosistema?
4. Considera la hipótesis sobre una cadena trófica: «Los boquerones desaparecen por una sobreexplotación en su pesca». Reflexiona y enumera los efectos que tendría la desaparición de este eslabón de la cadena trófica.

Investiga

5. Los seres vivos de un ecosistema interaccionan entre sí, estableciendo relaciones interespecíficas e intraespecíficas. Busca información sobre ellas y completa el siguiente cuadro:

Relaciones interespecíficas			Relaciones intraespecíficas		
Tipo	**Definición**	**Ejemplo**	**Tipo**	**Definición**	**Ejemplo**
Competencia			Familia		
Mutualismo			Gregaria		
Depredación			Colonia		
Parasitismo			Sociedad		
Mutualismo					

6. Biomas

Un bioma es un conjunto de ecosistemas característicos de una zona biogeográfica. Son zonas del planeta que comparten el mismo clima, vegetación y fauna.

Los grandes biomas terrestres se distribuyen de forma uniforme en el planeta, atendiendo a su latitud y altitud, es decir, por las características climáticas donde se encuentra situado un lugar. Dos aspectos fundamentales para el estudio de los biomas son la temperatura y la pluviosidad de un lugar geográfico. Podemos diferenciar entre biomas terrestres y biomas acuáticos.

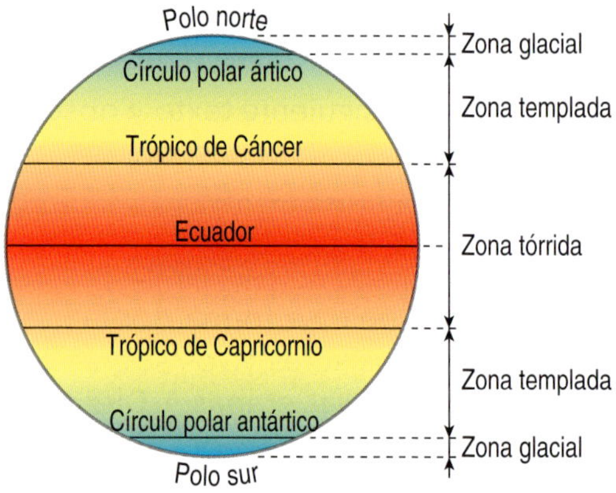

6.1. Biomas acuáticos

Aguas dulces

Los biomas de agua dulce se diferencian, sobre todo, por la velocidad de sus aguas y por su distancia al mar. De esta manera podemos diferenciar:

- **Los ríos,** cuyas aguas están en continuo movimiento. La mayor parte de los seres vivos que habitan en los ríos lo hacen en sus orillas. Abundan los insectos y peces como las truchas o las carpas.
- **Lagos y lagunas:** las aguas están quietas y se desarrolla gran cantidad de vegetación en sus orillas. En las aguas crecen algas que son utilizadas como alimento por crustáceos de pequeño tamaño. La fauna más importante son los peces y las aves, sobre todo del grupo de los ánsares (patos), entre los que podemos destacar los ánades, las fochas, etc. Abundan las rapaces, que se alimentan de estas aves.
- **Marismas y albuferas:** están localizadas en las desembocaduras de los ríos y sus aguas tienen cierta salinidad. Encontramos gran variedad de insectos y de aves que se alimentan de ellos, como los patos.

Principales comunidades de un lago.

Aguas saladas

Las tres cuartas partes de la superficie del planeta Tierra están cubiertas de mares y océanos.

Dependiendo de la profundidad de los océanos y mares, podemos diferenciar tres zonas: zona pelágica, aquella que está iluminada por la luz solar; zona batial, entre 200 y 2000 m de profundidad, y zona abisal, que es la más profunda de los océanos.

Dependiendo de su forma de vida, a los seres vivos que habitan en el océano los podemos agrupar en:

- **Planctónicos:** flotan sobre las aguas, dejándose llevar por estas. Son de pequeño tamaño y están formados por algas, larvas de peces y crustáceos de pequeño tamaño.
- **Nectónicos:** su tamaño es mayor y se desplazan de forma autónoma, como es el caso de los peces, los delfines, los pingüinos, las focas...
- **Bentónicos:** su hábitat es el fondo marino. Pueden desplazarse sobre la superficie o bien enterrarse formando galerías en su interior; es el caso de los lenguados, los bivalvos, etc.

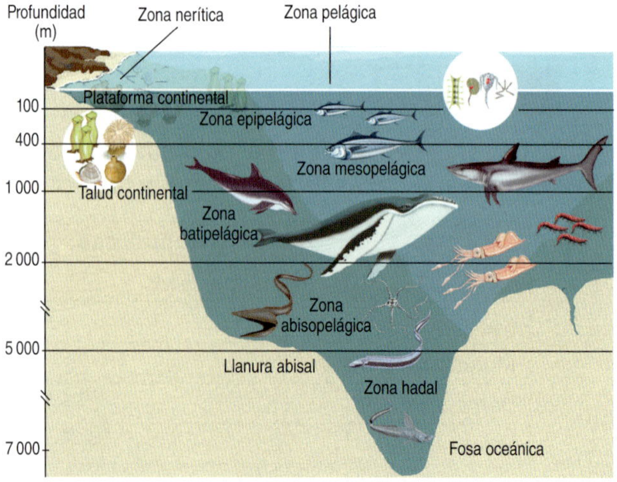

Zonas en el mar, tanto horizontales como verticales.

6.2. Biomas terrestres

Tundra

Se localiza en torno al océano Ártico. Su temperatura es muy baja, varía entre los 30 grados bajo cero en invierno (o incluso inferiores) y los 5 grados en la época cálida. El suelo de estas regiones se denomina permafrost y permanece helado durante todo el año. La vegetación predominante está formada por musgos y hepáticas, así como por líquenes. Los animales que allí habitan son el oso polar, el alce, el caribú, el zorro ártico, la liebre ártica, etc.

Taiga

Se extiende al sur de la tundra. Las condiciones climáticas están caracterizadas por temperaturas bajas y lluvias escasas. Lo más característico de este bioma es la presencia de grandes bosques de coníferas, como pinos, abetos y alerces, que pueden alcanzar grandes dimensiones. La fauna característica de estos lugares está formada por animales como el reno, los lobos, los castores, y las martas.

Bosque caducifolio

Las regiones comprendidas entre las frías zonas polares y las cálidas zonas ecuatoriales están constituidas por bosques caducifolios. La vegetación predominante son grandes árboles de hojas caducas. En cuanto a la fauna, habitan muchos insectos, aves y mamíferos como el oso, el lobo, el zorro, etc.

Bosque mediterráneo

Se localiza en las regiones bañadas por el mar Mediterráneo. Se caracteriza porque tiene veranos muy cálidos, inviernos templados y las lluvias son escasas e irregulares. La vegetación característica está formada por árboles de hoja perenne como las encinas. Respecto a la fauna, en estos parajes se desarrollan gran cantidad de insectos, de aves insectívoras y rapaces, y de mamíferos como los conejos, los linces, los jabalíes, etc.

Praderas, estepas y sabanas

Estas formaciones se extienden en el interior de los continentes, donde el índice de lluvias resulta escaso para el crecimiento de los árboles. Las gramíneas son la vegetación característica. En el hemisferio norte, en América, estas formaciones reciben el nombre de **praderas,** y en ellas abundaban grandes herbívoros como el bisonte. En el continente europeo se denominan **estepas,** pero actualmente se utilizan para la siembra de cereal. En Sudamérica, y en el continente africano se denominan **sabanas.** Es la zona del planeta donde más animales se congregan de forma natural: búfalos, rinocerontes, cebras, jirafas, ñus, aves migratorias...

Desiertos

Se localizan cerca de los trópicos, sus temperaturas son muy altas durante el día y, en ocasiones, frías por la noche. Las lluvias son muy escasas, casi inexistentes, pero, cuando llegan, se produce una gran eclosión de plantas, de crecimiento muy rápido y flores grandes y muy llamativas que atraen a numerosos insectos y reptiles.

Selvas

Poseen la mayor densidad de vegetales del planeta. Se desarrollan en regiones cercanas al ecuador, donde la temperatura, la luz y el índice de lluvias son constantes durante todo el año. Gracias a estas condiciones ambientales, la vegetación se desarrolla abundantemente. Los grandes árboles y sus anchas hojas tejen una red que impide el paso de la luz hasta las capas inferiores. Respecto a la fauna, en las selvas abundan los insectos, las aves de colores muy vistosos, como los guacamayos, los loros, los tucanes... También podemos encontrar primates.

a Actividades y tareas

1. Observa el mapa y contesta las siguientes cuestiones:
   a) ¿En torno a qué estructuras terrestres se organizan los biomas?
   b) ¿Existen los mismos biomas en el polo sur y en el polo norte?
   c) ¿América del Sur y África tienen una distribución de biomas iguales?

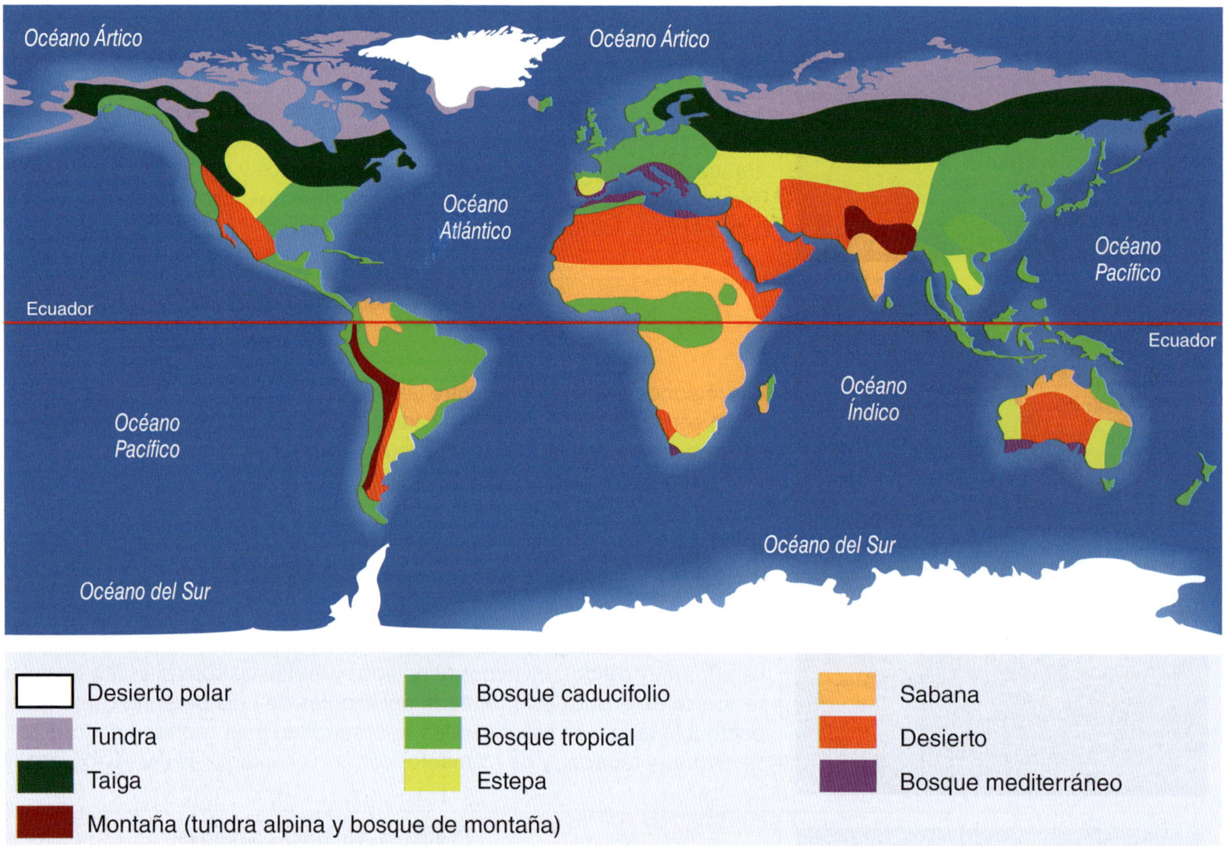

2. Busca información y señala cuáles son las características principales de las coníferas. ¿Cómo son capaces de soportar las condiciones climáticas de la taiga?
3. Señala qué diferencias existen entre el bosque caducifolio y el bosque mediterráneo en cuanto a condiciones climáticas y vegetación.

Investiga

4. En nuestro país no abundan los hayedos por debajo de los sistemas Cantábrico e Ibérico, debido a la escasez de lluvias. Existen algunos hayedos situados en enclaves con condiciones climatológicas especiales. Busca información sobre los hayedos y señala cuáles son los de mayor importancia que podemos encontrar en nuestro país, ya sea por sus dimensiones o por su singularidad.
5. Investiga sobre la encina: su nombre científico, su silueta, su fruto y sus usos.
6. Busca información sobre las praderas, estepas y sabanas y contesta las siguientes cuestiones:
   a) ¿Son lo mismo una estepa, una pradera y una sabana?
   b) ¿Qué usos están teniendo por parte del ser humano las praderas y las estepas?
   c) ¿Qué ocurriría si en las sabanas desaparecieran los animales carnívoros?
   d) ¿Cuál es el papel de los carroñeros en las sabanas? ¿Su papel es relevante en el bioma?
7. ¿Qué son las plantas epifitas? ¿Dónde habitan?

8. Elabora un mural con cada uno de los biomas que existen en la Tierra, incluyendo imágenes de los seres vivos más representativos de cada uno de ellos, sus características climáticas y su distribución en el planeta.

9. Completa el siguiente cuadro en tu cuaderno:

Bioma	Localización	Condiciones climáticas	Fauna	Flora
Tundra				
Taiga				
Bosque caducifolio				
Boque mediterráneo				
Praderas, estepas y sabana				
Selva tropical				
Desiertos				

CUADERNO

Interpreta imágenes

10. Relaciona cada imagen con el bioma que representa.

11. Formula una hipótesis que explique por qué se suceden en altura los diferentes biomas en una montaña. La siguiente imagen muestra la distribución de los biomas en la Tierra teniendo en cuenta la latitud y la altitud.

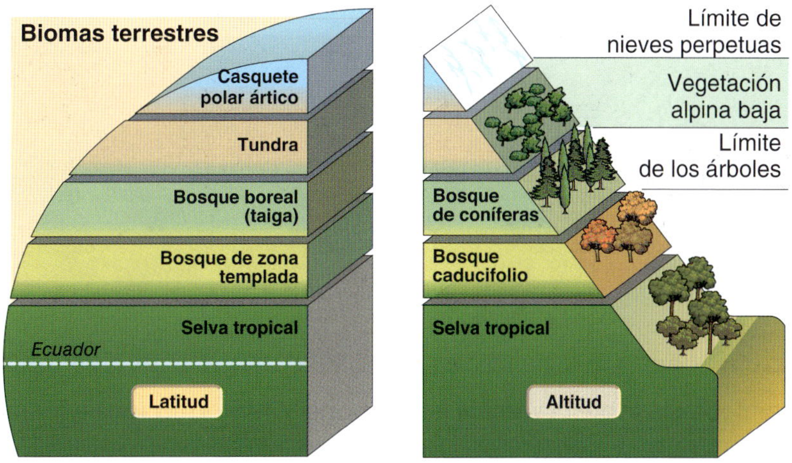

BIOLOGÍA Y GEOLOGÍA

CCL 1. Define los siguientes términos: homeotermo, poiquilotermo, vivíparo, ovíparo, fecundación externa y fecundación interna.

CCL 2. Define: biotopo y biocenosis.

CMCT 3. Los anfibios pueden respirar por pulmones o por branquias. ¿Qué representantes de este grupo respirarán por pulmones y cuáles por branquias?

CMCT 4. ¿Qué estructuras poseen los reptiles para adaptarse al medio terrestre?

CMCT 5. Contesta las siguientes cuestiones:

a) ¿Qué factores influyen en la existencia de los diferentes biotopos en el planeta?

b) ¿Qué es el humus de un suelo, cómo se forma y cuál es su influencia en los seres vivos que habitan en él?

CD 6. Busca información en la red sobre los insectos y cita cinco tipos de insectos que la especie humana utiliza en su beneficio y cómo lo hace.

CD 7. Busca información en internet en referencia a los escorpiones y señala en qué hábitats viven. ¿Qué puede ocurrir si te pica un escorpión? ¿Qué otros invertebrados pueden producir picaduras en los seres humanos?

CSC 8. Lee atentamente este texto y responde a las siguientes cuestiones:

a) Busca en el diccionario el significado de las palabras que no comprendas.

b) Cita los usos medicinales de las hortalizas y las legumbres en la Antigüedad.

c) Investiga en internet cuál es el consumo de vegetales en la población española actualmente.

«Las hortalizas y las legumbres van unidas a la historia de la humanidad desde el comienzo de la agricultura en el Neolítico, hace 8000 años. Los primeros núcleos urbanos nacieron con su cultivo; desde la Antigüedad, los ejércitos se movieron a golpe de garbanzo, lenteja o judía, y una buena tierra de labor bien podía justificar una guerra. También la civilización avanzó a ritmo de legumbres y hortalizas; bastaba con que estas no se adaptaran a un nuevo enclave para fracasar una colonización. Para nuestros antepasados, los productos agrícolas supusieron un aporte proteico seguro, sobre todo algunos como el nabo y la patata, erradicadores del azote de las hambrunas seculares. Pero también fueron fuentes terapéuticas. El apio, por ejemplo, fue una planta despreciada culinariamente, hasta que en el siglo v a. C. Hipócrates descubrió su poder diurético; la raíz de la acelga se usaba como calmante contra los dolores de muelas y de cabeza; el garbanzo era la viagra natural, recetada para potenciar el vigor sexual masculino, y la coliflor se consumía para contener la diarrea. Pero esta relación tradicional con los alimentos vegetales pende hoy de un hilo. Los modelos gastronómicos importados de la América anglosajona están alterando los hábitos alimenticios en todo el mundo, sobre todo entre niños y jóvenes. Ninguna cultura se libra del ataque, y en España, ni las probadas virtudes de la dieta mediterránea frenan un patrón dietético que deja de lado la verdura».

CPAA 9. Formula una hipótesis sobre la ventaja que supone la reproducción vivípara, frente a otros tipos de reproducción.

CEC CPAA CD

10. El descubrimiento de América supuso para muchos el hallazgo de increíbles fuentes de riqueza y minerales preciosos. Para otros, como Celestino Mutis, el verdadero tesoro de este Nuevo Mundo se encontraba en su exuberante variedad de especies animales y vegetales. Vamos a conocer mejor la figura de este gran botánico. Celestino Mutis fue uno de los principales científicos que dedicó su vida al estudio de estas nuevas especies.

a) Busca información sobre Celestino Mutis e indica si las siguientes afirmaciones son o no verdaderas. En caso de que sean falsas, escribe la información correctamente:

- Celestino Mutis nació en Cádiz en 1732 y murió en Pamplona (los Andes), en 1808.
- Estudió Medicina, Filosofía y Botánica en la Universidad de Sevilla.
- Fue nombrado médico de la Casa Real de Fernando VI.
- En el año 1760 embarcó hacia América.
- En 1764 tuvo que defenderse ante un tribunal de la Santa Inquisición por defender las teorías científicas de Copérnico y Newton.
- Fue director de la Real Expedición Botánica, en Nueva Granada, desde su comienzo en 1783 hasta su muerte.
- Mantuvo correspondencia con numerosos científicos europeos, entre ellos con Linneo.
- Mutis también dedicó sus esfuerzos a la lingüística, elaborando vocabularios de las lenguas indígenas de su entorno.

b) Cuando los europeos llegaron al Nuevo Mundo, descubrieron numerosas especies vegetales y animales que hasta ese momento no se conocían en Europa. Algunas se convirtieron en pocos años en productos básicos de nuestra alimentación. Elabora una tabla de dos columnas y ordena en ella los siguientes alimentos: patata, lechuga, tomate, boniato, guisante, ajo, maíz, lenteja, alcachofa, espinaca, pimiento, judía, café, cacao y garbanzo. En una columna sitúa los que tienen origen americano y en la otra los que no.

SIE

11. Los seres vivos, según su forma de obtener el alimento en los ecosistemas, pueden ser: productores o consumidores; y dentro de estos últimos: herbívoros, carnívoros u omnívoros.

Con esta actividad se pretende que simules que eres un ser vivo de un ecosistema y tienes que buscar comida. ¿Cuánto tiempo sobrevivirás?

Material

- Espacio abierto: patio, parque, etc.
- Cartulinas roja, verde, amarilla y azul
- Tijeras
- Regla
- Hilo o cuerda
- Cinta adhesiva

Procedimiento

- Elaborad los carteles identificativos. Recortad tantas tarjetas como alumnos seáis en clase, entre los cuatro colores. Las tarjetas serán de 5 x 10 cm. A cada tarjeta añadidle un hilo, de forma que tome aspecto de collar para poder colgarlas.
- El juego tendrá varias rondas. Al principio de cada ronda el jugador elegirá una tarjeta:
  - Rojo: carnívoro
  - Amarillo: omnívoro
  - Azul: herbívoro
  - Verde: planta
- Los jugadores se dispersan. A una señal comenzarán a buscar alimento y a esconderse de los depredadores. Si a uno de ellos lo apresan, quedará eliminado. Los animales pueden buscar su comida o esconderse, pero las plantas solo pueden esconderse.
- La última planta o animal que consiga sobrevivir gana la ronda y obtiene un punto.
- En la siguiente ronda, uno de los jugadores no tendrá tarjeta y representará un desastre: un incendio, una inundación, la tala indiscriminada del bosque... Este personaje podrá quitar la tarjeta a los demás pero a él no se la podrá quitar nadie. ¿Cuánto dura esta ronda? ¿Quién gana?
- El juego consistirá en un mínimo de diez rondas. Quien haya obtenido más puntos obtendrá el título de **Mago de la Naturaleza.**

El último gran calentamiento global

Nuevos hallazgos revelan que el calentamiento global más abrupto de la historia terrestre fue mucho más lento que el actual. El descubrimiento reviste utilidad para afrontar el futuro.

Presente y pasado

El ritmo del calentamiento global depende de la rapidez con la que se acumulan los gases de efecto invernadero. Se augura un calentamiento de unos 8 grados Celsius para 2400 si la quema de combustibles fósiles y el secuestro de carbono continúan al ritmo actual. Se estima que las emisiones de carbono lleguen a los 5 000 petagramos (Pg), equiparables a las ocurridas durante el Máximo Térmico del Paleoceno-Eoceno (PETM). A pesar de que el PETM ha sido considerado como un cambio climático rápido, fue mucho más lento que el actual.

El aumento de la temperatura global se muestra mucho más rapido hoy que durante el PETM

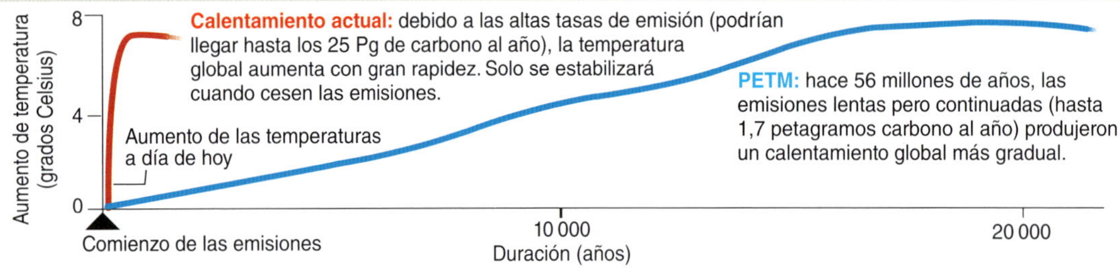

Calentamientos previos

Los calentamientos globales rápidos como el actual implican peores consecuencias sobre los seres vivos que los calentamientos lentos. El registro fósil demuestra que el calentamiento gradual que comenzó hace 120 millones de años y duró unos 30 millones de años resultó inocuo comparado con el PETM.

Este episodio, unas 1000 veces más abrupto que el anterior, tuvo lugar hace unos 56 millones de años. Investigarlos nos sirve para comprender el calentamiento presente. El aumento actual de las temperaturas se muestra mucho más rápido que durante el PETM, lo que hace pensar que las consecuencias para la vida serán mucho más graves.

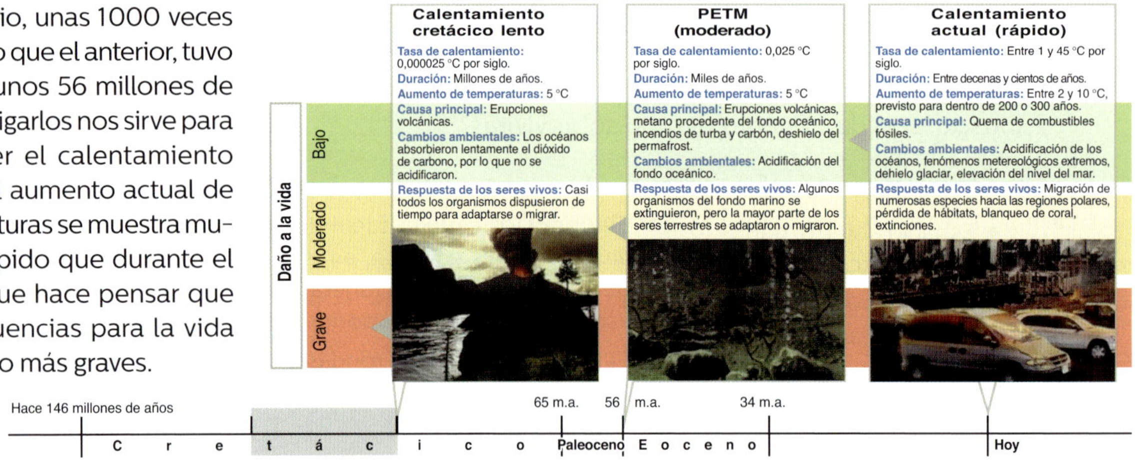

Investigación y Ciencia, septiembre 2011.

Actividades

Actividad 1: ¿Qué es el calentamiento global terrestre? ¿Cómo se produce? ¿Qué factores intervienen?

Actividad 2: ¿Qué significan las siglas PETM?

Actividad 3: Compara las curvas de calentamiento global del presente y del Paleoceno-Eoceno.

Actividad 4: ¿Cómo ha sido la respuesta de los seres vivos en cada uno de los calentamientos expuestos en el gráfico?

Actividad 5: Compara las causas del calentamiento global del Cretácico, del PETM y del calentamiento actual.

Actividad 6: ¿Puede la especie humana parar el calentamiento global? Propón tres cambios de hábitos diarios que ayuden a frenar el calentamiento global.

Estudio y disección de un pez osteictio

Objetivo:

Estudiar la morfología externa y la anatomía interna de un pez osteicitio.

Procedimiento:

1. Observación de la morfología externa

Coloca el pez en la cubeta de disección e identifica las siguientes estructuras: los tipos de aletas, la línea lateral, los ojos, la boca, los dientes y la lengua. Levanta el opérculo y observa las branquias. Separa una o dos escamas y obsérvalas bajo la lupa binocular.

MATERIALES

- Tijeras.
- Alfileres.
- Aguja enmangada.
- Lanceta.
- Bisturí.
- Cubeta de disección.

2. Observación de su anatomía interna

Para estudiar la anatomía interna, realiza un corte con unas tijeras por la región ventral, desde la cloaca hasta la base del opérculo, y un corte profundo con un bisturí a lo largo de la línea lateral de un costado. Separa con cuidado la pared del cuerpo para dejar al descubierto los órganos internos.

Con ayuda del profesor, intenta identificar:

- **Corazón e hígado.** Aparecen detrás del opérculo.
- **Estómago.** Se localiza a continuación del hígado.
- Debajo de este se sitúa el **intestino.**
- **Vejiga natatoria.** Si has tenido cuidado y no has cortado mucho en la incisión, se puede apreciar por encima de toda esta masa visceral un saco blancuzco posiblemente deshinchado y comunicado con el esófago: la vejiga natatoria. También puede tener un aspecto vesiculoso.
- **Gónadas (ovarios y testículos).** Aparecen como un tubo blanco encima del hígado, estómago e intestino.
- Entre la vejiga natatoria y la columna vertebral se sitúan los **riñones,** en la región media caudal.

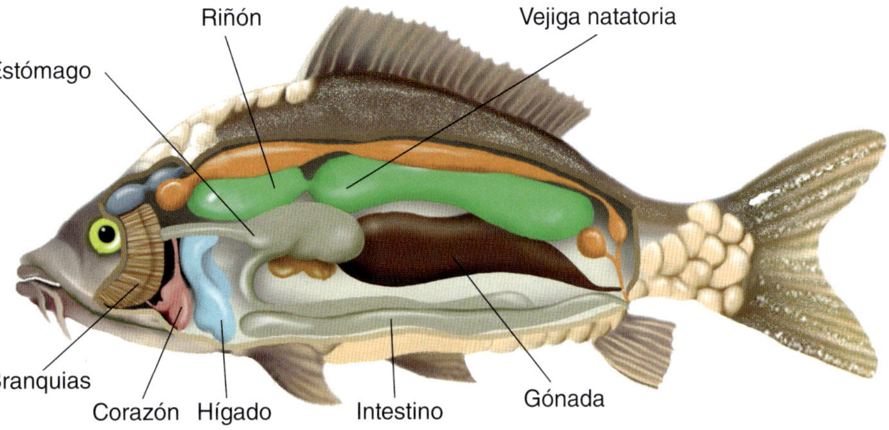

Evaluación

1. Con respecto a las plantas sin semillas:
   a) Los musgos necesitan mucha humedad para vivir.
   b) Los helechos y los musgos se reproducen por esporas.
   c) Las respuestas *a* y *b* son correctas.
   d) Los helechos son de color marrón intenso.

2. Con respecto a las espermafitas.
   a) Poseen raíz, tallo, hojas y flores.
   b) Están constituidas por dos grupos: las monocotiledóneas y las dicotiledóneas.
   c) Las partes de las hojas son: nudos, entrenudos, yema axilar y terminales.
   d) Las flores tienen la función principal de realizar la fotosíntesis.

3. Los animales:
   a) Según su nutrición, se clasifican en omnívoros, carnívoros y carroñeros.
   b) Los embriones de los organismos vivíparos se desarrollan en el interior de un huevo.
   c) La fecundación interna se da solo en animales acuáticos.
   d) Las funciones que desempeñan los animales son: nutrición, relación y reproducción.

4. Los animales invertebrados:
   a) Las esponjas tienen forma de saco con un único orificio de entrada y salida.
   b) Algunos celentéreos poseen dos formas en su ciclo reproductor: la fase pólipo y la fase medusa.
   c) Las tenias pertenecen al grupo de los anélidos.
   d) Las sanguijuelas son parásitos internos.

5. Los artrópodos:
   a) Reciben su nombre por poseer apéndices articulados.
   b) Los insectos se caracterizan por tener ocho patas.
   c) Los miriápodos poseen cuatro pares de patas por segmento.
   d) Los crustáceos solo viven en aguas saladas.

6. Los reptiles:
   a) Necesitan vivir en el agua gran parte de su vida.
   b) Presentan fecundación externa y son ovíparos.
   c) Poseen la piel recubierta de escamas.
   d) Tienen cuatro extremidades en todos los casos.

7. Los mamíferos:
   a) Las aves poseen circulación doble, al igual que los mamíferos.
   b) Los peces no son capaces de regular su temperatura.
   c) Los marsupiales viven en Australia y sus embriones terminan el desarrollo en el marsupio.
   d) Todas las respuestas anteriores son correctas.

8. Los ecosistemas:
   a) Los seres vivos descomponedores son autótrofos.
   b) La temperatura y el agua son los únicos factores limitantes para los seres vivos.
   c) Están constituidos por el biotopo y la biocenosis.
   d) Los suelos son iguales en todos los ecosistemas.

9. Los biomas:
   a) Se distribuyen uniformemente en el planeta.
   b) Sus características están determinadas por el clima.
   c) Los ríos no poseen mucha variedad de seres vivos.
   d) Los animales bentónicos flotan sobre el agua.

10. El bosque mediterráneo:
   a) Las lluvias son abundantes todo el año.
   b) Se sitúa en el continente americano.
   c) Su vegetación predominante es de hoja caduca, como la encina.
   d) Las aves prácticamente no habitan estos parajes.

Resumen

Las **plantas** se clasifican, en función de su complejidad, en dos grupos principales: **briófitas** y **pteridófitas** (musgos y helechos), plantas que no poseen flores ni semillas y se reproducen por esporas. Y las espermafitas, que poseen flores y semillas. Dentro de las **espermafitas** se encuentran las **gimnospermas,** que poseen semillas desnudas, y las **angiospermas,** que protegen a la semilla con un fruto.

Los **animales invertebrados** no presentan esqueleto interno; entre ellos encontramos grupos como: los **poríferos** o esponjas, los **celentéreos** (como los pólipos y las medusas), los platelmintos (como la tenia), los **anélidos** (lombriz de tierra), los **moluscos** (gasterópodos, bivalvos y cefalópodos), los **artrópodos** (arácnidos, miriápodos, crustáceos e insectos) y los **equinodermos.**

Los **animales vertebrados** poseen esqueleto interno y están formados por cuatro grupos: los **peces** (cartilaginosos y óseos), los **anfibios** (urodelos y anuros), los **reptiles** (quelonios, ofidios, saurios y cocodrilos), las **aves** y los **mamíferos.**

Los seres vivos que habitan un lugar (biocenosis) mantienen relaciones entre sí y con el medio (biotopo) que les rodea dando lugar a los **ecosistemas.** Según la región climática de la Tierra, los ecosistemas se relacionan dando lugar a **biomas:** tundra, taiga, estepa, sabana, pradera, bosque mediterráneo, bosque caducifolio, selva, desierto, aguas dulces (ríos, lagunas y lagos) y aguas saladas (mares y océanos).

Mis progresos

Unidad 10	¡Soy muy competente!	Soy competente, pero puedo mejorar	Soy competente, pero debo mejorar	Me faltan competencias. ¡Debo esforzarme mucho más!
¿Sé aplicar lo aprendido?	Sé expresar por escrito y de forma oral las características de los diferentes grupos de animales y plantas.	Sé expresar por escrito y de forma oral alguna de las características de los diferentes grupos de animales y plantas.	Sé expresar por escrito pero no de forma oral algunas de las características de los diferentes grupos de animales y plantas.	No sé expresar ni de forma oral ni de forma escrita las características de los diferentes grupos de animales y plantas.
Sé hacer...	Sé aplicar las técnicas de estudio como el resumen, elaborar cuadros de doble entrada sobre las características de plantas y animales y extraer similitudes y diferencias entre los diversos grupos de animales y plantas.	Sé realizar resúmenes pero tengo dificultades en la elaboración de cuadros de doble entrada sobre las características de plantas y animales y en extraer similitudes y diferencias entre los diferentes grupos de animales y plantas.	Tengo dificultades en la elaboración de los esquemas y resúmenes, en los cuadros de doble entrada sobre las características de plantas y animales y en extraer similitudes y diferencias entre los diferentes grupos de animales y plantas.	No sé realizar esquemas ni resúmenes. No sé elaborar cuadros de doble entrada. No sé extraer similitudes y diferencias entre los diferentes grupos de animales y plantas.
La tecnología y yo...	Navego, encuentro mucha información interesante en la web y tengo dominio de las herramientas TIC para la realización de las actividades propuestas.	Navego, encuentro a veces información interesante en la web y tengo un dominio alto de las herramientas TIC para la realización de las actividades propuestas.	Navego con dificultad por la web, mi forma de usarla no es adecuada y tengo poco dominio de las herramientas TIC para la realización de las actividades propuestas.	Me cuesta mucho navegar por la web, no sé utilizarla y no tengo dominio de las herramientas TIC para la realización de las actividades propuestas.
¿Sé trabajar en grupo?	Asumo mi rol sin interferir en el trabajo de los demás y aporto ideas al grupo.	Asumo mi rol y aporto ideas al grupo, pero suelo interferir en el trabajo de los demás.	Asumo mi rol, no aporto ideas al grupo e interfiero en el trabajo de los demás.	No asumo mi rol e interfiero en el trabajo de los demás sin aportar ideas al grupo.

Campaña de reducción de residuos plásticos

Situación de partida

En 2050 habrá más plástico que peces en el océano

Se estima que cada año terminan en los océanos ocho millones de toneladas de residuos plásticos

Al ritmo de consumo actual, de aquí a diez años los mares y océanos de nuestro planeta contendrán **una tonelada de plásticos** por cada tres toneladas de peces y, en 2050, el peso de los residuos plásticos será superior al peso de todos los peces del planeta. [...]

Se calcula que cada año terminan en los océanos del mundo **ocho millones de toneladas de residuos plásticos,** aunque esta cifra podría aumentar diez veces en la próxima década a menos que la comunidad internacional mejore sus prácticas de gestión de residuos. Esta cantidad cubriría 34 veces el área de la isla de Manhattan. O, más gráficamente, esta cifra equivale a verter al agua del mar cada minuto la carga de un camión de gran tonelaje. Las cifras proceden de un estudio que publicó la revista *Science* el año pasado y que **por primera vez calculó la cantidad de desechos plásticos** que llegan al mar cada año desde tierra. «Si no se toman medidas –advierten desde Davos–, los vertidos serán equivalentes a dos camiones por minuto en 2030 y a cuatro camiones por minuto para el año 2050». [...]

Más reciclaje

Debemos pasar del usar y tirar a la reutilización o a buscar nuevos materiales que hagan la misma función pero que **no requieran tanto consumo de petróleo** y que sean biodegradables. El informe señala que la mayoría de los envases de plástico se utiliza una sola vez. «El sistema actual de producción, utilización y abandono de los plásticos tiene efectos negativos importantes: entre 80 000 y 120 000 millones de dólares se pierden cada año en forma de envoltorios plásticos que no son reutilizados». Y aboga por «repensar totalmente el sistema de embalaje» y la búsqueda de alternativas al petróleo como material de base para su producción.

El uso de plásticos ha aumentado **20 veces** en el último medio siglo y se espera que se duplique de nuevo en los próximos 20 años. Esto llevará a que en 2050 la industria del plástico consumirá el 20 % de la producción total de petróleo y el 15 % del presupuesto anual de carbono. [...]

Extraído de <www.abc.es>
Araceli Acosta, 21/01/2016

Antes del proyecto

1. Según el texto, ¿cuál es la proporción actual entre peces y plástico en los mares y océanos de nuestro planeta?
2. ¿A qué ritmo se vierten actualmente plásticos al mar?¿Cuál será el ritmo en 2050 si no hacemos nada al respecto?
3. ¿Qué medidas deberían tomarse para reducir este tipo de contaminación?
4. Busca información sobre la isla de basura del océano Pacífico y escribe un breve texto explicando en qué consiste.

Lo que tenemos que hacer

Vuestra tarea esta vez es concienciar al resto de alumnos sobre la importancia de reducir el uso de envoltorios y tratar adecuadamente nuestros residuos. Para ello, vais a investigar cuántos envases se desechan en vuestro centro y cuál es su el destino final.

Pasos a seguir

Paso 1. ¿Cuántos envoltorios desechamos?

Para poder estimar cuántos envoltorios se desechan en vuestro centro educativo vais a acumular durante una semana todos los envoltorios que generéis en vuestra clase: envases y botellas de plástico, brics, etc.

Pedid ayuda a vuestro profesor o profesora y encontrad un lugar donde acumular todos estos envoltorios. Al final de la semana, utilizad una báscula para pesarlos.

Contestad las siguientes preguntas:

a) Teniendo en cuenta el número de alumnos que hay en vuestro grupo y el número total de alumnos del instituto, ¿cuántos kilogramos de envases se desechan en tu instituto durante una semana? ¿Y durante todo el curso?

b) Viendo el tipo de envases que habéis reunido durante la semana, ¿consideráis que todos los envases que habéis utilizado son necesarios?

c) Escribid algunas ideas sobre cómo reducir el uso de parte de esos envases?

Paso 2. El recorrido de nuestros residuos

¿Dónde acaba un envoltorio que hemos tirado a la papelera? Buscad información con ayuda de tu profesor o profesora y contestad las siguientes preguntas:

a) ¿Quién se encarga de vaciar las papeleras de las clases en vuestro centro? ¿Y las del patio? ¿Dónde las vacían?

b) ¿Existen contenedores diferentes para separar los distintos residuos en vuestro centro? Localizad en vuestro centro (o alrededores) los contenedores amarillos (envases) y azules (papel y cartón) más cercanos.

c) ¿Dónde acaban los residuos de vuestro centro? Buscad información sobre el destino final de la basura que se produce en vuestra localidad. Si es necesario, contactad con vuestro ayuntamiento para conseguir esta información.

d) Realizad un esquema que muestre los distintos pasos que sigue un envoltorio desde que lo tiramos a la papelera hasta que llega a su destino final.

Paso 3. Soluciones

Para terminar, vais a diseñar una campaña para vuestro centro. Para ello debéis elaborar dos pósters, cada uno de ellos centrado en uno de los siguientes mensajes:

- La necesidad de reducir el uso de envases desechables.
- La necesidad de reciclar los envases que utilicemos.

Organizamos la información: presentación y conclusiones

Ordenad toda la información de los pasos uno, dos y tres e incorporadla como una nueva entrada en el blog de vuestra asociación. No olvidéis incluir fotografías que muestren la situación real de vuestro centro (residuos que se generan, contenedores cercanos, etc.).

Áreas y perímetros		
Rectángulo		
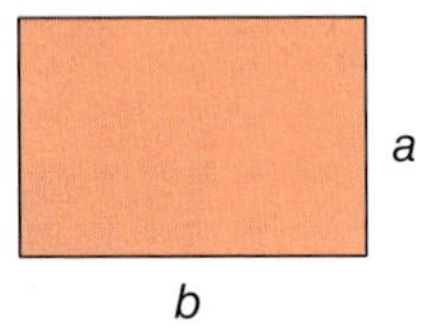	Área = $b \cdot a$	Perímetro = $2b + 2a$
Cuadrado		
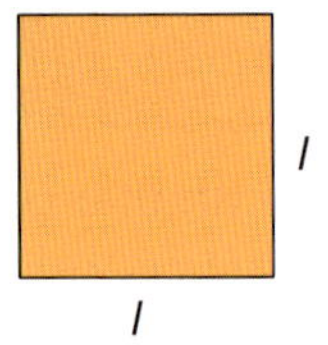	Área = l^2	Perímetro = $4\,l$
Paralelogramo		
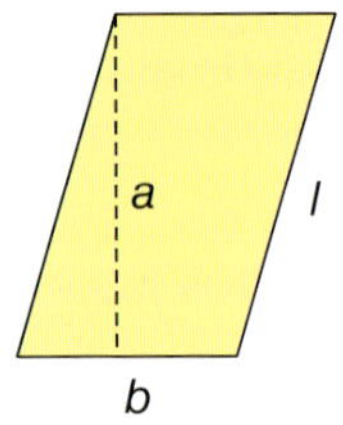	Área = $b \cdot a$	Perímetro = $2b + 2l$
Triángulo		
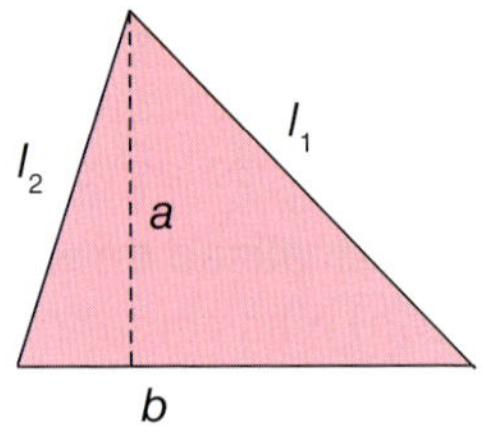	Área = $\dfrac{b \cdot a}{2}$	Perímetro = $l_1 + l_2 + b$
Rombo		
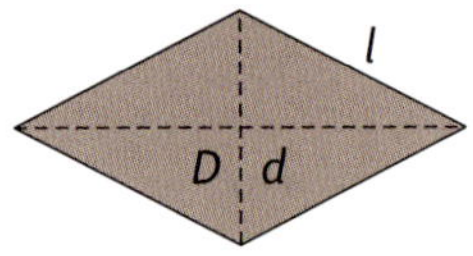	Área = $\dfrac{D \cdot d}{2}$	Perímetro = $4\,l$
Trapecio		
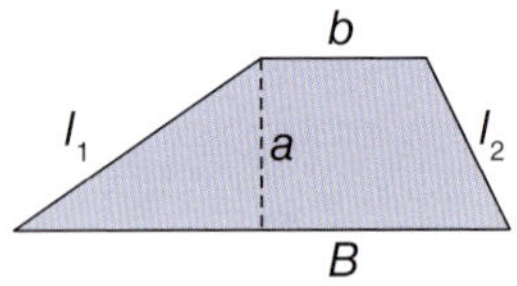	Área = $\dfrac{(B + b) \cdot a}{2}$	Perímetro = $B + b + l_1 + l_2$
Polígonos regulares		
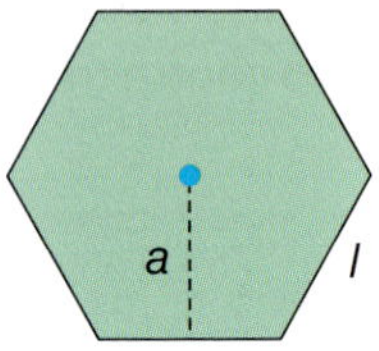	Área = $\dfrac{P \cdot \text{apotema}}{2}$	Perímetro = n.° de lados · l

Circunferencia
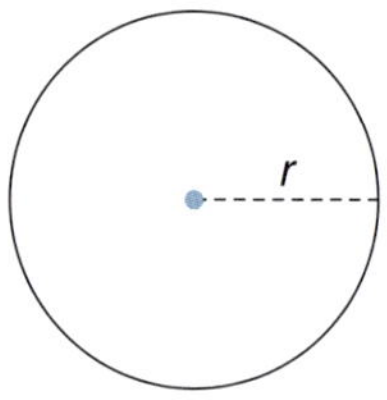
Longitud = $2\pi r$

Círculo
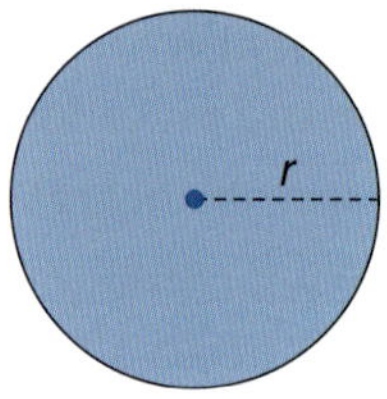
Área = πr^2

TABLA PERIÓDICA DE LOS ELEMENTOS QUÍMICOS

CLAVE

Número atómico	Masa atómica	Símbolo	Nombre
52	127,60	Te	Telurio

Color	Categoría
Azul	Gases nobles
Naranja	No metales
Verde	Semimetales
Amarillo	Metales
Rosa	Obtenibles

Ca	Sólido
Hg	Líquido
Cl	Gaseoso
Uut	Aún no aislado

Estado en condiciones normales

GRUPO	1	2	3	4	5	6	7	8	9	10	11	12	13	14	15	16	17	18
	Ia	IIa	IIIb	IVb	Vb	VIb	VIIb	VIIIb			Ib	IIb	IIIa	IVa	Va	VIa	VIIa	VIIIa
1	1 H 1,0079 Hidrógeno	IIA																2 He 4,003 Helio
2	3 Li 6,941 Litio	4 Be 9,012 Berilio											5 B 10,811 Boro	6 C 12,011 Carbono	7 N 14,007 Nitrógeno	8 O 15,999 Oxígeno	9 F 18,998 Flúor	10 Ne 20,180 Neón
3	11 Na 22,990 Sodio	12 Mg 24,305 Magnesio											13 Al 26,982 Aluminio	14 Si 28,086 Silicio	15 P 30,974 Fósforo	16 S 32,066 Azufre	17 Cl 35,453 Cloro	18 Ar 39,948 Argón
4	19 K 39,098 Potasio	20 Ca 40,078 Calcio	21 Sc 44,956 Escandio	22 Ti 47,867 Titanio	23 V 50,942 Vanadio	24 Cr 51,996 Cromo	25 Mn 54,938 Manganeso	26 Fe 55,845 Hierro	27 Co 58,933 Cobalto	28 Ni 58,693 Níquel	29 Cu 63,546 Cobre	30 Zn 65,39 Cinc	31 Ga 69,723 Galio	32 Ge 72,61 Germanio	33 As 74,922 Arsénico	34 Se 78,96 Selenio	35 Br 79,904 Bromo	36 Kr 83,80 Kriptón
5	37 Rb 85,468 Rubidio	38 Sr 87,62 Estroncio	39 Y 88,906 Itrio	40 Zr 91,224 Circonio	41 Nb 92,906 Niobio	42 Mo 95,94 Molibdeno	43 Tc 98,906 Tecnecio	44 Ru 101,07 Rutenio	45 Rh 102,906 Rodio	46 Pd 106,42 Paladio	47 Ag 107,868 Plata	48 Cd 112,411 Cadmio	49 In 114,818 Indio	50 Sn 118,710 Estaño	51 Sb 121,760 Antimonio	52 Te 127,60 Telurio	53 I 126,904 Yodo	54 Xe 131,29 Xenón
6	55 Cs 132,905 Cesio	56 Ba 137,327 Bario	57 La 138,906 Lantano	72 Hf 178,49 Hafnio	73 Ta 180,948 Tántalo	74 W 183,84 Wolframio	75 Re 186,207 Renio	76 Os 190,23 Osmio	77 Ir 192,217 Iridio	78 Pt 195,078 Platino	79 Au 196,967 Oro	80 Hg 200,59 Mercurio	81 Tl 204,383 Talio	82 Pb 207,2 Plomo	83 Bi 208,980 Bismuto	84 Po 208,982 Polonio	85 At 209,987 Astato	86 Rn 222,018 Radón
7	87 Fr 223,020 Francio	88 Ra 226,025 Radio	89 Ac 227,028 Actinio	104 Rf 261,109 Rutherfordio	105 Db 262,114 Dubnio	106 Sg 263,119 Seaborgio	107 Bh 264,12 Bohrio	108 Hs 265,131 Hassio	109 Mt 268 Meitnerio	110 Ds 269 Darmstadtio	111 Rg 272 Roentgenio	112 Cn 285 Copernicio	113 Uut Ununtrio	114 Fl 289 Flerovio	115 Uup Ununpentio	116 Lv 289 Livermorio	117 Uus Ununseptio	118 Uuo 293 Ununoctio

ELEMENTOS DE TRANSICIÓN (grupos 3–12)

Lantánidos	6	58 Ce 140,116 Cerio	59 Pr 140,908 Praseodimio	60 Nd 144,24 Neodimio	61 Pm 144,913 Prometio	62 Sm 150,36 Samario	63 Eu 151,964 Europio	64 Gd 157,25 Gadolinio	65 Tb 158,925 Terbio	66 Dy 162,50 Disprosio	67 Ho 164,930 Holmio	68 Er 167,26 Erbio	69 Tm 168,934 Tulio	70 Yb 173,04 Iterbio	71 Lu 174,967 Lutecio
Actínidos	7	90 Th 232,038 Torio	91 Pa 231,036 Protactinio	92 U 238,029 Uranio	93 Np 237,048 Neptunio	94 Pu 244,064 Plutonio	95 Am 243,061 Americio	96 Cm 247,070 Curio	97 Bk 247,070 Berkelio	98 Cf 251,080 Californio	99 Es 252,083 Einstenio	100 Fm 257,095 Fermio	101 Md 258,098 Mendelevio	102 No 259,101 Nobelio	103 Lr 262,110 Laurencio

Las masas atómicas son las adoptadas por la IUPAC (International Union of Pure and Applied Chemistry) en 1995 redondeadas a tres decimales.

Edición: Gema Méndez y Gonzalo Morlanes

Diseño de colección: Juan Pablo Rada / Paso de Zebra

Maquetación: Discript Preimpresión, S. L.

Fotografías: 123RF Limited, Corel Corporation, Thinkstock y archivo Editex

Ilustraciones: 123RF Limited; Ángel Ovejero; Discript Preimpresión, S. L., Drop Ilustración, I.C. Claroscuro, Juan Pablo Mora, Luis Mosquera, Pablo Jurado y Thinkstock

Preimpresión: José Ciria

Dirección de producción: Santiago Agudo

Este material de **PMAR ámbito científico y matemático I** está dirigido al alumnado de los Programas de Mejora del Aprendizaje y del Rendimiento y ha sido elaborado atendiendo a las exigencias curriculares establecidas.

El presente material didáctico ha sido creado por iniciativa y bajo la coordinación de **Editorial Editex, S. A.**, conforme a su propio proyecto editorial.

Vía Dos Castillas, 33. C. E. Ática 7, edificio 3, planta 3ª, oficina B. 28224 Pozuelo de Alarcón. Madrid.

ISBN: 978-84-9078-772-4

Depósito Legal: M-9591-2016

Imprime: Gráficas Muriel

Impreso en España - *Printed in Spain*